"宁夏大学民族学一流学科建设经费资助出版"（NXYLXK2017A02）

Catalogue
of Ancient Arab Historians
and Their Works

古代 阿拉伯史学家及其 著作目录

梁道远——编著

社会科学文献出版社
SOCIAL SCIENCES ACADEMIC PRESS (CHINA)

梁道远，现就职于宁夏大学中国阿拉伯国家研究院，主要研究方向为中东史学史。代表性论文为《古代阿拉伯史学史的分期及其特点》（载《史学理论研究》2017年第1期，人大复印资料《世界史》2017年第4期全文转载），博士论文《阿拉伯史学的起源》被评为"2019年陕西省优秀博士学位论文"，主持2018年国家社会科学基金青年项目1项，参与国家社会科学基金项目3项（2项重大，1项重点）。

丛书总序一

伊斯兰教兴起前，阿拉伯人还没有成文的历史著作，但口头传下了许多历史故事。公元 7 世纪，阿拉伯人在伊斯兰教的旗帜下迅速扩张，建立了幅员辽阔的大帝国。阿拉伯史学在 7~9 世纪开始萌生和发展，以伊本·伊斯哈格（约 704~768）、瓦基迪（747~823）、伊本·希沙姆（？~约 834）和巴拉祖里（？~892）为代表，出现了真正的历史学著作。此时，波斯、希腊、罗马、印度等经典史著，也开始被大量翻译成阿拉伯文，多元文明的碰撞、交流和交融，推动了阿拉伯史学的发展。

阿拉伯人和欧洲人一样，史学的起源和宗教的兴起有十分密切的联系。中古基督教神学盛行，催生了西欧基督教史学等；而伊斯兰的宗教传统，则形成了阿拉伯人的世界观和历史观。到阿拔斯王朝（750~1258 年）后期时，阿拉伯人的历史著作浩如烟海。公元 10 世纪时，阿拉伯史学的体裁已经十分丰富，如传记、编年史、连续性的历史叙事和历史哲学。在古代阿拉伯史学发展史上，群星灿烂，产生了诸如叶尔孤比（？~约 905）、泰伯里（839~923）、麦斯欧迪（？~957）、米斯凯韦（932~1030）、伊本·艾西尔（1160~1233）、伊本·赫里康（1211~1282）、扎哈比（1274~1348）、伊本·赫勒敦（1332~1406）、麦戈利齐（1365~1442）以及伊本·伊雅斯（1448~约 1524）等著名史家。

由于历史形成的原因，特别是受到根深蒂固的欧洲中心论的影响，人类文明史上辉煌的阿拉伯史学，至今都没有得到应有的重视和公允的评价，不仅在欧美国家如此，而且在东方也是如此。"欧洲中心论"是 19 世纪殖民主义史学的理论基础。第二次世界大战后，帝国主义殖民体系在风起云涌的民族解放运动中崩溃，但欧洲中心论却改头换面顽固地存在着。就我国的外国史学史研究而言，人们经常看到的是各种版本的西方史学史著作面世，而较为系统地研究阿拉伯史学的著述则凤毛麟角。这无论是对教学，还是对学术研究，都不能不说是一种缺憾。梁道远博士主编"古代阿拉伯史学文献提要丛书"的问世，则在一定程度上弥补这一缺憾，其学术价值和对世界史学科发展的现实意义，不言自明。

中国史学的优良传统之一，是重视文献的搜集整理，历代的史学典籍自然是其中之一。任何典籍的形成都不是孤立的，欲真正了解任何一部典籍，至少要研究它的作者及作者所生活的时代。搜集和研究典籍，是探究历史真理的开端。因为只有这样，才能在历史叙述中努力做到"论从史出"，而不是"以论代史"。为了完成习近平总书记提出的"立足中国、借鉴国外，挖掘历史、把握当代，关怀人类、面向未来的思路，着力构建中国特色哲学社会科学"的历史性任务，编辑"古代阿拉伯史学文献提要丛书"，尤其有重要的意义。这套丛书是阿拉伯国家研究省部共建协同创新中心（宁夏大学）的标志性成果之一，内容十分丰富，包括《古代阿拉伯史学家及其著作目录》、《古代阿拉伯族谱学家及其著作提要》、《古代阿拉伯编年体史书提要》、《古代阿拉伯名人传记提要》、《古代阿拉伯世界史与王朝史名著提要》以及《古代阿拉伯地方史名著提要》等。这些对于在全球史的视域下学习和研究阿拉伯史学，特别是对于构建中国特色的中东史学史学科体系、学术体系、话语体系，无疑有着重要的意义。

梁道远博士先后就读于西北民族大学外国语学院阿拉伯语专业、西北大学中东研究所国际关系专业和世界史专业。2017 年，完成学位论文《阿拉伯史学的起源》，获陕西省优秀博士学位论文奖，如今在宁夏大学中国阿拉伯国家研究院任教职，是一位有才华的青年学子。他终日辛勤耕耘于阿拉伯史学史研究园地，不问收获，含英咀华，好学深思，表现出强烈的事业心和使命感。他和他的团队这些后生们不仅"可畏"，更是可爱，顶天立地做人，脚踏实地做事，令我们这些年逾古稀的老人们感到十分欣慰。

"古代阿拉伯史学文献提要丛书"是一部研究性的大型丛书，是我国外国史学史研究中有开拓意义的一项标志性成果。愿梁道远博士和他的朋友们一发而不收，百尺竿头更进一步；不辜负人生最美好的青春年华，为中国的阿拉伯史学史研究乃至中东史学史研究，做出更多更大的贡献。

于 沛

2020 年 6 月 20 日

丛书总序二

史学史是研究和阐述历史学本身发展的学科。毫无疑问，史学史的研究对于总结古今历史学演变的脉络、特点、研究方法和规律具有十分重要的意义。自改革开放以来，中国历史学界在史学史研究领域取得了令人瞩目的成就，主要体现在中国史学史和西方史学史两大学科中，无论在项目、著述还是育人方面都是如此。

中国史学史的研究繁荣兴盛自不待言，而西方史学史在外国史学史研究中木秀于林也是预料之中的。自近代以来，欧美国家首开现代化之先河，在器物、制度诸文明和学术研究方面独步世界，包括史学史研究。因此，东方各国的学术研究和教育多以西方为模板，中国在改革开放以后再次转向西方延续了这一潮流。但是，与西方相比，包括中东、南亚、东南亚等地区在内的东方世界拥有古老辉煌的文明，在史学史研究方面遗产丰厚，值得认真研究和总结。中国史学史研究的先辈如耿淡如、周谷城和白寿彝等曾提出过写作"世界史学通史"和"世界史学史"的宏愿，而对东方国家史学史的研究是完成上述目标不可缺少的内容。另外，自改革开放以来中国的中东史研究取得了巨大的进展，但在中东史学史研究方面尚未真正启动。在进入 21 世纪第三个十年的时候，中国学术界已经在西方史学史和中东史研究领域硕果累累，全面开展阿拉伯史学史研究，此其时也！

阿拉伯史学是阿拉伯文明的组成部分。后者继承了包括两河流域、埃及、波斯、叙利亚、犹太等中东古老文明的遗产，形成了独特的地域文明，并影响到中亚、南亚、东亚、东南亚和非洲的广阔地区，对世界历史产生了深远影响。所以，对阿拉伯史学史的研究对于构建具有中国特色的史学史学科体系、学术体系、话语体系意义非凡。20 世纪 80 年代以来，中国学者已经陆陆续续在一些书籍和论文中探讨了阿拉伯史学史的内容。其中尤以阿拉伯语专业博士赵军利的博士学位论文《中世纪阿拉伯的史学发展》为代表。近年来，宁夏大学中国阿拉伯国家研究院正式启动了对阿拉伯史学史的系统研究，引起全国史学史学界的关注。

阿拉伯国家研究省部共建协同创新中心（宁夏大学）适时推出"古代阿拉伯史学文献提要丛书"。该丛书的第一卷《古代阿拉伯史学家及其著作目录》是作者在学习国内外前辈学者编写目录书的基础上，扼要归纳公元622~1524年的1500多名（包括18名女性）阿拉伯史学家及其主要的历史作品，并附上部分主要参考文献，以便学习者和研究者作进一步的探索。其余各卷分别是《古代阿拉伯族谱学家及其著作提要》、《古代阿拉伯编年体史书提要》、《古代阿拉伯名人传记提要》、《古代阿拉伯世界史与王朝史名著提要》以及《古代阿拉伯地方史名著提要》等。显然，在该丛书编写的过程中，作者付出了巨大的心血。丛书的陆续出版有助于中国的外国史学史和中东史学界初步了解古代阿拉伯历史学的大致轮廓和特征，从而为我们进一步开展有关研究、培养相关人才奠定基础，因而具有重要意义。

千里之行，始于足下。让我们携起手来，为未来中国的中东史学史研究事业的繁荣共同努力！

黄民兴

草于 2020 年 6 月 19 日

修改于 2021 年 3 月 6 日

本卷序

　　某日，我在微信上收到一条信息，信息来自目前在宁夏大学中国阿拉伯国家研究院任职的梁道远博士。他说，他主编的"古代阿拉伯史学文献提要丛书"第一卷《古代阿拉伯史学家及其著作目录》临近完稿，希望我能写几句话，给他打打气，鼓鼓劲，督促他日后更加努力地从事其钟爱的中东史学史研究工作。于是，我欣然同意，为他写了以下文字，聊表敬意和"鼓励"！

　　2006 年 9 月，我认识了梁道远。当时，我给西北民族大学 2006 级阿拉伯语专业学生教授阿拉伯语语音课程。他是我授课班级里的一名学生。高校阿拉伯语专业是零起点专业，初级阶段的语言教学以汉语——中国学习者（教师与学生）的母语——为媒介。阿拉伯语语音课程的学习者要有较好的母语语音（中文发音及中文语调）基础，否则，授课与学习的过程是非常痛苦的。当时，梁道远有非常浓厚的广西合浦口音。他说话时，似乎是在"唱"汉语。我卖力地讲授阿拉伯语语音，他勤奋辛苦地跟着学习。但最终，他的这门课没有及格。阿拉伯语语音课不及格，那件事铁定成为他此后多年的"痛"！2018 年 4 月，我邀请梁道远回母校给阿拉伯语专业在校学生分享"学习阿拉伯语的喜与忧"。他向众多师弟师妹们诉说了他从"挂科差生"蜕变成"优秀校友"的往事。事实证明，梁道远是一个跌倒了就站起来继续更努力干的人。

　　2010 年 9 月，梁道远到西北大学中东研究所攻读硕士学位。一年后，我赴上海外国语大学攻读博士学位。我们时常有一些交流，主要聚焦在毕业论文的框架设计与阿拉伯文资料的梳理和使用等环节。2013 年，他第一次考博，不幸落败。但他很快就站起来，又准备了一年，最终如愿以偿地继续在西北大学中东研究所深造。在黄民兴教授等西北大学中东研究所多位知名学者的指导与督促下，他以"中东史学史"为科研生长点和长远研究目标。当我知悉他的研究计划时，甚为喜悦。据我所知，中国高校的阿拉伯语语言教育及与之相关学科的横向联合式培养是有很大发展空间的。如果阿拉伯语语言教育能够与历史、法学、国际关系、商贸、翻译、比较文学、教育、卫生健康、机械制造、石油化工等学科发展方向有效结合，将会为国家和社会培养各类急需的专业人才，助力"一带一路"建设。

梁道远博士毕业后，到宁夏大学中国阿拉伯国家研究院任职。他以愚公移山的精神、痴人攻坚的姿态，如饥似渴地提升自己对中东史学史的认知。尽管他的收入水平不高，却经常热情豪迈地拿出工资来鼓励未来任何一个有望成为中东史学史研究团队的人员。其实，他的日常生活比较节俭——或许是南方人喜好大米稀饭和榨菜的缘故罢了。他最"奢侈"的嗜好就是买些咖啡豆自己磨煮喝。据我所知，如果西北民族大学阿拉伯语专业的校友找他索取阿拉伯文献，他一定是有求必应，没有质疑，乐于奉献，免费提供。

最后，我衷心地祝愿梁道远在中东史学史研究方面更上一层楼！

2020 年 6 月 20 日

于兰州慎园斋

目 录
Contents

导　论

阿拉伯史学史是研究阿拉伯史学产生、发展及其交流过程的一门学科。从文化特性方面讲，阿拉伯史学是伊斯兰史学（或穆斯林史学）的主要构成部分。[①] 虽然阿拉伯史学直到伊斯兰教兴起（622 年）后才破土萌发，但中古时期的阿拉伯伊斯兰历史文献种类繁多，数量庞大。在这些方面，伊斯兰教的史学比得上基督教世界的史学；在批判精神以及思想的深度和透辟方面，伊本·赫勒敦（Ibn Khaldūn，1332~1406）或许不亚于任何西方史家。[②] 同时，若从整体上考量史学交往的密切程度，则阿拉伯史学在"多元一体"的中东史学发展历程上起着承上启下的关键性作用，即上承古代两河流域史学、古埃及史学、古希伯来史学、古波斯史学和早期基督教史学的遗产，沾染希腊-罗马史学的余晖，下启伊朗史学和土耳其史学等中东地区的主要史学分支。

阿拉伯史学史是阿拉伯人的"世袭领地"。但中国学者要编写中国特色的世界史学史（或全球史学史）著作，就得研究阿拉伯史学。60 年前，耿淡如（1898~1975）撰文提到"世界史学通史"的概念。[③] 1982 年，周谷城（1898~1996）撰文回忆了"教授世界史学史"的往事。[④] 1985 年，白寿彝（1909~2000）在一个会上谈了对中国史家"写出一部包含各个国家各个民族的世界史学史"的期望。[⑤] 这些前辈们的卓识为中国的世界史学史研究点

---

① 伊斯兰史学主要由阿拉伯史学、伊朗史学、土耳其史学以及其他具有浓厚的伊斯兰文化特性的史学分支构成。
② J. W. 汤普森：《历史著作史》上卷第 1 分册，谢德风译，商务印书馆，1988，第 580 页。
③ 耿淡如：《什么是史学史？》，《学术月刊》1961 年第 10 期。
④ 周谷城：《我是怎样研究世界史的》，《历史教学问题》1982 年第 3 期。
⑤ 白寿彝：《座谈会上的开场白》，《史学史研究》1985 年第 2 期。

亮了蓄势燎原的星火。笔者认为，一部充分反映世界所有史学分支的产生、发展及其交往过程的史学史著作，应该以探讨各个史学分支如何在互动发展的过程中实现更大程度的共存为要旨。中国的史学史研究要为世界史学的良性发展做出更多贡献，就要在更深入地研究中国史学和西方史学的同时，强化对阿拉伯史学等以往不受重视的世界史学分支的研究。因而，我们有必要窥探古代阿拉伯史学的发展历程。

一　阿拉伯史学的萌芽

前伊斯兰时期的阿拉伯还没有史学，但具备了史学萌发所必需的部分社会条件。当时的阿拉伯半岛主要流行三种形式的自觉历史意识。半岛北部的历史意识主要体现为口耳相传的族谱和"阿拉伯日子"（Ayyām al-'Arab）。[①] 阿拉伯人以血统的纯洁、族谱的高贵为荣，极尽其所能地把族谱追溯到人类始祖亚当。[②] "阿拉伯日子"是通过诗歌和散文交错穿插的方式来讲述的阿拉伯部落传统、纠纷和战争的传说故事。同时，在半岛南部遗留下一些铭文和传说。它们主要是"关于也门历史的充满诗意的构想故事"、国王的传奇和巫师的神谕等。[③] 虽然该时期的阿拉伯人已经有了关于年、月、周、日和夜的系统观念，但他们多次使用新发生的重大事件作为新纪元来取代旧历法。[④] 比如，穆罕默德所属的古莱什部落曾经使用 10 种纪元方法。[⑤] 显

[①] 著名伊斯兰哲学家沙赫拉斯塔尼（al-Shahrastānī，1086~1153）认为，前伊斯兰时期的阿拉伯学问主要分为三种：其一，族谱、历史（主要是口传历史故事）与宗教；其二，天启之学；其三，星象学。详见沙赫拉斯塔尼《教义与信仰》（Al-Milal wa-al-Nihal）第 3 卷，贝鲁特：学术书籍出版社，1992，第 662~676 页。

[②] 希提：《阿拉伯通史》上册，马坚译，商务印书馆，1979，第 31 页。

[③] 阿卜杜·阿齐兹·杜里：《阿拉伯史学的兴起》（'Abd al-'Azīz al-Dūrī, Nash'at 'Ilm al-Tārīkh 'inda al-'Arab），贝鲁特：阿拉伯统一研究中心，2007，第 13~14 页。

[④] 麦斯欧迪：《黄金草原与珠玑宝藏》（al-Mas'ūdī, Murūj al-Dhahab wa-Ma'ādin al-Jawhar）第 2 卷，赛达 & 贝鲁特：现代书店，2005，第 149、154、158~163 页。

[⑤] 这 10 种纪元方法分别是：1. 伊斯玛仪来到麦加之年。2. 马阿德·本·阿德南后裔分离之年。3. 阿慕尔·本·路海成为领袖之年。4. 卡尔卜·本·路爱依去世之年。5. 背信弃义之年。6. 象年。先知穆罕默德出生之年。7. 伏贾尔之年，约相当于公元 590 年。8. 希沙姆·本·穆盖拉去世之年。9. 翻修天房之年，约相当于公元 595 年。10. 迁徙之年，即公元 622 年。参见哈姆扎·艾斯法哈尼《世界列王与先知年谱》（Hamzah al-Asfahānī, Tārīkh Sinī Mulūk al-Ard wa-al-Anbiyā'），贝鲁特：生活书店出版社，1961，第 113 页。

而易见，阿拉伯史学的萌发还有待记事求真观念、稳定历法和保障史学活动的社会机制等因素的进一步发展。

实际上，阿拉伯史学的兴起与伊斯兰教的发展和伊斯兰政权的巩固密切相关。公元 7 世纪初，伊斯兰教的诞生与传播使阿拉伯人由过去对英雄史诗的吟诵转向对穆罕默德和圣门弟子功绩的真实历史记忆。正统哈里发时期（632～661 年），他们创造了伊斯兰历（下文简称"伊历"），完成了富含历史故事的《古兰经》的定本。他们对人类历史的认识向前推进到创世之初，并大体上把历史进程二分为前伊斯兰时期和伊斯兰时期。[①] "走进新时代"的人们很快就深刻地意识到历史知识的重要性。比如，阿里（656～661 年在位）对也门哈德拉毛地区的历史故事很感兴趣。[②] 伍麦叶王朝（661～750 年）建立后，哈里发出于巩固政权、治理国家和扩张领土的需要，在思想认识方面寄希望于"以史为鉴"，从而大力支持历史传述和编纂活动。例如，哈里发穆阿维叶一世（661～680 年在位）和史家欧贝德·沙利耶（'Ubayd Sharīyah，? ～约 686）之间关于古代也门君王故事的问答被编录成了《列王与往昔纪事》（又名《也门纪事及其诗歌与谱系》）。[③] 穆阿维叶一世的弟弟齐雅德·艾比赫（Ziyād Abīh，622～673）编的《缺点》是第一本专门讲述阿拉伯人缺点的书，同时也是伊拉克历史学派的第一批著作之一。[④] 由此可见，公元 7 世纪中叶，阿拉伯史学开始破土萌发。

我们在很大程度上可以把伊历 143 年（公元 760 年 4 月 26 日至 761 年 4 月 14 日）视为阿拉伯史学萌芽期结束的标志年。这一年，伊本·伊斯哈格（Ibn Ishāq，约 704～768）撰成《先知传》，首次有条不紊地全面记述穆罕

[①] 阿卜杜·阿齐兹·杜里：《阿拉伯历史分期概论》（'Abd al-'Azīz al-Dūrī, "Fatarāt al-Tārīkh al-'Arabī: Nazrah Shāmilah"），载阿卜杜·阿齐兹·杜里主编《历史与文明论集：史学论集》（'Abd al-'Azīz al-Dūrī, Awrāq fī al-Tārīkh wa-al-Hadārah: Awrāq fī 'Ilm al-Ta'rīkh），贝鲁特：阿拉伯统一研究中心，2009，第 247 页。

[②] 伊本·希沙姆：《冠冕：希木叶尔列王》（Ibn Hishām, Kitāb al-Tījān fī Mulūk Himyar），间接传述自瓦赫卜·穆纳比赫，萨那：也门研究中心，1995，第 174～176 页。

[③] 欧贝德·沙利耶：《也门纪事及其诗歌与谱系》（Akhbār al-Yaman wa-Ash'āruhā wa-Ansābuhā 'alá al-Wafā' wa-al-Kamāl），载伊本·希沙姆：《冠冕：希木叶尔列王》，第 323～499 页。

[④] 福阿德·斯兹金：《阿拉伯遗产史》（Fu'ād Sizkīn, Tārīkh al-Turāth al-'Arabī）第 1 卷第 2 分册，马哈茂德·法赫米·希贾齐译，利雅得：伊玛目穆罕默德·本·沙特伊斯兰大学，1991，第 28、35、36 页；沙奇尔·穆斯塔法：《阿拉伯历史与史家》（Shākir Mustafá, Al-Tārīkh al-'Arabī wa-al-Mu'arrikhūn）第 1 卷，贝鲁特：大众知识出版社，1979，第 170 页。

默德的生平。他善于综合多位学界前辈对同一史事的各种记载，非常重视史事之间的有序性和关联性。① 同年，麦加、麦地那、巴士拉和库法等城市还有多部圣训、教法和经注类典籍问世。各类阿拉伯文书籍自此开始涌现。因而，这一年被一些阿拉伯史家视为书籍编纂成册和划分门类的肇始年。② 而萌芽期的阿拉伯史学除了反映伊斯兰教走向全面发展的时代特征外，至少还表现出以下四个特点。

第一，口传史事和文字记录并存，历史记载由零散短文向系统史书过渡。

伊斯兰教初兴之时，古莱什部落只有 17 人会写字。③ 当时的知识以口耳相传为主，笔记成文为辅。伍麦叶王朝时期，口耳相传仍然是知识承继的主要方式。但所传内容丰富了许多，比如，沙姆地区流行的口传史料包括古代历史故事④、阿拉伯族谱、武功纪与人物传记（al-Maghāzī wa-al-Siyar）、征服沙姆地区以及伍麦叶家族哈里发事迹五种类型。⑤ 同时，笔录历史的活动逐渐兴起。从瓦赫卜·穆纳比赫（Wahb Munabbih，约 654 ~ 732）自称读过 93 部"天启之书"及其兄长汉玛姆（Hammām，? ~719）给他买书这两件事来看，⑥ 7 世纪末的阿拉伯世界已产生相当数量的成文书籍。然而，埃及著名史学家艾哈迈德·爱敏（Ahmad Amīn，1886~1954）认为，"那个时期的所谓著作，仅限于搜集编纂，著者并没有特殊的见解。所谓书籍，就是指一些零散的纸片而言"⑦。实际上，直到 8 世纪上半叶，武功纪的搜集整理成为一股热潮时，阿拉伯人才开始有序地编纂史书。

---

① 侯赛因·纳索尔：《阿拉伯历史编纂学的兴起》（Husayn Nassār, *Nash'at al-Tadwīn al-Tārīkhī 'inda al-'Arab*），贝鲁特：伊格拉出版社，1980，第 76、83 ~ 84 页。

② 伊本·塔厄里·比尔迪：《闪耀群星：埃及与开罗列王》（Ibn Taghrī Birdī, *Al-Nujūm al-Zāhirah fī Mulūk Misr wa-al-Qāhirah*）第 1 卷，贝鲁特：学术书籍出版社，1992，第 444 ~ 445 页；沙奇尔·穆斯塔法：《阿拉伯历史与史家》第 1 卷，第 92 页。

③ 巴拉祖里：《征服各地》（al-Balādhurī, *Futūh al-Buldān*），贝鲁特：学术书籍出版社，2000，第 280 页。

④ 阿拉伯史学史上的"Akhbār"分为两种：一种是口传的历史故事或人物事迹；另一种是成文的历史记录，即纪事。

⑤ 侯赛因·阿特万：《伍麦叶王朝时期沙姆地区的历史传述》（Husayn 'Atwān, *Al-Riwāyah al-Tārīkhīyah fī Bilād al-Shām fī al-'Asr al-Umawī*），贝鲁特：吉勒出版社，1986，第 9 页。

⑥ 伊本·希沙姆：《冠冕：希木叶尔列王》，第 9 页；伊本·哈杰尔：《修正精编》（Ibn Hajar, *Tahdhīb al-Tahdhīb*）第 6 卷，贝鲁特：学术书籍出版社，2004，第 665 页。

⑦ 艾哈迈德·爱敏：《阿拉伯伊斯兰文化史》第 1 册，纳忠译，商务印书馆，2019，第 207 页。

第二，族谱、纪事和武功纪是主要的史书体裁。

族谱深刻地影响着阿拉伯人的政治、经济、军事和社会文化生活。许多声名显赫的圣门弟子，如艾布·伯克尔（632～634 年在位）、欧麦尔（634～644 年在位）和阿基勒（'Aqīl，? ～680）等都是著名的口传族谱学家。[①] 伍麦叶王朝利用部落首领来维系统治，大力支持族谱研究。8 世纪，族谱学家把族谱知识发展成历史研究的重要构成部分。[②] "阿拉伯日子" 也发展成纪事。上述的欧贝德和瓦赫卜都是早期著名的纪事家。

同时，学者们按专题把穆罕默德的生平记录编辑成册：一类专门记穆罕默德言行，后来发展成圣训；另一类记穆罕默德领导下的诸多战役、生平事迹和圣门弟子的优良品性、重要业绩，逐渐汇集成武功纪和先知传（al-Sīrah）。欧尔瓦·祖贝尔（'Urwah al-Zubayr，643～713）是最早试图全面汇集武功纪的学者。[③] 但他的《武功纪》只是简单的史料辑录，缺乏系统性和连贯性。他的得意门生祖赫里（al-Zuhrī，671～742）的《武功纪》按照时间顺序，从穆罕默德的祖父写到正统哈里发时期。[④] 穆萨·欧戈巴（Mūsá 'Uqbah，约675～758）因其《武功纪》真实可靠而被学者们誉为 "武功纪之伊玛目"[⑤]。

此外，伊本·艾比·哈思玛（Ibn Abī Hathmah，624～670）、欧贝杜拉·卡尔卜（'Ubaid Allāh Ka'b，? ～716）、萨义德·赫兹拉继（Sa'īd al-Khazrajī，? ～约 8 世纪初）、沙尔比（al-Sha'bī，640～约 723）、艾班·奥斯曼（Abān 'Uthmān，约 641～723）、舒拉哈比勒（Shurahbīl，? ～741）、叶齐德·鲁曼（Yazīd Rūmān，? ～747）、伊本·艾比·伯克尔（Ibn Abī Bakr，685～753）、艾布·艾斯瓦德（Abū al-Aswad，? ～754）以及艾布·穆尔台米尔（Abū al-

---

① 伯克尔·艾布·栽德：《族谱学家层级传》（Bakr Abū Zayd, *Tabaqāt al-Nassābīn*），利雅得：鲁世德出版社，1987，第 13、15 页。

② 阿卜杜·阿齐兹·杜里：《谱系书与半岛史》（'Abd al-'Azīz al-Dūrī, "Kutub al-Ansāb wa-Tārīkh al-Jazīrah"），载阿卜杜·阿齐兹·杜里主编《历史与文明论集：史学论集》，第 149 页。

③ 阿卜杜·阿齐兹·杜里：《阿拉伯史学的兴起》，第 19～20 页；穆罕默德·尼尔马赫：《欧尔瓦·本·祖贝尔及其对历史编纂的贡献》（Muhammad Ni'mah, "'Urwah ibn al-Zubayr wa-Ishāmātuhu fī al-Tadwīn al-Tārīkhī"），《人文科学杂志》（*Majallat al-'Ulūm al-Insānīyah*）2012 年第 9 期。

④ 祖赫里：《先知武功纪》（al-Zuhrī, *Al-Maghāzī al-Nabawīyah*），大马士革：思想出版社，1981。

⑤ 穆罕默德·拔格什施汇集、研究与摘编《穆萨·本·欧戈巴的〈武功纪〉》（Jam' wa-Dirāsat wa-Takhrīj Muhammad Bā Qashīsh, *Al-Maghāzī li-Mūsá ibn 'Uqbah*），阿加迪尔：伊本·祖哈尔大学人文社会科学院，1994，第 18～21 页。

Mu'tamir，666~761）等学者也因精通武功纪而在阿拉伯史学史上留下了自己的名字。① 他们讲述和编写的武功纪为伊本·伊斯哈格撰写《先知传》打下了良好的基础。

第三，伊斯纳德（al-Isnād）被精通圣训的史家们引入史学。

美国著名史学史家汤普森（J. W. Thompson，1869~1941）说："所有伊斯兰史家都坚持伊斯纳德传统，即由一系列权威形成的锁链，按照各环节顺序可以追溯到某一事件的目击者或参与者，从而查考叙事是否正确。"② 在阿拉伯史学中，伊斯纳德的主要功能是保证所记之事为真。③

伊斯兰教初兴之时，阿拉伯穆斯林直接从穆罕默德和圣门弟子那里获得"权威"的口传知识，还不需要伊斯纳德。随着时间的推移，人们传述的穆罕默德言行信息开始纷乱复杂起来。为确保传述内容的真实性，圣训学家们创造了伊斯纳德，并逐渐重视它的使用。

然而，"最早的传记作者与首批圣训学家的做法一样，有的注重传述系统、历史线索，有的则不注重"④。欧尔瓦是可信的圣训学家，通过伊斯纳德来追溯关于穆罕默德生平的最原始记忆。但他的《武功纪》时而有伊斯纳德，时而缺失。这是因为在他的那个时代，伊斯纳德刚被创造出来不久，以简略的形式存在，尚未形成稳定的、细腻的范式。⑤ 祖赫里是"正式记录圣训的官方第一人"⑥，也是把伊斯纳德牢固地与历史编纂结合在一起的人。他严格地以伊斯纳德的完整性来判断史事的真伪，按顺序把述及同一史事的所有传述人无一遗漏地记录下来。⑦ 他还是麦地那历史学派的真正奠基人，其门生继承和发展了他的撰史方法。

第四，史学流派初步形成。

也门历史学派以研究上古历史和传说故事见长，是早期阿拉伯史学流派

---

① 福阿德·斯兹金：《阿拉伯遗产史》第1卷第2分册，第65~84页。
② J. W. 汤普森：《历史著作史》上卷第1分册，第560页。
③ 拉斐戈·阿杰姆编著《阿拉伯伊斯兰历史学术语大全》（Rafīq al-'Ajam, *Mawsū'at Mustalahāt 'Ilm al-Tārīkh al-'Arabī wa-al-Islāmī*），贝鲁特：黎巴嫩书店，2000，第46~48页。
④ 艾哈迈德·爱敏：《阿拉伯伊斯兰文化史》第3册，向培科等译，商务印书馆，2019，第374页。
⑤ 优素福·霍罗维茨：《早期武功纪及其编纂者》（Josef Horovitz, *Al-Maghāzī al-Ūlá wa-Mu'allifūhā*），侯赛因·纳索尔译，开罗：汗吉书店，2001，第38~39页。
⑥ 祁学义：《圣训研究》，宗教文化出版社，2010，第56页。
⑦ 阿卜杜·阿齐兹·杜里：《阿拉伯史学的兴起》，第64、80页。

之一。其起点可以追溯到卡尔卜·艾哈拔尔（Ka'b al-Ahbār，？~约654）。①它后来经过伊本·穆法力厄（Ibn Mufarrigh，？~688）、瓦赫卜·穆纳比赫以及口传纪事家穆罕默德·卡尔卜（Muhammad Ka'b，659~735）等人的进一步发展而成为一个特色史学流派。②然而，其影响力远远比不上麦地那历史学派和伊拉克历史学派。

阿拉伯史学在其萌芽期主要朝着两个方向迅速发展。其中的一个方向主要由麦地那的圣训学家们掌控，把关注点集中于伊斯兰历史（主要是穆罕默德的生平和圣门弟子的事迹），凝聚成了麦地那历史学派。欧尔瓦初创了该学派，其得意门生祖赫里夯实了学派基础。③该学派特别重视对伊斯纳德的使用，最初主要研究武功纪和先知传。后来，其研究旨趣涉及哈里发史和伍麦叶王朝史。另一个方向掌握在伊拉克巴士拉和库法的知识分子手中。他们主要以族谱辑录和部落研究为突破口，也涉猎武功纪和哈里发史，经过数代学人的努力耕耘，缔造了伊拉克历史学派。④

伊本·伊斯哈格把以上三个学派的精华糅合进《先知传》。他"像也门人那样讲也门和有经典的人（即犹太教徒和基督教徒）的历史，像麦地那人那样写传记，像伊拉克人那样修哈里发史"⑤，全面总结前人们的族谱传述、古史研究和穆罕默德生平记录，宣告了阿拉伯史学的萌芽期结束，打破了把圣训与穆罕默德传记混合在一起研究的状态，开创了阿拉伯史学的新时代。

萌芽期的阿拉伯史学之所以呈现出以上特点，一是因为伊斯兰教给阿拉伯社会带来的革命性变化引起了阿拉伯人记录和传述这一重大事件的冲动。穆罕默德的生平是记录的重点，是不容歪曲描述的。伊斯纳德的产生是阿拉伯史学家（同时也是圣训学家）为保证所记之史为真而做出的创新

---

① 沙奇尔·穆斯塔法：《阿拉伯历史与史家》第1卷，第135~136页。

② 宰娜卜·拉乌夫：《从停滞走向复苏的也门历史学派》（Zaynab Ra'ūf，"Madrasat al-Yaman al-Tārīkhīyah min al-Rukūd ilá al-Inti'āsh：Dirāsah fī Ma'ākhidh al-Mu'arrikhīn 'alayhā"），《卡尔巴拉大学学术期刊》（Majallat Jāmi'at Karbalā' al-'Ilmīyah）2016年第4期。

③ 阿卜杜·阿齐兹·撒里姆：《历史与阿拉伯史家》（'Abd al-'Azīz Sālim，Al-Tārīkh wa-al-Mu'arrikhūn al-'Arab），亚历山大：高校青年基金会，1987，第53~60页。

④ 阿卜杜·卡利姆·道罕：《沙姆、希贾兹、埃及与伊拉克的历史学派之兴起》（'Abd al-Karīm Dawhān，Nash'at al-Madrasah al-Tārīkhīyah fī al-Shām wa-al-Hijāz wa-Misr wa-al-'Irāq），巴格达：伊拉克书籍穆尔塔多埃及公司，2009，第11~21、50~51页。

⑤ 侯赛因·纳索尔：《阿拉伯历史编纂学的兴起》，第97页。

性努力。二是由于阿拉伯人刚揖别"蒙昧"①，整体文化发展水平较低。人们意识到记录真实历史事件的重要性，把所见所闻简单地记录下来，但还没有形成方法意识。史学发展尚处于稚嫩阶段。同时，历史记忆具有长期性和连续性的特征，不可能因某个人的号召而立即被遗忘。盛行于前伊斯兰时期的部落宗派主义在穆罕默德辞世后"反弹"。族谱研究在一段时期内备受重视，与纪事和武功纪并驾齐驱。而阿拉伯史学初兴之时就已形成几个富有地域文化特征的史学流派，这说明伊斯兰文明是兼容并蓄的。

二　阿拉伯史学的成长

阿拔斯王朝前期，明君文韬武略，政治集权有序，经济繁荣发达，国际交往广泛，文化蒸蒸日上。在"翻译运动"的推动下，波斯、印度和希腊-罗马的文化与阿拉伯原有文化合流，"伊斯兰科学文化迅速发展，在化学和炼金术、数学、天文学、占星术、医学、文学和语言学方面做出了重大贡献，在生物学、矿物学、地理学、历史学等领域也成绩不凡"②。9世纪中叶后，王权衰微，帝国分裂。然而，政治状况并非决定文化盛衰的必然因素。③仅就阿拉伯史学而言，它继续成长，到10世纪奠定了坚实的学科基础。

泰伯里（al-Tabarī，839~923）被我国一些学者誉为"阿拉伯历史学的奠基者""阿拉伯的司马迁"④。他的编年体世界通史《历代民族与帝王史》（又称《历代先知与帝王史》或《泰伯里史》），首先论述时间、夜晚与白天，再从创世写到穆罕默德迁徙麦地那（622年）。作者在叙述了伊历的制定和使用情况后，开始逐年编排历史，直至915年。他全面汇总前人的著述，重视历史和时间的关系，以严谨细致的伊斯纳德、翔实可靠的史料、

① 在阿拉伯文学史上，自5世纪末至伊斯兰教兴起的这段时期通常被称为"蒙昧时期"。详见邵基·戴夫《阿拉伯文学史：蒙昧时期》（Shawqī Dayf, *Tārīkh al-Adab al-'Arabī: al-'Asr al-Jāhilī*），开罗：知识出版社，2000，第38~39页。

② 彭树智主编，王铁铮、黄民兴等：《中东史》，人民出版社，2010，第104页。

③ 比如，在中国历史上，魏晋南北朝是一个衰乱的时代，但史学并没有因势而衰，反而走向极盛。详见杜维运《中国史学史》第2册，商务印书馆，2010，第289~319页。

④ 宛耀宾主编《中国伊斯兰百科全书》，四川辞书出版社，2007，第553页；彭树智：《两斋文明自觉论随笔》第2卷，中国社会科学出版社，2012，第779页。

客观中立的叙述、优雅美妙的文辞和人类历史的视野，使这部书成为阿拉伯史学史上划时代的作品。之后，他对这部作品进行了补遗。泰伯里的史学成就在很大程度上取决于个人才智和努力，同时也是 8 世纪中叶至 10 世纪初的阿拉伯史学发展累积的结果。因而，这段时期是阿拉伯史学的成长期。该时期的史学发展有五个特点。

第一，史家和史书的数量倍增。

土耳其史学家福阿德·斯兹金（Fuat Sezgin，1924~2018）在《阿拉伯遗产史》（*Tārīkh al-Turāth al-‘Arabī*）[1] 中评介的卒于 761 年前的阿拉伯史学家（包括没有留下成文历史论著的口传族谱学家和口传纪事家）只有约 50 名，而卒于 761~923 年的史学家约有 100 名。

根据叙利亚著名史学史家沙奇尔·穆斯塔法（Shākir Mustafá，1921~1997）的统计，在伊历最初三个世纪（公元 7~9 世纪）内产生的历史论著相当丰富，其数量超过了 600 种。大约有 2/3 是由艾布·米赫纳夫（Abū Mikhnaf，?~774）、伊本·卡勒比（Ibn al-Kalbī，?~819）、艾布·欧贝达（Abū ‘Ubaydah，728~824）和麦达伊尼（al-Madā’inī，752~840）等几人写的。[2]

此外，《古代阿拉伯史学家及其著作目录》（主要按照卒年先后顺序，重点择录编纂了成文历史论著的史学家和少量特别重要的口传纪事家）收录的卒于 761 年前的史学家，即从上述的卡尔卜·艾哈拔尔到伊本·穆格发（Ibn al-Muqaffa‘，724~759），仅 30 余名；提到的论著（限于篇幅，只能重点择录）仅 50 余种。但卒于 761~923 年的史学家，即从上述的艾布·穆尔台米尔到泰伯里，多达 300 余名；提到的代表性论著 1000 多种。

第二，史家的方法意识提高。

在阿拉伯史学的萌芽期，大多数史学家只是把收集到的材料堆砌成小册子，还没有形成明显的历史编纂方法意识。从 9 世纪开始，这种“不懂方法”的情况得到了很大改善。大圣训学家布哈里（al-Bukhārī，810~870）自称从 18 岁开始编写《大历史》[3]。同时代的学者还难以理解他的这

① 该书的德文原名是 *Geschichte des Arabischen Schrifttums*。
② 沙奇尔·穆斯塔法：《阿拉伯历史与史家》第 1 卷，第 83 页。
③ 布哈里：《大历史》（*Kitāb al-Tārīkh al-Kabīr*）第 1~9 册，贝鲁特：学术书籍出版社，1986 年影印版。

部巨著。① 他以该书开创了按照阿拉伯字母顺序编写人物志的方法。伊本·古台巴（Ibn Qutaybah, 828~889）在《纪事精粹》和《知识》的序言中都表露了自己的写作目的，概括了全书的内容，说明了所使用的分类方法。② 叶尔孤比（al-Ya'qūbī, ?~约 905）在其舆地学著作《各地》的序言中介绍了他的实地考察法和对不确定的知识不予以记载的治史方略。③

第三，史书的形式与内容多样化。

1. 传记类型多样化④

伊本·希沙姆（Ibn Hishām, ?~约 834）在伊本·伊斯哈格的著作基础上修订而成的《先知传》⑤，是现存最翔实可靠的穆罕默德传记。伊本·萨阿德（Ibn Sa'd, 784~845）在瓦基迪（al-Wāqidī, 747~823）《层级传》的基础上编成《大层级传》⑥，收录先知传、4900 多名男性圣门弟子与再传圣门弟子的传记、约 630 名女性门弟子的传记。布哈里的人物志《大历史》收录圣训传述者约 13000 名、人物别名逾千个。

2. 征服史（al-Futūh）的编纂发展到顶峰

8 世纪，记载阿拉伯人扩张过程的征服史类著作开始问世，比如，沙尔比的《征服》，伊本·伊斯哈格的《征服》，艾布·米赫纳夫的《征服沙姆》和《征服伊拉克》，赛夫·欧麦尔（Sayf 'Umar, ?~约 796）的《征服》以及穆罕默德·艾兹迪（Muhammad al-Azdī, 生活于 8 世纪）的《征服沙姆》等。9 世纪，这类题材史书的编纂在瓦基迪、麦达伊尼、伊本·阿卜杜·哈卡姆（Ibn 'Abd al-Hakam, 803~871）以及巴拉祖里（al-Balādhurī, ?~892）等史家的努力下，走向极盛。尤为值得一提的是，巴拉

---

① 赫蒂卜·巴格达迪：《巴格达史》（al-Khatīb al-Baghdādī, *Tārīkh Madīnat al-Salām*）第 2 卷，贝鲁特：伊斯兰西方出版社，2001，第 325~326 页。

② 伊本·古台巴：《纪事精粹》（*Kitāb 'Uyūn al-Akhbār*）第 1 卷，开罗：埃及国家图书馆，1996，第 10~20 页；伊本·古台巴：《知识》（*Al-Ma'ārif*），开罗：知识出版社，1981，第 1~7 页。

③ 叶尔孤比：《各地》（*Kitāb al-Buldān*），莱顿：博睿学术出版社，1890，第 2~3 页。

④ 阿拉伯的传记主要有"西拉"、"塔尔杰马"、"塔巴卡特"、"马加兹"、"巴尔纳马吉"、"马纳基布"、"法赫拉塞"、"瓦法耶特"、"穆阿杰姆"和"穆卡迪马"等类型。详见邹兰芳《阿拉伯传记文学研究》，中国社会科学出版社，2016，第 85 页。

⑤ 伊本·希沙姆：《先知传》（*Al-Sīrah al-Nabawīyah*）第 1~4 卷，贝鲁特：阿拉伯书籍出版社，1990。

⑥ 伊本·萨阿德：《大层级传》（*Kitāb al-Tabaqāt al-Kabīr*）第 1~11 卷，开罗：汗吉书店，2001。

祖里的《征服各地》① 全面记述了阿拉伯人的扩张过程，不仅描述重要征服地的社会、文化、行政和地理等方面的概况，还专门谈论波斯的制度、土地税的征收标准和货币等问题。

3. 族谱学发展成熟

阿拉伯族谱学历经口耳相传、单一族谱和族谱集等发展阶段而走向成熟。继"第一位大族谱学家"伊本·卡勒比之后，艾布·叶格咎（Abū al-Yaqzān，？~806）全面总结早期族谱学家的成就，著成《大族谱》。② 巴拉祖里的《贵族谱系》③ 是阿拉伯族谱学走向成熟阶段的标志性著作，不仅收录大量人物传记，而且把社会、政治、经济、文化和军事等方面的内容置于族谱世系的框架内进行叙述。

4. 地方志涌现

在阿拔斯王朝版图内，各个地区和诸多城市在自然环境、社会状况、经济发展以及文化形态等方面都各具特色。专门记述这些地区和城市发展的地方志的出现时间和推动因素也各有所异。④ 8 世纪上半叶，地方志初登阿拉伯历史舞台。哈桑·巴士里（al-Hasan al-Basrī，642~728）的《麦加特色及其住宅》⑤ 是现存最早的阿拉伯地方志。但这本小册子只是简短的史料汇编。第一部全面系统的麦加志出自艾兹拉基祖孙二人之手。艾哈迈德·艾兹拉基（Ahmad al-Azraqī，？~837）大量搜集材料，其孙穆罕默德·艾兹拉基（Muhammad al-Azraqī，？~约865）整编、补充成书。⑥ 第一部麦地那志成书于814年，是伊本·扎拔拉（Ibn Zabālah，？~约814）的作品。⑦ 此外，在阿拉伯史学成长期问世的地方志还有本书下文提及的穆阿法（al-

① 巴拉祖里：《征服各地》（*Futūh al-Buldān*），贝鲁特：知识基金会，1987。
② 伊本·纳迪姆：《目录》（*Ibn al-Nadīm, Al-Fihrist*）第 1 卷第 2 分册，伦敦：福尔甘伊斯兰遗产基金会，2009，第 298 页。
③ 巴拉祖里：《贵族谱系》（*Kitāb Jumal min Ansāb al-Ashrāf*）第 1~13 卷，贝鲁特：思想出版社，1996。
④ 法鲁戈·缶齐：《穆斯林的历史编纂》（*Fārūq Fawzī, Al-Tadwīn al-Tārīkhī 'inda al-Muslimīn*），艾因：扎耶德遗产与历史中心，2004，第 201~205 页。
⑤ 哈桑·巴士里：《麦加特色及其住宅》（*Fadā'il Makkah wa-al-Sakan fī-hā*），科威特：法腊哈书店，1980。
⑥ 穆罕默德·艾兹拉基：《麦加纪遗》（*Akhbār Makkah wa-mā jā'a fī-hā min al-Āthār*）第 1~2 卷，麦加：阿萨迪书店，2003。
⑦ 伊本·扎拔拉：《麦地那纪事》（*Akhbār al-Madīnah*），麦地那：麦地那研究中心，2003。

Mu'āfá, 约 741~801) 的《摩苏尔史》; 伊本·欧费尔 (Ibn 'Ufayr, 763~841) 的《安达卢西纪事》; 伊本·沙占 (Ibn Shādhān, ? ~860) 的《麦地那纪事》; 艾哈迈德·巴格达迪 (Ahmad al-Baghdādī, ? ~约 871) 的《霍姆斯史》; 伊本·伽迪姆 (Ibn Qādim, ? ~874) 的《巴勒斯坦圣门弟子》; 伊本·沙巴 (Ibn Shabbah, 789~876) 的《麦地那纪事》和《巴士拉纪事》; 艾哈迈德·麦尔瓦齐 (Ahmad al-Marwazī, 814~881) 的《木鹿史》; 法奇希 (al-Fākihī, 约 832~约 892) 的《古今麦加纪事》; 伊本·推富尔 (Ibn Tayfūr, 819~893) 的《巴格达》; 萨赫米父子, 即奥斯曼·萨赫米 ('Uthmān al-Sahmī, 761~834) 和叶哈雅·萨赫米 (Yahyá al-Sahmī, ? ~895), 前者写《征服埃及史》, 后者撰《埃及人纪事》; 巴哈沙勒 (Bahshal, ? ~905) 的《瓦西特史》; 伊本·罕达韦赫 (Ibn Hamdawayh, ? ~918) 的《木鹿史》; 撒继 (al-Sājī, 835~920) 的《巴士拉史》以及穆法多勒·杰纳迪 (al-Mufaddal al-Janadī, ? ~920) 的《麦地那特色》和《麦加特色》等。

5. 地理学初兴

前伊斯兰时期的阿拉伯人已经意识到了地理知识的重要性, 但当时缺乏把这些知识凝练成一门系统学问的社会条件。① 8 世纪下半叶, 阿拉伯穆斯林学者大量汲取希腊地理学的营养, 发展出了具有阿拉伯特色的地理学。② 9 世纪, 多部《道里邦国志》问世。贾法尔·麦尔瓦齐 (Ja'far al-Marwazī, ? ~887) 是最早试图编写这类书籍的人, 但他未能完成书稿。③ 赫拉兹 (al-Kharrāz, ? ~872) 和艾哈迈德·萨拉赫斯 (Ahmad al-Sarakhsī, ? ~899) 都写了同名著作, 但均已失传。④ 846 年, 伊本·胡尔达兹比赫 (Ibn Khurdādhbih, 约 820~约 913) 完成《道里邦国志》的初稿。这部传世名著记载各地之间的路程、商货及其质量与价格、路上的食宿条件、海港与航程等情形, 描绘 9 世纪国际贸易路线图, 记述中国的港口、河流、物产

---

① 穆罕默德·朱拔里:《自前伊斯兰时期至阿拔斯王朝末期的阿拉伯地理编纂学: 历史地理学研究》(Muhammad Zubārī, "The Geographical Writing by the Arab Before Islam up to the End of the Abbasid State: A Study in the Historical Geography"),《历史研究》(Dirāsāt Tārīkhīyah) 2013 年总第 15 期。

② 克拉奇科夫斯基:《阿拉伯地理文学史》(I. Y. Krachkovsky, Tārīkh al-Adab al-Jughrāfī al-'Arabī) 第 1 册, 萨拉丁·奥斯曼译, 开罗: 编译出版委员会, 1957, 第 69 页。

③ 伊本·纳迪姆:《目录》第 1 卷第 2 分册, 第 463 页。

④ 沙奇尔·穆斯塔法:《阿拉伯历史与史家》第 1 卷, 第 211~212、227~228 页。

和海上航程等情况。① 45 年后，叶尔孤比（al-Ya'qūbī,？~约 905）撰成
《各地》，不仅描述地区、城镇和道路的轮廓，还关注其历史变迁，记载各
民族的历史。② 这些地理著作具有很高的史料价值。

6. 编年史出现

阿拉伯编年体史书的基本形式是以时间为经，以史事（或人物）为纬，
记载特定时期内发生的重要历史事件或已故名人传记。海塞姆·阿迪（al-
Haytham 'Adī，732~822）以《编年史》开启了这种体裁史书编纂的发展历
程。③ 伊本·亥雅特（Ibn Khayyāt，777~854）《历史》是现存最早的阿拉
伯编年史，记载 622~847 年的史事和名人。④ 此外，在阿拉伯史学成长期问
世的编年史还有本书下文提及的伊本·欧费尔《征服大马士革史》、伊本·
萨阿德《历史》、哈桑·齐雅迪（al-Hasan al-Ziyādī，773~857）《编年史》、
伊本·爱资哈尔（Ibn al-Azhar，816~892）《历史》以及伊本·瓦西玛
（Ibn Wathīmah,？~902）《历史》等。这些著作为泰伯里编纂《历代民族与
帝王史》提供了良好借鉴。

7. 世界史问世

古代阿拉伯史学家眼中的"世界史"（Tārīkh al-'Ālam）从人类始祖
亚当开始叙述，然后写历代先知及其民族的历史故事，接着讲古波斯、
古也门和罗马的列王，最后按照时间顺序记载伊斯兰史。⑤ 比如，艾
布·哈尼法·迪纳瓦里（Abū Hanīfah al-Dīnawarī,？~895）的《通纪》
记载东起中国边界、西至大西洋沿岸的各民族，从亚当写到哈里发穆
尔台绥姆去世（842 年 1 月）。⑥ 再如，《叶尔孤比史》从亚当时代写到

① 伊本·胡尔达兹比赫：《道里邦国志》，宋岘译注，中华书局，1991。
② 叶尔孤比：《各地》（Al-Buldān），贝鲁特：学术书籍出版社，2001。
③ 艾哈迈德·阿里：《编年史的起源及其发展阶段》（Ahmad 'Alī, "Al-Tārīkh al-Hawlī: Nashatuhu wa-Marāhil Tatawwurihi"），《历史与社会研究》（Majallat al-Dirāsāt al-Tārīkhīyah wa-al-Ijtimā'īyah）2016 年第 12 期。
④ 伊本·亥雅特：《历史》（Tārīkh）第 1~2 卷，纳杰夫：文学印书馆，1967；侯赛因·阿绥：《哈里发·本·亥雅特及其〈历史〉和〈层级传〉》（Husayn 'Āsī, Khalīfah ibn Khayyāt fī Tārīkhihi wa-Tabaqātihi），贝鲁特：学术书籍出版社，1993。
⑤ 索伊卜·阿卜杜·哈密德：《史学与史家的方法》（Sā'ib 'Abd al-Hamīd, 'Ilm al-Tārīkh wa-Manāhij al-Mu'arrikhīn），贝鲁特：伽迪尔研究与出版中心，2008，第 153 页。
⑥ 艾布·哈尼法·迪纳瓦里：《通纪》（Al-Akhbār al-Tiwāl），贝鲁特：学术书籍出版社，2001。

873 年。① 泰伯里比叶尔孤比更进一步，撰成的《历代民族与帝王史》篇幅更浩大、思路更清晰、体系更完善②，从而夯实了编纂世界史在阿拉伯史学史上的重要地位。

第四，由"纪事"阶段迈向"历史"阶段。

纪事是阿拉伯史学的古老形式。它由"阿拉伯日子"发展而来，是对单一事件的面面俱到的记载。③ 它有 5 个特点：①伊斯纳德比较灵活。②内容自我完备且简短。③既有真实的历史，也有虚构的故事。④常以对话的形式出现。⑤时常插入诗歌和韵文。在阿拉伯化的外来词"塔历赫"（tārīkh）被引入史学之前，阿拉伯人通过隐含于纪事的主题和地点中的时间来理解历史顺序。④ 在阿沃纳·哈卡姆（'Awānah al-Hakam，? ~约775）用"塔历赫"来给他的那部记载伊斯兰教兴起百年内发生的史事的书命名之后，史学逐渐迈入"含有时间的历史作品"的编纂阶段。9 世纪，产生了数十部名称中含有"塔历赫"的史书。⑤ 这些都为泰伯里把史学的发展推向编年史盛行的阶段打下了良好的基础。

第五，该时期的史学反映了文明交往深化的时代特征。

波斯释奴艾布·欧贝达既精通波斯历史和文学，又对阿拉伯故事、语言、部落和伊斯兰史等颇有研究。⑥ 他对两种文化采取兼容并蓄的态度，既写《阿拉伯盗贼》，又著《波斯人美德》。艾布·哈尼法·迪纳瓦里在《通纪》中描绘了阿拉伯人和波斯人的历史关系图景。尽管《叶尔孤比史》里对中华文明的起源和一些帝王的记载有些荒谬，但叶尔孤比试图尽力通过该书来讲述他所了解的世界各民族。此外，贾希兹（al-Jāhiz，约780~869）

---

① 叶尔孤比：《叶尔孤比史》（Tārīkh al-Ya'qūbī）第 1~3 卷，纳杰夫：海达利耶书店及其出版社，1964。

② 弗朗兹·罗森索尔：《穆斯林史学》（Franz Rosenthal, 'Ilm al-Ta'rīkh 'inda al-Muslimīn），索里哈·艾哈迈德·阿里译，贝鲁特：使命基金会，1983，第185~186页。

③ Franz Rosenthal, A History of Muslim Historiography, Leiden: E. J. Brill, p. 66.

④ 拉得万·萨立姆：《阿拉伯的时间体系：阿拉伯伊斯兰历史真实性研究》（Radwān Salīm, Nizām al-Zamān al-'Arabī: Dirāsat fī al-Tārīkhīyāt al-'Arabīyah al-Islāmīyah），贝鲁特：阿拉伯统一研究中心，2006，第33页。

⑤ 沙奇尔·穆斯塔法：《阿拉伯历史与史家》第 1 卷，第 51~52 页。

⑥ 塔哈·哈吉里：《艾布·欧贝达》（Tāhā al-Hājirī, "Abū 'Ubaydah"），《埃及作家》（Al-Kātib al-Misrī）1946 年总第 6 期。

的《解释与阐明》和《动物志》^① 以及伊本·古台巴的《纪事精粹》也从文明交往的日益深化中获益。

阿拉伯史学在阿拔斯王朝前中期迅速成长，究其原因，除了政治环境和经济状况利于史学的发展外，还有 3 点积极因素：①伊斯兰宗教体制基本确立，^② 宗教学者的数量大增。许多宗教学者热衷于著史，形成了史学家群体。史学家们积极探索，造就了史书形式多样、内容纷繁的局面。②伊斯兰文明圈形成，狭隘的血缘关系成为文明发展的障碍。因而，一些史学家试图用更加开阔的以伊斯兰文明为中心的“世界视野”来写历史。③文明交往推动史学发展。751 年，唐帝国与阿拔斯王朝在怛罗斯兵戎相见，其影响之一是中国造纸术西传阿拉伯。^③ 这极大地促进了阿拉伯史学的成长以及伊斯兰文化的繁荣。阿拉伯史学由“纪事”阶段向“历史”阶段的迈进是与它吸收了周边史学的营养分不开的。

三　阿拉伯史学的繁荣

泰伯里逝后的 300 余年内，阿拉伯历史的车轮滚入了王权赢弱、帝国分裂、群雄并立和外患频至的时期。945 年，阿拔斯王朝哈里发开始沦为布维希人的傀儡。1055 年，塞尔柱人取代布维希人，监视着哈里发的一举一动。1096 年，十字军开始东侵。13 世纪初，蒙古人西征。伊本·巴撒姆（Ibn Bassām,？~1147）在《宝库：岛民良善》一书中这样描述安达卢西的破败景象：“荒野孤狼伴，乌鸦单羽翻。”^④ 然而，就在社会衰乱时，阿拉伯史学却随同其他学术一起迈入了繁荣期。据沙奇尔·穆斯塔法的统计，从 10 世纪初到阿拔斯王朝灭亡，仅伊斯兰东部地区就有超过 1200 名史学家。^⑤ 该时期的阿拉伯史学除了史家和史书的数量庞大以外，还表现出以下 6 个

① 贾希兹：《解释与阐明》（*Al-Bayān wa-al-Tabyīn*）第 1~4 卷，开罗：汗吉书店，1998；贾希兹：《动物志》（*Al-Hayawān*）第 1~8 卷，开罗：穆斯塔法·巴比·哈拉比及其后裔书店与出版公司，1965~1969。

② 金宜久主编《伊斯兰教概论》，青海人民出版社，1987，第 36~40 页。

③ 白寿彝：《中国伊斯兰史存稿》，宁夏人民出版，1983，第 97~98 页。

④ 伊本·巴撒姆：《宝库：岛民良善》（*Al-Dhakhīrah fī Mahāsin Ahl al-Jazīrah*）第 1 卷第 1 册，贝鲁特：文化出版社，1997，第 19 页。

⑤ 沙奇尔·穆斯塔法：《阿拉伯历史与史家》第 1 卷，第 272 页。

特点。

其一，史学的学科地位提高，而且受到其他学科的广泛影响。

阿拉伯人的学科分类思想深受古希腊哲学家亚里士多德（Aristotle，公元前384~前322）的影响。① 这是导致史学迟迟未能在阿拉伯学科体系中获得稳定的独立地位的原因之一。伊本·古台巴在他的历史文化知识百科全书《知识》中，把族谱学家和纪事家归为一类，试图在学科体系中给史学以一席之地。② 著名哲学家法拉比（al-Fārābī，870~950）的《诸学统计》改进了恺迪（al-Kindī，796~873）的分科，却仍然没有给史学安排位置。③ 10世纪末，伊本·纳迪姆（Ibn al-Nadīm，约932~约990）的《目录》和穆罕默德·花拉子米（？~997）的《诸学钥匙》弥补了缺憾，把史学视为一门重要学科来详细描述。④ 阿拉伯史学自此获得了学科独立地位。这表明了阿拉伯人更加充分地认识到史学的价值和作用。11世纪，史学的学科地位得到进一步提高。安达卢西大学者伊本·哈兹姆（Ibn Hazm，994~1064）认为，每个地方、每个时期、每个民族的学问都可以分为7大类，其中1类是史学。⑤

随着阿拉伯文化的深入发展，史学不仅继续汲取文学和宗教学的营养，还吸收哲学、占星术和地理学等方面的成果。例如，穆托哈尔·麦格迪斯（al-Mutahhar al-Maqdisī，？~约966）的《原初与历史》从哲学角度审视历史，在绪论和前四章阐发了朴素历史哲学思想。⑥ 麦斯欧迪（al-Mas'ūdī，？~957）和米斯凯韦（Miskawayh，932~1030）则通过著史来阐发其哲学思考。⑦ 占星术对阿拉伯史学产生了很大影响。比如，哈姆扎·艾斯法哈尼（Hamzah

---

① 穆罕默德·赫法继：《阿拉伯的学科分类》（Muhammad al-Khafājī，"Tasnīf al-'Ulūm 'inda al-'Arab"），《泉源》（Al-Mawrid）1983年第3期。

② 伊本·古台巴：《知识》，第534~539页。

③ 法拉比：《诸学统计》（Ihsā' al-'Ulūm），贝鲁特：新月出版与书店联社，1996。

④ 伊本·纳迪姆：《目录》第1卷第2分册，第277~356页；穆罕默德·花拉子米：《诸学钥匙》（Mafātīh al-'Ulūm），贝鲁特：马纳希勒出版社，2008，第101~122页。

⑤ 伊本·哈兹姆：《诸学种类》（"Risālat Marātib al-'Ulum"），载《伊本·哈兹姆·安达卢斯短文集》（Rasā'il Ibn Hazm al-Andalusī）第4辑，贝鲁特：阿拉伯研究与出版基金会，1983，第78页。

⑥ 穆托哈尔·麦格迪斯：《原初与历史》（Kitāb al-Bad' wa-al-Tārīkh）第1~6卷，开罗：宗教文化书店，1996。

⑦ 索伊卜·阿卜杜·哈密德：《伊斯兰思想中的历史哲学》（Sā'ib 'Abd al-Hamīd，Falsafat al-Tārīkh fī al-Fikr al-Islāmī），贝鲁特：哈迪出版社，2007，第227~245、261~274页。

al-Asfahānī，893~约 970）说："我只有在星历表中才发现他们的年谱。"① 又如，比鲁尼（al-Bīrūnī，973~1048）在《印度考究》中表露了他对占星术的浓厚兴趣。② 在阿拉伯史学的繁荣期，阿拉伯地理学也得到了发展。③ 这些地理著作包含丰富的史料。

其二，"九派争鸣"，史学多彩。

该时期，麦地那历史学派已经"功成身退"。④ 但后续的史学流派频繁崛起。其中，具有浓厚宗教色彩的松散学派包括以下 3 个。

1. 中东基督教历史学派

伊拉克、叙利亚和埃及等地的许多基督教徒继续用古叙利亚文写历史和传记。同时，一些基督徒也逐渐使用阿拉伯文写作。伊本·巴特利戈（Ibn al-Batrīq，877~940）为他弟弟尔撒写的编年体世界通史《珠串》，由上古史、教堂史、基督教兴起以来的统治者史以及伊斯兰时期哈里发史等部分构成。曼比继（al-Manbijī，约卒于 10 世纪中叶）的《智识桂冠入门》是沙姆地区基督徒用阿拉伯文写的世界通史名著之一。⑤ 萨维鲁斯·穆格发（Sāwīrus al-Muqaffa'，约 915~987）是用阿拉伯文写作的埃及科普特第一位大史学家。他的《埃及主教史》不仅记载 1~10 世纪的埃及历任主教传记，还描述当时的政治、宗教、经济、社会与文化概况。玛里（Mārī,？~约1207）的《好辩者》则是第一部用阿拉伯文写的基督教百科全书。⑥

2. 伊斯兰教什叶历史学派

该学派的最显著特征是把关注点集中在阿里及其后裔们的生平事迹和历史功绩方面。其发展历程可追溯到伊本·艾比·拉菲俄（Ibn Abī Rāfi'，

---

① 哈姆扎·艾斯法哈尼：《世界列王与先知年谱》，第 66 页。
② 比鲁尼：《印度考究》（*Kitāb al-Bīrūnī fī Taḥqīq mā li-l-Hind min Maqūlah Maqbūlah fī al-'Aql aw Mardhūlah*），海得拉巴：奥斯曼百科全书委员会印务部，1958。
③ 详见穆罕默德·穆罕默代恩《伊斯兰地理学遗产》（*Muhammad al-Muhammadayn, Al-Turāth al-Jughrāfī al-Islāmī*），利雅得：科学出版社，1999。
④ 上述的伊本·萨阿德是麦地那历史学派的最后一位著名代表人物。详见阿卜杜·卡里姆·道罕：《沙姆、希贾兹、埃及与伊拉克的历史学派之兴起》（'Abd al-Karīm Dawhān, *Nash'at al-Madrasah al-Tārīkhīyah fī al-Shām wa-al-Ḥijāz wa-Miṣr wa-al-'Irāq*），巴格达：伊拉克书籍穆尔塔多埃及公司，2009，第 20~21 页。
⑤ 曼比继：《智识桂冠入门》（*Kitāb al-'Unwān al-Mukallal bi-Faḍā'il al-Ḥikmah al-Mutawwaj bi-Anwā' al-Falsafah al-Mamdūh bi-Haqā'iq al-Ma'rifat*），贝鲁特：耶稣会神父印书馆，1907。
⑥ 沙奇尔·穆斯塔法：《阿拉伯历史与史家》第 2 卷，1979，第 440~441、444~445、451 页。

生活于 7 世纪）、苏莱姆·盖斯（Sulaym Qays，620～714）以及栽德·瓦赫卜（Zayd Wahb，？～715）等。仅从当代伊拉克学者索伊卜·阿卜杜·哈密德（Sā'ib 'Abd al-Hamīd）编写的《什叶派史学家辞典》①中收录的史家数量来看，卒于伊本·伊斯哈格之前的什叶派史家只有寥寥数名，生活于阿拉伯史学成长期的史家有几十名，繁荣期史家的数量成倍增长。

3. 伊斯兰教伊巴迪亚历史学派

伊巴迪亚派是从哈瓦利吉派中分裂出来的伊斯兰教温和派别，也是哈瓦利吉派的诸多支派中得以延续至今的唯一支派。目前，该教派信众主要分布在阿曼、坦桑尼亚桑给巴尔岛，以及阿联酋、利比亚、突尼斯和阿尔及利亚等国家的部分地区。②该派学者重视记载本派名人传记，比如，艾布·扎卡利雅·沃尔杰腊尼（Abū Zakarīyā' al-Wārjalānī，？～1078）的《伊玛目纪传》③，苏莱曼·麦札提（Sulaymān al-Mazātī，？～1079）的《传记》④，瓦斯雅尼（al-Wasyānī，生活于 12 世纪）的《瓦斯雅尼传记》⑤ 和巴厄图里（al-Baghtūrī，？～约 1203）的《长老传说：奈富塞山长老传》⑥ 等。

与此同时，六个地域性史学流派相互映照，构成该时期伊斯兰史学蓬勃发展的恢弘图景。①伊拉克历史学派的中心由巴士拉和库法转向巴格达。虽然中央政权虚弱，但伊拉克史学家们仍然把维护伊斯兰世界的整体性视为己任。②沙姆历史学派以大马士革和阿勒颇为中心，多效仿伊拉克历史学派，缺乏独立的历史思想。③也门历史学派继续钻研古史，同时热衷于编写栽德派的人物传记。④在法蒂玛王朝（909～1171 年）和艾尤卜王朝（1171～1250 年）时期，马格里布和阿拉伯半岛希贾兹地区的史学家们唯埃及历史学派马首是瞻。⑤安达卢西史学家们把浓厚的家国情感寄托于文采飞扬的历史文学著作。⑥在萨曼王朝（874～999 年）大臣巴勒阿米（al-

---

① 索伊卜·阿卜杜·哈密德：《什叶派史学家辞典》（*Mu'jam Mu'arrikhī al-Shī'ah*）第 1~2 卷，库姆：伊斯兰教法百科全书基金会，2004。

② 梁道远：《伊斯兰教伊巴迪亚派的起源与发展》，《中东研究》2011 年第 2 期。

③ 艾布·扎卡利雅·沃尔杰腊尼：《伊玛目纪传》（*Kitāb Siyar al-A'immah wa-Akhbārihim*），贝鲁特：伊斯兰西方出版社，1982。

④ 苏莱曼·麦札提：《传记》（*Kitāb al-Siyar*），锡卜：铎米里书店，1993。

⑤ 瓦斯雅尼：《瓦斯雅尼传记》（*Siyar al-Wasyānī*）第 1~3 卷，马斯喀特：阿曼遗产与文化部，2009。

⑥ 巴厄图里：《长老传说：奈富塞山长老传》（*Riwāyāt al-Ashyākh：Ashyākh Jabal Nafūsah*），巴尔卡：遗迹宝藏书店，2017。

Bal'amī, ？～974）把泰伯里的《历代民族与帝王史》翻译成达里波斯文之前，波斯历史学派主要用阿拉伯文写作。此后，波斯文历史著作逐渐增多，伊朗伊斯兰史学兴起。

其三，史家的职业出身多元化，还产生了许多百科全书式学者和史学世家。

该时期的史学家除了像艾布·努爱姆·艾斯法哈尼（Abū Nu'aym al-Asfahānī，948～1038）、赫蒂卜·巴格达迪（al-Khatīb al-Baghdādī，1002～1071）和伊本·阿萨奇尔（Ibn 'Asākir，1105～1176）等宗教人士以外，还有许多从事其他职业的人也热衷于编写历史书籍和人物传记：王侯，如伊本·玛库腊（Ibn Mākūlā，1030～约1093）、乌撒玛·蒙基兹（Usāmah al-Munqidhī，1095～1188）和曼苏尔国王（al-Malik al-Mansūr，1172～1221）；大臣，如穆萨比希（al-Musabbihī，977～1029）和鲁兹拉瓦里（al-Rūdhrāwarī，1045～1095）；法官，如伽迪·塔怒黑（al-Qādī al-Tanūkhī，939～994）和玛瓦尔迪（al-Māwardī，974～1058）；医生，如伊本·布特岚（Ibn Butlān，？～1066）和伊本·玛利斯塔尼耶（Ibn al-Māristānīyah，1146～1203）；书商，如伊本·纳迪姆和雅孤特·哈马维（Yāqūt al-Hamawī，1178～1229）；等等。

这个时代造就了不少百科全书式的学者和史学世家。艾布·法拉吉·艾斯法哈尼（Abū al-Faraj al-Asfahānī，897～967）耗费50年心血编纂了历史文化百科全书《诗歌集》。[①] 伊本·哈兹姆的著述总量约400册、近16万页，涵盖当时所有的学科门类。[②] 伊本·焦齐（Ibn al-Jawzī，1116～1200）从13岁开始著述，在圣训学、教法学、语言学、文学、经注学、诗歌和医学等方面都有较高造诣，一生写了约500种论著，在历史、地理和传记方面的著作多达近百种。[③] 本书下文提及的杰拉哈家族、曼达赫家族、哈兹姆家族、索比家族、叶尔腊家族、蒙基兹家四兄弟、阿萨奇尔家族以及古达玛家族等为繁荣阿拉伯史学做出了巨大贡献。

---

① 艾布·法拉吉·艾斯法哈尼：《诗歌集》（*Kitāb al-Aghānī*）第1～25卷，贝鲁特：索迪尔出版社，2008。

② 扎卡利雅·伊卜拉欣：《伊本·哈兹姆·安达卢斯：思想家、扎希里耶派、百科全书家》（Zakarīyā Ibrāhīm, *Ibn Hazm al-Andalusī: al-Mufakkir al-Zāhirī al-Mawsū'ī*），开罗：埃及编译出版社，1966，第56页。

③ 阿卜杜·哈密德·阿勒瓦继：《伊本·焦齐的著作》（'Abd al-Hamīd al-'Alwajī, *Mu'allafāt Ibn al-Jawzī*），巴格达：共和国出版公司，1965。

其四，伊斯纳德的重要性下降。

8~10世纪初，伊斯纳德是评判阿拉伯史书质量的主要标准。此后，它的重要性下降，究其原因有三：首先，伊斯纳德自身的局限性。它的保真功能只对伊斯兰教史有效，对前伊斯兰史、古文明史和异域史没有多大的用处。[①] 其次，《泰伯里史》的权威性使后来学者在研究915年之前的历史时，不必再依靠"烦琐的"伊斯纳德。伊本·艾西尔（Ibn al-Athīr，1160~1233）在《历史大全》的绪论中说："在诸多史学家中，我以他为准。因为他是完美的伊玛目，是知识的集聚者，是可信之人。"[②] 最后，一手史料受推崇。旭里（al-Sūlī，？~946）的《阿拔斯家族及其诗歌纪事集》详细记载宫廷政治和文化生活，这得益于他擅长和宫里人下象棋。麦斯欧迪游历世界30余载，以丰富的一手史料铸就了千古名作《黄金草原与珠玑宝藏》。[③] 伊本·格腊尼斯（Ibn al-Qalānisī，1072~1160）的《大马士革史（伊历360~555年）》证明了亲身经历和官方文书对于政治史写作的重要性。[④]

其五，鸿篇巨著涌现。

该时期问世的较大篇幅史书包括：麦斯欧迪的《时代纪事》，约6000页，仅存250页；[⑤] 麦尔祖拔尼（al-Marzubānī，910~994）的人物志《雅士》《启明》《裨益》《选录》和《人物辞典》，合计超过4万页；[⑥] 希腊勒·索比（Hilāl al-Sābī，969~1056）的40卷本《索比史》，仅存第8卷；[⑦] 斯卜特·伊本·焦齐（Sibt Ibn al-Jawzī，1185~1257）的《时代镜鉴：精英历史》，原稿40卷；[⑧] 安达卢西阿拉伯史学巨匠伊本·海彦（Ibn Hayyān，

---

① 瓦继赫·考塞拉尼：《史学史：趋势、流派与方法》（Wajīh Kawtharānī, *Tārīkh al-Ta'rīkh: Ittijāhāt, Madāris, Manāhij*），贝鲁特：阿拉伯政治研究中心，2012，第90~91页。

② 伊本·艾西尔：《历史大全》（*Al-Kāmil fī al-Tārīkh*）第1卷，贝鲁特：学术书籍出版社，1987，第7页。

③ 麦斯欧迪：《黄金草原与珠玑宝藏》（*Murūj al-Dhahab wa-Ma'ādin al-Jawhar*）第1~4卷，赛达 & 贝鲁特：现代书店，2005。

④ 伊本·格腊尼斯：《大马士革史（伊历360~555年）》（*Tārīkh Dimashq: 360~555 H.*），大马士革：哈撒恩出版社，1983。

⑤ 麦斯欧迪：《时代纪事》（*Akhbār al-Zamān*），贝鲁特：安达卢西出版社，1996。

⑥ 伊本·纳迪姆：《目录》第1卷第2分册，第408~411页。

⑦ 希腊勒·索比：《索比史》第8卷（*Al-Juz' al-Thāmin min Tārīkh al-Sābī*），贝鲁特：学术书籍出版社，2003。

⑧ 斯卜特·伊本·焦齐：《时代镜鉴：精英历史》（*Mir'āt al-Zamān fī Tawārīkh al-A'yān*）第1~23卷，贝鲁特：世界使命出版社，2013。

987～1076）写下了 60 卷本《坚实》和 10 卷本《安达卢西人物史选录》；①
伊本·阿萨奇尔的 80 卷本《大马士革史》是现存最大篇幅的中古时期阿拉
伯城市史著作；②伊本·玛利斯塔尼耶计划写一部百卷本巴格达志，但只写
了 60 卷；③ 伊本·阿基勒（Ibn 'Aqīl，1040～1119）的《诸艺》可能有 800
卷；④ 等等。

其六，史书内容更丰富，史学思想更深邃。

阿尔及利亚思想家穆罕默德·阿尔坤（Muhammad Arkūn，1928～2010）
把古代阿拉伯史学史划分为三个发展阶段：第一阶段，主要颂扬穆罕默德
的丰功伟绩，争论伍麦叶王朝的合法性，记述逊尼派和什叶派的分歧；第
二阶段，从阿拔斯王朝建立到泰伯里去世，历史文学盛行，人的价值、目
的和命运成为关注的重点；第三阶段，始于 10 世纪，历史和哲学开始联姻，
理性思维和神学辩护交织，具有批判精神的作品问世。⑤ 伊拉克史学家阿卜
杜·阿齐兹·杜里（'Abd al-'Azīz al-Dūrī，1919～2010）把古代阿拉伯史学
思想归结为六大类：①宿命论。安拉规定一切，人无从改变。②公正说。
人的一切取决于安拉的意愿，但人有意志自由，也要对自己的行为负责。
③贵族观。贵族对伊斯兰文明的发展起着主要作用。④善恶观。历史是善
与恶的冲突过程。⑤像麦斯欧迪那样解释历史进程。⑥像伊本·赫勒敦那
样分析国家兴亡。⑥ 其中，前五种史学思想在阿拔斯王朝中后期的优秀史书
（特别是世界史著作）中都或多或少得到体现。

① 卡尔·布罗克尔曼：《阿拉伯文学史》（Carl Brockelmann, *Tārīkh al-Adab al-'Arabī*）第 6 册，赛义德·叶尔孤卜·伯克尔译，开罗：知识出版社，1983，第 102 页。
② 伊本·阿萨奇尔：《大马士革史》（*Tārīkh Madīnat Dimashq*）第 1～80 卷，贝鲁特：思想出版社，1995～2001。
③ 沙奇尔·穆斯塔法：《阿拉伯历史与史家》第 2 卷，第 110～111 页。
④ 阿卜杜拉·图雷基：《罕百里学派著作辞典》（'Abd Allāh al-Turayqī, *Mu'jam Musannafāt al-Hanābilah*）第 2 卷，利雅得：阿卜杜拉·本·穆罕默德·本·艾哈迈德·图雷基 2001 年自印本，第 149～151 页。
⑤ 穆罕默德·阿尔坤：《阿拉伯思想中的人文主义倾向：米斯凯韦与陶希迪的时代》（*Naz'at al-Ansinah fī al-Fikr al-'Arabī: Jīl Miskawayh wa-al-Tawhīdī*），哈希姆·索里哈译，贝鲁特：萨基出版社，1997，第 559～571 页。
⑥ 阿卜杜·阿齐兹·杜里：《阿拉伯人的历史书写：思想与方法》（'Abd al-'Azīz al-Dūrī, "Kitābat al-Tārīkh 'inda al-'Arab: al-Fikrah wa-al-Manhaj"），载阿卜杜·阿齐兹·杜里主编《历史与文明论集：史学论集》，第 194～195 页。

综上可见，阿拉伯史学在日渐衰微的政治环境中走向繁荣发达。诚如埃及著名史学家艾哈迈德·爱敏所言："其原因在于伊斯兰诸王国当时争相用文人和学者为本国装潢门面并以此炫耀，因而学者受到宠爱并被赐以厚禄。另一个原因是，这些小国脱离了阿拔斯王朝，在经济上获得了独立，不必将钱财上缴巴格达，可自行支配。而学术常常是受经济因素制约的，这就使许多学者在诸国割据、自立的形势下得以安定下来，从事学术研究，这比在统一的国家条件更优越。"① 这可以说是促进阿拉伯史学繁荣的外在有利因素。究其内在原因，史学经过 7 世纪中叶至 10 世纪初的发展，已经成为阿拉伯学术体系的不可或缺的构成部分，滋长出了内在的、不断寻求进一步发展的生命力。综观阿拔斯王朝中后期的史学，可见其由简到繁、由少至多、由粗而精的动态发展趋势。

四 阿拉伯史学的延续

1258 年，蒙古人饮马两河流域，洗劫了巴格达。而西班牙格拉纳达的埃米尔则被迫向卡斯蒂利亚国王朝贡。正在阿拉伯伊斯兰文明受重创之际，1260 年的艾因·贾鲁战役（Battle of Ain Jalut）证明了马穆鲁克军团具有抵抗蒙古铁骑的实力。而且，马穆鲁克王朝（1250~1517 年）还多次击败十字军，把麦加和麦地那纳入王朝版图。于是，伊斯兰世界的大批学者、工匠和能人异士等纷纷逃往埃及和叙利亚地区寻求安身之所。阿拉伯文化和政治制度在王朝军团的庇护下得以延续。因而，马穆鲁克王朝时期也就是阿拉伯史学的延续期。该时期的史学具有如下特点。

第一，史学官方化。

自 7 世纪始，历史编纂活动备受哈里发和王公大臣的关注，但政府没有设立专门的修史机构。实际上，阿拉伯史学的官方化很有可能是蒙古人带去的。志费尼（al-Juwaynī，1226~1283）曾任命伊本·撒义（Ibn al-Sā'ī，1197~1275）为"史官"（muharrir al-Waqā'i'）。后者死后，伊本·福瓦蒂（Ibn al-Fuwatī，1244~1323）全权负责修史工作。② 马穆鲁克王朝的书信部

① 艾哈迈德·爱敏：《阿拉伯伊斯兰文化史》第 6 册，赵军利译，商务印书馆，2019，第 7 页。
② 沙奇尔·穆斯塔法：《阿拉伯历史与史家》第 3 卷，1990，第 19 页。

(dīwān al-Inshā') 在该时期也兼备了修史职能。① 掌管过书信部的努韦里（al-Nuwayrī, 1279~1333）、欧麦里（al-'Umarī, 1300~1349）和格勒格山迪（al-Qalqashandī, 1355~1418）是"马穆鲁克王朝时期的三大百科全书编纂家"。

第二，史家阶层化。

马穆鲁克王朝时期的城市社会主要由军政人员、学者和平民等阶层构成。② 从这些阶层中产生了四类史学家。

1. "拿剑的人"（arbāb al-Suyūf）

他们在处理国政事务之余，喜好著史。他们是历史事件的参与者，具有政治眼光、军事谋略和卓越思想，因而，他们主持编写或独撰完成的史书具有较高的史学价值。比如，埃米尔贝伯尔斯·曼苏里（Baybars al-Mansūrī, 1247~1325）的 11 卷本《思想精髓：希吉莱史》和亲王艾布·菲达（Abū al-Fidā', 1273~1331）的《人类简史》。③

2. "拿笔的人"（arbāb al-Aqlām）

他们主要是国家机关的文员，但在史学上颇有造诣。例如，伊本·阿卜杜·扎希尔（Ibn 'Abd al-Zāhir, 1223~1293）写下了《花园：扎希尔国王传》、《光辉时日：曼苏尔国王传》、《秘礼：艾什拉夫素丹传》和《绚丽花园：开罗地志》等作品。再如，索法迪（al-Safadī, 1297~1363）在其巨著《逝者全录》的绪论部分表现出了鲜明的史学理论与史学史意识，在正文部分收录了 12000 多名人物传记。

3. 宗教人士

扎哈比（al-Dhahabī, 1274~1348）被誉为"伊斯兰史学大师"，一生著述约 270 种，在史学方面的著作约 150 种。④ 其中，《伊斯兰史与诸杰群英

① 书信部起源于麦地那政权时期，到阿拔斯王朝时期发展成独立的政府部门，主要负责掌管宫廷文书。详见乔治·宰丹《伊斯兰文明史》（Jurjī Zaydan, *Tārīkh al-Tamaddun al-Islāmī*）第 1 卷，开罗：新月印书馆，1902，第 193 页。

② Nasser Rabbat, "Representing the Mamluks in Mamluk Historical Writing", in Hugh Kennedy, ed., *The Historiography of Islamic Egypt* (*C.* 950~1800), Leiden: Brill, 2001, pp. 60–61.

③ 艾布·菲达：《人类简史》（*Al-Mukhtasar fī Akhbār al-Bashar*）第 1~4 卷，开罗：知识出版社，1998~1999。

④ 沙奇尔·穆斯塔法：《阿拉伯历史与史家》第 4 卷，1993，第 52~68 页；阿卜杜·萨塔尔：《哈菲兹·扎哈比》（'Abd al-Sattār, *Al-Hāfiz al-Dhahabī*），大马士革 & 贝鲁特：格拉姆出版社，1994，第 348 页。

辞世录》堪称难以逾越的史学经典。① 经注学名家伊本·卡西尔（Ibn Kathīr，1302~1373）的《始末录》从创世写到公元 1373 年，收录海量人物传记，享誉已久。② 伊本·哈杰尔（Ibn Hajar，1372~1449）配得上"人物志大师"的美誉。他的《圣门弟子常识精要》、《隐珠：八世纪精英》、《修正精编》、《指针》以及《毕生闻讯告新学小生》等皆是人物志佳作。

4. 军人后裔（awlād al-Nās）

伊本·杜戈玛戈（Ibn Duqmāq，1349~1407）的曾祖是马穆鲁克王朝的一名埃米尔。但他对争名夺利不感兴趣，而是埋头写了 200 多本书。其中包括 12 卷本编年史《万物观赏：伊斯兰史》，10 卷本城市志《城拱支柱》，12 卷本《时代解释者：精英人物志》以及 3 卷本《珠串：伊玛目努尔曼弟子层级传》等。③ 伊本·塔厄里·比尔迪（Ibn Taghrī Birdī，1410~1470）的父亲是大埃米尔之一。但他有志于在史学界闯出一片天地，给后人们留下了《闪耀群星：埃及与开罗列王》、《别世偿清碧泉》、《日月世事》和《仁爱泉源：素丹与哈里发》等著作。④

第三，史书编纂方法模式化。

沙奇尔·穆斯塔法说："我们几乎没有发现马穆鲁克-蒙古时期的史学家在史书编纂方法上有创新之处。他们只是继承了前人们收集材料、整理文献和编纂著述的路子。"⑤ 伊本·达沃达里（Ibn al-Dawādārī，? ~约 1336）的 9 卷本《珠玉宝藏与精华荟萃》、麦戈利齐（al-Maqrīzī，1365~1442）的《麦戈利齐地志》和巴德鲁丁·爱尼（Badr al-Dīn al-'Aynī，1361~1451）的 25 卷本编年史《历史珠珞》等著作的取材无非有三：转抄的、听闻的和目

① 扎哈比：《伊斯兰史与诸杰群英辞世录》（Tārīkh al-Islām wa-Wafayāt al-Mashāhīr wa-al-A'lām）第 1~52 卷，贝鲁特：阿拉伯书籍出版社，1988~2000。

② 伊本·卡西尔：《始末录》（Al-Bidāyah wa-al-Nihāyah）第 1~21 卷，吉萨：哈杰尔出版社，1997~1999。

③ 穆罕默德·卡玛路丁：《马穆鲁克布尔吉王朝时期的四大史家与四大著作》（Muhammad Kamāl al-Dīn, Arba'at Mu'arrikhīn wa-Arba'at Mu'allafāt min Dawlat al-Mamālīk al-Jarākisah），开罗：埃及图书总局，1992，第 103~154 页。

④ 穆罕默德·侯赛因：《马穆鲁克王朝时期的埃及史家伊本·塔厄里·比尔迪》（Muhammad Husayn, Ibn Taghrī Birdī, Abū al-Mahāsin Jamāl al-Dīn ibn Yūsuf ibn Taghrī Birdī al-Atābikī 812-874 H.: Mu'arrikh Misr fī al-'Asr al-Mamlūkī），贝鲁特：学术书籍出版社，1992。

⑤ 沙奇尔·穆斯塔法：《阿拉伯历史与史家》第 3 卷，第 29 页。

睹的。史书的编排顺序主要还是按照时间先后（即编年史）、字母顺序（多为人物志）、朝代、地区、国家和阶层等。

第四，史书内容精细化。

该时期的史学家并非只是照搬照抄前人的模式，他们在继承前人的基础上也有所发展。较为明显的是更多编年史精确到了月和日。巴尔札里（al-Barzālī, 1267~1339）的《双园续踪》逐月记载1266~1338年的史事和名人。麦戈利齐的《王国知识珠线》① 是精确到日的典型编年史。伊本·塔厄里·比尔迪续编了这部著作，写成《日月世事》②。伊本·绥拉斐（Ibn al-Sayrafī, 1416~1495）的《心身观赏：历史》③ 按年分章，再按月分节，然后按日编写每节。

第五，历史哲学被奠定。

德国古典哲学的集大成者黑格尔（G. W. F. Hegel, 1770~1831）说，研究历史的方法有原始的、反省的和哲学的三种。④ 前二者是本书下文收录的绝大部分阿拉伯史学家所使用的方法。伊本·赫勒敦对一些史学家的做法颇为不满，他说："他们对时代发生的变化、对过去许多国家和朝代的兴衰，表现出十分茫然，不知所措，所以他们记载下来的古代国家的历史和事件，显得干巴巴的，没有内容，平平淡淡的……他们不谈事件最初的情况，不提是什么原因促成了事件的发生，也不分析最后为什么结束了。"⑤ 于是，他修撰了《阿拉伯人、异族人、柏柏尔人及其同时代最有权势者殷鉴集与始纪录》（又名《伊本·赫勒敦史》⑥）。该书"包括了许多鲜为人知的科学知识，还有许多大家很熟悉又被掩盖了的哲学道理"⑦。伊本·赫勒敦不是第一个尝试把历史与哲学结合在一起的人，但他是成功地把它们

① 麦戈利齐：《王国知识珠线》（*Al-Sulūk li-Maʻrifat Duwal al-Mulūk*）第1~8卷，贝鲁特：学术书籍出版社，1997。

② 伊本·塔厄里·比尔迪：《日月世事》（*Hawādith al-Duhūr fī Madá al-Ayyām wa-al-Shuhūr*）第1~2卷，开罗：书籍世界，1990。

③ 伊本·绥拉斐：《心身观赏：历史》（*Nuzhat al-Nufūs wa-al-Abdān fī Tawārīkh al-Zamān*）第1~3卷，开罗：埃及文化部，1970~1974；第4卷，开罗：埃及图书总局，1994。

④ 黑格尔：《历史哲学》，王造时译，上海书店出版社，2006，第1~73页。

⑤ 伊本·赫勒敦：《历史绪论》上卷，李振中译，宁夏人民出版社，2015，第7~8页。

⑥ 伊本·赫勒敦：《伊本·赫勒敦史》（*Tārīkh Ibn Khaldūn*）第1~8卷，贝鲁特：思想出版社，2000。

⑦ 伊本·赫勒敦：《历史绪论》上卷，第10页。

结合并深刻地影响至今的人。在该著的绪论卷成书（1377 年）4 年后，伊继（al-Ījī，？~约 1436）试图把神学、哲学与历史相结合，著成《史学宝鉴》①。伊继在历史哲学上的造诣不及伊本·赫勒敦，但《史学宝鉴》在史学方法论方面比《历史绪论》略胜一筹。②

第六，系统的史学理论问世。

艾布·栽德·巴勒黑（Abū Zayd al-Balkhī，849~934）的《纪事学优点》可能是阿拉伯史家为史学辩护的早期代表作，但它早已失传。③

现存最早的阿拉伯史学理论专文《史学撮要》是卡菲耶继（al-Kāfiyajī，1386~1474）在 1463 年 4 月 7 日（伊历 867 年 7 月 8 日）完成的。它由"前言"、"史学之基础"、"史学之本真与要求"和"学者之荣耀、知识之优越、记录与思索之裨益"等部分构成。卡菲耶继说："史学，乃探究时间及其周围一切之学问。"④

卡菲耶继的得意门生沙姆苏丁·萨哈维（Shams al-Dīn al-Sakhāwī，1427~1497）在《史学撮要》的基础上，于 1492 年初（伊历 897 年 3 或 4 月）撰成第一部阿拉伯史学理论与史学史专著《为史正名》。它的主要内容包括"塔历赫"的语言学和史学专业术语定义；历史研究的对象；历史的裨益和目的；如何评判历史；诽谤历史的人；史家的素养；伊历的创立；史学家扎哈比对史书的分类；阿拉伯史书的类型及其著名史家简介；等等。特别值得指出的是，萨哈维把"史家之史"（tārīkh al-Mu'arrikhīn）视为历史撰述的主要内容之一。⑤ 这说明，15 世纪，阿拉伯史家的史学史意识已经十分鲜明。

综上可知，阿拉伯史学发展到马穆鲁克王朝时期出现了重大转变。伊本·赫勒敦试图促使历史研究范式由叙述史学转向历史哲学。萨哈维对史学的各个方面进行了理论性论述，以维护史学的尊严。史学家的成就取决

---

① 伊继：《史学宝鉴》（*Tuhfat al-Faqīr ilá Sāhib al-Sarīr fī 'Ilm al-Tawārīkh*），大马士革：奇南出版社，2010。
② Franz Rosenthal, *A History of Muslim Historiography*, pp. 201–202.
③ 伊本·纳迪姆：《目录》第 1 卷第 2 分册，第 428~429 页；沙奇尔·穆斯塔法：《阿拉伯历史与史家》第 2 卷，第 78~79 页。
④ 卡菲耶继：《史学撮要》（*Al-Mukhtasar fī 'Ilm al-Tārīkh*），开罗：书籍世界，1990，第 55 页。
⑤ 沙姆苏丁·萨哈维：《为史正名》（*Al-I'lān bi-al-Tawbīkh li-Man dhamma Ahl al-Tārīkh*），索里哈·艾哈迈德·阿里译，贝鲁特：使命基金会，1986，第 185 页。

于自身才智、经历和学养，同时也与其所处的社会环境和前人的史学积累密不可分。蒙古铁骑踏破巴格达，这极大地震撼了穆斯林的心灵。敏感史学家们的忧患意识未能挽救阿拔斯王朝的灭亡。这一方面促使后来者寻求更加深入地探究人类历史和社会发展的规律。另一方面，当时泛起的"历史无用论"对史学发展造成了沉重打击，而传统阿拉伯史书多是述而不论的，未能剖露事物发展的本质。因而，卡菲耶继和萨哈维等"史学卫士"才挺身而出，积极为史学辩护。

然而，阿拉伯史学还没来得及向理论纵深方向发展，马穆鲁克王朝就灭亡了。伊本·伊雅斯（Ibn Iyās，1448~约1524）逐日记载了它的灭亡过程。这颗"马穆鲁克王朝史学天空中的最后明星"沉重地写道："（马穆鲁克王朝）素丹突曼贝伊最后被萨立姆·沙赫·本·奥斯曼施以绞刑了……埃及的素丹被吊在了朱维拉城门上。这种事情，史无前例！"① 此后，大部分阿拉伯地区逐渐沦为奥斯曼帝国的省份，阿拉伯语的官方地位被土耳其语取缔。阿拉伯史学走向衰落。

小　结

综上可见，起步晚、发展快、史家众、书量大、直叙多、议论少、内容繁、记述细和神学性是古代阿拉伯史学的整体发展特点。古代阿拉伯史学的成就是值得肯定的。史家们大量记述了古代世界各民族的历史和传说，还塑造了系统的历史哲学和史学理论。同时，古代阿拉伯史学也有其自身难以避免的缺陷。比如，许多史家过于注重对人的行为的记录，很少分析事件的来龙去脉。又如，冗长的伊斯纳德容易让人产生重复啰唆的错觉。再如，史家们始终深受神学史观的影响。

但无论如何，古代阿拉伯史学主要在七种"力"的综合作用下走完了从无到有、由小变大、盛极而衰的发展过程。

第一，经济实力保障史学家的日常所需。前伊斯兰时期的阿拉伯社会经济发展水平低，无法供养太多依靠写字为生的人。7~11世纪，农业、手

---

① 伊本·伊雅斯：《世事玉英》（*Badāʾiʿ al-Zuhūr fī Waqāʾiʿ al-Duhūr*）第 5 卷，开罗：阿拉伯书籍复兴出版社，1961，第 177 页。

工业和商业等经济领域取得了长足的进步，城市兴盛、璀璨。① 物质的富足为阿拉伯知识分子的活动提供了基本保障。

第二，政治上的大力支持。伍麦叶王朝利用部落宗派主义和阿拉伯贵族维持统治，强调阿拉伯人和部落在政治中的重要性。阿拔斯王朝哈里发则以其家族与穆罕默德同属于哈希姆部落支系作为政治合法性的基础。历史研究因而得到国家的支持。

第三，社会环境和文化氛围的牵引力。阿拉伯史学的繁荣是整个文化体系兴盛的一个方面。在其他学术昌盛时，史学亦趋活泼。

第四，精神动力。伊斯兰教是鼓励人求知的，比如"阿丹凭借拥有知识而贵过天使"和"人类因为知识而尊贵"②。这是阿拉伯学者们奋笔写史的精神动力源之一。

第五，人类文明交往的合力。阿拉伯史学的兴起和繁荣是与阿拉伯的原有历史意识跟古代两河流域史学、古埃及史学、古希伯来史学、古波斯史学、早期基督教史学以及希腊-罗马史学等世界史学分支的文明交往紧密相关的。唐帝国与阿拔斯王朝的文明交往的结果之一是中国造纸术西传阿拉伯。纸的推广正是史学巨著得以频频问世的重要条件。

第六，史学家们的努力和执着。阿拉伯史学起步晚、发展快，其关键的一点在于有许多像泰伯里那样淡泊名利、以求知为乐，像伊本·海彦那样秉笔直书、洞察世事变化的史学家。

第七，史学的内在驱动力。经过数百年的发展，阿拉伯史书浩如烟海，但缺乏对历史和史学的系统反思。面对阿拉伯文明江河日下的严峻现实，伊本·赫勒敦觉得必须创建一门新学科，专门研究历史事件的性质和原因。③ 社会历史哲学由此而生。"文化科学"理论自此兴起。④

那么，我们该如何更加深刻地认识古代阿拉伯史学的发展过程及其在世界史学史中的地位呢？阿拉伯史学和世界史学的其他分支一样，从神话

---

① 哈全安：《中东史：610~2000》，天津人民出版社，2010，第219~238页。
② 伊本·凯西尔：《古兰经注》，孔德军译，中国社会科学出版社，2010，第34、1487页；布哈里：《布哈里圣训实录全集》第1卷，祁学义译，宗教文化出版社，2008，第22~40页。
③ 马小鹤：《伊本·赫勒敦》，台北：东大图书公司，1993，第30~31页。
④ 关于伊本·赫勒敦的"文化科学"理论，详见冯杰文《伊本·赫勒敦"文化科学"理论研究》，宁夏人民出版社，2016。

传说开始。不同的是，阿拉伯史学和神话之间一直保持着若即若离的关系，西方史学一度沦为神的婢女，印度人把自己的过去埋葬在"一大堆神话中"①，中国史学则以"确实可靠性"而享誉世界。② 阿拉伯史学不像中国史学和西方史学那样源远流长，但它把历史的真实性和时间意识带到了印度、中亚和撒哈拉，在昌盛时"反哺"了伊朗史学，在衰落中滋养了土耳其史学。古代阿拉伯史学的发展过程和蒙古史学有几分相似，都是在征讨性战争和帝国建立的复杂条件下蓬勃发展起来的，都曾同其他发达的史学史传统有过接触，都在帝国崩溃后丧失了许多珍贵的历史文献。③ 若把阿拉伯史学置于世界史学之林中以确定其地位，则诚如张广智先生所言："正当西方史学处于基督教神学史观的束缚与宗教蒙昧主义的桎梏下，处于一片萧条的时候，阿拉伯史学却灿若河汉，光照千古，它与我国、印度等同时代的其他东方国家的先进史学成就汇合在一起，交相辉映，各显异彩。"④因而，抛开文化成见，怀着对全人类和谐共存的期望，更加深入地、系统地梳理古代阿拉伯史学家及其著作是有意义的。

---

① 格奥尔格·伊格尔斯等：《全球史学史》，杨豫、王晴佳译，北京大学出版社，2019，第62页。
② 伏尔泰：《风俗论》上册，梁守锵译，商务印书馆，1994，第85页。
③ 沙·比拉：《蒙古史学史：十三世纪—十七世纪》修订译本，陈弘法译，上海古籍出版社，2015，第6~7页。
④ 张广智：《中世纪时期的阿拉伯史学》，《复旦学报》（社会科学版）1985年第2期。

第 1 编

公元7世纪

卡尔卜·艾哈拔尔

（Ka'b al-Ahbār，? ～约 654）

艾布·伊斯哈格·卡尔卜·本·马提俄·本·海努俄·本·盖斯·希木叶里①，生于也门，卒于叙利亚霍姆斯。把犹太史学引进阿拉伯史学的早期代表人物。

史学著作： ①《左勒基福勒传说》，开罗：布拉格印书馆，1867。该书主要讲述先知左勒基福勒的传说故事。②《穆萨之死》，2 卷本《亚历山大传奇》，宗教史诗《始末知识》等。

参考文献： 福阿德·斯兹金：《阿拉伯遗产史》第 1 卷第 2 分册，第 121～122 页。沙奇尔·穆斯塔法：《阿拉伯历史与史家》第 1 卷，第 135～136 页。赫里勒·伊勒雅斯：《卡尔卜·艾哈拔尔及其对经注的影响》（Khalīl Ilyās, Ka'b al-Ahbār wa-Atharuhu fī al-Tafsīr），贝鲁特：学术书籍出版社，2007。

叙哈尔·爱雅什

（Suhār 'Ayyāsh，? ～约 661）

艾布·阿卜杜·拉哈曼·叙哈尔·本·爱雅什（或阿拔斯）·本·沙拉希比勒·阿卜迪，出身于阿卜杜·盖斯家族，卒于伊拉克巴士拉。

史学著作：《箴言》。

参考文献： 伊本·哈杰尔：《圣门弟子常识精要》第 3 卷，第 328～331 页。伊本·纳迪姆：《目录》第 1 卷第 2 分册，第 281 页。福阿德·斯兹金：《阿拉伯遗产史》第 1 卷第 2 分册，第 33～34 页。

阿卜杜拉·萨腊姆

（'Abd Allāh Sallām，? ～663）

艾布·优素福·阿卜杜拉·本·萨腊姆·本·哈力思·伊斯拉伊里，

---

① 此为名字谱系。限于篇幅，本书中的史学家名字谱系只录较为常见的片断。史学家名字是简化名或通俗称谓，不同于名字谱系。

生卒于麦地那。

史学著作：①《问题》，包含作者与先知穆罕默德之间的问答。②写了一本谈论巫术的小册子。③讲述创世、世界起源和诸先知故事。

参考文献：伊本·萨阿德：《大层级传》第 2 卷，第 304~305 页；第 5 卷，第 377~386 页。扎哈比：《群英诸贤传》第 2 卷，第 413~426 页。福阿德·斯兹金：《阿拉伯遗产史》第 1 卷第 2 分册，第 120~121 页。

伊本·艾比·哈思玛

（Ibn Abī Hathmah，624~约 670）

艾布·叶哈雅（或穆罕默德）·萨赫勒·本·艾比·哈思玛·阿卜杜拉（或阿米尔）·本·撒易达·赫兹拉继·安索里·麦达尼，生卒于麦地那。

史学著作：《武功纪》，记载先知穆罕默德的生平事迹。

参考文献：索法迪：《逝者全录》第 16 卷，第 7 页。福阿德·斯兹金：《阿拉伯遗产史》第 1 卷第 2 分册，第 66~67 页。沙奇尔·穆斯塔法：《阿拉伯历史与史家》第 1 卷，第 151 页。

齐雅德·艾比赫

（Ziyād Abīh，622~673）

齐雅德·本·艾比·苏福彦·塞格斐，生于沙特阿拉伯塔伊夫，卒于伊拉克库法。

史学著作：《缺点》，是第一本讲述阿拉伯人缺点的书，也是伊拉克历史学派的第一批著作之一。

参考文献：伊本·纳迪姆：《目录》第 1 卷第 2 分册，第 277 页。福阿德·斯兹金：《阿拉伯遗产史》第 1 卷第 2 分册，第 35~36 页。沙奇尔·穆斯塔法：《阿拉伯历史与史家》第 1 卷，第 170 页。

欧贝德·沙利耶

（'Ubayd Sharīyah，？~686）

欧贝德·本·沙利耶·朱尔胡米，生于也门萨那，卒于叙利亚大马士革。沙姆历史学派的奠基人之一。

史学著作：①《列王与古人纪事》，即《也门纪事及其诗歌与谱系》，载伊本·希沙姆：《冠冕：希木叶尔列王》，海得拉巴：奥斯曼百科全书委员会印务部，1929，第311~488页。该书以哈里发穆阿维叶一世（661~680年在位）与欧贝德之间相互问答的形式进行叙述，讲了上古西亚北非地区诸民族的故事，也门古人的部落谱系、移民情况、英雄传说、战争事迹和轶事传奇等内容。②《箴言》。

参考文献：伊本·纳迪姆：《目录》第1卷第2分册，第279~280页。福阿德·斯兹金：《阿拉伯遗产史》第1卷第2分册，第32~33页。沙奇尔·穆斯塔法：《阿拉伯历史与史家》第1卷，第126、137页。

伊本·穆法力厄
（Ibn Mufarrigh，? ~688）

艾布·奥斯曼·叶齐德·本·齐雅德·本·拉比阿·本·穆法力厄·希木叶里，生于沙特阿拉伯塔巴拉村，卒于伊拉克库法。

史学著作：《图巴俄传及其诗歌》。

参考文献：伊本·阿萨奇尔：《大马士革史》第65卷，第178~192页。艾曼·福阿德：《伊斯兰时期也门历史文献》，第55页。沙奇尔·穆斯塔法：《阿拉伯历史与史家》第1卷，第127、137页。

萨义德·赫兹拉继
（Sa'īd al-Khazrajī，7世纪）

萨义德·本·萨阿德·本·欧拔达·本·杜莱姆·本·哈力塞·赫兹拉继，可能生于麦地那，辞世地点有待考究。

史学著作：搜集先知穆罕默德生平事迹的第一批著名学者之一。

参考文献：伊本·萨阿德：《大层级传》第7卷，第82~83页。福阿德·斯兹金：《阿拉伯遗产史》第1卷第2分册，第65~66页。沙奇尔·穆斯塔法：《阿拉伯历史与史家》第1卷，第151页。

伊本·艾比·拉菲俄

（Ibn Abī Rāfiʻ，7 世纪）

欧贝杜拉·本·艾比·拉菲俄，生卒地点有待考究，曾居住于伊拉克库法。

史学著作：《信士长官之仲裁》和《与信士长官共赴骆驼、绥芬及奈赫赖万诸战之圣门弟子》。

参考文献：阿迦·布祖尔克：《什叶派著述门径》第 4 卷，第 181 页。沙奇尔·穆斯塔法：《阿拉伯历史与史家》第 1 卷，第 170 页。索伊卜·阿卜杜·哈密德：《什叶派史学家辞典》第 1 卷，第 555 页。

第 2 编

公元8世纪

欧尔瓦·祖贝尔

('Urwah al-Zubayr, 643~713)

艾布·阿卜杜拉·欧尔瓦·本·祖贝尔·本·敖沃姆·古拉什，生卒于麦地那。麦地那历史学派（又被称为"武功纪学派"）的主要先驱。

史学著作：《武功纪》，记载先知穆罕默德的生平事迹，开创了运用圣训研究方法来研究历史的时代。

参考文献：沙奇尔·穆斯塔法：《阿拉伯历史与史家》第 1 卷，第 127、152~153 页。阿卜杜·阿齐兹·杜里：《阿拉伯史学的兴起》，第 19~21、53~66 页。穆罕默德·希拉：《麦地那历史与史家》，第 26~27 页。穆罕默德·尼尔马赫：《欧尔瓦·本·祖贝尔及其对历史编纂的贡献》（Muhammad Ni'mah, "'Urwah ibn al-Zubayr wa-Ishāmātuhu fī al-Tadwīn al-Tārīkhī"），《人文科学杂志》（*Majallat al-'Ulūm al-Insānīyah*）2012 年第 9 期。

苏莱姆·盖斯

(Sulaym Qays, 620~714)

艾布·索迪戈·苏莱姆·本·盖斯·希腊里·阿米里·库斐，生于伊拉克库法，可能病逝于伊朗设拉子附近的努班达坚。

史学著作：《苏莱姆·本·盖斯·希腊里书》第 1~3 卷，库姆：达里勒玛出版社，2007。该书可能是现存最古老的什叶派纪事与圣训集。

参考文献：伊本·纳迪姆：《目录》第 2 卷第 1 分册，第 69 页。纳贾什：《纳贾什人物》，第 10 页。索伊卜·阿卜杜·哈密德：《什叶派史学家辞典》第 1 卷，第 366 页。

栽德·瓦赫卜

(Zayd Wahb, ? ~715)

艾布·苏莱曼·栽德·本·瓦赫卜·哈姆达尼·朱哈尼·库斐，出生地点有待考究，卒于伊拉克库法。

史学著作：《信士长官台上演讲录》。

参考文献：赫蒂卜·巴格达迪：《巴格达史》第 9 卷，第 444～446 页。米齐：《〈人名大全〉修正》第 10 卷，第 111～115 页。索伊卜·阿卜杜·哈密德：《什叶派史学家辞典》第 1 卷，第 350～351 页。

欧贝杜拉·卡尔卜
('Ubaid Allāh Ka'b, ?～716)

艾布·法铎拉·欧贝杜拉（或阿卜杜拉）·本·卡尔卜·本·马立克·安索里·苏拉米·麦达尼，生卒于麦地那。

史学著作：《武功纪》，记载先知穆罕默德的生平事迹。

参考文献：索法迪：《逝者全录》第 17 卷，第 221 页。福阿德·斯兹金：《阿拉伯遗产史》第 1 卷第 2 分册，第 68 页。沙奇尔·穆斯塔法：《阿拉伯历史与史家》第 1 卷，第 154 页。

艾斯巴厄·努拔塔
(al-Asbagh Nubātah, ?～约 8 世纪初)

艾布·伽斯姆·艾斯巴厄·本·努拔塔·塔米米·罕扎里，生卒地点有待考究。

史学著作：《艾布·阿卜杜拉·侯赛因殉难》，是记载侯赛因殉难的首部专著。

参考文献：米齐：《〈人名大全〉修正》第 3 卷，第 308～311 页。阿迦·布祖尔克：《什叶派著述门径》第 22 卷，第 23～24 页。索伊卜·阿卜杜·哈密德：《什叶派史学家辞典》第 1 卷，第 175 页。

沙尔比
(al-Sha'bī, 640～约 723)

艾布·阿慕尔·阿米尔·本·沙拉希勒·沙尔比·希木叶里，祖籍也门，生卒于伊拉克库法。

史学著作：①《武功纪》，记载先知穆罕默德的生平事迹。②《起源》

《征服》和《协商会议与奥斯曼殉难》等。

参考文献：赫蒂卜·巴格达迪：《巴格达史》第 14 卷，第 143～151 页。福阿德·斯兹金：《阿拉伯遗产史》第 1 卷第 2 分册，第 68～69 页。沙奇尔·穆斯塔法：《阿拉伯历史与史家》第 1 卷，第 175～176 页。

艾班·奥斯曼
（Abān 'Uthmān，约 641～723）

艾布·萨义德·艾班·本·奥斯曼·本·阿凡·本·艾比·阿斯·本·伍麦叶·古拉什，生卒于麦地那。

史学著作：《武功纪》，记载先知穆罕默德的生平事迹，是由圣训研究向武功纪研究过渡阶段的代表性著作。

参考文献：优素福·霍罗维茨：《早期武功纪及其编纂者》，第 19～26 页。福阿德·斯兹金：《阿拉伯遗产史》第 1 卷第 2 分册，第 69～70 页。穆罕默德·希拉：《麦地那历史与史家》，第 28～30 页。

哈桑·巴士里
（al-Hasan al-Basrī，642～728）

艾布·萨义德·哈桑·本·艾比·哈桑·叶撒尔·巴士里，生于麦地那，卒于伊拉克巴士拉。

史学著作：《麦加特色及其住宅》，科威特：法腊哈书店，1980。这本小册子是现存最早的阿拉伯地方志。

参考文献：扎哈比：《群英诸贤传》第 4 卷，第 563～588 页。福阿德·斯兹金：《阿拉伯遗产史》第 1 卷第 2 分册，第 195 页。穆斯塔法·萨义德汗：《哈桑·本·叶撒尔·巴士里》（Mustafá Sa'īd al-Khan, *Al-Hasan ibn Yasār al-Basrī*），大马士革：格拉姆出版社，1995。

瓦赫卜·穆纳比赫
（Wahb Munabbih，约 654～732）

艾布·阿卜杜拉·瓦赫卜·本·穆纳比赫·本·卡米勒·艾卜纳维·

萨那尼·扎玛里，生于也门扎马尔，卒于也门萨那。也门历史学派的主要奠基人。

史学著作：①《冠冕：希木叶尔列王》，海得拉巴：奥斯曼百科全书委员会印务部，1929。该书主要记载前伊斯兰时期也门的历史故事、诗歌文学和列王事迹。②《起源》和《武功纪》。

参考文献：阿卜杜·阿齐兹·杜里：《阿拉伯史学的兴起》，第 23~24、89~101 页。福阿德·斯兹金：《阿拉伯遗产史》第 1 卷第 2 分册，第 122~125 页。沙奇尔·穆斯塔法：《阿拉伯历史与史家》第 1 卷，第 137~139、154~155 页。

舒拉哈比勒

（Shurahbīl，? ~741）

艾布·萨阿德·舒拉哈比勒·本·萨阿德·赫特米·麦达尼，生卒于麦地那。

史学著作：《考证》，考究了迁徙埃塞俄比亚和麦地那的穆斯林名单、巴德尔战役与伍侯德战役的战士名单。

参考文献：优素福·霍罗维茨：《早期武功纪及其编纂者》，第 41~43 页。阿卜杜·阿齐兹·杜里：《阿拉伯史学的兴起》，第 21 页。沙奇尔·穆斯塔法：《阿拉伯历史与史家》第 1 卷，第 154 页。

祖赫里

（al-Zuhrī，671~742）

艾布·伯克尔·穆罕默德·本·穆斯林·本·欧贝杜拉·本·阿卜杜拉·本·什贺卜·祖赫里·古拉什·麦达尼，生卒于麦地那。麦地那历史学派的主要奠基人。

史学著作：《先知武功纪》，首次清晰地勾勒了先知穆罕默德传记的整体框架。1981 年，叙利亚著名史学家苏海勒·扎卡尔（1936~2020）搜集、整理、校注和出版了（大马士革：思想出版社）该书的残存内容。

参考文献：阿卜杜·阿齐兹·杜里：《阿拉伯史学的兴起》，第 21~22、67~87 页。沙奇尔·穆斯塔法：《阿拉伯历史与史家》第 1 卷，第 127、152~153、157~158 页。穆罕默德·舒拉卜：《伊玛目祖赫里》（Muhammad Shurrāb, *Al-Imām al-Zuhrī*），大马士革：格拉姆出版社，1993。穆罕默德·阿沃继：《伊玛目祖赫里传述的武功纪》（Muhammad al-'Awājī, *Marwīyāt al-Imām al-Zuhrī fī al-Maghāzī*）第 1~2 卷，麦地那：麦地那伊斯兰大学，2004。

叶哈雅·希姆绥

（Yahyá al-Himsī, ? ~744）

艾布·阿慕尔·叶哈雅·本·贾比尔·本·哈撒恩·本·阿慕尔·本·塞尔拉巴·本·阿迪·拓伊·希姆绥，生卒于叙利亚霍姆斯。

史学著作：《霍姆斯史》。

参考文献：伊本·阿萨奇尔：《大马士革史》第 64 卷，第 100~105 页。欧麦尔·力铎：《著述家辞典》第 4 卷，第 89 页。利玛·杜尔内格：《阿拉伯与穆斯林著名史学家》，第 497 页。

贾比尔·朱俄斐

（Jābir al-Ju'fī, 约 670~746）

艾布·阿卜杜拉·贾比尔·本·叶齐德·本·哈力思·本·阿卜杜·叶故思·本·卡尔卜·朱俄斐，生卒于伊拉克库法。

史学著作：①《绥芬（战役）》，其大部分内容被纳斯尔·穆札信（? ~827）在《绥芬战役》中引用。②《骆驼（战役）》、《信士长官阿里殉难》、《侯赛因殉难》、《奈赫赖万（战役）》和《美德》等。

参考文献：福阿德·斯兹金：《阿拉伯遗产史》第 1 卷第 2 分册，第 126 页。索伊卜·阿卜杜·哈密德：《什叶派史学家辞典》第 1 卷，第 196~197 页。穆罕默德·贾法里：《库法的再传圣门弟子贾比尔·本·叶齐德·朱俄斐》（Muhammad al-Ja'farī, *Al-Tābi'ī al-Kūfī Jābir ibn Yazīd al-Ju'fī*），贝鲁特：阿拉伯史学家出版社，2019。

伊本·艾比·哈比卜

(Ibn Abī Habīb, 673~746)

艾布·拉贾·叶齐德·本·艾比·哈比卜·苏韦德·艾兹迪·米斯里，生卒于埃及开罗。埃及历史学派的奠基人。

史学著作：在埃及史和先知传的传授方面冠绝一时。伊本·伊斯哈格（约 704~768）《先知传》，伊本·阿卜杜·哈卡姆（803~871）《征服埃及纪》和悝迪·米斯里（897~961）《总督与法官》等著作深受其影响。

参考文献：福阿德·斯兹金：《阿拉伯遗产史》第 1 卷第 2 分册，第 196~197 页。沙奇尔·穆斯塔法：《阿拉伯历史与史家》第 2 卷，第 153~154 页。哈桑·沙伊基：《叶齐德·本·艾比·哈比卜的生平、学术影响及其穆斯纳德》（Hasan al-Shāyiqī, *Al-Tābi'ī al-Jalīl al-Sūdānī Yazīd ibn Abī Habīb: Sīratuhu, Āthāruhu al-'Ilmīyah, Musnaduhu*），喀土穆：非洲国际大学非洲研究中心，2000。

叶齐德·鲁曼

(Yazīd Rūmān,?~747)

艾布·鲁哈·叶齐德·本·鲁曼·阿萨迪·麦达尼，生卒于麦地那。

史学著作：《武功纪》，记载先知穆罕默德的生平事迹。

参考文献：福阿德·斯兹金：《阿拉伯遗产史》第 1 卷第 2 分册，第 81 页。沙奇尔·穆斯塔法：《阿拉伯历史与史家》第 1 卷，第 157 页。穆罕默德·希拉：《麦地那历史与史家》，第 35 页。

沃斯勒·阿拓

(Wāsil 'Atā', 699~749)

艾布·胡宰法·沃斯勒·本·阿拓·加札勒·巴士里，生于麦地那，卒于伊拉克巴士拉。穆尔太齐赖派的领袖，层级传记学的先驱。

史学著作：①《学者与愚人层级传》，可能是最古老的层级传。②人物志《延缓派类别》。

参考文献：伊本·纳迪姆：《目录》第 1 卷第 2 分册，第 560~561 页。穆罕默德·希拉：《麦地那历史与史家》，第 35~36 页。苏莱曼·邵沃什：《沃斯勒·本·阿拓及其经院哲学观念》（Sulaymān al-Shawwāshī, Wāsil ibn 'Atā' wa-Ārā'uhu al-Kalāmīyah），利比亚的黎波里：阿拉伯书籍出版社，1993。

穆尔熙比

（al-Murhibī，卒于约 8 世纪上半叶）

艾布·欧麦尔·乍尔·本·阿卜杜拉·本·祖拉拉·本·穆阿维叶·穆尔熙比·哈姆达尼·库斐，出生地点有待考究，可能卒于伊拉克库法。

史学著作：他对萨比特·古特纳（？~728）和哈吉兹·艾兹迪（卒于8 世纪）的记载被艾布·法拉吉（897~967）在《诗歌集》中引用。

参考文献：艾布·法拉吉·艾斯法哈尼：《诗歌集》第 13 卷，第 147页；第 14 卷，第 172 页。米齐：《〈人名大全〉修正》第 8 卷，第 511~513页。福阿德·斯兹金：《阿拉伯遗产史》第 1 卷第 2 分册，第 256 页。

发阿法阿·麦赫祖米

（al-Fa'fā' al-Makhzūmī，？~约 750）

艾布·萨拉玛·哈里德·本·萨拉玛·本·阿斯·本·希沙姆·本·穆佶拉·古拉什·麦赫祖米·库斐，生于伊拉克库法，被杀害于伊拉克瓦西特。

史学著作：《功德》。

参考文献：伊本·阿萨奇尔：《大马士革史》第 16 卷，第 88~94 页。伊本·哈杰尔：《修正精编》第 2 卷，第 273~274 页。扎哈比：《群英诸贤传》第 5 卷，第 373~374 页。

优努斯·卡提卜

（Yūnus al-Kātib，？~约 752）

艾布·苏莱曼·优努斯·本·苏莱曼·本·库尔德·本·沙赫力雅尔，

生于伊朗霍尔木兹，卒于麦地那。阿拉伯音乐史编纂学的开创者。

史学著作：《吉彦》、《纳加姆》、《穆杰拉德》和《歌曲及其演唱者》等。这些著作是艾布·法拉吉（897~967）编纂《诗歌集》的重要资料来源。

参考文献：伊本·纳迪姆：《目录》第 1 卷第 2 分册，第 447 页。福阿德·斯兹金：《阿拉伯遗产史》第 1 卷第 2 分册，第 260~261 页。穆罕默德·希拉：《麦地那历史与史家》，第 36~37 页。

伊本·艾比·伯克尔
（Ibn Abī Bakr，685~753）

艾布·穆罕默德（或伯克尔）·阿卜杜拉·本·艾比·伯克尔·本·穆罕默德·本·阿慕尔·本·哈兹姆·安索里·麦达尼，生卒于麦地那。

史学著作：《武功纪》，记载先知穆罕默德的生平事迹。

参考文献：优素福·霍罗维茨：《早期武功纪及其编纂者》，第 53~63 页。沙奇尔·穆斯塔法：《阿拉伯历史与史家》第 1 卷，第 155~156 页。穆罕默德·希拉：《麦地那历史与史家》，第 37~39 页。

艾布·艾斯瓦德
（Abū al-Aswad，? ~754）

艾布·艾斯瓦德·穆罕默德·本·阿卜杜·拉哈曼·本·瑙发勒·本·艾斯瓦德·古拉什·阿萨迪，生于麦地那，在公元 753 年到访埃及。

史学著作：《武功纪》，记载先知穆罕默德的生平事迹，部分内容残存于巴拉祖里（? ~892）和泰伯里（839~923）等史学家的著作中。

参考文献：扎哈比：《群英诸贤传》第 6 卷，第 150 页。福阿德·斯兹金：《阿拉伯遗产史》第 1 卷第 2 分册，第 81~82 页。沙奇尔·穆斯塔法：《阿拉伯历史与史家》第 1 卷，第 157 页。

穆萨·欧戈巴
（Mūsá 'Uqbah，约 675~758）

艾布·穆罕默德·穆萨·本·欧戈巴·本·艾比·爱雅什·古拉什·

阿萨迪·麦达尼，生卒于麦地那，被誉为"武功纪之伊玛目"。

史学著作：《武功纪》，记载先知穆罕默德的生平事迹，已佚。当代学者穆罕默德·拔格什施（Muhammad Bā Qashīsh）汇集、研究与摘编了《穆萨·本·欧戈巴的〈武功纪〉》（阿加迪尔：伊本·祖哈尔大学人文社会科学院，1994）。

参考文献：福阿德·斯兹金：《阿拉伯遗产史》第 1 卷第 2 分册，第 84~86 页。沙奇尔·穆斯塔法：《阿拉伯历史与史家》第 1 卷，第 158~159 页。穆罕默德·希拉：《麦地那历史与史家》，第 39~40 页。

艾班·塔厄里卜

（Abān Taghlib，? ~758）

艾布·萨阿德（或萨义德）·艾班·本·塔厄里卜·本·拉拔哈·拉巴义·库斐·什义，生卒于伊拉克库法。

史学著作：《骆驼（战役）》、《绥芬（战役）》和《奈赫赖万（战役）》等。

参考文献：图斯：《目录》，第 17~18 页。穆哈新·艾敏：《什叶派精英》第 2 卷，第 96~99 页。索伊卜·阿卜杜·哈密德：《什叶派史学家辞典》第 1 卷，第 57~58 页。

伊本·穆格发

（Ibn al-Muqaffa'，724~759）

艾布·穆罕默德·阿卜杜拉·本·穆格发，祖籍波斯，被苏福彦·本·穆阿维叶杀害。

史学著作：把古波斯史籍《列王传》和《霍斯劳一世传》等翻译成阿拉伯文。

参考文献：伊本·纳迪姆：《目录》第 1 卷第 2 分册，第 367~369 页。阿卜杜·阿齐兹·杜里：《阿拉伯史学的兴起》，第 40~41 页。沙奇尔·穆斯塔法：《阿拉伯历史与史家》第 1 卷，第 142 页。

艾布·穆尔台米尔

（Abū al-Mu'tamir，666~761）

艾布·穆尔台米尔·苏莱曼·本·托尔汗·台米·盖斯·巴士里，生卒于伊拉克巴士拉。

史学著作：《武功纪》，记载先知穆罕默德的生平事迹，仅存 77 页，被德国学者阿尔弗雷德·冯·克雷默（Alfred von Kremer，1828~1889）附在其校勘出版（加尔各答：浸信会印书馆，1955）瓦基迪（747~823）的《武功纪》末尾。

参考文献：伊本·亥尔：《目录》，第 286~287 页。沙奇尔·穆斯塔法：《阿拉伯历史与史家》第 1 卷，第 177 页。福阿德·斯兹金：《阿拉伯遗产史》第 1 卷第 2 分册，第 83~84 页。

苏厄迪

（al-Sughdī，约 670~约 761）

索里哈·本·易姆兰·苏厄迪，生卒地点有待考究。

史学著作：《无效战纪》。

参考文献：伊本·纳迪姆：《目录》第 1 卷第 2 分册，第 283 页。

伊本·伊斯哈格

（Ibn Ishāq，约 704~768）

艾布·阿卜杜拉·穆罕默德·本·伊斯哈格·本·叶撒尔·本·希雅尔·古拉什，生于麦地那，卒于伊拉克巴格达，被誉为"第一位阿拉伯史学大师"。

史学著作：①《先知传》，已佚，是第一部结构完整的先知穆罕默德传记。伊本·希沙姆（？~约 834）改编的《先知传》是该书的最佳修正本。1976 年，印度学者穆罕默德·哈米杜拉校注出版了《伊本·伊斯哈格的〈先知传〉》（拉巴特：阿拉伯化研究院）。1978 年，大马士革思想出版社推出叙利亚著名史学家苏海勒·扎卡尔（1936~2020）整理的《先知传与武功纪》。2004 年，埃及学者艾哈迈德·麦齐迪校注的 2 卷本《伊本·伊斯哈格的〈先知传〉》通过贝鲁特学术书籍出版社出版。②《征服》和《库莱卜与杰撒斯纪事》等。

参考文献：优素福·霍罗维茨：《早期武功纪及其编纂者》，第 91~111 页。福阿德·斯兹金：《阿拉伯遗产史》第 1 卷第 2 分册，第 87~91 页。沙奇尔·穆斯塔法：《阿拉伯历史与史家》第 1 卷，第 160~162 页。阿卜杜·阿齐兹·杜里：《阿拉伯史学的兴起》，第 24~27 页。穆罕默德·阿卜杜拉：《穆罕默德·本·伊斯哈格》（Muhammad 'Abd Allāh, *Muhammad ibn Ishāq*），大马士革：格拉姆出版社，1994。

马俄马尔·拉什德

（Ma'mar Rāshid，约 714~771）

艾布·欧尔瓦·马俄马尔·本·拉什德·本·艾比·阿慕尔·艾兹迪·胡达尼·巴士里，生于伊拉克巴士拉，卒于也门萨那。

史学著作：《武功纪》，记载先知穆罕默德的生平事迹。1991 年，约旦大学高等研究院的阿卜杜拉·邵沃熙纳搜集和研究了该书的残存部分。

参考文献：优素福·霍罗维茨：《早期武功纪及其编纂者》，第 89~91 页。福阿德·斯兹金：《阿拉伯遗产史》第 1 卷第 2 分册，第 91~93 页。沙奇尔·穆斯塔法：《阿拉伯历史与史家》第 1 卷，第 159~160 页。

奥札义

（al-Awzā'ī，707~774）

艾布·阿慕尔·阿卜杜·拉哈曼·本·阿慕尔·本·艾比·阿慕尔·尤哈马德·沙米·奥札义，生于黎巴嫩巴勒贝克，卒于黎巴嫩贝鲁特。

史学著作：《瓦立德·本·穆斯林传》。

参考文献：伊本·阿萨奇尔：《大马士革史》第 35 卷，第 147~229 页。伊本·亥尔：《目录》，第 293 页。沙奇尔·穆斯塔法：《阿拉伯历史与史家》第 1 卷，第 127~128 页。

艾布·米赫纳夫

(Abū Mikhnaf, ? ~774)

艾布·米赫纳夫·璐特·本·叶哈雅·本·萨义德·本·米赫纳夫·迦米迪·艾兹迪，生卒于伊拉克库法。

史学著作：①《侯赛因殉难及其家人与追随者被害于卡尔巴拉》，科威特：艾勒费恩书店，1987。②《穆赫塔尔·本·艾比·欧贝德·塞格斐纪事》，贝鲁特：马哈杰–贝铎出版社，2000。③《骆驼（战役）、绥芬（战役）与奈赫赖万（战役）》，伦敦：伊斯兰出版公司，2002；《骆驼战记》，卡尔巴拉：伊玛目侯赛因圣裔遗产校勘科学院，2017。④《泰夫战役》，贝鲁特：圣裔世界大会，2012。⑤《艾布·米赫纳夫历史原文》第 1~2 卷，卡米勒·萨勒曼·朱布里整理，贝鲁特：马哈杰–贝铎出版社，1999。⑥《征服沙姆》、《征服伊拉克》、《进攻》、《穆阿维叶辞世、其子叶齐德当政、哈拉战役及伊本·祖贝尔之围》、《苏莱曼·本·叙拉德与艾因瓦尔达（战役）》、《穆斯阿卜及其统领伊拉克》、《比腊勒·哈力继》、《纳吉达·艾比·福代克》、《沙比卜·哈鲁里与索里哈·本·穆萨拉哈》、《穆托力弗·本·穆佶拉》、《栽德·本·阿里》、《叶哈雅·本·栽德》、《多哈克·哈力继》和《哈瓦利吉派与穆哈拉卜·本·艾比·雅孤特》等。

参考文献：伊本·纳迪姆：《目录》第 1 卷第 2 分册，第 291~293 页。福阿德·斯兹金：《阿拉伯遗产史》第 1 卷第 2 分册，第 127~130 页。沙奇尔·穆斯塔法：《阿拉伯历史与史家》第 1 卷，第 177~179 页。索伊卜·阿卜杜·哈密德：《什叶派史学家辞典》第 2 卷，第 65~68 页。

罕玛德·拉威耶

(Hammād al-Rāwiyah, 约 694~约 775)

艾布·伽斯姆·罕玛德·本·撒布尔·本·穆拔拉克·本·欧贝德·代拉米，生于伊拉克库法，卒于伊拉克巴格达。

史学著作：《罕玛德书》，又名《罕玛德纪事》。该书是泰伯里的

《历代先知与帝王史》和艾布·法拉吉的《诗歌集》等著作的史料来源之一。

参考文献：伊本·纳迪姆：《目录》第 1 卷第 2 分册，第 286~287 页。福阿德·斯兹金：《阿拉伯遗产史》第 1 卷第 2 分册，第 257~259 页。法得勒·安玛里：《想像与现实之间的罕玛德·拉威耶》（al-Fadl al-'Ammārī, *Hammād al-Rāwiyah bayna al-Wahm wa-al-Haqīqah*），利雅得：淘吧书店，1996。

阿沃纳·哈卡姆

('Awānah al-Hakam,？~约 775)

艾布·哈卡姆·阿沃纳·本·哈卡姆·本·阿沃纳·本·易雅得·卡勒比·库斐，生卒于伊拉克库法。

史学著作：①《历史》，已佚，在史学史上最早使用阿拉伯语单词"塔历赫"（意为"历史"）作为书名，记载伊斯兰教兴起百年内发生的史事。②《穆阿维叶传与伍麦叶人》，已佚，是首部专门记载哈里发及其家族传记的著作。

参考文献：伊本·纳迪姆：《目录》第 1 卷第 2 分册，第 284~286 页。阿卜杜·阿齐兹·杜里：《阿拉伯史学的兴起》，第 32 页。沙奇尔·穆斯塔法：《阿拉伯历史与史家》第 1 卷，第 128、179~180 页。

穆罕默德·法戈阿斯

(Muhammad al-Faq'asī,？~约 775)

艾布·萨义德·穆罕默德·本·阿卜杜·麦立克·阿萨迪·法戈阿斯·巴格达迪，生卒地点有待考究。

史学著作：《阿萨德人功绩及其诗歌》。

参考文献：伊斯玛仪帕夏·巴格达迪：《〈书艺题名释疑〉补遗》第 2 卷，第 418 页。伊本·纳迪姆：《目录》第 1 卷第 1 分册，第 136 页。欧麦尔·力铎：《著述家辞典》第 3 卷，第 463 页。

阿慕尔·山马尔

（'Amr Shammar, ? ~约 776）

艾布·阿卜杜拉·阿慕尔·本·山马尔·朱俄斐·库斐·什义，可能生于伊拉克库法，辞世地点有待考究。

史学著作：写了一部关于绥芬战役的著作（书名有待考究）。其部分内容残存于纳斯尔·穆札信（? ~827）的《绥芬战役》。

参考文献：纳贾什：《纳贾什人物》，第 275 页。伊本·哈杰尔：《指针》第 6 卷，第 210~212、220 页。福阿德·斯兹金：《阿拉伯遗产史》第 1 卷第 2 分册，第 132 页。

穆罕默德·艾哈瓦勒

（Muhammad al-Ahwal, ? ~约 777）

艾布·贾法尔·穆罕默德·本·阿里·本·努尔曼·本·艾比·图雷法·巴杰里·库斐·绥拉斐，可能生卒于伊拉克库法。

史学著作：《遗嘱证明》和《骆驼（战役）》等。

参考文献：纳贾什：《纳贾什人物》，第 311~312 页。欧麦尔·力铎：《著述家辞典》第 3 卷，第 552 页。索伊卜·阿卜杜·哈密德：《什叶派史学家辞典》第 2 卷，第 288~289 页。

胡奈斐

（al-Hunayfī, 约 708~779）

艾布·穆罕默德·阿卜杜·拉哈曼·本·阿卜杜·阿齐兹·本·阿卜杜拉·本·奥斯曼·胡奈斐·安索里·奥斯·乌玛米·麦达尼，生卒于麦地那。

史学著作：《先知传》，是瓦基迪（747~823）《武功纪》的基本参考文献之一。

参考文献：伊本·萨阿德：《大层级传》第 7 卷，第 587 页。伊本·哈杰尔：《修正精编》第 4 卷，第 85~86 页。福阿德·斯兹金：《阿拉伯遗产史》第 1 卷第 2 分册，第 93~94 页。

伊本·塔哈曼

（Ibn Tahmān，约 708~780）

艾布·萨义德·伊卜拉欣·本·塔哈曼·本·舒尔巴·呼罗萨尼·哈拉维，生于阿富汗赫拉特，卒于麦加。

史学著作：①《伊本·塔哈曼之长老》，大马士革：阿拉伯语学会出版社，1983。该书记载约200位长老的名字及他们传述的部分圣训。②《功德》。

参考文献：米齐：《〈人名大全〉修正》第2卷，第108~115页。扎哈比：《伊斯兰史》第10卷，第60~63页。欧麦尔·力铎：《著述家辞典》第1卷，第33页。

哈里德·胡札义

（Khālid al-Khuzā'ī,? ~约 785）

哈里德·本·托立戈·本·穆罕默德·本·易姆兰·本·胡绥恩·胡札义，生卒地点有待考究，曾任伊拉克巴士拉法官。

史学著作：《功绩》、《再婚女》和《争论》等。

参考文献：伊本·纳迪姆：《目录》第1卷第2分册，第298~299页。福阿德·斯兹金：《阿拉伯遗产史》第1卷第2分册，第45~46页。欧麦尔·力铎：《著述家辞典》第1卷，第668页。

艾布·纳得尔

（Abū al-Nadr，704~786）

艾布·纳得尔·杰利尔·本·哈齐姆·本·栽德·本·阿卜杜拉·本·舒贾俄·艾兹迪·阿塔奇·巴士里，可能生卒于伊拉克巴士拉。

史学著作：《艾札力格》。其部分内容被泰伯里的《历代先知与帝王史》和艾布·法拉吉的《诗歌集》等著作引用。

参考文献：米齐：《〈人名大全〉修正》第4卷，第524~531页。扎哈比：《群英诸贤传》第7卷，第98~103页。福阿德·斯兹金：《阿拉伯遗产史》第1卷第2分册，第132~133页。

艾班·艾哈马尔

（Abān al-Ahmar,? ~约 787）

艾布·阿卜杜拉·艾班·本·奥斯曼·本·叶哈雅·本·扎卡利雅·路阿路伊·巴杰里，生于伊拉克库法，可能卒于伊拉克巴士拉。

史学著作：《先知为圣、武功纪、辞世、萨基法会议与叛乱》，库姆：伊斯兰宣传办公室，1996。从创世写到四大哈里发时期（632~661 年）。

参考文献：纳贾什：《纳贾什人物》，第 14~15 页。欧麦尔·力铎：《著述家辞典》第 1 卷，第 7 页。索伊卜·阿卜杜·哈密德：《什叶派史学家辞典》第 1 卷，第 58~59 页。

艾布·马俄沙尔

（Abū Ma'shar,? ~787）

艾布·马俄沙尔·纳继哈·本·阿卜杜·拉哈曼·新迪·麦达尼，祖籍也门，在麦地那长大，卒于伊拉克巴格达。

史学著作：①《武功纪》。其部分内容被瓦基迪（747~823）的《武功纪》和伊本·萨阿德（784~845）的《大层级传》等著作引用。②《哈里发史》，其部分内容被泰伯里的《历代先知与帝王史》引用。

参考文献：伊本·纳迪姆：《目录》第 1 卷第 2 分册，第 290~291 页。沙奇尔·穆斯塔法：《阿拉伯历史与史家》第 1 卷，第 162~163 页。穆罕默德·希拉：《麦地那历史与史家》，第 43~44 页。

伊本·达阿卜

（Ibn Da'b,? ~787）

艾布·瓦立德·尔撒·本·叶齐德·本·伯克尔·本·达阿卜·莱西·伯克里·麦达尼，生于麦地那，卒于伊拉克巴格达。

史学著作：《信士长官美德》，贝鲁特：圣裔遗产复兴基金会，2011。该书主要记载哈里发阿里（656~661 年在位）的 70 种美德。

参考文献：伊本·纳迪姆：《目录》第 1 卷第 2 分册，第 284 页。索伊卜·阿卜杜·哈密德：《什叶派史学家辞典》第 1 卷，第 654~655 页。穆罕默德·希拉：《麦地那历史与史家》，第 44~45 页。

莱思·萨阿德

（al-Layth Sa'd，713~791）

艾布·哈力思·莱思·本·萨阿德·本·阿卜杜·拉哈曼·法赫米·米斯里，生于埃及格勒格山达，卒于埃及开罗。

史学著作：《历史》，是埃及历史学派的第一部成文著作，收录作者所处时代埃及、马格里布和安达卢西的重要史事与人物小传。

参考文献：伊本·纳迪姆：《目录》第 2 卷第 1 分册，第 8~9 页。沙奇尔·穆斯塔法：《阿拉伯历史与史家》第 2 卷，第 157 页。阿卜杜·哈立姆·马哈茂德：《莱思·本·萨阿德》（'Abd al-Halīm Mahmūd, *Al-Layth ibn Sa'd*），开罗：知识出版社，1996。

伊本·格达哈

（Ibn al-Qaddāh，? ~796）

阿卜杜拉·本·梅蒙·本·达乌德·本·艾斯瓦德·格达哈·古拉什·麦赫祖米·麦奇，祖籍伊朗，可能生卒于麦加。

史学著作：《先知为圣及其纪事》。

参考文献：扎哈比：《群英诸贤传》第 9 卷，第 320 页。欧麦尔·力铎：《著述家辞典》第 2 卷，第 303 页。索伊卜·阿卜杜·哈密德：《什叶派史学家辞典》第 1 卷，第 532~533 页。

欧麦尔·萨阿德

（'Umar Sa'd，? ~约796）

欧麦尔·本·萨阿德·本·艾比·绥德·阿萨迪·什义，生卒地点有待考究。

史学著作：《绥芬（战役）》。纳斯尔·穆札信（？~827）在《绥芬战役》中大量引用该书的内容。

参考文献：伊本·哈杰尔：《指针》第 6 卷，第 105 页。福阿德·斯兹金：《阿拉伯遗产史》第 1 卷第 2 分册，第 133 页。阿里·沙赫鲁迪：《圣训人名学修正》第 6 卷，第 90~91 页。

赛夫·欧麦尔

（Sayf 'Umar,？~约 796）

艾布·阿卜杜拉·赛夫·本·欧麦尔·多比·塔米米·阿萨迪，生于伊拉克库法，卒于伊拉克巴格达。

史学著作：①《叛乱与征服》，利雅得：伍麦叶出版社，1997。②《骆驼（战役）、阿伊莎之行程与阿里》，利雅得：伍麦叶出版社，1997。

参考文献：伊本·纳迪姆：《目录》第 1 卷第 2 分册，第 295 页。福阿德·斯兹金：《阿拉伯遗产史》第 1 卷第 2 分册，第 133~134 页。沙奇尔·穆斯塔法：《阿拉伯历史与史家》第 1 卷，第 180~181 页。

伊本·穆拔拉克

（Ibn al-Mubārak，736~797）

艾布·阿卜杜·拉哈曼·阿卜杜拉·本·穆拔拉克·本·沃狄哈·罕扎里·麦尔瓦齐·土尔奇，祖籍土库曼斯坦古城木鹿，卒于伊拉克古城希特。

史学著作：《历史》。

参考文献：扎哈比：《群英诸贤传》第 8 卷，第 378~421 页。欧麦尔·力铎：《著述家辞典》第 2 卷，第 271 页。利玛·杜尔内格：《阿拉伯与穆斯林著名史学家》，第 239 页。

伊本·卡布里

（Ibn al-Kābulī，718~798）

艾布·穆贾希德·阿里·本·穆贾希德·本·穆斯林·本·鲁费俄·

卡布里·慳迪·拉齐，生于伊朗雷伊，可能卒于伊拉克巴格达。

史学著作：《伍麦叶人纪事》和《武功纪》。这两部著作的一些内容被泰伯里的《历代先知与帝王史》引用。

参考文献：福阿德·斯兹金：《阿拉伯遗产史》第 1 卷第 2 分册，第 135 页。欧麦尔·力铎：《著述家辞典》第 2 卷，第 490 页。沙奇尔·穆斯塔法：《阿拉伯历史与史家》第 1 卷，第 131~132 页。

艾布·优素福
（Abū Yūsuf，731~798）

艾布·优素福·叶尔孤卜·本·伊卜拉欣·本·哈比卜·本·萨阿德·本·布捷尔·本·穆阿维叶·安索里，生于伊拉克库法，卒于伊拉克巴格达。

史学著作：《税》，贝鲁特：知识出版社，1979。该书与叶哈雅·阿丹（？~819）的《税》、古达玛（？~约948）的《税册及其编写》、伊本·拉杰卜（1335~1393）的《税制释解》并称为"古代阿拉伯四大税册"。

参考文献：伊本·纳迪姆：《目录》第 2 卷第 1 分册，第 19~20 页。伊本·卡西尔：《始末录》第 13 卷，第 615~620 页。齐力克里：《名人》第 8 卷，第 193 页。

吉雅思·塔米米
（Ghiyāth al-Tamīmī，？~约799）

艾布·穆罕默德·吉雅思·本·伊卜拉欣·塔米米·乌赛伊迪·巴士里，可能生于伊拉克巴士拉，定居伊拉克库法，辞世地点有待考究。

史学著作：《信士长官殉难》。

参考文献：纳贾什：《纳贾什人物》，第 293 页。索伊卜·阿卜杜·哈密德：《什叶派史学家辞典》第 2 卷，第 11~12 页。贾法尔·苏卜哈尼主编《教法学家层级百科》第 2 卷，第 441~442 页。

巴尔基家族

1. 穆罕默德·巴尔基

（Muhammad al-Barqī，? ~约 799）

艾布·阿卜杜拉·穆罕默德·本·哈里德·本·阿卜杜·拉哈曼·本·穆罕默德·巴尔基，祖籍伊拉克库法，可能卒于伊朗库姆城郊的巴尔格。

史学著作：《人物》、《麦加与麦地那》和《奥斯与赫兹拉吉之战》等。

2. 伊本·穆罕默德·巴尔基

（Ibn Muhammad al-Barqī，? ~893）

艾布·贾法尔·艾哈迈德·本·穆罕默德·本·哈里德·本·阿卜杜·拉哈曼·巴尔基·库斐，祖籍库法，可能卒于巴尔格。

史学著作：①《人物》，德黑兰：德黑兰大学出版社，出版时间不明。该书主要记载圣裔家族及他们的追随者与传述人名单。②《先知武功纪》、《第一》、《历史》、《巴格达纪事释解》和《骆驼（战役）》等。

3. 艾哈迈德·巴尔基

（Ahmad al-Barqī，10 世纪）

艾哈迈德·本·阿卜杜拉·本·艾哈迈德·本·穆罕默德·本·哈里德·巴尔基，生卒地点有待考究。

史学著作：《巴尔基人物》，库姆：伊玛目索迪戈基金会，2012。该书主要承袭自伊本·穆罕默德·巴尔基的《人物》。

参考文献：伊本·纳迪姆：《目录》第 2 卷第 1 分册，第 72 页。纳贾什：《纳贾什人物》，第 74~75、320 页。欧麦尔·力铎：《著述家辞典》第 1 卷，第 262 页；第 3 卷，第 272~273 页。沙奇尔·穆斯塔法：《阿拉伯历史与史家》第 1 卷，第 220~221 页。索伊卜·阿卜杜·哈密德：《什叶派史学家辞典》第 1 卷，第 128~129 页；第 2 卷，第 193~194 页。艾哈迈德·萨敏：《伊玛目派人名学史导研》，第 75~81 页。

阿卜杜拉·阿拉维

（'Abd Allāh al-'Alawī，8 世纪）

艾布·穆罕默德·阿卜杜拉·本·伊卜拉欣·本·穆罕默德·本·阿里·本·阿卜杜拉·本·贾法尔·本·艾比·塔里卜，生卒地点有待考究。

史学著作：《法赫人出走及其殉难》和《穆罕默德·本·阿卜杜拉出走及其殉难》。

史学著作：纳贾什：《纳贾什人物》，第 208 页。阿迦·布祖尔克：《什叶派著述门径》第 7 卷，第 150~151 页。索伊卜·阿卜杜·哈密德：《什叶派史学家辞典》第 1 卷，第 508 页。

库尔丁

（Kurdīn，8 世纪）

艾布·赛雅尔·米斯马俄·本·阿卜杜·麦立克·本·米斯马俄·本·马立克·本·米斯马俄·本·谢班·沃伊里，可能生卒于伊拉克巴士拉。

史学著作：《白苏斯之日》，记载前伊斯兰时期阿拉伯著名的白苏斯战役。

参考文献：纳贾什：《纳贾什人物》，第 402 页。索伊卜·阿卜杜·哈密德：《什叶派史学家辞典》第 2 卷，第 364 页。艾布·伽斯姆·忽伊：《圣训人物辞典与传述者层级详情》第 19 卷，第 174~177 页。

穆罕默德·艾兹迪

（Muhammad al-Azdī，8 世纪）

艾布·伊斯玛仪·穆罕默德·本·阿卜杜拉·艾兹迪·巴士里，生卒于伊拉克巴士拉。

史学著作：《征服沙姆》，加尔各答：浸信会印书馆，1854。该书记述了阿拉伯人征服沙姆地区的许多细节，包括多封具有很高史料价值的书信。

　　参考文献：福阿德·斯兹金：《阿拉伯遗产史》第 1 卷第 2 分册，第
96~97 页。欧麦尔·力铎：《著述家辞典》第 3 卷，第 429~430 页。穆罕默
德·库尔德：《艾布·伊斯玛仪·穆罕默德·本·阿卜杜拉·艾兹迪·巴士
里的〈征服沙姆〉》（Muhammad Kurd，"Futūh al-Shām li-Abī Ismā'īl
Muhammad ibn 'Abd Allāh al-Azdī al-Basrī"），《大马士革阿拉伯科学院杂
志》（*Majallat al-Majma' al-'Ilmī al-'Arabī bi-Dimashq*）1945 年第 11~12 期，
第 544~549 页。

穆索比哈

（Musabbih，8 世纪）

　　艾布·穆罕默德·穆索比哈·本·希勒甘·本·欧勒万·易季里，生
卒地点有待考究。

　　史学著作：《骆驼（战役）》。

　　参考文献：纳贾什：《纳贾什人物》，第 403 页。阿迦·布祖尔克：《什
叶派著述门径》第 5 卷，第 141 页。索伊卜·阿卜杜·哈密德：《什叶派史
学家辞典》第 2 卷，第 364~365 页。

第 3 编

公元9世纪

穆阿法

（al-Mu'āfá，约 741~801）

艾布·马斯欧德·穆阿法·本·易姆兰·本·努费勒·本·贾比尔·本·杰巴拉·艾兹迪·法赫米·摩苏里，生卒于伊拉克摩苏尔。

史学著作：《摩苏尔史》，是艾布·扎卡利雅·艾兹迪（？~946）《摩苏尔史》的主要参考文献。

参考文献：艾布·扎卡利雅·艾兹迪：《摩苏尔史》第 1 卷，第 529 页。扎哈比：《群英诸贤传》第 9 卷，第 80~86 页。福阿德·斯兹金：《阿拉伯遗产史》第 1 卷第 2 分册，第 215 页。

法札里

（al-Fazārī，？~802）

艾布·伊斯哈格·伊卜拉欣·本·穆罕默德·本·哈力思·本·艾斯玛·本·哈力贾·法札里，生于伊拉克库法，卒于土耳其摩普绥提亚。

史学著作：五卷本纪事与圣训集《传记》。1987 年，法鲁戈·哈玛达校勘出版（贝鲁特：使命基金会）的残存第 2 卷是伊本·瓦铎哈（815~900）传抄的作品。

参考文献：扎哈比：《群英诸贤传》第 8 卷，第 539~543 页。福阿德·斯兹金：《阿拉伯遗产史》第 1 卷第 2 分册，第 95~96 页。沙奇尔·穆斯塔法：《阿拉伯历史与史家》第 1 卷，第 128~129、205 页。

拉基特·穆哈力比

（Laqīt al-Muhāribī，？~806）

艾布·希腊勒·拉基特·本·布凯尔·穆哈力比·库斐，生卒于伊拉克库法。

史学著作：《分类纪事》。在这部文集里，每门学问单独成章，包括《妇女》、《夜谈》、《破坏者与偷盗者》以及《精灵纪事》等作品。

参考文献：伊本·纳迪姆：《目录》第 1 卷第 2 分册，第 297 页。雅孤特：《文豪辞典》第 5 卷，第 2250~2252 页。福阿德·斯兹金：《阿拉伯遗产史》第 1 卷第 2 分册，第 47~48 页。

叶哈雅·萨义德
（Yahyá Sa'īd，约 729~809）

艾布·艾尤卜·叶哈雅·本·萨义德·本·艾班·本·萨义德·本·阿斯·本·萨义德·古拉什·伍麦维·库斐，生于伊拉克库法，卒于伊拉克巴格达。

史学著作：《武功纪》。该书主要取材于伊本·伊斯哈格（约 704~768）的《先知传》。

参考文献：米齐：《〈人名大全〉修正》第 31 卷，第 325~329 页。福阿德·斯兹金：《阿拉伯遗产史》第 1 卷第 2 分册，第 97~98 页。利玛·杜尔内格：《阿拉伯与穆斯林著名史学家》，第 498 页。

瓦立德·穆斯林
（al-Walīd Muslim，737~810）

艾布·阿拔斯·瓦立德·本·穆斯林·本·阿拔斯·古拉什·伍麦维·迪马什基，生于叙利亚大马士革，卒于朝觐归途中。

史学著作：《武功纪》，记载先知穆罕默德的生平事迹。

参考文献：福阿德·斯兹金：《阿拉伯遗产史》第 1 卷第 2 分册，第 98 页。沙奇尔·穆斯塔法：《阿拉伯历史与史家》第 1 卷，第 129 页。萨拉丁·穆纳吉德：《大马士革史学家及其手稿与出版物辞典》，第 8 页。

瓦奇俄·杰拉哈
（Wakī' al-Jarrāh，746~812）

艾布·苏福彦·瓦奇俄·本·杰拉哈·本·马立哈·本·阿迪·本·

法拉斯·本·苏福彦·鲁阿斯·库斐，生于伊拉克库法，卒于沙特阿拉伯费德。

史学著作：《知识与历史》和《圣门弟子美德》。

参考文献：伊本·阿萨奇尔：《大马士革史》第 63 卷，第 58～108 页。伊本·纳迪姆：《目录》第 2 卷第 1 分册，第 89～90 页。欧麦尔·力铎：《著述家辞典》第 4 卷，第 74 页。

伊本·瓦赫卜
（Ibn Wahb，743～813）

艾布·穆罕默德·阿卜杜拉·本·瓦赫卜·本·穆斯林·古拉什·菲赫里·米斯里·马立奇，生卒于埃及。

史学著作：《叛乱》和《武功纪》。

参考文献：米齐：《〈人名大全〉修正》第 16 卷，第 277～287 页。齐力克里：《名人》第 4 卷，第 144 页。沙奇尔·穆斯塔法：《阿拉伯历史与史家》第 2 卷，第 159 页。

伊本·扎拔拉
（Ibn Zabālah，? ～约 814）

艾布·哈桑（或阿卜杜拉）·穆罕默德·本·哈桑·本·扎拔拉·古拉什·麦赫祖米·麦达尼，生卒于麦地那。

史学著作：①《麦地那纪事》，麦地那：麦地那研究中心，2003。它是第一部麦地那志，成书于 814 年。②《先知妻妾》。其原著已佚，经祖贝尔·巴卡尔（788～870）转述而流传至今的《先知妻妾选集》（麦地那：伊斯兰大学出版社，1981），是现存最早的专门记载先知穆罕默德妻妾的著作。

参考文献：伊本·纳迪姆：《目录》第 1 卷第 2 分册，第 334 页。福阿德·斯兹金：《阿拉伯遗产史》第 1 卷第 2 分册，第 201～202 页。穆罕默德·希拉：《麦地那历史与史家》，第 47～49 页。

希沙姆·哈卡姆

（Hishām al-Hakam，? ~815）

艾布·穆罕默德·希沙姆·本·哈卡姆·谢拔尼·库斐·拉菲荻，生卒于伊拉克库法，曾居住于伊拉克巴格达。

史学著作：《仲裁者》和《纪事与如何校正》等。

参考文献：伊本·纳迪姆：《目录》第 1 卷第 2 分册，第 632 ~ 633 页。纳贾什：《纳贾什人物》，第 415 页。索伊卜·阿卜杜·哈密德：《什叶派史学家辞典》第 2 卷，第 431 ~ 432 页。

艾布·巴赫塔里

（Abū al-Bakhtarī，? ~815）

艾布·巴赫塔里·瓦赫卜·本·瓦赫卜·本·卡西尔（或卡比尔）·本·阿卜杜拉·本·扎姆阿·古拉什，生于麦地那，卒于伊拉克巴格达。

史学著作：《旗帜》、《托斯姆与杰迪斯》、《先知特质》、《辅士美德》和《大美德》。

参考文献：伊本·纳迪姆：《目录》第 1 卷第 2 分册，第 314 ~ 315 页。沙奇尔·穆斯塔法：《阿拉伯历史与史家》第 1 卷，第 181 ~ 182 页。穆罕默德·希拉：《麦地那历史与史家》，第 49 ~ 50 页。

欧麦尔·布凯尔

（'Umar Bukayr，? ~818）

欧麦尔·本·布凯尔·本·撒布尔·巴格达迪，生卒地点有待考究。

史学著作：《古勒之日》、《祖哈尔之日》、《艾尔玛姆之日》、《库法之日》、《萨阿德人之役》和《穆拔伊德之日》等。

参考文献：伊本·纳迪姆：《目录》第 1 卷第 2 分册，第 330 页。雅孤特：《文豪辞典》第 5 卷，第 2064 ~ 2067 页。沙奇尔·穆斯塔法：《阿拉伯历史与史家》第 1 卷，第 216 ~ 217 页。

伊本·舒梅伊勒

（Ibn Shumayyil，740~819）

艾布·哈桑·纳得尔·本·舒梅伊勒·本·赫拉沙·本·叶齐德·本·库勒苏姆·塔米米·玛兹尼，生卒于土库曼斯坦古城木鹿。

史学著作：《记述》。该巨著由五大部分内容构成：①创造人类、慷慨大方和女性特征；②帐篷、家宅、山峦、小路和财产；③骆驼；④羊、鸟、日、月、夜晚、白昼和奶等；⑤谷物、葡萄园、豆类、树木、沟渠、云和雨。

参考文献：伊本·纳迪姆：《目录》第1卷第1分册，第144~146页。扎哈比：《群英诸贤传》第9卷，第328~332页。齐力克里：《名人》第8卷，第33页。

叶哈雅·阿丹

（Yahyá ibn Ādam，? ~819）

艾布·扎卡利雅·叶哈雅·本·阿丹·本·苏莱曼·古拉什·伍麦维·库斐，生于伊拉克库法，卒于伊拉克法姆-锡勒哈。

史学著作：《税》，开罗：舒鲁戈出版社，1987。该书与艾布·优素福（731~798）的《税》、古达玛（? ~约948）的《税册及其编写》、伊本·拉杰卜（1335~1393）的《税制释解》并称为"古代阿拉伯四大税册"。

参考文献：伊本·纳迪姆：《目录》第2卷第1分册，第90~91页。福阿德·斯兹金：《阿拉伯遗产史》第1卷第3分册，第250~251页。胡戴尔·哈迪：《叶哈雅·本·阿丹及其〈税〉的编纂方法》（Khudayr Hādī, "Yahyá ibn Ādam wa-Manhajuhu fī Kitāb al-Kharāj"），《法特哈》（*Majallat al-Fath*）2005年总第23期。

艾布·胡宰法·布哈里

（Abū Hudhayfah al-Bukhārī，? ~821）

艾布·胡宰法·伊斯哈格·本·比施尔·本·穆罕默德·本·阿卜杜拉·

本·撒里姆·哈希米·布哈里，生于阿富汗巴尔赫，卒于乌兹别克斯坦布哈拉。

史学著作：《起源》、《叛乱》、《征服》、《骆驼（战役）》和《绥芬（战役）》等。

参考文献：伊本·纳迪姆：《目录》第 1 卷第 2 分册，第 294 页。福阿德·斯兹金：《阿拉伯遗产史》第 1 卷第 2 分册，第 99～100 页。欧麦尔·力铎：《著述家辞典》第 1 卷，第 340 页。

海塞姆·阿迪
（al-Haytham 'Adī，732～822）

艾布·阿卜杜·拉哈曼·海塞姆·本·阿迪·本·阿卜杜·拉哈曼·栽迪·拓伊，生于伊拉克库法，卒于伊拉克法姆-锡勒哈，是阿拉伯编年史的先驱。

史学著作：一生著述 50 多部，包括《编年史》、《法学家与圣训学家层级传》、《长寿者》、《国家》、《亚当跌落、阿拉伯人离散及其寄居与住处》、《阿拉伯人居于萨瓦德与呼罗珊地区》、《沙姆人功绩》、《齐雅德·本·艾比赫纪事》、《与释奴联姻者之阿拉伯人》、《代表团》、《蒙昧时期古莱什淫妇及其私生子名单》、《库法地志》、《库法总督》、《妇女》、《哈里发史》、《哈里发结局》、《哈里发卫士》、《哈里发亲信》、《库法与巴士拉法官》、《伊拉克埃米尔亲信卫队》、《集市》、《呼罗珊与也门埃米尔》、《税》、《哈瓦利吉派》、《奇闻》、《法学家与圣训学家名单》、《哈桑·本·阿里纪事及其辞世》、《夜谈》、《波斯人纪事》、《哈里德·本·阿卜杜拉·格斯里、瓦立德·本·叶齐德及叶齐德·本·哈里德·本·阿卜杜拉殉难》、《疯子纪事》和《艾布·格推法·阿慕尔·本·瓦立德纪事》等。

参考文献：伊本·纳迪姆：《目录》第 1 卷第 2 分册，第 311～313 页。阿卜杜·阿齐兹·杜里：《阿拉伯史学的兴起》，第 37～38 页。沙奇尔·穆斯塔法：《阿拉伯历史与史家》第 1 卷，第 142、182～185 页。

瓦基迪
（al-Wāqidī，747～823）

艾布·阿卜杜拉·穆罕默德·本·欧麦尔·本·瓦基德·艾斯拉米·

瓦基迪·麦迪尼，生于麦地那，卒于伊拉克巴格达。

史学著作：①《武功纪》第 1~3 卷，贝鲁特：书籍世界，1984。该书是武功纪编纂学的集大成之作。②《征服伊非里基亚》第 1~2 卷，突尼斯：乌木米耶印书馆，1897。③《征服埃及与亚历山大》，莱顿：拉彻曼斯出版社，1825。④《叛乱》，贝鲁特：伊斯兰西方出版社，1990。⑤《征服杰齐拉、哈布尔、迪亚巴克尔与伊拉克》，大马士革：福音出版社，1996。⑥《征服沙姆》第 1~2 卷，贝鲁特：学术书籍出版社，1997。⑦《征服波斯与呼罗珊》，开罗：马哈鲁萨印书馆，1891。⑧《麦加纪事》、《层级传》、《先知妻妾》、《先知辞世》、《骆驼（战役）》、《绥芬（战役）》、《侯赛因殉难》、《奥斯与赫兹拉吉之战》、《埃塞俄比亚人问题与象战》、《萨基法会议与艾布·伯克尔登基》、《艾布·伯克尔传及其辞世》、《引人入胜：武功纪学与人物差错》、《哈桑与侯赛因降世》、《侯赛因殉难》、《金银币铸造》、《法学家史》、《大历史》和《协商会议》等。

参考文献：伊本·纳迪姆：《目录》第 1 卷第 2 分册，第 307~309 页。索伊卜·阿卜杜·哈密德：《什叶派史学家辞典》第 2 卷，第 297~299 页。穆罕默德·希拉：《麦地那历史与史家》，第 50~54 页。

优努斯·阿卜杜·拉哈曼

（Yūnus 'Abd al-Rahmān，? ~823）

艾布·穆罕默德·优努斯·本·阿卜杜·拉哈曼，生卒地点有待考究。

史学著作：《缺点》。

参考文献：图斯：《目录》，第 181~182 页。伊本·纳迪姆：《目录》第 2 卷第 1 分册，第 72 页。索伊卜·阿卜杜·哈密德：《什叶派史学家辞典》第 2 卷，第 466 页。

贾法尔·瓦沙

（Ja'far al-Washshā'，? ~823/伊历 208）

艾布·穆罕默德·贾法尔·本·巴什尔·巴杰里·瓦沙，生于伊拉克库法，卒于麦地那附近的艾卜瓦。

史学著作：《长老志》。

参考文献：纳贾什：《纳贾什人物》，第 118 页。艾哈迈德·萨敏：《伊玛目派人名学史导研》，第 72 页。贾法尔·苏卜哈尼主编《教法学家层级百科》第 3 卷，第 160~162 页。

艾布·欧贝达

（Abū 'Ubaydah，728~824）

艾布·欧贝达·马俄马尔·本·穆散纳·台米·巴士里，生卒于伊拉克巴士拉。

史学著作：①《迪拔吉》，开罗：汗吉书店，1991。该书主要记载前伊斯兰时期阿拉伯的历史故事、诗歌文艺以及文化遗迹等内容。②《马》，海得拉巴：奥斯曼百科全书委员会印务部，1939。③《先知妻妾及其子嗣名单》，《阿拉伯手稿研究院杂志》（*Majallat Ma'had al-Makhtūtāt al-'Arabīyah*）1967 年第 2 期，第 225~286 页。④《巴士拉》、《传述者纪事》、《呼罗珊》、《阿卜杜·盖斯纪事》、《巴拉德纪事》、《泼妇》、《诗歌与诗坛》、《骆驼（战役）与绥芬（战役）》、《奥斯曼殉难》、《巴士拉法官》、《征服亚美尼亚》、《征服阿瓦士》、《阿拉伯盗贼》、《哈贾吉纪事》、《萨勒姆·本·古台巴》、《马斯欧德·本·阿慕尔及其殉难》、《奥斯与赫兹拉吉》、《阿卜杜拉·本·哈桑·本·哈桑·本·阿里·本·艾比·塔里卜之子穆罕默德与伊卜拉欣》、《日子》、《释奴》、《波斯人美德》和《波斯人纪事》等。

参考文献：伊本·纳迪姆：《目录》第 1 卷第 1 分册，第 149~152 页。阿卜杜·阿齐兹·杜里：《阿拉伯史学的兴起》，第 38~40 页。沙奇尔·穆斯塔法：《阿拉伯历史与史家》第 1 卷，第 198~199 页。

萨勒穆韦赫

（Salmuwayh，? ~约 825）

艾布·索里哈·苏莱曼·本·索里哈·莱西·麦尔瓦齐，生卒地点有待考究。

史学著作：《国家》，又名《阿拔斯王朝与呼罗珊埃米尔们》。

参考文献：伊本·纳迪姆：《目录》第 1 卷第 2 分册，第 331 页。扎哈比：《群英诸贤传》第 9 卷，第 433~434 页。沙奇尔·穆斯塔法：《阿拉伯历史与史家》第 1 卷，第 215 页。

路厄达
（Lughdah，? ~825）

艾布·阿里·哈桑·本·阿卜杜拉·艾斯巴哈尼，以"路厄达"或"路克扎"著称于世，生于伊朗伊斯法罕，后定居伊拉克巴格达。

史学著作：《阿拉伯地区》，利雅得：叶玛麦出版社，1968。该书主要记载阿拉伯各部落聚居地的概况。

参考文献：伊本·纳迪姆：《目录》第 1 卷第 1 分册，第 248~249 页。欧麦尔·力铎：《著述家辞典》第 1 卷，第 559 页。艾曼·福阿德：《伊斯兰时期也门历史文献》，第 59~60 页。

阿卜杜·拉札戈
（'Abd al-Razzāq，744~827）

艾布·伯克尔·阿卜杜·拉札戈·本·汉玛姆·本·纳菲俄·希木叶里·萨那尼，生于也门萨那，卒于也门。

史学著作：《武功纪》，是作者的圣训学巨著《著作》（开罗：塔阿斯勒出版社，2015）的第 14 卷。

参考文献：伊本·亥尔：《目录》，第 292 页。扎哈比：《群英诸贤传》第 9 卷，第 563~580 页。艾斯玛·伊卜拉欣：《阿卜杜·拉札戈·萨那尼〈著作〉的编纂方法》（Asmā' Ibrāhīm, *Manhaj al-Hāfiz 'Abd al-Razzāq al-San'ānī fī Musannafihi*），安曼：奥斯玛尼耶出版社，2008。

纳斯尔·穆札信
（Nasr Muzāhim，? ~827）

艾布·法得勒·纳斯尔·本·穆札信·本·赛雅尔·敏格里·塔米

米·库斐，生于伊拉克库法，卒于伊拉克巴格达。

史学著作：①《绥芬战役》，贝鲁特：吉勒出版社，1990。该书是专门记载绥芬战役的传世佳作之一。②《进攻》、《骆驼（战役）》、《胡季尔·本·阿迪殉难》和《侯赛因·本·阿里殉难》等。

参考文献：伊本·纳迪姆：《目录》第 1 卷第 2 分册，第 293~294 页。沙奇尔·穆斯塔法：《阿拉伯历史与史家》第 1 卷，第 182 页。索伊卜·阿卜杜·哈密德：《什叶派史学家辞典》第 2 卷，第 405~406 页。

阿卜杜·哈卡姆父子

1. 阿卜杜拉·阿卜杜·哈卡姆

('Abd Allāh 'Abd al-Hakam, 767~829)

艾布·穆罕默德·阿卜杜拉·本·阿卜杜·哈卡姆·本·艾尔彦·本·莱思·本·拉菲俄·马立奇·米斯里，生于埃及亚历山大，卒于埃及开罗。

史学著作：《伊玛目马立克·本·艾纳斯及其弟子所述欧麦尔·本·阿卜杜·阿齐兹传》，贝鲁特：书籍世界，1984。该书经作者的儿子穆罕默德·阿卜杜·哈卡姆（798~882）的转述而流传至今。

2. 伊本·阿卜杜·哈卡姆

(Ibn 'Abd al-Hakam, 803~871)

艾布·伽斯姆·阿卜杜·拉哈曼·本·阿卜杜拉·本·阿卜杜·哈卡姆·本·艾尔彦·马立奇·米斯里，生卒于开罗，是 9 世纪埃及历史学派的代表人物。

史学著作：①《征服埃及纪》，开罗：马德布里书店，1999。②《征服伊非里基亚与安达卢西》，贝鲁特：马德拉萨书店 & 黎巴嫩书籍出版社，1964。③《征服埃及与马格里布》，开罗：宗教文化书店，2004。

参考文献：福阿德·斯兹金：《阿拉伯遗产史》第 1 卷第 2 分册，第 233~235 页。齐力克里：《名人》第 3 卷，第 313 页；第 4 卷，第 95 页。沙奇尔·穆斯塔法：《阿拉伯历史与史家》第 2 卷，第 159、163~165 页。侯赛因·阿绥：《阿卜杜·拉哈曼·本·阿卜杜·哈卡姆及其〈征服埃及与伊非里基亚〉》（Husayn 'Āsī, 'Abd al-Rahmān ibn 'Abd al-Hakam wa-Kitābuhu Futūh Misr wa-Ifrīqīyah），贝鲁特：学术书籍出版社，1992。

萨赫勒·哈伦
（Sahl Hārūn，? ~830）

艾布·阿慕尔·萨赫勒·本·哈伦·本·拉熙奔·达斯土密撒尼，祖籍伊朗，在伊拉克巴士拉长大，可能卒于伊拉克巴格达。

史学著作：《国王举措与政策》。

参考文献：伊本·纳迪姆：《目录》第 1 卷第 2 分册，第 373~374 页。卡米勒·朱布里：《文豪辞典：自蒙昧时期至公元 2002 年》第 3 卷，第 100~101 页。福阿德·斯兹金：《阿拉伯遗产史》第 1 卷第 2 分册，第 60~61 页。

艾斯马义
（al-Asma'ī，740~832）

艾布·萨义德·阿卜杜·麦立克·本·古雷卜·本·阿里·本·艾斯马俄·本·穆左熙尔·本·阿慕尔·拔熙里·艾斯马义，生卒于伊拉克巴士拉。

史学著作：①《早期阿拉伯列王史》，即《前伊斯兰时期阿拉伯史》，巴格达：学术书店出版社，1959。该书从"第一位阿拉伯国王"盖哈唐开始叙述前伊斯兰时期阿拉伯列王的生平、政策、教训、诗歌、演讲及其战争等历史故事。②《箴言》，大马士革：叙利亚图书出版总局，2010。③《阿拉伯半岛》。

参考文献：伊本·纳迪姆：《目录》第 1 卷第 1 分册，第 155~157 页。沙奇尔·穆斯塔法：《阿拉伯历史与史家》第 1 卷，第 199~200 页。阿卜杜·杰拔尔·朱马尔德：《艾斯马义的生平及其影响》（'Abd al-Jabbār al-Jūmard, Al-Asma'ī: Hayātuhu wa-Āthāruhu），贝鲁特：卡沙夫出版社，1955。

伊本·艾比·欧梅尔

(Ibn Abī 'Umayr, ? ~832)

艾布·艾哈迈德·穆罕默德·本·艾比·欧梅尔·齐雅德·本·尔撒·艾兹迪，生于伊拉克巴格达，辞世地点有待考究。

史学著作：《武功纪》，记载先知穆罕默德的生平事迹。

参考文献：纳贾什：《纳贾什人物》，第 312~313 页。齐力克里：《名人》第 6 卷，第 131 页。索伊卜·阿卜杜·哈密德：《什叶派史学家辞典》第 2 卷，第 212~213 页。

伊本·希沙姆

(Ibn Hishām, ? ~约 834)

艾布·穆罕默德·阿卜杜·麦立克·本·希沙姆·本·艾尤卜·希木叶里·麦阿菲里·巴士里，生于伊拉克巴士拉，卒于埃及开罗。

史学著作：①《先知传》第 1~4 卷，贝鲁特：阿拉伯书籍出版社，1990。在伊本·伊斯哈格（约 704~768）《先知传》的基础上修订而成，是现存最翔实可靠的穆罕默德传记。②《冠冕：希木叶尔列王》，间接传述自瓦赫卜·穆纳比赫，海得拉巴：奥斯曼百科全书委员会印务部，1929。

参考文献：扎哈比：《群英诸贤传》第 10 卷，第 428~429 页。福阿德·斯兹金：《阿拉伯遗产史》第 1 卷第 2 分册，第 106~111 页。沙奇尔·穆斯塔法：《阿拉伯历史与史家》第 1 卷，第 139 页。

萨赫米父子

1. 奥斯曼·萨赫米

('Uthmān al-Sahmī, 761~834)

艾布·叶哈雅·奥斯曼·本·索里哈·本·索夫万·萨赫米·米斯里，生卒于埃及。

史学著作：《征服埃及史》。该书的部分内容残存于伊本·阿卜杜·哈卡姆（803～871）的《征服埃及纪》。

2. 叶哈雅·萨赫米

（Yahyá al-Sahmī,? ～895）

艾布·扎卡利雅·叶哈雅·本·奥斯曼·本·索里哈·萨赫米·米斯里，生卒于埃及。

史学著作：《埃及人纪事》。恺迪·米斯里（897～961）的《总督与法官》大量援引该书。

参考文献：扎哈比：《伊斯兰史》第15卷，第291～292页；第21卷，第330～331页。米齐：《〈人名大全〉修正》第19卷，第391～393页；第31卷，第462～464页。福阿德·斯兹金：《阿拉伯遗产史》第1卷第2分册，第233、235页。沙奇尔·穆斯塔法：《阿拉伯历史与史家》第2卷，第159～160、166页。

阿卜杜拉·杰巴拉

（'Abd Allāh Jabalah,? ～834）

艾布·穆罕默德·阿卜杜拉·本·杰巴拉·本·海彦·本·艾卜杰尔·奇纳尼·库斐·什义，生卒于伊拉克库法，是什叶派人名学的先驱之一。

史学著作：《人物》，已佚，可能是第一部人名学著作。

参考文献：纳贾什：《纳贾什人物》，第208页。沙奇尔·穆斯塔法：《阿拉伯历史与史家》第1卷，第206页。索伊卜·阿卜杜·哈密德：《什叶派史学家辞典》第1卷，第510页。

欧贝斯

（'Ubays,? ～835）

艾布·法得勒·阿拔斯·本·希沙姆·纳什里·阿萨迪·易拉基·什义，生卒地点有待考究。

史学著作：《缺点》。

参考文献：纳贾什：《纳贾什人物》，第 269 页。齐力克里：《名人》第 3 卷，第 268 页。索伊卜·阿卜杜·哈密德：《什叶派史学家辞典》第 1 卷，第 426~427 页。

伊本·巴卡尔·多比

（Ibn Bakkār al-Dabbī，746~837）

艾布·瓦立德·阿拔斯·本·巴卡尔·多比·巴士里，生卒于伊拉克巴士拉。

史学著作：①《遣往穆阿维叶·本·艾比·苏福彦之女性使者纪事》，贝鲁特：使命基金会，1983。②《从巴士拉与库法遣往穆阿维叶·本·艾比·苏福彦之男性使者纪事》，贝鲁特：使命基金会，1984。

参考文献：卡尔·布罗克尔曼：《阿拉伯文学史》第 3 册，第 37~38 页。福阿德·斯兹金：《阿拉伯遗产史》第 1 卷第 2 分册，第 138 页。沙奇尔·穆斯塔法：《阿拉伯历史与史家》第 1 卷，第 205 页。

艾兹拉基祖孙

1. 艾哈迈德·艾兹拉基

（Ahmad al-Azraqī，? ~837）

艾布·瓦立德·艾哈迈德·本·穆罕默德·本·瓦立德·本·欧戈巴·本·艾兹拉戈·本·阿慕尔·本·哈力思·加萨尼·麦奇，生卒于麦加。

史学著作：口传麦加史，给他的孙子穆罕默德·艾兹拉基编撰《麦加纪遗》准备好了充足的史料。

2. 穆罕默德·艾兹拉基

（Muhammad al-Azraqī，? ~约 865）

艾布·瓦立德·穆罕默德·本·阿卜杜拉·本·艾哈迈德·本·穆罕默德·本·瓦立德·艾兹拉基·加萨尼·麦奇，生卒于麦加。

史学著作：《麦加纪遗》第 1~2 卷，麦加：阿萨迪书店，2003。该书是

第一部全面系统的麦加方志，集历史、圣训、教法、地理与政治于一书，以可信人士讲述的知识为基本依据，不妄加评论，翔实可靠。

参考文献：塔基丁·法斯：《宝贵璎珞：安宁城市史》第 2 卷，第 49 ~ 50 页；第 3 卷，第 176 ~ 178 页。福阿德·斯兹金：《阿拉伯遗产史》第 1 卷 第 2 分册，第 202 ~ 204 页。齐力克里：《名人》第 1 卷，第 291 页；第 6 卷，第 222 页。穆罕默德·希拉：《麦加历史与史家》，第 15 ~ 17 页。

哈里德·希达什
（Khālid Khidāsh，? ~838）

艾布·海塞姆·哈里德·本·希达什·本·阿季岚·穆哈拉比，生于伊拉克巴士拉，卒于伊拉克巴格达。

史学著作：《艾札力格与穆哈拉卜战争》。

参考文献：伊本·纳迪姆：《目录》第 1 卷第 2 分册，第 335 页。沙奇尔·穆斯塔法：《阿拉伯历史与史家》第 1 卷，第 207 页。阿里·迦尼姆：《巴士拉纪事家哈里德·本·希达什·穆哈拉比》（'Alī Ghānim，"Al-Akhbārī al-Basrī Khālid ibn Khidāsh al-Muhallabī"），《巴士拉研究》（*Majallat Abhāth al-Basrah*）2006 年第 1 期。

伊本·艾比·麦尔彦祖孙

1. 伊本·艾比·麦尔彦
（Ibn Abī Maryam，761 ~ 839）

艾布·穆罕默德·萨义德·本·哈卡姆·本·穆罕默德·本·撒里姆·朱马希·米斯里，生卒于埃及。

史学著作：《功绩》和《阿拉伯寄居部落》等。

2. 阿卜杜拉·艾比·麦尔彦
（'Abd Allāh Abī Maryam，? ~894）

艾布·伯克尔·阿卜杜拉·本·穆罕默德·本·萨义德·本·艾比·

麦尔彦·朱马希·米斯里，生卒于埃及。

史学著作：《埃及历史及其总督纪录》。

参考文献：伊本·纳迪姆：《目录》第 1 卷第 2 分册，第 299 页。扎哈比：《群英诸贤传》第 10 卷，第 327~330 页。扎哈比：《伊斯兰史与诸杰群英辞世录》第 21 卷，第 205 页。伊本·阿迪姆：《阿勒颇史索觅》第 2 卷，第 833 页。沙奇尔·穆斯塔法：《阿拉伯历史与史家》第 2 卷，第 161、209 页。

哈桑·马哈布卜
（al-Hasan Mahbūb，766~839）

艾布·阿里·哈桑·本·马哈布卜·本·瓦赫卜·本·贾法尔·本·瓦赫卜·巴杰里，可能生卒于伊拉克库法。

史学著作：《长老志》、《纪事传述者知识》和《历史》等。

参考文献：图斯：《目录》，第 46~47 页。艾哈迈德·萨敏：《伊玛目派人名学史导研》，第 72~73 页。索伊卜·阿卜杜·哈密德：《什叶派史学家辞典》第 1 卷，第 260~261 页。

艾布·欧贝德
（Abū 'Ubayd，774~839）

艾布·欧贝德·伽斯姆·本·萨腊姆·本·阿卜杜拉·哈拉维·艾兹迪·胡札义·呼罗萨尼·巴格达迪，生于阿富汗赫拉特，卒于麦加。

史学著作：《钱》，贝鲁特 & 开罗：舒鲁戈出版社，1989。与艾布·优素福（731~798）的《税》并称为"关于伊斯兰金融体系的两部最重要著作"。

参考文献：伊本·纳迪姆：《目录》第 1 卷第 1 分册，第 214~216 页。沙奇尔·穆斯塔法：《阿拉伯历史与史家》第 1 卷，第 198 页。迦尼姆·格杜里：《艾布·欧贝德·伽斯姆·本·萨腊姆·巴格达迪的生平及其对〈古兰经〉的研究》（Ghānim Qaddūrī, *Abū 'Ubayd al-Qāsim ibn Sallām al-*

Baghdādī al-Mutawaffá Sanat 224 H.：Hayātuhu wa-Juhūduhu fī Dirāsat al-Qirā'āt），巴格达：伊尔沙德印书馆，1986。

伊卜拉欣·马赫迪
（Ibrāhīm al-Mahdī，779~839）

艾布·伊斯哈格·伊卜拉欣·本·穆罕默德·马赫迪·本·阿卜杜拉·曼苏尔·本·穆罕默德·本·阿里·哈希米，生卒于伊拉克巴格达。

史学著作：《歌咏》。该书的部分内容被艾布·法拉吉（897~967）收录进《诗歌集》里。

参考文献：伊本·阿萨奇尔：《大马士革史》第 7 卷，第 155~193 页。伊本·纳迪姆：《目录》第 1 卷第 2 分册，第 357~358 页。福阿德·斯兹金：《阿拉伯遗产史》第 1 卷第 2 分册，第 265 页。

伊本·法铎勒父子

1. 伊本·法铎勒
（Ibn Faddāl，? ~839）

艾布·阿里·哈桑·本·阿里·伊本·法铎勒·台马里·库斐，生卒于伊拉克库法。

史学著作：《人物》和《先知与起源》。

2. 阿里·法铎勒
（'Alī Faddāl，819~约 903）

艾布·哈桑·阿里·本·哈桑·本·阿里·本·法铎勒·本·欧麦尔·本·艾曼·库斐，生卒于库法。

史学著作：《人物》、《以色列人纪事》、《诸先知》、《先知品性》、《先知辞世》、《缺点》和《库法特色》。

参考文献：伊本·纳迪姆：《目录》第 2 卷第 1 分册，第 77~78 页。图斯：《目录》，第 47~48、92~93 页。纳贾什：《纳贾什人物》，第 35~37、

247～248 页。索伊卜·阿卜杜·哈密德：《什叶派史学家辞典》第 1 卷，第 254～255、581～582 页。

麦达伊尼

（al-Madā'inī，752～840）

艾布·哈桑·阿里·本·穆罕默德·本·阿卜杜拉·麦达伊尼，生于伊拉克巴士拉，卒于伊拉克巴格达。

史学著作：一生撰著 240 多部，包括 20 多部先知纪事类，如《武功纪》；30 余部古莱什部落纪事类，如《古莱什族谱及其纪事》；20 余部贵族妻室和妇女纪事类，如《古莱什再婚妇女》；7 部哈里发纪事类，比如，从第一任正统哈里发艾布·伯克尔写到阿拔斯王朝第八任哈里发穆阿塔斯姆的《大哈里发纪事》；20 多部历史事件与名人小传类；30 多部征服史；10 部阿拉伯人纪事；30 余部诗坛纪事以及 40 多部其他类，如《悼念》、《麦地那志》和《麦加志》等。遗憾的是，其中大部分作品已失传。笔者目前仅见两部：①《悼念》，大马士革：福音出版社，2003。②《古莱什再婚妇女》，载阿卜杜·萨腊姆·哈伦校勘：《珍稀手抄本》第 1 卷，贝鲁特：吉勒出版社，1991，第 63～87 页。

参考文献：伊本·纳迪姆：《目录》第 1 卷第 2 分册，第 315～323 页。福阿德·斯兹金：《阿拉伯遗产史》第 1 卷第 2 分册，第 139～142 页。沙奇尔·穆斯塔法：《阿拉伯历史与史家》第 1 卷，第 185～188 页。

叶齐迪家族

1. 伊卜拉欣·叶齐迪

（Ibrāhīm al-Yazīdī，? ～840）

艾布·伊斯哈格·伊卜拉欣·本·艾比·穆罕默德·叶哈雅·本·穆拔拉克·本·穆佶拉·叶齐迪·阿达维，生于伊拉克巴士拉，卒于伊拉克巴格达。

史学著作：《天房建造及其纪事》。

2. 伊斯玛仪·叶齐迪

（Ismā'il al-Yazīdī,？~约 884）

艾布·阿里·伊斯玛仪·本·艾比·穆罕默德·叶哈雅·本·穆拔拉克·叶齐迪·阿达维，生卒地点有待考究，长期生活于巴格达。

史学著作：《诗坛层级传》。

3. 穆罕默德·叶齐迪

（Muhammad al-Yazīdī, 843~922）

艾布·阿卜杜拉·穆罕默德·本·阿拔斯·本·穆罕默德·本·艾比·穆罕默德·叶哈雅·本·穆拔拉克·叶齐迪，生卒于巴格达。

史学著作：①《记录》，海得拉巴：奥斯曼百科全书委员会印务部，1948。记载 120 余位诗人的小传及其诗选。②《阿拔斯人功德》和《叶齐迪人纪事》。

参考文献：伊本·纳迪姆：《目录》第 1 卷第 1 分册，第 138~140 页。雅孤特：《文豪辞典》第 1 卷，第 160~163 页；第 2 卷，第 737~738 页。赫蒂卜·巴格达迪：《巴格达史》第 4 卷，第 192 页；第 7 卷，第 168~170、272 页。索法迪：《逝者全录》第 3 卷，第 163 页；第 9 卷，第 143 页。齐力克里：《名人》第 1 卷，第 79 页；第 6 卷，第 182 页。沙奇尔·穆斯塔法：《阿拉伯历史与史家》第 2 卷，第 76 页。

艾布·杜拉弗

（Abū Dulaf,？~840）

艾布·杜拉弗·伽斯姆·本·尔撒·本·伊德里斯·本·马尔基勒·易季里，出生地点有待考究，卒于伊拉克巴格达。

史学著作：《列王政治》。

参考文献：伊本·纳迪姆：《目录》第 1 卷第 2 分册，第 360 页。赫蒂卜·巴格达迪：《巴格达史》第 14 卷，第 407~416 页。索伊卜·阿卜杜·哈密德：《什叶派史学家辞典》第 2 卷，第 40~42 页。

伊本·欧费尔

(Ibn 'Ufayr, 763~841)

艾布·奥斯曼·萨义德·本·卡西尔·本·欧费尔·本·穆斯林·本·叶齐德·本·艾斯瓦德·安索里·米斯里，生卒于埃及。

史学著作： ①《安达卢西纪事》，部分内容残存于伊本·阿卜杜·哈卡姆（803~871）的《征服埃及纪》。②编年史《征服大马士革史》。伊本·阿萨奇尔（1105~1176）的《大马士革史》一书摘录了该书约二十段的内容。

参考文献： 福阿德·斯兹金：《阿拉伯遗产史》第 1 卷第 2 分册，第 247~248 页。沙奇尔·穆斯塔法：《阿拉伯历史与史家》第 2 卷，第 162~163 页。托腊勒·达尔贾尼：《伊本·阿萨奇尔〈大马士革史〉的资料来源》第 1 卷，第 115~116 页。

伊本·马吉马俄

(Ibn Majma', ? ~842)

艾布·穆罕默德·伊斯玛仪·本·马吉马俄·本·哈里德·卡勒比，生卒地点有待考究。

史学著作：《先知纪事及其武功纪》。

参考文献： 伊本·纳迪姆：《目录》第 1 卷第 2 分册，第 311 页。赫蒂卜·巴格达迪：《巴格达史》第 7 卷，第 261 页。索法迪：《逝者全录》第 9 卷，第 117 页。

阿卜杜·蒙易姆

('Abd al-Mun'im, ? ~843)

艾布·阿卜杜拉·阿卜杜·蒙易姆·本·伊德里斯·本·斯南，出生地点有待考究，卒于伊拉克巴格达。

史学著作： 传述其外祖父瓦赫卜·穆纳比赫（约 654~732）的《冠冕：

希木叶尔列王》和《起源》。

参考文献：伊本·纳迪姆：《目录》第 1 卷第 2 分册，第 295~296 页。赫蒂卜·巴格达迪：《巴格达史》第 12 卷，第 441~445 页。扎哈比：《伊斯兰史》第 16 卷，第 271~272 页。

欧特比·巴士里
(al-‘Utbī al-Basrī, ? ~843)

艾布·阿卜杜·拉哈曼·穆罕默德·本·欧贝杜拉·本·阿慕尔·本·穆阿维叶·伍麦维·欧特比·巴士里，生于伊拉克巴士拉，卒于伊拉克巴格达。

史学著作：《马》、《游牧阿拉伯人》和《品德》。这些著作的部分内容残存于麦斯欧迪（？~957）的《黄金草原与珠玑宝藏》和艾布·法拉吉（897~967）的《诗歌集》等著作中。

参考文献：伊本·纳迪姆：《目录》第 1 卷第 2 分册，第 377~378 页。欧麦尔·力铎：《著述家辞典》第 3 卷，第 479 页。福阿德·斯兹金：《阿拉伯遗产史》第 1 卷第 2 分册，第 267~268 页。

萨义德·阿萨德
(Sa‘īd Asad, ? ~844)

萨义德·本·阿萨德·本·穆萨·伍麦维·米斯里，可能生卒于埃及。

史学著作：两卷本《再传圣门弟子美德》。

参考文献：扎哈比：《伊斯兰史》第 16 卷，第 172 页。伊本·亥尔：《目录》，第 334 页。沙奇尔·穆斯塔法：《阿拉伯历史与史家》第 2 卷，第 166 页。

伊本·萨阿德
(Ibn Sa‘d, 784~845)

艾布·阿卜杜拉·穆罕默德·本·萨阿德·本·马尼俄·祖赫里，生于伊拉克巴士拉，卒于伊拉克巴格达。

史学著作：①《大层级传》第 1~11 卷，开罗：汗吉书店，2001。该书是最著名的层级传，由先知传、4900 多名男性圣门弟子与再传圣门弟子传记、约 630 名女性门弟子传记构成。②《小层级传》第 1~2 卷，突尼斯：伊斯兰西方出版社，2009。该书收录了 2500 多位人物的名单和传记。③编年史《历史》，已佚。

参考文献：阿卜杜·阿齐兹·杜里：《阿拉伯史学的兴起》，第 28~29页。福阿德·斯兹金：《阿拉伯遗产史》第 1 卷第 2 分册，第 111~114 页。沙奇尔·穆斯塔法：《阿拉伯历史与史家》第 1 卷，第 166~168 页。

伊本·艾尔拉比
（Ibn al-A'rābī，767~846）

艾布·阿卜杜拉·穆罕默德·本·齐雅德·艾尔拉比，生于伊拉克库法，卒于伊拉克萨迈拉。

史学著作：①《阿拉伯马之名及其骑士》，大马士革：福音出版社，2009。②《部落史》和《祖贝里人奇谈》等。

参考文献：伊本·纳迪姆：《目录》第 1 卷第 1 分册，第 206~209 页。齐力克里：《名人》第 6 卷，第 131 页。利玛·杜尔内格：《阿拉伯与穆斯林著名史学家》，第 378 页。

艾布·坦玛姆
（Abū Tammām，约 804~846）

艾布·坦玛姆·哈比卜·本·奥斯·本·哈力思·本·盖斯·拓伊，生于叙利亚贾西姆，卒于伊拉克摩苏尔。

史学著作：《诗坛杰才》。

参考文献：扎哈比：《群英诸贤传》第 11 卷，第 63~69 页。索伊卜·阿卜杜·哈密德：《什叶派史学家辞典》第 1 卷，第 226~227 页。旭里：《艾布·坦玛姆纪事》（al-Sūlī，*Akhbār Abī Tammām*），开罗：编译出版委员会，1937。

伊本·萨腊姆·朱马希

(Ibn Sallām al-Jumahī, 767~846)

艾布·阿卜杜拉·穆罕默德·本·萨腊姆·本·欧贝杜拉·本·撒里姆·朱马希·巴士里,生于伊拉克巴士拉,卒于伊拉克巴格达。

史学著作： ①《诗坛杰才层级传》,又名《诗坛层级传》,贝鲁特：学术书籍出版社,2001。作者把前伊斯兰时期和伊斯兰时期的诗人群体各分为10个层级。②《侠客诗坛层级传》和《阿拉伯家庭》。

参考文献： 伊本·纳迪姆：《目录》第 1 卷第 2 分册,第 350 页。欧麦尔·力铎：《著述家辞典》第 3 卷,第 326~327 页。沙奇尔·穆斯塔法：《阿拉伯历史与史家》第 1 卷,第 207 页。

伊斯玛仪·阿拓尔

(Ismā'īl al-'Attār, ? ~847)

艾布·伊斯哈格·伊斯玛仪·本·尔撒·阿拓尔,生卒于伊拉克巴格达。

史学著作：《起源》、《渗渗井》、《征服》、《骆驼（战役）》、《绥芬（战役）》和《叛乱》等。

参考文献： 伊本·纳迪姆：《目录》第 1 卷第 2 分册,第 338 页。伊本·撒义：《宝贵珠玉：著者名字》,第 311 页。福阿德·斯兹金：《阿拉伯遗产史》第 1 卷第 2 分册,第 99 页。

伊本·阿伊孜

(Ibn 'Ā'idh, 767~847)

艾布·阿卜杜拉·穆罕默德·本·阿伊孜·本·艾哈迈德·古拉什·迪马什基,生卒于叙利亚大马士革。

史学著作：《传记》和《武功纪》。

参考文献： 福阿德·斯兹金：《阿拉伯遗产史》第 1 卷第 2 分册,第

114 页。沙奇尔·穆斯塔法：《阿拉伯历史与史家》第 1 卷，第 130～131 页。阿卜杜·拉札戈·哈尔玛斯：《穆罕默德·本·阿伊孜的〈武功纪〉》（'Abd al-Razzāq Harmās, "Kitāb al-Maghāzī li-Muhammad ibn 'Ā'idh"），《伊斯兰法律与研究》（*Majallat al-Sharī'ah wa-al-Dirāsāt al-Islāmīyah*）2009 年总第 78 期。

叶哈雅·马因

（Yahyá Ma'īn, 775～848）

艾布·扎卡利雅·叶哈雅·本·马因·本·敖恩·本·齐雅德·穆里·巴格达迪，生于伊拉克古城安巴尔附近的纳基延，卒于麦地那。

史学著作：①《历史》，详见艾哈迈德·努尔·赛夫《叶哈雅·本·马因及其著作〈历史〉研究、整理与校勘》第 1～4 卷，麦加：学术研究与伊斯兰遗产复兴中心，1979。②《人物知识》第 1～2 卷，大马士革：阿拉伯语学会出版社，1985。该书记载圣训人物的名字、别名、族谱和层级等信息。

参考文献：伊本·纳迪姆：《目录》第 2 卷第 1 分册，第 107 页。欧麦尔·力铎：《著述家辞典》第 4 卷，第 117～118 页。沙奇尔·穆斯塔法：《阿拉伯历史与史家》第 1 卷，第 207～208 页。

努费里

（al-Nufaylī, ?～848）

艾布·贾法尔·阿卜杜拉·本·穆罕默德·本·阿里·本·努费勒·哈拉尼，可能生卒于土耳其古城哈兰。

史学著作：《武功纪》，记载先知穆罕默德的生平事迹。

参考文献：伊本·纳迪姆：《目录》第 1 卷第 2 分册，第 290 页。米齐：《〈人名大全〉修正》第 16 卷，第 88～92 页。沙奇尔·穆斯塔法：《阿拉伯历史与史家》第 1 卷，第 131 页。

艾布·亥塞玛家族

1. 艾布·亥塞玛

（Abū Khaythamah，777~849）

艾布·亥塞玛·祖海尔·本·哈尔卜·本·沙达德·纳撒伊·巴格达迪，祖籍土库曼斯坦尼萨，可能卒于伊拉克巴格达。

史学著作：《历史》。

2. 艾哈迈德·艾比·亥塞玛

（Ahmad Abī Khaythamah，801~892）

艾布·伯克尔·艾哈迈德·本·艾比·亥塞玛·祖海尔·本·哈尔卜·本·沙达德·纳撒伊·巴格达迪，生卒于巴格达。

史学著作：①《大历史》。其手抄本被分为 30 小册或 12 大册。2004 年，萨拉哈·哈拉勒校勘的第三部分由开罗现代法鲁戈出版社分四册（末册为索引）出版。两年后，该出版社分两册出版了该书的第二部分。②《诗坛纪事》。

3. 穆罕默德·艾比·亥塞玛

（Muhammad Abī Khaythamah，? ~910）

艾布·阿卜杜拉·穆罕默德·本·艾哈迈德·本·艾比·亥塞玛·纳撒伊·巴格达迪，生卒于巴格达。

史学著作：《历史》。

参考文献：赫蒂卜·巴格达迪：《巴格达史》第 2 卷，第 137~139 页；第 9 卷，第 509~511 页。扎哈比：《伊斯兰史》第 11 卷，第 489~492 页；第 22 卷，第 246~247 页。伊本·纳迪姆：《目录》第 2 卷第 1 分册，第 103~104 页。齐力克里：《名人》第 1 卷，第 128 页；第 3 卷，第 51~52 页。欧麦尔·力铎：《著述家辞典》第 1 卷，第 142、737 页。沙奇尔·穆斯塔法：《阿拉伯历史与史家》第 1 卷，第 223~224、229 页。阿卜杜拉·图雷基：《罕百里学派著作辞典》第 1 卷，第 144~146 页。

伊本·麦迪尼

（Ibn al-Madīnī，778~849）

艾布·哈桑·阿里·本·阿卜杜拉·本·贾法尔·萨阿迪·麦迪尼·巴士里，生于伊拉克巴士拉，卒于伊拉克萨迈拉。

史学著作：①《圣训探因、人物知识与历史》，达曼：伊本·焦齐出版社，2005。②《十大圣门弟子后裔之传述者名单》，科威特：格拉姆出版社，1982。③《层级传》、《历史》、《可信者与可靠者》、《圣训人物羸弱者》和《奥斯曼殉难》。

参考文献：穆罕默德·希拉：《麦地那历史与史家》，第 54~56 页。伊克拉姆拉·哈格：《伊玛目阿里·本·麦迪尼及其人物评论方法》（Ikrām Allāh al-Haqq, *Al-Imām 'Alī ibn al-Madīnī wa-Manhajuhu fī Naqd al-Rijāl*），贝鲁特：伊斯兰福音出版社，1992。伊卜拉欣·阿里：《伊玛目哈菲兹阿里·伊本·麦迪尼》（Ibrāhīm al-'Alī, *Al-Imām al-Hāfiz 'Alī Ibn al-Madīnī*），大马士革：格拉姆出版社，1994。

沙扎库尼

（al-Shādhakūnī，? ~849）

艾布·艾尤卜·苏莱曼·本·达乌德·本·比施尔·敏格里·巴士里·沙扎库尼，生卒于伊拉克巴士拉。

史学著作：学林层级传《历史》。

参考文献：扎哈比：《群英诸贤传》第 10 卷，第 679~684 页。伊本·哈杰尔：《指针》第 4 卷，第 142~148 页。沙奇尔·穆斯塔法：《阿拉伯历史与史家》第 1 卷，第 208 页。

伊本·艾比·谢巴

（Ibn Abī Shaybah，776~849）

艾布·伯克尔·阿卜杜拉·本·穆罕默德·本·伊卜拉欣·本·奥斯

曼·库斐，生卒于伊拉克库法。

史学著作：《著作》第 1~16 卷，利雅得：鲁世德书店，2004。该书中的《美德》、《传记》、《历史》、《武功纪》、《动乱》和《骆驼（战役）》等篇章颇具史料价值。

参考文献：伊本·纳迪姆：《目录》第 2 卷第 1 分册，第 98~99 页。卡尔·布罗克尔曼：《阿拉伯文学史》第 3 册，第 39~40 页。沙奇尔·穆斯塔法：《阿拉伯历史与史家》第 1 卷，第 208 页。

苏雷吉·麦尔瓦齐
（Surayj al-Marwazī,？ ~849）

艾布·哈力思·苏雷吉·本·优努斯·本·伊卜拉欣·麦尔瓦齐·巴格达迪，祖籍阿富汗木鹿鲁兹，卒于伊拉克巴格达。

史学著作：《历史》。

参考文献：伊本·纳迪姆：《目录》第 2 卷第 1 分册，第 107 页。赫蒂卜·巴格达迪：《巴格达史》第 10 卷，第 302~306 页。欧麦尔·力铎：《著述家辞典》第 1 卷，第 755 页。

罕玛德·摩苏里
（Hammād al-Mawsilī,？ ~约 849）

艾布·法得勒·罕玛德·本·伊斯哈格·本·伊卜拉欣·摩苏里，生卒地点有待考究。

史学著作：《胡推阿纪事》、《左勒伦玛纪事》、《欧尔瓦·本·乌宰纳纪事》、《鲁阿巴纪事》、《欧贝杜拉·本·盖斯·鲁盖雅特纪事》和《纳达玛纪事》等。

参考文献：伊本·纳迪姆：《目录》第 1 卷第 2 分册，第 441 页。赫蒂卜·巴格达迪：《巴格达史》第 9 卷，第 23 页。欧麦尔·力铎：《著述家辞典》第 1 卷，第 651 页。

阿里·瑙发里

（'Alī al-Nawfalī，约卒于 9 世纪上半叶）

艾布·哈桑·阿里·本·穆罕默德·本·苏莱曼·本·阿卜杜拉·本·瑙发勒·本·哈力思·巴士里，可能生卒于伊拉克巴士拉。

史学著作：《纪事》，记载伍麦叶王朝和阿拔斯王朝早期的史事。

参考文献：福阿德·斯兹金：《阿拉伯遗产史》第 1 卷第 2 分册，第 136 页。沙奇尔·穆斯塔法：《阿拉伯历史与史家》第 1 卷，第 205 页。索伊卜·阿卜杜·哈密德：《什叶派史学家辞典》第 1 卷，第 625～626 页。

伊斯哈格·摩苏里

（Ishāq al-Mawsilī，767～850）

艾布·穆罕默德·伊斯哈格·本·伊卜拉欣·本·梅蒙·塔米米·摩苏里，生卒于伊拉克巴格达。

史学著作：《麦加歌手纪事》、《纪事与奇闻》和《马尔巴德与伊本·苏雷吉纪事及其歌曲》。

参考文献：赫蒂卜·巴格达迪：《巴格达史》第 7 卷，第 354～362 页。伊本·纳迪姆：《目录》第 1 卷第 2 分册，第 435～438 页。福阿德·斯兹金：《阿拉伯遗产史》第 1 卷第 2 分册，第 266～267 页。

花拉子米

（al-Khuwārizmī，约 781～约 850）

艾布·贾法尔（或阿卜杜拉）·穆罕默德·本·穆萨·花拉子米，生于中亚的花剌子模，辞世地点有待考究。

史学著作：①《地形》，朱拜勒：碧波里安书店出版社，2009。该书是对托勒密（约 90～168）《地理学导言》的改编和增补。②《历史》。

参考文献：齐力克里：《名人》第 7 卷，第 116 页。欧麦尔·力铎：

《著述家辞典》第 3 卷，第 741~742 页。利玛·杜尔内格：《阿拉伯与穆斯林著名史学家》，第 461 页。

伊卜拉欣·希札米

（Ibrāhīm al-Hizāmī，? ~850）

艾布·伊斯哈格·伊卜拉欣·本·蒙兹尔·本·阿卜杜拉·本·蒙兹尔·本·穆佶拉·阿萨迪·希札米·麦达尼，生卒于麦地那。

史学著作：《圣门弟子层级传》和《武功纪》。

参考文献：扎哈比：《群英诸贤传》第 10 卷，第 689~691 页。欧麦尔·力铎：《著述家辞典》第 1 卷，第 75 页。穆罕默德·希拉：《麦地那历史与史家》，第 58 页。

瓦西玛父子

1. 瓦西玛·瓦沙

（Wathīmah al-Washshā'，? ~851）

艾布·叶齐德·瓦西玛·本·穆萨·本·福拉特·瓦沙·法里斯·法萨维，生于伊朗法萨，卒于埃及。

史学著作：《叛乱纪事》和《哈里德·本·瓦立德纪事》等。

2. 伊本·瓦西玛

（Ibn Wathīmah，? ~902）

艾布·力法阿·欧玛拉·本·瓦西玛·本·穆萨·本·福拉特·法里斯，生卒于埃及。

史学著作：编年史《历史》。

参考文献：齐力克里：《名人》第 5 卷，第 37~38 页；第 8 卷，第 110 页。欧麦尔·力铎：《著述家辞典》第 2 卷，第 548 页；第 4 卷，第 69 页。福阿德·斯兹金：《阿拉伯遗产史》第 1 卷第 2 分册，第 157、143 页。沙奇尔·穆斯塔法：《阿拉伯历史与史家》第 2 卷，第 165~167 页。

伊本·哈比卜·安达卢斯

（Ibn Habīb al-Andalusī，790~853）

艾布·马尔旺·阿卜杜·麦立克·本·哈比卜·本·苏莱曼·本·哈伦·苏拉米·伊勒比里·古尔图比，生于西班牙埃尔维拉，卒于西班牙科尔多瓦。

史学著作：①《历史》，赛达 & 贝鲁特：现代书店，2008。该书由三大部分内容构成：第一部分，从创世写到瓦利德一世的时代（705~715 年）；第二部分，安达卢西史；第三部分，各地人物名单和重要史事。②《法学家与门徒层级传》、《圣训学家层级传》、《伊斯兰战争》、《圣门弟子美德》、《叛乱伊玛目传》、《素丹与伊玛目传》和《武功纪》等。

参考文献：伊本·法拉荻：《安达卢西学林史》第 1 卷，第 359~362 页。福阿德·斯兹金：《阿拉伯遗产史》第 1 卷第 2 分册，第 248~250 页。阿卜杜·瓦希德·占嫩：《安达卢西阿拉伯历史编纂学的兴起》，第 7~11 页。

伊本·亥雅特

（Ibn Khayyāt，777~854）

艾布·阿慕尔·哈里发·本·亥雅特·本·艾比·胡贝拉·哈里发·本·亥雅特·莱西·欧斯福里·巴士里，别号"沙拔卜"，生卒于伊拉克巴士拉。

史学著作：①《历史》第 1~2 卷，纳杰夫：文学印书馆，1967。该书是现存最早的阿拉伯编年体史书，记载 622~847 年的史事和名人。②《层级传》，巴格达：阿尼印书馆，1967。该书中对人名、族谱、生平和卒年的记载惠泽伊本·萨阿德（784~845）和布哈里（810~870）等著名编纂家的人物志。③《诵经家层级传》。

参考文献：伊本·纳迪姆：《目录》第 2 卷第 1 分册，第 111 页。沙奇尔·穆斯塔法：《阿拉伯历史与史家》第 1 卷，第 234~236 页。侯赛因·阿斯：《哈里发·本·亥雅特及其〈历史〉和〈层级传〉》（Husayn ʿĀsī，

Khalīfah ibn Khayyāt fī Tārīkhihi wa-Tabaqātihi），贝鲁特：学术书籍出版社，1993。

古台巴·塞格斐
（Qutaybah al-Thaqafī，766～855）

艾布·拉贾·古台巴·本·萨义德·本·杰密勒·本·托利夫·塞格斐·巴勒黑·巴厄腊尼，生于阿富汗巴格兰，可能卒于伊拉克巴格达。

史学著作： 编撰了历史和层级传方面的著作。

参考文献： 扎哈比：《群英诸贤传》第 11 卷，第 13～24 页。利玛·杜尔内格：《阿拉伯与穆斯林著名史学家》，第 314 页。苏阿德·拓伊：《艾布·拉贾·古台巴·本·萨义德·巴厄腊尼：圣训学家、族谱学家与史学家》（Su‘ād al-Tā’ī，"Abū Rajā' Qutaybah ibn Sa‘īd al-Baghlānī：al-Muhaddith wa-al-Nassābah wa-al-Mu'arrikh"），《历史与考古研究》（*Majallat Dirāsāt fī al-Tārīkh wa-al-Āthār*）2015 年总第 51 期。

伊本·罕百勒父子

1. 伊本·罕百勒
（Ibn Hanbal，780～855）

艾布·阿卜杜拉·艾哈迈德·本·穆罕默德·本·罕百勒·谢拔尼·沃伊里，祖籍土库曼斯坦古城木鹿，生卒于伊拉克巴格达，是罕百里教法学派创始人。

史学著作： ①《圣门弟子美德》第 1～2 卷，麦加：乌姆古拉大学学术研究与伊斯兰遗产复兴中心，1983。②《圣裔美德》、《名字与别名》和《历史》。

2. 索里哈·罕百勒
（Sālih Hanbal，818～880）

艾布·法得勒·索里哈·本·艾哈迈德·本·穆罕默德·本·罕百勒·谢拔尼，生于巴格达，卒于伊朗伊斯法罕。

史学著作：《伊玛目艾哈迈德·本·罕百勒传》，利雅得：萨拉夫出版社，1995。

3. 阿卜杜拉·罕百勒

（'Abd Allāh Hanbal，828~903）

艾布·阿卜杜·拉哈曼·阿卜杜拉·本·艾哈迈德·本·穆罕默德·本·罕百勒·谢拔尼，生卒于巴格达。

史学著作：①《奥斯曼·本·阿凡美德》，吉达：玛吉德·阿斯里出版社，2000。②《骆驼（战役）》和增补其父的《圣门弟子美德》等。

参考文献：赫蒂卜·巴格达迪：《巴格达史》第 6 卷，第 90~104 页；第 10 卷，第 433~435 页；第 11 卷，第 12~14 页。阿卜杜拉·图雷基：《罕百里学派著作辞典》第 1 卷，第 35~50、104~106、217~222 页。穆罕默德·艾布·扎哈拉：《伊本·罕百勒的生平、所处时代及其观念与教法》（Muhammad Abū Zahrah, *Ibn Hanbal*: *Hayātuhu wa-'Asruhu, Ārā'uhu wa-Fiqhuhu*），开罗：阿拉伯思想出版社，1947。阿卜杜·加尼·达格尔：《艾哈迈德·本·罕百勒》（'Abd al-Ghanī al-Daqr, *Ahmad ibn Hanbal*），大马士革：格拉姆出版社，1999。

伊本·安玛尔·摩苏里

（Ibn 'Ammār al-Mawsilī，778~856）

艾布·贾法尔·穆罕默德·本·阿卜杜拉·本·安玛尔·本·萨沃达·穆赫力米·摩苏里，祖籍伊拉克巴格达，长期居住在伊拉克摩苏尔。

史学著作：人物志《人物与探因》。

参考文献：赫蒂卜·巴格达迪：《巴格达史》第 3 卷，第 418~421 页。扎哈比：《群英诸贤传》第 11 卷，第 469~470 页。齐力克里：《名人》第 6 卷，第 221 页。

哈桑·齐雅迪

（al-Hasan al-Ziyādī，773~857）

艾布·哈撒恩·哈桑·本·奥斯曼·本·罕玛德·本·哈撒恩·本·

阿卜杜·拉哈曼·本·叶齐德·齐雅迪·巴格达迪，生卒于伊拉克巴格达。

史学著作：《欧尔瓦·本·祖贝尔〈武功纪〉》、《诗坛层级传》和《编年史》。

参考文献： 伊本·纳迪姆：《目录》第 1 卷第 2 分册，第 339 页。沙奇尔·穆斯塔法：《阿拉伯历史与史家》第 1 卷，第 208~209 页。侯赛因·巴贺迪里：《哈桑·本·奥斯曼·齐雅迪及其失传著作〈编年史〉》（Husayn al-Bahādilī, "Al-Hasan ibn 'Uthmān al-Ziyādī wa-Kitābuhu al-Dā'i' Tārīkh 'alá al-Sinīn"），《教师》（*Al-Ustādh*）2012 年第 3 期。

希沙姆·安玛尔
（Hishām 'Ammār, 770~859）

艾布·瓦立德·希沙姆·本·安玛尔·本·努绥尔·本·梅萨拉·本·艾班·苏拉米·迪马什基，生卒于叙利亚大马士革。

史学著作：《先知为圣》。

参考文献： 扎哈比：《群英诸贤传》第 11 卷，第 420~435 页。欧麦尔·力铎：《著述家辞典》第 4 卷，第 63 页。萨拉丁·穆纳吉德：《大马士革史学家及其手稿与出版物辞典》，第 10 页。

伊本·拔兹雅尔
（Ibn al-Bāzyār,? ~约 859）

穆罕默德·本·阿卜杜拉·本·欧麦尔·拔兹雅尔·库米，生卒地点有待考究。

史学著作：《行星会合、王国朝代与宗派人民》。该书可能是一部历史哲学著作。作者通过星象来解释历史。

参考文献： 伊斯玛仪帕夏·巴格达迪：《著述家名讳遗作惠泽》第 2 卷，第 14 页。阿迦·布祖尔克：《什叶派著述门径》第 17 卷，第 66 页。索伊卜·阿卜杜·哈密德：《什叶派史学家辞典》第 2 卷，第 240 页。

伊本·哈比卜·巴格达迪

（Ibn Habīb al-Baghdādī，? ~859）

艾布·贾法尔·穆罕默德·本·哈比卜·本·伍麦叶·本·阿慕尔·哈希米·巴格达迪，生于伊拉克巴格达，卒于伊拉克萨迈拉。

史学著作：①《蒙昧时期与伊斯兰时期贵族中被谋杀者名单》，贝鲁特：学术书籍出版社，2001。该书收录 128 名被谋杀的贵族的传记。②《古莱什纪事修饰》，贝鲁特：书籍世界，1985。③《先知之母》，贝鲁特：伊本·哈兹姆出版社，1996。④历史纪事集《墨盒》，海得拉巴：奥斯曼百科全书委员会印务部，1942。⑤《诗坛纪事及其层级传》和《哈里发史》等。

参考文献：伊本·纳迪姆：《目录》第 1 卷第 2 分册，第 327~329 页。沙奇尔·穆斯塔法：《阿拉伯历史与史家》第 1 卷，第 194~195 页。利玛·杜尔内格：《阿拉伯与穆斯林著名史学家》，第 361~362 页。

迪尔比勒·胡札义

（Di'bil al-Khuzā'ī，765~860）

艾布·阿里·迪尔比勒·本·阿里·本·拉津·本·奥斯曼·本·阿卜杜·拉哈曼·胡札义，祖籍伊拉克库法，卒于伊拉克泰卜卜地区。

史学著作：《诗坛层级传》《也门列王纪事及其遗嘱》等。

参考文献：赫蒂卜·巴格达迪：《巴格达史》第 9 卷，第 360~364 页。伊本·赫里康：《精英辞世与时代名人信息录》第 2 卷，第 266~270 页。索伊卜·阿卜杜·哈密德：《什叶派史学家辞典》第 1 卷，第 332~333 页。

伊本·艾比·谢赫

（Ibn Abī Shaykh，768~860）

艾布·艾尤卜·苏莱曼·本·艾比·谢赫·曼苏尔·本·苏莱曼·瓦西蒂，祖籍伊拉克瓦西特，卒于伊拉克巴格达。

史学著作：《传闻纪事》。

参考文献：伊本·纳迪姆：《目录》第 1 卷第 2 分册，第 352 页。赫蒂卜·巴格达迪：《巴格达史》第 10 卷，第 67~68 页。沙奇尔·穆斯塔法：《阿拉伯历史与史家》第 1 卷，第 214 页。

哈夫斯·欧麦尔

（Hafs 'Umar，约 769~约 860）

艾布·欧麦尔·哈夫斯·本·欧麦尔·本·阿卜杜·阿齐兹·本·叙海卜·艾兹迪·杜里，可能生于伊拉克巴格达，后定居伊拉克萨迈拉。

史学著作：《妇女》。

参考文献：伊本·纳迪姆：《目录》第 1 卷第 2 分册，第 313~314 页。欧麦尔·力铎：《著述家辞典》第 1 卷，第 648~649 页。沙奇尔·穆斯塔法：《阿拉伯历史与史家》第 1 卷，第 216 页。

艾哈迈德·道拉基

（Ahmad al-Dawraqī，784~860）

艾布·阿卜杜拉·艾哈迈德·本·伊卜拉欣·本·卡西尔·本·栽德·道拉基·努克里·巴格达迪，可能生卒于伊拉克巴格达。

史学著作：五卷本《欧麦尔·本·阿卜杜·阿齐兹传》。

参考文献：伊本·亥尔：《目录》，第 338~339 页。欧麦尔·力铎：《著述家辞典》第 1 卷，第 90 页。沙奇尔·穆斯塔法：《阿拉伯历史与史家》第 1 卷，第 231 页。

穆法多勒·加腊比

（al-Mufaddal al-Ghallābī，约 799~860）

艾布·阿卜杜·拉哈曼·穆法多勒·本·加桑·本·穆法多勒·本·阿慕尔·本·穆阿维叶·巴士里·加腊比，生于伊拉克巴士拉，卒于伊拉克巴格达。

史学著作：《历史》，仅少部分内容残存至今。

参考文献：扎哈比：《伊斯兰史》第 18 卷，第 499～500 页。欧麦尔·力铎：《著述家辞典》第 2 卷，第 624 页。塔里卜·罕玛德：《穆法多勒·本·加桑·加腊比及其〈历史〉》（Tālib Hammād, "Al-Mufaddal ibn Ghassān al-Ghallābī wa-Kitābuhu 'Al-Tārīkh'"），《加沙伊斯兰大学伊斯兰研究》（*IUG Journal of Islamic Studies*）2018 年第 1 期。

伊本·沙占·瓦西蒂
(Ibn Shādhān al-Wāsitī, ? ~860)

艾布·阿里·哈桑·本·赫拉夫·本·沙占·本·齐雅德·瓦西蒂，可能生于伊拉克瓦西特，卒于伊拉克巴格达。

史学著作：《麦地那纪事》。

参考文献：赫蒂卜·巴格达迪：《巴格达史》第 8 卷，第 263～264 页。米齐：《〈人名大全〉修正》第 6 卷，第 138～140 页。福阿德·斯兹金：《阿拉伯遗产史》第 1 卷第 2 分册，第 204 页。

法特哈·哈甘
(al-Fath Khāqān, ? ~861)

艾布·穆罕默德·法特哈·本·哈甘·本·谷尔图吉·土尔奇·巴格达迪，祖籍伊朗，被杀害于伊拉克巴格达。

史学著作：《列王分歧》。

参考文献：伊本·纳迪姆：《目录》第 1 卷第 2 分册，第 361～362 页。伊本·阿萨奇尔：《大马士革史》第 48 卷，第 222～228 页。沙奇尔·穆斯塔法：《阿拉伯历史与史家》第 1 卷，第 210 页。

伊本·拉班·泰伯里
(Ibn Rabbān al-Tabarī, ? ~约 861)

艾布·哈桑·阿里·本·拉班·泰伯里，生于伊朗泰伯里斯坦，辞世地点有待考究。

史学著作： ①《宗教与国家：先知穆罕默德预言证实》，贝鲁特：新视野出版社，1973。②《列王珍品》。

参考文献： 伊本·纳迪姆：《目录》第 2 卷第 1 分册，第 296~297 页。基夫蒂：《贤哲纪学林知》，第 178 页。沙奇尔·穆斯塔法：《阿拉伯历史与史家》第 2 卷，第 436~437 页。

阿慕尔·法腊斯
('Amr al-Fallās，约 782~863)

艾布·哈夫斯·阿慕尔·本·阿里·本·巴哈尔·本·卡尼兹·拔熙里·巴士里·法腊斯·沙斐仪，生于伊拉克巴士拉，卒于伊拉克萨迈拉。

史学著作： 圣训人物志《历史》，利雅得：费萨尔国王伊斯兰研究中心，2015。赫蒂卜·巴格达迪（1002~1071）的《巴格达史》和扎哈比（1274~1348）的《伊斯兰史》等著作大量引用该书的内容。

参考文献： 托腊勒·达尔贾尼：《伊本·阿萨奇尔〈大马士革史〉的资料来源》第 3 卷，第 1693~1695 页。沙奇尔·穆斯塔法：《阿拉伯历史与史家》第 1 卷，第 209 页。穆瓦法格·阿卜杜拉：《圣训学家与评论家伊玛目艾布·哈夫斯·阿慕尔·本·阿里·巴士里·法腊斯》（Muwaffaq 'Abd Allāh，"Al-Imām Abū Hafs 'Amr ibn 'Alī al-Basrī al-Fallās al-Mutawaffá Sanat 249 H. Muhaddithan wa-Nāqidan Dirāsat Naqdīyah"），《伊斯兰法律与研究》（*Majallat al-Sharī'ah wa-al-Dirāsāt al-Islāmīyah*）2001 年总第 46 期。

阿里·杰赫姆
('Alī al-Jahm，约 804~863)

艾布·哈桑·阿里·本·杰赫姆·本·巴德尔·本·杰赫姆·本·马斯欧德·呼罗萨尼·巴格达迪，生于伊拉克巴格达，被杀害于叙利亚胡萨夫荒野。

史学著作：《哈里发史》，开罗：阿拉伯联盟教育、文化及科学组织阿拉伯手稿研究院，2018。这首拉吉兹式格律史诗共 333 联，从创世写到穆斯塔因一世的时代（862~866 年）。

参考文献：赫蒂卜·巴格达迪：《巴格达史》第 13 卷，第 290~292 页。伊本·赫里康：《精英辞世与时代名人信息录》第 3 卷，第 355~358 页。齐力克里：《名人》第 4 卷，第 269~270 页。

艾布·比施尔·巴札兹
（Abū Bishr al-Bazzāz，? ~863）

艾布·比施尔·哈伦·本·哈提姆·塔米米·巴札兹，生卒于伊拉克库法。

史学著作：《艾布·比施尔·哈伦·本·哈提姆·塔米米史》，载《大马士革阿拉伯语学会杂志》（*Majallat Majma' al-Lughah al-'Arabīyah bi-Dimashq*）1978 年第 1 期，第 107~147 页。该短文主要由四个部分构成：第一部分，按年编录自阿里当选为哈里发（656 年）到伍麦叶王朝（661~750 年）覆灭的要事；第二部分，记载先知穆罕默德父母的族谱；第三部分，极简的名人辞世录和诞辰录；第四部分，名字与别名。

参考文献：卡尔·布罗克尔曼：《阿拉伯文学史》第 3 册，第 42 页。福阿德·斯兹金：《阿拉伯遗产史》第 1 卷第 2 分册，第 144~145 页。沙奇尔·穆斯塔法：《阿拉伯历史与史家》第 1 卷，第 209 页。

萨义德·叶哈雅
（Sa'īd Yahyá，? ~863）

艾布·奥斯曼·萨义德·本·叶哈雅·本·萨义德·本·艾班·本·萨义德·本·阿斯·伍麦维，生卒于伊拉克巴格达。

史学著作：《传记》。

参考文献：赫蒂卜·巴格达迪：《巴格达史》第 10 卷，128~129 页。伊本·亥尔：《目录》，第 293 页。扎哈比：《伊斯兰史》第 18 卷，第 281~282 页。

伊本·艾比·祖尔阿

（Ibn Abī Zur'ah,? ~863）

艾布·伯克尔·穆罕默德·本·阿卜杜·拉希姆·本·艾比·祖尔阿·巴尔基，生卒地点有待考究。

史学著作：《层级传》和人物志《历史》。

参考文献：伊本·亥尔：《目录》，第130页。欧麦尔·力铎：《著述家辞典》第3卷，第404页。利玛·杜尔内格：《阿拉伯与穆斯林著名史学家》，第397页。

伊卜拉欣·齐雅迪

（Ibrāhīm al-Ziyādī,? ~863）

艾布·伊斯哈格·伊卜拉欣·本·苏福彦·本·艾比·伯克尔·本·阿卜杜·拉哈曼·齐雅迪，生于伊拉克巴士拉，辞世地点有待考究。

史学著作：《纪事缀饰》。

参考文献：雅孤特：《文豪辞典》第1卷，第67页。扎哈比：《伊斯兰史》第18卷，第160页。齐力克里：《名人》第1卷，第40~41页。

阿拔德·拉沃吉尼

（'Abbād al-Rawājinī,? ~864）

艾布·萨义德·阿拔德·本·叶尔孤卜·阿萨迪·拉沃吉尼·布哈里·库斐·什义，生卒于伊拉克库法。

史学著作：《马赫迪纪事》和《圣门弟子知识》。

参考文献：福阿德·斯兹金：《阿拉伯遗产史》第1卷第2分册，第145~146页。沙奇尔·穆斯塔法：《阿拉伯历史与史家》第1卷，第209~210页。索伊卜·阿卜杜·哈密德：《什叶派史学家辞典》第1卷，第418页。

艾布·易巴尔·哈希米

（Abū al-‘Ibar al-Hāshimī,? ～864）

艾布·阿拔斯·艾哈迈德·本·穆罕默德·本·阿卜杜拉·本·阿卜杜·索马德·本·阿里·本·阿卜杜拉·哈希米，生于伊拉克巴格达，被杀害于巴格达。

史学著作：《哈里发与埃米尔之酒友与品德》和《奇闻》等。

参考文献：雅孤特：《文豪辞典》第 5 卷，第 2297～2300 页。齐力克里：《名人》第 5 卷，第 307 页。沙奇尔·穆斯塔法：《阿拉伯历史与史家》第 1 卷，第 232～233 页。

艾布·易克力玛·多比

（Abū ‘Ikrimah al-Dabbī,? ～864）

艾布·易克力玛·阿米尔·本·易姆兰·本·齐雅德·多比，生于伊拉克萨迈拉，辞世地点有待考究。

史学著作：①《箴言》，大马士革：阿拉伯语学会出版社，1974。②《马》和《骆驼与羊》。

参考文献：雅孤特：《文豪辞典》第 4 卷，第 1479 页。索法迪：《逝者全录》第 16 卷，第 339 页。齐力克里：《名人》第 3 卷，第 254 页。

伊本·海塞姆

（Ibn Haytham,? ～约 864）

穆罕默德·本·海塞姆·本·沙拔巴·呼罗萨尼·麦尔瓦齐，生卒地点有待考究。

史学著作：阿拔斯王朝史《国家》。

参考文献：萨哈维：《为史正名》，第 312 页。福阿德·斯兹金：《阿拉伯遗产史》第 1 卷第 2 分册，第 145 页。沙奇尔·穆斯塔法：《阿拉伯历史与史家》第 1 卷，第 214 页。

哈桑·纳斯里

（al-Hasan al-Nasrī, ? ~ 约 864）

哈桑·本·梅蒙·纳斯里，生卒地点有待考究。

史学著作：《国家》和《功绩》。

参考文献：伊本·纳迪姆：《目录》第 1 卷第 2 分册，第 335 页。索法迪：《逝者全录》第 12 卷，第 175 页。沙奇尔·穆斯塔法：《阿拉伯历史与史家》第 1 卷，第 205 页。

杰赫米

（al-Jahmī, ? ~ 约 864）

艾布·阿卜杜拉·艾哈迈德·本·穆罕默德·本·胡梅德·本·苏莱曼·本·阿卜杜拉·阿达维·杰赫米，祖籍沙特阿拉伯希贾兹地区，卒于伊拉克巴格达。

史学著作：《受保护者》、《回应舒欧比亚主义者》和《穆多尔美德》等。

参考文献：伊本·纳迪姆：《目录》第 1 卷第 2 分册，第 343~344 页。沙奇尔·穆斯塔法：《阿拉伯历史与史家》第 1 卷，第 215 页。索伊卜·阿卜杜·哈密德：《什叶派史学家辞典》第 1 卷，第 127~128 页。

穆罕默德·塞尔拉比

（Muhammad al-Tha'labī, ? ~ 约 864）

穆罕默德·本·哈力思·塞尔拉比·巴格达迪，出生地点有待考究，可能卒于伊拉克巴格达。

史学著作：《列王品德》，贝鲁特：泰里阿出版社，2003。

参考文献：伊本·纳迪姆：《目录》第 1 卷第 2 分册，第 457 页。欧麦尔·力铎：《著述家辞典》第 3 卷，第 204 页。沙奇尔·穆斯塔法：《阿拉伯历史与史家》第 1 卷，第 210 页。

穆罕默德·艾兹拉基

（Muhammad al-Azraqī,？～约 865）

详见上文的"艾兹拉基祖孙"。

伊本·赞杰韦赫

（Ibn Zanjawayh，796～865）

艾布·艾哈迈德·胡梅德·本·马赫拉德·本·古台巴·本·阿卜杜拉·呼罗萨尼·纳撒伊·艾兹迪，生于土库曼斯坦尼萨，辞世地点有待考究。

史学著作： ①《钱》第 1～3 卷，利雅得：费萨尔国王伊斯兰研究中心，1986。该书比艾布·欧贝德（774～839）的《钱》更详实地描述了伊斯兰国家的金融体系。②《法学家与圣训学家层级传》，贝鲁特：伊本·哈兹姆出版社，2018。

参考文献： 扎哈比：《群英诸贤传》第 12 卷，第 19～22 页。齐力克里：《名人》第 2 卷，第 283 页。阿卜杜拉·图雷基：《罕百里学派著作辞典》第 1 卷，第 69～71 页。

伊本·穆散纳

（Ibn al-Muthanná，783～866）

艾布·穆萨·穆罕默德·本·穆散纳·本·欧贝德·本·盖斯·本·迪纳尔·阿纳齐·巴士里·扎敏，生卒于伊拉克巴士拉。

史学著作：《小历史》。

参考文献： 扎哈比：《群英诸贤传》第 12 卷，第 123～126 页。齐力克里：《名人》第 7 卷，第 18 页。沙奇尔·穆斯塔法：《阿拉伯历史与史家》第 1 卷，第 211 页。

伊本·纳拓哈

（Ibn al-Nattāh,？～866）

艾布·阿卜杜拉·穆罕默德·本·索里哈·本·米赫兰·本·纳拓

哈·哈希米·巴士里，生于伊拉克巴士拉，卒于伊拉克巴格达。

史学著作：①阿拔斯王朝史《国家》。当代伊拉克史学家阿卜杜·阿齐兹·杜里与文学批评家阿卜杜·杰拔尔·穆塔里比校勘出版的无名氏作品《阿拔斯王朝纪事》（贝鲁特：泰里阿出版社，1971）可能是该书。②《栽德·本·阿里殉难》。

参考文献：伊本·纳迪姆：《目录》第 1 卷第 2 分册，第 330~331 页。福阿德·斯兹金：《阿拉伯遗产史》第 1 卷第 2 分册，第 146 页。沙奇尔·穆斯塔法：《阿拉伯历史与史家》第 1 卷，第 210~211 页。

贾希兹
（al-Jāhiz，约 780~869）

艾布·奥斯曼·阿慕尔·本·巴哈尔·本·马哈布卜·奇纳尼·莱西·巴士里，生卒于伊拉克巴士拉。他是大文豪，被誉为"阿拉伯民众生活史家"。

史学著作：①《解释与阐明》第 1~4 卷，开罗：汗吉书店，1998。②《动物志》第 1~8 卷，开罗：穆斯塔法·巴比·哈拉比及其后裔书店与出版公司，1965~1969。③《冠冕：列王品德》，贝鲁特：思想出版社，1955。④《奥斯曼派》，贝鲁特：吉勒出版社，1991。⑤《贾希兹文集》第 1~4 卷，开罗：汗吉书店，1979。这些短文包括《歌手层级传》、《妇女》、《论奥斯曼派》和《论栽德派与拒绝派》等。

参考文献：伊本·纳迪姆：《目录》第 1 卷第 2 分册，第 578~588 页。沙奇尔·穆斯塔法：《阿拉伯历史与史家》第 1 卷，第 218~219 页。穆罕默德·哈吉里：《阿拉伯民众生活史家贾希兹》（Muhammad al-Hājirī， "Al-Jāhiz Mu'arrikh al-Hayāt al-'Arabīyah al-Sha'bīyah"），《泉源》（Al-Mawrid）1983 年第 1 期。

艾布·哈提姆·西吉斯塔尼
（Abū Hātim al-Sijistānī，? ~869）

艾布·哈提姆·萨赫勒·本·穆罕默德·本·奥斯曼·本·伽斯姆·西吉斯塔尼·巴士里，生卒于伊拉克巴士拉。

史学著作：①《阿拉伯长寿者及其纪事与临终遗言》，开罗：萨阿达印书馆，1905。②《枣椰树》，贝鲁特：伊斯兰福音出版社，2002。该书是幸存至今的专门谈论枣椰树及其相关知识的古代阿拉伯名著之一。③《骆驼》。

参考文献：伊本·纳迪姆：《目录》第 1 卷第 1 分册，第 167~169 页。伊本·赫里康：《精英辞世与时代名人信息录》第 2 卷，第 430~433 页。齐力克里：《名人》第 3 卷，第 143 页。

伊本·罕敦·纳迪姆

（Ibn Hamdūn al-Nadīm，? ~约 869）

艾布·阿卜杜拉·艾哈迈德·本·伊卜拉欣·本·伊斯玛仪·本·达乌德·本·罕敦·纳迪姆，生卒地点有待考究。

史学著作：《山水谷地之名》。

参考文献：雅孤特：《文豪辞典》第 1 卷，第 164~171 页。齐力克里：《名人》第 1 卷，第 85 页。索伊卜·阿卜杜·哈密德：《什叶派史学家辞典》第 1 卷，第 82~84 页。

伊本·沙比卜

（Ibn Shabīb，? ~约 869）

艾布·萨义德·阿卜杜拉·本·沙比卜·拉巴义·巴士里，生于伊拉克巴士拉，卒于麦加。

史学著作：《纪事与遗迹》。

参考文献：伊本·纳迪姆：《目录》第 1 卷第 2 分册，第 333 页。扎哈比：《伊斯兰史》第 19 卷，第 178~179 页。沙奇尔·穆斯塔法：《阿拉伯历史与史家》第 1 卷，第 216 页。

祖贝尔·巴卡尔

（al-Zubayr Bakkār，788~870）

艾布·阿卜杜拉·祖贝尔·本·巴卡尔·本·阿卜杜拉·本·穆斯阿卜·本·萨比特·古拉什·阿萨迪，生于麦地那，卒于麦加。

史学著作：①《穆瓦发基雅纪事》，贝鲁特：书籍世界，1996。该书是献给埃米尔穆瓦法格的礼物，因而得此书名，由 439 段纪事构成。②《先知妻妾选集》，麦地那：麦地那伊斯兰大学，1981。该书是伊本·扎拔拉（？~约 814）《先知妻妾》的精选本。③《阿拉伯人纪事及其日子》、《麦地那纪事》、《麦地那人奇闻》、《阿基戈及其纪事》、《伊本·梅雅达纪事》和《巴士拉法官纪事》等。

参考文献：伊本·纳迪姆：《目录》第 1 卷第 2 分册，第 340~343 页。穆罕默德·希拉：《麦加历史与史家》，第 17~20 页。沙奇尔·穆斯塔法：《阿拉伯历史与史家》第 1 卷，第 196~197 页。

布哈里
（al-Bukhārī，810~870）

艾布·阿卜杜拉·穆罕默德·本·伊斯玛仪·本·伊卜拉欣·本·穆佶拉·本·巴尔迪兹巴赫·布哈里，生于乌兹别克斯坦布哈拉，卒于乌兹别克斯坦哈尔坦克。

史学著作：①《大历史》第 1~9 册，贝鲁特：学术书籍出版社，1986 年影印版。该书是第一部按照阿拉伯字母顺序编排的大型人物志，收录圣训传述者约 13000 名、人物别名逾千个。②《中历史》第 1~2 卷，利雅得：苏美易出版社，1998。该书按照人物去世时间顺序编录 1500 余名圣门弟子和再传圣门弟子。③《小历史》第 1~2 卷，贝鲁特：知识出版社，1986。该书的校勘者马哈茂德·伊卜拉欣·扎耶德搞错了，它其实是《中历史》。

参考文献：欧麦尔·力铎：《著述家辞典》第 3 卷，第 130~131 页。沙奇尔·穆斯塔法：《阿拉伯历史与史家》第 1 卷，第 236~239 页。阿卜杜·萨塔尔·谢赫：《伊玛目布哈里》（'Abd al-Sattār al-Shaykh, *Al-Imām al-Bukhārī*），大马士革：格拉姆出版社，2007。

伊本·萨哈嫩
（Ibn Sahnūn，817~870）

艾布·阿卜杜拉·穆罕默德·本·阿卜杜·萨腊姆·萨哈嫩·本·萨义

德·本·哈比卜·塔怒黑·盖拉沃尼·马立奇，生于突尼斯凯鲁万，卒于埃及。

史学著作：①《汇集》。这部学术文集逾百卷，包括 20 卷传记和 8 卷历史人物志。②6 卷本《历史》和 7 卷本《学林层级传》。

参考文献：欧麦尔·力铎：《著述家辞典》第 3 卷，第 411~412 页。穆罕默德·马哈富兹：《突尼斯著述家志》第 3 卷，第 19~24 页。利玛·杜尔内格：《阿拉伯与穆斯林著名史学家》，第 399 页。

阿卜杜·麦立克·麦赫里

('Abd al-Malik al-Mahrī, ? ~870)

艾布·瓦立德·阿卜杜·麦立克·本·格丹·麦赫里·盖拉沃尼，生卒于突尼斯凯鲁万。

史学著作：《瓦基迪〈武功纪〉注解》。

参考文献：扎哈比：《伊斯兰史》第 19 卷，第 199 页。欧麦尔·力铎：《著述家辞典》第 2 卷，第 320~321 页。穆罕默德·马哈富兹：《突尼斯著述家志》第 4 卷，第 408~409 页。

伊斯哈格·麦迪尼

(Ishāq al-Madīnī, ? ~约 870)

艾布·叶尔孤卜·伊斯哈格·本·伊卜拉欣·本·哈提姆·本·伊斯玛仪·麦迪尼，祖籍麦地那，晚年居住在伊拉克乌克巴拉，辞世地点有待考究。

史学著作：《光源》，记载前伊斯兰时期的历史故事和族谱。

参考文献：赫蒂卜·巴格达迪：《巴格达史》第 7 卷，第 425~426 页。欧麦尔·力铎：《著述家辞典》第 1 卷，第 338 页。利玛·杜尔内格：《阿拉伯与穆斯林著名史学家》，第 91 页。

伊本·阿卜杜·哈卡姆

(Ibn 'Abd al-Hakam, 803~871)

详见上文的"阿卜杜·哈卡姆父子"。

米赫扎密

（Abū Hiffān al-Mihzamī,? ~871）

艾布·希凡·阿卜杜拉·本·艾哈迈德·本·哈尔卜·本·哈里德·米赫扎密，生于伊拉克巴士拉，可能卒于伊拉克巴格达。

史学著作：①《艾布·努沃斯纪事》，开罗：埃及书店，1953。②《艾布·塔里卜诗歌及其纪事》，库姆：文化出版社，1994。③《诗坛纪事》（又名《诗坛层级传》）和《阿卜杜·盖斯诗歌纪事》等。

参考文献：伊本·纳迪姆：《目录》第 1 卷第 2 分册，第 446~447 页。福阿德·斯兹金：《阿拉伯遗产史》第 1 卷第 2 分册，第 269~270 页。索伊卜·阿卜杜·哈密德：《什叶派史学家辞典》第 1 卷，第 509 页。

苏莱曼·麦尔瓦齐

（Sulaymān al-Marwazī,? ~871）

艾布·达乌德·苏莱曼·本·马尔巴德·新继·麦尔瓦齐，生卒于土库曼斯坦古城木鹿。

史学著作：《历史》。

参考文献：赫蒂卜·巴格达迪：《巴格达史》第 10 卷，第 68~70 页。扎哈比：《伊斯兰史》第 19 卷，第 161 页。欧麦尔·力铎：《著述家辞典》第 1 卷，第 797 页。

艾哈迈德·巴格达迪

（Ahmad al-Baghdādī,? ~约 871）

艾布·伯克尔·艾哈迈德·本·穆罕默德·本·尔撒·巴格达迪，可能生于伊拉克巴格达，可能卒于叙利亚霍姆斯。

史学著作：《霍姆斯史》。

参考文献：伊本·阿萨奇尔：《大马士革史》第 5 卷，第 433~434 页。

福阿德·斯兹金:《阿拉伯遗产史》第 1 卷第 2 分册,第 211~212 页。沙奇尔·穆斯塔法:《阿拉伯历史与史家》第 2 卷,第 270~271 页。

赫拉兹

（al-Kharrāz,？~872）

艾布·贾法尔·艾哈迈德·本·哈力思·本·穆拔拉克·赫拉兹（或赫札兹,或赫札尔）,生卒于伊拉克巴格达。

史学著作:《道里邦国志》、《哈里发名字、别名与圣门弟子》、《哈希姆王朝海战与克里特岛主艾布·哈夫斯纪录》、《先知武功纪及其妻妾纪录》、《艾布·阿拔斯纪事》和《纪事与奇闻》等。

参考文献:伊本·纳迪姆:《目录》第 1 卷第 2 分册,第 323~324 页。福阿德·斯兹金:《阿拉伯遗产史》第 1 卷第 2 分册,第 149~150 页。沙奇尔·穆斯塔法:《阿拉伯历史与史家》第 1 卷,第 189、211~212 页。

伊本·穆巴什尔

（Ibn Mubashshir,？~872）

艾布·阿卜杜拉·穆罕默德（别号"胡贝施"）·本·穆巴什尔·本·艾哈迈德·塞格斐·图斯,生于伊朗古城图斯,可能卒于伊拉克巴格达。

史学著作:《先辈纪事》。

参考文献:纳贾什:《纳贾什人物》,第 143~144 页。赫蒂卜·巴格达迪:《巴格达史》第 9 卷,第 193~194 页。索伊卜·阿卜杜·哈密德:《什叶派史学家辞典》第 1 卷,第 229 页;第 2 卷,第 310~311 页。

伊本·苏梅俄

（Ibn Sumay‘,？~873）

艾布·哈桑·马哈茂德·本·伊卜拉欣·本·穆罕默德·本·尔撒·本·伽斯姆·本·苏梅俄·古拉什·迪马什基,生卒于叙利亚大马士革。

史学著作：《圣门弟子与再传圣门弟子层级传》。

参考文献：伊本·阿萨奇尔：《大马士革史》第 57 卷，第 101～103 页。沙奇尔·穆斯塔法：《阿拉伯历史与史家》第 1 卷，第 131 页；第 2 卷，第 271 页。萨拉丁·穆纳吉德：《大马士革史学家及其手稿与出版物辞典》，第 11 页。

朱兹贾尼

（al-Jūzjānī，? ～873）

艾布·伊斯哈格·伊卜拉欣·本·叶尔孤卜·本·伊斯哈格·萨阿迪·朱兹贾尼，生于阿富汗朱兹詹，卒于叙利亚大马士革。

史学著作：①圣训人物志《人物状况脉络》，即《人物状况》，贝鲁特：使命基金会，1985。②《赢弱者》和《历史》。

参考文献：扎哈比：《伊斯兰史》第 19 卷，第 71～73 页。沙奇尔·穆斯塔法：《阿拉伯历史与史家》第 1 卷，第 212 页。索里哈·拉希丹：《考证人物志》第 1 卷，第 81～94 页。

胡奈恩父子

1. 胡奈恩·伊斯哈格

（Hunayn Ishāq，810～873）

艾布·栽德·胡奈恩·本·伊斯哈格·易拔迪，生于伊拉克希拉，卒于伊拉克巴格达。声名显赫的翻译家。

史学著作：《世界、起源、众先知、诸帝王、各民族及伊斯兰哈里发与列王史》，从创世写到哈里发穆塔瓦奇勒的时代（847～861 年）。

2. 伊本·胡奈恩

（Ibn Hunayn，830～910）

艾布·叶尔孤卜·伊斯哈格·本·胡奈恩·本·伊斯哈格·易拔迪，生卒于巴格达。

史学著作：《医者与哲人史》，贝鲁特：使命基金会，1985。全书分为 9 个层级：前 4 个层级写希腊和罗马的医者与哲人；第 5 层级写亚历山大城的哲人；第 6 层级写非罗马、非叙利亚和非波斯的哲人；后 3 个层级写伊斯兰医者与哲人。

参考文献：伊本·艾比·乌绥比阿：《讯息精粹：医者层级传》，第 257~275 页。伊本·赫里康：《精英辞世与时代名人信息录》第 1 卷，第 205~207 页；第 2 卷，第 217~218 页。齐力克里：《名人》第 1 卷，第 294 页；第 2 卷，第 287~288 页。沙奇尔·穆斯塔法：《阿拉伯历史与史家》第 2 卷，第 437~438 页。

法得勒·沙占

（al-Fadl Shādhān，? ~874）

艾布·穆罕默德·法得勒·本·沙占·本·赫里勒·艾兹迪·尼撒布里，生卒于伊朗内沙布尔。

史学著作：《人物》和《信士长官美德》。

参考文献：伊本·纳迪姆：《目录》第 2 卷第 1 分册，第 108 页。图斯：《目录》，第 124~125 页。索伊卜·阿卜杜·哈密德：《什叶派史学家辞典》第 2 卷，第 23~24 页。

欧贝杜拉·祖赫里

（'Ubaid Allāh al-Zuhrī，? ~874）

艾布·法得勒·欧贝杜拉·本·萨阿德·本·伊卜拉欣·本·萨阿德·本·伊卜拉欣·古拉什·祖赫里，生于伊拉克巴格达，可能卒于伊拉克萨迈拉。

史学著作：《哈里德·本·瓦立德之征服战》。

参考文献：伊本·纳迪姆：《目录》第 1 卷第 2 分册，第 299 页。赫蒂卜·巴格达迪：《巴格达史》第 12 卷，第 29~31 页。米齐：《〈人名大全〉修正》第 19 卷，第 46~48 页。

伊本·伽迪姆

（Ibn Qādim，? ~874）

艾布·易姆兰·穆萨·本·萨赫勒·本·伽迪姆·拉姆里，祖籍土库曼斯坦尼萨，卒于以色列拉姆拉。

史学著作：《巴勒斯坦圣门弟子》。

参考文献：伊本·哈杰尔：《修正精编》第 6 卷，第 457~458 页。福阿德·斯兹金：《阿拉伯遗产史》第 1 卷第 2 分册，第 211 页。沙奇尔·穆斯塔法：《阿拉伯历史与史家》第 1 卷，第 131 页。

易季里

（al-'Ijlī，797~875）

艾布·哈桑·艾哈迈德·本·阿卜杜拉·本·索里哈·本·穆斯林·库斐·易季里·泰拉布路斯，生于伊拉克库法，卒于利比亚的黎波里。

史学著作：《可信者》（又名《可信者史》），即《可信者知识》第 1~2 卷，麦地那：达尔书店，1985。该书按照阿拉伯字母顺序编录 2366 位圣训传述者的名字、派别、纪事及其居住地。

参考文献：扎哈比：《伊斯兰史》第 20 卷，第 49~50 页。索里哈·拉希丹：《考证人物志》第 1 卷，第 63~80 页。利玛·杜尔内格：《阿拉伯与穆斯林著名史学家》，第 48 页。

穆斯林·哈贾吉

（Muslim al-Hajjāj，822~875）

艾布·侯赛因·穆斯林·本·哈贾吉·本·穆斯林·本·瓦尔德·本·库沙孜·古谢里·尼撒布里，生卒于伊朗内沙布尔。

史学著作：①《层级传》第 1~2 册，利雅得：希吉拉出版社，1991。该书收录 613 位圣门弟子和 1634 位再传圣门弟子的名字。②《别名与名字》第 1~2 卷，麦地那：麦地那伊斯兰大学，1984。该书收录 3804 位圣训人物的别名、名字、族谱及其主要老师和学生的简要信息。③《扫里之长老》、《马立克、苏福彦与舒尔巴之长老名单》和《历史》等。

参考文献：扎哈比：《群英诸贤传》第 12 卷，第 557~580 页。齐力克里：《名人》第 7 卷，第 221~222 页。马什胡尔·哈桑：《伊玛目穆斯林·本·哈贾吉》（Mashhūr Hasan, *Al-Imām Muslim ibn al-Hajjāj*），大马士革：格拉姆出版社，1994。

艾哈迈德·古特鲁布里
（Ahmad al-Qutrubullī, ?　~875）

艾布·哈桑·艾哈迈德·本·阿卜杜拉·本·侯赛因·本·萨阿德·本·马斯欧德·古特鲁布里，生卒地点有待考究。

史学著作：《历史》。

参考文献：伊本·纳迪姆：《目录》第 1 卷第 2 分册，第 387 页。索法迪：《逝者全录》第 7 卷，第 75 页。沙奇尔·穆斯塔法：《阿拉伯历史与史家》第 1 卷，第 213 页。

艾思拉姆
（al-Athram, ?　~875）

艾布·伯克尔·艾哈迈德·本·穆罕默德·本·贺尼·拓伊（或卡勒比）·伊斯卡斐，祖籍伊拉克伊斯卡夫，辞世地点有待考究。

史学著作：《历史》。

参考文献：伊本·纳迪姆：《目录》第 2 卷第 1 分册，第 101 页。欧麦尔·力铎：《著述家辞典》第 1 卷，第 302 页。阿卜杜拉·图雷基：《罕百里学派著作辞典》第 1 卷，第 94~97 页。

伊本·叶兹达德
（Ibn Yazdād, ?　~875）

艾布·索里哈·阿卜杜拉·本·穆罕默德·本·叶兹达德·本·苏韦

德·麦尔瓦齐，出生地点有待考究，卒于伊拉克巴格达。

史学著作：《历史》。作者辞世后，其子索里哈把该书内容续写到913年。

参考文献：伊本·纳迪姆：《目录》第 1 卷第 2 分册，第 386 页。扎哈比：《群英诸贤传》第 12 卷，第 339~340 页。沙奇尔·穆斯塔法：《阿拉伯历史与史家》第 1 卷，第 214 页。

伊本·沙巴
(Ibn Shabbah，789~876)

艾布·栽德·欧麦尔·本·沙巴·本·欧贝达·本·栽德·本·雷塔·努梅利·巴士里，生于伊拉克巴士拉，卒于伊拉克萨迈拉。

史学著作：①《麦地那纪事》第 1~4 卷，利雅得：阿勒彦出版社，1990。该书内容主要由穆罕默德生平、欧麦尔纪事和奥斯曼传记构成。②《巴士拉纪事》。2015 年，巴士拉遗产中心出版了萨勒玛对这部失传名著的研究成果。③《阿拉伯日子集录》，伊斯梅利亚：伊玛目布哈里书店，2015。④《库法》、《麦加》、《库法埃米尔》、《巴士拉埃米尔》、《麦地那埃米尔》、《麦加埃米尔》、《素丹》、《奥斯曼殉难》、《书吏》、《历史》、《曼苏尔纪事》、《诗歌集》和《诗坛层级传》等。

参考文献：伊本·纳迪姆：《目录》第 1 卷第 2 分册，第 344~346 页。福阿德·斯兹金：《阿拉伯遗产史》第 1 卷第 2 分册，第 205~207 页。穆罕默德·希拉：《麦地那历史与史家》，第 62~64 页。

伊本·叶璐勒
(Ibn Yalūl，? ~876)

艾布·伯克尔·艾哈迈德·本·叶璐勒·塔怒黑，生卒于突尼斯托泽尔。

史学著作：《福戴勒·本·易雅得》、《苏福彦·扫里》、《奥札义美德》和《拓悟斯·也玛尼美德》。

参考文献：伊本·法尔宏：《金丝绸缎：学派精英知识》第 1 卷，第

167 页。伽迪·易雅得:《法庭整顿与道路接近: 马立克学派群英知识》第 4 卷, 第 234~235 页。哈桑·阿卜杜·瓦贺卜:《突尼斯著作与著述家》第 2 卷第 1 分册, 第 374~375 页。

阿里·拓塔里

('Alī al-Tātarī, ? ~ 约 877)

艾布·哈桑·阿里·本·哈桑·本·穆罕默德·拓伊·拓塔里·杰尔米·库斐, 生卒地点有待考究。

史学著作:《功德》。

参考文献: 纳贾什:《纳贾什人物》, 第 244 页。欧麦尔·力铎:《著述家辞典》第 2 卷, 第 426~427 页。索伊卜·阿卜杜·哈密德:《什叶派史学家辞典》第 1 卷, 第 583 页。

穆阿维叶·索里哈

(Mu'āwiyah ibn Sālih, ? ~877)

艾布·欧贝杜拉·穆阿维叶·本·索里哈·本·穆阿维叶·本·欧贝杜拉·本·叶撒尔·艾什阿里·迪马什基, 生卒于叙利亚大马士革。

史学著作:《历史: 圣门弟子知识》和《羸弱者与可信者知识》。

参考文献: 伊本·艾比·叶尔腊:《罕百里学派层级传》第 2 卷, 第 490~492 页。扎哈比:《群英诸贤传》第 13 卷, 第 23~24 页。阿卜杜拉·图雷基:《罕百里学派著作辞典》第 1 卷, 第 98~99 页。

达耶父子

1. 优素福·达耶

(Yūsuf al-Dāyah, 795~ 约 878)

艾布·哈桑·优素福·本·伊卜拉欣·本·达耶·巴格达迪, 生于伊拉克巴格达, 卒于埃及突伦王朝 (868~905 年) 都城盖托伊。

史学著作：《医者纪事》、《伊卜拉欣·本·马赫迪纪事》、《艾布·努沃斯纪事及其诗选》和《占星家纪事》。

2. 伊本·达耶

（Ibn al-Dāyah，约 859~952）

艾布·贾法尔·艾哈迈德·本·优素福·本·伊卜拉欣·本·达耶·巴格达迪·米斯里，可能生卒于盖托伊。

史学著作：①《报酬与善果》，开罗：伊斯提伽玛印书馆，1940。该书由 73 个人物故事构成。②《艾哈迈德·本·突伦传》、《胡玛拉韦赫·本·艾哈迈德·本·突伦传》和《哈伦·本·胡玛拉韦赫传》等均已散佚，部分内容残存于伊本·萨义德·安达卢斯（1214~1286）的《马格里布饰宝奇籍》里。

参考文献：索法迪：《逝者全录》第 8 卷，第 184 页；第 29 卷，第 33~34 页。沙奇尔·穆斯塔法：《阿拉伯历史与史家》第 1 卷，第 204~205 页；第 2 卷，第 184~186 页。齐力克里：《名人》第 1 卷，第 272 页；第 8 卷，第 212 页。索伊卜·阿卜杜·哈密德：《什叶派史学家辞典》第 1 卷，第 147~148、459 页。

索里哈·罕百勒

（Sālih Hanbal，818~880）

详见上文的"伊本·罕百勒父子"。

伊斯哈格兄弟

1. 罕玛德·伊斯哈格

（Hammād Ishāq，815~881）

艾布·伊斯玛仪·罕玛德·本·伊斯哈格·本·伊斯玛仪·本·罕玛德·本·栽德·本·迪尔汉·艾兹迪，生于伊拉克巴士拉，卒于伊朗舒什。

史学著作：《先知遗产》，贝鲁特：比萨特出版社，1984。

2. 伊斯玛仪·伊斯哈格

（Ismāʻīl Ishāq，815~896）

艾布·伊斯哈格·伊斯玛仪·本·伊斯哈格·本·伊斯玛仪·本·罕玛德·本·栽德·本·迪尔汉·艾兹迪，生于巴士拉，卒于伊拉克巴格达。

史学著作：《武功纪》，记载先知穆罕默德的生平事迹。

参考文献：伊本·纳迪姆：《目录》第 2 卷第 1 分册，第 10~11 页。赫蒂卜·巴格达迪：《巴格达史》第 7 卷，第 272~281 页；第 9 卷，第 22~23 页。福阿德·斯兹金：《阿拉伯遗产史》第 1 卷第 2 分册，第 115 页。齐力克里：《名人》第 1 卷，第 310 页；第 2 卷，第 271 页。

艾哈迈德·麦尔瓦齐

（Ahmad al-Marwazī，814~881）

艾布·哈桑·艾哈迈德·本·赛雅尔·本·艾尤卜·本·阿卜杜·拉哈曼·麦尔瓦齐，生于土库曼斯坦古城木鹿，卒于埃及。

史学著作：《木鹿史》（又名《木鹿纪事》）和《征服呼罗珊》。

参考文献：扎哈比：《群英诸贤传》第 12 卷，第 609~611 页。欧麦尔·力铎：《著述家辞典》第 1 卷，第 150 页。福阿德·斯兹金：《阿拉伯遗产史》第 1 卷第 2 分册，第 223 页。

穆罕默德·阿卜杜·哈卡姆

（Muhammad ʻAbd al-Hakam，798~882）

详见上文的"阿卜杜·哈卡姆父子"。

伊卜拉欣·艾哈马里

（Ibrāhīm al-Ahmarī，? ~约 882）

艾布·伊斯哈格·伊卜拉欣·本·伊斯哈格·艾哈马里·纳哈万迪，

祖籍伊朗纳哈万德，生卒地点有待考究。

史学著作：《侯赛因殉难》和《艾布·乍尔之流亡》。

参考文献：纳贾什：《纳贾什人物》，第 21 页。欧麦尔·力铎：《著述家辞典》第 1 卷，第 13 页。索伊卜·阿卜杜·哈密德：《什叶派史学家辞典》第 1 卷，第 61 页。

伊斯玛仪·叶齐迪

(Ismā'il al-Yazīdī，? ~约 884)

详见上文的"叶齐迪家族"。

穆斯塔阿缇夫

(al-Musta'atif，? ~884)

艾布·穆萨·尔撒·本·米赫兰·穆斯塔阿缇夫·巴格达迪，出生地点有待考究，卒于伊拉克巴格达。

史学著作：《美德》、《圣训学家》和《奥斯曼殉难》。

参考文献：赫蒂卜·巴格达迪：《巴格达史》第 12 卷，第 494~496 页。纳贾什：《纳贾什人物》，第 285~286 页。索伊卜·阿卜杜·哈密德：《什叶派史学家辞典》第 1 卷，第 654 页。

阿拔斯·杜里

('Abbās al-Dūrī，801~884)

艾布·法得勒·阿拔斯·本·穆罕默德·本·哈提姆·本·瓦基德·杜里·巴格达迪，可能生卒于伊拉克巴格达。

史学著作：《人物》，承袭叶哈雅·马因（775~848）的《人物知识》。

参考文献：赫蒂卜·巴格达迪：《巴格达史》第 14 卷，第 30~32 页。齐力克里：《名人》第 3 卷，第 265 页。沙奇尔·穆斯塔法：《阿拉伯历史与史家》第 1 卷，第 219 页。

泰勒希

（al-Talhī, ?　~884）

艾布·伊斯哈格·托勒哈·本·欧贝杜拉·本·穆罕默德·本·伊斯玛仪·本·伊卜拉欣·本·穆罕默德·本·托勒哈·巴士里，生卒于伊拉克巴士拉。

史学著作：《痴情者纪事》和《纪事珠宝》。

参考文献：伊本·纳迪姆：《目录》第 1 卷第 2 分册，第 349 页。伊本·撒义：《宝贵珠玉：著者名字》，第 402 ~ 403 页。沙奇尔·穆斯塔法：《阿拉伯历史与史家》第 1 卷，第 219 页。

穆卡里

（al-Mukārī, ?　~885）

艾布·阿拔斯·阿卜杜拉·本·伊斯哈格·本·萨腊姆·穆卡里·巴格达迪，出生地点有待考究，卒于伊拉克巴格达。

史学著作：《纪事》和《传记》。

参考文献：伊本·纳迪姆：《目录》第 1 卷第 2 分册，第 351 ~ 352 页。欧麦尔·力铎：《著述家辞典》第 2 卷，第 229 页。沙奇尔·穆斯塔法：《阿拉伯历史与史家》第 1 卷，第 215 页。

罕百勒·谢拔尼

（Hanbal al-Shaybānī, 809~886）

艾布·阿里·罕百勒·本·伊斯哈格·本·罕百勒·本·希腊勒·谢拔尼，生于伊拉克巴格达，卒于伊拉克瓦西特。

史学著作：①《伊玛目艾哈迈德·本·罕百勒考验纪录》，开罗：穆罕默德·纳加施 1983 年校勘印制本。②《历史》。

参考文献：欧麦尔·力铎：《著述家辞典》第 1 卷，第 661 页。沙奇尔·穆斯塔法：《阿拉伯历史与史家》第 1 卷，第 219 页。阿卜杜拉·图雷基：《罕百里学派著作辞典》第 1 卷，第 115~118 页。

艾布·阿绥达

(Abū 'Asīdah, ? ~886)

艾布·贾法尔·艾哈迈德·本·欧贝德·本·纳斯哈·本·巴岚朱尔·代拉米·库斐，祖籍伊朗代拉姆，辞世地点有待考究。

史学著作：《纪事与诗歌精粹》。

参考文献：雅孤特：《文豪辞典》第 1 卷，第 361~363 页。扎哈比：《群英诸贤传》第 13 卷，第 193~194 页。齐力克里：《名人》第 1 卷，第 166 页。

西班牙的拉齐家族

1. 穆罕默德·拉齐

(Muhammad al-Rāzī, ? ~886)

穆罕默德·本·穆萨·本·巴什尔·本·杰纳德·本·拉基特·奇纳尼·拉齐，生于伊朗雷伊，卒于西班牙埃尔维拉。

史学著作：《旗帜》，详细记载阿拉伯人征服安达卢西的过程。

2. 艾哈迈德·拉齐

(Ahmad al-Rāzī, 888~955)

艾布·伯克尔·艾哈迈德·本·穆罕默德·本·穆萨·本·巴什尔·本·罕玛德·本·拉基特·奇纳尼·拉齐，生于埃尔维拉，卒于西班牙科尔多瓦。

史学著作：《安达卢西列王纪事》、《科尔多瓦志》、《安达卢西道路、码头、主要城镇及各地特色》和《安达卢西释奴精英》。

3. 尔撒·拉齐

('Īsā al-Rāzī, ? ~989)

尔撒·本·艾哈迈德·本·穆罕默德·本·穆萨·本·巴什尔·本·

杰纳德·本·拉基特·奇纳尼·拉齐，可能生卒于科尔多瓦。

史学著作：《安达卢西史》、《安达卢西臣卿与内阁》和《安达卢西哈里发侍卫》。

参考文献：阿卜杜·瓦希德·占嫩：《安达卢西阿拉伯历史编纂学的兴起》，第 19~45 页。侯赛因·穆阿尼斯：《安达卢西地理与地理学家史》，第 27~29 页。K. 布伊卡：《安达卢西的阿拉伯历史文献》，第 62~65、101~107、136~139 页。齐力克里：《名人》第 1 卷，第 208 页；第 7 卷，第 117 页。卡尔·布罗克尔曼：《阿拉伯文学史》第 3 册，第 87~88 页。利玛·杜尔内格：《阿拉伯与穆斯林著名史学家》，第 83、461 页。

伊本·玛杰赫

(Ibn Mājah，824~887)

艾布·阿卜杜拉·穆罕默德·本·叶齐德·本·玛杰赫·拉巴义·格兹维尼，生卒于伊朗加兹温。

史学著作：①《哈里发史》，艾布·伯克尔·萨杜斯转述，载《大马士革阿拉伯语学会杂志》（*Majallat Majma' al-Lughah al-'Arabīyah bi-Dimashq*）1979 年第 2 期，第 395~454 页。②《加兹温史》。

参考文献：扎哈比：《群英诸贤传》第 13 卷，第 277~281 页。欧麦尔·力铎：《著述家辞典》第 3 卷，第 774~775 页。福阿德·斯兹金：《阿拉伯遗产史》第 1 卷第 2 分册，第 188 页。

伊本·萨腊姆·伊巴迪

(Ibn Sallām al-Ibādī，？ ~约 887)

劳沃卜·本·萨腊姆·本·欧麦尔·陶扎里·麦札提·伊巴迪，祖籍利比亚奈富塞山的阿格尔梅蒙村，曾定居突尼斯托泽尔，辞世地点有待考究。

史学著作：《伊斯兰发端与宗教法律》，威斯巴登：弗朗兹·施泰纳出版社，1986。该书是记载马格里布伊巴迪亚派历史的最古老的著作。

参考文献：塔德乌什·莱维基：《北非伊巴迪亚派史学家》，第 149~151 页。穆罕默德·马哈富兹：《突尼斯著述家志》第 1 卷，第 195 页。穆罕默德·拔拔安米:《马格里布伊巴迪亚派名人辞典:自伊历一世纪至今》第 2 卷,第 350 页。

阿卜杜拉·瓦拉戈
('Abd Allāh al-Warrāq, 813~887)

艾布·穆罕默德·阿卜杜拉·本·阿慕尔·本·阿卜杜·拉哈曼·本·比施尔·巴勒黑·巴格达迪,祖籍阿富汗巴尔赫,卒于伊拉克瓦西特。

史学著作:《麦地那及其纪事》。

参考文献:伊本·纳迪姆:《目录》第 1 卷第 2 分册,第 334~335 页。扎哈比:《伊斯兰史》第 20 卷,第 377 页。沙奇尔·穆斯塔法:《阿拉伯历史与史家》第 2 卷,第 83~84 页。

贾法尔·麦尔瓦齐
(Ja'far al-Marwazī,? ~887)

艾布·阿拔斯·贾法尔·本·艾哈迈德·麦尔瓦齐,出生地点有待考究,卒于伊朗阿瓦士。

史学著作:《道里邦国志》,是第一部道里邦国志,但未完稿。

参考文献:伊本·纳迪姆:《目录》第 1 卷第 2 分册,第 463~464 页。欧麦尔·力铎:《著述家辞典》第 1 卷,第 487 页。沙奇尔·穆斯塔法:《阿拉伯历史与史家》第 1 卷,第 146~147、221 页。

伊本·艾比·萨尔哈
(Ibn Abī al-Sarh,? ~约 887)

艾布·阿拔斯·艾哈迈德·本·艾比·萨尔哈,生卒地点有待考究。

史学著作:《标志》,《大马士革阿拉伯科学院杂志》(*Majallat al-Majma' al-'Ilmī al-'Arabī bi-Dimashq*) 1931 年第 11 期。该文是现存最早的专门记载阿拉伯风俗和迷信的阿拉伯文作品。

参考文献:福阿德·斯兹金:《阿拉伯遗产史》第 1 卷第 2 分册,第

263~264 页。沙奇尔·穆斯塔法：《阿拉伯历史与史家》第 2 卷，第 219~
220 页。

穆纳吉姆家族

1. 阿里·穆纳吉姆

（'Alī al-Munajjim，816~888）

艾布·哈桑·阿里·本·叶哈雅·本·艾比·曼苏尔·穆纳吉姆，出
生地点有待考究，卒于伊拉克萨迈拉。

史学著作：《伊斯哈格·本·伊卜拉欣纪事》。

2. 伊本·穆纳吉姆

（Ibn al-Munajjim，855~912）

艾布·艾哈迈德·叶哈雅·本·阿里·本·叶哈雅·本·艾比·曼苏
尔·穆纳吉姆，生卒于伊拉克巴格达。

史学著作：①短文《音乐》，详见《伊本·穆纳吉姆论音乐与〈诗歌
集〉符号说明》，开罗：埃及图书总局，1976。②《跨两朝诗人纪事及其诗
歌》。

3. 艾布·尔撒·穆纳吉姆

（Abū 'Īsá al-Munajjim，? ~约 932）

艾布·尔撒·艾哈迈德·本·阿里·本·哈伦·本·阿里·本·叶哈
雅·本·艾比·曼苏尔·穆纳吉姆，生卒地点有待考究。

史学著作：《世界编年史》。

4. 艾布·哈桑·穆纳吉姆

（Abū al-Hasan al-Munajjim，876~939）

艾布·哈桑·艾哈迈德·本·叶哈雅·本·阿里·本·叶哈雅·本·
艾比·曼苏尔·穆纳吉姆，生卒地点有待考究。

史学著作：①《穆纳吉姆家族纪事及其谱系》。②续成其父伊本·穆纳

吉姆未完稿的《跨两朝诗人纪事及其诗歌》。

参考文献：伊本·纳迪姆：《目录》第 1 卷第 2 分册，第 441~446、617~618 页；第 2 卷第 1 分册，第 121 页。雅孤特：《文豪辞典》第 2 卷，第 554 页；第 5 卷，第 2008~2022 页；第 6 卷，第 2825~2826 页。索法迪：《逝者全录》第 7 卷，第 149~150 页；第 8 卷，第 160 页；第 22 卷，第 187~190 页。卡尔·布罗克尔曼：《阿拉伯文学史》第 3 册，第 67~68 页。福阿德·斯兹金：《阿拉伯遗产史》第 1 卷第 2 分册，第 156~157、274~275 页。欧麦尔·力铎：《著述家辞典》第 1 卷，第 213、324 页；第 2 卷，第 544 页；第 4 卷，第 107 页。沙奇尔·穆斯塔法：《阿拉伯历史与史家》第 1 卷，第 232 页。

艾布·安巴斯
（Abū al-'Anbas，827~888）

艾布·安巴斯·穆罕默德·本·伊斯哈格·本·伊卜拉欣·绥马里·库斐·巴格达迪，生于伊拉克库法，葬于库法。

史学著作：《艾布·菲尔敖恩·坤杜尔·本·杰哈达尔纪事》、《法斯·本·哈伊克》、《大海惊奇》和《时间主人》等。

参考文献：伊本·纳迪姆：《目录》第 1 卷第 2 分册，第 467~469 页。齐力克里：《名人》第 6 卷，第 28~29 页。沙奇尔·穆斯塔法：《阿拉伯历史与史家》第 1 卷，第 221 页。

阿拉姆·苏拉米
（'Arrām al-Sulamī，? ~约 888）

阿拉姆·本·艾斯巴厄·苏拉米，生卒地点有待考究。

史学著作：《帖哈麦山脉之名字、居民、村落、植被与水源》，开罗：艾敏·阿卜杜·拉哈曼印书馆，1954。

参考文献：齐力克里：《名人》第 4 卷，第 223 页。沙奇尔·穆斯塔法：《阿拉伯历史与史家》第 2 卷，第 329 页。穆罕默德·希拉：《麦地那历史与史家》，第 65~66 页。

艾哈迈德·泰伯里

（Ahmad al-Tabarī，? ~888）

艾布·阿卜杜拉·艾哈迈德·本·穆罕默德·泰伯里·阿莫里·赫里里，祖籍伊朗阿莫勒，卒于伊拉克巴格达。

史学著作：《信士长官美德》。

参考文献：欧麦尔·力铎：《著述家辞典》第 1 卷，第 270 页。穆哈新·艾敏：《什叶派精英》第 3 卷，第 118 页。索伊卜·阿卜杜·哈密德：《什叶派史学家辞典》第 1 卷，第 133 页。

麦鲁兹

（al-Marūdhī，? ~888）

艾布·伯克尔·艾哈迈德·本·穆罕默德·本·哈贾吉·本·阿卜杜拉·麦鲁兹·罕百里，出生地点有待考究，卒于伊拉克巴格达。

史学著作：①《长老们纪事及其品德》，贝鲁特：伊斯兰福音出版社，2005。②《故事》和《先知美德》。

参考文献：赫蒂卜·巴格达迪：《巴格达史》第 6 卷，第 104~106 页。欧麦尔·力铎：《著述家辞典》第 1 卷，第 256 页。阿卜杜拉·图雷基：《罕百里学派著作辞典》第 1 卷，第 123~126 页。

艾布·达乌德·西吉斯塔尼

（Abū Dāwūd al-Sijistānī，817~889）

艾布·达乌德·苏莱曼·本·艾施阿思·本·伊斯哈格·本·巴什尔·本·沙达德·西吉斯塔尼，生于阿富汗与伊朗之间的锡斯坦，卒于伊拉克巴士拉。

史学著作：《哈瓦利吉派纪事》、《人物》、《辅士美德》和《先知明证》等。

参考文献：扎哈比：《群英诸贤传》第 13 卷，第 203~221 页。齐力克里：《名人》第 3 卷，第 122 页。阿卜杜拉·图雷基：《罕百里学派著作辞典》第 1 卷，第 129~135 页。

伊本·古台巴
(Ibn Qutaybah，828~889)

艾布·穆罕默德·阿卜杜拉·本·穆斯林·本·古台巴·迪纳瓦里，生于伊拉克库法，卒于伊拉克巴格达。

史学著作：①《书吏修养》，贝鲁特：学术书籍出版社，1988。②《阿拉伯人优点及其学问提示》，阿布扎比：文化协会，1998。③《知识》，开罗：知识出版社，1981。该书是在 9 世纪问世的最著名的历史文化知识百科全书。④《纪事精粹》第 1~4 卷，贝鲁特：学术书籍出版社，1986。⑤《哈里发史》，即《伊玛目与政治》第 1~2 卷，贝鲁特：艾德瓦出版社，1990。该书是研究哈里发历史和伊斯兰政治史的基本参考文献之一。⑥《诗歌与诗坛》第 1~2 卷，开罗：知识出版社，1982。⑦《臣卿》。

参考文献：伊本·纳迪姆：《目录》第 1 卷第 1 分册，第 235~237 页。沙奇尔·穆斯塔法：《阿拉伯历史与史家》第 1 卷，第 239~243 页。穆罕默德·扎厄璐勒：《伊本·古台巴》（Muhammad Zaghlūl, *Ibn Qutaybah*），开罗：知识出版社，1980。

艾布·哈提姆·拉齐
(Abū Hātim al-Rāzī，810~890)

艾布·哈提姆·穆罕默德·本·伊德里斯·本·蒙兹尔·本·达乌德·本·米赫兰·罕扎里·拉齐，生于伊朗雷伊，卒于伊拉克巴格达。

史学著作：《再传圣门弟子层级传》。

参考文献：赫蒂卜·巴格达迪：《巴格达史》第 2 卷，第 414~422 页。齐力克里：《名人》第 6 卷，第 27 页。阿卜杜拉·图雷基：《罕百里学派著作辞典》第 1 卷，第 138~141 页。

叶哈雅·阿基基

(Yahyá al-'Aqīqī, 829~890)

艾布·侯赛因·叶哈雅·本·哈桑·本·贾法尔·本·欧贝杜拉·本·侯赛因·欧贝德里·阿基基, 生于麦地那, 卒于麦加。

史学著作: ①《宰娜卜女士与宰娜比派纪事》, 开罗: 穆尼利耶出版社, 1933。②《麦地那纪事》。

参考文献: 哈比卜·阿勒-朱梅伊俄:《阿拉伯半岛什叶派著作辞典》第 1 卷, 第 378 页。穆罕默德·希拉:《麦地那历史与史家》, 第 66~70 页。索伊卜·阿卜杜·哈密德:《什叶派史学家辞典》第 2 卷, 第 447 页。

叶尔孤卜·法萨维

(Ya'qūb al-Fasawī, ? ~890)

艾布·优素福·叶尔孤卜·本·苏福彦·本·朱万·法里斯·法萨维, 生于伊朗法萨, 卒于伊拉克巴士拉。

史学著作: ①《知识与历史》第 1~4 册, 麦地那: 达尔书店, 1990。该书原稿共三卷: 第一卷已佚; 后两卷按照编年形式记载 753~856 年的史事, 详述圣门弟子和再传圣门弟子传记以及圣训人物知识等内容。②《叶尔孤卜·本·苏福彦·法萨维之长老》, 利雅得: 首都出版社, 2010。该书由六个部分构成, 仅存的前三个部分记载了 178 名长老。

参考文献: 福阿德·斯兹金:《阿拉伯遗产史》第 1 卷第 2 分册, 第 150~151 页。欧麦尔·力铎:《著述家辞典》第 4 卷, 第 128~129 页。沙奇尔·穆斯塔法:《阿拉伯历史与史家》第 1 卷, 第 222~223 页。

艾哈迈德·艾比·亥塞玛

(Ahmad Abī Khaythamah, 801~892)

详见上文的"艾布·亥塞玛家族"。

伊本·爱资哈尔
(Ibn al-Azhar, 816~892)

艾布·贾法尔·穆罕默德·本·爱资哈尔·本·尔撒·艾赫拔里，生卒地点有待考究。

史学著作：编年史《历史》。

参考文献：伊本·纳迪姆：《目录》第 1 卷第 2 分册，第 349~350 页。欧麦尔·力铎：《著述家辞典》第 1 卷，第 494 页；第 3 卷，第 120 页。沙奇尔·穆斯塔法：《阿拉伯历史与史家》第 1 卷，第 224 页。

提尔米兹
(al-Tirmidhī, 824~892)

艾布·尔撒·穆罕默德·本·尔撒·本·绍拉·本·穆萨·本·多哈克·苏拉米·提尔米兹，生于乌兹别克斯坦铁尔米兹附近的布加，卒于铁尔米兹。

史学著作：①《先知品性》，又名《穆罕默德品性》，贝鲁特：哈迪斯出版社，1988。②《圣门弟子名单》，贝鲁特：天堂出版社，1986。

参考文献：伊本·纳迪姆：《目录》第 2 卷第 1 分册，第 115 页。扎哈比：《群英诸贤传》第 13 卷，第 270~277 页。沙奇尔·穆斯塔法：《阿拉伯历史与史家》第 1 卷，第 224~225 页。

法奇希
(al-Fākihī, 约 832~约 892)

艾布·阿卜杜拉·穆罕默德·本·伊斯哈格·本·阿拔斯·法奇希·麦奇，生卒于麦加。

史学著作：《古今麦加纪事》第 1~6 卷，贝鲁特：希得尔出版社，1994。该书由两大部分内容构成：第一部分已失传，可能记载麦加的上古历史故事、部落纪事与战争、先知传等；流传至今的第二部分共 21 章，涉及

425 个议题，收录约 3000 段圣训。

参考文献：伊本·纳迪姆：《目录》第 1 卷第 2 分册，第 337 页。福阿德·斯兹金：《阿拉伯遗产史》第 1 卷第 2 分册，第 207 页。穆罕默德·希拉：《麦加历史与史家》，第 21～23 页。

巴拉祖里

（al-Balādhurī, ？～892）

艾布·伯克尔（或哈桑，或贾法尔）·艾哈迈德·本·叶哈雅·本·贾比尔·本·达乌德·巴拉祖里，生卒于伊拉克巴格达。

史学著作：①《征服各地》，贝鲁特：知识基金会，1987。该书全面记述阿拉伯人的扩张过程，不仅描述重要征服地的社会、文化、行政和地理等方面的概况，还专门谈论波斯的制度、土地税的征收标准和货币等问题。②《贵族谱系》第 1～13 卷，贝鲁特：思想出版社，1996。它是阿拉伯族谱学走向成熟阶段的标志性著作，不仅收录大量的人物传记，而且把社会、政治、经济、文化和军事等方面的内容置于族谱世系的框架内进行叙述，体大思精，文笔流畅，史料翔实，编纂方法独特，颇具史料价值。

参考文献：伊本·纳迪姆：《目录》第 1 卷第 2 分册，第 347～349 页。沙奇尔·穆斯塔法：《阿拉伯历史与史家》第 1 卷，第 142、243～245 页。索法·哈菲兹·阿卜杜·法塔哈：《巴拉祖里及其〈征服各地〉的编纂方法》（Safā' Hāfiz 'Abd al-Fattāh, *Al-Balādhurī wa-Manhajuhu fī Kitāb Futūh al-Buldān*），开罗：阿拉伯思想出版社，1991。

推富尔父子

1. 伊本·推富尔

（Ibn Tayfūr, 819～893）

艾布·法得勒·艾哈迈德·本·艾比·拓熙尔·推富尔·呼罗萨尼，生卒于伊拉克巴格达。

史学著作：①《巴格达》，原稿共 13 卷，从巴格达建城（762 年）写到穆赫塔迪时期（869～870 年）。残存的第 6 卷（贝鲁特：索迪尔出版社，2009）涉及从哈里发麦蒙（813～833 年在位）自呼罗珊前往巴格达（819年）一直到他去世。②《列王纪事》、《著述家》和《巴比伦王、埃及王与罗马王》。

2. 欧贝杜拉·推富尔

（'Ubaid Allāh Tayfūr,? ～约 925）

艾布·侯赛因·欧贝杜拉·本·艾哈迈德·本·推富尔，生卒于巴格达。

史学著作：续编其父的《巴格达》，未完稿。

参考文献：伊本·纳迪姆：《目录》第 1 卷第 2 分册，第 451～453 页。卡尔·布罗克尔曼：《阿拉伯文学史》第 3 册，第 27～28 页。齐力克里：《名人》第 1 卷，第 141 页；第 4 卷，第 190 页。福阿德·斯兹金：《阿拉伯遗产史》第 1 卷第 2 分册，第 215～217 页。沙奇尔·穆斯塔法：《阿拉伯历史与史家》第 1 卷，第 245～247 页。穆罕默德·穆耶萨尔：《伊本·推富尔〈巴格达史〉的史料及其历史编纂方法》（Muhammad Muyassar, "Mawārid Ibn Tayfūr fī Tārīkh Baghdād wa-Manhajuhu fī Kitābat al-Tārīkh"），《教育与科学杂志》（*Majallat al-Tarbiyah wa-al-'Ilm*）2007 年第 3 期。

阿基基父子

1. 艾哈迈德·阿基基

（Ahmad al-'Aqīqī,? ～893）

艾布·塔里卜·艾哈迈德·本·阿里·本·穆罕默德·本·贾法尔·本·阿卜杜拉·本·侯赛因·本·阿里·阿拉维·阿基基，生卒地点有待考究。

史学著作：《人物史》。

2. 阿里·阿基基

（'Alī al-'Aqīqī,? ～约 914）

艾布·哈桑·阿里·本·艾哈迈德·本·阿里·本·穆罕默德·本·贾法尔·本·阿卜杜拉·本·侯赛因·阿拉维·阿基基，出生地点有待考究，卒于埃及。

史学著作：《两圣寺之间》、《人物》和《麦地那》。

参考文献：图斯：《目录》，第 24 页。欧麦尔·力铎：《著述家辞典》第 1 卷，第 209 页；第 2 卷，第 397 页。阿迦·布祖尔克：《什叶派著述门径》第 2 卷，第 373~374 页。沙奇尔·穆斯塔法：《阿拉伯历史与史家》第 1 卷，第 230 页。艾哈迈德·萨敏：《伊玛目派人名学史导研》，第 81 页。索伊卜·阿卜杜·哈密德：《什叶派史学家辞典》第 1 卷，第 119、567 页。

穆罕默德·艾什阿里

(Muhammad al-Ash'arī, ? ~893)

艾布·贾法尔·穆罕默德·本·艾哈迈德·本·叶哈雅·本·易姆兰·本·阿卜杜拉·本·萨阿德·本·马立克·艾什阿里·库米，生卒地点有待考究。

史学著作：《诸先知》、《波斯人优点》、《侯赛因殉难》和《人物功德》等。

参考文献：伊本·纳迪姆：《目录》第 2 卷第 1 分册，第 75 页。纳贾什：《纳贾什人物》，第 332~333 页。索伊卜·阿卜杜·哈密德：《什叶派史学家辞典》第 2 卷，第 101 页。

伊本·穆罕默德·巴尔基

(Ibn Muhammad al-Barqī, ? ~893)

详见上文的"巴尔基家族"。

伊本·艾比·敦雅

(Ibn Abī al-Dunyā, 823~894)

艾布·伯克尔·阿卜杜拉·本·穆罕默德·本·欧贝德·本·苏福彦·本·艾比·敦雅·古拉什·伍麦维·巴格达迪，生卒于伊拉克巴格达。

史学著作：①《信士长官阿里·本·艾比·塔里卜殉难》，大马士革：

福音出版社，2001。②《武功纪》、《列王纪事》、《哈里发史》、《历史》、《层级传》、《奥斯曼殉难》、《侯赛因殉难》、《托勒哈殉难》、《祖贝尔殉难》、《伊本·祖贝尔殉难》、《穆阿维叶纪事》、《苏福彦纪事》、《古莱什纪事》和《阿拔斯美德》等。

参考文献：伊本·纳迪姆：《目录》第 1 卷第 2 分册，第 661~662 页。沙奇尔·穆斯塔法：《阿拉伯历史与史家》第 1 卷，第 225~226 页。阿卜杜拉·图雷基：《罕百里学派著作辞典》第 1 卷，第 151~197 页。

阿卜杜拉·艾比·麦尔彦

('Abd Allāh Abī Maryam，？ ~894)

详见上文的"伊本·艾比·麦尔彦祖孙"。

伊本·迪齐勒

(Ibn Dīzīl，？ ~894)

艾布·伊斯哈格·伊卜拉欣·本·侯赛因·本·阿里·本·米赫兰·本·迪齐勒·哈马扎尼·奇撒伊，祖籍伊朗哈马丹，辞世地点有待考究。

史学著作：《绥芬（战役）》，贝鲁特：学术书籍出版社，2019。

参考文献：扎哈比：《群英诸贤传》第 13 卷，第 184~192 页。福阿德·斯兹金：《阿拉伯遗产史》第 1 卷第 2 分册，第 154 页。欧麦尔·力铎：《著述家辞典》第 1 卷，第 22 页。

艾布·祖尔阿

(Abū Zur'ah，？ ~约 894)

艾布·祖尔阿·阿卜杜·拉哈曼·本·阿慕尔·本·阿卜杜拉·本·索夫万·纳斯里·迪马什基，生卒于叙利亚大马士革。

史学著作：《艾布·祖尔阿·迪马什基史》第 1~2 卷，大马士革：阿拉伯语学会出版社，1980。该书记载先知、正统哈里发与法官的传记，阿卜杜拉·本·布斯尔纪事，沙姆地区的战役、圣门弟子与再传圣门弟子等内容。

参考文献：福阿德·斯兹金：《阿拉伯遗产史》第 1 卷第 2 分册，第 115~116 页。沙奇尔·穆斯塔法：《阿拉伯历史与史家》第 1 卷，第 132 页；第 2 卷，第 225~226 页。萨拉丁·穆纳吉德：《大马士革史学家及其手稿与出版物辞典》，第 12~13 页。

叶哈雅·萨赫米

（Yahyá al-Sahmī，？ ~895）

详见上文的"萨赫米父子"。

艾布·哈尼法·迪纳瓦里

（Abū Hanīfah al-Dīnawarī，？ ~895）

艾布·哈尼法·艾哈迈德·本·达乌德·本·瓦南德·迪纳瓦里·哈乃斐，生卒于伊朗迪纳瓦尔。

史学著作：①《通纪》，贝鲁特：学术书籍出版社，2001。这部世界通史记载东起中国边界、西至大西洋沿岸的各民族，从人祖亚当写到哈里发穆尔台绥姆崩逝（842 年 1 月）。全书分为诸先知故事与前伊斯兰时期阿拉伯人纪事，波斯列王与亚历山大纪事，四大正统哈里发时期的扩张战争，伍麦叶王朝史，阿拔斯王朝史等五大部分。②《植物》。该书是迪纳瓦里最重要的著作，原稿共 6 卷。1974 年，德裔美籍东方学家伯纳德·李文（Bernard Lewin，1906~2003）通过威斯巴登的弗朗兹·施泰纳出版社出版了仅存的第三卷和第五卷的残存部分。③《各地》和《诗歌与诗坛》。

参考文献：伊本·纳迪姆：《目录》第 1 卷第 1 分册，第 238 页。阿卜杜·阿齐兹·杜里：《阿拉伯史学的兴起》，第 47 页。沙奇尔·穆斯塔法：《阿拉伯历史与史家》第 1 卷，第 247~249 页。

伊本·艾比·乌撒玛·巴格达迪

（Ibn Abī Usāmah al-Baghdādī，802~896）

艾布·穆罕默德·哈力思·本·穆罕默德·本·艾比·乌撒玛·达熙

尔·塔米米·巴格达迪，生卒于伊拉克巴格达。

史学著作：《哈里发》，或名《哈里发纪事》。

参考文献：伽迪·拉施德：《宝库与珍品》，第 224~225 页。赫蒂卜·巴格达迪：《巴格达史》第 9 卷，第 114~115 页。欧麦尔·力铎：《著述家辞典》第 1 卷，第 519 页。

伊斯玛仪·伊斯哈格

（Ismāʿīl Ishāq，815~896）

详见上文的"伊斯哈格兄弟"。

侯赛因·赫札兹

（al-Husayn al-Khazzāz,？~896）

艾布·欧贝杜拉·侯赛因·本·胡梅德·本·拉比俄·本·胡梅德·本·马立克·拉赫米·库斐，可能生于伊拉克库法，卒于伊拉克巴格达。

史学著作：《历史》。

参考文献：赫蒂卜·巴格达迪：《巴格达史》第 8 卷，第 566~568 页。扎哈比：《伊斯兰史》第 21 卷，第 158 页。欧麦尔·力铎：《著述家辞典》第 1 卷，第 609 页。

伊本·艾格莱卜

（Ibn al-Aghlab,？~896）

艾布·阿拔斯·穆罕默德·本·齐雅达图拉·本·穆罕默德·本·艾格莱卜·塔米米，可能生于突尼斯城，曾定居利比亚的黎波里。

史学著作：《艾格莱卜家族史》。

参考文献：伊本·艾拔尔：《纯金装潢》第 1 卷，第 179~182 页。齐力克里：《名人》第 6 卷，第 131~132 页。穆罕默德·马哈富兹：《突尼斯著述家志》第 1 卷，第 53~54 页。

伊卜拉欣·塞格斐

（Ibrāhīm al-Thaqafī,？～896）

艾布·伊斯哈格·伊卜拉欣·本·穆罕默德·本·萨义德·本·希腊勒·本·阿斯姆·本·萨阿德·塞格斐·库斐，生于伊拉克库法，卒于伊朗伊斯法罕。

史学著作：①《进攻》，贝鲁特：艾德瓦出版社，1987。②《人物》、《事件》、《伊本·祖贝尔纪事》、《哈桑·本·阿里纪事》、《栽德纪事》、《奥斯曼纪事》、《欧麦尔纪事》、《穆罕默德·纳夫斯·扎奇耶与伊卜拉欣纪事》、《穆赫塔尔纪事》、《叶齐德纪事》、《历史》、《叛乱》、《信士长官书信及其纪事》、《萨基法会议》、《传记》、《法达克》、《库法特色及其圣门弟子》、《起源》、《武功纪》、《信士长官殉难》、《侯赛因殉难》、《奥斯曼殉难》、《绥芬（战役）》、《骆驼（战役）》和《奈赫赖万（战役）》等。

参考文献：伊本·纳迪姆：《目录》第 2 卷第 1 分册，第 80 页。纳贾什：《纳贾什人物》，第 19～20 页。索伊卜·阿卜杜·哈密德：《什叶派史学家辞典》第 1 卷，第 74～76 页。

阿卜杜·拉哈曼·麦尔瓦齐

（'Abd al-Rahmān al-Marwazī,？～896）

艾布·穆罕默德·阿卜杜·拉哈曼·本·优素福·本·萨义德·本·赫拉什·麦尔瓦齐·巴格达迪，出生地点有待考究，卒于伊拉克巴格达。

史学著作：《考证》和两卷本《长老缺点》。

参考文献：扎哈比：《群英诸贤传》第 13 卷，第 508～510 页。欧麦尔·力铎：《著述家辞典》第 2 卷，第 127 页。索伊卜·阿卜杜·哈密德：《什叶派史学家辞典》第 1 卷，第 459 页。

伊卜拉欣·哈尔比

（Ibrāhīm al-Harbī, 814～898）

艾布·伊斯哈格·伊卜拉欣·本·伊斯哈格·本·巴什尔·本·阿卜

杜拉·巴格达迪·哈尔比，祖籍土库曼斯坦古城木鹿，生卒于伊拉克巴格达。

史学著作：《先知明证》和《武功纪》等。

参考文献：赫蒂卜·巴格达迪：《巴格达史》第 6 卷，第 522~537 页。欧麦尔·力铎：《著述家辞典》第 1 卷，第 13~14 页。阿卜杜拉·图雷基：《罕百里学派著作辞典》第 1 卷，第 205~212 页。

穆巴拉德
（al-Mubarrad，826~898）

艾布·阿拔斯·穆罕默德·本·叶齐德·本·阿卜杜·艾克巴尔·本·欧梅尔·素玛里·艾兹迪·巴士里，生于伊拉克巴士拉，卒于伊拉克巴格达。

史学著作：①《语言文学大全》第 1~4 卷，开罗：阿拉伯思想出版社，1997。该书虽然是一部语言文学著作，但包含大量重要的历史信息，比如哈瓦利吉派和伍麦叶人的纪事。②《巴士拉语法学家层级传及其纪事》。

参考文献：伊本·纳迪姆：《目录》第 1 卷第 1 分册，第 169~172 页。雅孤特：《文豪辞典》第 6 卷，第 2678~2684 页。沙奇尔·穆斯塔法：《阿拉伯历史与史家》第 1 卷，第 221~222 页。

伊本·穆阿拉
（Ibn al-Mu'allá，? ~899）

艾布·伯克尔·艾哈迈德·本·穆阿拉·本·叶齐德·阿萨迪·迪马什基，出生地点有待考究，卒于叙利亚大马士革。

史学著作：《清真大寺纪事及其建筑》，可能是《伊本·穆阿拉史》的构成部分之一。

参考文献：伊本·阿萨奇尔：《大马士革史》第 6 卷，第 19~21 页。萨拉丁·穆纳吉德：《大马士革史学家及其手稿与出版物辞典》，第 14~15 页。沙奇尔·穆斯塔法：《阿拉伯历史与史家》第 2 卷，第 271~272 页。

艾哈迈德·萨拉赫斯

（Ahmad al-Sarakhsī,?　~899）

艾布·法拉吉（或阿拔斯）·艾哈迈德·本·穆罕默德·本·马尔旺·本·推伊卜·萨拉赫斯，生于伊朗萨拉赫斯，卒于伊拉克巴格达。

史学著作：《穆尔台迪德游拉姆拉》、《道里邦国志》、《巴格达特色及其纪事》、《君王礼仪》和《政治》等。

参考文献：伊本·纳迪姆：《目录》第 1 卷第 2 分册，第 459 页。沙奇尔·穆斯塔法：《阿拉伯历史与史家》第 1 卷，第 146、227~228 页。索伊卜·阿卜杜·哈密德：《什叶派史学家辞典》第 1 卷，第 140~141 页。

穆拉巴俄

（Murabba',?　~899）

艾布·贾法尔·穆罕默德·本·伊卜拉欣·安玛蒂，生卒于伊拉克巴格达。

史学著作：人物志《历史》。

参考文献：赫蒂卜·巴格达迪：《巴格达史》第 2 卷，第 270~272 页。欧麦尔·力铎：《著述家辞典》第 3 卷，第 25 页。利玛·杜尔内格：《阿拉伯与穆斯林著名史学家》，第 323 页。

阿卜杜拉·古特鲁布里

（'Abd Allāh al-Qutrubullī，9 世纪）

艾布·穆罕默德·阿卜杜拉·本·侯赛因·本·萨阿德·古特鲁布里，生卒地点有待考究。

史学著作：《古特鲁布里史》，包含阿拔斯王朝哈里发们的纪事。

参考文献：纳贾什：《纳贾什人物》，第 220~221 页。索伊卜·阿卜杜·哈密德：《什叶派史学家辞典》第 1 卷，第 514 页。沙奇尔·穆斯塔法：《阿拉伯历史与史家》第 1 卷，第 232 页。

阿里·安拔里

（'Alī al-Anbārī，9 世纪）

艾布·哈桑·阿里·本·哈卡姆·本·祖贝尔·纳赫义·安拔里，生卒地点有待考究。

史学著作：《什叶派人物》。

参考文献：纳贾什：《纳贾什人物》，第 262~263 页。艾哈迈德·萨敏：《伊玛目派人名学史导研》，第 81~82 页。索伊卜·阿卜杜·哈密德：《什叶派史学家辞典》第 1 卷，第 598 页。

阿萨德·穆阿里

（Asad al-Mu'allī，9 世纪）

阿萨德·本·穆阿里·本·阿萨德·安米，可能生于伊拉克巴士拉，辞世地点有待考究。

史学著作：《津芝叛乱者纪事》。

参考文献：纳贾什：《纳贾什人物》，第 103 页。阿迦·布祖尔克：《什叶派著述门径》第 1 卷，第 337 页。索伊卜·阿卜杜·哈密德：《什叶派史学家辞典》第 1 卷，第 157 页。

艾布·哈什沙

（Abū Hashīshah，9 世纪）

艾布·贾法尔·穆罕默德·本·阿里·本·伍麦叶·本·阿慕尔，生卒地点有待考究。

史学著作：《冬不拉演奏者纪事》。

参考文献：伊本·纳迪姆：《目录》第 1 卷第 2 分册，第 448~449 页。伊本·阿萨奇尔：《大马士革史》第 54 卷，第 249~251 页。沙奇尔·穆斯塔法：《阿拉伯历史与史家》第 1 卷，第 232 页。

艾布·蒙易姆

（Abū al-Mun'im，9 世纪）

名字族谱和生卒地点有待考究。

史学著作：《诗坛层级传》。

参考文献：伊本·纳迪姆：《目录》第 1 卷第 2 分册，第 336 页。

艾布·穆萨·多利尔

（Abū Mūsá al-Darīr，9 世纪）

艾布·伽斯姆·阿卜杜拉·本·阿卜杜·阿齐兹·多利尔·巴格达迪，可能生于伊拉克巴格达，移居埃及，辞世地点有待考究。

史学著作：《书写与书吏》。

参考文献：索法迪：《逝者全录》第 17 卷，第 156 页。苏尤蒂：《自觉索求：语言学家与语法学家层级传》第 2 卷，第 49 页。沙奇尔·穆斯塔法：《阿拉伯历史与史家》第 2 卷，第 166 页。

伯克尔·艾沙季

（Bakr al-Ashajj，9 世纪）

艾布·穆罕默德·伯克尔·本·艾哈迈德·本·伊卜拉欣·本·齐雅德·本·穆萨·本·马立克·本·叶齐德·艾沙季，生卒地点有待考究。

史学著作：《功德》。

参考文献：纳贾什：《纳贾什人物》，第 107 页。阿迦·布祖尔克：《什叶派著述门径》第 22 卷，第 314 页。索伊卜·阿卜杜·哈密德：《什叶派史学家辞典》第 1 卷，第 185 页。

哈伦·卡提卜

（Hārūn al-Kātib，9 世纪）

艾布·伽斯姆·哈伦·本·穆斯林·本·萨阿丹·安拔里，祖籍伊拉克安巴尔，定居伊拉克萨迈拉，辞世地点有待考究。

史学著作：《美德》和《武功纪》。

参考文献：赫蒂卜·巴格达迪：《巴格达史》第16卷，第33页。纳贾什：《纳贾什人物》，第419~420页。索伊卜·阿卜杜·哈密德：《什叶派史学家辞典》第2卷，第422~423页。

哈桑·赫沙卜

（al-Hasan al-Khashshāb，9世纪）

哈桑·本·穆萨·赫沙卜，生卒地点有待考究。

史学著作：《诸先知》和《起源》。

参考文献：纳贾什：《纳贾什人物》，第42页。阿迦·布祖尔克：《什叶派著述门径》第2卷，第355页。索伊卜·阿卜杜·哈密德：《什叶派史学家辞典》第1卷，第270页。

努梅里

（al-Numaylī，9世纪）

艾布·南拉·努梅里，生卒地点有待考究。

史学著作：《哈里发与埃米尔黑幕片段》。

参考文献：伊本·纳迪姆：《目录》第1卷第2分册，第434页。沙奇尔·穆斯塔法：《阿拉伯历史与史家》第1卷，第232页。

萨义德家的哈桑与侯赛因兄弟

（al-Hasan wa-al-Husayn Ibnā Sa‘īd，9世纪）

哈桑与侯赛因兄弟的父亲是萨义德·本·罕玛德·本·萨义德·本·米赫兰·艾赫沃齐·库斐，伊拉克库法人。兄弟二人经常联手写作，难分难舍。

史学著作：《缺点》和《功德》。

参考文献：伊本·纳迪姆：《目录》第2卷第1分册，第74~75页。穆哈新·艾敏：《什叶派精英》第5卷，第101~103页。索伊卜·阿卜杜·哈密德：《什叶派史学家辞典》第1卷，第242~243、284页。

欧贝迪

（al-‘Ubaydī，9 世纪）

叶哈雅·本·贾法尔·欧贝迪，生卒地点有待考究。

史学著作：《麦地那纪事》。

参考文献：哈吉·哈里发：《书艺题名释疑》第 1 卷，第 302 页。伊斯玛仪帕夏·巴格达迪：《著述家名讳遗作惠泽》第 2 卷，第 514 页。穆罕默德·希拉：《麦地那历史与史家》，第 62 页。

伊本·阿比德

（Ibn ‘Ābid，9 世纪）

名字族谱和生卒地点有待考究。

史学著作：《列王与历代民族纪事》。

参考文献：伊本·纳迪姆：《目录》第 1 卷第 2 分册，第 335 页。沙奇尔·穆斯塔法：《阿拉伯历史与史家》第 1 卷，第 216 页。

伊本·艾比·哈里德

（Ibn Abī Khālid，9 世纪）

阿卜杜拉·本·艾比·哈里德，生卒地点有待考究。

史学著作：《功德》。

参考文献：纳贾什：《纳贾什人物》，第 220 页。阿迦·布祖尔克：《什叶派著述门径》第 22 卷，第 315 页。索伊卜·阿卜杜·哈密德：《什叶派史学家辞典》第 1 卷，第 515 页。

伊本·艾比·穆贺吉尔

（Ibn Abī al-Muhājir，9 世纪）

尔撒·本·穆罕默德·本·苏莱曼·本·艾比·穆贺吉尔·迪纳尔·

安索里，生卒地点有待考究。

史学著作：《征服伊非里基亚》，又名《伊非里基亚武功纪》。

参考文献：优素福·豪沃拉：《伊非里基亚的学术生活》第 2 卷，第 348~349 页。穆罕默德·马哈富兹：《突尼斯著述家志》第 4 卷，第 396 页。哈桑·阿卜杜·瓦贺卜：《突尼斯著作与著述家》第 2 卷第 1 分册，第 369~371 页。

伊本·艾施阿思

(Ibn al-Ash'ath，9 世纪)

阿齐兹·本·法得勒·本·法铎拉·本·米赫拉戈·本·阿卜杜·拉哈曼·本·欧贝杜拉·本·米赫拉戈·胡扎里，生卒地点有待考究。

史学著作：《麦加及其周边山峦河谷之特征与名字》。

参考文献：伊本·纳迪姆：《目录》第 1 卷第 2 分册，第 352 页。雅孤特：《文豪辞典》第 4 卷，第 1622 页。索法迪：《逝者全录》第 20 卷，第 71 页。

伊本·罕玛德·安索里

(Ibn Hammād al-Ansārī，9 世纪)

艾布·穆罕默德·阿卜杜拉·本·罕玛德·安索里，生卒地点有待考究，曾居住在伊朗库姆。

史学著作：《诗坛层级传》。

参考文献：纳贾什：《纳贾什人物》，第 210 页。穆哈新·艾敏：《什叶派精英》第 8 卷，第 51 页。索伊卜·阿卜杜·哈密德：《什叶派史学家辞典》第 1 卷，第 514 页。

伊本·卡西尔·哈希米

(Ibn Kathīr al-Hāshimī，9 世纪)

阿卜杜·拉哈曼·本·卡西尔·哈希米，生卒地点有待考究。

史学著作:《哈桑调解》和《法达克》。

参考文献: 纳贾什:《纳贾什人物》,第 225 页。阿迦·布祖尔克:《什叶派著述门径》第 15 卷,第 86 页;第 16 卷,第 129 页。索伊卜·阿卜杜·哈密德:《什叶派史学家辞典》第 1 卷,第 457 页。

伊本·沙赫
(Ibn al-Shāh,9 世纪)

艾布·伽斯姆·阿里·本·穆罕默德·本·沙赫·拓熙里,生卒地点有待考究。

史学著作:《仆人纪事》、《妇女纪事》和《大海惊奇》等。

参考文献: 伊本·纳迪姆:《目录》第 1 卷第 2 分册,第 471 页。索法迪:《逝者全录》第 22 卷,第 101 页。沙奇尔·穆斯塔法:《阿拉伯历史与史家》第 1 卷,第 233 页。

伊卜拉欣·尼赫米
(Ibrāhīm al-Nihmī,9 世纪)

艾布·伊斯哈格·伊卜拉欣·本·苏莱曼·本·阿卜杜拉(或欧贝杜拉)·尼赫米·赫札兹·库斐,生卒地点有待考究,定居伊拉克库法。

史学著作:《朱尔胡姆纪事》、《左勒盖尔奈英纪事》和《信士长官殉难》。

参考文献: 纳贾什:《纳贾什人物》,第 20~21 页。沙奇尔·穆斯塔法:《阿拉伯历史与史家》第 2 卷,第 330 页。索伊卜·阿卜杜·哈密德:《什叶派史学家辞典》第 1 卷,第 66~67 页。

伊卜拉欣·瓦西蒂
(Ibrāhīm al-Wāsitī,9 世纪)

艾布·伊斯哈格·伊卜拉欣·本·穆萨·瓦西蒂,生卒地点有待考究。
史学著作:《臣卿纪事》。

参考文献：雅孤特：《文豪辞典》第 1 卷，第 130 页。屯奇：《著述家辞典》第 4 卷，第 455 页。欧麦尔·力铎：《著述家辞典》第 1 卷，第 77 页。

栽德·沙比赫
（Zayd al-Shabīh，9 世纪）

艾布·侯赛因·栽德·本·阿里·本·侯赛因·本·栽德·本·阿里·本·侯赛因·本·阿里·本·艾比·塔里卜，生卒地点有待考究。

史学著作：《殉难者》。

参考文献：穆哈新·艾敏：《什叶派精英》第 7 卷，第 107 页。索伊卜·阿卜杜·哈密德：《什叶派史学家辞典》第 1 卷，第 349~350 页。

第 4 编

公元10世纪

伊本·阿卜杜·哈密德

(Ibn'Abd al-Hamīd,? ~900)

艾布·法得勒·穆罕默德·本·艾哈迈德·本·阿卜杜·哈密德·卡提卜，生卒地点有待考究。

史学著作：《阿拔斯家族哈里发纪事》，部分内容被杰赫沙雅里（？~943）的《臣卿与书吏》和希腊勒·索比（969~1056）的《臣卿史》等著作引用。

参考文献：伊本·纳迪姆：《目录》第 1 卷第 2 分册，第 331~332 页。福阿德·斯兹金：《阿拉伯遗产史》第 1 卷第 2 分册，第 155~156 页。沙奇尔·穆斯塔法：《阿拉伯历史与史家》第 1 卷，第 228 页。

阿里·绥马里

('Alī al-Saymarī,? ~901)

阿里·本·穆罕默德·本·齐雅德·绥马里，生卒地点有待考究。

史学著作：《立遗嘱者与遗嘱纪录》。

参考文献：阿迦·布祖尔克：《什叶派著述门径》第 2 卷，第 478 页。穆哈新·艾敏：《什叶派精英》第 8 卷，第 308 页。索伊卜·阿卜杜·哈密德：《什叶派史学家辞典》第 1 卷，第 625 页。

奇施瓦里

(al-Kishwarī,? ~901)

艾布·穆罕默德·欧贝德（或阿卜杜拉，或欧贝杜拉）·本·穆罕默德·本·伊卜拉欣·奇施瓦里·艾兹迪·萨那尼，生卒于也门萨那。

史学著作：《也门史》，或名《奇施瓦里史》。拉齐·萨那尼（？~约1068）在《萨那城史》里多次摘录该书记载的人物传记。

参考文献：扎哈比：《群英诸贤传》第 13 卷，第 349~350 页。沙奇尔·穆斯塔法：《阿拉伯历史与史家》第 2 卷，第 340~341 页。阿卜杜拉·哈巴什：《也门伊斯兰思想文献》，第 472 页。

优素福·麦迦米
（Yūsuf al-Maghāmī,？~901）

艾布·欧麦尔·优素福·本·叶哈雅·本·优素福·本·穆罕默德·杜斯·麦迦米，生于西班牙托莱多附近的马加玛，卒于突尼斯凯鲁万。

史学著作：《欧麦尔·本·阿卜杜·阿齐兹美德》和《马立克·本·艾纳斯美德》等。

参考文献：伊本·法拉获：《安达卢西学林史》第 2 卷，第 249~250 页。伽迪·易雅得：《法庭整顿与道路接近：马立克学派群英知识》第 4 卷，第 430~433 页。哈桑·阿卜杜·瓦贺卜：《突尼斯著作与著述家》第 2 卷第 1 分册，第 375~378 页。

格拔尼
（al-Qabbānī,？~902）

艾布·阿里·侯赛因·本·穆罕默德·本·齐雅德·尼撒布里·格拔尼，可能生卒于伊朗内沙布尔。

史学著作：《历史》和《别名》。

参考文献：扎哈比：《伊斯兰史》第 21 卷，第 165~166 页。伊本·易玛德：《金砂：往逝纪事》第 3 卷，第 374 页。欧麦尔·力铎：《著述家辞典》第 1 卷，第 637~638 页。

伊本·瓦西玛
（Ibn Wathīmah,？~902）

详见上文的"瓦西玛父子"。

阿纳齐

（al-'Anazī,? ~902）

艾布·阿里·哈桑·本·欧莱勒·本·侯赛因·本·阿里·本·胡贝施·本·萨阿德·阿纳齐，出生地点有待考究，卒于伊拉克萨迈拉。

史学著作：《奇闻》，是麦尔祖拔尼（910~994）《学林诗坛二重吟》的主要参考文献之一。

参考文献：赫蒂卜·巴格达迪：《巴格达史》第 8 卷，第 405~407 页。福阿德·斯兹金：《阿拉伯遗产史》第 1 卷第 2 分册，第 271~272 页。沙奇尔·穆斯塔法：《阿拉伯历史与史家》第 1 卷，第 228~229 页。

阿里·法铎勒

（'Alī Faddāl，819~约 903）

详见上文的"伊本·法铎勒父子"。

阿卜杜拉·罕百勒

（'Abd Allāh Hanbal，828~903）

详见上文的"伊本·罕百勒父子"。

艾拔尔

（al-Abār,? ~903）

艾布·阿拔斯·艾哈迈德·本·阿里·本·穆斯林·纳赫沙比·巴格达迪，生卒于伊拉克巴格达。

史学著作：《艾拔尔史》。

参考文献：赫蒂卜·巴格达迪：《巴格达史》第 5 卷，第 501~502 页。扎哈比：《群英诸贤传》第 13 卷，第 443~444 页。利玛·杜尔内格：《阿拉伯与穆斯林著名史学家》，第 57 页。

穆罕默德・索法尔

（Muhammad al-Saffār，?　~903）

艾布・贾法尔・穆罕默德・本・哈桑・本・法鲁赫・索法尔・艾尔拉季・库米・什义，生卒于伊朗库姆。

史学著作：《缺点》和《功德》。

参考文献：图斯：《目录》，第 143~144 页。纳贾什：《纳贾什人物》，第 338 页。索伊卜・阿卜杜・哈密德：《什叶派史学家辞典》第 2 卷，第 161~162 页。

纳拓哈

（Nattāhah，?　~903）

艾布・阿里・艾哈迈德・本・伊斯玛仪・本・赫绥卜・安拔里，生卒地点有待考究。

史学著作：《书吏层级传》和约 2000 页的《书信集》。

参考文献：伊本・纳迪姆：《目录》第 1 卷第 2 分册，第 387~388 页。索法迪：《逝者全录》第 6 卷，第 155~156 页。沙奇尔・穆斯塔法：《阿拉伯历史与史家》第 1 卷，第 231~232 页。

杰拉哈家族

1. 达乌德・杰拉哈

（Dāwūd al-Jarrāh，?　~904）

艾布・穆罕默德・达乌德・本・杰拉哈・本・穆贺吉尔・哈桑巴斯・本・索拔尔・布赫特・本・沙赫拉雅尔，祖籍伊朗，可能卒于伊拉克巴格达。

史学著作：《历史》、《书吏纪事》和《古代民族》。

2. 穆罕默德·杰拉哈

（Muhammad al-Jarrāh，857~908）

艾布·阿卜杜拉·穆罕默德·本·达乌德·本·杰拉哈，生卒于巴格达。

史学著作：①《文字记录》，开罗：知识出版社，1986。该书收录 58 名诗人传记及其代表作。②《诗坛阿慕尔》，开罗：汗吉书店，1991。该书收录 206 位名为"阿慕尔"的诗人传记及其代表作。③《臣卿纪事》和《卡拉米塔教派纪事》。

3. 阿卜杜·拉哈曼·杰拉哈

（'Abd al-Rahmān al-Jarrāh，？ ~约 942）

艾布·阿里·阿卜杜·拉哈曼·本·尔撒·本·达乌德·本·杰拉哈·巴格达迪，生卒于巴格达。

史学著作：①《历史》，从 883 年写到作者的时代。②《古今杰拉哈家族传记、纪事及其谱系》、《臣卿纪事》和《税》等。

4. 阿里·杰拉哈

（'Alī al-Jarrāh，859~946）

艾布·哈桑·阿里·本·尔撒·本·达乌德·本·杰拉哈·巴格达迪·哈萨尼，生卒于巴格达。

史学著作：《书史、王国政治与哈里发传》。

5. 阿卜杜拉·杰拉哈

（'Abd Allāh al-Jarrāh，10 世纪）

艾布·伽斯姆·阿卜杜拉·本·阿里·本·穆罕默德·本·达乌德·本·杰拉哈·巴格达迪，以"伊本·艾斯玛"著称于世，可能生卒于巴格达。

史学著作：《史上获益》。

参考文献：伊本·纳迪姆：《目录》第 1 卷第 2 分册，第 396~399 页。伊本·撒义：《宝贵珠玉：著者名字》，第 368 页。索法迪：《逝者全录》第

13 卷，第 291 页；第 18 卷，第 127 页。卡尔·布罗克尔曼：《阿拉伯文学史》第 3 册，第 66~67 页。福阿德·斯兹金：《阿拉伯遗产史》第 1 卷第 2 分册，第 272~273 页。欧麦尔·力铎：《著述家辞典》第 2 卷，第 105、483 页。沙奇尔·穆斯塔法：《阿拉伯历史与史家》第 1 卷，第 210、281 页；第 2 卷，第 63~64、376 页。利玛·杜尔内格：《阿拉伯与穆斯林著名史学家》，第 203、279 页。

艾哈迈德·萨库尼

（Ahmad al-Sakūnī,? ~约 904）

艾布·欧贝杜拉·艾哈迈德·本·哈桑·本·伊斯玛仪·萨库尼·悭迪·库斐，生卒地点有待考究，可能长期居住于伊拉克库法。

史学著作：《阿拉伯水井名》。

参考文献：雅孤特：《文豪辞典》第 1 卷，第 231 页。索法迪：《逝者全录》第 6 卷，第 191 页。伊本·哈杰尔：《指针》第 1 卷，第 432 页。

巴哈沙勒

（Bahshal,? ~905）

艾布·哈桑·艾斯拉姆·本·萨赫勒·本·艾斯拉姆·本·齐雅德·本·哈比卜·拉札兹·瓦西蒂，可能生卒于伊拉克瓦西特。

史学著作：《瓦西特史》，贝鲁特：书籍世界，1986。该书是现存最古老的瓦西特志。

参考文献：卡尔·布罗克尔曼：《阿拉伯文学史》第 3 册，第 26 页。阿卜杜·阿齐兹·杜里：《阿拉伯史学的兴起》，第 48 页。福阿德·斯兹金：《阿拉伯遗产史》第 1 卷第 2 分册，第 217 页。

巴尔乍义

（al-Bardha'ī,? ~905）

艾布·奥斯曼·萨义德·本·阿慕尔·本·安玛尔·艾兹迪·巴尔乍

义，祖籍阿塞拜疆巴尔达，辞世地点有待考究。

史学著作：《羸弱者、扯谎者与被弃者》。该书的部分内容详见艾布·扎尔俄·拉齐：《巴尔乇义之问》，开罗：现代法鲁戈出版社，2009。

参考文献：索法迪：《逝者全录》第 15 卷，第 111 页。扎哈比：《群英诸贤传》第 14 卷，第 77~78 页。齐力克里：《名人》第 3 卷，第 99 页。

叶尔孤比

（al-Ya'qūbī,？~约 905）

艾哈迈德·本·艾比·叶尔孤卜·伊斯哈格·本·贾法尔·本·瓦赫卜·本·沃狄哈·叶尔孤比，生于伊拉克巴格达，卒于埃及。

史学著作：①《叶尔孤比史》第 1~3 卷，纳杰夫：海达利耶书店及其出版社，1964。这部世界史著作从人祖亚当的时代写到公元 873 年。②舆地学著作《各地》，贝鲁特：学术书籍出版社，2001。③《古代民族纪事》。

参考文献：阿卜杜·阿齐兹·杜里：《阿拉伯史学的兴起》，第 44~46 页。沙奇尔·穆斯塔法：《阿拉伯历史与史家》第 1 卷，第 249~253 页。索伊卜·阿卜杜·哈密德：《什叶派史学家辞典》第 1 卷，第 85~88 页。

欧贝德·库斐

（'Ubayd al-Kūfī,？~907）

艾布·萨义德·欧贝德·本·卡西尔·本·穆罕默德·本·阿卜杜·瓦希德·阿米里·奇腊比·库斐·什义，生卒地点有待考究，曾居住于伊拉克库法。

史学著作：《谢索班人辩驳》和《美德》。

参考文献：纳贾什：《纳贾什人物》，第 225 页。欧麦尔·力铎：《著述家辞典》第 2 卷，第 349 页。索伊卜·阿卜杜·哈密德：《什叶派史学家辞典》第 1 卷，第 554~555 页。

阿卜杜拉·巴勒黑

('Abd Allāh al-Balkhī, ?　~908)

艾布·阿里·阿卜杜拉·本·穆罕默德·本·阿里·本·贾法尔·本·梅蒙·本·祖贝尔·巴勒黑，出生地点有待考究，卒于阿富汗巴尔赫。

史学著作：《历史》。

参考文献：扎哈比：《伊斯兰史》第 22 卷，第 182~183 页。欧麦尔·力铎：《著述家辞典》第 2 卷，第 287 页。利玛·杜尔内格：《阿拉伯与穆斯林著名史学家》，第 243 页。

穆罕默德·杰拉哈

(Muhammad al-Jarrāh, 857~908)

详见上文的"杰拉哈家族"。

伊本·穆尔塔兹

(Ibn al-Mu'tazz, 861~909)

艾布·阿拔斯·阿卜杜拉·本·穆尔塔兹·本·穆塔瓦奇勒·本·穆尔台绥姆·阿拔斯·哈希米，生于伊拉克萨迈拉，被杀害于伊拉克巴格达。

史学著作：《诗坛层级传》，开罗：知识出版社，1976。

参考文献：伊本·纳迪姆：《目录》第 1 卷第 2 分册，第 359~360 页。扎哈比：《伊斯兰史》第 22 卷，第 186~189 页。穆罕默德·赫法继：《伊本·穆尔塔兹及其对文学、评论与阐释的影响》（Muhammad Khafājī, *Ibn al-Mu'tazz wa-Turāthuhu fī al-Adab wa-al-Naqd wa-al-Bayān*），贝鲁特：吉勒出版社，1991。

丹达恩

(Dandān,? ~约 909)

艾布·贾法尔·艾哈迈德·本·侯赛因·本·萨义德·本·罕玛德·本·萨义德·本·米赫兰·艾赫沃齐，出生地点有待考究，卒于伊朗库姆。

史学著作：《诸先知》和《缺点》。

参考文献：图斯：《目录》，第 22 页。纳贾什：《纳贾什人物》，第 75~76 页。索伊卜·阿卜杜·哈密德：《什叶派史学家辞典》第 1 卷，第 96 页。

穆罕默德·艾比·亥塞玛

(Muhammad Abī Khaythamah,? ~910)

详见上文的"艾布·亥塞玛家族"。

伊本·艾比·谢巴·阿卜斯

(Ibn Abī Shaybah al-'Absī,? ~909)

艾布·贾法尔·穆罕默德·本·奥斯曼·本·艾比·谢巴·伊卜拉欣·本·奥斯曼·阿卜斯·库斐，祖籍伊拉克库法，卒于伊拉克巴格达。

史学著作：《大历史》。

参考文献：赫蒂卜·巴格达迪：《巴格达史》第 4 卷，第 68~75 页。扎哈比：《伊斯兰史》第 22 卷，第 280~282 页。齐力克里：《名人》第 6 卷，第 260 页。

穆推彦

(Mutayyan，817~910)

艾布·贾法尔·穆罕默德·本·阿卜杜拉·本·苏莱曼·哈德拉米·库斐，生卒于伊拉克库法。

史学著作：《绥芬史》（或《小历史》）和《圣门弟子》等。

参考文献：伊本·纳迪姆：《目录》第 2 卷第 1 分册，第 110 页。欧麦尔·力铎：《著述家辞典》第 2 卷，第 246 页；第 3 卷，第 441 页。阿卜杜拉·图雷基：《罕百里学派著作辞典》第 1 卷，第 241~244 页。

伊本·胡奈恩

（Ibn Hunayn，830~910）

详见上文的"胡奈恩父子"。

加腊比

（al-Ghallābī，? ~911）

艾布·阿卜杜拉·穆罕默德·本·扎卡利雅·本·迪纳尔·加腊比·巴格达迪，生卒于伊拉克巴士拉。

史学著作：①《骆驼战役》，巴格达：知识印书馆，1970。②《侯赛因·本·阿里殉难》、《绥芬战役》、《哈拉（战役）》、《信士长官阿里殉难》、《陶瓦宾（起义）与艾因瓦尔达（战役）》、《栽德纪事》、《法蒂玛纪事》和《代表团》等。

参考文献：伊本·纳迪姆：《目录》第 1 卷第 2 分册，第 333 页。沙奇尔·穆斯塔法：《阿拉伯历史与史家》第 1 卷，第 216 页。索伊卜·阿卜杜·哈密德：《什叶派史学家辞典》第 2 卷，第 210~211 页。

艾布·叶哈雅·朱尔贾尼

（Abū Yahyá al-Jurjānī，? ~约 911）

艾布·叶哈雅·艾哈迈德·本·达乌德·本·萨义德·法札里·朱尔贾尼，生卒地点有待考究。

史学著作：《第一》和《人物知识》。

参考文献：图斯：《目录》，第 33~34 页。穆哈新·艾敏：《什叶派精英》第 2 卷，第 586~587 页。索伊卜·阿卜杜·哈密德：《什叶派史学家辞典》第 1 卷，第 99~100 页。

伊本·欧贝杜拉

(Ibn'Ubaid Allāh，约卒于 10 世纪初)

阿里·本·穆罕默德·本·欧贝杜拉·本·阿卜杜拉·本·哈桑·本·阿卜杜拉·阿拔斯·阿拉维，出生地点有待考究，卒于也门海万村。

史学著作：《叶哈雅·本·侯赛因传》，贝鲁特：思想出版社，1972。

参考文献：福阿德·斯兹金：《阿拉伯遗产史》第 1 卷第 2 分册，第 209 页。沙奇尔·穆斯塔法：《阿拉伯历史与史家》第 2 卷，第 330~331 页。阿卜杜拉·哈巴什：《也门伊斯兰思想文献》，第 473 页。

伊本·阿卜达

(Ibn'Abdah，? ~约 912)

艾布·伯克尔·穆罕默德·本·阿卜杜·拉哈曼（绰号"阿卜达"）·本·苏莱曼·本·哈吉卜·阿卜迪，生卒地点有待考究。

史学著作：《艾布·贾法尔·曼苏尔》、《女辅士之效忠》、《阿拉伯骑士》和《迁徙埃塞尔比亚》等。

参考文献：伊本·纳迪姆：《目录》第 1 卷第 2 分册，第 325 页。伊本·撒义：《宝贵珠玉：著者名字》，第 235 页。沙奇尔·穆斯塔法：《阿拉伯历史与史家》第 1 卷，第 194 页。

伊本·穆纳吉姆

(Ibn al-Munajjim，855~912)

详见上文的"穆纳吉姆家族"。

艾布·阿里·哈杰里

(Abū'Alī al-Hajarī，? ~约 912)

艾布·阿里·哈伦·本·扎卡利雅·哈杰里，祖籍沙特阿拉伯哈杰尔，定居麦地那。

史学著作：《评述与奇闻》第 1~4 册，利雅得：叶玛麦出版社，1992。

参考文献：雅孤特：《文豪辞典》第 6 卷，第 2762 页。索法迪：《逝者全录》第 27 卷，第 115 页。穆罕默德·希拉：《麦地那历史与史家》，第 70~71 页。

伊本·鲁斯塔赫
(Ibn Rustah, ? ~约 912)

艾布·阿里·艾哈迈德·本·欧麦尔·本·穆罕默德·本·伊斯哈格·本·鲁斯塔赫，祖籍伊朗伊斯法罕，在 903 年前往麦加，辞世地点有待考究。

史学著作：多卷本舆地学著作《贵重物品》。1892 年，荷兰莱顿的博睿学术出版社出版了仅存的第七卷。

参考文献：齐力克里：《名人》第 1 卷，第 185 页。阿卜杜·拉哈曼·哈米达：《阿拉伯地理学名家及其遗作摘录》，第 116~130 页。沙奇尔·穆斯塔法：《阿拉伯历史与史家》第 2 卷，第 68 页。

穆罕默德·库斐
(Muhammad al-Kūfī, ? ~约 912)

艾布·贾法尔·穆罕默德·本·苏莱曼·库斐，生卒地点有待考究。

史学著作：①《伊玛目信士长官阿里·本·艾比·塔里卜功德》第 1~3 卷，库姆：伊斯兰文化复兴会，1992。②《明显证据与简朴功德：先知与伊玛目阿里之美德与明证》和《伊玛目哈迪传》。

参考文献：福阿德·斯兹金：《阿拉伯遗产史》第 1 卷第 2 分册，第 208~209 页。欧麦尔·力铎：《著述家辞典》第 3 卷，第 335 页。索伊卜·阿卜杜·哈密德：《什叶派史学家辞典》第 2 卷，第 215 页。

伊本·索佶尔

(Ibn al-Saghīr, ? ~ 约 912)

名字族谱和出生地点有待考究，可能卒于阿尔及利亚提亚雷特。

史学著作：《鲁斯图姆王朝伊玛目纪事》，贝鲁特：伊斯兰西方出版社，1986。该书是记载鲁斯图姆王朝（776~909 年）历史的最重要的著作。

参考文献：卡尔·布罗克尔曼：《阿拉伯文学史》第 3 册，第 76 ~ 77 页。福阿德·斯兹金：《阿拉伯遗产史》第 1 卷第 2 分册，第 236 页。瓦达德·伽迪：《鲁斯图姆王朝史家伊本·索佶尔》（Wadād al-Qādī, "Ibn al-Saghīr Mu'arrikh al-Dawlah al-Rustumīyah"），《根基》（*Al-Asālah*）1975 年总第 45 期。

伊本·胡尔达兹比赫

(Ibn Khurdādhbih, 约 820~ 约 913)

艾布·伽斯姆·欧贝杜拉·本·阿卜杜拉（或艾哈迈德）·本·胡尔达兹比赫·呼罗萨尼，生于呼罗珊地区，辞世地点有待考究。

史学著作：《道里邦国志》，莱顿：博睿学术出版社，1889；《道里邦国志》，宋岘译注，中华书局，1991。该书记载各地之间的路程、商货及其质量与价格、路上的食宿条件、海港与航程等情形，描绘 9 世纪国际贸易路线图，还记述中国的港口、河流、物产和海上航程等情况。

参考文献：伊本·纳迪姆：《目录》第 1 卷第 2 分册，第 457~458 页。欧麦尔·力铎：《著述家辞典》第 2 卷，第 349 页。沙奇尔·穆斯塔法：《阿拉伯历史与史家》第 1 卷，第 229~230 页。

穆罕默德·穆哈力比

(Muhammad al-Muhāribī, ? ~ 约 913)

艾布·阿卜杜拉·穆罕默德·本·哈桑·本·阿里·穆哈力比·什义，生卒地点有待考究。

史学著作：《人物》。

参考文献：纳贾什：《纳贾什人物》，第 334～335 页。欧麦尔·力铎：《著述家辞典》第 3 卷，第 223 页。索伊卜·阿卜杜·哈密德：《什叶派史学家辞典》第 2 卷，第 160 页。

曼达赫家族

1. 伊本·叶哈雅·曼达赫

（Ibn Yahyá Mandah，835～914）

艾布·阿卜杜拉·穆罕默德·本·叶哈雅·本·曼达赫·阿卜迪，生卒于伊朗伊斯法罕。

史学著作：《伊斯法罕史》。

2. 伊本·伊斯哈格·曼达赫

（Ibn Ishāq Mandah，922～1005）

艾布·阿卜杜拉·穆罕默德·本·伊斯哈格·本·穆罕默德·本·叶哈雅·本·曼达赫·阿卜迪，生卒于伊斯法罕。

史学著作：①《圣门弟子知识》，艾因：阿拉伯联合酋长国大学出版社，2005。该书按照阿拉伯字母顺序编录 557 名男性圣门弟子、95 个别名和 21 名女性圣门弟子。②《别名与别号入门》，利雅得：考塞尔书店，1996。该书收录 4748 名人物。③《伊玛目布哈里之长老名单》，利雅得：考塞尔书店，1991。该书收录 306 位长老。

3. 阿卜杜·拉哈曼·曼达赫

（'Abd al-Rahmān Mandah，993～1078）

艾布·伽斯姆·阿卜杜·拉哈曼·本·穆罕默德·本·伊斯哈格·本·穆罕默德·本·叶哈雅·本·曼达赫·阿卜迪，生卒于伊斯法罕。

史学著作：①《人物知识备忘与妙趣群书精要》第 1～3 卷，麦纳麦：巴林司法与伊斯兰事务部，2009。该书摘录 66 部先知传、人物志、圣训与历史等方面著作的精华，以编年为主，再按照字母顺序编排人物。②《伊斯法罕史》、《再传圣门弟子层级传》和《辞世录》。

4. 艾布·扎卡利雅·曼达赫

（Abū Zakarīyā Mandah，1043～1118）

艾布·扎卡利雅·叶哈雅·本·阿卜杜·瓦贺卜·本·穆罕默德·本·伊斯哈格·本·穆罕默德·本·叶哈雅·本·曼达赫·阿卜迪，生卒于伊斯法罕。

史学著作：①《先知追随者名单》，贝鲁特：雷彦基金会，1990。②《一百二十岁圣门弟子》，开罗：古兰书店，1989。该书收录 14 名长寿圣门弟子传记。③《阿拔斯功德》、《伊玛目艾哈迈德功德》、《伊斯法罕史》和《最后去世之圣门弟子》等。

参考文献：扎哈比：《群英诸贤传》第 14 卷，第 188～193 页；第 18卷，第 349～355 页；第 17 卷，第 28～43 页；第 19 卷，第 395～396 页。齐力克里：《名人》第 3 卷，第 327 页；第 6 卷，第 29 页；第 7 卷，第 135页；第 8 卷，第 156 页。欧麦尔·力铎：《著述家辞典》第 3 卷，第 123、771 页。阿卜杜拉·图雷基：《罕百里学派著作辞典》第 1 卷，第 406～411页；第 2 卷，第 65～68、142～146 页。利玛·杜尔内格：《阿拉伯与穆斯林著名史学家》，第 204、345～346、464、500 页。

巴尔迪继

（al-Bardījī，约 845～914）

艾布·伯克尔·艾哈迈德·本·哈伦·本·鲁哈·巴尔乍义·巴尔迪继，生于阿塞拜疆巴尔迪吉，卒于伊拉克巴格达。

史学著作：《圣门弟子、再传圣门弟子与圣训学家单名层级传》，大马士革：托拉斯出版社，1987。

参考文献：赫蒂卜·巴格达迪：《巴格达史》第 6 卷，第 431～433 页。齐力克里：《名人》第 1 卷，第 265 页。沙奇尔·穆斯塔法：《阿拉伯历史与史家》第 1 卷，第 231 页。

艾布·伽斯姆·库米

（Abū al-Qāsim al-Qummī, ? ~914）

艾布·伽斯姆·萨阿德·本·阿卜杜拉·本·艾比·赫拉夫·艾什阿里·库米，生于伊朗库姆，卒于伊朗鲁斯塔姆达尔。

史学著作：《圣训传述者功德》、《圣训传述者缺点》、《库姆与库法特色》、《艾布·塔里卜、阿卜杜·穆塔里卜与先知父亲之美德》、《阿拉伯人美德》、《先知美德》、《希沙姆与优努斯之缺点》、《什叶派功德》和《什叶派层级传》等。

参考文献：纳贾什：《纳贾什人物》，第 174~175 页。沙奇尔·穆斯塔法：《阿拉伯历史与史家》第 1 卷，第 230 页。索伊卜·阿卜杜·哈密德：《什叶派史学家辞典》第 1 卷，第 358~359 页。

穆格达米

（al-Muqaddamī, ? ~914）

艾布·阿卜杜拉·穆罕默德·本·艾哈迈德·本·穆罕默德·本·艾比·伯克尔·本·阿里·穆格达米·巴格达迪，可能生卒于伊拉克巴格达。

史学著作：《历史与圣训学家名字及其别名》，卡拉奇：经典与圣训出版社，1994。

参考文献：赫蒂卜·巴格达迪：《巴格达史》第 2 卷，第 189~190 页。扎哈比：《伊斯兰史》第 23 卷，第 73 页。齐力克里：《名人》第 5 卷，第 308 页。

伊本·胡拉姆

（Ibn Khurram, ? ~914）

艾布·阿里·侯赛因·本·伊德里斯·本·穆拔拉克·本·海塞姆·安索里·哈拉维，可能生于阿富汗赫拉特，到过叙利亚大马士革，辞世地点有待考究。

史学著作：《历史》，是对布哈里（810~870）《大历史》的重新整编。

参考文献：伊本·阿萨奇尔：《大马士革史》第 14 卷，第 41~44 页。欧麦尔·力铎：《著述家辞典》第 1 卷，第 538 页。利玛·杜尔内格：《阿拉伯与穆斯林著名史学家》，第 129 页。

阿里·阿基基

('Alī al-'Aqīqī,？~约 914)

详见上文的"阿基基父子"。

伊本·巴撒姆·巴格达迪

(Ibn Bassām al-Baghdādī，844~915)

艾布·哈桑·阿里·本·穆罕默德·本·纳斯尔·本·曼苏尔·本·巴撒姆·巴格达迪，生于伊拉克巴格达，辞世地点有待考究。

史学著作：《欧麦尔·本·艾比·拉比阿纪事》、《艾哈瓦斯纪事》和《伊斯哈格·本·伊卜拉欣·纳迪姆纪事》。

参考文献：伊本·纳迪姆：《目录》第 1 卷第 2 分册，第 462~463 页。扎哈比：《群英诸贤传》第 14 卷，第 112~113 页。索伊卜·阿卜杜·哈密德：《什叶派史学家辞典》第 1 卷，第 636~637 页。

纳撒伊

(al-Nasā'ī，830~915)

艾布·阿卜杜·拉哈曼·艾哈迈德·本·舒爱卜·本·阿里·本·斯南·本·巴哈尔·本·迪纳尔·纳撒伊，生于土库曼斯坦尼萨，卒于以色列拉姆拉。

史学著作：①《信士长官阿里·本·艾比·塔里卜特质》，贝鲁特：阿拉伯书籍出版社，1987；《伊玛目阿里特质修正》，贝鲁特：学术书籍出版社，1984。②《唯一见证人名单》、《层级传》与《各地法学家名单》，详见纳撒伊《圣训三论》，扎尔卡：马纳尔书店，1987。③《赢弱者与被弃者》，贝鲁特：文化书籍公司，1985。④《纳撒伊之长老名单》，麦加：益世出版社，2002。⑤《圣门弟子美德》，贝鲁特：学术书籍出版社，1984。

参考文献：扎哈比：《伊斯兰史》第 23 卷，第 105～109 页。塔朱丁·苏卜奇：《大沙斐仪学派层级传》第 3 卷，第 14～16 页。齐力克里：《名人》第 1 卷，第 171 页。

沙卡尔

（Shakkar,？～915）

艾布·阿卜杜·拉哈曼·穆罕默德·本·蒙兹尔·本·萨义德·本·奥斯曼·苏拉米·哈拉维，出生地点有待考究，卒于阿富汗赫拉特。

史学著作：《赫拉特史》。

参考文献：扎哈比：《群英诸贤传》第 14 卷，第 221～222 页。欧麦尔·力铎：《著述家辞典》第 3 卷，第 733 页。利玛·杜尔内格：《阿拉伯与穆斯林著名史学家》，第 459 页。

哈桑·艾特鲁施

（al-Hasan al-Atrūsh，845～917）

艾布·穆罕默德·哈桑·本·阿里·本·哈桑·本·栽德·本·欧麦尔·本·阿里·哈希米，生于麦地那，卒于伊朗阿莫勒。

史学著作：《传记》、《殉难者与德贤功德》、《法蒂玛冤屈》和《哈希姆人辩解》。

参考文献：伊本·纳迪姆：《目录》第 1 卷第 2 分册，第 681～682 页。阿卜杜·萨腊姆·瓦继赫：《栽德派著述名人》，第 331～334 页。索伊卜·阿卜杜·哈密德：《什叶派史学家辞典》第 1 卷，第 251～252 页。

伊本·哈拔卜

（Ibn al-Habbāb，821～917）

艾布·哈里发·法得勒·本·哈拔卜·本·穆罕默德·本·舒爱卜·本·索赫尔·朱马希·巴士里，生卒于伊拉克巴士拉。

史学著作：《蒙昧时期诗坛层级传》和《骑士》。

参考文献：伊本·纳迪姆：《目录》第 1 卷第 2 分册，第 351 页。欧麦尔·力铎：《著述家辞典》第 2 卷，第 622 页。沙奇尔·穆斯塔法：《阿拉伯历史与史家》第 2 卷，第 74 页。

瓦奇俄
（Wakī', ? ~918）

艾布·伯克尔·穆罕默德·本·赫拉夫·本·海彦·本·索达格·本·齐雅德·多比，出生地点有待考究，卒于伊拉克巴格达。

史学著作：①《法官纪事》第 1~3 卷，开罗：大商务书店，1947~1950。该书是现存最有价值的关于古代伊斯兰法官史的著作之一。②《纪事精华》和舆地学著作《路》（又名《区域》）等。

参考文献：伊本·纳迪姆：《目录》第 1 卷第 2 分册，第 352~353 页。福阿德·斯兹金：《阿拉伯遗产史》第 1 卷第 2 分册，第 275~276 页。沙奇尔·穆斯塔法：《阿拉伯历史与史家》第 2 卷，第 74~75、435 页。

伊本·罕达韦赫
（Ibn Hamdawayh, ? ~918）

艾布·拉贾·穆罕默德·本·罕达韦赫·本·穆萨·本·托利夫·新继·麦尔瓦齐·胡拉伽尼，可能生卒于土库曼斯坦古城木鹿。

史学著作：《木鹿史》。

参考文献：扎哈比：《群英诸贤传》第 14 卷，第 253~254 页。扎哈比：《伊斯兰史》第 23 卷，第 194 页。福阿德·斯兹金：《阿拉伯遗产史》第 1 卷第 2 分册，第 223~224 页。

撒继
（al-Sājī, 835~920）

艾布·叶哈雅·扎卡利雅·本·叶哈雅·本·阿卜杜·拉哈曼·本·

巴哈尔·本·阿迪·多比·巴士里·撒继·沙斐仪，生卒于伊拉克巴士拉。

史学著作：《巴士拉史》、《羸弱者》和《沙斐仪功德》。

参考文献：扎哈比：《伊斯兰史》第 23 卷，第 209~210 页。福阿德·斯兹金：《阿拉伯遗产史》第 1 卷第 2 分册，第 217~218 页。欧麦尔·力铎：《著述家辞典》第 1 卷，第 735 页。

伊本·贾鲁德
（Ibn al-Jārūd，约 845~920）

艾布·穆罕默德·阿卜杜拉·本·阿里·本·贾鲁德·尼撒布里，生于伊朗内沙布尔，卒于麦加。

史学著作：《名字与别名》、《羸弱者与被弃者》、《考证》、《艾布·哈尼法》、《马立克美德》和《圣门弟子单名》。

参考文献：伊本·亥尔：《目录》，第 267~269 页。扎哈比：《群英诸贤传》第 14 卷，第 239~241 页。齐力克里：《名人》第 4 卷，第 104 页。

艾布·哈桑·库米
（Abū al-Hasan al-Qummī，？~约 920）

艾布·哈桑·阿里·本·伊卜拉欣·本·哈希姆·库米，生卒地点有待考究。

史学著作：《诸先知》、《武功纪》、《功德》和《希沙姆与优努斯》等。

参考文献：伊本·纳迪姆：《目录》第 2 卷第 1 分册，第 75 页。纳贾什：《纳贾什人物》，第 249 页。索伊卜·阿卜杜·哈密德：《什叶派史学家辞典》第 1 卷，第 565 页。

穆法多勒·杰纳迪
（al-Mufaddal al-Janadī，？~920）

艾布·萨义德·穆法多勒·本·穆罕默德·本·伊卜拉欣·本·穆法多勒·本·萨义德·本·阿米尔·杰纳迪，生于也门杰纳德，卒于麦加。

史学著作：①短文《麦地那特色》，大马士革：思想出版社，1985。②《麦加特色》。

参考文献：福阿德·斯兹金：《阿拉伯遗产史》第1卷第2分册，第207~208页。沙奇尔·穆斯塔法：《阿拉伯历史与史家》第2卷，第331页。穆罕默德·希拉：《麦加历史与史家》，第23~24页。

贾法尔·阿拉维
(Ja'far al-'Alawī, 839~921)

艾布·阿卜杜拉·贾法尔·本·穆罕默德·本·贾法尔·本·哈桑·本·贾法尔·阿拉维·巴格达迪，生于伊拉克萨迈拉，辞世地点有待考究。

史学著作：《阿拉维派史》和《岩石与水井》。

参考文献：赫蒂卜·巴格达迪：《巴格达史》第8卷，第109~110页。齐力克里：《名人》第2卷，第128页。索伊卜·阿卜杜·哈密德：《什叶派史学家辞典》第1卷，第208页。

伊本·穆法力吉
(Ibn Mufarrij,? ~921)

艾布·伽斯姆·哈桑·本·穆法力吉，出生地点有待考究，被杀害于突尼斯迈赫迪耶。

史学著作：圣训学人物志《生卒史》。

参考文献：伽迪·易雅得：《法庭整顿与道路接近：马立克学派群英知识》第5卷，第130~131页。穆罕默德·马哈富兹：《突尼斯著述家志》第4卷，第352页。哈桑·阿卜杜·瓦贺卜：《突尼斯著作与著述家》第2卷第1分册，第378~379页。

伊斯哈格·胡札义
(Ishāq al-Khuzā'ī,? ~921)

艾布·穆罕默德·伊斯哈格·本·艾哈迈德·本·伊斯哈格·本·纳

菲俄·胡札义·麦奇，出生地点有待考究，卒于麦加。

史学著作：《禁寺特征》。

参考文献：伊本·亥尔：《目录》，第 346 页。扎哈比：《群英诸贤传》第 14 卷，第 289 页。欧麦尔·力铎：《著述家辞典》第 1 卷，第 340 页。

信玛尼

（al-Himmānī，? ~921）

艾布·阿拔斯·艾哈迈德·本·萨勒特（或艾哈迈德·本·穆罕默德·本·萨勒特）·本·穆加里斯·信玛尼，生卒地点有待考究。

史学著作：《伊玛目艾布·哈乃斐功德》。

参考文献：赫蒂卜·巴格达迪：《巴格达史》第 5 卷，第 338~343 页。扎哈比：《伊斯兰史》第 23 卷，第 227~228 页。欧麦尔·力铎：《著述家辞典》第 1 卷，第 159 页。

伊本·麦尔祖班

（Ibn al-Marzubān，? ~921）

艾布·伯克尔·穆罕默德·本·赫拉夫·本·麦尔祖班·本·巴撒姆·阿朱里·穆豪瓦里，生卒于伊拉克巴格达。

史学著作：《阿卜杜拉·本·盖斯·鲁盖雅特纪事》、《痴情者》、《阿卜杜拉·本·贾法尔纪事》、《同伴与酒友》、《阿尔继纪事》和《妇女与恋爱》等。

参考文献：伊本·纳迪姆：《目录》第 1 卷第 2 分册，第 461~462 页。索法迪：《逝者全录》第 3 卷，第 37~38 页。沙奇尔·穆斯塔法：《阿拉伯历史与史家》第 2 卷，第 75 页。

穆罕默德·叶齐迪

（Muhammad al-Yazīdī，843~922）

详见上文的"叶齐迪家族"。

哈桑·瑙巴赫提

(al-Hasan al-Nawbakhtī,? ~约 922)

艾布·穆罕默德·哈桑·本·穆萨·瑙巴赫提·什义,生卒地点有待考究。

史学著作:《信士长官战争说明》。

参考文献: 伊本·纳迪姆:《目录》第 1 卷第 2 分册,第 636 页。纳贾什:《纳贾什人物》,第 63 页。索伊卜·阿卜杜·哈密德:《什叶派史学家辞典》第 1 卷,第 270~271 页。

胡梅德·达赫甘

(Humayd al-Dahqān,? ~922)

胡梅德·本·齐雅德·本·罕玛德·本·齐雅德·达赫甘·库斐,生于伊拉克尼尼微,可能卒于伊拉克库法。

史学著作:《人物》(又名《人物史》)和《索迪戈传述者》。

参考文献: 图斯:《目录》,第 60 页。欧麦尔·力铎:《著述家辞典》第 1 卷,第 658 页。索伊卜·阿卜杜·哈密德:《什叶派史学家辞典》第 1 卷,第 313~314 页。

伊本·玛什塔

(Ibn al-Māshitah,? ~约 922)

艾布·哈桑·阿里·本·哈桑,生卒地点有待考究。

史学著作:《税》和《臣卿纪事》。

参考文献: 伊本·纳迪姆:《目录》第 1 卷第 2 分册,第 420~421 页。欧麦尔·力铎:《著述家辞典》第 2 卷,第 426 页。福阿德·斯兹金:《阿拉伯遗产史》第 1 卷第 2 分册,第 276 页。

杜拉比

（al-Dūlābī，839~923）

艾布·比施尔·穆罕默德·本·艾哈迈德·本·罕玛德·本·萨义德·本·穆斯林·杜拉比·安索里·拉齐，生于伊朗雷伊，卒于沙特阿拉伯阿尔吉。

史学著作：①《别名与名字》第 1~2 卷，贝鲁特：学术书籍出版社，1999。②《圣洁后裔》，库姆：伊斯兰传播基金会，1987。③《生卒》。

参考文献：扎哈比：《伊斯兰史》第 23 卷，第 275~276 页。齐力克里：《名人》第 5 卷，第 308 页。沙奇尔·穆斯塔法：《阿拉伯历史与史家》第 2 卷，第 78 页。

泰伯里

（al-Tabarī，839~923）

艾布·贾法尔·穆罕默德·本·杰利尔·本·叶齐德·本·卡西尔·本·迦里卜·泰伯里，生于伊朗阿莫勒，卒于伊拉克巴格达，被中国著名的中东史专家彭树智称为"阿拉伯的司马迁"。

史学著作：《历代先知与帝王史》，又名《历代民族与帝王史》或《泰伯里史》第 1~10 卷，开罗：知识出版社，1968~1976。该书首先论述时间、夜晚与白天，再从创世写到穆罕默德迁徙麦地那，叙述了伊历的制定和使用情况后，开始逐年编排历史到 915 年。作者全面汇总前人的著述，重视历史和时间的关系，以严谨细致的伊斯纳德、翔实可靠的史料、客观中立的叙述、优雅美妙的文辞和人类历史的视野，使它成为划时代作品。

参考文献：约瑟夫·达默斯：《中世纪七大史学家》，第 87~120 页。穆罕默德·祖海里：《伊玛目泰伯里》（Muhammad al-Zuhaylī, *Al-Imām al-Tabarī*），大马士革：格拉姆出版社，1999。艾哈迈德·胡斐：《泰伯里》（Ahmad al-Hūfī, *Al-Tabarī*），开罗：埃及编译出版总局，1963。阿里·什卜勒：《经注学家、圣训学家和史学家的伊玛目艾布·贾法尔·穆罕默德·本·杰利尔·泰伯里》（'Alī al-Shibl, *Imām al-Mufassirīn wa-al-Muhaddithīn* *wa-al-Mu'arrikhīn Abū Ja'far Muhammad ibn Jarīr al-Tabarī*），利雅得：鲁世德书店，2004。彭树智：《两斋文明自觉论随笔》第 2 卷，中国社会科学出版社，2012，第 779 页。徐正祥：《拓友黎的历史（中译本概介）》，新北市：徐氏书坊，2017。

大泰伯里
（al-Tabarī al-Kabīr，841～923）

艾布·贾法尔·穆罕默德·本·杰利尔·本·鲁斯图姆·本·杰利尔·泰伯里·阿莫里，生于伊朗阿莫勒，卒于伊拉克巴格达。

史学著作：《圣裔功德》。

参考文献： 欧麦尔·力铎：《著述家辞典》第 3 卷，第 190 页。穆哈新·艾敏：《什叶派精英》第 9 卷，第 199 页。索伊卜·阿卜杜·哈密德：《什叶派史学家辞典》第 2 卷，第 136 页。

伊斯玛仪·瑙巴赫提
（Ismā'īl al-Nawbakhtī，851～923）

艾布·萨赫勒·伊斯玛仪·本·阿里·本·伊斯哈格·本·艾比·萨赫勒·本·瑙巴赫特·巴格达迪，生卒于伊拉克巴格达。

史学著作：《虔敬伊玛目历史之光》。

参考文献： 纳贾什：《纳贾什人物》，第 33～34 页。扎哈比：《群英诸贤传》第 15 卷，第 328～329 页。索伊卜·阿卜杜·哈密德：《什叶派史学家辞典》第 1 卷，第 169～170 页。

艾布·伯克尔·赫腊勒
（Abū Bakr al-Khallāl，？～923）

艾布·伯克尔·艾哈迈德·本·穆罕默德·本·哈伦·本·叶齐德·赫腊勒·巴格达迪·罕百里，生卒于伊拉克巴格达。

史学著作： 多卷本《伊玛目艾哈迈德·本·罕百勒弟子层级传》。2019

年，沙特阿拉伯费萨尔国王伊斯兰研究中心出版了残存的第二卷。

参考文献：赫蒂卜·巴格达迪：《巴格达史》第 6 卷，第 300 ~ 302 页。齐力克里：《名人》第 1 卷，第 206 页。阿卜杜拉·图雷基：《罕百里学派著作辞典》第 1 卷，第 256 ~ 263 页。

艾布·索里哈·萨里里
(Abū Sālih al-Salīlī,？~约 924)

艾布·索里哈·萨里里·本·艾哈迈德·本·尔撒·本·谢赫·艾哈撒伊，生于沙特阿拉伯纳迪拉村，到过伊拉克，辞世地点有待考究。

史学著作：《萨基法会议》和《叛乱》等。

参考文献：阿迦·布祖尔克：《什叶派著述门径》第 12 卷，第 206 页。哈希姆·穆罕默德：《古今迁移名人》第 1 卷，第 136 ~ 139 页。哈比卜·阿勒-朱梅伊俄：《阿拉伯半岛什叶派著作辞典》第 1 卷，第 362 ~ 364 页。

萨拉吉·塞格斐
(al-Sarrāj al-Thaqafī, 831 ~ 925)

艾布·阿拔斯·穆罕默德·本·伊斯哈格·本·伊卜拉欣·本·米赫兰·塞格斐·呼罗萨尼·尼撒布里，生卒于伊朗内沙布尔。

史学著作：①《纪事》，是记载圣训学家、大臣和总督等人物的传记。②《历史》。

参考文献：伊本·纳迪姆：《目录》第 1 卷第 2 分册，第 477 ~ 478 页。扎哈比：《群英诸贤传》第 14 卷，第 388 ~ 398 页。沙奇尔·穆斯塔法：《阿拉伯历史与史家》第 1 卷，第 233 页；第 2 卷，第 76 页。

艾布·伯克尔·拉齐
(Abū Bakr al-Rāzī, 865 ~ 925)

艾布·伯克尔·穆罕默德·本·扎克利雅·拉齐，生于伊朗雷伊，卒于伊拉克巴格达。

史学著作：《哈里发传》和《列王信函》。

参考文献：伊本·纳迪姆：《目录》第 2 卷第 1 分册，第 305~307 页。欧麦尔·力铎：《著述家辞典》第 3 卷，第 304~305 页。沙奇尔·穆斯塔法：《阿拉伯历史与史家》第 2 卷，第 76 页。

欧贝杜拉·推富尔

（'Ubaid Allāh Tayfūr，? ~约 925）

详见上文的"推富尔父子"。

艾哈迈德·塞格斐

（Ahmad al-Thaqafī，? ~926）

艾布·阿拔斯·艾哈迈德·本·欧贝杜拉·本·穆罕默德·本·安玛尔·塞格斐，生于伊拉克库法，辞世地点有待考究。

史学著作：《伊本·鲁米纪事》、《艾布·阿塔希耶纪事》、《艾布·努沃斯纪事》、《胡季尔·本·阿迪纪事》、《苏莱曼·本·艾比·谢赫纪事》、《阿卜杜拉·本·穆阿维叶·本·贾法尔纪事》、《骆驼（战役）》、《伍麦叶人纪事》、《伊本·杰拉哈〈臣卿纪事〉增补》、《绥芬（战役）》、《艾布·赫拉什缺点》、《穆阿维叶缺点》和《艾布·塔里卜家族纪事》（又名《塔里卜家族殉难者》）等。

参考文献：伊本·纳迪姆：《目录》第 1 卷第 2 分册，第 458~459 页。欧麦尔·力铎：《著述家辞典》第 1 卷，第 191~192 页。索伊卜·阿卜杜·哈密德：《什叶派史学家辞典》第 1 卷，第 110~112 页。

伊本·艾尔塞姆

（Ibn A'tham，? ~约 926）

艾布·穆罕默德·艾哈迈德·本·穆罕默德·本·阿里·本·艾尔塞姆·库斐，生卒于伊拉克库法。

史学著作：《征服》第 1~8 卷，贝鲁特：艾德瓦出版社，1991。该书按专题形式记载自哈里发艾布·伯克尔时期（632~634 年）至穆阿塔斯姆时期（833~842 年）的阿拉伯扩张战争历程。

参考文献：卡尔·布罗克尔曼：《阿拉伯文学史》第 3 册，第 55~56 页。福阿德·斯兹金：《阿拉伯遗产史》第 1 卷第 2 分册，第 169~170 页。沙奇尔·穆斯塔法：《阿拉伯历史与史家》第 2 卷，第 42~43 页。

穆罕默德·布哈里
(Muhammad al-Bukhārī, ? ~928)

艾布·阿卜杜拉·穆罕默德·本·艾哈迈德·本·苏莱曼·布哈里，生卒地点有待考究。

史学著作：《布哈拉史》。

参考文献：哈吉·哈里发：《书艺题名释疑》第 1 卷，第 286 页。欧麦尔·力铎：《著述家辞典》第 3 卷，第 67 页。利玛·杜尔内格：《阿拉伯与穆斯林著名史学家》，第 333~334 页。

穆罕默德·阿基勒
(Muhammad 'Aqīl, ? ~928)

艾布·阿卜杜拉·穆罕默德·本·阿基勒·本·爱资哈尔·本·阿基勒·巴勒黑，可能生卒于阿富汗巴尔赫。

史学著作：《巴尔赫史》。

参考文献：扎哈比：《群英诸贤传》第 14 卷，第 415~416 页。欧麦尔·力铎：《著述家辞典》第 3 卷，第 490~491 页。利玛·杜尔内格：《阿拉伯与穆斯林著名史学家》，第 415 页。

艾布·伽斯姆·巴加维
(Abū al-Qāsim al-Baghawī, 829~929)

艾布·伽斯姆·阿卜杜拉·本·穆罕默德·本·阿卜杜·阿齐兹·本·麦尔祖班·本·撒布尔·本·沙汉沙赫·巴加维，生卒于伊拉克巴格达。

史学著作：①《大人物辞典》。②《圣门弟子辞典》第 1~5 卷，科威特：巴彦出版书店，2000。该书是《大人物辞典》的缩写本，又名《小人物辞典》。③人物名单《巴加维所知之长老辞世史》，孟买：萨拉菲耶出版社，1988。

参考文献：伊本·纳迪姆：《目录》第 2 卷第 1 分册，第 115 页。齐力克里：《名人》第 4 卷，第 119 页。阿卜杜拉·图雷基：《罕百里学派著作辞典》第 1 卷，第 271~277 页。

艾布·阿鲁巴
（Abū 'Arūbah，约 835~930）

艾布·阿鲁巴·侯赛因·本·穆罕默德·本·艾比·马俄沙尔·毛杜德·苏拉米·杰扎里·哈拉尼，生于土耳其古城哈兰，卒于伊拉克巴格达。

史学著作：①《层级传精粹》。1994 年，大马士革福音出版社出版的残存第 2 卷收录 120 名人物。②《第一》，贝鲁特：伊本·哈兹姆出版社，2003。该书记载阿拉伯史上的 140 个"第一"。③《杰齐拉史》，即《艾布·阿鲁巴史》。

参考文献：伊本·纳迪姆：《目录》第 2 卷第 1 分册，第 105 页。沙奇尔·穆斯塔法：《阿拉伯历史与史家》第 2 卷，第 272~273 页。利玛·杜尔内格：《阿拉伯与穆斯林著名史学家》，第 134、143 页。

卡尔比
（al-Ka'bī，886~931）

艾布·伽斯姆·阿卜杜拉·本·艾哈迈德·本·马哈茂德·卡尔比·巴勒黑，生卒于阿富汗巴尔赫。

史学著作：①《纪事收录与人物知识》第 1~2 卷，贝鲁特：学术书籍出版社，2000。②《穆尔太齐赖派纪录》，载艾布·伽斯姆·巴勒黑等：《禁欲恩惠与穆尔太齐赖派层级》，贝鲁特：法拉比出版社，2017，第 1~81 页。

参考文献：伊本·纳迪姆：《目录》第 1 卷第 2 分册，第 613~615 页。

齐力克里：《名人》第 4 卷，第 65~66 页。沙奇尔·穆斯塔法：《阿拉伯历史与史家》第 2 卷，第 77~78 页。

艾布·尔撒·穆纳吉姆

（Abū'Īsá al-Munajjim,？~约 932）

详见上文的"穆纳吉姆家族"。

爱雅什

（al-'Ayyāshī,？~约 932）

艾布·纳得尔·穆罕默德·本·马斯欧德·本·穆罕默德·爱雅什·苏拉米·萨马尔甘迪，可能生卒于乌兹别克斯坦撒马尔罕。

史学著作：一生著述 200 余部，包括《税赋》、《先知与伊玛目》、《伊玛目明证》、《伊玛目阿里·本·侯赛因》、《商贸》、《艾布·伯克尔传》、《欧麦尔传》、《奥斯曼传》、《穆阿维叶传》和《纪事准则》等。

参考文献：伊本·纳迪姆：《目录》第 1 卷第 2 分册，第 684~687 页。沙奇尔·穆斯塔法：《阿拉伯历史与史家》第 2 卷，第 54 页。索伊卜·阿卜杜·哈密德：《什叶派史学家辞典》第 2 卷，第 329~330 页。

穆淘瓦戈

（al-Mutawwaq,？~约 932）

艾布·哈桑·阿里·本·哈桑·本·法特哈·巴格达迪，生卒地点有待考究。

史学著作：《臣卿》。

参考文献：伊本·纳迪姆：《目录》第 1 卷第 2 分册，第 400 页。萨哈维：《为史正名》，第 172 页。福阿德·斯兹金：《阿拉伯遗产史》第 1 卷第 2 分册，第 277 页。

泰哈维

（al-Tahāwī，852~933）

艾布·贾法尔·艾哈迈德·本·穆罕默德·本·萨腊玛·本·萨拉玛·本·阿卜杜·麦立克·泰哈维·哈乃斐，生于埃及泰哈村，卒于埃及开罗。

史学著作：《大历史》和《艾布·哈尼法功德》。

参考文献：扎哈比：《群英诸贤传》第 15 卷，第 27~33 页。沙奇尔·穆斯塔法：《阿拉伯历史与史家》第 2 卷，第 198 页。穆罕默德·考塞里：《伊玛目艾布·贾法尔·泰哈维传》（Muhammad al-Kawtharī, *Al-Hāwī fi Sīrah al-Imām Abī Ja'far al-Tahāwī*），开罗：安瓦尔印书馆，1949。

穆罕默德·拔熙里

（Muhammad al-Bāhilī，? ~933）

艾布·侯赛因·穆罕默德·本·穆罕默德·本·阿卜杜·拉哈曼·本·萨义德·拔熙里·沙斐仪，生卒地点有待考究。

史学著作：《拔熙里史》。

参考文献：哈吉·哈里发：《书艺题名释疑》第 1 卷，第 286 页。欧麦尔·力铎：《著述家辞典》第 3 卷，第 651 页。利玛·杜尔内格：《阿拉伯与穆斯林著名史学家》，第 441 页。

艾布·栽德·巴勒黑

（Abū Zayd al-Balkhī，849~934）

艾布·栽德·艾哈迈德·本·萨赫勒·巴勒黑，生于阿富汗巴尔赫附近的沙米斯提延村，卒于巴尔赫。

史学著作：①《原初与历史》第 1~2 卷，贝鲁特：学术书籍出版社，1997。这部世界通史从创世写到哈里发穆尔台迪德时期（892~902 年）。一些学者认为，它的作者是穆托哈尔·麦格迪斯（? ~约 966）。②《纪事学优点》，可能是阿拉伯史家为史学辩护的早期代表作。③《传记选》、《大政治》、《小政治》、《名字、别名与别号》、《民族特征》、《民族品性》和《巴尔赫特色》等。

参考文献：伊本·纳迪姆：《目录》第 1 卷第 2 分册，第 428~431 页。齐力克里：《名人》第 1 卷，第 134 页。沙奇尔·穆斯塔法：《阿拉伯历史与史家》第 2 卷，第 78~79 页。

伊本·杰拔卜
(Ibn al-Jabbāb，860~934)

艾布·阿慕尔·艾哈迈德·本·哈里德·本·叶齐德·安达卢斯·古尔图比，生卒于西班牙科尔多瓦。

史学著作：《诸先知故事》。

参考文献：伊本·法拉获：《安达卢西学林史》第 1 卷，第 72~73 页。索法迪：《逝者全录》第 6 卷，第 230 页。齐力克里：《名人》第 1 卷，第 120 页。

穆罕默德·鲁赫尼
(Muhammad al-Ruhnī，868~934)

艾布·侯赛因·穆罕默德·本·巴哈尔·鲁赫尼·谢拔尼，生于伊朗鲁赫纳，定居伊朗纳尔马什尔，辞世地点有待考究。

史学著作：《部落宗派明证》和《阿拉伯宗派》。

参考文献：雅孤特：《文豪辞典》第 6 卷，第 2434~2436 页。纳贾什：《纳贾什人物》，第 367~368 页。索伊卜·阿卜杜·哈密德：《什叶派史学家辞典》第 2 卷，第 123~124 页。

伊本·艾比·敖恩
(Ibn Abī 'Awn，? ~934)

艾布·伊斯哈格·伊卜拉欣·本·穆罕默德·本·艾比·敖恩·艾哈迈德·本·穆纳吉姆，出生地点有待考究，被杀害于伊拉克巴格达。

史学著作：《苏鲁尔金库》和舆地学著作《区域：大地纪事》。

参考文献：伊本·纳迪姆：《目录》第 1 卷第 2 分册，第 454~455 页。齐力克里：《名人》第 1 卷，第 60~61 页。欧麦尔·力铎：《著述家辞典》第 1 卷，第 12 页。

欧盖里
(al-'Uqaylī，? ~934)

艾布·贾法尔·穆罕默德·本·阿慕尔·本·穆萨·本·罕玛德·欧盖里·希贾齐，生卒于麦加。

史学著作：《赢弱者》第 1~7 卷，开罗：伊斯兰荣耀出版社，2008。该书按照阿拉伯字母顺序编录 2100 余名传述赢弱圣训的人物。

参考文献：伊本·亥尔：《目录》，第 262~263 页。索里哈·拉希丹：《考证人物志》第 1 卷，第 109~154 页。穆罕默德·希拉：《麦加历史与史家》，第 24~25 页。

尼夫托韦赫
(Niftawayh，858~935)

艾布·阿卜杜拉·伊卜拉欣·本·穆罕默德·本·阿拉法·本·苏莱曼·穆哈拉比·阿塔奇·艾兹迪，生于伊拉克瓦西特，卒于伊拉克巴格达。

史学著作：《历史》和《臣卿》。

参考文献：伊本·纳迪姆：《目录》第 1 卷第 1 分册，第 250~251 页。雅孤特：《文豪辞典》第 1 卷，第 114~122 页。沙奇尔·穆斯塔法：《阿拉伯历史与史家》第 2 卷，第 79~80 页。

艾布·伯克尔·焦哈里
(Abū Bakr al-Jawharī，? ~935)

艾布·伯克尔·艾哈迈德·本·阿卜杜·阿齐兹·本·阿卜杜·拉哈曼·焦哈里·巴士里·巴格达迪，可能生于伊拉克巴士拉或巴格达，辞世地点有待考究。

史学著作：《萨基法与法达克》，卡尔巴拉：侯赛尼耶圣陵思想文化事务部，2011。

参考文献：福阿德·斯兹金：《阿拉伯遗产史》第 1 卷第 2 分册，第 157~158 页。阿迦·布祖尔克：《什叶派名人层级传》第 1 卷，第 28 页。沙奇尔·穆斯塔法：《阿拉伯历史与史家》第 2 卷，第 75 页。

继齐
（al-Jīzī，849~936）

艾布·欧贝杜拉·穆罕默德·本·拉比俄·本·苏莱曼·本·达乌德·继齐·米斯里，出生地点有待考究，可能卒于埃及。

史学著作：《埃及法官纪事》和《埃及圣门弟子》。

参考文献：伽迪·易雅得：《法庭整顿与道路接近：马立克学派群英知识》第 5 卷，第 57~58 页。苏尤蒂：《雅美报告：埃及与开罗史》第 1 卷，第 166 页。沙奇尔·穆斯塔法：《阿拉伯历史与史家》第 2 卷，第 198~199 页。

阿卜杜·索马德·希姆绥
（'Abd al-Samad al-Himsī，? ~936）

艾布·伽斯姆·阿卜杜·索马德·本·萨义德·本·阿卜杜拉·本·萨义德·本·叶尔孤卜·悭迪·希姆绥，可能生卒于叙利亚霍姆斯。

史学著作：《霍姆斯圣门弟子史》。

参考文献：福阿德·斯兹金：《阿拉伯遗产史》第 1 卷第 2 分册，第 212 页。沙奇尔·穆斯塔法：《阿拉伯历史与史家》第 2 卷，第 273 页。托腊勒·达尔贾尼：《伊本·阿萨奇尔〈大马士革史〉的资料来源》第 3 卷，第 1619~1621 页。

伊本·艾比·塞勒季
(Ibn Abī al-Thalj, 852~937)

艾布·伯克尔·穆罕默德·本·艾哈迈德·本·穆罕默德·本·阿卜杜拉·本·伊斯玛仪·巴格达迪，可能生卒于伊拉克巴格达。

史学著作：①《伊玛目史》，载《伊玛目历史珍集》，贝鲁特：朗诵者出版社，2002，第9~27页。②《法蒂玛、哈桑与侯赛因纪事》。

参考文献：扎哈比：《伊斯兰史》第24卷，第112页。欧麦尔·力铎：《著述家辞典》第3卷，第102页。索伊卜·阿卜杜·哈密德：《什叶派史学家辞典》第2卷，第99~100页。

阿卜杜拉·赫札兹
('Abd Allāh al-Khazāz, ? ~937)

艾布·侯赛因·阿卜杜拉·本·穆罕默德·本·苏福彦·赫札兹·纳哈维，出生地点有待考究，卒于伊拉克巴格达。

史学著作：《法官精英纪事》，是作者献给法官艾布·侯赛因·本·艾比·阿慕尔（或欧麦尔）的礼物。

参考文献：伊本·纳迪姆：《目录》第1卷第1分册，第252~253页。赫蒂卜·巴格达迪：《巴格达史》第11卷，第343~344页。欧麦尔·力铎：《著述家辞典》第2卷，第280页。

艾哈迈德·萨赫勒
(Ahmad Sahl, ? ~约937)

艾布·阿卜杜拉·艾哈迈德·本·萨赫勒·拉齐·栽迪，生卒地点有待考究。

史学著作：《法赫战记与叶哈雅·本·阿卜杜拉及其兄弟伊德里斯纪事》，贝鲁特：伊斯兰西方出版社，1995。该书是栽德派的早期历史著作之一。

参考文献：艾哈迈德·侯赛尼：《栽德派著作》第 1 卷，第 84 页。阿卜杜·萨腊姆·瓦继赫：《栽德派著述名人》，第 113~114 页。索伊卜·阿卜杜·哈密德：《什叶派史学家辞典》第 1 卷，第 102~103 页。

穆罕默德·瓦沙

(Muhammad al-Washshā', ? ~937)

艾布·推伊卜·穆罕默德·本·艾哈迈德·本·伊斯哈格·本·叶哈雅·瓦沙，生卒于伊拉克巴格达。

史学著作：《津芝叛乱者纪事》和《穆塔左拉法特纪事》。

参考文献：伊本·纳迪姆：《目录》第 1 卷第 1 分册，第 263~264 页。欧麦尔·力铎：《著述家辞典》第 3 卷，第 48、124 页。沙奇尔·穆斯塔法：《阿拉伯历史与史家》第 2 卷，第 80 页。

伊本·艾比·爱资哈尔

(Ibn Abī al-Azhar, ? ~937)

艾布·伯克尔·穆罕默德·本·艾哈迈德·本·马兹耶德·本·马哈茂德·本·曼苏尔·本·拉希德·胡札义，生卒于伊拉克巴格达。

史学著作：《穆斯塔因与穆尔塔兹纪事》、《善辩古人纪事》和《疯狂智者纪事》。

参考文献：伊本·纳迪姆：《目录》第 1 卷第 2 分册，第 455~456 页。沙奇尔·穆斯塔法：《阿拉伯历史与史家》第 2 卷，第 72 页。索伊卜·阿卜杜·哈密德：《什叶派史学家辞典》第 2 卷，第 328~329 页。

伊本·艾比·哈提姆

(Ibn Abī Hātim, 854~938)

艾布·穆罕默德·阿卜杜·拉哈曼·本·艾比·哈提姆·穆罕默德·本·伊德里斯·本·蒙兹尔·塔米米·罕扎里·拉齐，生卒于伊朗雷伊。

史学著作：①《考证》第 1~9 卷，贝鲁特：阿拉伯遗产复兴出版社，

1952~1953。该书是第一部集大成的圣训人物考证（或评论）著作。
②《艾哈迈德美德》和《沙斐仪功德》。

参考文献：伊本·阿萨奇尔：《大马士革史》第 35 卷，第 357~366 页。
索里哈·拉希丹：《考证人物志》第 1 卷，第 95~107 页。阿卜杜拉·图雷
基：《罕百里学派著作辞典》第 1 卷，第 278~286 页。

艾布·哈桑·穆纳吉姆

（Abū al-Hasan al-Munajjim，876~939）

详见上文的"穆纳吉姆家族"。

伊本·阿卜杜·拉比赫

（Ibn 'Abd Rabbih，860~940）

什贺布丁·艾布·欧麦尔·艾哈迈德·本·穆罕默德·本·阿卜杜·
拉比赫·本·哈比卜·本·胡代尔·古尔图比，生卒于西班牙科尔多瓦。

史学著作：《罕世璎珞》第 1~9 卷，贝鲁特：学术书籍出版社，1983。
该书由 25 个部分构成，大量记载历史文化知识，是现存的较具史料价值的
安达卢西阿拉伯文学百科全书之一。

参考文献：伊本·法拉荻：《安达卢西学林史》第 1 卷，第 81~82 页。
雅孤特：《文豪辞典》第 1 卷，第 463~468 页。加百列·苏莱曼：《伊本·
阿卜杜·拉比赫及其〈璎珞〉》（Jibrā'īl Sulaymān, *Ibn 'Abd Rabbih wa-
'Iqduhu*），贝鲁特：天主教会印书馆，1933。

伊本·巴特利戈

（Ibn al-Batrīq，877~940）

即亚历山大的优迪基乌斯（Eutychius of Alexandria），萨义德·本·巴
特利戈，生于埃及开罗，卒于埃及亚历山大。

史学著作：《珠串》，又名《伊本·巴特利戈史》。该书是作者为他弟弟
尔撒写的世界通史，从人祖亚当写到 938 年。全书主要分为上古史、教堂

史、基督教兴起以来的统治者史以及伊斯兰时期哈里发史等部分。作者按照编年体史书的基本样式编写，站在基督教史家的角度勾勒了他所知的世界历史大体脉络。1654～1656 年，英国东方学家爱德华·波科克（Edward Pococke，1604～1691）分两卷出版了该书的拉丁文完整译本。1906～1909年，耶稣会学者路易斯·契克霍（Louis Cheikho，1859～1927）等人把叶哈雅·安塔奇（？～1066）的阿拉伯文续作附在《伊本·巴特利戈史》之后，分两卷在法国巴黎和黎巴嫩贝鲁特出版。

参考文献：卡尔·布罗克尔曼：《阿拉伯文学史》第 3 册，第 77～79页。福阿德·斯兹金：《阿拉伯遗产史》第 1 卷第 2 分册，第 170～171 页。沙奇尔·穆斯塔法：《阿拉伯历史与史家》第 2 卷，第 440～441 页。

扎卜尔父子

1. 阿卜杜拉·扎卜尔

（'Abd Allāh Zabr，869～941）

艾布·穆罕默德·阿卜杜拉·本·艾哈迈德·本·拉比阿·本·苏莱曼·本·扎卜尔·拉巴义·迪马什基，生于伊拉克萨迈拉，卒于埃及开罗。

史学著作：①《艾斯马义纪事精粹》，大马士革：阿拉伯科学院出版社，1935。②《两朝传记》。

2. 伊本·扎卜尔

（Ibn Zabr，911～989）

艾布·苏莱曼·穆罕默德·本·阿卜杜拉·本·艾哈迈德·本·拉比阿·本·扎卜尔·迪马什基·拉巴义，生于叙利亚拉卡，卒于叙利亚大马士革。

史学著作：①《学林生卒史》，利雅得：首都出版社，1990。该书逐年记载辞世于 622～968 年的人物名单及其简短传记。②《学者临终遗嘱》，贝鲁特：伊本·卡西尔出版社，1989。

参考文献：伊本·阿萨奇尔：《大马士革史》第 27 卷，第 23～30 页；第 53 卷，第 315～318 页。扎哈比：《群英诸贤传》第 15 卷，第 315～316

页；第 16 卷，第 440~441 页。齐力克里：《名人》第 4 卷，第 66 页；第 6 卷，第 225 页。萨拉丁·穆纳吉德：《大马士革史学家及其手稿与出版物辞典》，第 19、22 页。

阿卜杜·拉哈曼·杰拉哈
('Abd al-Rahmān al-Jarrāh,? ~约 942)

详见上文的"杰拉哈家族"。

蒙兹尔·伽布斯
(al-Mundhir al-Qābūsī,? ~约 942)

艾布·伽斯姆·蒙兹尔·本·穆罕默德·本·蒙兹尔·本·萨义德·本·艾比·杰赫米·伽布斯·库斐，生于伊拉克库法，辞世地点有待考究。

史学著作：《进攻》、《遣往先知之阿拉伯代表团》、《骆驼（战役）》、《绥芬（战役）》和《奈赫赖万（战役）》等。

参考文献：纳贾什：《纳贾什人物》，第 400~401 页。沙奇尔·穆斯塔法：《阿拉伯历史与史家》第 2 卷，第 77 页。索伊卜·阿卜杜·哈密德：《什叶派史学家辞典》第 2 卷，第 374 页。

谢拉玛
(Shaylamah,? ~942)

穆罕默德·本·哈桑·本·萨赫勒，生于伊拉克巴士拉，卒于伊拉克巴格达。

史学著作：《津芝叛乱者及其战役纪事》。

参考文献：伊本·纳迪姆：《目录》第 1 卷第 2 分册，第 394~395 页。欧麦尔·力铎：《著述家辞典》第 3 卷，第 221 页。沙奇尔·穆斯塔法：《阿拉伯历史与史家》第 1 卷，第 226 页。

阿拓尔

（al-'Attār，848~943）

艾布·阿卜杜拉·穆罕默德·本·马赫拉德·本·哈夫斯·阿拓尔·杜里，生卒于伊拉克巴格达。

史学著作：《学徒纪事》。

参考文献：赫蒂卜·巴格达迪：《巴格达史》第 4 卷，第 499~501 页。鲁达尼：《先贤后续》，第 397 页。沙奇尔·穆斯塔法：《阿拉伯历史与史家》第 2 卷，第 81 页。

杰赫沙雅里

（al-Jahshayārī，?　~943）

艾布·阿卜杜拉·穆罕默德·本·阿卜杜斯·本·阿卜杜拉·库斐·杰赫沙雅里，生于伊拉克库法，卒于伊拉克巴格达。

史学著作：①《臣卿与书吏》，贝鲁特：现代思想出版社，1988。这部阿拉伯大臣史名著记载自先知穆罕默德时代至 10 世纪初（伊历 3 世纪末）的历任大臣和书吏的事迹。②《穆戈塔迪尔纪事》，原稿约 2000 页，已佚。

参考文献：福阿德·斯兹金：《阿拉伯遗产史》第 1 卷第 2 分册，第 175~176 页。沙奇尔·穆斯塔法：《阿拉伯历史与史家》第 2 卷，第 43~44 页。索伊卜·阿卜杜·哈密德：《什叶派史学家辞典》第 2 卷，第 245~246 页。

斯南父子

1. 斯南·萨比特

（Sinān Thābit，?　~943）

艾布·萨义德·斯南·本·萨比特·本·古拉特·本·马尔旺·哈拉尼·索比，祖籍土耳其古城哈兰，卒于伊拉克巴格达。

史学著作：短文《叙利亚列王史》。

2. 萨比特·斯南

（Thābit Sinān，？~976）

艾布·哈桑·萨比特·本·斯南·本·萨比特·本·古拉特·本·马尔旺·哈拉尼·索比，生卒于巴格达。

史学著作：①续编《泰伯里史》，记载907~976年的史事。②《沙姆与埃及纪事》。

参考文献：雅孤特：《文豪辞典》第2卷，第772~773页；第3卷，第1405页。索法迪：《逝者全录》第10卷，第286~287页；第15卷，第281~282页。齐力克里：《名人》第2卷，第98页；第3卷，第141页。欧麦尔·力铎：《著述家辞典》第1卷，第466、800页。沙奇尔·穆斯塔法：《阿拉伯历史与史家》第2卷，第66~67页。

伊本·欧戈达

（Ibn'Uqdah，863~944）

艾布·阿拔斯·艾哈迈德·本·穆罕默德·本·萨义德·本·阿卜杜·拉哈曼·本·齐雅德·萨比义·哈姆达尼，生卒于伊拉克库法。

史学著作：①《信士长官美德》，库姆：达里勒玛出版社，2003。②《历史》、《人物》、《艾布·哈尼法纪事及其穆斯纳德》、《库法特色》、《信士长官诸战之见证者名单》、《栽德及其纪事》和《叶哈雅·本·侯赛因·本·栽德及其纪事》等。

参考文献：纳贾什：《纳贾什人物》，第91~92页。沙奇尔·穆斯塔法：《阿拉伯历史与史家》第2卷，第81~82页。索伊卜·阿卜杜·哈密德：《什叶派史学家辞典》第1卷，第130~132页。

杰勒瓦迪

（al-Jalwadī，？~944）

艾布·艾哈迈德·阿卜杜·阿齐兹·本·叶哈雅·本·艾哈迈德·

本·尔撒·杰勒瓦迪·艾兹迪，生卒于伊拉克巴士拉。

史学著作：《哈里德·本·索夫万纪事》、《阿贾吉与鲁阿巴·本·阿贾吉纪事》、《绥芬（战役）》、《骆驼（战役）》、《信士长官阿里·本·艾比·塔里卜传》、《欧麦尔·本·阿卜杜·阿齐兹》和《艾布·艾斯瓦德·杜阿里》等。

参考文献：伊本·纳迪姆：《目录》第 1 卷第 2 分册，第 356 页。沙奇尔·穆斯塔法：《阿拉伯历史与史家》第 2 卷，第 81 页。索伊卜·阿卜杜·哈密德：《什叶派史学家辞典》第 1 卷，第 489~494 页。

伊本·拉拔德
（Ibn al-Labbād，864~944）

艾布·伯克尔·穆罕默德·本·穆罕默德·本·威沙哈·本·拉拔德·拉赫米，生卒于突尼斯凯鲁万。

史学著作：《马立克·本·艾纳斯美德》和《麦加特色》。

参考文献：伽迪·易雅得：《法庭整顿与道路接近：马立克学派群英知识》第 5 卷，第 286~295 页。穆罕默德·马哈富兹：《突尼斯著述家志》第 4 卷，第 199~201 页。哈桑·阿卜杜·瓦贺卜：《突尼斯著作与著述家》第 1 卷，第 629~633 页。

艾布·阿拉伯
（Abū al-‘Arab，865~945）

艾布·阿拉伯·穆罕默德·本·艾哈迈德·本·塔米姆·本·坦玛姆·塔米米·马格里比·伊非里基·马立奇，生卒于突尼斯凯鲁万。

史学著作：①《伊非里基亚学林层级传》，贝鲁特：黎巴嫩书籍出版社，1981。②《灾患》，贝鲁特：伊斯兰西方出版社，2006。该书记载先知穆罕默德与圣门弟子的言论，各种人物经受的磨难，后三任正统哈里发的殉难，以及自圣门弟子时代至哈里发穆塔瓦奇勒时代（847~861 年）的阿拉伯穆斯林所经受的灾难等。③《凯鲁万人层级传》、《巴士拉人层级传》、《麦加特色》、《马立克美德》、《萨哈嫩美德》、《学林辞世录》、《羸弱者》和《历史》等。

参考文献：福阿德·斯兹金：《阿拉伯遗产史》第 1 卷第 2 分册，第 236~237 页。穆罕默德·马哈富兹：《突尼斯著述家志》第 3 卷，第 359~362 页。哈桑·阿卜杜·瓦贺卜：《突尼斯著作与著述家》第 2 卷第 1 分册，第 380~389 页。

拉比俄·格唐
（Rabī' al-Qattān，901~945）

艾布·苏莱曼·拉比俄·本·苏莱曼·本·阿拓乌拉·古拉什·格唐，生于突尼斯凯鲁万，被杀害于突尼斯迈拉赫河。

史学著作：《萨哈嫩美德》、《马立克美德》和两卷本《学者之死》。

参考文献： 伽迪·易雅得：《法庭整顿与道路接近：马立克学派群英知识》第 5 卷，第 310~321 页。齐力克里：《名人》第 3 卷，第 15 页。穆罕默德·马哈富兹：《突尼斯著述家志》第 4 卷，第 92~93 页。

艾布·伯克尔·迪纳瓦里
（Abū Bakr al-Dīnawarī,？~945）

艾布·伯克尔·艾哈迈德·本·马尔旺·本·穆罕默德·迪纳瓦里·马立奇，出生地点有待考究，卒于埃及开罗。

史学著作：①《集会与知识珠宝》第 1~10 卷，贝鲁特：伊本·哈兹姆出版社，1998。②《马立克·本·艾纳斯美德》，或名《马立克功德》。

参考文献： 扎哈比：《群英诸贤传》第 15 卷，第 427~428 页。齐力克里：《名人》第 1 卷，第 256 页。沙奇尔·穆斯塔法：《阿拉伯历史与史家》第 2 卷，第 197~198 页。

阿里·杰拉哈
（'Alī al-Jarrāh，859~946）

详见上文的"杰拉哈家族"。

艾布·扎卡利雅·艾兹迪

（Abū Zakarīyā al-Azdī,？~946）

艾布·扎卡利雅·叶齐德·本·穆罕默德·本·伊雅斯·本·伽斯姆·艾兹迪·摩苏里，生卒于伊拉克摩苏尔。

史学著作： ①编年体城市志《摩苏尔史》第 1~2 卷，贝鲁特：学术书籍出版社，2006。该书是首部摩苏尔志，凡 3 卷，仅存的第 2 卷记载 719~839 年的摩苏尔史事和名人，其中缺 742 年和 769 年的内容。②《部落与地志》和《圣训学家层级传》。

参考文献： 卡尔·布罗克尔曼：《阿拉伯文学史》第 3 册，第 26 页。福阿德·斯兹金：《阿拉伯遗产史》第 1 卷第 2 分册，第 218~219 页。利玛·杜尔内格：《阿拉伯与穆斯林著名史学家》，第 503 页。

穆罕默德·古谢里

（Muhammad al-Qushayrī,？~946）

艾布·阿里·穆罕默德·本·萨义德·本·阿卜杜·拉哈曼·本·伊卜拉欣·本·尔撒·本·马尔祖戈·古谢里，生于土耳其古城哈兰，卒于叙利亚拉卡。

史学著作：《拉卡史》，大马士革：福音出版社，1998。该书收录 123 位拉卡城名人传记。

参考文献： 扎哈比：《伊斯兰史》第 25 卷，第 110~111 页。福阿德·斯兹金：《阿拉伯遗产史》第 1 卷第 2 分册，第 212~213 页。沙奇尔·穆斯塔法：《阿拉伯历史与史家》第 2 卷，第 273 页。

伊本·雅新

（Ibn Yāsīn,？~946）

艾布·伊斯哈格·艾哈迈德·本·穆罕默德·本·雅新·哈拉维，可能生卒于阿富汗赫拉特。

史学著作：《赫拉特史》。

参考文献：扎哈比：《群英诸贤传》第 15 卷，第 339～340 页。福阿德·斯兹金：《阿拉伯遗产史》第 1 卷第 2 分册，第 224 页。欧麦尔·力铎：《著述家辞典》第 1 卷，第 303 页。

伊本·赞继

（Ibn Zānjī，？～946）

艾布·阿卜杜拉·穆罕默德·本·伊斯玛仪·本·索里哈·本·赞继，出生地点有待考究，可能卒于伊拉克巴格达。

史学著作：《书史与技艺》。

参考文献：赫蒂卜·巴格达迪：《巴格达史》第 2 卷，第 379 页。伊本·纳迪姆：《目录》第 1 卷第 2 分册，第 407 页。福阿德·斯兹金：《阿拉伯遗产史》第 1 卷第 2 分册，第 278 页。

旭里

（al-Sūlī，？～946）

艾布·伯克尔·穆罕默德·本·叶哈雅·本·阿卜杜拉·本·阿拔斯·旭里·巴格达迪，祖籍伊朗戈尔甘，成长于伊拉克巴格达，卒于伊拉克巴士拉。

史学著作：①《哈里发与诗坛纪事集》，又名《阿拔斯家族及其诗歌纪事集》。英国东方学家邓恩（J. H. Dunne，1904～1974）校勘出版的《诗坛纪事》（开罗：萨维印书馆，1934），《拉荻一世与穆塔基纪事或阿拔斯王朝史（伊历 322～333 年）》（开罗：萨维印书馆，1935）以及《哈里发子嗣之诗歌及其纪事》（开罗：萨维印书馆，1936）均是该巨著的残卷。②《书吏修养》，巴格达：阿拉伯书店，1923。③《艾布·坦玛姆纪事》，开罗：编译出版委员会，1937。④《臣卿》、《阿里·本·穆罕默德·本·福拉特功德》、《艾布·萨义德·朱拔伊纪事》和《艾布·阿慕尔·本·阿腊纪事》等。

参考文献：伊本·纳迪姆：《目录》第 1 卷第 2 分册，第 464～466 页。

福阿德·斯兹金：《阿拉伯遗产史》第 1 卷第 2 分册，第 171~175 页。沙奇尔·穆斯塔法：《阿拉伯历史与史家》第 2 卷，第 44~45 页。

伊本·艾比·敖沃姆

（Ibn Abī al-'Awwām，?　~947）

艾布·伽斯姆·阿卜杜拉·本·穆罕默德·本·艾哈迈德·本·叶哈雅·本·哈力思·本·艾比·敖沃姆·萨阿迪，生卒于埃及。

史学著作：《艾布·哈尼法美德》，麦加：伊姆达迪耶书店，2010。作者的孙子艾布·阿拔斯·艾哈迈德·本·穆罕默德·本·阿卜杜拉（960~1027）进一步完善了该书。

参考文献：齐力克里：《名人》第 1 卷，第 211 页。卡尔·布罗克尔曼：《阿拉伯文学史》第 6 册，第 5 页。阿卜杜拉·图雷基：《罕百里学派著作辞典》第 2 卷，第 17 页。

伊本·穆纳迪

（Ibn al-Munādī，870~947）

艾布·侯赛因·艾哈迈德·本·贾法尔·本·穆罕默德·本·欧贝杜拉·本·艾比·达乌德·本·穆纳迪·巴格达迪，生卒于伊拉克巴格达。

史学著作：①《历史》。赫蒂卜·巴格达迪（1002~1071）的《巴格达史》大量引用该书的内容。②《名字与别名》和《圣门弟子层级传》。

参考文献：赫蒂卜·巴格达迪：《巴格达史》第 5 卷，第 110~112 页。沙奇尔·穆斯塔法：《阿拉伯历史与史家》第 2 卷，第 85 页。阿卜杜拉·图雷基：《罕百里学派著作辞典》第 1 卷，第 312~314 页。

哈奇米

（al-Hakīmī，866~948）

艾布·阿卜杜拉·穆罕默德·本·艾哈迈德·本·伊卜拉欣·本·古

莱什·本·哈齐姆·本·索比哈·哈奇米·巴格达迪，可能生卒于伊拉克巴格达。

史学著作：《文豪宝饰》。

参考文献：赫蒂卜·巴格达迪：《巴格达史》第2卷，第85~88页。伊本·纳迪姆：《目录》第1卷第2分册，第466页。福阿德·斯兹金：《阿拉伯遗产史》第1卷第2分册，第278~279页。

伊斯卡斐

（al-Iskāfī，872~948）

艾布·阿里·穆罕默德·本·艾比·伯克尔·汉玛姆·本·苏海勒·伊斯卡斐·什义，生于伊拉克伊斯卡夫，卒于伊拉克巴格达。

史学著作：《光明精选：圣洁伊玛目史》，库姆：达里勒玛出版社，2001。

参考文献：欧麦尔·力铎：《著述家辞典》第3卷，第761页。福阿德·斯兹金：《阿拉伯遗产史》第1卷第2分册，第176~177页。索伊卜·阿卜杜·哈密德：《什叶派史学家辞典》第2卷，第351~352页。

古达玛

（Qudāmah，? ~约948）

艾布·法拉吉·古达玛·本·贾法尔·本·古达玛·本·齐雅德·巴格达迪，生于伊拉克巴士拉，卒于伊拉克巴格达。

史学著作：①《税册及其编写》，巴格达：拉施德出版社，1981；《税册及其编写》，附于伊本·胡尔达兹比赫：《道里邦国志》，宋岘译注，中华书局，1991，第197~283页。该书凡八篇，只有最后四篇流传至今，与艾布·优素福（731~798）的《税》、叶哈雅·阿丹（? ~819）的《税》、伊本·拉杰卜（1335~1393）的《税制释解》并称为"古代阿拉伯四大税册"。②《政治》和《各地》等。

参考文献：沙奇尔·穆斯塔法：《阿拉伯历史与史家》第2卷，第82~83、443页。索伊卜·阿卜杜·哈密德：《什叶派史学家辞典》第2卷，第

45~46 页。巴达维·托拔纳:《古达玛·本·贾法尔与文学批评》(Badawī Tabānah, *Qudāmah ibn Ja'far wa-al-Naqd al-Adabī*),开罗:埃及恩格鲁书店,1969。

伊本·艾比·阿贾伊兹
(Ibn Abī al-'Ajā'iz,约卒于 10 世纪上半叶)

艾布·哈桑·艾哈迈德·本·胡梅德·本·艾比·阿贾伊兹·萨义德·本·哈里德·艾兹迪·迪马什基,生于叙利亚大马士革,辞世地点有待考究。

史学著作:《大马士革史》,是最早的大马士革城市史之一,已佚。

参考文献: 托腊勒·达尔贾尼:《伊本·阿萨奇尔〈大马士革史〉的资料来源》第 1 卷,第 196~198 页。萨拉丁·穆纳吉德:《大马士革史学家及其手稿与出版物辞典》,第 16 页。沙奇尔·穆斯塔法:《阿拉伯历史与史家》第 2 卷,第 274 页。

艾哈迈德·阿卜杜·巴尔
(Ahmad 'Abd al-Barr,? ~950)

艾布·阿卜杜·麦立克·艾哈迈德·本·穆罕默德·本·阿卜杜·巴尔·本·叶哈雅·古尔图比,生于西班牙科尔多瓦,卒于科尔多瓦的监狱里。

史学著作:《科尔多瓦法官》。

参考文献: 伊本·法拉获:《安达卢西学林史》第 1 卷,第 82~83 页。欧麦尔·力铎:《著述家辞典》第 1 卷,第 277 页;第 3 卷,第 456 页。利玛·杜尔内格:《阿拉伯与穆斯林著名史学家》,第 75 页。

艾布·贾法尔·纳哈斯
(Abū Ja'far al-Nahhās,? ~950)

艾布·贾法尔·艾哈迈德·本·穆罕默德·本·伊斯玛仪·本·优努斯·穆拉迪·纳哈斯·米斯里,生卒于埃及开罗。

史学著作：《诗坛层级传》（又名《诗坛纪事》）和《列王礼仪》。

参考文献：雅孤特：《文豪辞典》第 1 卷，第 468~470 页。伊本·赫里康：《精英辞世与时代名人信息录》第 1 卷，第 99~100 页。沙奇尔·穆斯塔法：《阿拉伯历史与史家》第 2 卷，第 199 页。

乌施纳尼

（al-Ushnānī，873~951）

艾布·侯赛因·欧麦尔·本·哈桑·本·阿里·本·马立克·谢拔尼·巴格达迪，生卒于伊拉克巴格达。

史学著作：《马》、《信士长官阿里·本·艾比·塔里卜美德》、《栽德·本·阿里殉难》和《哈桑·本·阿里殉难》等。

参考文献：伊本·纳迪姆：《目录》第 1 卷第 2 分册，第 354 页。赫蒂卜·巴格达迪：《巴格达史》第 13 卷，第 90~93 页。扎哈比：《伊斯兰史》第 25 卷，第 175~176 页。

阿卜杜拉·麦尔沃尼

（'Abd Allāh al-Marwānī,? ~951）

艾布·穆罕默德·阿卜杜拉·本·阿卜杜·拉哈曼·本·穆罕默德·本·阿卜杜拉·古拉什·麦尔沃尼，出生地点有待考究，被杀害于西班牙。

史学著作：《阿拔斯人纪事》和 6 卷本《巴基·本·马赫拉德美德》。

参考文献：伊本·艾拔尔：《〈续编〉增补》第 3 卷，第 11~12 页。索法迪：《逝者全录》第 17 卷，第 128~129 页。欧麦尔·力铎：《著述家辞典》第 2 卷，第 252 页。

穆罕默德·达赫甘

（Muhammad al-Dahqān,? ~约 951）

艾布·侯赛因·穆罕默德·本·阿里·本·法得勒·本·坦玛姆·达

赫甘·库斐，祖籍伊朗，可能卒于伊拉克库法。

史学著作：《库法特色》（又名《库法》）和《侯赛因殉难》。

参考文献：伊本·纳迪姆：《目录》第 1 卷第 2 分册，第 339 页。纳贾什：《纳贾什人物》，第 368~369 页。索伊卜·阿卜杜·哈密德：《什叶派史学家辞典》第 2 卷，第 277 页。

伊本·法基赫

（Ibn al-Faqīh，? ~约 951）

艾布·伯克尔·艾哈迈德·本·穆罕默德·本·伊斯哈格·本·伊卜拉欣·哈姆扎尼，生卒地点有待考究。

史学著作：①5 卷本《各地》，约 2000 页。②《〈各地〉摘要》，莱顿：博睿学术出版社，1885。

参考文献：伊本·纳迪姆：《目录》第 1 卷第 2 分册，第 473~474 页。雅孤特：《文豪辞典》第 1 卷，第 459~460 页。齐力克里：《名人》第 1 卷，第 208 页。

伊本·达耶

（Ibn al-Dāyah，约 859~952）

详见上文的"达耶父子"。

艾布·萨义德·艾尔拉比

（Abū Sa'īd al-A'rābī，860~952）

艾布·萨义德·艾哈迈德·本·穆罕默德·本·齐雅德·本·比施尔·本·迪尔汉·巴士里·麦奇·苏菲，生于伊拉克巴士拉，卒于麦加。

史学著作：①长老志《人物辞典》第 1~3 卷，利雅得：伊本·焦齐出版社，1997。②《麦加纪事》、《巴士拉史》和《隐士层级传》等。

参考文献：穆罕默德·苏拉米：《苏菲派层级传》，第 320~323 页。扎哈比：《群英诸贤传》第 15 卷，第 407~412 页。穆罕默德·希拉：《麦加历史与史家》，第 25~27 页。

巴拉维

（al-Balawī, ? ~约 952）

艾布·穆罕默德·阿卜杜拉·本·穆罕默德·本·欧梅尔·本·马哈富兹·麦迪尼·米斯里·巴拉维，生卒地点有待考究。

史学著作：①《艾哈迈德·本·突伦传》，大马士革：阿拉伯书店，1939。②《沙斐仪游记》。

参考文献：沙奇尔·穆斯塔法：《阿拉伯历史与史家》第 2 卷，第 199~200 页。索伊卜·阿卜杜·哈密德：《什叶派史学家辞典》第 1 卷，第 530 页。穆罕默德·希拉：《麦地那历史与史家》，第 71 页。

艾布·贾法尔·库米

（Abū Ja'far al-Qummī, ? ~954）

艾布·贾法尔·穆罕默德·本·哈桑·本·艾哈迈德·本·瓦立德·库米，可能生卒于伊朗库姆。

史学著作：《目录》。纳贾什（982~1058）的《什叶派著述家名字索引》大量引用该书的内容。

参考文献：纳贾什：《纳贾什人物》，第 366~367 页。欧麦尔·力铎：《著述家辞典》第 3 卷，第 213 页。索伊卜·阿卜杜·哈密德：《什叶派史学家辞典》第 2 卷，第 152~153 页。

艾哈迈德·拉齐

（Ahmad al-Rāzī, 888~955）

详见上文的"西班牙的拉齐家族"。

侯赛因·萨腊米

（al-Husayn al-Sallāmī,？~约 955）

艾布·阿里·侯赛因·本·艾哈迈德·本·穆罕默德·萨腊米·贝哈基，生卒于伊朗萨卜泽瓦尔（旧称"贝哈格"）。

史学著作：《呼罗珊纪事》。

参考文献：雅孤特：《文豪辞典》第 3 卷，第 1029~1030 页。福阿德·斯兹金：《阿拉伯遗产史》第 1 卷第 2 分册，第 225 页。索伊卜·阿卜杜·哈密德：《什叶派史学家辞典》第 1 卷，第 278 页。

图斯塔里

（al-Tustarī，886~956）

艾布·阿卜杜拉·穆罕默德·本·艾哈迈德·本·穆罕默德·本·阿慕尔·图斯塔里·马立奇，生于伊拉克巴士拉，卒于伊拉克巴格达。

史学著作：《麦地那特色》和《伊玛目马立克功德》。

参考文献：扎哈比：《伊斯兰史》第 25 卷，第 332 页。齐力克里：《名人》第 5 卷，第 310 页。穆罕默德·希拉：《麦地那历史与史家》，第 71~72 页。

哈姆达尼

（al-Hamdānī，893~约 956）

艾布·穆罕默德·哈桑·本·艾哈迈德·本·叶尔孤卜·本·优素福·本·达乌德·哈姆达尼，生卒于也门萨那，被誉为"也门第一位大史学家"。

史学著作：①《冠》。这部也门历史百科全书凡 10 卷，至今只发掘出 4 卷：第 1~2 卷，萨那：也门文化与旅游部，2004；第 8 卷，贝鲁特：奥达出版社 & 萨那：卡里玛出版社，出版时间不明；第 10 卷，贝鲁特：马纳希勒出版社 & 萨那：也门出版社，1987。②《阿拉伯半岛志》，开罗：萨阿达印书馆，1953。③《道里邦国志》、《动物志》和《日子》等。

参考文献：沙奇尔·穆斯塔法：《阿拉伯历史与史家》第 2 卷，第 332~

336 页。索伊卜·阿卜杜·哈密德:《什叶派史学家辞典》第 1 卷,第 235~236 页。哈桑·赫荻里:《哈姆达尼及其历史编纂方法》(Hasan Khadīrī, "Al-Hamdānī wa-Manhajuhu fī Kitābah al-Tārīkh al-Qarn al-Rābi'al-Hijrī/al-'Āshir al-Mīlādī"),《阿拉伯史学家杂志》(*Majallat al-Mu'arrikh al-'Arabī*) 2002 年总第 10 期。

伊本·伯克兰
(Ibn Bakrān,? ~约 956)

艾布·贾法尔·穆罕默德·本·伯克兰·本·易姆兰·拉齐,生卒地点有待考究,定居伊拉克库法。

史学著作:《库法》和《信士长官陵墓位置》。

参考文献: 纳贾什:《纳贾什人物》,第 376 页。阿迦·布祖尔克:《什叶派著述门径》第 3 卷,第 281 页;第 23 卷,第 269 页。索伊卜·阿卜杜·哈密德:《什叶派史学家辞典》第 2 卷,第 125 页。

谷腊姆·塞尔拉卜
(Ghulām Tha'lab, 875~957)

艾布·欧麦尔·穆罕默德·本·阿卜杜·瓦希德·本·艾比·哈希姆·穆托拉兹·拔瓦尔迪,生卒于伊拉克巴格达。

史学著作:《穆阿维叶美德》、《逝者探究》和《阿拉伯纪事》等。

参考文献: 赫蒂卜·巴格达迪:《巴格达史》第 3 卷,第 618~623 页。伊本·纳迪姆:《目录》第 1 卷第 1 分册,第 231~233 页。阿卜杜拉·图雷基:《罕百里学派著作辞典》第 1 卷,第 315~325 页。

伊本·安玛尔·库斐
(Ibn'Ammār al-Kūfī,? ~957)

艾布·阿里·艾哈迈德·本·穆罕默德·本·安玛尔·库斐·什义,生卒地点有待考究。

史学著作:《先知父辈纪事》和《艾布·塔里卜信仰》等。

参考文献:图斯:《目录》,第 29~30 页。欧麦尔·力铎:《著述家辞典》第 1 卷,第 285 页。索伊卜·阿卜杜·哈密德:《什叶派史学家辞典》第 1 卷,第 137 页。

麦斯欧迪

(al-Mas'ūdī,? ~957)

艾布·哈桑·阿里·本·侯赛因·本·阿里·本·阿卜杜拉·胡扎里·麦斯欧迪,生于伊拉克巴格达,卒于埃及开罗,被西方学者誉为"阿拉伯的希罗多德"。

史学著作:①《时代纪事》,贝鲁特:安达卢西出版社,1996。原书约30 卷。残存第 1 卷由 38 个专题构成,记述世间万物的创造、人祖亚当之前的世界、亚当及其后裔、诺亚及其后裔以及上古世界各地列王的传说故事等。②《中篇记述》,是《时代纪事》的缩写本。③《黄金草原与珠玑宝藏》第 1~4 卷,赛达 & 贝鲁特:现代书店,2005。该书完稿于 947 年 12月,是《中篇记述》的缩写本,由 132 章、3661 段文字构成,记载自创世至 947 年的世界历史。④《提醒与监督》,巴格达:穆散纳书店,1967 年影印版。该书描述日月星辰、大地海河和万物生灵等,讲述世界诸先知与列王史、伊斯兰史(截至 956 年)。

参考文献:福阿德·斯兹金:《阿拉伯遗产史》第 1 卷第 2 分册,第177~184 页。沙奇尔·穆斯塔法:《阿拉伯历史与史家》第 2 卷,第 45~54页。索伊卜·阿卜杜·哈密德:《什叶派史学家辞典》第 1 卷,第 588~593 页。

伊斯托赫里

(al-Istakhrī,? ~957)

艾布·伊斯哈格·伊卜拉欣·本·穆罕默德·法里斯·伊斯托赫里,生于伊朗伊什塔克尔,卒于印度。

史学著作:《道里邦国志》,莱顿:博睿学术出版社,1870。

参考文献:伊斯玛仪帕夏·巴格达迪:《著述家名讳遗作惠泽》第 1 卷,

第 6 页。沙奇尔·穆斯塔法：《阿拉伯历史与史家》第 2 卷，第 69~70 页。阿卜杜·拉哈曼·哈米达：《阿拉伯地理学名家及其遗作摘录》，第 199 页。

伊本·艾比·伽迪

（Ibn Abī al-Qādī,？~957）

艾布·艾哈迈德·穆罕默德·本·萨义德·本·穆罕默德·本·阿卜杜拉·本·艾比·伽迪，生卒于花剌子模地区。

史学著作：《花剌子模史全录》。

参考文献：塔朱丁·苏卜奇：《大沙斐仪学派层级传》第 3 卷，第 164~166 页。欧麦尔·力铎：《著述家辞典》第 3 卷，第 323 页。利玛·杜尔内格：《阿拉伯与穆斯林著名史学家》，第 383 页。

伊本·杜鲁斯塔韦赫

（Ibn Durustawayh，872~958）

艾布·穆罕默德·阿卜杜拉·本·贾法尔·本·杜鲁斯塔韦赫·本·麦尔祖班·法萨维·法里斯，生于伊朗法萨，卒于伊拉克巴格达。

史学著作：①传述叶尔孤卜·法萨维（？~890）的《知识与历史》。②《古斯·本·撒易达·伊雅迪纪事》和《语法学家纪事》。

参考文献：伊本·纳迪姆：《目录》第 1 卷第 1 分册，第 185~187 页。索伊卜·阿卜杜·哈密德：《什叶派史学家辞典》第 1 卷，第 511 页。阿卜杜拉·朱布里：《伊本·杜鲁斯塔韦赫》（'Abd Allāh al-Jubūrī, *Ibn Durustawayh*），巴格达：阿尼印书馆，1974。

优努斯父子

1. 伊本·优努斯

（Ibn Yūnus，894~958）

艾布·萨义德·阿卜杜·拉哈曼·本·艾哈迈德·本·优努斯·本·

阿卜杜·艾尔拉·本·穆萨·本·梅萨拉·索达斐·米斯里，生卒于埃及开罗。

史学著作：①《埃及人史》，贝鲁特：学术书籍出版社，2000。该书收录 1461 名埃及本土精英的传记。②《异乡人史》，贝鲁特：学术书籍出版社，2000。该书收录 703 名埃及外来人士的传记。

2. 艾布·哈桑·优努斯

（Abū al-Hasan Yūnus，950~1009）

艾布·哈桑·阿里·本·阿卜杜·拉哈曼·本·艾哈迈德·本·优努斯·本·阿卜杜·艾尔拉·索达斐·米斯里，生卒于开罗。

史学著作：《埃及精英史》。

参考文献：扎哈比：《伊斯兰史》第 25 卷，第 381~382 页；第 27 卷，第 376 页。齐力克里：《名人》第 3 卷，第 294 页；第 4 卷，第 298 页。欧麦尔·力铎：《著述家辞典》第 2 卷，第 78、456 页。沙奇尔·穆斯塔法：《阿拉伯历史与史家》第 2 卷，第 200 页。利玛·杜尔内格：《阿拉伯与穆斯林著名史学家》，第 191~192、275 页。

伊本·鲁斯塔基

（Ibn al-Rustāqī，？~958）

艾布·侯赛因·穆罕默德·本·阿卜杜拉·本·贾法尔·本·阿卜杜拉·本·朱奈德·拉齐·迪马什基，生卒地点有待考究，定居叙利亚大马士革。

史学著作：《阿拔斯王朝时期大马士革埃米尔名单》、《大马士革埃米尔名单》和《大马士革特色》。

参考文献：伊本·阿萨奇尔：《大马士革史》第 53 卷，第 335~337 页。沙奇尔·穆斯塔法：《阿拉伯历史与史家》第 2 卷，第 227~228 页。萨拉丁·穆纳吉德：《大马士革史学家及其手稿与出版物辞典》，第 17~18 页。

纳尔沙黑

（al-Narshakhī，899~959）

艾布·伯克尔·穆罕默德·本·贾法尔·纳尔沙黑，可能生卒于乌兹别克斯坦布哈拉。

史学著作：《布哈拉史》，开罗：知识出版社，1993。它成书于 943 年，是献给萨曼王朝埃米尔努哈一世（943~954 年在位）的礼物。其阿拉伯文原著已佚，流传至今的是 12 世纪的波斯文译本。

参考文献：卡尔·布罗克尔曼：《阿拉伯文学史》第 3 册，第 28~29 页。伊哈桑·萨米里：《萨曼王朝时期的学术生活》，第 159 页。福阿德·斯兹金：《阿拉伯遗产史》第 1 卷第 2 分册，第 224~225 页。

伊本·库斐

（Ibn al-Kūfī，868~960）

艾布·哈桑·阿里·本·穆罕默德·本·欧贝德·本·祖贝尔·阿萨迪·库斐·巴格达迪，生于伊拉克库法，卒于伊拉克巴格达。

史学著作：《麦加住宅》。

参考文献：伊本·纳迪姆：《目录》第 1 卷第 1 分册，第 241~242 页。福阿德·斯兹金：《阿拉伯遗产史》第 1 卷第 2 分册，第 290~291 页。索伊卜·阿卜杜·哈密德：《什叶派史学家辞典》第 1 卷，第 624~625 页。

阿撒勒

（al-‘Assāl，882~960）

艾布·艾哈迈德·穆罕默德·本·艾哈迈德·本·伊卜拉欣·本·苏莱曼·本·穆罕默德·艾斯巴哈尼，生于伊朗伊斯法罕，卒于伊拉克巴格达。

史学著作：《历史》、《妇女史》和《长老辞典》。

参考文献：扎哈比：《群英诸贤传》第 16 卷，第 6~15 页。欧麦尔·力铎：《著述家辞典》第 3 卷，第 45 页。利玛·杜尔内格：《阿拉伯与穆斯林著名史学家》，第 325、328 页。

穆罕默德·奇撒伊
（Muhammad al-Kisā'ī，约 864~约 961）

艾布·伯克尔·穆罕默德·本·阿卜杜拉·本·穆罕默德·奇撒伊·库斐，可能生卒于伊拉克库法。

史学著作：《诸先知故事》第 1~2 卷，莱顿：博睿学术出版社，1922~1923。

参考文献：哈吉·哈里发：《书艺题名释疑》第 2 卷，第 1328 页。卡尔·布罗克尔曼：《阿拉伯文学史》第 6 册，第 151~152 页。

伊本·卡米勒
（Ibn Kāmil，874~961）

艾布·伯克尔·艾哈迈德·本·卡米勒·本·赫拉夫·本·沙杰拉·巴格达迪，生于伊拉克巴格达，辞世地点有待考究。

史学著作：《历史》、《信士之母》和《法官纪事》。

参考文献：伊本·纳迪姆：《目录》第 1 卷第 1 分册，第 84 页。扎哈比：《群英诸贤传》第 15 卷，第 544~546 页。沙奇尔·穆斯塔法：《阿拉伯历史与史家》第 2 卷，第 85 页。

伊斯玛仪·胡托比
（Ismā'īl al-Khutabī，882~961）

艾布·穆罕默德·伊斯玛仪·本·阿里·本·伊斯玛仪·本·叶哈雅·本·巴彦·胡托比·巴格达迪，生卒于伊拉克巴格达。

史学著作：①《哈里发史略》，巴格达：伊拉克科学院出版社，2006。②《大编年史》。

参考文献：赫蒂卜·巴格达迪：《巴格达史》第 7 卷，第 304~306 页。

沙奇尔·穆斯塔法:《阿拉伯历史与史家》第 2 卷,第 85 页。阿卜杜拉·图雷基:《罕百里学派著作辞典》第 1 卷,第 331~332 页。

悭迪·米斯里

(al-Kindī al-Misrī,897~961)

艾布·欧麦尔·穆罕默德·本·优素福·本·叶尔孤卜·本·哈夫斯·本·优素福·图继比·悭迪·米斯里,生于埃及,卒于埃及开罗。

史学著作:①《总督与法官》,贝鲁特:耶稣会神父印书馆,1908。②《阿拉伯军队》、《地志》、《萨里·本·哈卡姆纪事》、《马尔旺·本·杰尔德纪事》和《释奴》等。

参考文献:福阿德·斯兹金:《阿拉伯遗产史》第 1 卷第 2 分册,第 238~239 页。沙奇尔·穆斯塔法:《阿拉伯历史与史家》第 2 卷,第 186~187 页。哈桑·艾哈迈德:《史学家悭迪:艾布·欧麦尔·穆罕默德·本·优素福·米斯里及其〈总督与法官〉》(Hasan Ahmad, *Al-Kindī al-Mu'arrikh*:*Abū'Umar Muhammad ibn Yūsuf al-Misrī wa-Kitābuhu al-Wulāh wa-al-Qudāh*),开罗:埃及编译出版社,1966。

哈兹姆家族

1. 艾哈迈德·哈兹姆

(Ahmad Hazm,897~961)

艾布·欧麦尔·艾哈迈德·本·萨义德·本·哈兹姆·本·优努斯·索达斐·安达卢斯,生卒于西班牙科尔多瓦。

史学著作:85 卷本的《大历史》(或名《人物史》)。

2. 伊本·哈兹姆·安达卢斯

(Ibn Hazm al-Andalusī,994~1064)

艾布·穆罕默德·阿里·本·艾哈迈德·本·萨义德·本·哈兹姆·法里斯·安达卢斯·古尔图比,生于科尔多瓦,卒于西班牙韦尔瓦附近的莫提佳村。

史学著作：①《先知传记集》，贝鲁特：学术书籍出版社，2003。②短文《哈里发史》《哈里发之母》《伊斯兰征服概论》《哈里发与总督名字及其任期纪录》《安达卢西特色及其人物纪录》，载《伊本·哈兹姆·安达卢斯短文集》第 2 辑，贝鲁特：阿拉伯研究与出版基金会，1987。

3. 法得勒·哈兹姆

（al-Fadl Hazm，? ～1086）

艾布·拉菲俄·法得勒·本·阿里·本·哈兹姆·安达卢斯，生于科尔多瓦，被杀害于萨拉卡战役（Batalla de Sagrajas）中。

史学著作：《易拔迪族谱知识导论》。

参考文献：扎哈比：《伊斯兰史》第 25 卷，第 430～431 页；第 30 卷，第 403～417 页；第 32 卷，第 277 页。伊本·巴施库沃勒：《〈安达卢西伊玛目、学者、圣训学家、法学家与文豪史〉续编》第 2 卷，第 85 页。齐力克里：《名人》第 1 卷，第 130 页；第 4 卷，第 254～255 页。欧麦尔·力铎：《著述家辞典》第 2 卷，第 393～394 页。穆罕默德·拉施德：《族谱学家辞典》，第 341、384～385 页。利玛·杜尔内格：《阿拉伯与穆斯林著名史学家》，第 38、261～262 页。

阿里·穆哈拉比

（'Alī al-Muhallabī，? ～约 961）

艾布·哈桑·阿里·本·比腊勒·本·艾比·穆阿维叶·本·艾哈迈德·穆哈拉比·艾兹迪·巴士里·什义，可能生卒于伊拉克巴士拉。

史学著作：《阿拉伯人优点》。

参考文献：纳贾什：《纳贾什人物》，第 254 页。欧麦尔·力铎：《著述家辞典》第 2 卷，第 412 页。索伊卜·阿卜杜·哈密德：《什叶派史学家辞典》第 1 卷，第 573～574 页。

伊本·杜勒

（Ibn Dūl,? ~961）

艾哈迈德·本·穆罕默德·本·侯赛因·本·哈桑·本·杜勒·库米，生卒地点有待考究。

史学著作：《先知特质》、《信士长官及其美德》、《层级传》和《缺点》等。

参考文献：纳贾什：《纳贾什人物》，第87~88页。欧麦尔·力铎：《著述家辞典》第1卷，第260页。索伊卜·阿卜杜·哈密德：《什叶派史学家辞典》第1卷，第126~127页。

曼比继

（al-Manbijī，约卒于10世纪中叶）

马哈布卜·本·君士坦丁，或阿迦比优斯·本·君士坦丁·鲁米·曼比继，生卒地点有待考究。

史学著作：《曼比继史》，即《智识桂冠入门》，贝鲁特：耶稣会神父印书馆，1907。该书是沙姆地区基督徒用阿拉伯文写的世界通史名著之一。

参考文献：欧麦尔·力铎：《著述家辞典》第1卷，第386页。福阿德·斯兹金：《阿拉伯遗产史》第1卷第2分册，第190~191页。沙奇尔·穆斯塔法：《阿拉伯历史与史家》第2卷，第440页。

卡什

（al-Kashshī,? ~约961）

艾布·阿慕尔·穆罕默德·本·欧麦尔·本·阿卜杜·阿齐兹·卡什，祖籍乌兹别克斯坦撒马尔罕附近的卡什，具体生卒地点有待考究。

史学著作：《卡什人物》，贝鲁特：艾尔拉米出版公司，2009。该书是什叶派的"五部人名学原典"之一。

参考文献：欧麦尔·力铎：《著述家辞典》第3卷，第562页。艾哈迈德·萨敏：《伊玛目派人名学史导研》，第 102~116 页。索伊卜·阿卜杜·哈密德：《什叶派史学家辞典》第 2 卷，第 295 页。

伊本·法利贡

（Ibn Farīghūn，? ~约 961）

艾布·阿里·艾哈迈德·本·穆罕默德·本·穆左发尔·本·法利贡，生卒地点有待考究。

史学著作：《诸学集汇》，阐述古代阿拉伯伊斯兰学术体系的早期著作之一。

参考文献：福阿德·斯兹金：《阿拉伯遗产史》第 1 卷第 2 分册，第 296~297 页。沙奇尔·穆斯塔法：《阿拉伯历史与史家》第 1 卷，第 12 页。娜碧拉·阿卜杜·蒙易姆：《再读伊本·法利贡〈诸学集汇〉的手抄本》（Nabīlah'Abd al-Mun'im，"Qirā'ah Jadīdah fī Makhtūt *Jawāmi'al-'Ulūm* li-Ibn Farīghūn"），《宝库》（*Al-Khizānah*）2017 年第 1 期。

艾布·比施尔·安米

（Abū Bishr al-'Ammī，? ~约 961）

艾布·比施尔·艾哈迈德·本·伊卜拉欣·本·艾哈迈德·本·穆阿拉·本·阿萨德·安米，生于伊拉克巴士拉，辞世地点有待考究。

史学著作：《大历史》、《小历史》、《信士长官功德》、《津芝叛乱者纪事》、《赛义德·希木叶里纪事》和《世界奇迹》等。

参考文献：伊本·纳迪姆：《目录》第 1 卷第 2 分册，第 691 页。沙奇尔·穆斯塔法：《阿拉伯历史与史家》第 2 卷，第 86 页。索伊卜·阿卜杜·哈密德：《什叶派史学家辞典》第 1 卷，第 81~82 页。

伊本·伽尼俄

（Ibn Qāni'，879~962）

艾布·侯赛因·阿卜杜·巴基·本·伽尼俄·本·马尔祖戈·本·沃

思戈·伍麦维·巴格达迪，生卒于伊拉克巴格达。

史学著作：①《圣门弟子辞典》第1~3卷，麦地那：古拉拔－艾塞利耶书店，1997。该书按照阿拉伯字母顺序编录1226名圣门弟子的传记。②《长老辞典》和编年史《历史》（或名《辞世录》）。

参考文献：赫蒂卜·巴格达迪：《巴格达史》第12卷，第375~377页。扎哈比：《群英诸贤传》第15卷，第526~527页。沙奇尔·穆斯塔法：《阿拉伯历史与史家》第2卷，第85~86页。

艾布·伯克尔·纳伽施
（Abū Bakr al-Naqqāsh，879~962）

艾布·伯克尔·穆罕默德·本·哈桑·本·穆罕默德·本·齐雅德·本·哈伦·摩苏里·巴格达迪·纳伽施，祖籍伊拉克摩苏尔，卒于伊拉克巴格达。

史学著作：《故事家纪事》、《先知明证》和《诵经家名字及其朗诵大辞典》等。

参考文献：赫蒂卜·巴格达迪：《巴格达史》第2卷，第602~607页。伊本·纳迪姆：《目录》第1卷第1分册，第87~88页。沙奇尔·穆斯塔法：《阿拉伯历史与史家》第2卷，第86页。

艾布·推伊卜
（Abū al-Tayyib，? ~962）

艾布·推伊卜·阿卜杜·瓦希德·本·阿里·哈拉比，祖籍伊朗阿斯卡尔－穆克拉姆，定居于叙利亚阿勒颇，被杀害于阿勒颇。

史学著作：《语法学家整编》，赛达&贝鲁特：现代书店，2009。

参考文献：索法迪：《逝者全录》第19卷，第173~176页。伊斯玛仪帕夏·巴格达迪：《〈书艺题名释疑〉补遗》第2卷，第40页。齐力克里：《名人》第4卷，第176页。

伊本·哈吉卜·努尔曼

(Ibn Hājib al-Nuʻmān,？~962)

艾布·侯赛因·阿卜杜·阿齐兹·本·伊卜拉欣·本·巴彦·本·达乌德·巴格达迪，生卒于伊拉克巴格达。

史学著作：《白日微醉：杰瓦尔纪事》、《书吏诗作》和《妇女纪事》（即《伊本·杜卡尼书》）等。

参考文献：赫蒂卜·巴格达迪：《巴格达史》第 12 卷，第 226 页。伊本·纳迪姆：《目录》第 1 卷第 2 分册，第 415 页。沙奇尔·穆斯塔法：《阿拉伯历史与史家》第 2 卷，第 83 页。

伊斯玛仪·胡札义

(Ismāʻīl al-Khuzāʻī，873~963)

艾布·伽斯姆·伊斯玛仪·本·阿里·本·阿里·本·拉津·本·奥斯曼·本·阿卜杜·拉哈曼·胡札义，出生地点有待考究，卒于伊拉克瓦西特。

史学著作：《伊玛目史》。

参考文献：图斯：《目录》，第 13 页。欧麦尔·力铎：《著述家辞典》第 1 卷，第 371 页。索伊卜·阿卜杜·哈密德：《什叶派史学家辞典》第 1 卷，第 172~173 页。

伊本·舒爱卜

(Ibn Shuʻayb，880~964)

艾布·阿里·穆罕默德·本·哈伦·本·舒爱卜·本·阿卜杜拉·本·阿卜杜·瓦希德·安索里，生于叙利亚大马士革，辞世地点有待考究。

史学著作：《先知特质》。

参考文献：扎哈比：《群英诸贤传》第 15 卷，第 528 页。齐力克里：《名人》第 7 卷，第 128 页。福阿德·斯兹金：《阿拉伯遗产史》第 1 卷第 2 分册，第 116~117 页。

穆罕默德·卡提卜

（Muhammad al-Kātib，894~964）

艾布·哈桑·穆罕默德·本·伊卜拉欣·本·优素福·本·艾哈迈德·本·优素福·卡提卜，生卒地点有待考究。

史学著作：《殉难》。

参考文献：伊本·纳迪姆：《目录》第 1 卷第 2 分册，第 689~690 页；第 2 卷第 1 分册，第 52 页。艾布·伽斯姆·忽伊：《圣训人物辞典与传述者层级详情》第 15 卷，第 234~235 页。索伊卜·阿卜杜·哈密德：《什叶派史学家辞典》第 2 卷，第 88 页。

马斯拉玛·伽斯姆

（Maslamah al-Qāsim，905~964）

艾布·伽斯姆·马斯拉玛·本·伽斯姆·本·伊卜拉欣·本·阿卜杜拉·本·哈提姆·古尔图比·马立奇，生卒于西班牙科尔多瓦。

史学著作：《大历史》和人物志《历史》。

参考文献：伊本·法拉荻：《安达卢西学林史》第 2 卷，第 163~165 页。卡米勒·朱布里：《文豪辞典：自蒙昧时期至公元 2002 年》第 6 卷，第 220~221 页。利玛·杜尔内格：《阿拉伯与穆斯林著名史学家》，第 473 页。

艾布·阿拔斯·哈萨尼

（Abū al-‘Abbās al-Hasanī，? ~964）

艾布·阿拔斯·艾哈迈德·本·伊卜拉欣·本·哈桑·本·阿里·本·伊卜拉欣·哈希米·哈萨尼，生于伊朗泰伯里斯坦地区，卒于伊朗戈尔甘。

史学著作：栽德派伊玛目史《灯》，萨那：伊玛目栽德·本·阿里文化基金会，2002。

参考文献：沙奇尔·穆斯塔法：《阿拉伯历史与史家》第 2 卷，第 337~338 页。阿卜杜·萨腊姆·瓦继赫：《栽德派著述名人》，第 78~79 页。索伊卜·阿卜杜·哈密德：《什叶派史学家辞典》第 1 卷，第 84 页。

伊本·欧玛拉

(Ibn 'Umārah, ? ~964)

艾布·伊斯哈格·伊卜拉欣·本·穆罕默德·本·哈姆扎·本·欧玛拉·艾斯巴哈尼，伊朗伊斯法罕人，辞世地点有待考究。

史学著作：《长老志》。

参考文献：扎哈比：《伊斯兰史》第 26 卷，第 84~86 页。索法迪：《逝者全录》第 6 卷，第 77 页。齐力克里：《名人》第 1 卷，第 61 页。

伊本·希班

(Ibn Hibbān, 884~965)

艾布·哈提姆·穆罕默德·本·希班·本·艾哈迈德·本·希班·本·穆阿孜·本·马尔巴德·塔米米·布斯提，生卒于阿富汗布斯特（今拉什卡尔加）。

史学著作：①《可信者》第 1~9 卷，海得拉巴：奥斯曼百科全书委员会印务部，1973~1983。该书收录了 16000 余名可信圣训传述者的传记。②《先知传与哈里发纪事》，贝鲁特：文化书籍公司，1987。③《圣训学家、羸弱者与被弃者之考证者》第 1~3 卷，贝鲁特：知识出版社，1992。④《各地学林名士》，贝鲁特：学术书籍出版社，1995。该书收录麦地那、麦加、巴士拉、库法、巴格达、瓦西特等城市和沙姆、埃及、也门、呼罗珊等地区的 1602 位名人。

参考文献：扎哈比：《伊斯兰史》第 26 卷，第 112~114 页。欧麦尔·力铎：《著述家辞典》第 3 卷，第 207~208 页。沙奇尔·穆斯塔法：《阿拉伯历史与史家》第 2 卷，第 86~87 页。

吉阿比

(al-Ji'ābī, 897~966)

艾布·伯克尔·穆罕默德·本·欧麦尔·本·穆罕默德·本·撒里姆·本·巴拉·本·萨卜拉·本·赛雅尔·塔米米·巴格达迪，生卒于伊拉克巴格达。

史学著作：《艾布·塔里卜家族纪事》、《巴格达纪事及其圣训学家层级传》和《阿里·本·侯赛因纪事》等。

参考文献：赫蒂卜·巴格达迪：《巴格达史》第4卷，第42~49页。扎哈比：《群英诸贤传》第16卷，第88~92页。索伊卜·阿卜杜·哈密德：《什叶派史学家辞典》第2卷，第296~297页。

伊本·阿岚

(Ibn 'Allān, ? ~966)

艾布·哈桑·阿里·本·哈桑（或侯赛因）·本·阿里·本·阿岚·本·阿卜杜·拉哈曼·哈拉尼，生于土耳其古城哈兰，辞世地点有待考究。

史学著作：《杰齐拉史》。

参考文献：伊本·易玛德：《金砂：往逝纪事》第4卷，第289页。欧麦尔·力铎：《著述家辞典》第2卷，第424、431页。利玛·杜尔内格：《阿拉伯与穆斯林著名史学家》，第269、271页。

穆托哈尔·麦格迪斯

(al-Mutahhar al-Maqdisī, ? ~约966)

艾布·纳斯尔·穆托哈尔·本·拓熙尔·麦格迪斯，祖籍耶路撒冷，可能卒于阿富汗布斯特（今拉什卡尔加）。

史学著作：《原初与历史》第1~6卷，开罗：宗教文化书店，1996。这部世界通史是献给萨曼王朝一名维齐尔的礼物，从哲学角度审视历史，在绪论和前四章阐发朴素历史哲学思想，从创世写到哈里发穆尔台迪德时期（892～902 年）。有些学者认为，它的作者是艾布·栽德·巴勒黑（849～934）。

参考文献： 福阿德·斯兹金：《阿拉伯遗产史》第 1 卷第 2 分册，第 187 页。伊哈桑·萨米里：《萨曼王朝时期的学术生活》，第 157 页。利玛·杜尔内格：《阿拉伯与穆斯林著名史学家》，第 475 页。

艾布·法拉吉·艾斯法哈尼
（Abū al-Faraj al-Asfahānī, 897～967）

艾布·法拉吉·阿里·本·侯赛因·本·穆罕默德·本·艾哈迈德·本·海塞姆·麦尔沃尼·伍麦维·古拉什，生于伊朗伊斯法罕，卒于伊拉克巴格达。

史学著作： ①《诗歌集》第 1～25 卷，贝鲁特：索迪尔出版社，2008。这部历史文化百科全书耗费了作者 50 年心血。书中引用的不少著作早已散佚。②《塔里卜家族殉难者》，贝鲁特：艾尔拉米出版公司，1998。③《伊斯哈格·摩苏里》，贝鲁特：索迪尔书店，1951。

参考文献： 福阿德·斯兹金：《阿拉伯遗产史》第 1 卷第 2 分册，第 280～286 页。索伊卜·阿卜杜·哈密德：《什叶派史学家辞典》第 1 卷，第 593～595 页。达乌德·萨璐姆：《艾布·法拉吉·艾斯法哈尼编纂〈诗歌集〉的方法》（Dāwud Sallūm, *Manhaj Abī al-Faraj al-Asfahānī fī Kitāb al-Aghānī fī Dirāsat al-Nass wa-al-Sīrah*），巴格达：伊曼印书馆，1969。

欧贝杜拉·安拔里
（'Ubaid Allāh al-Anbārī,？～967）

艾布·塔里卜·欧贝杜拉（或阿卜杜拉）·本·艾比·栽德·艾哈迈德·本·叶尔孤卜·本·纳斯尔·安拔里，出生地点有待考究，卒于伊拉克瓦西特。

史学著作：《法蒂玛纪事》、《信士长官名字》和《法达克》等。

参考文献： 纳贾什：《纳贾什人物》，第 223～224 页。阿迦·布祖尔克：《什叶派著述门径》第 1 卷，第 343 页；第 2 卷，第 65 页。索伊卜·阿卜杜·哈密德：《什叶派史学家辞典》第 1 卷，第 555~556 页。

阿里·格兹维尼

（'Alī al-Qazwīnī,？~约 967）

艾布·哈桑·阿里·本·穆罕默德·本·阿卜杜拉·格兹维尼，生卒地点有待考究，在 967 年前往伊拉克巴格达。

史学著作：《纪事妙语》。

参考文献：纳贾什：《纳贾什人物》，第 256 页。阿迦·布祖尔克：《什叶派著述门径》第 22 卷，第 197 页。索伊卜·阿卜杜·哈密德：《什叶派史学家辞典》第 1 卷，第 628 页。

艾斯阿德·巴特利戈

（As'ad al-Batrīq,？~968）

艾斯阿德·本·巴特利戈·纳斯拉尼·米斯里，埃及基督徒，生卒地点有待考究。

史学著作：《珠宝串：始末纪事》。

参考文献：伊斯玛仪帕夏·巴格达迪：《〈书艺题名释疑〉补遗》第 2 卷，第 658 页。欧麦尔·力铎：《著述家辞典》第 1 卷，第 349~350 页。利玛·杜尔内格：《阿拉伯与穆斯林著名史学家》，第 94 页。

哈桑·穆纳吉姆

（al-Hasan al-Munajjim,？~约 968）

艾布·纳绥尔·哈桑·本·阿里·库米，生卒地点有待考究。

史学著作：《哈里发史》。

参考文献：欧麦尔·力铎：《著述家辞典》第 1 卷，第 573 页。阿迦·布祖尔克：《什叶派著述门径》第 26 卷，第 130 页。索伊卜·阿卜杜·哈密德：《什叶派史学家辞典》第 1 卷，第 255 页。

哈姆扎·艾斯法哈尼

（Hamzah al-Asfahānī，893～约 970）

艾布·阿卜杜拉·哈姆扎·本·哈桑·艾斯法哈尼，生于伊朗伊斯法罕，卒于伊拉克巴格达。

史学著作： ①《世界列王与先知年谱》，贝鲁特：生活书店出版社，1961。该书共 10 章：波斯列王年谱；罗马列王年谱；希腊列王年谱；科普特列王年谱；以色列诸王年谱；拉赫米王朝史——伊拉克阿拉伯列王；加萨尼王朝史——沙姆地区阿拉伯列王；希木叶尔王朝史——也门阿拉伯列王；悭达列王史；古莱什部落——阿拉伯伊斯兰列王。②《伊斯法罕及其纪事》。

参考文献： 福阿德·斯兹金：《阿拉伯遗产史》第 1 卷第 2 分册，第184～186 页。沙奇尔·穆斯塔法：《阿拉伯历史与史家》第 2 卷，第 378～381 页。拓力戈·阿札姆：《〈世界列王与先知年谱〉中的史学家哈姆扎·本·哈桑·艾斯法哈尼》（Tāriq al-'Azzām, "Hamzah ibn al-Hasan al-Asfahānī Mu'arrikhan min khilāl Kitābihi *Tārīkh Sinī Mulūk al-Ard wa-al-Anbiyā*"），《阿拉伯人文科学杂志》（*Al-Majallah al-'Arabīyah li-l-'Ulūm al-Insānīyah*）2013年总第 123 期。

阿朱里

（al-Ājurrī,?　～970）

艾布·伯克尔·穆罕默德·本·侯赛因·本·阿卜杜拉·巴格达迪·阿朱里，生于伊拉克巴格达，卒于麦加。

史学著作： ①《艾布·哈夫斯·欧麦尔·本·阿卜杜·阿齐兹纪事及其传记》，贝鲁特：使命基金会，1980。②《骰子、象棋与游戏之禁忌》，利雅得：科学研究、宗教敕令、传教与指导总局，1982。③《学林品德》，大马士革：格拉姆出版社 & 贝鲁特：沙姆出版社，2001。

参考文献： 伊本·纳迪姆：《目录》第 2 卷第 1 分册，第 54 页。穆罕默德·希拉：《麦加历史与史家》，第 28～30 页。阿卜杜拉·图雷基：《罕百里学派著作辞典》第 1 卷，第 336~348 页。

伊本·赫腊德

（Ibn Khallād,？ ~ 约 970）

艾布·穆罕默德·哈桑·本·阿卜杜·拉哈曼·本·赫腊德·拉姆霍尔木齐，生卒于伊朗拉姆霍尔木兹。

史学著作：《爱人纪事》、《纪事与诗歌选》、《纪事选释》和《臣卿易解》等。

参考文献：伊本·纳迪姆：《目录》第 1 卷第 2 分册，第 478 页。齐力克里：《名人》第 2 卷，第 194 页。沙奇尔·穆斯塔法：《阿拉伯历史与史家》第 2 卷，第 88 页。

艾布·伽斯姆·泰伯拉尼

（Abū al-Qāsim al-Tabarānī，873~971）

艾布·伽斯姆·苏莱曼·本·艾哈迈德·本·艾尤卜·本·穆推尔·拉赫米·沙米·泰伯拉尼，生于以色列阿卡，卒于伊朗伊斯法罕。

史学著作：①《大人物辞典》第 1~12、17~20、22~25 卷（缺第 13~16、21 卷），开罗：伊本·泰米叶书店，1983；第 13、14、21 卷，利雅得：萨阿德·胡梅德与哈里德·朱雷斯校勘印制本。②《中人物辞典》第 1~10 卷，开罗：两圣地出版社，1995。③《小人物辞典》第 1~2 卷，贝鲁特：学术书籍出版社，1983。④《第一》，贝鲁特：吉勒出版社，1992。⑤《先知明证》、《圣门弟子知识》、《阿拉伯美德》、《伊玛目艾哈迈德功德》、《欧麦尔·本·阿卜杜·阿齐兹纪事》、《侯赛因·本·阿里殉难》以及两卷本《四大正统哈里发美德》等。

参考文献：扎哈比：《伊斯兰史》第 26 卷，第 202~209 页。沙奇尔·穆斯塔法：《阿拉伯历史与史家》第 2 卷，第 87 页。阿卜杜拉·图雷基：《罕百里学派著作辞典》第 1 卷，第 349~372 页。

萨马卡

（Samakah，? ~约 971）

艾布·阿里·艾哈迈德·本·伊斯玛仪·本·阿卜杜拉·巴杰里·艾赫沃齐·库米，祖籍伊朗库姆，辞世地点有待考究。

史学著作：《阿拔斯人》，约 2 万页，翔实地记载了阿拔斯王朝史。

参考文献：纳贾什：《纳贾什人物》，第 94 页。沙奇尔·穆斯塔法：《阿拉伯历史与史家》第 2 卷，第 81 页。索伊卜·阿卜杜·哈密德：《什叶派史学家辞典》第 1 卷，第 88~89 页。

胡沙尼

（al-Khushanī，? ~971）

艾布·阿卜杜拉·穆罕默德·本·哈力思·本·阿萨德·胡沙尼·盖拉沃尼，生于突尼斯凯鲁万，卒于西班牙科尔多瓦。

史学著作：①《法学家与圣训学家纪事》，马德里：阿拉伯世界合作研究院，1991。②《伊非里基亚学林层级传》，开罗：马德布里书店，1993。③《科尔多瓦法官》，开罗：埃及图书总局，2008。④《伊非里基亚人史》、《马立克派法学家层级传》、《安达卢西学林史》和《生卒》等。

参考文献：福阿德·斯兹金：《阿拉伯遗产史》第 1 卷第 2 分册，第 251~252 页。K. 布伊卡：《安达卢西的阿拉伯历史文献》，第 184~193 页。哈桑·阿卜杜·瓦贺卜：《突尼斯著作与著述家》第 2 卷第 1 分册，第 397~405 页。

法尔迦尼父子

1. 阿卜杜拉·法尔迦尼

（'Abd Allāh al-Farghānī，895~973）

艾布·穆罕默德·阿卜杜拉·本·艾哈迈德·本·贾法尔·本·胡孜

彦·法尔迦尼·土尔奇，生卒地点有待考究。

史学著作：续编《泰伯里史》。该书的大部分内容已散佚，仅记载哈里发穆戈塔迪尔时期（908~932 年）战事的部分段落幸存至今。

2. 艾哈迈德·法尔迦尼

（Ahmad al-Farghānī，939~1008）

艾布·曼苏尔·艾哈迈德·本·阿卜杜拉·本·艾哈迈德·法尔迦尼，生卒于埃及。

史学著作：《历史》、《卡富尔·伊赫什迪传》和《阿齐兹传：埃及阿拉维家族素丹》等。

参考文献：雅孤特：《文豪辞典》第 1 卷，第 294 页；第 4 卷，第 1493~1494 页。福阿德·斯兹金：《阿拉伯遗产史》第 1 卷第 2 分册，第 187~188 页。欧麦尔·力铎：《著述家辞典》第 1 卷，第 177 页；第 2 卷，第 223 页。沙奇尔·穆斯塔法：《阿拉伯历史与史家》第 2 卷，第 73、204、275 页。利玛·杜尔内格：《阿拉伯与穆斯林著名史学家》，第 47、227 页。

瓦拉戈

（al-Warrāq，904~973）

艾布·阿卜杜拉·穆罕默德·本·优素福·瓦拉戈·安达卢斯·盖拉沃尼，生于西班牙瓜达拉哈拉，定居突尼斯凯鲁万，卒于西班牙科尔多瓦。

史学著作：《伊非里基亚道里邦国志》（或名《马格里布道里邦国志》）、《塔赫尔特纪事》、《奥兰纪事》、《提奈斯纪事》、《锡吉勒马萨纪事》和《内库尔纪事》等。

参考文献：福阿德·斯兹金：《阿拉伯遗产史》第 1 卷第 2 分册，第 241 页。优素福·豪沃拉：《伊非里基亚的学术生活》第 2 卷，第 356~358 页。哈桑·阿卜杜·瓦贺卜：《突尼斯著作与著述家》第 2 卷第 1 分册，第 393~397 页。

伊本·巴伽勒

(Ibn al-Baqqāl，885~973)

艾布·伽斯姆·阿卜杜·阿齐兹·本·伊斯哈格·本·贾法尔·巴伽勒·哈姆达尼·库斐·栽迪，生卒地点有待考究，曾居住于伊拉克库法和巴格达。

史学著作：《什叶派层级传》和《艾布·拉菲俄纪事》。

参考文献：赫蒂卜·巴格达迪：《巴格达史》第 12 卷，第 228~229 页。阿卜杜·萨腊姆·瓦继赫：《栽德派著述名人》，第 549~550 页。索伊卜·阿卜杜·哈密德：《什叶派史学家辞典》第 1 卷，第 484 页。

伽迪·努尔曼

(al-Qādī al-Nu'mān，? ~974)

艾布·哈尼法·努尔曼·本·穆罕默德·本·曼苏尔·本·艾哈迈德·本·海云·米斯里·盖拉沃尼·什义，生于突尼斯凯鲁万，卒于埃及开罗。

史学著作： ①《传教序幕》，突尼斯：突尼斯发行公司，1986。该书是伊本·艾西尔（1160~1233）和伊本·赫勒敦（1332~1406）等史学大家研究法蒂玛王朝早期历史的基本参考文献。②《议会与行程》，贝鲁特：蒙塔泽尔出版社，1996。该书记载法蒂玛王朝哈里发穆易兹（953~975 年在位）的事迹和埃及法蒂玛王朝的建立过程。③《功德与缺点》，贝鲁特：艾尔拉米出版公司，2002。

参考文献：伊本·赫里康：《精英辞世与时代名人信息录》第 5 卷，第 415~423 页。沙奇尔·穆斯塔法：《阿拉伯历史与史家》第 2 卷，第 200~201 页。索伊卜·阿卜杜·哈密德：《什叶派史学家辞典》第 2 卷，第 406~408 页。

伊本·阿迪

(Ibn 'Adī，890~976)

艾布·艾哈迈德·阿卜杜拉·本·阿迪·本·阿卜杜拉·本·穆罕默

德·本·穆拔拉克·朱尔贾尼，生卒于伊朗戈尔甘。

史学著作：《羸弱人物大全》第 1~11 卷，利雅得：鲁世德书店，2013。该书是中古时期最重要、最全面的羸弱圣训人物志，收录 2212 名传述羸弱圣训的人物以及他们传述的部分圣训和纪事。

参考文献：伊本·亥尔：《目录》，第 260~261 页。扎哈比：《群英诸贤传》第 16 卷，第 154~156 页。沙奇尔·穆斯塔法：《阿拉伯历史与史家》第 2 卷，第 88 页。

玛萨尔吉斯

（al-Māsarjisī，911~976）

艾布·阿里·侯赛因·本·穆罕默德·本·艾哈迈德·本·穆罕默德·本·侯赛因·本·尔撒·玛萨尔吉斯，生卒于伊朗内沙布尔。

史学著作：①整理《穆斯林圣训实录》中的人物传记。②《武功纪》。

参考文献：扎哈比：《群英诸贤传》第 16 卷，第 287~289 页。齐力克里：《名人》第 8 卷，第 253~254 页。沙奇尔·穆斯塔法：《阿拉伯历史与史家》第 2 卷，第 87 页。

萨比特·斯南

（Thābit Sinān，? ~976）

详见上文的"斯南父子"。

伊本·古蒂耶

（Ibn al-Qūtīyah，? ~977）

艾布·伯克尔·穆罕默德·本·欧麦尔·本·阿卜杜·阿齐兹·本·伊卜拉欣·安达卢斯·古尔图比，生卒于西班牙科尔多瓦。

史学著作：《征服安达卢西史》，开罗：埃及书籍出版社 & 贝鲁特：黎巴嫩书籍出版社，1989。

参考文献：伊本·法拉荻：《安达卢西学林史》第 2 卷，第 102~103

页。阿卜杜·瓦希德·占嫩：《安达卢西阿拉伯历史编纂学的兴起》，第
16~18 页。K. 布伊卡：《安达卢西的阿拉伯历史文献》，第 115~120 页。

伊本·豪格勒
(Ibn Hawqal, ? ~约 977)

艾布·伽斯姆·穆罕默德·本·豪格勒·巴格达迪·摩苏里，生于伊
拉克巴格达，辞世地点有待考究。

史学著作：《道里邦国志》，即《地形》，贝鲁特：生活书店出版社，1992。

参考文献：哈吉·哈里发：《书艺题名释疑》第 2 卷，第 1664 页。沙
奇尔·穆斯塔法：《阿拉伯历史与史家》第 2 卷，第 70 页。阿卜杜·拉哈
曼·哈米达：《阿拉伯地理学名家及其遗作摘录》，第 210~233 页。

叶哈雅·莱西
(Yahyá al-Laythī, ? ~978)

艾布·尔撒·叶哈雅·本·阿卜杜拉·本·叶哈雅·本·叶哈雅·
本·叶哈雅·莱西·古尔图比，生卒于西班牙科尔多瓦。

史学著作：《先知传略》。

参考文献：伊本·法拉荻：《安达卢西学林史》第 2 卷，第 239~240
页。伊本·亥尔：《目录》，第 288 页。扎哈比：《群英诸贤传》第 16 卷，
第 267~268 页。

捷贺尼
(al-Jayhānī, ? ~约 978)

艾布·阿卜杜拉·穆罕默德·本·艾哈迈德·本·纳斯尔·捷贺尼，
祖籍呼罗珊地区，辞世地点有待考究。

史学著作：《道里邦国志》、《哈里发与埃米尔之约》和《信函》等。

参考文献：伊本·纳迪姆：《目录》第 1 卷第 2 分册，第 428 页。沙奇
尔·穆斯塔法：《阿拉伯历史与史家》第 2 卷，第 71、79 页。阿里·达法

俄：《阿拉伯伊斯兰文明中的地理学先驱》，第110~112页。

伊斯哈格·盖尼
（Ishāq al-Qaynī，? ~978）

艾布·阿卜杜·哈密德·伊斯哈格·本·萨拉玛·本·瓦立德·本·巴德尔·本·阿萨德·本·穆哈勒熙勒·盖尼，生于西班牙雷亚，辞世地点有待考究。

史学著作：《安达卢西人纪事》和多卷本《雷亚纪事》。

参考文献：伊本·法拉荻：《安达卢西学林史》第1卷，第126页。欧麦尔·力铎：《著述家辞典》第1卷，第342页。利玛·杜尔内格：《阿拉伯与穆斯林著名史学家》，第92页。

斯拉斐
（al-Sīrāfī，897~979）

艾布·萨义德·哈桑·本·阿卜杜拉·本·麦尔祖拔尼·斯拉斐，生于伊朗古城西拉夫，卒于伊拉克巴格达。

史学著作：《巴士拉语法学家纪事》，贝鲁特：天主教会印书馆，1936。

参考文献：伊本·亥尔：《目录》，第431~432页。伊本·纳迪姆：《目录》第1卷第1分册，第183~184页。齐力克里：《名人》第2卷，第195~196页。

艾布·迦里卜·祖拉里
（Abū Ghālib al-Zurārī，898~979）

艾布·迦里卜·艾哈迈德·本·穆罕默德·本·穆罕默德·本·苏莱曼·本·哈桑·本·杰赫姆·祖拉里，生于伊拉克库法，卒于伊拉克巴格达。

史学著作：①《历史》。作者写了约2000页，未完稿。②《帖哈麦纪事》。

参考文献：图斯：《目录》，第31~32页。沙奇尔·穆斯塔法：《阿拉伯历史与史家》第 2 卷，第 88、337 页。索伊卜·阿卜杜·哈密德：《什叶派史学家辞典》第 1 卷，第 132 页。

伊本·古璐耶赫

（Ibn Qūlūyah，? ~979）

艾布·伽斯姆·贾法尔·本·穆罕默德·本·贾法尔·本·穆萨·本·古璐耶赫·库米，生于伊朗库姆，卒于伊拉克巴格达。

史学著作：《月份及其事件史》。

参考文献：纳贾什：《纳贾什人物》，第 122 页。欧麦尔·力铎：《著述家辞典》第 1 卷，第 495~496 页。索伊卜·阿卜杜·哈密德：《什叶派史学家辞典》第 1 卷，第 210 页。

艾布·谢赫

（Abū al-Shaykh，887~979）

艾布·穆罕默德·阿卜杜拉·本·穆罕默德·本·贾法尔·本·海彦·安索里·海雅尼·艾斯巴哈尼，生卒于伊朗伊斯法罕。

史学著作：①《伊斯法罕圣训学家层级传》第 1~4 卷，贝鲁特：使命基金会，1992。②《先知品性及其修养》第 1~4 卷，利雅得：穆斯林出版社，1998。③《编年史》、《各地》、《先知明证》和《人物辞典》。

参考文献：扎哈比：《伊斯兰史》第 26 卷，第 418~420 页。欧麦尔·力铎：《著述家辞典》第 2 卷，第 276 页。利玛·杜尔内格：《阿拉伯与穆斯林著名史学家》，第 240 页。

阿利卜·本·萨阿德

（'Arīb ibn Sa'd，? ~979）

阿利卜·本·萨阿德（或萨义德）·古尔图比，生卒于西班牙科尔多瓦。

史学著作：《〈泰伯里史〉续编》，莱顿：博睿学术出版社，1897。作者不仅模仿《泰伯里史》的编撰方法，续写 903 年 11 月至 933 年 1 月的阿拔斯王朝重要史事，还增加了对北非与安达卢西地区历史和人物的特别关注。

参考文献： 伊本·阿卜杜·麦立克：《〈续编二著〉增补》第 3 卷，第 118~119 页。卡米勒·朱布里：《文豪辞典：自蒙昧时期至公元 2002 年》第 4 卷，第 211~212 页。沙奇尔·穆斯塔法：《阿拉伯历史与史家》第 2 卷，第 73 页。

伊本·桑马格

（Ibn Sammaqah，? ~979）

穆罕默德·本·萨义德·本·桑马格·花拉子米，生卒地点有待考究。

史学著作：《花剌子模纪事》。

参考文献： 索法迪：《逝者全录》第 3 卷，第 88 页。齐力克里：《名人》第 6 卷，第 138 页。利玛·杜尔内格：《阿拉伯与穆斯林著名史学家》，第 382 页。

伊本·杰札尔

（Ibn al-Jazzār，约 898~约 980）

艾布·贾法尔·艾哈迈德·本·伊卜拉欣·本·艾比·哈里德·盖拉沃尼，生卒于突尼斯凯鲁万。

史学著作：《伊非里基亚武功纪》、《国家纪事》、《正史须知》、《法官层级传》和舆地学著作《各地奇观》等。

参考文献： 齐力克里：《名人》第 1 卷，第 85~86 页。优素福·豪沃拉：《伊非里基亚的学术生活》第 2 卷，第 360~362 页。沙奇尔·穆斯塔法：《阿拉伯历史与史家》第 2 卷，第 203~204 页。

艾布·曼苏尔·爱资哈里

（Abū Mansūr al-Azharī，895~980）

艾布·曼苏尔·穆罕默德·本·艾哈迈德·本·爱资哈尔·本·托勒

哈·本·努哈·本·爱资哈尔·本·努哈·爱资哈里·哈拉维，生卒于阿富汗赫拉特。

史学著作：《叶齐德·本·穆阿维叶纪事》。

参考文献：扎哈比：《群英诸贤传》第 16 卷，第 315~317 页。哈吉·哈里发：《书艺题名释疑》第 1 卷，第 31 页。沙奇尔·穆斯塔法：《阿拉伯历史与史家》第 2 卷，第 88 页。

浩腊尼

（al-Khawlānī,？~约 981）

艾布·阿里·阿卜杜·杰拔尔·本·阿卜杜拉·本·穆罕默德·本·阿卜杜·拉希姆·本·达乌德·浩腊尼·达拉尼，可能生卒于叙利亚德拉雅。

史学著作：《德拉雅史》，大马士革：阿拉伯科学院出版社，1950。

参考文献：福阿德·斯兹金：《阿拉伯遗产史》第 1 卷第 2 分册，第 213~214 页。沙奇尔·穆斯塔法：《阿拉伯历史与史家》第 2 卷，第 275、280 页。萨拉丁·穆纳吉德：《大马士革史学家及其手稿与出版物辞典》，第 20~21 页。

哈里迪兄弟

1. 艾布·奥斯曼·哈里迪

（Abū'Uthmān al-Khālidī,？~981）

艾布·奥斯曼·萨义德·本·哈希姆·本·瓦尔拉·本·阿拉姆·哈里迪，祖籍伊拉克摩苏尔附近的哈里迪亚，辞世地点有待考究。

2. 艾布·伯克尔·哈里迪

（Abū Bakr al-Khālidī,？~约 990）

艾布·伯克尔·穆罕默德·本·哈希姆·哈里迪，祖籍哈里迪亚，辞世地点有待考究。艾布·伯克尔比艾布·奥斯曼年长 10 岁。兄弟亲密无间，联手创作。

史学著作：①《先锋诗人、蒙昧诗人与跨时代诗人之诗作仿拟与复制》第 1~2 卷，开罗：编译出版委员会，1965。②《艾布·坦玛姆纪事及其诗歌佳作》、《摩苏尔纪事》和《穆斯林·本·瓦立德诗选及其纪事》等。

参考文献：福阿德·斯兹金：《阿拉伯遗产史》第 1 卷第 2 分册，第 287~288 页。齐力克里：《名人》第 3 卷，第 103 页；第 7 卷，第 129 页。沙奇尔·穆斯塔法：《阿拉伯历史与史家》第 2 卷，第 72~73 页。索伊卜·阿卜杜·哈密德：《什叶派史学家辞典》第 1 卷，第 362 页。穆罕默德·优素福：《哈里迪兄弟》（Muhammad Yūsuf, "Al-Khālidīyān"），《大马士革阿拉伯科学院杂志》（*Majallat al-Majma'al-'Ilmī al-'Arabī bi-Dimashq*）1950 年第 1 期。

艾布·伯克尔·伊斯玛仪里
（Abū Bakr al-Ismā'īlī, 910~982）

艾布·伯克尔·艾哈迈德·本·伊卜拉欣·本·伊斯玛仪·本·阿拔斯·伊斯玛仪里·朱尔贾尼·沙斐仪，生于伊朗戈尔甘，辞世地点有待考究。

史学著作：①《艾布·伯克尔·伊斯玛仪里之长老辞典》第 1~3 卷，麦地那：科学与智慧书店，1990。该书收录 410 名长老。②《圣门弟子辞典》。

参考文献：扎哈比：《伊斯兰史》第 26 卷，第 489~492 页。阿卜杜海·卡塔尼：《目录辞典》第 2 卷，第 614 页。齐力克里：《名人》第 1 卷，第 86 页。

伊本·麦拉佶
（Ibn al-Marāghī,? ~982）

艾布·法特哈·穆罕默德·本·贾法尔·本·穆罕默德·麦拉佶·沃迪义·哈姆达尼，生卒地点有待考究，定居伊拉克巴格达。

史学著作：《纪事精选》、《地名》和《各地纪事》。

参考文献：伊本·纳迪姆：《目录》第 1 卷第 1 分册，第 264 页。纳贾什：《纳贾什人物》，第 376 页。索伊卜·阿卜杜·哈密德：《什叶派史学家辞典》第 2 卷，第 140~141 页。

阿卜杜拉·萨腊米
（'Abd Allāh al-Sallāmī,？~984）

艾布·哈桑·阿卜杜拉·本·穆萨·本·哈桑·本·伊卜拉欣·萨腊米，生于伊拉克巴格达，卒于乌兹别克斯坦布哈拉或土库曼斯坦古城木鹿。

史学著作：《历史》，主要记载先知穆罕默德、阿里及其后裔的传记。

参考文献：赫蒂卜·巴格达迪：《巴格达史》第 11 卷，第 383~384 页。欧麦尔·力铎：《著述家辞典》第 2 卷，第 302 页。沙奇尔·穆斯塔法：《阿拉伯历史与史家》第 2 卷，第 89 页。

艾布·法特哈·艾兹迪
（Abū al-Fath al-Azdī,？~985）

艾布·法特哈·穆罕默德·本·侯赛因·本·艾哈迈德·本·侯赛因·本·阿卜杜拉·本·叶齐德·艾兹迪·摩苏里，生卒于伊拉克摩苏尔。

史学著作：①《以别名著称于世之圣门弟子名单》，孟买：萨拉菲耶出版社，1989。②《无名圣门弟子别名》，孟买：萨拉菲耶出版社，1989。③《以父亲之名字命名者》，安曼：安玛尔出版社，1989。④《羸弱者与被弃者》。

参考文献：赫蒂卜·巴格达迪：《巴格达史》第 3 卷，第 36~37 页。扎哈比：《群英诸贤传》第 16 卷，第 347~350 页。齐力克里：《名人》第 6 卷，第 98 页。

伊本·马尔丹
（Ibn Ma'dān, 904~986）

艾布·阿拔斯·艾哈迈德·本·萨义德·本·艾哈迈德·本·穆罕默

德·本·马尔丹·艾兹迪,可能生卒于土库曼斯坦古城木鹿。

史学著作:《木鹿史》。

参考文献:扎哈比:《伊斯兰史》第 26 卷,第 568 页。齐力克里:《名人》第 1 卷,第 130~131 页。福阿德·斯兹金:《阿拉伯遗产史》第 1 卷第 2 分册,第 225~226 页。

穆斯塔姆里

（al-Mustamlī,? ~986）

艾布·伊斯哈格·伊卜拉欣·本·艾哈迈德·本·伊卜拉欣·本·艾哈迈德·本·达乌德·巴勒黑·穆斯塔姆里,生于阿富汗巴尔赫,辞世地点有待考究。

史学著作:《长老辞典》。

参考文献:扎哈比:《伊斯兰史》第 26 卷,第 589 页。伊斯玛仪帕夏·巴格达迪:《著述家名讳遗作惠泽》第 1 卷,第 6~7 页。齐力克里:《名人》第 1 卷,第 28~29 页。

萨维鲁斯·穆格发

（Sāwīrus al-Muqaffaʻ,约 915~987）

萨维鲁斯·本·穆格发·米斯里·科普蒂,生卒于埃及,是用阿拉伯文写作的科普特第一位大史学家。

史学著作:《埃及主教史》。该书是中古时期埃及基督教历史名著之一,不仅记载 1~10 世纪的埃及历任主教传记,还描述当时的政治、宗教、经济、社会与文化概况。2012 年,埃及开罗文化宫总局出版的 10 卷本《萨维鲁斯·本·穆格发〈主教史〉手稿中的埃及史》,以萨维鲁斯《埃及主教史》为基础,从 1 世纪初写到 20 世纪末,共收录 117 任主教的传记。

参考文献:欧麦尔·力铎:《著述家辞典》第 1 卷,第 751 页。沙奇尔·穆斯塔法:《阿拉伯历史与史家》第 2 卷,第 444~445 页。利玛·杜尔内格:《阿拉伯与穆斯林著名史学家》,第 165~166 页。

穆托力弗·加萨尼

（Mutarrif al-Ghassānī,？～987）

艾布·伽斯姆·穆托力弗·本·尔撒·本·拉比卜·本·穆罕默德·本·穆托力弗·加萨尼·伊勒比里，生于西班牙埃尔维拉，卒于西班牙科尔多瓦。

史学著作：《埃尔维拉法学家》和《埃尔维拉诗坛》。

参考文献： 伊本·法拉荻：《安达卢西学林史》第 2 卷，第 173 页。伊本·巴施库沃勒：《〈安达卢西伊玛目、学者、圣训学家、法学家与文豪史〉续编》第 2 卷，第 263 页。齐力克里：《名人》第 7 卷，第 250～251 页。

伊本·泰伯里

（Ibn al-Tabarī,？～987）

艾布·哈米德·艾哈迈德·本·侯赛因·本·阿里·麦尔瓦齐·泰伯里·哈乃斐，生于伊朗哈马丹，卒于乌兹别克斯坦布哈拉或土库曼斯坦古城木鹿。

史学著作：《历史》。

参考文献： 赫蒂卜·巴格达迪：《巴格达史》第 5 卷，第 172～174 页。欧麦尔·力铎：《著述家辞典》第 1 卷，第 129 页。利玛·杜尔内格：《阿拉伯与穆斯林著名史学家》，第 34 页。

哈桑·库米

（Hasan al-Qummī,？～约 989）

艾布·阿里·哈桑·本·穆罕默德·本·哈桑（或侯赛因）·库米·谢拔尼，可能生于伊朗库姆，辞世地点有待考究。

史学著作：《库姆史》。1461 年，塔朱丁·哈桑·本·阿里·库米把它翻译成了波斯文。其阿拉伯文原著已佚，流传至今的是波斯文译本。

参考文献： 福阿德·斯兹金：《阿拉伯遗产史》第 1 卷第 2 分册，第 227～228 页。穆哈新·艾敏：《什叶派精英》第 5 卷，第 174、246～247 页。

索伊卜·阿卜杜·哈密德：《什叶派史学家辞典》第 1 卷，第 263~264 页。

阿里·艾什阿里

('Alī al-Ash'arī,？~约 989)

阿里·本·侯赛因·本·穆罕默德·本·阿米尔·本·易姆兰·本·艾比·欧麦尔·艾什阿里·库米，生卒地点有待考究。

史学著作：《库姆史》。它成书于 989 年，记载定居伊朗库姆城的阿拉伯人事迹及其战争。其阿拉伯文原著已佚，流传至今的是波斯文译本。

参考文献：阿迦·布祖尔克：《什叶派著述门径》第 3 卷，第 279 页。索伊卜·阿卜杜·哈密德：《什叶派史学家辞典》第 1 卷，第 596 页。

伊本·扎卜尔

(Ibn Zabr, 911~989)

详见上文的"扎卜尔父子"。

祖贝迪

(al-Zubaydī, 928~989)

艾布·伯克尔·穆罕默德·本·哈桑·本·欧贝杜拉（或阿卜杜拉）·本·马孜希吉·祖贝迪·沙米·安达卢斯，生卒于西班牙塞维利亚。

史学著作：《语法学家与语言学家层级传》，开罗：知识出版社，1984。这部阿拉伯语语言学与语法学史名著把巴士拉的语法学家分为十个层级、语言学家七个层级，库法的语法学家分为六个层级、语言学家五个层级，埃及的语法学家和语言学家分为三个层级，凯鲁万的语法学家和语言学家分为四个层级，安达卢西的语法学家和语言学家分为六个层级。

参考文献：伊本·法拉获：《安达卢西学林史》第 2 卷，第 120~121 页。扎哈比：《群英诸贤传》第 16 卷，第 417~418 页。齐力克里：《名人》第 6 卷，第 82 页。

尔撒·拉齐

（'Īsā al-Rāzī，? ～989）

详见上文的"西班牙的拉齐家族"。

艾布·阿卜杜拉·哈萨尼

（Abū'Abd Allāh al-Hasanī，? ～约 990）

名字族谱和生卒地点有待考究。

史学著作：《圣训学家纪事》、《穆阿维叶纪事》和《美德》。

参考文献：伊本·纳迪姆：《目录》第 1 卷第 2 分册，第 680～681 页。图斯：《目录》，第 189 页。索伊卜·阿卜杜·哈密德：《什叶派史学家辞典》第 1 卷，第 513 页。

萨赫勒·迪拔继

（Sahl al-Dībājī，899～990）

艾布·穆罕默德·萨赫勒·本·艾哈迈德·本·阿卜杜拉·本·艾哈迈德·本·萨赫勒·迪拔继，出生地点有待考究，可能卒于伊拉克巴格达。

史学著作：《艾布·塔里卜信仰》。

参考文献：纳贾什：《纳贾什人物》，第 183 页。扎哈比：《伊斯兰史》第 26 卷，第 657 页。索伊卜·阿卜杜·哈密德：《什叶派史学家辞典》第 1 卷，第 372 页。

沙熙德

（al-Shāhid，903～990）

艾布·伽斯姆·托勒哈·本·穆罕默德·本·贾法尔·沙熙德·巴格达迪，生卒于伊拉克巴格达。

史学著作：《法官纪事》，详见伊曼·马哈茂德、拉蒂夫·赫拉夫集校：

《艾布·伽斯姆·托勒哈·本·穆罕默德·本·贾法尔·沙熙德〈法官纪事〉的佚文》（Īmān Mahmūd wa-Latīf Khalaf, "Nusūs Mafqūdah min Kitāb Akhbār al-Qudāh li-Abī al-Qāsim Talhah ibn Muhammad ibn Ja'far al-Shāhid"），《历史与考古研究》（*Majallat Dirāsāt fī al-Tārīkh wa-al-Āthār*）2017 年总第 59 期，第 103～255 页。

参考文献：赫蒂卜·巴格达迪：《巴格达史》第 10 卷，第 480～481 页。齐力克里：《名人》第 3 卷，第 229 页。沙奇尔·穆斯塔法：《阿拉伯历史与史家》第 2 卷，第 89 页。

伊本·纳迪姆

（Ibn al-Nadīm，约 932～约 990）

艾布·法拉吉·穆罕默德·本·伊斯哈格·本·穆罕默德·本·伊斯哈格·纳迪姆·巴格达迪，生卒于伊拉克巴格达，被誉为"阿拉伯目录学之父"。

史学著作：《目录》第 1 卷第 1 分册～第 2 卷第 2 分册，伦敦：福尔甘伊斯兰遗产基金会，2009。该书是 987 年以前的阿拉伯伊斯兰学术总成绩册，是现存最古老且全面的阿拉伯伊斯兰目录学著作。作者把史学视为 10 大类 33 门学问中的一门，在第三章第一节介绍了约百名纪事家、族谱学家和传记家的成就。更为重要的是，该书收录的不少书名鲜见于同时代的其他阿拉伯典籍。

参考文献：福阿德·斯兹金：《阿拉伯遗产史》第 1 卷第 2 分册，第 292～296 页。沙奇尔·穆斯塔法：《阿拉伯历史与史家》第 2 卷，第 61～62 页。索伊卜·阿卜杜·哈密德：《什叶派史学家辞典》第 2 卷，第 103～104 页。

艾布·伯克尔·哈里迪

（Abū Bakr al-Khālidī,？～约 990）

详见上文的"哈里迪兄弟"。

哈桑·穆哈拉比

(al-Hasan al-Muhallabī,？ ~990)

艾布·侯赛因·哈桑·本·艾哈迈德·穆哈拉比，生卒地点有待考究。

史学著作：《阿齐兹书》，又名《道里邦国志》，大马士革：塔克文出版社，2006。该书是第一部详细描述苏丹草原的阿拉伯文著作。

参考文献：哈吉·哈里发：《书艺题名释疑》第 2 卷，第 1665 页。亚当·梅茨：《伊历四世纪的伊斯兰文明》第 2 卷，第 8 页。沙奇尔·穆斯塔法：《阿拉伯历史与史家》第 2 卷，第 202~203 页。

伊本·穆戈里·艾斯巴哈尼

(Ibn al-Muqri' al-Asbahānī, 898~991)

艾布·伯克尔·穆罕默德·本·伊卜拉欣·本·阿里·本·阿斯姆·本·札占·艾斯巴哈尼，生于伊朗伊斯法罕，辞世地点有待考究。

史学著作：《人物辞典》，利雅得：鲁世德书店，1998。

参考文献：齐力克里：《名人》第 5 卷，第 295 页。伊本·易玛德：《金砂：往逝纪事》第 4 卷，第 428 页。阿卜杜海·卡塔尼：《目录辞典》第 2 卷，第 612 页。

谢赫·索杜戈

(al-Shaykh al-Sadūq, 918~991)

艾布·贾法尔·穆罕默德·本·阿里·本·侯赛因·本·穆萨·本·拔巴韦赫·库米，生于伊朗库姆，卒于伊朗雷伊。

史学著作：①《力铎纪事精粹》第 1~2 卷，库姆：沙利夫·拉获出版社，1958。②《灯》。这部圣训传述者层级传共分为 15 个部分。③《历史》、《侯赛因殉难》、《人物》、《艾布·乍尔纪事及其美德》、《萨勒曼纪事及其修行与美德》、《阿卜杜·阿济姆·本·阿卜杜拉·哈萨尼纪事》、《骆驼（战役）》、《栽德·本·阿里》、《哈桑与侯赛因美德》、《协商会议》和

《穆赫塔尔·本·艾比·欧贝德纪事》等。

参考文献：图斯：《目录》，第 156~157 页。纳贾什：《纳贾什人物》，第 372~375 页。索伊卜·阿卜杜·哈密德：《什叶派史学家辞典》第 2 卷，第 261~263 页。

麦阿菲里

(al-Maʿāfirī,? ~993)

艾布·阿卜杜拉·穆罕默德·本·索里哈·格哈拓尼·麦阿菲里·安达卢斯·马立奇，生于西班牙科尔多瓦，卒于乌兹别克斯坦布哈拉。

史学著作：《安达卢西人物史》。

参考文献：伊斯玛仪帕夏·巴格达迪：《著述家名讳遗作惠泽》第 2 卷，第 53 页。欧麦尔·力铎：《著述家辞典》第 3 卷，第 354 页。利玛·杜尔内格：《阿拉伯与穆斯林著名史学家》，第 388 页。

麦尔祖拔尼

(al-Marzubānī，910~994)

艾布·欧贝杜拉·穆罕默德·本·易姆兰·本·穆萨·本·萨义德·麦尔祖拔尼，生卒于伊拉克巴格达。

史学著作：①《雅士》，原稿超过 1 万页，收录自前伊斯兰时期至阿拔斯王朝初期的著名诗人传记。②《启明》，原稿约 1.2 万页，收录圣训学家中的诗人传记及其代表作。③《禅益》，原稿 1 万多页。穆罕默德·艾密尼校勘出版的《萨义德·希木叶里纪事》（纳杰夫：拔基尔出版社，1965）是该巨著的残存部分。④《选录》，原稿约 6000 页。叶厄木里（1203~1274）《语法学家、文豪、诗坛与学林纪事选录举要》是该巨著的缩写本。⑤《女性诗歌》，原稿约 1200 页。1995 年，萨米·阿尼和希腊勒·纳继合作校勘出版了该书残存的第三部分（贝鲁特：书籍世界）。⑥《学林诗坛二重吟》，贝鲁特：学术书籍出版社，1995。⑦《人物辞典》，原稿 2000 多页，收录约 5000 名诗人传记。法鲁戈·艾斯立姆校勘出版的《诗坛辞典》（贝鲁特：索迪尔出版社，2005）是该巨著的最后 1/5 残卷，记载 1119 名诗人。

⑧《武功纪》，原稿约 600 页。

参考文献：伊本·纳迪姆：《目录》第 1 卷第 2 分册，第 407～414 页。齐力克里：《名人》第 6 卷，第 319 页。沙奇尔·穆斯塔法：《阿拉伯历史与史家》第 2 卷，第 56~58 页。

艾布·法得勒·哈马扎尼
（Abū al-Fadl al-Hamadhānī，915～994）

艾布·法得勒·索里哈·本·艾哈迈德·本·穆罕默德·本·艾哈迈德·本·索里哈·塔米米·哈马扎尼，生于伊朗哈马丹，卒于伊拉克巴格达。

史学著作：《哈马丹人层级传》。

参考文献：扎哈比：《群英诸贤传》第 16 卷，第 518～519 页。欧麦尔·力铎：《著述家辞典》第 1 卷，第 828 页。福阿德·斯兹金：《阿拉伯遗产史》第 1 卷第 2 分册，第 226 页。

索比家族

1. 艾布·伊斯哈格·索比
（Abū Ishāq al-Sābī，925～994）

艾布·伊斯哈格·伊卜拉欣·本·希腊勒·本·伊卜拉欣·本·扎赫伦·哈拉尼·索比，生卒于伊拉克巴格达。

史学著作：①《王冠》。伊拉克学者穆罕默德·祖贝迪校勘和注释的《王冠剥粹》（巴格达：伊拉克信息部，1977）是该书的残存部分。②《索比书信》，详见黎巴嫩史学家沙奇卜·艾尔斯岚（1869～1946）校勘出版的《艾布·伊斯哈格·伊卜拉欣·本·希腊勒·本·扎赫伦·索比书信选》（穆赫塔拉：塔格杜米耶出版社，2010）。

2. 希腊勒·索比
（Hilāl al-Sābī，969～1056）

艾布·侯赛因（或哈桑）·希腊勒·本·穆哈新·本·伊卜拉欣·

本·希腊勒·索比·哈拉尼，生卒于巴格达。

史学著作：①40 卷本《索比史》。这部编年体史书是继《萨比特·本·斯南史》之后的又一部续编《泰伯里史》的力作，记载 970~1056 年的史事。残存的第 8 卷（贝鲁特：学术书籍出版社，2003）记载 999~1003 年的史事。②《哈里发宫廷仪式》，贝鲁特：阿拉伯先驱出版社，1986。③《埃米尔珍品：臣卿史》，贝鲁特：耶稣会神父印书馆，1904。

3. 加尔斯·尼尔玛

（Ghars al-Ni'mah, 1025~1087）

艾布·哈桑·穆罕默德·本·希腊勒·本·穆哈新·本·伊卜拉欣·索比，生卒于巴格达。

史学著作：①编年史《历史精粹》，是《泰伯里史》的续编。《泰伯里史》编到 915 年。萨比特·斯南（？~976）续编到 976 年。希腊勒·索比接着续编到 1057 年。加尔斯的《历史精粹》接续到 1087 年。②《罕见失误》，大马士革：阿拉伯语学会出版社，1967。

参考文献：齐力克里：《名人》第 1 卷，第 78 页；第 7 卷，第 132 页；第 8 卷，第 92 页。卡尔·布罗克尔曼：《阿拉伯文学史》第 6 册，第 35~38 页。沙奇尔·穆斯塔法：《阿拉伯历史与史家》第 1 卷，第 281 页；第 2 卷，第 60~61、100~101、104~106 页。利玛·杜尔内格：《阿拉伯与穆斯林著名史学家》，第 462~463、491~492 页。盖斯·穆加施加施：《艾布·伊斯哈格·索比》（Qays Mughashghash, *Abū Ishāq al-Sābī*），埃尔比勒：文化与青年部，2009。

伽迪·塔怒黑

（al-Qādī al-Tanūkhī, 939~994）

艾布·阿里·穆哈新·本·阿里·本·穆罕默德·本·达乌德·本·法赫姆·塔怒黑·巴士里，生于伊拉克巴士拉，卒于伊拉克巴格达。

史学著作：①《演说公告与备忘纪事》第 1~8 卷，贝鲁特：索迪尔出版社，1995。该书完稿于 990 年，汇集下自平民百姓、上至达官贵族的社会、政治和经济生活等方面的大量信息，具有较高的史料价值。②奇闻与

传记集《慷慨行为择优》，贝鲁特：学术书籍出版社，2005。③纪事、奇闻
与传记集《苦后甘甜》第 1~5 卷，贝鲁特：索迪尔出版社，1978。

参考文献：雅孤特：《文豪辞典》第 5 卷，第 2280~2293 页。齐力克
里：《名人》第 5 卷，第 288 页。沙奇尔·穆斯塔法：《阿拉伯历史与史家》
第 2 卷，第 58~59 页。

两个欧塔基

1. 欧塔基·米斯里

(al-'Utaqī al-Misrī, ? ~994)

艾布·阿卜杜·拉哈曼·穆罕默德·本·阿卜杜·拉哈曼·本·伽斯
姆·本·哈里德·本·朱纳达·欧塔基·米斯里，出生地点有待考究，卒
于埃及。

2. 欧塔基·伊非里基

(al-'Utaqī al-Ifrīqī, ? ~995)

艾布·阿卜杜·拉哈曼·穆罕默德·本·阿卜杜拉·本·穆罕默德·
欧塔基·伊非里基，生于突尼斯城，卒于埃及开罗。

史学著作：两个欧塔基的著作经常被阿拉伯学者们混淆在一起。这些
著作包括《大历史》、《全史》和《阿齐兹传》等。

参考文献：索法迪：《逝者全录》第 3 卷，第 197~198 页。基夫蒂：《贤
哲纪学林知》，第 215~216 页。欧麦尔·力铎：《著述家辞典》第 3 卷，第
398、457 页。沙奇尔·穆斯塔法：《阿拉伯历史与史家》第 2 卷，第 201~202
页。利玛·杜尔内格：《阿拉伯与穆斯林著名史学家》，第 394、408 页。

伊本·朱勒朱勒

(Ibn Juljul, 944~ 约 994)

艾布·达乌德·苏莱曼·本·哈撒恩·安达卢斯，生卒于西班牙科尔
多瓦。

史学著作：《医者与贤哲层级传》，贝鲁特：使命基金会，1985。该书把医生和哲学家分为九个层级：前六个层级是非阿拉伯人（主要来自希腊-罗马）；第七层级是精通医学和哲学的伊斯兰贤哲；第八层级是马格里布伊斯兰贤哲；第九层级收录 23 名安达卢西地区的哲学家和医生。

参考文献：胡梅迪：《火炭余烬：安达卢西学林史》，第 322~323 页。齐力克里：《名人》第 3 卷，第 123 页。阿卜杜·法特哈·法特希：《公元十世纪埃及与安达卢西的史学与史家》第 2 卷，第 441~495 页。

伊本·沙欣·巴格达迪
（Ibn Shāhīn al-Baghdādī，909~995）

艾布·哈夫斯·欧麦尔·本·艾哈迈德·本·奥斯曼·本·艾哈迈德·本·穆罕默德·本·艾尤卜·巴格达迪，生卒于伊拉克巴格达。

史学著作：①《可信传知者名字史》，贝鲁特：学术书籍出版社，1986。该书收录 1569 个名字。②《羸弱者与扯谎者名字史》，麦地那：使命基金会，1989。该书收录 722 个名字。

参考文献：赫蒂卜·巴格达迪：《巴格达史》第 13 卷，第 133~137 页。欧麦尔·力铎：《著述家辞典》第 2 卷，第 552 页。沙奇尔·穆斯塔法：《阿拉伯历史与史家》第 2 卷，第 90 页。

达拉古特尼
（al-Dāraqutnī，918~995）

艾布·哈桑·阿里·本·欧麦尔·本·艾哈迈德·本·马赫迪·本·马斯欧德·本·努尔曼·本·迪纳尔·巴格达迪，生卒于伊拉克巴格达。

史学著作：①《羸弱者与被弃者》，利雅得：知识书店，1984。该书收录 631 名圣训学领域的羸弱者或被弃者。②《圣门弟子美德功勋及其部分言论》，麦地那：古拉拔-艾塞利耶书店，1998。

参考文献：赫蒂卜·巴格达迪：《巴格达史》第 13 卷，第 487~494 页。索里哈·拉希丹：《考证人物志》第 1 卷，第 155~165 页。阿卜杜拉·鲁海里：《伊玛目艾布·哈桑·达拉古特尼及其学术影响》（'Abd Allāh al-

Ruhaylī, *Al-Imām Abū al-Hasan al-Dāraqutnī wa-Āthāruhu al-'Ilmīyah*），吉达：翠绿安达卢西出版社，2000。

索希卜·阿拔德
(al-Sāhib'Abbād，938~995)

艾布·伽斯姆·伊斯玛仪·本·阿拔德·本·阿拔斯·拓里伽尼，生于阿富汗塔洛甘，卒于伊朗雷伊。

史学著作：①《知识入门与哈里发纪录》，巴格达：伊尔沙德印书馆，1966。②《臣卿》、《艾布·爱纳纪事》、《君王历史与国家冲突》、《伊玛目》和《栽德派》等。

参考文献：沙奇尔·穆斯塔法：《阿拉伯历史与史家》第 2 卷，第 90 页。索伊卜·阿卜杜·哈密德：《什叶派史学家辞典》第 1 卷，第 162~168 页。赫里勒·马尔达姆：《索希卜·本·阿拔德》（Khalīl Mardam，*Al-Sāhib ibn 'Abbād*），大马士革：塔拉基印书馆，1932。

穆罕默德·杜贝里
(Muhammad al-Dubaylī，? ~995)

艾布·阿卜杜拉·穆罕默德·本·瓦赫班·本·穆罕默德·本·罕玛德·本·比施尔·本·撒里姆·杜贝里，出生地点有待考究，定居伊拉克巴士拉。

史学著作：《索迪戈与曼苏尔纪事》、《索迪戈与艾布·哈尼法纪事》、《力铎纪事》、《传述信士长官学识之人》、《叶哈雅·本·艾比·泰维勒纪事》和《艾布·贾法尔二世纪事》等。

参考文献：纳贾什：《纳贾什人物》，第 379 页。伊本·沙赫尔阿述卜：《学林路标：古今什叶派书籍及其著者名字索引》，第 116 页。索伊卜·阿卜杜·哈密德：《什叶派史学家辞典》第 2 卷，第 353 页。

欧塔基·伊非里基

(al-'Utaqī al-Ifrīqī,? ~995)

详见上文的"两个欧塔基"。

艾布·穆法多勒·谢拔尼

(Abū al-Mufaddal al-Shaybānī, 910~997)

艾布·穆法多勒·穆罕默德·本·阿卜杜拉·本·穆罕默德·本·欧贝杜拉·本·布赫璐勒·本·汉玛姆·谢拔尼,生于伊拉克库法,卒于伊拉克巴格达。

史学著作:《艾布·哈尼法纪事》、《栽德·本·阿里美德》和《阿拔斯·本·阿卜杜·穆塔里卜美德》等。

参考文献:赫蒂卜·巴格达迪:《巴格达史》第 3 卷,第 499~501 页。纳贾什:《纳贾什人物》,第 378 页。索伊卜·阿卜杜·哈密德:《什叶派史学家辞典》第 2 卷,第 241~242 页。

伊本·祖腊戈

(Ibn Zūlāq, 919~997)

艾布·穆罕默德·哈桑·本·伊卜拉欣·本·侯赛因·本·哈桑·本·阿里·本·哈里德·本·拉什德·本·祖腊戈·莱西·米斯里,生卒于埃及开罗。

史学著作:①《埃及特色、纪事及其精粹》,开罗:埃及图书总局,1999。该书是作者的巨著《埃及历史及其纪事》的缩写本。②《西伯威希·米斯里纪事》,开罗:纳斯尔印书馆,1933。③《穆罕默德·本·图厄吉·伊赫什德传》、《焦哈尔传》、《马扎拉伊人传》、《大编年史》、《卡富尔·伊赫什迪传》、《穆易兹传》、《阿齐兹传》、《埃及地志》、《埃及法官纪事》、《小历史》、《阿慕尔·本·阿斯纪事》、《尼罗河纪事》、《艾哈迈德·本·突伦传》和《艾布·捷施·胡玛拉韦赫传》等。

参考文献：福阿德·斯兹金：《阿拉伯遗产史》第 1 卷第 2 分册，第 242~243 页。沙奇尔·穆斯塔法：《阿拉伯历史与史家》第 2 卷，第 187~188 页。索伊卜·阿卜杜·哈密德：《什叶派史学家辞典》第 1 卷，第 230~231 页。

伊本·布凯尔
(Ibn Bukayr，939~998)

艾布·阿卜杜拉·侯赛因·本·艾哈迈德·本·阿卜杜拉·本·阿卜杜·拉哈曼·本·布凯尔·绥拉斐·巴格达迪，生卒于伊拉克巴格达。

史学著作：①《以艾哈迈德与穆罕默德为名者之美德》，坦塔：圣门弟子遗产出版社，1990。②评注巴尔迪继（约 845~914）的《圣门弟子、再传圣门弟子与圣训学家单名层级传》。③《圣裔功德精粹》。

参考文献：赫蒂卜·巴格达迪：《巴格达史》第 8 卷，第 523~526 页。齐力克里：《名人》第 2 卷，第 231 页。索伊卜·阿卜杜·哈密德：《什叶派史学家辞典》第 1 卷，第 279 页。

阿卜杜·拉施德
('Abd al-Rashīd，10 世纪)

阿卜杜·拉施德·本·侯赛因·本·穆罕默德·艾斯塔拉巴迪，生卒地点有待考究。

史学著作：《先知与伊玛目功德》。

参考文献：阿卜杜拉·阿凡迪：《学林园与德贤池》第 3 卷，第 116 页。穆哈新·艾敏：《什叶派精英》第 8 卷，第 10 页。索伊卜·阿卜杜·哈密德：《什叶派史学家辞典》第 1 卷，第 473 页。

阿卜杜拉·杰拉哈
('Abd Allāh al-Jarrāh，10 世纪)

详见上文的"杰拉哈家族"。

艾布·哈桑·代拉米

（Abū al-Hasan al-Daylamī，10 世纪）

艾布·哈桑·阿里·本·侯赛因·扎拉德·代拉米，生卒地点有待考究。

史学著作：《赛夫·道拉传》，或名《赛夫·道拉纪事》。

参考文献： 伊本·阿迪姆：《阿勒颇史索觅》第 6 卷，第 2531 页。伊哈桑·阿拔斯：《佚史金砂》，第 281~284 页。沙奇尔·穆斯塔法：《阿拉伯历史与史家》第 2 卷，第 276 页。

艾布·哈桑·焦沃尼

（Abū al-Hasan al-Jawwānī，10 世纪）

艾布·哈桑·阿里·本·伊卜拉欣·本·穆罕默德·本·哈桑·本·穆罕默德·本·欧贝杜拉·本·侯赛因·阿拉维，生卒地点有待考究。

史学著作：《法赫人纪事》、《阿拔斯·本·欧麦尔·本·阿拔斯纪事》和《叶哈雅·本·阿卜杜拉·本·哈桑·穆散纳纪事》等。

参考文献： 纳贾什：《纳贾什人物》，第 252 页。阿迦·布祖尔克：《什叶派著述门径》第 1 卷，第 337、354 页。索伊卜·阿卜杜·哈密德：《什叶派史学家辞典》第 1 卷，第 564~565 页。

艾哈迈德·阿斯米

（Ahmad al-'Āsimī，10 世纪）

艾布·阿卜杜拉·艾哈迈德·本·穆罕默德·本·艾哈迈德·本·托勒哈·阿斯米·库斐·巴格达迪，祖籍伊拉克库法，定居伊拉克巴格达。

史学著作：《伊玛目降世及其寿命》。

参考文献： 纳贾什：《纳贾什人物》，第 91 页。穆哈新·艾敏：《什叶派精英》第 3 卷，第 77~78 页。索伊卜·阿卜杜·哈密德：《什叶派史学家辞典》第 1 卷，第 122~123 页。

艾哈迈德·巴尔基

（Ibn Ahmad al-Barqī，10 世纪）

详见上文的"巴尔基家族"。

艾哈迈德·旭里

（Ahmad al-Sūlī，10 世纪）

艾布·阿里·艾哈迈德·本·穆罕默德·本·贾法尔·旭里·巴士里，生卒地点有待考究，在 964 年前往伊拉克巴格达。

史学著作：巨著《法蒂玛纪事》。

参考文献：纳贾什：《纳贾什人物》，第 82 页。欧麦尔·力铎：《著述家辞典》第 1 卷，第 255 页。索伊卜·阿卜杜·哈密德：《什叶派史学家辞典》第 1 卷，第 124 页。

赫立达·西吉斯塔尼

（Khalīdah al-Sijistānī，10 世纪）

名字族谱和生卒地点有待考究。

史学著作：《穆罕默德家族史》。

参考文献：雅孤特：《地名辞典》第 3 卷，第 191 页。阿迦·布祖尔克：《什叶派著述门径》第 3 卷，第 212~213 页。索伊卜·阿卜杜·哈密德：《什叶派史学家辞典》第 1 卷，第 323 页。

侯赛因·艾兹迪

（al-Husayn al-Azdī，10 世纪）

艾布·阿卜杜拉·侯赛因·本·穆罕默德·本·阿里·艾兹迪·库斐，可能生卒于伊拉克库法。

史学著作：《访圣代表团》、《艾布·穆罕默德·苏福彦·本·穆斯阿卜·阿卜迪纪事及其诗歌》和《伊本·艾比·欧格卜纪事及其诗歌》等。

参考文献：纳贾什：《纳贾什人物》，第 65 页。穆哈新·艾敏：《什叶派精英》第 6 卷，第 158 页。索伊卜·阿卜杜·哈密德：《什叶派史学家辞典》第 1 卷，第 303 页。

侯赛因·巴召发里

（al-Husayn al-Bazawfarī，10 世纪）

艾布·阿卜杜拉·侯赛因·本·阿里·本·苏福彦·本·哈里德·本·苏福彦·巴召发里，祖籍伊拉克巴格达附近的巴召法尔村，辞世地点有待考究。

史学著作：《先知与伊玛目传》。

参考文献：纳贾什：《纳贾什人物》，第 67 页。穆哈新·艾敏：《什叶派精英》第 6 卷，第 118~119 页。索伊卜·阿卜杜·哈密德：《什叶派史学家辞典》第 1 卷，第 293~294 页。

贾法尔·奥迪

（Ja'far al-Awdī，10 世纪）

艾布·阿卜杜拉·贾法尔·本·艾哈迈德·本·优素福·奥迪，生于伊拉克库法，辞世地点有待考究。

史学著作：《功德》。

参考文献：纳贾什：《纳贾什人物》，第 121 页。阿迦·布祖尔克：《什叶派著述门径》第 22 卷，第 314 页。索伊卜·阿卜杜·哈密德：《什叶派史学家辞典》第 1 卷，第 200 页。

贾法尔·法札里

（Ja'far al-Fazārī，10 世纪）

艾布·阿卜杜拉·贾法尔·本·穆罕默德·本·马立克·本·尔撒·本·撒布尔·库斐，可能生于伊拉克库法，辞世地点有待考究。

史学著作：《伊玛目纪事及其降世》。

参考文献：纳贾什：《纳贾什人物》，第 120~121 页。阿迦·布祖尔克：《什叶派著述门径》第 1 卷，第 312 页。索伊卜·阿卜杜·哈密德：《什叶派史学家辞典》第 1 卷，第 215 页。

贾法尔·拉基

（Ja'far al-Raqqī，10 世纪）

艾布·伽斯姆·贾法尔·本·艾哈迈德·阿拉维·拉基·阿利获，生卒地点有待考究。

史学著作：《征服》。

参考文献：伊本·哈杰尔：《指针》第 2 卷，第 44 页。穆哈新·艾敏：《什叶派精英》第 4 卷，第 82 页。索伊卜·阿卜杜·哈密德：《什叶派史学家辞典》第 1 卷，第 200 页。

拉万迪

（al-Rāwandī，10 世纪）

名字族谱和生卒地点有待考究。

史学著作：《国家》，约 4000 页。

参考文献：伊本·纳迪姆：《目录》第 1 卷第 2 分册，第 332 页。沙奇尔·穆斯塔法：《阿拉伯历史与史家》第 1 卷，第 215 页。

穆罕默德·也玛尼

（Muhammad al-Yamānī，10 世纪）

穆罕默德·本·穆罕默德·也玛尼，生卒地点有待考究。

史学著作：《贾法尔·哈吉卜传》，塞莱米耶：加迪尔出版社，2010。

参考文献：沙奇尔·穆斯塔法：《阿拉伯历史与史家》第 2 卷，第 201、338~339 页。

穆罕默德·希木叶里

（Muhammad al-Himyarī，10 世纪）

艾布·贾法尔·穆罕默德·本·阿卜杜拉·本·贾法尔·本·侯赛因·本·贾米俄·本·马立克·库米·希木叶里，生卒地点有待考究。

史学著作：《第一》、《天》、《地》和《幅员地域》等。

参考文献：图斯：《目录》，第 156 页。纳贾什：《纳贾什人物》，第 339 页。索伊卜·阿卜杜·哈密德：《什叶派史学家辞典》第 2 卷，第 238 页。

萨拉玛·艾兹杜拉伽尼

（Salamah al-Azdūraqānī，10 世纪）

艾布·法得勒（或穆罕默德）·萨拉玛·本·赫拓卜·巴拉瓦斯塔尼·艾兹杜拉伽尼，生于伊朗雷伊郊区的阿兹杜拉甘，辞世地点有待考究。

史学著作：《侯赛因·本·阿里降世及其殉难》和《先知辞世》。

参考文献：纳贾什：《纳贾什人物》，第 184 页。穆哈新·艾敏：《什叶派精英》第 7 卷，第 289 页。索伊卜·阿卜杜·哈密德：《什叶派史学家辞典》第 1 卷，第 365 页。

索里哈·索拉米

（Sālih al-Sarāmī，10 世纪）

索里哈·本·穆罕默德·索拉米，生卒地点有待考究。

史学著作：《赛义德·希木叶里纪事》和《伊玛目史》。

参考文献：纳贾什：《纳贾什人物》，第 194 页。阿迦·布祖尔克：《什叶派著述门径》第 1 卷，第 334～335 页；第 3 卷，第 216 页。索伊卜·阿卜杜·哈密德：《什叶派史学家辞典》第 1 卷，第 390 页。

苏巴希

（al-Subahī，10 世纪）

艾布·阿拔斯·艾哈迈德·本·赫拉夫·本·穆罕默德·苏巴希，可能生于耶路撒冷，辞世地点有待考究。

史学著作：《耶路撒冷纪事》。

参考文献： 萨姆阿尼：《谱系》第 7 卷，第 27 页。伊本·亥尔：《目录》，第 345 页。沙奇尔·穆斯塔法：《阿拉伯历史与史家》第 2 卷，第 276 页。

拓熙尔·谷腊姆

（Tāhir Ghulām，10 世纪）

拓熙尔·谷腊姆·艾比·捷施，生卒地点有待考究。

史学著作：《法达克》。

参考文献： 纳贾什：《纳贾什人物》，第 203 页。索伊卜·阿卜杜·哈密德：《什叶派史学家辞典》第 1 卷，第 409 页。

瓦基德·塔米米

（Wāqid al-Tamīmī，10 世纪）

瓦基德·本·阿慕尔·塔米米，生卒地点有待考究。

史学著作：《拔巴克纪事》。

参考文献： 伊本·纳迪姆：《目录》第 2 卷第 1 分册，第 417~420 页。沙奇尔·穆斯塔法：《阿拉伯历史与史家》第 2 卷，第 92 页。

欧玛拉·亥沃尼

（'Umārah al-Khaywānī，10 世纪）

艾布·栽德·欧玛拉·本·栽德·亥沃尼·哈姆达尼·米斯里，生卒地点有待考究。

史学著作：《武功纪》、《艾布·阿卜杜拉·侯赛因殉难》和《信士长官战争》等。

参考文献：纳贾什：《纳贾什人物》，第 291 页。阿迦·布祖尔克：《什叶派著述门径》第 6 卷，第 396 页；第 21 卷，第 289~290 页；第 22 卷，第 26 页。索伊卜·阿卜杜·哈密德：《什叶派史学家辞典》第 1 卷，第 649 页。

伊本·艾比·乌撒玛·哈拉比
（Ibn Abī Usāmah al-Halabī，10 世纪）

艾布·侯赛因·艾哈迈德·本·阿里·本·艾比·乌撒玛·哈拉比，可能生于叙利亚阿勒颇，移居埃及，辞世地点有待考究。

史学著作：《列王知识》。

参考文献：哈吉·哈里发：《书艺题名释疑》第 2 卷，第 1739 页。沙奇尔·穆斯塔法：《阿拉伯历史与史家》第 2 卷，第 276 页。

伊本·鲁韦达
（Ibn Ruwaydah，10 世纪）

艾布·侯赛因·阿里·本·穆罕默德·本·贾法尔·本·安巴萨·哈达德·阿斯卡里，生卒地点有待考究。

史学著作：《从艾布·塔里卜家族妇女传述（圣训）之人》。

参考文献：纳贾什：《纳贾什人物》，第 252 页。阿迦·布祖尔克：《什叶派著述门径》第 22 卷，第 228 页。索伊卜·阿卜杜·哈密德：《什叶派史学家辞典》第 1 卷，第 619 页。

伊本·马尔旺
（Ibn Marwān，10 世纪）

艾布·伯克尔·穆罕默德·本·阿里·本·马尔旺·巴格达迪，可能生卒于伊拉克巴格达。

史学著作：六卷本《历史》。

参考文献：赫蒂卜·巴格达迪：《巴格达史》第 4 卷，第 100~101 页。伊本·亥尔：《目录》第 284 页。沙奇尔·穆斯塔法：《阿拉伯历史与史家》第 1 卷，第 217 页。

伊本·索拔厄·法基赫
（Ibn al-Sabbāgh al-Faqīh，10 世纪）

艾布·阿里·哈桑·本·欧麦尔·本·艾比·伊斯哈格·法基赫，可能生卒于埃及亚历山大。

史学著作：《亚历山大特色》。

参考文献：伊本·哈杰尔：《目录辞典》，第 420 页。福阿德·斯兹金：《阿拉伯遗产史》第 1 卷第 2 分册，第 241~242 页。沙奇尔·穆斯塔法：《阿拉伯历史与史家》第 2 卷，第 208 页。

伊本·沙扎韦赫
（Ibn Shādhawayh，10 世纪）

艾布·阿卜杜拉·侯赛因·本·沙扎韦赫·索法尔，生卒地点有待考究。

史学著作：《信士长官名字》。

参考文献：纳贾什：《纳贾什人物》，第 65 页。穆哈新·艾敏：《什叶派精英》第 6 卷，第 35 页。索伊卜·阿卜杜·哈密德：《什叶派史学家辞典》第 1 卷，第 284 页。

第 5 编
公元11世纪

麦格迪斯·巴沙里

（al-Maqdisī al-Bashārī，946~约1000）

沙姆苏丁·艾布·阿卜杜拉·穆罕默德·本·艾哈迈德·本·艾比·伯克尔·班纳·沙米·麦格迪斯，生于耶路撒冷，辞世地点有待考究。

史学著作：《最佳分割：区域知识》，莱顿：博睿学术出版社，1906。

参考文献：齐力克里：《名人》第5卷，第312页。沙奇尔·穆斯塔法：《阿拉伯历史与史家》第2卷，第70~71页。阿卜杜·拉哈曼·哈米达：《阿拉伯地理学名家及其遗作摘录》，第255~286页。

伊本·哈伦

（Ibn al-Harūn，? ~1000）

穆罕默德·本·艾哈迈德·本·哈桑（或侯赛因）·本·艾斯巴厄·本·哈伦·巴格达迪，生卒于伊拉克巴格达。

史学著作：《书吏》、《真理》和《诗歌与诗坛》等。

参考文献：伊本·纳迪姆：《目录》第1卷第2分册，第457页。欧麦尔·力铎：《著述家辞典》第3卷，第60页。沙奇尔·穆斯塔法：《阿拉伯历史与史家》第2卷，第75页。

朱乍里

（al-Jūdharī，? ~约1000）

艾布·阿里·曼苏尔·阿齐兹·朱乍里，以"曼苏尔·卡提卜"著称于世，生卒地点有待考究。

史学著作：《朱扎尔传》，开罗：阿拉伯思想出版社，1954。

参考文献：齐力克里：《名人》第7卷，第298页。欧麦尔·力铎：《著述家辞典》第3卷，第913页。福阿德·斯兹金：《阿拉伯遗产史》第1卷第2分册，第240~241页。

伊本·信札巴

(Ibn Hinzābah, 921~1001)

艾布·法得勒·贾法尔·本·法得勒·本·贾法尔·本·穆罕默德·本·穆萨·本·哈桑·本·福拉特·巴格达迪，生于伊拉克巴格达，卒于埃及。

史学著作:《人物名字》。

参考文献: 赫蒂卜·巴格达迪:《巴格达史》第 8 卷，第 156~157 页。扎哈比:《群英诸贤传》第 16 卷，第 484~488 页。索伊卜·阿卜杜·哈密德:《什叶派史学家辞典》第 1 卷，第 206~207 页。

萨格蒂·泰伯里

(al-Saqatī al-Tabarī, ? ~1001)

艾布·伊斯哈格·伊卜拉欣·本·哈比卜·巴士里·萨格蒂·泰伯里，生卒于伊拉克巴士拉。

史学著作:《泰伯里之书关联史》，包含泰伯里的生平事迹及其弟子们的传记。

参考文献: 伊本·纳迪姆:《目录》第 2 卷第 1 分册，第 122 页。欧麦尔·力铎:《著述家辞典》第 1 卷，第 18 页。沙奇尔·穆斯塔法:《阿拉伯历史与史家》第 2 卷，第 90~91 页。

阿里·朱尔贾尼

('Alī al-Jurjānī, 903~1002)

艾布·哈桑·阿里·本·阿卜杜·阿齐兹·本·哈桑·朱尔贾尼，生于伊朗戈尔甘，卒于伊朗内沙布尔。

史学著作:《历史修正》。

参考文献: 扎哈比:《群英诸贤传》第 17 卷，第 19~21 页。欧麦尔·力铎:《著述家辞典》第 2 卷，第 458~459 页。利玛·杜尔内格:《阿拉伯与穆斯林著名史学家》，第 276 页。

艾布·苏莱曼·西吉斯塔尼
（Abū Sulaymān al-Sijistānī, ? ~1002）

艾布·苏莱曼·穆罕默德·本·拓熙尔·本·巴赫拉姆·西吉斯塔尼·曼蒂基，祖籍阿富汗与伊朗之间的锡斯坦地区，定居伊拉克巴格达。

史学著作：哲学史《智慧箱》，德黑兰：伊朗班雅德–法尔罕格出版社，1974。

参考文献：伊本·纳迪姆：《目录》第 2 卷第 1 分册，第 203 页。索法迪：《逝者全录》第 3 卷，第 138 页。齐力克里：《名人》第 6 卷，第 171 页。

伊本·舒海德
（Ibn Shuhayd, 935~1003）

艾布·马尔旺·阿卜杜·麦立克·本·艾哈迈德·本·阿卜杜·麦立克·本·舒海德·古尔图比，生卒于西班牙科尔多瓦。

史学著作：《大历史》。这部编年体巨著超过 100 卷，记载 661~1003 年的史事。

参考文献：扎哈比：《伊斯兰史》第 27 卷，第 288 页。齐力克里：《名人》第 4 卷，第 156 页。利玛·杜尔内格：《阿拉伯与穆斯林著名史学家》，第 247~248 页。

萨腊米
（al-Sallāmī, 948~1003）

艾布·哈桑·穆罕默德·本·阿卜杜拉·本·穆罕默德·本·穆罕默德·本·叶哈雅·古拉什·巴格达迪，生于伊拉克巴格达，卒于伊朗设拉子。

史学著作：《呼罗珊总督史》。

参考文献：齐力克里：《名人》第 6 卷，第 226 页。欧麦尔·力铎：《著述家辞典》第 3 卷，第 458 页。利玛·杜尔内格：《阿拉伯与穆斯林著名史学家》，第 408~409 页。

侯赛因·叶尔孤卜
（al-Husayn Ya'qūb,？~ 约 1003）

侯赛因·本·艾哈迈德·本·叶尔孤卜，生卒地点有待考究。

史学著作：《伊玛目曼苏尔比拉·伽斯姆·本·阿里·爱雅尼传》，萨那：也门智慧出版社，1996。

参考文献：福阿德·斯兹金：《阿拉伯遗产史》第 1 卷第 2 分册，第 209 页。沙奇尔·穆斯塔法：《阿拉伯历史与史家》第 2 卷，第 338 页。艾曼·福阿德：《伊斯兰时期也门历史文献》，第 83~84 页。

希姆沙蒂
（al-Shimshātī,？~ 约 1004）

艾布·哈桑·阿里·本·穆罕默德·阿达维·希姆沙蒂，生于亚美尼亚希姆沙特，曾定居伊拉克巴格达，辞世地点有待考究。

史学著作：①《光辉与佳诗》第 1~2 卷，科威特：科威特政府印书馆，1977~1978。②《艾布·坦玛姆纪事及其诗选》、《〈泰伯里史〉摘要》、《各地院宅》和续编艾布·扎卡利雅·艾兹迪（？~946）的《摩苏尔史》等。

参考文献：伊本·纳迪姆：《目录》第 1 卷第 2 分册，第 476~477 页。沙奇尔·穆斯塔法：《阿拉伯历史与史家》第 2 卷，第 89 页。索伊卜·阿卜杜·哈密德：《什叶派史学家辞典》第 1 卷，第 629~630 页。

伊本·法里斯
（Ibn Fāris, 941~1004）

艾布·侯赛因·艾哈迈德·本·法里斯·本·扎卡利雅·本·穆罕默德·本·哈比卜·格兹维尼·扎赫拉维·拉齐，生于伊朗加兹温，卒于伊朗雷伊。

史学著作：《先知穆罕默德传略》，开罗：拉沙德出版社，1993。

参考文献：雅孤特：《文豪辞典》第 1 卷，第 410～418 页。索法迪：《逝者全录》第 7 卷，第 181～183 页。齐力克里：《名人》第 1 卷，第 193 页。

伊本·伊斯哈格·曼达赫
（Ibn Ishāq Mandah，922～1005）

详见上文的"曼达赫家族"。

艾布·希腊勒·阿斯卡里
（Abū Hilāl al-'Askarī,? ～约 1005）

艾布·希腊勒·哈桑·本·阿卜杜拉·本·萨赫勒·本·萨义德·本·叶哈雅·阿斯卡里，生于伊朗阿斯卡尔-穆克拉姆，辞世地点有待考究。

史学著作：《第一》，坦塔：巴什尔伊斯兰文化与科学出版社，1987。该书记载阿拉伯历史上的 245 个"第一"。

参考文献：雅孤特：《文豪辞典》第 2 卷，第 918～922 页。齐力克里：《名人》第 2 卷，第 196 页。阿马勒·马沙伊赫：《批评家艾布·希腊勒·阿斯卡里》（Amal Mashāyikh, *Abū Hilāl al-'Askarī Nāqidan*），安曼：约旦文化部，2001。

艾哈迈德·伊斯提拉拔兹
（Ahmad al-Istirābādhī,? ～约 1005）

艾布·萨阿德·艾哈迈德·本·穆罕默德·伊德利斯·伊斯提拉拔兹，生卒地点有待考究。

史学著作：《撒马尔罕史》。

参考文献：欧麦尔·力铎：《著述家辞典》第 1 卷，第 250 页。利玛·

杜尔内格：《阿拉伯与穆斯林著名史学家》，第 69 页。

艾哈迈德·纳萨维

（Ahmad al-Nasawī，? ～1006）

艾布·阿拔斯·艾哈迈德·本·穆罕默德·本·扎卡利雅·纳萨维，生卒地点有待考究。

史学著作：《苏菲派史》和《有德者与修行者传》。

参考文献：塔朱丁·苏卜奇：《大沙斐仪学派层级传》第 3 卷，第 42～43 页。欧麦尔·力铎：《著述家辞典》第 1 卷，第 265 页。利玛·杜尔内格：《阿拉伯与穆斯林著名史学家》，第 72 页。

伊本·麦沙特

（Ibn al-Mashshāt，? ～1007）

艾布·穆托力弗·阿卜杜·拉哈曼·本·穆罕默德·本·艾哈迈德·本·欧贝杜拉·鲁爱尼·古尔图比，生于西班牙科尔多瓦，卒于西班牙瓦伦西亚。

史学著作：①《史诗》。②《辉煌》，记载阿米尔家族的灾难。

参考文献：伊本·巴施库沃勒：《〈安达卢西伊玛目、学者、圣训学家、法学家与文豪史〉续编》第 1 卷，第 400 页。欧麦尔·力铎：《著述家辞典》第 2 卷，第 108 页。利玛·杜尔内格：《阿拉伯与穆斯林著名史学家》，第 204 页。

艾哈迈德·法尔迦尼

（Ahmad al-Farghānī，939～1008）

详见上文的"法尔迦尼父子"。

艾布·哈桑·优努斯

（Abū al-Hasan Yūnus，950~1009）

详见上文的"优努斯父子"。

艾哈迈德·哈尼伽尼

（Ahmad al-Khāniqānī，? ~1009）

艾哈迈德·本·穆罕默德·哈尼伽尼·胡札义·安塔奇，生卒地点有待考究。

史学著作：《哈尼伽尼史》。

参考文献：哈吉·哈里发：《书艺题名释疑》第 1 卷，第 292 页。欧麦尔·力铎：《著述家辞典》第 1 卷，第 262 页。利玛·杜尔内格：《阿拉伯与穆斯林著名史学家》，第 71 页。

伊本·法桑吉斯

（Ibn Fasānjis，? ~约 1010）

艾布·哈桑·阿里·本·穆罕默德·本·阿拔斯·本·法桑吉斯，生卒地点有待考究。

史学著作：历史与人物志《历史》。

参考文献：纳贾什：《纳贾什人物》，第 258 页。阿迦·布祖尔克：《什叶派著述门径》第 20 卷，第 218 页。索伊卜·阿卜杜·哈密德：《什叶派史学家辞典》第 1 卷，第 627 页。

艾布·艾尤卜·麦迪尼

（Abū Ayyūb al-Madīnī，? ~1010）

艾布·艾尤卜·苏莱曼·本·艾尤卜·本·穆罕默德·麦迪尼，生卒于麦地那。

史学著作：《伊本·艾比·阿提戈纪事》、《伊本·苏雷吉纪事》、《阿扎·梅腊纪事》、《伊本·米斯杰哈纪事》、《希贾兹之吉彦纪事》、《麦加之吉彦》、《酒友》、《麦地那雅趣纪事》、《伊本·阿伊莎纪事》、《胡奈恩·希利纪事》、《歌手层级传》和《娴熟歌手纪事》等。

参考文献：伊本·纳迪姆：《目录》第 1 卷第 2 分册，第 456 页。伊本·撒义：《宝贵珠玉：著者名字》，第 384 页。穆罕默德·希拉：《麦地那历史与史家》，第 72~73 页。

伊本·艾比·杰立勒
(Ibn Abī al-Jalīl, ? ~约 1010)

艾布·阿腊·阿卜杜·阿齐兹·本·阿卜杜·拉哈曼·本·侯赛因·本·穆哈乍卜·米斯里，祖籍突尼斯凯鲁万，可能生卒于埃及开罗。

史学著作：《法蒂玛王朝哈里发伊玛目传》。

参考文献：基夫蒂：《语法学家提醒述知》第 2 卷，第 184~185 页。欧麦尔·力铎：《著述家辞典》第 2 卷，第 161 页。沙奇尔·穆斯塔法：《阿拉伯历史与史家》第 2 卷，第 204 页。

伊本·巴尔尼耶
(Ibn Barnīyah, ? ~约 1010)

艾布·纳斯尔·希巴图拉·本·艾哈迈德·本·穆罕默德·巴格达迪·什义，生卒地点有待考究。

史学著作：《艾布·阿慕尔与艾布·贾法尔纪事》和《伊本·巴尔尼耶人物》。

参考文献：纳贾什：《纳贾什人物》，第 421 页。欧麦尔·力铎：《著述家辞典》第 4 卷，第 53 页。索伊卜·阿卜杜·哈密德：《什叶派史学家辞典》第 2 卷，第 428 页。

伊本·纳贾尔·库斐

(Ibn al-Najjār al-Kūfī, 915~1011)

艾布·哈桑·穆罕默德·本·贾法尔·本·穆罕默德·塔米米·库斐，生卒于伊拉克库法。

史学著作：《库法史》、《珍品与佳赠》和《纪事花园与鉴识观赏》等。

参考文献：福阿德·斯兹金：《阿拉伯遗产史》第 1 卷第 2 分册，第 220 页。欧麦尔·力铎：《著述家辞典》第 3 卷，第 196 页。索伊卜·阿卜杜·哈密德：《什叶派史学家辞典》第 1 卷，第 263 页；第 2 卷，第 141~142 页。

伊本·爱雅什

(Ibn'Ayyāsh,? ~1011)

艾布·阿卜杜拉·艾哈迈德·本·穆罕默德·本·欧贝杜拉·本·哈桑·本·爱雅什·焦哈里，出生地点有待考究，卒于伊拉克巴格达。

史学著作：①《十二伊玛目遗略》，德黑兰：巴阿塞基金会，2008。②《艾布·哈希姆·贾法里纪事》、《贾比尔·朱俄斐纪事》和《人物知识合成》等。

参考文献：欧麦尔·力铎：《著述家辞典》第 1 卷，第 277~278 页。索伊卜·阿卜杜·哈密德：《什叶派史学家辞典》第 1 卷，第 134~135 页。利玛·杜尔内格：《阿拉伯与穆斯林著名史学家》，第 77 页。

奥斯曼·泰尔苏斯

('Uthmān al-Tarsūsī,? ~1011)

艾布·阿慕尔·奥斯曼·本·阿卜杜拉·本·伊卜拉欣·本·穆罕默德·泰尔苏斯，出生地点有待考究，卒于叙利亚卡法尔塔卜。

史学著作：《希贾卜纪事》和《塔尔苏斯纪事》。

参考文献：欧麦尔·力铎：《著述家辞典》第 2 卷，第 362 页。伊哈桑·阿拔斯：《佚史金砂》，第 437~459 页。沙奇尔·穆斯塔法：《阿拉伯历史与史家》第 2 卷，第 277~278 页。

伊本·辛济尔

（Ibn Shinzīr,？～1011）

艾布·伊斯哈格·伊卜拉欣·本·穆罕默德·本·侯赛因·伍麦维，生卒于西班牙托莱多。

史学著作：《安达卢西人物史》。

参考文献：伊本·巴施库沃勒：《〈安达卢西伊玛目、学者、圣训学家、法学家与文豪史〉续编》第 1 卷，第 145 页。伊斯玛仪帕夏·巴格达迪：《著述家名讳遗作惠泽》第 1 卷，第 7 页。齐力克里：《名人》第 1 卷，第 61 页。

伊本·朱梅俄

（Ibn Jumay‘，917~1012）

艾布·侯赛因·穆罕默德·本·艾哈迈德·本·穆罕默德·本·艾哈迈德·本·朱梅俄·加萨尼·绥达维，生卒于黎巴嫩赛达。

史学著作：《长老辞典》，贝鲁特：使命基金会 & 黎巴嫩的黎波里：伊曼出版社，1985。

参考文献：扎哈比：《群英诸贤传》第 17 卷，第 152~156 页。齐力克里：《名人》第 5 卷，第 313 页。阿卜杜海·卡塔尼：《目录辞典》第 2 卷，第 613 页。

伊本·夫推斯

（Ibn Futays，959~1012）

艾布·穆托力弗·阿卜杜·拉哈曼·本·穆罕默德·本·尔撒·本·夫推斯·本·艾斯巴厄·本·夫推斯·古尔图比·马立奇，生卒于西班牙科尔多瓦。

史学著作：《圣门弟子美德》、《再传圣门弟子美德》和《圣品迹象》。

参考文献：伊本·巴施库沃勒：《〈安达卢西伊玛目、学者、圣训学家、法学家与文豪史〉续编》第 1 卷，第 402~405 页。欧麦尔·力铎：《著述家辞典》第 2 卷，第 118 页。利玛·杜尔内格：《阿拉伯与穆斯林著名史学家》，第 209 页。

伊本·法拉荻

（Ibn al-Faradī，962~1013）

艾布·瓦立德·阿卜杜拉·本·穆罕默德·本·优素福·本·纳斯尔·艾兹迪·古尔图比，生于西班牙科尔多瓦，被杀害于科尔多瓦。

史学著作：《安达卢西学林史》第 1~2 卷，突尼斯：伊斯兰西方出版社，2008。该书收录约 1650 名人物的传记。

参考文献：伊本·巴施库沃勒：《〈安达卢西伊玛目、学者、圣训学家、法学家与文豪史〉续编》第 1 卷，第 337~342 页。伊本·亥尔：《目录》，第 274~275 页。卡尔·布罗克尔曼：《阿拉伯文学史》第 6 册，第 101 页。

穆罕默德·奇腊义

（Muhammad al-Kilā‘ī，? ~约 1013）

艾布·伯克尔·穆罕默德·本·哈桑·本·穆罕默德·本·阿卜杜拉·本·穆罕默德·奇腊义·希木叶里·也马尼，也门人，生卒地点有待考究。

史学著作：①千行史诗《奇腊义长诗》。②《道里邦国志》。

参考文献：艾曼·福阿德：《伊斯兰时期也门历史文献》，第 76~77 页。沙奇尔·穆斯塔法：《阿拉伯历史与史家》第 2 卷，第 340 页。索伊卜·阿卜杜·哈密德：《什叶派史学家辞典》第 2 卷，第 166~167 页。

哈奇姆·尼撒布里

（al-Hākim al-Nīsābūrī，933~1015）

艾布·阿卜杜拉·穆罕默德·本·阿卜杜拉·本·穆罕默德·本·罕

达韦赫·本·努爱姆·本·哈卡姆·多比·尼撒布里，生卒于伊朗内沙布尔。

史学著作：①《内沙布尔史》，凡 6 大卷，或 8 中卷，或 12 小卷，收录约 2700 名内沙布尔人物传记。哈里发·尼撒布里（？～约 1318）的波斯文著作《内沙布尔史》是该巨著的缩写本。②《法蒂玛美德》，开罗：福尔甘出版社，2008。③《长老辞典》。

参考文献：扎哈比：《群英诸贤传》第 17 卷，第 162～177 页。伊哈桑·萨米里：《萨曼王朝时期的学术生活》，第 159～160 页。沙奇尔·穆斯塔法：《阿拉伯历史与史家》第 2 卷，第 118～119 页。

伊德利斯

（al-Idrīsī,？～1015）

艾布·萨阿德·阿卜杜·拉哈曼·本·穆罕默德·本·穆罕默德·本·伊德里斯·伊斯提拉拔兹，祖籍伊朗戈尔甘，卒于乌兹别克斯坦撒马尔罕。

史学著作：《阿斯塔拉巴德史》、《撒马尔罕史》和《长老志》等。

参考文献：欧麦尔·力铎：《著述家辞典》第 2 卷，第 119 页。福阿德·斯兹金：《阿拉伯遗产史》第 1 卷第 2 分册，第 226～227 页。利玛·杜尔内格：《阿拉伯与穆斯林著名史学家》，第 210、244 页。

沙利夫·拉荻

（al-Sharīf al-Radī，970～1015）

艾布·哈桑·穆罕默德·本·侯赛因·本·穆萨·本·穆罕默德·本·穆萨·本·伊卜拉欣·本·穆萨·拉荻·阿拉维，生卒于伊拉克巴格达。

史学著作：①《信士长官阿里·本·艾比·塔里卜之特质》，贝鲁特：艾尔拉米出版公司，1986。②《巴格达法官纪事》。

参考文献：纳贾什：《纳贾什人物》，第 380～381 页。沙奇尔·穆斯塔法：《阿拉伯历史与史家》第 2 卷，第 119 页。索伊卜·阿卜杜·哈密德：

《什叶派史学家辞典》第 2 卷，第 188~190 页。

伊本·富拉克
(Ibn Fūrak,? ~1015)

艾布·伯克尔·穆罕默德·本·哈桑·本·富拉克·安索里·艾斯巴哈尼，出生地点有待考究，卒于伊朗内沙布尔附近。

史学著作：《教义学家层级传》。

参考文献：哈吉·哈里发：《书艺题名释疑》第 2 卷，第 1106 页。齐力克里：《名人》第 6 卷，第 83 页。沙奇尔·穆斯塔法：《阿拉伯历史与史家》第 2 卷，第 119 页。

艾哈迈德·胡札义
(Ahmad al-Khuzā'ī,? ~约 1015)

艾布·伯克尔·艾哈迈德·本·侯赛因·本·艾哈迈德·胡札义·尼撒布里，生卒地点有待考究，定居伊朗雷伊。

史学著作：4 卷本《史事记录》。

参考文献：欧麦尔·力铎：《著述家辞典》第 1 卷，第 125 页。穆哈新·艾敏：《什叶派精英》第 2 卷，第 512 页。贾法尔·苏卜哈尼主编：《教法学家层级百科》第 5 卷，第 18 页。

赫尔库什
(al-Kharkūshī,? ~1016)

艾布·萨阿德·阿卜杜·麦立克·本·穆罕默德·本·伊卜拉欣·尼撒布里·赫尔库什，生卒于伊朗内沙布尔。

史学著作：《穆圣荣贵》第 1~6 卷，麦加：伊斯兰福音出版社，2003。

参考文献：塔朱丁·苏卜奇：《大沙斐仪学派层级传》第 5 卷，第 222~223 页。扎哈比：《群英诸贤传》第 17 卷，第 256~257 页。齐力克里：《名人》第 4 卷，第 163 页。

欧贝杜拉·萨格蒂

(‘Ubaid Allāh al-Saqatī,? ~1016)

艾布·伽斯姆·欧贝杜拉·本·穆罕默德·本·艾哈迈德·本·贾法尔·巴格达迪·萨格蒂，出生地点有待考究，卒于麦加附近。

史学著作：《信士长官穆阿维叶·本·艾比·苏福彦美德》，载《穆阿维叶美德三论》，伊尔比德：哈玛达高校研究与出版公司，2000，第59~86页。

参考文献：扎哈比：《群英诸贤传》第17卷，第236~237页。伊本·纳贾尔：《〈巴格达史〉补遗》第2卷，第111~114页。福阿德·斯兹金：《阿拉伯遗产史》第1卷第2分册，第188页。

艾布·伯克尔·什拉齐

(Abū Bakr al-Shīrāzī,? ~1017)

艾布·伯克尔·艾哈迈德·本·阿卜杜·拉哈曼·本·艾哈迈德·本·穆萨·法里斯·什拉齐，生于伊朗设拉子，辞世地点有待考究。

史学著作：《传述者别号》，又名《人物别号》。

参考文献：扎哈比：《群英诸贤传》第17卷，第242~244页。哈吉·哈里发：《书艺题名释疑》第1卷，第157页。齐力克里：《名人》第1卷，第146页。

穆罕默德·胡札义

(Muhammad al-Khuzā‘ī, 944~1017)

艾布·法得勒·穆罕默德·本·贾法尔·本·阿卜杜·卡利姆·本·布代勒·胡札义·朱尔贾尼，出生地点有待考究，卒于伊朗阿莫勒。

史学著作：《历史真相》。

参考文献：欧麦尔·力铎：《著述家辞典》第3卷，第194页。沙奇尔·穆斯塔法：《阿拉伯历史与史家》第2卷，第120页。利玛·杜尔内格：《阿拉伯与穆斯林著名史学家》，第 357 页。

伊本·马尔达韦赫
(Ibn Mardawayh，935~1019)

艾布·伯克尔·艾哈迈德·本·穆萨·本·马尔达韦赫·本·富拉克·本·穆萨·本·贾法尔·艾斯巴哈尼，生卒于伊朗伊斯法罕。

史学著作：《历史》。

参考文献：扎哈比：《群英诸贤传》第 17 卷，第 308~311 页。齐力克里：《名人》第 1 卷，第 261 页。沙奇尔·穆斯塔法：《阿拉伯历史与史家》第 2 卷，第 120 页。

艾布·伯克尔·瓦西蒂
(Abū Bakr al-Wāsitī，? ~约 1019)

艾布·伯克尔·穆罕默德·本·艾哈迈德·本·穆罕默德·瓦西蒂·麦格迪斯，生卒地点有待考究。

史学著作：《耶路撒冷特色》，开罗：知识出版社，2002。

参考文献：什贺布拉·巴贺杜尔：《关于阿克萨清真寺、耶路撒冷、巴勒斯坦及其城市特色与历史的著作辞典》，第 33~34 页。托腊勒·达尔贾尼：《伊本·阿萨奇尔〈大马士革史〉的资料来源》第 3 卷，第 1876~1877 页。穆罕默德·索里希耶：《巴勒斯坦历史与史家》，第 336 页。

侯赛因·加铎伊里
(al-Husayn al-Ghadā'irī，? ~1020)

艾布·阿卜杜拉·侯赛因·本·欧贝杜拉·本·伊卜拉欣·巴格达迪·加铎伊里，可能生卒于伊拉克巴格达。

史学著作：《巴格达特色》和《信士长官住处》等。

参考文献：纳贾什：《纳贾什人物》，第 68~69 页。阿卜杜拉·阿凡迪：《学林园与德贤池》第 2 卷，第 129~136 页。索伊卜·阿卜杜·哈密德：

《什叶派史学家辞典》第 1 卷，第 287 页。

小泰伯里

（ al-Ṭabarī al-Ṣaghīr，? ~ 约 1020）

艾布·贾法尔·穆罕默德·本·杰利尔·本·鲁斯图姆·小泰伯里·阿莫里，生于伊朗阿莫勒，辞世地点有待考究。

史学著作：《伊玛目明证》，库姆：巴阿塞基金会，1992。

参考文献：欧麦尔·力铎：《著述家辞典》第 3 卷，第 190 页。阿迦·布祖尔克：《什叶派名人层级传》第 1 卷，第 250 ~ 253 页。索伊卜·阿卜杜·哈密德：《什叶派史学家辞典》第 2 卷，第 136 ~ 137 页。

穆罕默德·苏拉米

（ Muhammad al-Sulamī，937 ~ 1021）

艾布·阿卜杜·拉哈曼·穆罕默德·本·侯赛因·本·穆罕默德·本·穆萨·艾兹迪·苏拉米·尼撒布里，生卒于伊朗内沙布尔。

史学著作：①《苏菲派层级传》，开罗：埃及阿拉伯书籍出版社，1953。该书收录五个层级、103 名苏菲主义者的传记。②《女苏菲纪录》，开罗：汗吉书店，1993。该书收录 84 名女苏菲的传记。

参考文献：齐力克里：《名人》第 6 卷，第 99 页。欧麦尔·力铎：《著述家辞典》第 3 卷，第 261 ~ 262 页。利玛·杜尔内格：《阿拉伯与穆斯林著名史学家》，第 368 页。

贡贾尔·布哈里

（ Ghunjār al-Bukhārī，948 ~ 1021）

艾布·阿卜杜拉·穆罕默德·本·艾哈迈德·本·穆罕默德·本·苏莱曼·本·卡米勒·布哈里，可能生卒于乌兹别克斯坦布哈拉。

史学著作：《布哈拉史》。

参考文献：福阿德·斯兹金：《阿拉伯遗产史》第 1 卷第 2 分册，第

228 页。欧麦尔·力铎：《著述家辞典》第 3 卷，第 101 页。利玛·杜尔内格：《阿拉伯与穆斯林著名史学家》，第 340~341 页。

谢赫·穆斐德
（al-Shaykh al-Mufīd，948~1022）

艾布·阿卜杜拉·穆罕默德·本·穆罕默德·本·努尔曼·本·阿卜杜·萨腊姆·欧克巴里，生于伊拉克乌克巴拉，卒于伊拉克巴格达。

史学著作：《穆斐德长老百科全书》第 1~14 卷，库姆：穆斐德出版社，2010。其中包括《骆驼（战役）》和《沙里亚史略》等。

参考文献：图斯：《目录》，第 157~158 页。纳贾什：《纳贾什人物》，第 381~384 页。索伊卜·阿卜杜·哈密德：《什叶派史学家辞典》第 2 卷，第 324~325 页。

格纳尼
（al-Qanānī，? ~1022）

艾布·哈桑·阿里·本·阿卜杜·拉哈曼·本·尔撒·本·欧尔瓦·本·杰拉哈·格纳尼·什义·巴格达迪，生卒地点有待考究，长期居住在伊拉克巴格达。

史学著作：《纪事奇闻》。

参考文献：纳贾什：《纳贾什人物》，第 258~259 页。阿迦·布祖尔克：《什叶派著述门径》第 24 卷，第 344 页。沙奇尔·穆斯塔法：《阿拉伯历史与史家》第 2 卷，第 120 页。

艾哈迈德·绥马里
（Ahmad al-Saymarī，? ~约 1022）

艾布·阿卜杜拉·艾哈迈德·本·伊卜拉欣·本·艾比·拉菲俄·本·欧贝德·绥马里·安索里，祖籍伊拉克库法，定居伊拉克巴格达。

史学著作：《聚焦伊玛目史》、《萨基法会议揭秘》和《美德》等。

参考文献：图斯：《目录》，第 32 页。欧麦尔·力铎：《著述家辞典》第 1 卷，第 88 页。索伊卜·阿卜杜·哈密德：《什叶派史学家辞典》第 1 卷，第 84~85 页。

坦玛姆·迪马什基
（Tammām al-Dimashqī，942~1023）

艾布·伽斯姆·坦玛姆·本·穆罕默德·本·阿卜杜拉·本·贾法尔·本·阿卜杜拉·本·朱奈德·拉齐·迪马什基，生卒于叙利亚大马士革。

史学著作：《修士纪事》。

参考文献：伊本·阿萨奇尔：《大马士革史》第 11 卷，第 43~45 页。沙奇尔·穆斯塔法：《阿拉伯历史与史家》第 2 卷，第 120、278 页。萨拉丁·穆纳吉德：《大马士革史学家及其手稿与出版物辞典》，第 23 页。

艾布·萨义德·纳伽施
（Abū Saʻīd al-Naqqāsh，约 942~1023）

艾布·萨义德·穆罕默德·本·阿里·本·阿慕尔·本·马赫迪·纳伽施·艾斯巴哈尼·罕百里，生卒地点有待考究。

史学著作：《法官》和《苏菲派层级传》等。

参考文献：扎哈比：《群英诸贤传》第 17 卷，第 307~308 页。欧麦尔·力铎：《著述家辞典》第 3 卷，第 525 页。阿卜杜拉·图雷基：《罕百里学派著作辞典》第 2 卷，第 14~16 页。

努爱米·朱尔贾尼
（al-Nuʻaymī al-Jurjānī,？~1024）

艾布·曼苏尔·艾哈迈德·本·法得勒·努爱米·朱尔贾尼，生卒于伊朗戈尔甘。

史学著作：《吉巴勒纪事》，记载伊朗吉巴勒地区的史事。

参考文献：扎哈比：《伊斯兰史》第 28 卷，第 366 页。齐力克里：《名人》第 1 卷，第 195 页。利玛·杜尔内格：《阿拉伯与穆斯林著名史学家》，第 60 页。

伽迪·阿卜杜·杰拔尔
（al-Qādī 'Abd al-Jabbār，970~1025）

艾布·哈桑·阿卜杜·杰拔尔·本·艾哈迈德·本·阿卜杜·杰拔尔·本·艾哈迈德·哈马扎尼·艾萨达拔迪，生于伊朗阿萨达巴德，卒于伊朗雷伊。

史学著作：①《先知明证》第 1~2 卷，贝鲁特：阿拉伯出版社，1966。②《穆尔太齐赖派层级传》。

参考文献：扎哈比：《群英诸贤传》第 17 卷，第 244~245 页。伊斯玛仪帕夏·巴格达迪：《著述家名讳遗作惠泽》第 1 卷，第 498~499 页。齐力克里：《名人》第 3 卷，第 273~274 页。

伊本·泰罕
（Ibn al-Tahhān，? ~1025）

艾布·伽斯姆·叶哈雅·本·阿里·本·穆罕默德·本·伊卜拉欣·哈德拉米，祖籍也门哈德拉毛地区，可能卒于埃及开罗附近。

史学著作：《埃及学林史》，利雅得：首都出版社，1987。该书是伊本·优努斯（894~958）《埃及人史》和《异乡人史》的续编。

参考文献：扎哈比：《伊斯兰史》第 28 卷，第 412~413 页。卡尔·布罗克尔曼：《阿拉伯文学史》第 6 册，第 84 页。沙奇尔·穆斯塔法：《阿拉伯历史与史家》第 2 卷，第 205~206 页。

梅达尼
（al-Maydānī，949~1027）

艾布·侯赛因·阿卜杜·瓦贺卜·本·贾法尔·本·阿里·本·贾法尔·梅达尼·迪马什基，可能生卒于叙利亚大马士革。

史学著作：《城堡纪事》。

参考文献：伊本·哈杰尔：《指针》第 5 卷，第 301～302 页。扎哈比：《群英诸贤传》第 17 卷，第 499～500 页。沙奇尔·穆斯塔法：《阿拉伯历史与史家》第 2 卷，第 279 页。

侯赛因·维齐尔·马格里比
（al-Husayn al-Wazīr al-Maghribī，980～1027）

艾布·伽斯姆·侯赛因·本·阿里·本·侯赛因·本·阿里·本·穆罕默德·本·优素福·马格里比，生于叙利亚阿勒颇，卒于土耳其锡尔万。

史学著作：《政治》。

参考文献：雅孤特：《文豪辞典》第 3 卷，第 1093～1105 页。沙奇尔·穆斯塔法：《阿拉伯历史与史家》第 2 卷，第 206～208 页。索伊卜·阿卜杜·哈密德：《什叶派史学家辞典》第 1 卷，第 292～293 页。

扎卡利雅·罕穆韦赫
（Zakarīyā Hammuwayh，959～约 1028）

艾布·叶哈雅·扎卡利雅·本·艾哈迈德·本·穆罕默德·本·叶哈雅·本·穆罕默德·本·叶哈雅·本·罕穆韦赫，生卒地点有待考究。

史学著作：《追悼伊玛目》。

参考文献：索法迪：《逝者全录》第 14 卷，第 135 页。伊本·撒义：《宝贵珠玉：著者名字》，第 372 页。欧麦尔·力铎：《著述家辞典》第 1 卷，第 732 页。

穆萨比希
（al-Musabbihī，977～1029）

艾布·欧贝杜拉·穆罕默德·本·欧贝杜拉·本·艾哈迈德·本·伊斯玛仪·本·阿卜杜·阿齐兹·穆萨比希，生卒于埃及开罗。

史学著作：①《埃及纪事》，又名《大历史》，原稿约 2.6 万页。1980

年，埃及图书总局出版了开罗美国大学阿拉伯研究中心米尔沃德（W. G. Millward）校勘的残卷《埃及纪事（伊历 414～415 年）》。②《诸先知故事》，原稿约 3000 页。

参考文献：卡尔·布罗克尔曼：《阿拉伯文学史》第 6 册，第 84～85 页。沙奇尔·穆斯塔法：《阿拉伯历史与史家》第 2 卷，第 188～190 页。索伊卜·阿卜杜·哈密德：《什叶派史学家辞典》第 2 卷，第 234～236 页。

伊斯玛仪·布斯提
（Ismā'īl al-Bustī,？～1029）

艾布·伽斯姆·伊斯玛仪·本·阿里·本·艾哈迈德·本·马哈富兹·布斯提·栽迪，生卒地点有待考究。

史学著作：《阿里·本·艾比·塔里卜美德整编》。

参考文献：阿卜杜·萨腊姆·瓦继赫：《栽德派著述名人》，第 247～248 页。欧麦尔·力铎：《著述家辞典》第 1 卷，第 370 页。索伊卜·阿卜杜·哈密德：《什叶派史学家辞典》第 1 卷，第 158 页。

米斯凯韦
（Miskawayh，932～1030）

艾布·阿里·艾哈迈德·本·穆罕默德·本·叶尔孤卜，生于伊朗雷伊，卒于伊朗伊斯法罕。

史学著作：《各族经验与活力赓续》第 1～5 卷，贝鲁特：学术书籍出版社，2003。这部编年体世界通史从"砍树建屋第一人"、波斯王胡山（或译"乌尚吉"）开始叙述，主要记载两大部分内容：①前伊斯兰时期，讲述古代列王故事。②伊斯兰时期，按照先知穆罕默德和历任哈里发的时间顺序叙事，直到 980 年。作者注重分析重要史事发生的原因，从人类社会的因素、王朝的兴衰、王朝与文明的发展、宗教对人类社会的影响、文明毁灭与消逝的原因、环境对人与历史的影响等方面阐发其朴素的历史哲学思想。

参考文献：沙奇尔·穆斯塔法：《阿拉伯历史与史家》第 2 卷，第 95～

96 页。索伊卜·阿卜杜·哈密德：《什叶派史学家辞典》第 1 卷，第 142～143 页。阿卜杜·拉哈曼·阿札维：《米斯凯韦的历史哲学》（'Abd al-Rahmān al-'Azzāwī, *Falsafat al-Tārīkh 'inda Miskawayh*），安曼：赫里吉出版社，2015。

麦尔阿什
（al-Mar'ashī, ? ～1030）

艾布·曼苏尔·侯赛因·本·穆罕默德·麦尔阿什（或麦尔加尼），可能生于阿富汗马尔干，辞世地点有待考究。

史学著作：四卷本《列王纪传精华》。

参考文献：卡尔·布罗克尔曼：《阿拉伯文学史》第 6 册，第 117～118 页。欧麦尔·力铎：《著述家辞典》第 1 卷，第 637、641 页。索伊卜·阿卜杜·哈密德：《什叶派史学家辞典》第 1 卷，第 305～306 页。

阿比
（al-Ābī, ? ～1030）

艾布·萨阿德·曼苏尔·本·侯赛因·拉齐·阿比，生于伊朗萨韦附近的阿巴赫村，可能卒于伊朗雷伊。

史学著作：《历史》和《雷伊史》。

参考文献：欧麦尔·力铎：《著述家辞典》第 3 卷，第 913～914 页。索伊卜·阿卜杜·哈密德：《什叶派史学家辞典》第 2 卷，第 374～375 页。利玛·杜尔内格：《阿拉伯与穆斯林著名史学家》，第 479 页。

哈里俄
（al-Khāli', 945～1031）

艾布·阿卜杜拉·侯赛因·本·穆罕默德·本·贾法尔·本·哈桑·本·穆罕默德·拉菲基，生于叙利亚拉菲格，卒于伊拉克巴格达。

史学著作：《阿拉伯幻想》和《人物》。

参考文献：纳贾什：《纳贾什人物》，第 69 页。赫蒂卜·巴格达迪：《巴格达史》第 8 卷，第 678~680 页。索伊卜·阿卜杜·哈密德：《什叶派史学家辞典》第 1 卷，第 300~301 页。

阿提戈·图继比

（'Atīq al-Tujībī, ? ~1031）

艾布·伯克尔·阿提戈·本·赫拉夫·图继比，出生地点有待考究，卒于突尼斯凯鲁万。

史学著作：《凯鲁万法学家功德》和《伊非里基亚学林层级传》。

参考文献：齐力克里：《名人》第 4 卷，第 201 页。穆罕默德·马哈富兹：《突尼斯著述家志》第 1 卷，第 166 页。哈桑·阿卜杜·瓦贺卜：《突尼斯著作与著述家》第 2 卷第 1 分册，第 405~407 页。

穆罕默德·古尔图比

（Muhammad al-Qurtubī, ? ~1032）

艾布·瓦立德·穆罕默德·本·阿卜杜·拉哈曼·本·马俄马尔·古尔图比，生于西班牙科尔多瓦，卒于西班牙巴利阿里群岛。

史学著作：《阿米尔王朝史》。

参考文献：伊本·艾拔尔：《〈续编〉增补》第 2 卷，第 46 页。欧麦尔·力铎：《著述家辞典》第 3 卷，第 403 页。利玛·杜尔内格：《阿拉伯与穆斯林著名史学家》，第 396 页。

沙勒希

（al-Shalhī, ? ~1032）

艾布·法拉吉·穆罕默德·本·穆罕默德·本·萨赫勒·沙勒希·欧克巴里，祖籍伊拉克巴格达附近的什勒哈村，辞世地点有待考究。

史学著作：《税》、《诗女》和《伊本·古雷阿纪事》等。

参考文献：扎哈比：《伊斯兰史》第 29 卷，第 116~117 页。齐力克里：

《名人》第 7 卷，第 21 页。沙奇尔·穆斯塔法：《阿拉伯历史与史家》第 2
卷，第 96 页。

伊本·阿卜敦
（Ibn 'Abdūn，? ~1032）

艾布·阿卜杜拉·艾哈迈德·本·阿卜杜·瓦希德·本·艾哈迈德·
巴札兹，生卒地点有待考究。

史学著作：《赛义德·本·穆罕默德纪事》和《历史》等。

参考文献：纳贾什：《纳贾什人物》，第 85 页。欧麦尔·力铎：《著述
家辞典》第 1 卷，第 190 页。索伊卜·阿卜杜·哈密德：《什叶派史学家辞
典》第 1 卷，第 109~110 页。

哈鲁尼
（al-Hārūnī，952~1032）

艾布·塔里卜·叶哈雅·本·侯赛因·本·哈伦·本·侯赛因·哈鲁
尼·阿拉维，生于伊朗泰伯里斯坦地区，卒于伊朗阿莫勒。

史学著作：①《杰出伊玛目史益》，萨达：圣裔书店，2014。该书是最
重要的什叶派伊玛目传记集之一。②《艾布·塔里卜记录》，安曼：伊玛目
栽德·本·阿里文化基金会，2002。该书是一部栽德派人物传记、纪事与美
德集录。

参考文献：沙奇尔·穆斯塔法：《阿拉伯历史与史家》第 2 卷，第 339
页。阿卜杜·萨腊姆·瓦继赫：《栽德派著述名人》，第 1121~1123 页。索
伊卜·阿卜杜·哈密德：《什叶派史学家辞典》第 2 卷，第 452 页。

拉基戈·盖拉沃尼
（al-Raqīq al-Qayrawānī，? ~约 1034）

艾布·伊斯哈格·伊卜拉欣·本·伽斯姆·盖拉沃尼，生卒于突尼斯
凯鲁万。

史学著作：①10 卷本《伊非里基亚与马格里布史》。这部纪事本末体巨著从阿拉伯人征服马格里布开始写到作者的时代。残存的其中 1 卷（贝鲁特：伊斯兰西方出版社，1990）从总督欧戈巴·本·纳菲俄写到总督艾布·阿拔斯·阿卜杜拉，包括 33 个议题。②多卷本《诸史精摘》、4 卷本史诗《列王夜谈》、巨著《妇女》、单卷本《诗歌集》和《齐里·桑哈继家族纪事》。

参考文献：福阿德·斯兹金：《阿拉伯遗产史》第 1 卷第 2 分册，第 243~244 页。穆罕默德·马哈富兹：《突尼斯著述家志》第 2 卷，第 379~386 页。哈桑·阿卜杜·瓦贺卜：《突尼斯著作与著述家》第 2 卷第 1 分册，第 407~418 页。

伊本·沙占·库米
（Ibn Shādhān al-Qummī,? ~1035）

艾布·哈桑·穆罕默德·本·艾哈迈德·本·阿里·本·哈桑·本·沙占·库米，生卒地点有待考究。

史学著作：《信士长官阿里·本·艾比·塔里卜及其子嗣功德百篇》，库姆：伊玛目马赫迪基金，2008。

参考文献：欧麦尔·力铎：《著述家辞典》第 3 卷，第 84 页。福阿德·斯兹金：《阿拉伯遗产史》第 1 卷第 2 分册，第 188~189 页。索伊卜·阿卜杜·哈密德：《什叶派史学家辞典》第 2 卷，第 98 页。

艾布·伊斯哈格·塞尔拉比
（Abū Ishāq al-Tha'labī, 951~1035）

艾布·伊斯哈格·艾哈迈德·本·穆罕默德·本·伊卜拉欣·塞尔拉比·尼撒布里，生卒于伊朗内沙布尔。

史学著作：《诸先知故事》，开罗：埃及沙拉菲耶印书馆，1880。

参考文献：扎哈比：《群英诸贤传》第 17 卷，第 435~437 页。卡尔·布罗克尔曼：《阿拉伯文学史》第 6 册，第 152~154 页。齐力克里：《名人》第 1 卷，第 212 页。

萨赫米

（al-Sahmī，约 956～1036）

艾布·伽斯姆·哈姆扎·本·优素福·本·伊卜拉欣·本·穆萨·萨赫米·古拉什·朱尔贾尼，生于伊朗戈尔甘，卒于伊朗内沙布尔。

史学著作：《戈尔甘史》，又名《戈尔甘学林知识》，贝鲁特：书籍世界，1987。该书记载伊斯兰时期的伊朗戈尔甘城史事和 1194 位名人的传记。

参考文献：卡尔·布罗克尔曼：《阿拉伯文学史》第 6 册，第 82～83 页。齐力克里：《名人》第 2 卷，第 280～281 页。伊哈桑·萨米里：《萨曼王朝时期的学术生活》，第 160 页。

艾布·法得勒·法拉奇

（Abū al-Fadl al-Falakī，？～1036）

艾布·法得勒·阿里·本·侯赛因·本·艾哈迈德·本·哈桑·法拉奇·哈马扎尼，出生地点有待考究，卒于伊朗内沙布尔。

史学著作：《人物知识全终》，初稿共 1000 章，未清稿。

参考文献：扎哈比：《群英诸贤传》第 17 卷，第 502～504 页。哈吉·哈里发：《书艺题名释疑》第 2 卷，第 1858 页。沙奇尔·穆斯塔法：《阿拉伯历史与史家》第 2 卷，第 121 页。

欧特比·拉齐

（al-'Utbī al-Rāzī，？～1036）

艾布·纳斯尔·穆罕默德·本·阿卜杜·杰拔尔·欧特比·拉齐·沙斐仪，生于伊朗雷伊，卒于呼罗珊地区。

史学著作：《欧特比史》，又名《素丹马哈茂德·加兹纳维史》，即《也米尼史》，贝鲁特：泰里阿出版社，2004。该书是记载加兹尼王朝（962～1186 年）早期历史的古代阿拉伯著名典籍之一。

参考文献：卡尔·布罗克尔曼：《阿拉伯文学史》第 6 册，第 1～4 页。

沙奇尔·穆斯塔法：《阿拉伯历史与史家》第2卷，第384~385页。利玛·杜尔内格：《阿拉伯与穆斯林著名史学家》，第393页。

塞阿里比
（al-Tha'ālibī，961~1038）

艾布·曼苏尔·阿卜杜·麦立克·本·穆罕默德·本·伊斯玛仪·塞阿里比，生卒于伊朗内沙布尔。

史学著作：①《波斯列王纪传精华》，德黑兰：阿萨迪书店，1963。②《现世稀珍：当代良善》第1~5卷，贝鲁特：学术书籍出版社，1983。③《臣卿珍品》，贝鲁特：阿拉伯百科全书出版社，2006。④《列王层级传》，贝鲁特：现代书店，2016。⑤《风趣温雅：德者层级传》，贝鲁特：阿拉伯百科全书出版社，1999。⑥《君王礼仪》，开罗：书籍世界，2007。

参考文献：卡尔·布罗克尔曼：《阿拉伯文学史》第6册，第117~118页。欧麦尔·力铎：《著述家辞典》第2卷，第321~322页。沙奇尔·穆斯塔法：《阿拉伯历史与史家》第2卷，第96~97、381~384页。

伊斯哈格·格拉卜
（Ishāq al-Qarrāb，963~1038）

艾布·叶尔孤卜·伊斯哈格·本·伊卜拉欣·本·穆罕默德·本·阿卜杜·拉哈曼·萨拉赫斯·哈拉维，可能生卒于阿富汗赫拉特。

史学著作：两卷本《学林辞世史》。

参考文献：扎哈比：《群英诸贤传》第17卷，第570~572页。福阿德·斯兹金：《阿拉伯遗产史》第1卷第2分册，第297~298页。沙奇尔·穆斯塔法：《阿拉伯历史与史家》第2卷，第121页。

艾布·努爱姆·艾斯法哈尼
（Abū Nu'aym al-Asfahānī，948~1038）

艾布·努爱姆·艾哈迈德·本·阿卜杜拉·本·艾哈迈德·本·伊斯

哈格·本·穆萨·本·米赫兰·艾斯法哈尼，生卒于伊朗伊斯法罕。

史学著作：①《圣徒装饰品与苏菲层级传》第 1~10 卷，开罗：汗吉书店 & 贝鲁特：思想出版社，1996。该书收录 689 名圣门弟子、再传圣门弟子和伊斯兰教名人（特别是苏菲主义者）的传记。②《伊斯法罕史事纪录》，又名《伊斯法罕史》第 1~2 卷，贝鲁特：学术书籍出版社，1990。该书记载伊朗伊斯法罕城的历史，收录 1922 个人物的传记。③《圣门弟子知识》第 1~6 卷，利雅得：国家出版社，1998。该书收录 4235 名圣门弟子（包括 494 名女性）传记。④《先知明证》第 1~2 卷，贝鲁特：纳法伊斯出版社，1986。⑤《四大哈里发美德》，麦地那：布哈里出版社，1997。

参考文献：伊本·赫里康：《精英辞世与时代名人信息录》第 1 卷，第 91~92 页。沙奇尔·穆斯塔法：《阿拉伯历史与史家》第 2 卷，第 97~98 页。利玛·杜尔内格：《阿拉伯与穆斯林著名史学家》，第 46~47 页。

艾斯瓦德·贡迪贾尼

（al-Aswad al-Ghundijānī，? ~约 1038）

艾布·穆罕默德·哈桑·本·艾哈迈德·本·穆罕默德·艾尔拉比，祖籍伊朗贡迪坚，生卒地点有待考究。

史学著作：①《阿拉伯马之名字、血统及其骑士纪录》，贝鲁特：使命基金会，1981。②《地名》。

参考文献：雅孤特：《文豪辞典》第 2 卷，第 821~822 页。索法迪：《逝者全录》第 11 卷，第 292~293 页。齐力克里：《名人》第 2 卷，第 180 页。

古巴什

（al-Qubbashī，959~1040）

艾布·伯克尔·哈桑·本·穆罕默德·本·穆法力吉·本·罕玛德·本·侯赛因·麦阿菲里·古尔图比，生于西班牙科尔多瓦，辞世地点有待考究。

史学著作：《名人史集》，记载哈里发、法官和法学家的生平事迹。

参考文献：伊本·巴施库沃勒：《〈安达卢西伊玛目、学者、圣训学家、法学家与文豪史〉续编》第 1 卷，第 195 页。欧麦尔·力铎：《著述家辞典》第 1 卷，第 591 页；第 3 卷，第 22 页。利玛·杜尔内格：《阿拉伯与穆斯林著名史学家》，第 135、323 页。

艾吉达比

（al-Ajdābī，? ~1040）

艾布·阿卜杜拉·侯赛因·本·艾比·阿拔斯·阿卜杜拉·本·阿卜杜·拉哈曼·艾吉达比·盖拉沃尼，生卒于突尼斯凯鲁万。

史学著作：《艾布·法得勒·曼马斯功德》、《拉比俄·格唐·盖拉沃尼功德》、《艾布·伊斯哈格·斯拔伊功德》和《艾布·马尔旺·阿卜杜·麦立克功德》等。

参考文献：伽迪·易雅得：《法庭整顿与道路接近：马立克学派群英知识》第 7 卷，第 100~101 页。穆罕默德·马哈富兹：《突尼斯著述家志》第 1 卷，第 41~42 页。哈桑·阿卜杜·瓦贺卜：《突尼斯著作与著述家》第 2 卷第 1 分册，第 421~422 页。

穆斯塔厄菲里

（al-Mustaghfirī，961~1041）

艾布·阿拔斯·贾法尔·本·穆罕默德·本·穆尔塔兹·本·穆罕默德·本·穆斯塔厄菲尔·穆斯塔厄菲里·纳萨斐，生卒于乌兹别克斯坦卡尔希。

史学著作：①《先知明证》第 1~2 卷，大马士革：纳瓦迪尔出版社，2010。②《纳萨夫与卡什史》、《撒马尔罕史》和《圣门弟子知识》等。

参考文献：扎哈比：《伊斯兰史》第 29 卷，第 364~365 页。福阿德·斯兹金：《阿拉伯遗产史》第 1 卷第 2 分册，第 228~229 页。利玛·杜尔内格：《阿拉伯与穆斯林著名史学家》，第 124 页。

欧贝杜拉·萨达阿拔迪

（'Ubaid Allāh al-Sadaābādī, ? ~约 1042）

欧贝杜拉·本·阿卜杜拉·萨达阿拔迪，生卒地点有待考究。

史学著作：《萨基法、叛乱、骆驼（战役）、绥芬（战役）与奈赫赖万（战役）》。

参考文献：阿卜杜拉·阿凡迪：《学林园与德贤池》第 3 卷，第 300 ~ 302 页。阿迦·布祖尔克：《什叶派著述门径》第 18 卷，第 368 页。索伊卜·阿卜杜·哈密德：《什叶派史学家辞典》第 1 卷，第 556 页。

艾布·乍尔·哈拉维

（Abū Dharr al-Harawī, 966 ~ 1043）

艾布·乍尔·阿卜杜·本·艾哈迈德·本·穆罕默德·本·阿卜杜拉·本·欧费尔·安索里·哈拉维，生于阿富汗赫拉特，卒于麦加。

史学著作：《先知明证》、《长老辞典》、《马立克美德》、《人物》和《先知传及其门弟子》等。

参考文献：扎哈比：《伊斯兰史》第 29 卷，第 404 ~ 407 页。阿卜杜海·卡塔尼：《目录辞典》第 2 卷，第 610 ~ 611 页。穆罕默德·希拉：《麦加历史与史家》，第 30 ~ 32 页。

艾哈迈德·玛玛尼

（Ahmad al-Māmānī, ? ~ 1044）

艾布·哈米德·艾哈迈德·本·穆罕默德·本·艾哈耶德·本·阿卜杜拉·玛玛尼·艾斯巴哈尼，生于伊朗伊斯法罕，卒于乌兹别克斯坦布哈拉。

史学著作：《〈布哈拉史〉续编》和《名字辨正》。

参考文献：扎哈比：《伊斯兰史》第 29 卷，第 423 页。伊本·易玛德：《金砂：往逝纪事》第 5 卷，第 173 页。欧麦尔·力铎：《著述家辞典》第 1 卷，第 250 页。

绥马里

（al-Saymarī，962~1045）

艾布·阿卜杜拉·侯赛因·本·阿里·本·穆罕默德·本·贾法尔·绥马里，祖籍伊朗绥马尔，卒于伊拉克巴格达。

史学著作：《艾布·哈尼法及其弟子纪事》，贝鲁特：书籍世界，1985。

参考文献：赫蒂卜·巴格达迪：《巴格达史》第 8 卷，第 634~635 页。扎哈比：《群英诸贤传》第 17 卷，第 615~616 页。齐力克里：《名人》第 2 卷，第 245 页。

艾布·法得勒·米卡里

（Abū al-Fadl al-Mīkālī，? ~1045）

艾布·法得勒·欧贝杜拉（或阿卜杜·拉哈曼）·本·艾哈迈德·本·阿里·本·伊斯玛仪·米卡里，生卒于伊朗内沙布尔。

史学著作：《修辞库存》和《列王美德》等。

参考文献：索法迪：《逝者全录》第 19 卷，第 231~237 页。齐力克里：《名人》第 4 卷，第 191 页。沙奇尔·穆斯塔法：《阿拉伯历史与史家》第 2 卷，第 122~123 页。

穆罕默德·维齐尔·马格里比

（Muhammad al-Wazīr al-Maghribī，993~1048）

艾布·萨阿德·穆罕默德·本·侯赛因·本·阿里·本·阿卜杜·拉希姆·巴格达迪，可能生于伊拉克巴格达，卒于土耳其吉兹雷。

史学著作：《史上民族层级》和《诗坛纪事》等。

参考文献：扎哈比：《伊斯兰史》第 29 卷，第 476~477 页。欧麦尔·力铎：《著述家辞典》第 3 卷，第 251 页。沙奇尔·穆斯塔法：《阿拉伯历史与史家》第 2 卷，第 123 页。

比鲁尼

（al-Bīrūnī，973～1048）

艾布·雷罕·穆罕默德·本·艾哈迈德·比鲁尼·花拉子米，生于中亚的花剌子模，卒于阿富汗加兹尼。

史学著作：①《史前时代遗迹》，开罗：宗教文化书店，2008。②《印度考究》，海得拉巴：奥斯曼百科全书委员会印务部，1958。该书是在中古时期问世的描述印度人文地理状况的最重要阿拉伯文著作。

参考文献：沙奇尔·穆斯塔法：《阿拉伯历史与史家》第 2 卷，第 71、98～99 页。阿卜杜·拉哈曼·哈米达：《阿拉伯地理学名家及其遗作摘录》，第 340～355 页。利玛·杜尔内格：《阿拉伯与穆斯林著名史学家》，第 330 页。

穆淘威义

（al-Muttawwi'ī，？～约 1048）

艾布·哈夫斯·欧麦尔·本·阿里·穆淘威义，可能生卒于伊朗内沙布尔。

史学著作：沙斐仪学派层级传《镀金：学派长老纪录》。

参考文献：哈吉·哈里发：《书艺题名释疑》第 2 卷，第 1645 页。齐力克里：《名人》第 5 卷，第 55 页。欧麦尔·力铎：《著述家辞典》第 2 卷，第 569 页。

穆法力哈·拉巴义

（Mufarrih al-Raba'ī，约卒于 11 世纪上半叶）

穆法力哈·本·艾哈迈德·拉巴义，生卒地点有待考究。

史学著作：《埃米尔伽斯姆与穆罕默德传》，贝鲁特：阿拉伯文选出版社，1993。

参考文献：沙奇尔·穆斯塔法：《阿拉伯历史与史家》第 2 卷，第 339

页。阿卜杜拉·哈巴什：《也门伊斯兰思想文献》，第 474 页。

萨里勒

（al-Salīl，约卒于 11 世纪上半叶）

萨里勒·本·艾哈迈德·本·尔撒·本·谢赫，生卒地点有待考究。

史学著作：《历史撮要》。

参考文献：伊本·阿迪姆：《阿勒颇史索觅》第 2 卷，第 760 页。沙奇尔·穆斯塔法：《阿拉伯历史与史家》第 2 卷，第 276 页。

艾斯沃尼

（al-Aswānī，约卒于 11 世纪上半叶）

阿卜杜拉·本·艾哈迈德·本·萨立姆·艾斯沃尼，生卒地点有待考究。

史学著作：《努比亚、穆格拉、阿勒瓦、贝贾与尼罗河纪事》。

参考文献：沙奇尔·穆斯塔法：《阿拉伯历史与史家》第 2 卷，第 208 页。哈马德·亥尔：《伊本·萨立姆·艾斯沃尼与〈努比亚纪事〉》（Hamad Khayr, "Ibn Salīm al-Aswānī wa-*Kitāb Akhbār al-Nūbah*"），《苏丹研究》（*Majallat al-Dirāsāt al-Sūdānīyah*）1989 年第 9 卷第 1 期。

艾布·麦哈新·塔怒黑

（Abū al-Mahāsin al-Tanūkhī,？~1050）

艾布·麦哈新·穆法多勒·本·穆罕默德·本·米斯阿尔·本·穆罕默德·塔怒黑，生于叙利亚马雷特努曼，卒于叙利亚大马士革。

史学著作：《巴士拉、库法及其他地方语法学林史》，利雅得：伊玛目穆罕默德·本·沙特伊斯兰大学，1981。

参考文献：伊本·阿萨奇尔：《大马士革史》第 60 卷，第 91~92 页。齐力克里：《名人》第 7 卷，第 280 页。沙奇尔·穆斯塔法：《阿拉伯历史与史家》第 2 卷，第 279~280 页。

伊本·艾比·毫勒
(Ibn Abī al-Hawl, ？~1052)

艾布·哈桑·阿里·本·穆罕默德·本·萨斐·本·舒贾俄·拉巴义·马立奇，生卒于叙利亚大马士革。

史学著作：《沙姆与大马士革特色》，大马士革：阿拉伯科学院出版社，1950。

参考文献：伊本·阿萨奇尔：《大马士革史》第 43 卷，第 177~179 页。沙奇尔·穆斯塔法：《阿拉伯历史与史家》第 2 卷，第 280 页。萨拉丁·穆纳吉德：《大马士革史学家及其手稿与出版物辞典》，第 24~25 页。

艾布·阿慕尔·达尼
(Abū'Amr al-Dānī, 981~1053)

艾布·阿慕尔·奥斯曼·本·萨义德·本·奥斯曼·本·萨义德·本·欧麦尔·伍麦维·安达卢斯·古尔图比·达尼，生卒于西班牙德尼亚。

史学著作：《诵经家层级传》和《艾布·阿慕尔·达尼索引》等。

参考文献：伊本·巴施库沃勒：《〈安达卢西伊玛目、学者、圣训学家、法学家与文豪史〉续编》第 2 卷，第 20~21 页。扎哈比：《群英诸贤传》第 18 卷，第 77~83 页。沙奇尔·穆斯塔法：《阿拉伯历史与史家》第 2 卷，第 123~124 页。

艾布·阿卜杜拉·阿拉维
(Abū'Abd Allāh al-'Alawī, 978~1053)

艾布·阿卜杜拉·穆罕默德·本·阿里·本·哈桑·本·阿里·本·侯赛因·本·阿卜杜·拉哈曼·侯赛尼·阿拉维·沙杰里·库斐，生卒于伊拉克库法。

史学著作：《库法特色》、《悼念》和《历史》等。

参考文献：扎哈比：《群英诸贤传》第 17 卷，第 636~637 页。福阿德·斯兹金：《阿拉伯遗产史》第 1 卷第 2 分册，第 220～221 页。索伊卜·阿卜杜·哈密德：《什叶派史学家辞典》第 2 卷，第 254 页。

伊斯玛仪·桑曼
（Ismāʻīl al-Sammān，约 980～1053）

艾布·萨阿德·伊斯玛仪·本·阿里·本·侯赛因·本·穆罕默德·本·哈桑·本·赞杰韦赫·拉齐·桑曼·穆尔塔齐里，可能生卒于伊朗雷伊。

史学著作：《长老辞典》和《地名辞典》。

参考文献：扎哈比：《群英诸贤传》第 18 卷，第 55～60 页。沙奇尔·穆斯塔法：《阿拉伯历史与史家》第 2 卷，第 100 页。索伊卜·阿卜杜·哈密德：《什叶派史学家辞典》第 1 卷，第 171～172 页。

艾布·叶尔腊·赫里里
（Abū Yaʻlá al-Khalīlī，约 978～1054）

艾布·叶尔腊·赫里勒·本·阿卜杜拉·本·艾哈迈德·本·伊卜拉欣·本·赫里勒·赫里里·格兹维尼，生卒于伊朗加兹温。

史学著作：①《圣训学林知识导引》第 1～3 卷，利雅得：鲁世德书店，1989。②《加兹温史及其特色》和《长老志》。

参考文献：拉菲义：《加兹温纪事集》第 1 卷，第 3 页；第 2 卷，第 501 页。齐力克里：《名人》第 2 卷，第 319 页。沙奇尔·穆斯塔法：《阿拉伯历史与史家》第 2 卷，第 124 页。

艾布·阿里·艾赫沃齐
（Abū ʻAlī al-Ahwāzī，972～1055）

艾布·阿里·哈桑·本·阿里·本·伊卜拉欣·本·叶兹达德·本·霍尔木兹·艾赫沃齐，祖籍伊朗阿瓦士，卒于叙利亚大马士革。

史学著作：《信士璎珞注解：穆阿维叶·本·艾比·苏福彦》，载《穆阿维叶美德三论》，伊尔比德：哈玛达高校研究与出版公司，2000，第 87~145 页。

参考文献：伊本·阿萨奇尔：《大马士革史》第 13 卷，第 143~147 页。齐力克里：《名人》第 2 卷，第 245 页。萨拉丁·穆纳吉德：《大马士革史学家及其手稿与出版物辞典》，第 26 页。

希腊勒·索比

（Hilāl al-Sābī，969~1056）

详见上文的"索比家族"。

玛瓦尔迪

（al-Māwardī，974~1058）

艾布·哈桑·阿里·本·穆罕默德·本·哈比卜·玛瓦尔迪，生于伊拉克巴士拉，卒于伊拉克巴格达，是阿拉伯古典政治学的代表人物。

史学著作：①《政权治理与宗教监管》，科威特：伊本·古台巴出版社，1989。②《维齐尔制与王权政治》，贝鲁特：泰里阿出版社，1979。③《便识速胜：国王品德与王权政治》，贝鲁特：阿拉伯复兴出版社，1981。④《君王劝谏》，科威特：法腊哈书店，1983。⑤《圣品迹象》，贝鲁特：学术书籍出版社，1986。

参考文献：塔朱丁·苏卜奇：《大沙斐仪学派层级传》第 5 卷，第 267~285 页。沙奇尔·穆斯塔法：《阿拉伯历史与史家》第 2 卷，第 101~102 页。萨拉丁·拉斯岚：《玛瓦尔迪的政治思想》（Salāh al-Dīn Raslān, *Al-Fikr al-Siyāsī 'inda al-Māwardī*），开罗：文化出版社，1983。

纳贾什

（al-Najāshī，982~1058）

艾布·阿拔斯·艾哈迈德·本·阿里·本·艾哈迈德·本·阿拔斯·纳贾什·阿萨迪，生于伊拉克巴格达，卒于伊拉克萨迈拉附近的穆蒂尔阿拔德。

史学著作：①《什叶派著述家名字索引》，即《纳贾什人物》，贝鲁特：艾尔拉米出版公司，2010。该书是什叶派的"五部人名学原典"之一。②《库法及其遗迹与特色》。

参考文献：卡尔·布罗克尔曼：《阿拉伯文学史》第 6 册，第 37 ~ 38 页。艾哈迈德·萨敏：《伊玛目派人名学史导研》，第 117 ~ 132 页。索伊卜·阿卜杜·哈密德：《什叶派史学家辞典》第 1 卷，第 113 ~ 114 页。

伊本·加铎伊里

(Ibn al-Ghadā'irī, ? ~ 约 1058)

艾布·侯赛因·艾哈迈德·本·侯赛因·本·欧贝杜拉·本·伊卜拉欣·巴格达迪，生卒地点有待考究。

史学著作：①《人物》，库姆：哈迪斯出版社，2001。该书是什叶派的"五部人名学原典"之一。②《历史》又名《著作目录》或《著作纪录》。

参考文献：沙奇尔·穆斯塔法：《阿拉伯历史与史家》第 2 卷，第 124 页。艾哈迈德·萨敏：《伊玛目派人名学史导研》，第 132 ~ 142 页。索伊卜·阿卜杜·哈密德：《什叶派史学家辞典》第 1 卷，第 97 ~ 98 页。

伊斯哈格·萨那尼

(Ishāq al-San'ānī, ? ~ 约 1058)

伊斯哈格·本·叶哈雅·本·杰利尔·泰伯里·萨那尼，生卒于也门萨那。

史学著作：《萨那史》，萨那：桑哈尼书店，出版时间不明。该书是现存最古老的萨那城市志。

参考文献：沙奇尔·穆斯塔法：《阿拉伯历史与史家》第 2 卷，第 339 ~ 340 页。阿卜杜拉·哈巴什：《也门伊斯兰思想文献》，第 473 页。艾曼·福阿德：《伊斯兰时期也门历史文献》，第 87 页。

伊本·欧沙里

（Ibn al-'Ushārī，976~1059）

艾布·塔里卜·穆罕默德·本·阿里·本·法特哈·本·穆罕默德·本·法特哈·欧沙里，生卒于伊拉克巴格达。

史学著作：《艾布·伯克尔·斯迪格美德》，坦塔：圣门弟子遗产出版社，1993。

参考文献：伊本·艾比·叶尔腊：《罕百里学派层级传》第 3 卷，第 355~358 页。齐力克里：《名人》第 6 卷，第 276 页。阿卜杜拉·图雷基：《罕百里学派著作辞典》第 2 卷，第 35~36 页。

苏梅撒蒂

（al-Sumaysātī，985~1061）

艾布·伽斯姆·阿里·本·穆罕默德·本·叶哈雅·本·穆罕默德·本·阿卜杜拉·本·穆罕默德·苏拉米·迪马什基，生卒于叙利亚大马士革。

史学著作：《沙姆纪事》和《摩苏尔史》。

参考文献：伊本·阿萨奇尔：《大马士革史》第 43 卷，第 215~217 页。沙奇尔·穆斯塔法：《阿拉伯历史与史家》第 2 卷，第 228~230 页。萨拉丁·穆纳吉德：《大马士革史学家及其手稿与出版物辞典》，第 27~28 页。

阿卜杜·拉哈曼·安达卢斯

（'Abd al-Rahmān al-Andalusī，? ~1061）

艾布·穆罕默德（或瓦立德）·阿卜杜·拉哈曼·本·穆罕默德·本·马俄马尔·安达卢斯，出生地点有待考究，卒于西班牙东部群岛。

史学著作：《阿米尔王朝史》。

参考文献：基夫蒂：《语法学家提醒述知》第 2 卷，第 166 页。欧麦尔·力铎：《著述家辞典》第 2 卷，第 122 页。利玛·杜尔内格：《阿拉伯与穆斯林著名史学家》，第 213 页。

艾布·伯克尔·马立奇

（Abū Bakr al-Mālikī,？ ～约 1061）

艾布·伯克尔·阿卜杜拉·本·穆罕默德·本·阿卜杜拉·马立奇·盖拉沃尼，生卒于突尼斯凯鲁万。

史学著作：《精神园地：凯鲁万与伊非里基亚学林层级传》第 1～2 卷，贝鲁特：伊斯兰西方出版社，1994。该书收录了 270 名学者的传记。

参考文献：福阿德·斯兹金：《阿拉伯遗产史》第 1 卷第 2 分册，第 244～245 页。穆罕默德·马哈富兹：《突尼斯著述家志》第 4 卷，第 246 页。哈桑·阿卜杜·瓦贺卜：《突尼斯著作与著述家》第 2 卷第 1 分册，第 428～433 页。

祖海尔·萨拉赫斯

（Zuhayr al-Sarakhsī，约 981～1062）

艾布·纳斯尔·祖海尔·本·哈桑·本·阿里·萨拉赫斯·沙斐仪，出生地点有待考究，卒于伊朗萨拉赫斯。

史学著作：《哈里发史》和《先知讯息》。

参考文献：塔朱丁·苏卜奇：《大沙斐仪学派层级传》第 4 卷，第 379～380 页。欧麦尔·力铎：《著述家辞典》第 1 卷，第 737 页。沙奇尔·穆斯塔法：《阿拉伯历史与史家》第 2 卷，第 124 页。

伊本·穆托力弗

（Ibn Mutarrif, 997～1062）

艾布·阿卜杜拉·穆罕默德·本·艾哈迈德·本·穆托力弗·奇纳尼·泰拉斐，生卒于西班牙科尔多瓦。

史学著作：《诸先知故事》，柏林：罗伯特·图图里刊印，2003。

参考文献：伊本·巴施库沃勒：《〈安达卢西伊玛目、学者、圣训学家、法学家与文豪史〉续编》第 2 卷，第 167 页。齐力克里：《名人》第 5 卷，第 314 页。卡尔·布罗克尔曼：《阿拉伯文学史》第 6 册，第 155 页。

古铎义
（al-Qudā'ī,? ~1062）

艾布·阿卜杜拉·穆罕默德·本·萨腊玛·本·贾法尔·本·阿里·本·哈克蒙·本·伊卜拉欣·古铎义·沙斐仪，可能生卒于埃及开罗。

史学著作：《知识精粹与哈里发纪事》，又名《先知讯息与哈里发史》，即《古铎义史》，麦加：乌姆古拉大学学术研究与伊斯兰遗产复兴研究院，1995。

参考文献：卡尔·布罗克尔曼：《阿拉伯文学史》第 3 册，第 124 ~ 127 页。沙奇尔·穆斯塔法：《阿拉伯历史与史家》第 2 卷，第 190 ~ 191 页。利玛·杜尔内格：《阿拉伯与穆斯林著名史学家》，第 384 页。

伊本·哈兹姆·安达卢斯
（Ibn Hazm al-Andalusī, 994 ~ 1064）

详见上文的"哈兹姆家族"。

阿里·穆阿迪卜
（'Alī al-Mu'addib,? ~约 1065）

阿里·本·穆罕默德·本·沙奇尔·穆阿迪卜·莱西·瓦西蒂，生于伊拉克瓦西特，辞世地点有待考究。

史学著作：《圣裔美德》。

参考文献：阿迦·布祖尔克：《什叶派著述门径》第 16 卷，第 257 页。阿卜杜拉·阿凡迪：《学林园与德贤池》第 4 卷，第 203 ~ 204、209 页。索伊卜·阿卜杜·哈密德：《什叶派史学家辞典》第 1 卷，第 626 页。

艾布·阿斯姆·阿拔迪

（Abū ‘Āsim al-‘Abbādī，985~1066）

艾布·阿斯姆·穆罕默德·本·艾哈迈德·本·穆罕默德·阿拔迪·哈拉维，生于阿富汗赫拉特，卒于伊朗内沙布尔。

史学著作：①《沙斐仪派法学家层级传》，莱顿：博睿学术出版社，1964。②《学派导论》。

参考文献：扎哈比：《伊斯兰史》第 30 卷，第 452~453 页。伊本·赫里康：《精英辞世与时代名人信息录》第 4 卷，第 214 页。齐力克里：《名人》第 5 卷，第 314 页。

叶尔腊家族

1. 艾布·叶尔腊

（Abū Ya‘lá，990~1066）

艾布·叶尔腊·穆罕默德·本·侯赛因·本·穆罕默德·本·赫拉夫·本·艾哈迈德·罕百里，生卒于伊拉克巴格达。

史学著作：①《政权治理》，贝鲁特：学术书籍出版社，2000。该书与玛瓦尔迪（974~1058）的《政权治理》齐名。②《艾哈迈德美德》。

2. 伊本·艾比·叶尔腊

（Ibn Abī Ya‘lá，1059~1132）

艾布·侯赛因·穆罕默德·本·艾比·叶尔腊·穆罕默德·本·侯赛因·本·穆罕默德·本·赫拉夫·本·艾哈迈德·罕百里，生卒于巴格达。

史学著作：《罕百里学派层级传》第 1~3 卷，利雅得：沙特阿拉伯王国成立百年纪念庆典总秘书处，1999。该书收录了 707 名罕百里派教法学家的传记。

3. 艾布·伽斯姆·叶尔腊

（Abū al-Qāsim Ya'lá，1133~1184）

艾布·伽斯姆·欧贝杜拉（或阿卜杜拉）·本·阿里·本·穆罕默德·本·艾比·叶尔腊·穆罕默德·本·侯赛因·罕百里，生卒于巴格达。

史学著作：《清新园地：艾布·阿拔斯·希得尔生平》。

参考文献：伊本·拉杰卜：《〈罕百里学派层级传〉续编》第 2 卷，第 335~338 页。卡尔·布罗克尔曼：《阿拉伯文学史》第 6 册，第 38~39 页。齐力克里：《名人》第 6 卷，第 99~100 页；第 7 卷，第 23 页。阿卜杜拉·图雷基：《罕百里学派著作辞典》第 2 卷，第 37~55、162~167、278~279 页。

伊本·艾比·费雅得

（Ibn Abī al-Fayyād，986~1066）

艾布·伯克尔·艾哈迈德·本·萨义德·本·穆罕默德·本·阿卜杜拉·本·艾比·费雅得，生于西班牙埃西哈，卒于西班牙阿尔梅里亚。

史学著作：《殷鉴》，详见阿卜杜·瓦希德：《〈伊本·艾比·费雅得史〉的安达卢西文段》，《伊拉克科学院杂志》（*Majallat al-Majma'al-'Ilmī al-'Irāqī*）1983 年第 1 期，第 162~193 页。

参考文献：伊本·巴施库沃勒：《〈安达卢西伊玛目、学者、圣训学家、法学家与文豪史〉续编》第 1 卷，第 102~103 页。扎哈比：《伊斯兰史》第 30 卷，第 465 页。阿卜杜·瓦希德·占嫩：《安达卢西阿拉伯历史编纂学的兴起》，第 46~54 页。

艾布·伯克尔·贝哈基

（Abū Bakr al-Bayhaqī，994~1066）

艾布·伯克尔·艾哈迈德·本·侯赛因·本·阿里·贝哈基·胡斯娄吉尔迪·沙斐仪，生于伊朗萨卜泽瓦尔附近的霍斯罗杰尔德，卒于伊朗内沙布尔。

史学著作：①《先知明证与立法者识要》第 1~7 册，贝鲁特：学术书籍出版社，1988。②《沙斐仪功德》第 1~2 卷，开罗：遗产出版书店，1970。③10 卷本《圣门弟子美德》。

参考文献：塔朱丁·苏卜奇：《大沙斐仪学派层级传》第 4 卷，第 8~16 页。伊本·赫里康：《精英辞世与时代名人信息录》第 1 卷，第 75~76 页。齐力克里：《名人》第 1 卷，第 116 页。

伊本·布特岚

（Ibn Butlān，？~1066）

艾布·哈桑·穆赫塔尔·本·哈桑·本·阿卜敦·本·萨阿敦·本·布特岚·纳斯拉尼，生于伊拉克巴格达，卒于土耳其安塔基亚。

史学著作：《伊本·布特岚游记》，阿布扎比：苏威迪出版社，2006。该书记载作者在 1049 年从伊拉克巴格达游历到沙姆地区、埃及和土耳其安塔基亚的见闻。

参考文献：伊本·艾比·乌绥比阿：《讯息精粹：医者层级传》，第 325~328 页。齐力克里：《名人》第 7 卷，第 191 页。沙奇尔·穆斯塔法：《阿拉伯历史与史家》第 2 卷，第 446~447 页。

叶哈雅·安塔奇

（Yahyá al-Antākī，？~1066）

叶哈雅·本·萨义德·本·叶哈雅·安塔奇，生于埃及，卒于土耳其安塔基亚。

史学著作：《安塔基亚史》，黎巴嫩的黎波里：杰娄斯-帕拉斯出版社，1990。这部编年体史书是伊本·巴特利戈（877~940）《伊本·巴特利戈史》的续编，记载 938~1034 年的史事。

参考文献：卡尔·布罗克尔曼：《阿拉伯文学史》第 3 册，第 77~78 页。福阿德·斯兹金：《阿拉伯遗产史》第 1 卷第 2 分册，第 189~190 页。沙奇尔·穆斯塔法：《阿拉伯历史与史家》第 2 卷，第 448 页。

图斯

（al-Tūsī，995~1067）

艾布·贾法尔·穆罕默德·本·哈桑·本·阿里·本·哈桑·图斯，生于伊朗古城图斯，卒于伊拉克纳杰夫。

史学著作：①《目录》，纳杰夫：穆尔塔德维书店及其印书馆，1937。该书是什叶派的"五部人名学原典"之一。②《图斯人物》，库姆：伊斯兰传播基金会，2009。该书是什叶派的"五部人名学原典"之一。③《人物知识精选》，库姆：伊斯兰传播基金会，2006。

参考文献：艾哈迈德·萨敏：《伊玛目派人名学史导研》，第 142~162页。索伊卜·阿卜杜·哈密德：《什叶派史学家辞典》第 2 卷，第 158~159页。哈桑·哈奇姆：《图斯长老》（Hasan al-Hakīm，*Al-Shaykh al-Tūsī*），纳杰夫：文学印书馆，1975。

伊本·沙拉夫·盖拉沃尼

（Ibn Sharaf al-Qayrawānī，1000~1067）

艾布·阿卜杜拉·穆罕默德·本·艾比·萨义德·本·沙拉夫·朱扎米·盖拉沃尼，生于突尼斯凯鲁万，卒于西班牙塞维利亚。

史学著作：续编拉基戈·盖拉沃尼（？~约 1034）的《伊非里基亚与马格里布史》。

参考文献：索法迪：《逝者全录》第 3 卷，第 82~85 页。齐力克里：《名人》第 6 卷，第 138 页。穆罕默德·马哈富兹：《突尼斯著述家志》第 3卷，第 159~165 页。

艾布·法特哈·卡提卜

（Abū al-Fath al-Kātib，？~1068）

艾布·法特哈·穆斯林·本·希巴图拉·本·穆赫塔尔·卡提卜，生卒地点有待考究。

史学著作：短文《大马士革优于其他地区》。

参考文献：伊本·阿萨奇尔：《大马士革史》第 58 卷，第 80 页。萨拉丁·穆纳吉德：《大马士革史学家及其手稿与出版物辞典》，第 29 页。沙奇尔·穆斯塔法：《阿拉伯历史与史家》第 2 卷，第 280~281 页。

艾哈迈德·斯拉斐

（Ahmad al-Sīrāfī，？~约 1068）

艾布·阿拔斯·艾哈迈德·本·阿里·本·阿拔斯·本·努哈·斯拉斐，生卒地点有待考究，定居伊拉克巴士拉。

史学著作：《灯》、《四大代理人纪事》和《人物》等。

参考文献：图斯：《目录》，第 37 页。纳贾什：《纳贾什人物》，第 84 页。索伊卜·阿卜杜·哈密德：《什叶派史学家辞典》第 1 卷，第 119~120 页。

拉齐·萨那尼

（al-Rāzī al-San'ānī，？~约 1068）

艾布·阿拔斯·艾哈迈德·本·阿卜杜拉·本·穆罕默德·拉齐·萨那尼·也马尼·栽迪，生卒于也门萨那。

史学著作：《萨那城史》，贝鲁特：当代思想出版社 & 大马士革：思想出版社，1989。该书记载自传说时代至 11 世纪的萨那城历史。

参考文献：卡尔·布罗克尔曼：《阿拉伯文学史》第 3 册，第 80 页。沙奇尔·穆斯塔法：《阿拉伯历史与史家》第 2 卷，第 341~342 页。索伊卜·阿卜杜·哈密德：《什叶派史学家辞典》第 1 卷，第 108~109 页。

马斯欧德·布哈里

（Mas'ūd al-Bukhārī，？~1069）

艾布·也门·马斯欧德·本·穆罕默德·布哈里，生卒地点有待考究。

史学著作：《赫蒂卜·巴格达迪〈巴格达史〉摘要》。

参考文献：哈吉·哈里发：《书艺题名释疑》第 1 卷，第 288 页。欧麦尔·力铎：《著述家辞典》第 3 卷，第 850 页。利玛·杜尔内格：《阿拉伯与穆斯林著名史学家》，第 473 页。

艾斯发尔
（al-Asfar，991~1070）

艾布·奥斯曼·萨义德·本·尔撒·本·艾哈迈德·本·卢卜·鲁爱尼·图莱图里·安达卢斯，生于西班牙托莱多附近的阿蒂亚宫，卒于托莱多。

史学著作：《特莱姆森史》。

参考文献：伊本·艾拔尔：《〈续编〉增补》第 4 卷，第 82 页。欧麦尔·力铎：《著述家辞典》第 1 卷，第 768 页。利玛·杜尔内格：《阿拉伯与穆斯林著名史学家》，第 166 页。

伊本·杰赫瓦尔
（Ibn Jahwar，1001~1070）

艾布·瓦立德·穆罕默德·本·杰赫瓦尔·本·穆罕默德·本·杰赫瓦尔·本·欧贝杜拉·卡勒比，生于西班牙科尔多瓦，卒于西班牙萨勒塔斯岛。

史学著作：《大猛攻》，记述科尔多瓦被攻占及其居民出逃的过程。

参考文献：伊本·巴施库沃勒：《〈安达卢西伊玛目、学者、圣训学家、法学家与文豪史〉续编》第 2 卷，第 177 页。齐力克里：《名人》第 6 卷，第 74 页。利玛·杜尔内格：《阿拉伯与穆斯林著名史学家》，第 359 页。

索易德·安达卢斯
（Sāʻid al-Andalusī，1029~1070）

艾布·伽斯姆·索易德·本·艾哈迈德·本·阿卜杜·拉哈曼·本·穆罕默德·塔厄里比·安达卢斯，生于西班牙阿尔梅里亚，卒于西班牙托莱多。

史学著作：①《民族层级》，贝鲁特：天主教会印书馆，1912。②《阿拉伯与异域民族纪事集》、《智慧箱：哲人层级传》、《安达卢西史》和《伊斯兰史》等。

参考文献：卡尔·布罗克尔曼：《阿拉伯文学史》第 6 册，第 128～130 页。欧麦尔·力铎：《著述家辞典》第 1 卷，第 826 页。利玛·杜尔内格：《阿拉伯与穆斯林著名史学家》，第 178 页。

伊本·阿卜杜·巴尔

(Ibn 'Abd al-Barr, 978～1071)

艾布·欧麦尔·优素福·本·阿卜杜拉·本·穆罕默德·本·阿卜杜·巴尔·古尔图比·安达卢斯·马立奇，生于西班牙科尔多瓦，卒于西班牙哈蒂瓦。

史学著作：①《圣门弟子知识全录》第 1～4 卷，贝鲁特：吉勒出版社，1992。该书收录了 4225 名圣门弟子的传记。②《三大法学家美德精选》，阿勒颇：伊斯兰印书局，1997。③《珠玉：武功纪与先知传摘要》，开罗：知识出版社，1991。

参考文献：伊本·亥尔：《目录》，第 287～288 页。欧麦尔·力铎：《著述家辞典》第 4 卷，第 170～171 页。利玛·杜尔内格：《阿拉伯与穆斯林著名史学家》，第 509 页。

伊本·拉什戈

(Ibn Rashīq, 1000～1071)

艾布·阿里·哈桑·本·拉什戈·盖拉沃尼，生于阿尔及利亚姆西拉，卒于意大利马扎拉德瓦洛或突尼斯凯鲁万。

史学著作：①《时代模范：凯鲁万诗坛》，突尼斯：突尼斯出版社，1986。该书收录作者所处时代的凯鲁万城百名诗人的传记及其代表作，其中第 100 名诗人是作者自己。②《行为标准：列国史》和《凯鲁万史》等。

参考文献：欧麦尔·力铎：《著述家辞典》第 1 卷，第 551～552 页。穆罕默德·马哈富兹：《突尼斯著述家志》第 2 卷，第 350～355 页。利玛·杜尔内格：《阿拉伯与穆斯林著名史学家》，第 131 页。

赫蒂卜·巴格达迪

（al-Khatīb al-Baghdādī，1002~1071）

艾布·伯克尔·艾哈迈德·本·阿里·本·萨比特·本·艾哈迈德·本·马赫迪·巴格达迪，生于伊拉克巴格达国王河畔的哈尼基亚村，卒于巴格达。

史学著作：①《巴格达史》，又名《和平之城史》第 1~17 卷，贝鲁特：伊斯兰西方出版社，2001。该书收录 7831 名人物的传记，是学者们研究自巴格达建城（762 年）至 11 世纪中叶的该城历史与文化的最重要参考文献，是中古时期最著名的阿拉伯城市志之一。②《艾哈迈德·本·罕百里功德》、《沙斐仪功德》和《辞世录》等。

参考文献：沙奇尔·穆斯塔法：《阿拉伯历史与史家》第 2 卷，第 102~104 页。优素福·易什：《巴格达的史学家与圣训学家赫蒂卜·巴格达迪》（Yūsuf al-‘Ish, *Al-Khatīb al-Baghdādī: Mu'arrikh Baghdād wa-Muhaddathuhā*），大马士革：阿拉伯书店，1945。艾克拉姆·欧麦里：《赫蒂卜·巴格达迪〈巴格达史〉的史料》（Akram al-‘Umarī, *Mawārid al-Khatīb al-Baghdādī fī Tārīkh Baghdād*），利雅得：推巴出版社，1985。

穆罕默德·贾法里

（Muhammad al-Ja‘farī,?~1071）

艾布·叶尔腊·穆罕默德·本·哈桑·本·阿里·本·哈姆扎·贾法里·托里比·巴格达迪，生卒地点有待考究。

史学著作：短文《穆赫塔尔·本·艾比·欧贝德·塞格斐纪事》。

参考文献：纳贾什：《纳贾什人物》，第 385~386 页。阿迦·布祖尔克：《什叶派著述门径》第 11 卷，第 41 页。索伊卜·阿卜杜·哈密德：《什叶派史学家辞典》第 2 卷，第 153~154 页。

哈桑·安玛尔

（al-Hasan'Ammār,？~1072）

艾布·塔里卜·哈桑·本·安玛尔·泰拉布路斯，生卒于黎巴嫩的黎波里。

史学著作：《国家鞍囊》，记载伊斯兰国家的经济状况和各城镇的收入情况。

参考文献：伊本·艾西尔：《历史大全》第 8 卷，第 229 页。穆哈新·艾敏：《什叶派精英》第 5 卷，第 217~218 页。索伊卜·阿卜杜·哈密德：《什叶派史学家辞典》第 1 卷，第 256~257 页。

阿卜杜·阿齐兹·卡塔尼

（'Abd al-'Azīz al-Kattānī，999~1074）

艾布·穆罕默德·阿卜杜·阿齐兹·本·艾哈迈德·卡塔尼·迪马什基·苏菲，生卒于叙利亚大马士革。

史学著作：①《〈学林生卒史〉续编》，利雅得：首都出版社，1989。该书是伊本·扎卜尔（911~989）《学林生卒史》的续作，从 949 年（伊历 338 年）编到 1070 年（伊历 462 年），收录 351 名人物。②《伊本·穆汉纳〈德拉雅史〉增补》。

参考文献：欧麦尔·力铎：《著述家辞典》第 2 卷，第 158 页。沙奇尔·穆斯塔法：《阿拉伯历史与史家》第 2 卷，第 281 页。萨拉丁·穆纳吉德：《大马士革史学家及其手稿与出版物辞典》，第 30 页。

拔赫尔齐

（al-Bākharzī,？~1075）

努尔丁·艾布·哈桑·阿里·本·哈桑·本·阿里·本·艾比·推伊卜·拔赫尔齐，生于伊朗巴哈尔兹，被杀害于巴哈尔兹。

史学著作：《宫廷玩偶与当代人物》第 1~3 册，贝鲁特：吉勒出版社，1993。该书是塞阿里比（961~1038）《现世稀珍：当代良善》的续编。

参考文献：索法迪：《逝者全录》第 20 卷，第 194~201 页。伊本·赫

里康：《精英辞世与时代名人信息录》第 3 卷，第 387~389 页。穆罕默德·
屯继：《阿里·本·哈桑·拔赫尔齐的生平、诗歌与诗集》（Muhammad al-
Tūnjī，'Alī ibn al-Hasan al-Bākharzī：Hayātuhu wa-Shi'ruhu wa-Dīwānuhu），贝
鲁特：索迪尔出版社，1994。

扎巴希
（al-Zabahī，约 1000~1075）

艾布·哈桑·阿里·本·穆罕默德·本·阿卜杜拉·本·阿里·本·
哈桑·本·扎卡利雅·扎巴希，生于伊朗戈尔甘城郊的扎巴哈，卒于阿富
汗赫拉特。

史学著作：《戈尔甘史》。

参考文献：扎哈比：《群英诸贤传》第 18 卷，第 364~365 页。欧麦
尔·力铎：《著述家辞典》第 2 卷，第 513 页。利玛·杜尔内格：《阿拉伯
与穆斯林著名史学家》，第 285 页。

伊本·海彦
（Ibn Hayyān，987~1076）

艾布·马尔旺·海彦·本·赫拉夫·本·侯赛因·本·海彦·本·穆
罕默德·本·海彦·本·瓦赫卜·本·海彦·古尔图比，生卒于西班牙科
尔多瓦。

史学著作：①10 卷本《安达卢西人物史选录》，又名《安达卢西人信
息选录》或《安达卢西地区纪事选录》。这部编年史从阿拉伯人征服安达卢
西（710 年）写到作者的时代。已校勘出版的残卷记载 796~881 年、888~
942 年和 971~975 年的史事。②60 卷本《坚实》。③《阿米尔王朝纪事》，
凡一百章。

参考文献：卡尔·布罗克尔曼：《阿拉伯文学史》第 6 册，第 101~103
页。侯赛因·穆阿尼斯：《安达卢西地理与地理学家史》，第 101~102 页。
穆罕默德·易南：《东方与安达卢西亚的伊斯兰人物志》，第 271~281 页。

伊本·赫拉夫

（Ibn Khalaf，约卒于 11 世纪中叶）

艾布·伊斯哈格·伊卜拉欣·本·艾比·阿拔斯·本·赫拉夫·塔米米，生于突尼斯城，辞世地点有待考究。

史学著作：《突尼斯法学家层级传》。

参考文献：伊本·艾拔尔：《〈续编〉增补》第 3 卷，第 111 页。哈桑·阿卜杜·瓦贺卜：《突尼斯著作与著述家》第 2 卷第 1 分册，第 427～428 页。

伊本·艾比·法铎伊勒

（Ibn Abī al-Fadā'il，？～约 1077）

艾布·阿卜杜拉·穆罕默德·本·马立克·本·艾比·法铎伊勒·罕玛迪·也玛尼，也门人，生卒地点有待考究。

史学著作：《内学派揭秘与盖拉米塔派纪事》，开罗：安瓦尔印书馆，1939。

参考文献：齐力克里：《名人》第 7 卷，第 16～17 页。艾曼·福阿德：《伊斯兰时期也门历史文献》，第 92 页。沙奇尔·穆斯塔法：《阿拉伯历史与史家》第 2 卷，第 342 页。

阿卜杜·拉哈曼·曼达赫

（'Abd al-Rahmān Mandah，993～1078）

详见上文的"曼达赫家族"。

穆阿敬·尼撒布里

（al-Mu'adhdhin al-Naysābūrī，998～1078）

艾布·索里哈·艾哈迈德·本·阿卜杜·麦立克·本·阿里·本·艾哈迈德·本·阿卜杜·索马德·本·伯克尔·穆阿敬·尼撒布里，生卒地点有待考究。

史学著作:《木鹿史》。

参考文献: 雅孤特:《文豪辞典》第 1 卷,第 359~360 页。齐力克里:《名人》第 1 卷,第 163 页。利玛·杜尔内格:《阿拉伯与穆斯林著名史学家》,第 50 页。

穆爱耶德·斐丁
(al-Mu'ayyad fĭddīn,?~1078)

穆爱耶德·斐丁·艾布·纳斯尔·希巴图拉·本·穆萨·本·达乌德·什拉齐·萨勒玛尼,生于伊朗设拉子,卒于埃及。

史学著作:《穆爱耶德·斐丁·达易·达阿传》,又名《法蒂玛王朝达易·达阿回忆录》,贝鲁特:易祖丁基金会,1983。

参考文献: 齐力克里:《名人》第 8 卷,第 75~76 页。欧麦尔·力铎:《著述家辞典》第 4 卷,第 61 页。索伊卜·阿卜杜·哈密德:《什叶派史学家辞典》第 2 卷,第 430 页。

伊本·艾比·索迪戈
(Ibn Abī Sādiq,?~约 1078)

艾布·伽斯姆·阿卜杜·拉哈曼·本·阿里·本·艾哈迈德·本·艾比·索迪戈·尼撒布里,生于伊朗内沙布尔,辞世地点有待考究。

史学著作:《历史》。

参考文献: 伊斯玛仪帕夏·巴格达迪:《著述家名讳遗作惠泽》第 1 卷,第 517 页。欧麦尔·力铎:《著述家辞典》第 2 卷,第 99 页。沙奇尔·穆斯塔法:《阿拉伯历史与史家》第 2 卷,第 125 页。

伊本·班纳
(Ibn al-Bannā, 1006~1078)

艾布·阿里·哈桑·本·艾哈迈德·本·阿卜杜拉·本·班纳·巴格

达迪·罕百里，生卒于伊拉克巴格达。

史学著作：《法学家层级传》、《麦加圣徒与崇拜者纪事》、《历史》、《长老志》、《伊玛目艾哈迈德功德》、《艾布·叶尔腊法官纪事》和《沙斐仪美德》等。

参考文献：伊本·易玛德：《金砂：往逝纪事》第 5 卷，第 306~307 页。沙奇尔·穆斯塔法：《阿拉伯历史与史家》第 2 卷，第 124~125 页。阿卜杜拉·图雷基：《罕百里学派著作辞典》第 2 卷，第 69~82 页。

艾布·扎卡利雅·沃尔杰腊尼

（Abū Zakarīyā' al-Wārjalānī，? ~1078）

艾布·扎卡利雅·叶哈雅·本·艾比·伯克尔·沃尔杰腊尼，生卒于阿尔及利亚瓦尔格拉。

史学著作：《伊玛目纪传》，又名《艾布·扎卡利雅史》，贝鲁特：伊斯兰西方出版社，1982。该书是记载伊巴迪亚派历史的基本文献之一。

参考文献：卡尔·布罗克尔曼：《阿拉伯文学史》第 6 册，第 92~93 页。穆罕默德·拔拔安米：《马格里布伊巴迪亚派名人辞典：自伊历一世纪至今》第 2 卷，第 451~453 页。利玛·杜尔内格：《阿拉伯与穆斯林著名史学家》，第 496 页。

苏莱曼·麦札提

（Sulaymān al-Mazātī，? ~1079）

艾布·拉比俄·苏莱曼·本·叶赫拉夫·瓦斯腊提·麦札提·伽比斯，出身于突尼斯的马扎塔部落，长期生活于突尼斯杰尔巴岛。

史学著作：《传记》，锡卜：铎米里书店，1993。

参考文献：穆罕默德·马哈富兹：《突尼斯著述家志》第 4 卷，第 317 页。塔德乌什·莱维基：《北非伊巴迪亚派史学家》，第 109~113 页。穆罕默德·拔拔安米：《马格里布伊巴迪亚派名人辞典：自伊历一世纪至今》第 2 卷，第 215~217 页。

艾布·瓦立德·拔继

（Abū al-Walīd al-Bājī，1012~1081）

艾布·瓦立德·苏莱曼·本·赫拉夫·本·萨阿德·本·艾尤卜·本·沃力思·拔继·安达卢斯，生于葡萄牙贝雅，卒于西班牙阿尔梅里亚。

史学著作：①《〈布哈里圣训实录〉不录者考证》，贝鲁特：学术书籍出版社，2010。②《法学家差异》。

参考文献：伊本·巴施库沃勒：《〈安达卢西伊玛目、学者、圣训学家、法学家与文豪史〉续编》第 1 卷，第 276~278 页。扎哈比：《群英诸贤传》第 18 卷，第 535~545 页。齐力克里：《名人》第 3 卷，第 125 页。

玛发鲁黑

（al-Māfarrūkhī，? ~约 1082）

穆法多勒·本·萨阿德·本·侯赛因·玛发鲁黑·艾斯法哈尼，生卒地点有待考究。

史学著作：《伊斯法罕良善》，大马士革：奇南出版社，2010。

参考文献：卡尔·布罗克尔曼：《阿拉伯文学史》第 6 册，第 83 页。齐力克里：《名人》第 7 卷，第 279 页。欧麦尔·力铎：《著述家辞典》第 3 卷，第 903 页。

什拉齐

（al-Shīrāzī，1003~1083）

杰玛路丁·艾布·伊斯哈格·伊卜拉欣·本·阿里·本·优素福·菲鲁扎巴迪·什拉齐，生于伊朗菲鲁扎巴德，卒于伊拉克巴格达。

史学著作：《法学家层级传》，贝鲁特：阿拉伯先驱出版社，1970。

参考文献：伊本·哈杰尔：《目录辞典》，第 420 页。齐力克里：《名人》第 1 卷，第 51 页。沙奇尔·穆斯塔法：《阿拉伯历史与史家》第 2 卷，第 125 页。

阿里·尼撒布里

('Alī al-Nīsābūrī, 998~1085)

艾布·伽斯姆·阿里·本·阿卜杜·阿齐兹·本·穆罕默德·本·阿卜杜·阿齐兹·本·伊斯哈格·本·叶尔孤卜·尼撒布里，生卒地点有待考究。

史学著作：《信士长官美德》。

参考文献： 扎哈比：《伊斯兰史》第 32 卷，第 241~242 页。阿卜杜拉·阿凡迪：《学林园与德贤池》第 4 卷，第 122 页。索伊卜·阿卜杜·哈密德：《什叶派史学家辞典》第 1 卷，第 605~606 页。

伊本·达拉伊

(Ibn al-Dalā'ī, 1003~1085)

艾布·阿拔斯·艾哈迈德·本·欧麦尔·本·艾纳斯·欧孜里，生于西班牙达利亚斯，卒于西班牙阿尔梅里亚。

史学著作：《粒珠编排：道里地域》，或名《纪事镶宝与遗迹斑斓》。1965 年，埃及学者阿卜杜·阿齐兹·艾赫沃尼（？~1980）通过马德里伊斯兰研究院出版了该书的安达卢西部分。

参考文献： 伊本·巴施库沃勒：《〈安达卢西伊玛目、学者、圣训学家、法学家与文豪史〉续编》第 1 卷，第 110~111 页。齐力克里：《名人》第 1 卷，第 185 页。阿卜杜·瓦希德·占嫩：《安达卢西阿拉伯历史编纂学的兴起》，第 54~63 页。

阿卜杜·卡利姆·格唐

('Abd al-Karīm al-Qattān, ? ~1085)

艾布·马俄沙尔·阿卜杜·卡利姆·本·阿卜杜·索马德·本·穆罕默德·本·阿里·格唐·泰伯里·穆戈里·沙斐仪，出生地点有待考究，卒于麦加。

史学著作：《诵经家层级传》。

参考文献： 扎哈比：《伊斯兰史》第 32 卷，第 228~229 页。欧麦尔·力铎：《著述家辞典》第 2 卷，第 207 页。穆罕默德·希拉：《麦加历史与史家》，第 32 页。

伊本·赫兹拉吉
（Ibn Khazraj, 1016~1086）

艾布·穆罕默德·阿卜杜拉·本·伊斯玛仪·本·穆罕默德·本·赫兹拉吉·拉赫米·伊施比里，出生地点有待考究，卒于西班牙塞维利亚。

史学著作：《语法学家与语言学家层级传》和《历史》。

参考文献： 伊本·巴施库沃勒：《〈安达卢西伊玛目、学者、圣训学家、法学家与文豪史〉续编》第 1 卷，第 372~373 页。欧麦尔·力铎：《著述家辞典》第 2 卷，第 230~231 页。利玛·杜尔内格：《阿拉伯与穆斯林著名史学家》，第 228 页。

法拉兹达基
（al-Farazdaqī,? ~1086）

艾布·哈桑·阿里·本·法铎勒·本·阿里·本·迦里卜·穆贾什义·塔米米·法拉兹达基·盖拉沃尼，生于突尼斯凯鲁万，卒于伊拉克巴格达。

史学著作：《金树：文学领袖知识》和 30 卷本《史上列国》。

参考文献： 雅孤特：《文豪辞典》第 4 卷，第 1834~1838 页。沙奇尔·穆斯塔法：《阿拉伯历史与史家》第 2 卷，第 104 页。阿卜杜拉·图雷基：《罕百里学派著作辞典》第 2 卷，第 92~97 页。

法得勒·哈兹姆
（al-Fadl Hazm,? ~1086）

详见上文的"哈兹姆家族"。

加尔斯·尼尔玛

（Ghars al-Ni'mah，1025~1087）

详见上文的"索比家族"。

艾布·伊斯玛仪·哈拉维

（Abū Ismā'īl al-Harawī，1006~1089）

艾布·伊斯玛仪·阿卜杜拉·本·穆罕默德·本·阿里·本·穆罕默德·本·艾哈迈德·本·阿里·安索里·哈拉维，生卒于阿富汗赫拉特。

史学著作：《伊玛目艾哈迈德·本·罕百勒传》。

参考文献：扎哈比：《群英诸贤传》第 18 卷，第 503~518 页。齐力克里：《名人》第 4 卷，第 122 页。阿卜杜拉·图雷基：《罕百里学派著作辞典》第 2 卷，第 98~103 页。

艾布·伊斯哈格·哈拔勒

（Abū Ishāq al-Habbāl，1001~1089）

艾布·伊斯哈格·伊卜拉欣·本·萨义德·本·阿卜杜拉·哈拔勒·努尔玛尼·米斯里，生卒于埃及开罗。

史学著作：《埃及人辞世录（伊历 375~456 年）》，利雅得：首都出版社，1987。该书简要地记录卒于 985~1064 年的 415 名人物。

参考文献：扎哈比：《群英诸贤传》第 18 卷，第 495~503 页。卡尔·布罗克尔曼：《阿拉伯文学史》第 6 册，第 85 页。沙奇尔·穆斯塔法：《阿拉伯历史与史家》第 2 卷，第 210 页。

穆罕默德·西拉斐

（Muhammad al-Silafī，？~1089）

艾布·拓熙尔·穆罕默德·本·艾哈迈德·西拉斐·艾斯巴哈尼，生卒地点有待考究。

史学著作:《光辉特色:埃及与开罗之美》。

参考文献:伊斯玛仪帕夏·巴格达迪:《〈书艺题名释疑〉补遗》第 2 卷,第 195 页。欧麦尔·力铎:《著述家辞典》第 3 卷,第 67 页。利玛·杜尔内格:《阿拉伯与穆斯林著名史学家》,第 333 页。

埃米尔阿卜杜拉

(al-Amīr'Abd Allāh,?～约 1090)

阿卜杜拉·本·布卢悭(或布卢勤)·本·拔迪斯·本·哈布斯·桑哈继,生卒地点有待考究,是格拉纳达兹里王朝的末代埃米尔(1073～1090 年在位)。

史学著作:《埃米尔阿卜杜拉回忆录》,开罗:知识出版社,1955。

参考文献:里撒努丁·伊本·赫蒂卜:《格拉纳达纪综录》第 2 卷,第 282～284 页。齐力克里:《名人》第 4 卷,第 75 页。伊本·苏达:《远马格里布史家索引》,第 106～107 页。

伊本·麦迦齐里

(Ibn al-Maghāzilī,?～1090)

艾布·哈桑·阿里·本·穆罕默德·本·穆罕默德·本·推伊卜·瓦西蒂·巴格达迪·麦迦齐里·沙斐仪,生于伊拉克瓦西特,卒于伊拉克巴格达。

史学著作:①《信士长官阿里·本·艾比·塔里卜功德》,萨那:遗迹出版社,2003。②续编巴哈沙勒(?～905)的《瓦西特史》。

参考文献:扎哈比:《伊斯兰史》第 33 卷,第 113 页。索法迪:《逝者全录》第 22 卷,第 85 页。法狄勒·铎希:《瓦西特史家与学者伊本·麦迦齐里·瓦西蒂的生平及其思想影响》(Fādil Dāhī, "Mu'arrikh Madīnah Wāsit wa-'Ālimihā Ibn al-Maghāzilī al-Wāsitī: Sīratuhu wa-Atharuhu fī al-Hayāh al-Fikrīyah"),《瓦西特人文科学杂志》(Majallat Wāsit li-l-'Ulūm al-Insānīyah) 2014 年第 24 期。

伊本·萨阿敦

(Ibn Sa'dūn, 1022~1092)

艾布·阿卜杜拉·穆罕默德·本·萨阿敦·本·阿里·本·比腊勒·盖拉沃尼，生于突尼斯凯鲁万，卒于摩洛哥阿格马特。

史学著作：《凯鲁万城突来到访者录》、《人物索引》和《艾布·伯克尔·浩腊尼功德》等。

参考文献：齐力克里：《名人》第 6 卷，第 137 页。穆罕默德·马哈富兹：《突尼斯著述家志》第 3 卷，第 35~36 页。哈桑·阿卜杜·瓦贺卜：《突尼斯著作与著述家》第 2 卷第 1 分册，第 433~436 页。

伊本·祖雷戈

(Ibn Zurayq, 1031~1092)

叶哈雅·本·阿里·本·穆罕默德·本·阿卜杜·拉蒂夫·塔怒黑·麦阿利，生于叙利亚马雷特努曼，辞世地点有待考究。

史学著作：《编年史》。

参考文献：伊斯玛仪帕夏·巴格达迪：《著述家名讳遗作惠泽》第 2 卷，第 519 页。欧麦尔·力铎：《著述家辞典》第 4 卷，第 105、106 页。利玛·杜尔内格：《阿拉伯与穆斯林著名史学家》，第 500 页。

希巴图拉·什拉齐

(Hibat Allāh al-Shīrāzī, ?~1092)

艾布·伽斯姆·希巴图拉·本·阿卜杜·沃力思·本·阿里·本·艾哈迈德·什拉齐，出生地点有待考究，卒于土库曼斯坦古城木鹿。

史学著作：《设拉子史》。

参考文献：齐力克里：《名人》第 8 卷，第 73 页。欧麦尔·力铎：《著述家辞典》第 4 卷，第 58 页。利玛·杜尔内格：《阿拉伯与穆斯林著名史学家》，第 490~491 页。

伊本·玛库腊

（Ibn Mākūlā，1030~约 1093）

艾布·纳斯尔·阿里·本·希巴图拉·本·阿里·本·贾法尔·巴格达迪，生于伊拉克乌克巴拉，被他的释奴谋财杀害于伊朗戈尔甘。

史学著作：①《名字、别名与谱系辨正释疑大全》第 1~7 卷，开罗：伊斯兰书籍出版社，1963。②《臣卿》。

参考文献：扎哈比：《群英诸贤传》第 18 卷，第 569~578 页。齐力克里：《名人》第 5 卷，第 30 页。沙奇尔·穆斯塔法：《阿拉伯历史与史家》第 2 卷，第 106 页。

艾布·欧贝德·伯克里

（Abū'Ubayd al-Bakrī，1040~1094）

艾布·欧贝德·阿卜杜拉·本·阿卜杜·阿齐兹·本·穆罕默德·本·艾尤卜·伯克里·安达卢斯，生于西班牙萨勒塔斯岛，卒于西班牙科尔多瓦。

史学著作：①《道里邦国志》第 1~2 卷，贝鲁特：学术书籍出版社，2003。②《疑难地名辞典》第 1~4 卷，贝鲁特：书籍世界，1983。③《圣品迹象》和《诗坛层级统计》等。

参考文献：伊本·巴施库沃勒：《〈安达卢西伊玛目、学者、圣训学家、法学家与文豪史〉续编》第 1 卷，第 376 页。欧麦尔·力铎：《著述家辞典》第 2 卷，第 253~254 页。利玛·杜尔内格：《阿拉伯与穆斯林著名史学家》，第 234 页。

胡梅迪

（al-Humaydī，1029~1095）

艾布·阿卜杜拉·穆罕默德·本·福突哈·本·阿卜杜拉·本·福突哈·本·胡梅德·胡梅迪·安达卢斯，生于西班牙马略卡岛，卒于伊拉克巴格达。

史学著作:《火炭余烬:安达卢西当权者纪录》,又名《火炭余烬:安达卢西学林史》,突尼斯:伊斯兰西方出版社,2008。该书记载安达卢西的历任阿拉伯统治者,收录988名人物的传记。

参考文献:伊本·亥尔:《目录》,第281~282页。卡尔·布罗克尔曼:《阿拉伯文学史》第6册,第103~106页。欧麦尔·力铎:《著述家辞典》第3卷,第583~584页。

鲁兹拉瓦里

（al-Rūdhrāwarī，1045~1095）

扎希鲁丁·艾布·舒贾俄·穆罕默德·本·侯赛因·本·穆罕默德·本·阿卜杜拉·鲁兹拉瓦里,生于伊朗阿瓦士,卒于麦地那。

史学著作:《〈各族经验〉续编》,贝鲁特:学术书籍出版社,2003。该书续编980年7月至999年的史事。

参考文献:伊本·赫里康:《精英辞世与时代名人信息录》第5卷,第134~137页。卡尔·布罗克尔曼:《阿拉伯文学史》第6册,第121~122页。沙奇尔·穆斯塔法:《阿拉伯历史与史家》第2卷,第106~107页。

艾布·穆罕默德·朱尔贾尼

（Abū Muhammad al-Jurjānī，1018~1096）

艾布·穆罕默德·阿卜杜拉·本·优素福·朱尔贾尼,生于伊朗戈尔甘,辞世地点有待考究。

史学著作:《沙斐仪学派层级传》、《伊玛目沙斐仪功德》和《伊玛目艾哈迈德功德》等。

参考文献:塔朱丁·苏卜奇:《大沙斐仪学派层级传》第5卷,第94~95页。扎哈比:《群英诸贤传》第19卷,第159~160页。欧麦尔·力铎:《著述家辞典》第2卷,第306页。

伊本·穆拓熙尔

（Ibn Mutāhir，？～1096）

艾布·贾法尔·艾哈迈德·本·阿卜杜·拉哈曼·本·穆拓熙尔·安索里，生卒于西班牙托莱多。

史学著作：《托莱多法学家及其法官史》。

参考文献：伊本·巴施库沃勒：《〈安达卢西伊玛目、学者、圣训学家、法学家与文豪史〉续编》第 1 卷，第 114~115 页。齐力克里：《名人》第 1 卷，第 146 页。优素福·雅新：《安达卢西的城市史学：艾布·贾法尔·本·穆拓熙尔的〈托莱多法学家史〉》（Yūsuf Yāsīn，"Ta'rīkh al-Mudun fī al-Andalusīyah：*Tārīkh Fuqahā' Tulaytulah* li-Abī Ja'far ibn Mutāhir"），《艺术与社会科学杂志》（*Journal of Arts and Social Sciences*）2019 年第 10 卷第 2 期。

伊本·穆哈乍卜

（Ibn al-Muhadhdhab，约 1039~约 1097）

艾布·迦里卜·汉玛姆·本·法得勒·本·贾法尔·本·阿里·本·穆哈乍卜·麦阿利，生卒地点有待考究。

史学著作：编年史《艾布·迦里卜史》。

参考文献：沙奇尔·穆斯塔法：《阿拉伯历史与史家》第 2 卷，第 230~231 页。伊哈桑·阿拔斯：《佚史金砂》，第 91~109 页。托腊勒·达尔贾尼：《伊本·阿萨奇尔〈大马士革史〉的资料来源》第 1 卷，第 155~156 页。

伊本·沙拉拉

（Ibn Sharārah，？～约 1097）

艾布·亥尔·穆拔拉克·本·沙拉拉·哈拉比，生于叙利亚阿勒颇，卒于黎巴嫩苏尔。

史学著作：《阿勒颇史》。

参考文献：伊斯玛仪帕夏·巴格达迪：《〈书艺题名释疑〉补遗》第 1 卷，第 214 页。欧麦尔·力铎：《著述家辞典》第 1 卷，第 692 页。利玛·杜尔内格：《阿拉伯与穆斯林著名史学家》，第 154、320 页。

鲁梅里

（al-Rumaylī，1040~1099）

艾布·伽斯姆·麦奇·本·阿卜杜·萨腊姆·本·侯赛因·安索里·麦格迪斯·沙斐仪，生于耶路撒冷附近的鲁梅拉，被众人用石子掷死于耶路撒冷。

史学著作：《耶路撒冷历史及其特色》，未完稿。

参考文献：扎哈比：《群英诸贤传》第 19 卷，第 178~179 页。齐力克里：《名人》第 7 卷，第 286 页。沙奇尔·穆斯塔法：《阿拉伯历史与史家》第 2 卷，第 281 页。

伊本·穆拉贾

（Ibn al-Murajjá，? ~约 1099）

艾布·麦阿里·穆沙拉夫·本·穆拉贾·本·伊卜拉欣·麦格迪斯，生卒地点有待考究。

史学著作：《耶路撒冷特色》，贝鲁特：学术书籍出版社，2002。

参考文献：卡尔·布罗克尔曼：《阿拉伯文学史》第 6 册，第 73~74 页。欧麦尔·力铎：《著述家辞典》第 3 卷，第 853 页。沙奇尔·穆斯塔法：《阿拉伯历史与史家》第 2 卷，第 284 页。

阿里·索尼俄

（'Alī al-Sāni'，11 世纪）

艾布·哈桑·阿里·本·阿卜杜·拉哈曼·索尼俄（或索伊厄），生卒地点有待考究。

史学著作:《圣裔美德》。

参考文献: 欧麦尔·力铎:《著述家辞典》第 2 卷,第 457 页。阿迦·布祖尔克:《什叶派著述门径》第 16 卷,第 257 页。索伊卜·阿卜杜·哈密德:《什叶派史学家辞典》第 1 卷,第 605 页。

侯赛因·哈拉沃尼
(al-Husayn al-Halawānī,11 世纪)

艾布·阿卜杜拉·侯赛因·本·穆罕默德·本·艾哈迈德·哈拉沃尼,生卒地点有待考究。

史学著作:《骆驼(战役)》、《绥芬(战役)》、《叛乱》、《美德园地》和《萨基法会议》等。

参考文献: 阿卜杜拉·阿凡迪:《学林园与德贤池》第 2 卷,第 56 页。穆哈新·艾敏:《什叶派精英》第 6 卷,第 153 页。索伊卜·阿卜杜·哈密德:《什叶派史学家辞典》第 1 卷,第 297 页。

莱思·阿萨迪
(Layth al-Asadī,11 世纪)

艾布·穆左发尔·莱思·本·萨阿德·本·莱思·阿萨迪,生卒地点有待考究,曾居住在伊朗赞詹。

史学著作:《圣裔功德记录》。

参考文献: 欧麦尔·力铎:《著述家辞典》第 2 卷,第 680 页。阿迦·布祖尔克:《什叶派著述门径》第 2 卷,第 312 页。索伊卜·阿卜杜·哈密德:《什叶派史学家辞典》第 2 卷,第 68~69 页。

穆哈新·胡札义
(al-Muhsin al-Khuzā'ī,11 世纪)

穆哈新·本·侯赛因·本·艾哈迈德·胡札义·尼撒布里,生卒地点有待考究。

史学著作：《记录》和《传记》等。

参考文献：欧麦尔·力铎：《著述家辞典》第 3 卷，第 18 页。穆哈新·艾敏：《什叶派精英》第 9 卷，第 47 页。索伊卜·阿卜杜·哈密德：《什叶派史学家辞典》第 2 卷，第 78 页。

穆罕默德·努爱米
（Muhammad al-Nuʻaymī，11 世纪）

艾布·穆左发尔·穆罕默德·本·艾哈迈德·努爱米，生卒地点有待考究。

史学著作：《壮丽：什叶派分支与艾布·塔里卜家族纪事》。

参考文献：纳贾什：《纳贾什人物》，第 377 页。欧麦尔·力铎：《著述家辞典》第 3 卷，第 112 页。索伊卜·阿卜杜·哈密德：《什叶派史学家辞典》第 2 卷，第 100 页。

伊本·胡栽玛
（Ibn Khuzaymah，11 世纪）

侯赛因·本·胡栽玛，生卒地点有待考究。

史学著作：《伊玛目状况》和《诞辰》等。

参考文献：阿卜杜拉·阿凡迪：《学林园与德贤池》第 2 卷，第 90 页。穆哈新·艾敏：《什叶派精英》第 5 卷，第 9 页。索伊卜·阿卜杜·哈密德：《什叶派史学家辞典》第 1 卷，第 282 页。

伊本·吉达尔·米斯里
（Ibn Jidār al-Misrī，11 世纪）

名字族谱和生卒地点有待考究。

史学著作：《诗坛层级传》和《埃及特色》等。

参考文献：伽迪·拉施德：《宝库与珍品》，第 105、323 页。沙奇尔·穆斯塔法：《阿拉伯历史与史家》第 2 卷，第 209 页。

伊本·拉伊格

（Ibn al-Rā'iqah，11 世纪）

艾布·侯赛因·阿里·本·希巴图拉·本·奥斯曼·本·艾哈迈德·本·伊卜拉欣·本·拉伊格·摩苏里，生卒地点有待考究。

史学著作：《光明：伊玛目历史》。

参考文献： 阿卜杜拉·阿凡迪：《学林园与德贤池》第 4 卷，第 278～279 页。穆哈新·艾敏：《什叶派精英》第 8 卷，第 369 页。索伊卜·阿卜杜·哈密德：《什叶派史学家辞典》第 1 卷，第 645～646 页。

左勒麦纳基卜

（Dhū al-Manāqib，11 世纪）

左勒麦纳基卜·本·拓熙尔·本·艾比·麦纳基卜·哈萨尼·拉齐，生卒地点有待考究。

史学著作：《历史》和《传记》。

参考文献： 阿迦·布祖尔克：《什叶派著述门径》第 4 卷，第 473 页。穆哈新·艾敏：《什叶派精英》第 6 卷，第 437 页。索伊卜·阿卜杜·哈密德：《什叶派史学家辞典》第 1 卷，第 336 页。

第 6 编

公元12世纪

伊本·卡拉玛

（Ibn Karrāmah，1022～1101）

艾布·萨阿德·穆哈新·本·穆罕默德·本·卡拉玛·朱沙米·贝哈基·也马尼，生于伊朗萨卜泽瓦尔附近的朱沙姆，被杀害于麦加。

史学著作：①《塔里卜家族美德》，德黑兰：文化朝阳基金会，1963。②《问题精粹注解》，详见艾布·伽斯姆·巴勒黑等《禁欲恩惠与穆尔太齐赖派层级》，贝鲁特：法拉比出版社，2017，第369～409页。其中对穆尔太齐赖派学者的记载尤为珍贵。③《栽德派哈达维分支伊玛目》和四大卷本历史文集《船》。

参考文献：阿卜杜·萨腊姆·瓦继赫：《栽德派著述名人》，第819～823页。沙奇尔·穆斯塔法：《阿拉伯历史与史家》第2卷，第343～344页。索伊卜·阿卜杜·哈密德：《什叶派史学家辞典》第2卷，第85页。

艾布·阿里·捷雅尼

（Abū ‘Alī al-Jayyānī，1035～1105）

艾布·阿里·侯赛因·本·穆罕默德·本·艾哈迈德·加萨尼·捷雅尼·安达卢斯，生卒于西班牙科尔多瓦。

史学著作：①《忽视约束与问题辨别》第1～3卷，麦加：益世出版社，2000。该书是关于传述《布哈里圣训实录》的人物名字、族谱和事迹的最重要著作之一。②2卷本《艾布·达乌德·西吉斯塔尼著作之谢赫名单》。

参考文献：伊本·巴施库沃勒：《〈安达卢西伊玛目、学者、圣训学家、法学家与文豪史〉续编》第1卷，第203～205页。伊本·亥尔：《目录》，第274、276页。齐力克里：《名人》第2卷，第255页。

捷雅施

（Jayyāsh，? ～1105）

艾布·拓米（或法提克）·捷雅施·本·纳贾哈·本·哈巴什，生卒于也门，是也门纳贾希王朝第三任国王（1089～1105 年在位），号称"刚毅王"。

史学著作：《扎比德纪事》。

参考文献：欧麦尔·力铎：《著述家辞典》第 1 卷，第 515 页。艾曼·福阿德：《伊斯兰时期也门历史文献》，第 96～97 页。沙奇尔·穆斯塔法：《阿拉伯历史与史家》第 2 卷，第 343 页。

穆尔什德·比拉

（al-Murshid billāh，1021～1105）

艾布·侯赛因·叶哈雅（穆尔什德·比拉）·本·侯赛因·本·伊斯玛仪·本·栽德·哈萨尼·朱尔贾尼，生卒地点有待考究，曾居住于伊朗代拉姆地区。

史学著作：《伊玛目穆爱耶德传》。

参考文献：齐力克里：《名人》第 8 卷，第 141 页。艾哈迈德·侯赛尼：《栽德派著作》第 2 卷，第 109 页。索伊卜·阿卜杜·哈密德：《什叶派史学家辞典》第 2 卷，第 448～449 页。

伊本·斯马纳尼

（Ibn al-Simanānī，？～1105）

艾布·伽斯姆·阿里·本·穆罕默德·本·艾哈迈德·拉哈比，生于叙利亚拉哈巴城堡，辞世地点有待考究。

史学著作：①《法官园地与获救道路》第 1～4 卷，贝鲁特：使命基金会 & 安曼：福尔甘出版社，1984。②编年史《列国与纪事知识展示》。

参考文献：阿卜杜·伽迪尔·古拉什：《往昔珠宝：哈乃斐学派层级传》第 2 卷，第 605～610 页。齐力克里：《名人》第 4 卷，第 329 页。沙奇尔·穆斯塔法：《阿拉伯历史与史家》第 2 卷，第 125 页。

阿里·苏拉米

（'Alī al-Sulamī, 1039~1106）

艾布·哈桑·阿里·本·拓熙尔·本·贾法尔·本·阿卜杜拉·盖斯·苏拉米，生卒于叙利亚大马士革。

史学著作：《圣战》，是记载十字军东侵的珍贵史籍之一。

参考文献：伊本·阿萨奇尔：《大马士革史》第 43 卷，第 4 页。欧麦尔·力铎：《著述家辞典》第 2 卷，第 422 页。沙奇尔·穆斯塔法：《阿拉伯历史与史家》第 2 卷，第 281~282 页。

穆巴什尔·法提克

（al-Mubashshir Fātik,？~约 1106）

艾布·瓦法·穆巴什尔·本·法提克·迪马什基，生于叙利亚大马士革，辞世地点有待考究。

史学著作：三卷本《穆斯坦绥尔传》。

参考文献：雅孤特：《文豪辞典》第 5 卷，第 2271 页。齐力克里：《名人》第 5 卷，第 273 页。利玛·杜尔内格：《阿拉伯与穆斯林著名史学家》，第 320~321 页。

法米

（al-Fāmī, 1023~1107）

艾布·穆罕默德·阿卜杜·瓦贺卜·本·穆罕默德·本·阿卜杜·瓦贺卜·本·穆罕默德·本·阿卜杜·瓦希德·什拉齐·法米·沙斐仪，生卒于伊朗设拉子。

史学著作：《法学家史》。

参考文献：扎哈比：《群英诸贤传》第 19 卷，第 248~252 页。伊斯玛仪帕夏·巴格达迪：《著述家名讳遗作惠泽》第 1 卷，第 637 页。齐力克里：《名人》第 4 卷，第 185 页。

祝哈里

（al-Dhuhalī，1039~1113）

艾布·迦里卜·舒贾俄·本·法里斯·本·侯赛因·本·法里斯·本·侯赛因·祝哈里·苏赫拉瓦尔迪·巴格达迪，生卒于伊拉克巴格达。

史学著作：《〈巴格达史〉续编》。

参考文献：伊本·迪姆雅蒂：《〈巴格达史补遗〉择益》，第 249~251 页。扎哈比：《群英诸贤传》第 19 卷，第 355~357 页。沙奇尔·穆斯塔法：《阿拉伯历史与史家》第 2 卷，第 126 页。

伊本·盖萨拉尼

（Ibn al-Qaysarānī，1056~1113）

艾布·法得勒·穆罕默德·本·拓熙尔·本·阿里·本·艾哈迈德·谢拔尼·麦格迪斯·盖萨拉尼，生于耶路撒冷，卒于伊拉克巴格达。

史学著作：①《苏菲派精粹》，贝鲁特：阿拉伯文选出版社，1995。②《伊本·阿迪〈大全〉增补》、2 卷本《沙姆地区知名人士史》和 2 卷本《地名辞典》。

参考文献：伊本·赫里康：《精英辞世与时代名人信息录》第 4 卷，第 287~288 页。齐力克里：《名人》第 6 卷，第 171 页。沙奇尔·穆斯塔法：《阿拉伯历史与史家》第 2 卷，第 232~233 页。

艾比瓦尔迪

（al-Abīwardī，约 1068~1113）

艾布·穆左发尔·穆罕默德·本·艾哈迈德·本·穆罕默德·本·伊斯哈格·古拉什·伍麦维，生于土库曼斯坦阿比瓦尔德，中毒身亡于伊朗伊斯法罕。

史学著作：《阿比瓦尔德与尼萨史》和《诸艺学林层级传》等。

参考文献：雅孤特：《文豪辞典》第 5 卷，第 2360~1376 页。齐力克里：《名人》第 5 卷，第 316 页。利玛·杜尔内格：《阿拉伯与穆斯林著名史学家》，第 339~340 页。

伊本·艾尔马纳齐
（Ibn al-Armanāzī，1051~1115）

艾布·法拉吉·概思·本·阿里·本·阿卜杜·萨腊姆·本·穆罕默德·本·贾法尔·苏里，生于叙利亚阿尔马纳兹，卒于叙利亚大马士革。

史学著作：《大马士革史》和《苏尔史》（未完稿）等。

参考文献： 托腊勒·达尔贾尼：《伊本·阿萨奇尔〈大马士革史〉的资料来源》第 3 卷，第 2176~2177 页。沙奇尔·穆斯塔法：《阿拉伯历史与史家》第 2 卷，第 285 页。萨拉丁·穆纳吉德：《大马士革史学家及其手稿与出版物辞典》，第 33 页。

艾布·舒贾俄·代拉米
（Abū Shujā'al-Daylamī，1053~1115）

艾布·舒贾俄·什拉韦赫·本·沙赫拉达尔·本·什拉韦赫·本·法纳胡斯鲁·哈马扎尼·代拉米，生卒于伊朗哈马丹。

史学著作： ①《人类智慧之和蔼园地：先知状况要知》，开罗：乌苏勒出版社，2020。②《哈马丹史》。

参考文献： 卡尔·布罗克尔曼：《阿拉伯文学史》第 6 册，第 130 页。齐力克里：《名人》第 3 卷，第 183 页。利玛·杜尔内格：《阿拉伯与穆斯林著名史学家》，第 177 页。

希巴图拉·萨格蒂
（Hibat Allāh al-Saqatī，1053~1115）

艾布·巴拉卡特·希巴图拉·本·穆拔拉克·本·穆萨·本·阿里·巴格达迪·萨格蒂，生卒于伊拉克巴格达。

史学著作： ①《巴格达史》，是赫蒂卜·巴格达迪（1002~1071）《巴格达史》的续编。②《长老辞典》。

参考文献： 扎哈比：《群英诸贤传》第 19 卷，第 282～283 页。沙奇尔·穆斯塔法：《阿拉伯历史与史家》第 2 卷，第 126 页。阿卜杜拉·图雷基：《罕百里学派著作辞典》第 2 卷，第 133～134 页。

伊本·阿勒格玛
(Ibn 'Alqamah，1037~1116)

艾布·阿卜杜拉·穆罕默德·本·赫拉夫·本·哈桑·本·伊斯玛仪·索达斐，生卒于西班牙瓦伦西亚。

史学著作：《重灾明释》，即《瓦伦西亚史》。

参考文献： 伊本·艾拔尔：《〈续编〉增补》第 2 卷，第 85 页。安瓦尔·扎纳提：《马格里布与安达卢西史料》，第 93～95 页。利玛·杜尔内格：《阿拉伯与穆斯林著名史学家》，第 370 页。

纳尔斯
(al-Narsī，1033~1116)

艾布·加纳伊姆·穆罕默德·本·阿里·本·梅蒙·本·穆罕默德·纳尔斯·库斐，生于伊拉克库法，卒于伊拉克希拉。

史学著作：《长老辞典》。

参考文献： 索法迪：《逝者全录》第 4 卷，第 105～106 页。扎哈比：《群英诸贤传》第 19 卷，第 274～276 页。欧麦尔·力铎：《著述家辞典》第 3 卷，第 550 页。

阿卜杜·拉哈曼·胡札义
('Abd al-Rahmān al-Khuzā'ī，？~1116)

艾布·穆罕默德·阿卜杜·拉哈曼·本·艾哈迈德·本·侯赛因·尼撒布里·胡札义·拉齐，生卒地点有待考究。

史学著作：《记录》、《纪事精粹》和《圣裔功德》等。

参考文献：欧麦尔·力铎：《著述家辞典》第 2 卷，第 74 页。穆哈新·艾敏：《什叶派精英》第 7 卷，第 464 页。索伊卜·阿卜杜·哈密德：《什叶派史学家辞典》第 1 卷，第 456~457 页。

艾哈迈德·拔巴赫
（Ahmad Bābah,? ~1116）

艾布·阿拔斯·艾哈迈德·本·阿里·本·拔巴赫，生于伊朗卡尚，卒于土库曼斯坦古城木鹿。

史学著作：《伊斯兰精英史》，艾因：扎耶德遗产与历史中心，2001。

参考文献：伊斯玛仪帕夏·巴格达迪：《〈书艺题名释疑〉补遗》第 1 卷，第 546 页。卡尔·布罗克尔曼：《阿拉伯文学史》第 6 册，第 132 页。欧麦尔·力铎：《著述家辞典》第 1 卷，第 198 页。

哈桑·拔巴韦赫
（al-Hasan Bābawayh,? ~约 1116）

沙姆苏丁·艾布·穆罕默德·哈桑·本·侯赛因·本·哈桑·本·侯赛因·本·阿里·本·拔巴韦赫·库米·拉齐，祖籍伊朗库姆，可能卒于伊朗雷伊。

史学著作：《先知与伊玛目传》。

参考文献：阿卜杜拉·阿凡迪：《学林园与德贤池》第 1 卷，第 171~174 页。穆哈新·艾敏：《什叶派精英》第 5 卷，第 49 页。索伊卜·阿卜杜·哈密德：《什叶派史学家辞典》第 1 卷，第 237~238 页。

艾布·扎卡利雅·曼达赫
（Abū Zakarīyā Mandah, 1043~1118）

详见上文的"曼达赫家族"。

伊本·阿基勒

（Ibn ‘Aqīl，1040~1119）

艾布·瓦法·阿里·本·阿基勒·本·穆罕默德·本·阿基勒·本·阿卜杜拉·巴格达迪·左发里·罕百里，生卒于伊拉克巴格达。

史学著作：《诸艺》。这部巨型百科文集是中古时期最大篇幅的阿拉伯文著作之一。关于其卷数，众说纷纭。常见的记载是 200 卷，或 400 卷，或 600 卷，或 800 卷。1991 年，达曼胡尔的里纳特书店出版的残卷记载大量人物纪事。

参考文献：扎哈比：《群英诸贤传》第 19 卷，第 443~451 页。齐力克里：《名人》第 4 卷，第 313 页。阿卜杜拉·图雷基：《罕百里学派著作辞典》第 2 卷，第 147~161 页。

伊本·格拓俄

（Ibn al-Qattā‘，1041~1121）

艾布·伽斯姆·阿里·本·贾法尔·本·阿里·萨阿迪，生于西西里岛，卒于埃及开罗。

史学著作：《西西里岛历史纪录》。

参考文献：欧麦尔·力铎：《著述家辞典》第 2 卷，第 415 页。沙奇尔·穆斯塔法：《阿拉伯历史与史家》第 2 卷，第 211 页。利玛·杜尔内格：《阿拉伯与穆斯林著名史学家》，第 267 页。

哈达德

（al-Hadād,？~1121）

艾布·阿里·哈桑·本·艾哈迈德·本·哈桑·本·穆罕默德·本·阿里·本·米赫拉·艾斯巴哈尼·哈达德，可能生卒于伊朗伊斯法罕。

史学著作：《艾比·阿里·哈达德之长老辞典》、《伊斯法罕史》、《圣门弟子知识》和《正统哈里发》等。

参考文献：扎哈比：《伊斯兰史》第 35 卷，第 379~383 页。阿卜杜海·卡塔尼：《目录辞典》第 2 卷，第 611 页。齐力克里：《名人》第 2 卷，第 181 页。

巴加维

（al-Baghawī，1044~1122）

艾布·穆罕默德·侯赛因·本·马斯欧德·本·穆罕默德·本·法拉·巴加维·沙斐仪，生于阿富汗巴加，卒于阿富汗木鹿鲁兹。

史学著作：①《光明：先知品性》第 1~2 卷，大马士革：马克塔比出版社，1995。②《长老辞典》。

参考文献：扎哈比：《群英诸贤传》第 19 卷，第 439~443 页。齐力克里：《名人》第 2 卷，第 259 页。阿法夫·阿卜杜·加富尔：《巴加维及其经注方法》（'Afāf 'Abd al-Ghafūr, *Al-Baghawī wa-Manhajuhu fī al-Tafsīr*），巴格达：伊尔沙德印书馆，1983。

伊本·艾斯巴厄

（Ibn Asbagh，1058~1122）

艾布·塔里卜·阿卜杜·杰拔尔·本·阿卜杜拉·本·艾哈迈德·本·艾斯巴厄·古拉什·麦尔沃尼·古尔图比，生卒于西班牙科尔多瓦。

史学著作：《领导精粹与政治透视》残卷，突尼斯：伊斯兰西方出版社，2010。该残卷收录了 63 名人物的传记。

参考文献：伊本·巴施库沃勒：《〈安达卢西伊玛目、学者、圣训学家、法学家与文豪史〉续编》第 1 卷，第 478~479 页。齐力克里：《名人》第 3 卷，第 275 页。利玛·杜尔内格：《阿拉伯与穆斯林著名史学家》，第 187~188 页。

伊本·巴拉卡特

（Ibn Barakāt，1029~1126）

艾布·阿卜杜拉·穆罕默德·本·巴拉卡特·本·希腊勒·本·阿卜

杜·瓦希德·本·阿卜杜拉·萨义迪·米斯里，生卒地点有待考究。

史学著作：《埃及地志》。

参考文献：雅孤特：《文豪辞典》第 6 卷，第 2440 ~ 2441 页。欧麦尔·力铎：《著述家辞典》第 3 卷，第 160 ~ 161 页。利玛·杜尔内格：《阿拉伯与穆斯林著名史学家》，第 353 页。

图尔突什
（al-Turtūshī，1059 ~ 1126）

艾布·伯克尔·穆罕默德·本·瓦立德·本·穆罕默德·本·赫拉夫·古拉什·安达卢斯·图尔突什，生于西班牙托尔托萨，卒于埃及亚历山大。

史学著作：《列王明灯》第 1 ~ 2 卷，开罗：埃及黎巴嫩出版社，1994。

参考文献：扎哈比：《群英诸贤传》第 19 卷，第 490 ~ 496 页。沙奇尔·穆斯塔法：《阿拉伯历史与史家》第 2 卷，第 211 页。穆罕默德·易南：《东方与安达卢西亚的伊斯兰人物志》，第 289 ~ 297 页。

伊本·法特宏
（Ibn Fathūn，? ~ 1126）

艾布·伯克尔·穆罕默德·本·赫拉夫·本·苏莱曼·本·法特宏·安达卢斯·穆尔斯，生于西班牙奥里韦拉，卒于西班牙穆尔西亚。

史学著作：《伊本·阿卜杜·巴尔〈圣门弟子知识全录〉增补》和《伊本·伽尼俄〈圣门弟子辞典〉疑惑修正》等。

参考文献：伊本·巴施库沃勒：《〈安达卢西伊玛目、学者、圣训学家、法学家与文豪史〉续编》第 2 卷，第 213 页。伊本·亥尔：《目录》，第 269 页。齐力克里：《名人》第 6 卷，第 115 页。

艾布·巴伽·希里
（Abū al-Baqā'al-Hillī，? ~ 1126）

阿斐夫丁·艾布·巴伽·希巴图拉·本·纳玛·本·阿里·本·罕

敦·希里，生卒地点有待考究。

史学著作：《麦兹迪耶功德：艾萨迪列王纪事》第 1~2 卷，艾因：扎耶德遗产与历史中心，2000。

参考文献：伊本·哈杰尔：《指针》第 8 卷，第 328 页。沙奇尔·穆斯塔法：《阿拉伯历史与史家》第 2 卷，第 126 页。

艾布·哈桑·哈马扎尼

（Abū al-Hasan al-Hamadhānī, 1071~1127）

艾布·哈桑·穆罕默德·本·阿卜杜·麦立克·本·伊卜拉欣·本·艾哈迈德·哈马扎尼·麦格迪斯，生于伊朗哈马丹，卒于伊拉克巴格达。

史学著作：①《〈泰伯里史〉增补》，载《〈泰伯里史〉补遗集》，开罗：知识出版社，1977，第 185~489 页。该书原稿共两卷。残存第一卷记载 908~978 年的史事。②《传记题名：游牧民与城里人》残卷，突尼斯：伊斯兰西方出版社，2008。③《法学家层级传》，是什拉齐（1003~1083）《法学家层级传》的续作。④《臣卿纪事》，是希腊勒·索比（969~1056）《埃米尔珍品：臣卿史》的续作。⑤《〈维齐尔艾布·舒贾俄史〉续编》，是鲁兹拉瓦里（1045~1095）《〈各族经验〉续编》的续编。

参考文献：齐力克里：《名人》第 6 卷，第 248~249 页。沙奇尔·穆斯塔法：《阿拉伯历史与史家》第 2 卷，第 107 页。利玛·杜尔内格：《阿拉伯与穆斯林著名史学家》，第 410 页。

伊本·马赫璐夫

（Ibn Makhlūf,? ~1127）

艾布·哈桑·阿里·本·阿卜杜拉·本·马哈布卜（马赫璐夫）·泰拉布路斯·马格里比，生于利比亚的黎波里，卒于麦加。

史学著作：《的黎波里史》和《先知纪事》等。

参考文献：伊斯玛仪帕夏·巴格达迪：《著述家名讳遗作惠泽》第 1 卷，第 696 页。欧麦尔·力铎：《著述家辞典》第 2 卷，第 470 页。穆罕默德·希拉：《麦加历史与史家》，第 33 页。

艾赫斯卡西兄弟

1. 穆罕默德·艾赫斯卡西

（Muhammad al-Akhsīkathī，? ～约 1128）

艾布·瓦法·穆罕默德·本·穆罕默德·本·伽斯姆·本·艾哈迈德·艾赫斯卡西，可能生于乌兹别克斯坦阿克西肯特，辞世地点有待考究。

史学著作：《历史》。

2. 艾哈迈德·艾赫斯卡西

（Ahmad al-Akhsīkathī，1074～1134）

艾布·拉沙德·艾哈迈德·本·穆罕默德·本·伽斯姆·本·艾哈迈德·艾赫斯卡西，可能生于阿克西肯特，卒于土库曼斯坦古城木鹿。

史学著作：《艾布·拉沙德史》。

参考文献：萨姆阿尼：《谱系》第 1 卷，第 153 页。雅孤特：《文豪辞典》第 2 卷，第 514～515 页；第 6 卷，第 2640 页。索法迪：《逝者全录》第 1 卷，第 129 页；第 8 卷，第 54 页。欧麦尔·力铎：《著述家辞典》第 1 卷，第 289 页；第 3 卷，第 667 页。沙奇尔·穆斯塔法：《阿拉伯历史与史家》第 2 卷，第 126～127 页。利玛·杜尔内格：《阿拉伯与穆斯林著名史学家》，第 81、443 页。

伊本·艾克法尼

（Ibn al-Akfānī，1052～1129）

艾布·穆罕默德·希巴图拉·本·艾哈迈德·本·穆罕默德·本·希巴图拉·艾敏·安索里·艾克法尼·迪马什基·沙斐仪，生卒于叙利亚大马士革。

史学著作：①《〈学林生卒史〉再续》，利雅得：首都出版社，1989。该书是阿卜杜·阿齐兹·卡塔尼（999～1074）《〈学林生卒史〉续编》的续作，收录 63 名辞世于 1070～1092 年的人物。②《〈德拉雅史〉续成》。

参考文献：扎哈比：《群英诸贤传》第 19 卷，第 576～578 页。沙奇尔·穆斯塔法：《阿拉伯历史与史家》第 2 卷，第 233～234 页。萨拉丁·穆纳吉德：《大马士革史学家及其手稿与出版物辞典》，第 31～32 页。

拉津·萨拉古斯蒂
（Razīn al-Saraqustī,？～1131）

艾布·哈桑·拉津·本·穆阿维叶·本·安玛尔·阿卜达里·萨拉古斯蒂，生于西班牙萨拉戈萨，卒于麦加。

史学著作：《麦加与麦地那纪事及二者特色》。

参考文献：伊本·阿密拉：《探索目标：安达卢西人物史》第 1 卷，第 369 页。欧麦尔·力铎：《著述家辞典》第 1 卷，第 713～714 页。穆罕默德·希拉：《麦加历史与史家》，第 33～35 页。

伊本·艾比·叶尔腊
（Ibn Abī Ya‘lá, 1059～1132）

详见上文的"叶尔腊家族"。

伊本·札故尼
（Ibn al-Zāghūnī, 1063～1132）

艾布·哈桑·阿里·本·欧贝杜拉·本·纳斯尔·本·欧贝杜拉·本·萨赫勒·札故尼·巴格达迪·罕百里，生卒于伊拉克巴格达。

史学著作：编年史《历史》，即《札故尼史》，是《泰伯里史》的续编，从穆斯塔尔希德（1118～1135 年在位）继任哈里发之年写到作者去世前。

参考文献：扎哈比：《群英诸贤传》第 19 卷，第 605～607 页。沙奇尔·穆斯塔法：《阿拉伯历史与史家》第 2 卷，第 127 页。阿卜杜拉·图雷基：《罕百里学派著作辞典》第 2 卷，第 170～177 页。

伊本·罕迪斯

（Ibn Hamdīs，1055~1133）

艾布·穆罕默德·阿卜杜·杰拔尔·本·艾比·伯克尔·本·穆罕默德·本·罕迪斯·艾兹迪·西西里，生于意大利叙拉古，卒于西班牙马略卡岛。

史学著作：《安达卢西地区阿尔赫西拉斯史》。

参考文献：哈吉·哈里发：《书艺题名释疑》第 1 卷，第 290 页。欧麦尔·力铎：《著述家辞典》第 2 卷，第 46~47 页。利玛·杜尔内格：《阿拉伯与穆斯林著名史学家》，第 187 页。

欧麦尔·艾萨达拔迪

（'Umar al-Asadābādī，1064~1134）

艾布·哈夫斯·欧麦尔·本·阿卜杜·拉哈曼·本·穆罕默德·本·欧麦尔·本·哈桑·艾萨达拔迪，生于伊朗阿萨达巴德，辞世地点有待考究。

史学著作：《阿萨达巴德史》。

参考文献：利玛·杜尔内格：《阿拉伯与穆斯林著名史学家》，第 296 页。

艾哈迈德·艾赫斯卡西

（Ahmad al-Akhsīkathī，1074~1134）

详见上文的“艾赫斯卡西兄弟”。

阿卜杜·迦菲尔

（'Abd al-Ghāfir，1059~1135）

艾布·哈桑·阿卜杜·迦菲尔·本·伊斯玛仪·本·阿卜杜·迦菲

尔·本·穆罕默德·本·阿卜杜·迦菲尔·法里斯·尼撒布里，生卒于伊朗内沙布尔。

史学著作：《内沙布尔史精选》，贝鲁特：学术书籍出版社，1989。该书收录了 1678 名内沙布尔人物的传记。

参考文献：伊本·赫里康：《精英辞世与时代名人信息录》第 3 卷，第 225 页。欧麦尔·力铎：《著述家辞典》第 2 卷，第 173 页。利玛·杜尔内格：《阿拉伯与穆斯林著名史学家》，第 218 页。

伊本·哈甘
(Ibn Khāqān，1087~1135)

艾布·纳斯尔·法特哈·本·穆罕默德·本·欧贝杜拉·本·哈甘·本·阿卜杜拉·盖斯，生于西班牙叶海苏卜堡，被勒死于摩洛哥马拉喀什。

史学著作：①《精神追求与倾听剧院：安达卢西人妙语》，贝鲁特：使命基金会，1983。②人物志《纯金项链与精英良善》第 1~4 册，扎尔卡：马纳尔书店，1989。

参考文献：伊本·赫里康：《精英辞世与时代名人信息录》第 4 卷，第 23~24 页。卡尔·布罗克尔曼：《阿拉伯文学史》第 6 册，第 99、106~108 页。齐力克里：《名人》第 5 卷，第 134 页。

穆罕默德·麦尔瓦齐
(Muhammad al-Marwazī,？~1135)

艾布·纳斯尔·穆罕默德·本·穆罕默德·本·优素福·伽沙尼·麦尔瓦齐·哈萨尼，生卒地点有待考究。

史学著作：《学林纪事》。

参考文献：哈吉·哈里发：《书艺题名释疑》第 1 卷，第 27 页。伊斯玛仪帕夏·巴格达迪：《著述家名讳遗作惠泽》第 2 卷，第 87 页。欧麦尔·力铎：《著述家辞典》第 3 卷，第 699~700 页。

阿里·杰拉比

('Alī al-Jallābī,?　~1140)

艾布·哈桑·阿里·本·穆罕默德·本·推伊卜·杰拉比，生卒地点有待考究。

史学著作：《瓦西特史》。

参考文献： 哈吉·哈里发：《书艺题名释疑》第 1 卷，第 309 页。欧麦尔·力铎：《著述家辞典》第 2 卷，第 509 页。利玛·杜尔内格：《阿拉伯与穆斯林著名史学家》，第 284 页。

伽迪·玛利斯坦

(Qādī al-Māristān，1050~1141)

艾布·伯克尔·穆罕默德·本·阿卜杜·巴基·本·穆罕默德·本·阿卜杜拉·本·穆罕默德·安索里·卡尔比·巴格达迪，生卒于伊拉克巴格达。

史学著作：《可信长老议题》第 1~3 卷，麦加：益世出版社，2001。该书以《大长老志》著称于世，收录了 87 名长老的传记及其传述的部分圣训。

参考文献： 伊本·拉杰卜：《〈罕百里学派层级传〉续编》第 1 卷，第 433~434 页。齐力克里：《名人》第 6 卷，第 183 页。阿卜杜拉·图雷基：《罕百里学派著作辞典》第 2 卷，第 186~188 页。

吉瓦姆·逊奈

(Qiwām al-Sunnah，1065~1141)

艾布·伽斯姆·伊斯玛仪·本·穆罕默德·本·法得勒·本·阿里·古拉什·图莱希·台米·艾斯巴哈尼，生卒于伊朗伊斯法罕。

史学著作：①《先知明证》第 1~4 卷，利雅得：首都出版社，1991。②《先贤正传》，贝鲁特：学术书籍出版社，2004。该书收录 661 名伊斯兰教先贤的传记，包括圣门弟子、再传圣门弟子、三传与四传圣门弟子、修士、苏菲主义者以及伊斯法罕城的先贤等。③《先知为圣与武功纪》第 1~

2 卷，利比亚的黎波里：瓦立德出版社，2010。

参考文献：卡尔·布罗克尔曼：《阿拉伯文学史》第 6 册，第 39~40 页。齐力克里：《名人》第 1 卷，第 323 页。沙奇尔·穆斯塔法：《阿拉伯历史与史家》第 2 卷，第 127 页。

蒙基兹家四兄弟

1. 蒙基孜·蒙基兹

（Munqidh al-Munqidhī，1101~约 1141）

艾布·穆佶思·蒙基孜·本·穆尔什德·本·阿里·本·穆格拉德·本·纳斯尔·蒙基兹·奇纳尼，生于叙利亚谢扎尔，辞世地点有待考究。

史学著作：《〈艾布·迦里卜·麦阿利史〉续编》。

2. 阿里·蒙基兹

（'Alī al-Munqidhī，1094~1151）

艾布·哈桑·阿里·本·穆尔什德·本·阿里·本·穆格拉德·本·纳斯尔·蒙基兹·奇纳尼·谢扎里，生于谢扎尔，卒于以色列阿什凯隆。

史学著作：《始末录》。

3. 穆罕默德·蒙基兹

（Muhammad al-Munqidhī，? ~约 1157）

艾布·阿卜杜拉·穆罕默德·本·穆尔什德·本·阿里·本·穆格拉德·本·纳斯尔·蒙基兹·奇纳尼·谢扎里，可能生于谢扎尔，辞世地点有待考究。

史学著作：《蒙基兹家族史》。

4. 乌撒玛·蒙基兹

（Usāmah al-Munqidhī，1095~1188）

艾布·穆左发尔·乌撒玛·本·穆尔什德·本·阿里·本·穆格拉德·本·纳斯尔·蒙基兹·奇纳尼·谢扎里，生于谢扎尔，卒于叙利亚大马士革。

史学著作：①《深思》，贝鲁特：伊斯兰书斋，2003。该书是中古时期罕见的详细记载传主所处时代社会、经济和文化状况的自传体书籍，是学者们研究十字军战争史的重要参考文献。②《房屋与宅院》第 1~2 卷，大马士革：伊斯兰书斋，1965。③《〈欧麦尔·本·赫拓卜功德〉摘要》、《〈欧麦尔·本·阿卜杜·阿齐兹功德〉摘要》、《妇女纪事》、《各地纪事》和《城堡与要塞史》等。

参考文献：伊本·阿萨奇尔：《大马士革史》第 43 卷，第 238~240 页；第 60 卷，第 362~363 页。伊本·阿迪姆：《阿勒颇史索觅》第 1 卷，第 474 页。扎哈比：《伊斯兰史》第 37 卷，第 250~251 页。索法迪：《逝者全录》第 22 卷，第 119~120 页。卡尔·布罗克尔曼：《阿拉伯文学史》第 6 册，第 22~25 页。侯赛因·艾敏：《同时代阿拉伯史家著作中的十字军战争》，第 16~17 页。杰玛勒·缶齐：《十字军战争时期沙姆地区的历史与史家》，第 249~270 页。沙奇尔·穆斯塔法：《阿拉伯历史与史家》第 2 卷，第 243~245、285~286 页。萨拉丁·穆纳吉德：《大马士革史学家及其手稿与出版物辞典》，第 53~54 页。索伊卜·阿卜杜·哈密德：《什叶派史学家辞典》第 1 卷，第 149~151 页。

纳萨斐

（al-Nasafī，1068~1142）

纳吉姆丁·艾布·哈夫斯·欧麦尔·本·穆罕默德·本·艾哈迈德·本·伊斯玛仪·纳萨斐，生于乌兹别克斯坦卡尔希，卒于乌兹别克斯坦撒马尔罕。

史学著作：①《糖块：撒马尔罕学林纪录》，德黑兰：遗产之镜，1999。该书收录 1232 个撒马尔罕地区的人物传记。②《布哈拉史》。

参考文献：欧麦尔·力铎：《著述家辞典》第 2 卷，第 571 页。沙奇尔·穆斯塔法：《阿拉伯历史与史家》第 2 卷，第 127 页。利玛·杜尔内格：《阿拉伯与穆斯林著名史学家》，第 297~298 页。

萨马尔甘迪

（al-Samarqandī,？ ~1142）

艾布·法得勒·穆罕默德·本·阿卜杜·杰立勒·本·阿卜杜·麦立克·本·阿里·本·海达尔·萨马尔甘迪，可能生卒于乌兹别克斯坦撒马尔罕。

史学著作：《〈糖块〉精选》，是作者的老师纳萨斐（1068~1142）所著《糖块：撒马尔罕学林纪录》的缩写本。

参考文献：哈吉·哈里发：《书艺题名释疑》第 2 卷，第 1356 页。欧麦尔·力铎：《著述家辞典》第 3 卷，第 385 页。利玛·杜尔内格：《阿拉伯与穆斯林著名史学家》，第 393 页。

扎马赫沙里

（al-Zamakhsharī，1075~1144）

贾鲁拉·艾布·伽斯姆·马哈茂德·本·欧麦尔·本·穆罕默德·花拉子米·扎马赫沙里，生于土库曼斯坦扎马赫沙尔，卒于乌兹别克斯坦乌尔根奇。

史学著作：①《山、地与水》，纳杰夫：海达利耶印书馆，1917。②《纯洁春季与纪事文辞》第 1~5 卷，贝鲁特：艾尔拉米出版公司，1992。

参考文献：雅孤特：《文豪辞典》第 6 卷，第 2687~2691 页。扎哈比：《群英诸贤传》第 20 卷，第 151~156 页。穆罕默德·希拉：《麦加历史与史家》，第 35~38 页。

杰沃立基

（al-Jawālīqī，1073~1145）

艾布·曼苏尔·毛合卜·本·艾哈迈德·本·穆罕默德·本·希得尔·本·哈桑·本·穆罕默德·杰沃立基，生卒于伊拉克巴格达。

史学著作：①传述伊本·艾尔拉比（767~846）的《阿拉伯马之名及其骑士》。②《〈书吏修养〉注解》，科威特：科威特大学出版社，1995。该书是对伊本·古台巴（828~889）《书吏修养》的注解。

参考文献：扎哈比：《群英诸贤传》第 20 卷，第 89~91 页。齐力克里：《名人》第 7 卷，第 335 页。阿卜杜拉·图雷基：《罕百里学派著作辞典》第 2 卷，第 195~199 页。

艾萨力比
（al-Athāribī，1068~1147）

艾布·法沃力斯·罕丹·本·阿卜杜·拉希姆·本·罕丹·塔米米·艾萨力比，生卒于叙利亚阿勒颇附近的马尔拉萨-艾萨里布。

史学著作：①《薄布：阿勒颇史》，是从阿拉伯史学家视角写的第一部记载十字军入侵阿勒颇的史书。②塔米姆部落纪事《灯》。

参考文献：伊斯玛仪帕夏·巴格达迪：《著述家名讳遗作惠泽》第 1 卷，第 335 页。沙奇尔·穆斯塔法：《阿拉伯历史与史家》第 2 卷，第 234~236 页。利玛·杜尔内格：《阿拉伯与穆斯林著名史学家》，第 145 页。

伊本·绥拉斐·米斯里
（Ibn al-Sayrafī al-Misrī，1071~1147）

艾布·伽斯姆·阿里·本·蒙吉卜·本·苏莱曼·米斯里，生卒于埃及。

史学著作：①《书信部制度》，开罗：埃及黎巴嫩出版社，1990。②《为臣提示》，开罗：埃及黎巴嫩出版社，1990。

参考文献：雅孤特：《文豪辞典》第 5 卷，第 1971~1972 页。齐力克里：《名人》第 5 卷，第 24 页。沙奇尔·穆斯塔法：《阿拉伯历史与史家》第 2 卷，第 191~192 页。

伊本·巴撒姆
（Ibn Bassām,？~1147）

艾布·哈桑·阿里·本·巴撒姆·圣塔里尼，生于葡萄牙圣塔伦，卒于西班牙科尔多瓦。

史学著作：《宝库：岛民良善》第 1 卷第 1 分册~第 4 卷第 2 分册，贝鲁特：文化出版社，1979~1997。该书主要记载作者所处时代伊比利亚半岛政坛和文苑的精英们。

参考文献：卡尔·布罗克尔曼：《阿拉伯文学史》第 6 册，第 108~110 页。齐力克里：《名人》第 4 卷，第 266 页。穆罕默德·易南：《东方与安达卢西亚的伊斯兰人物志》，第 298~304 页。

伽迪·易雅得

（al-Qādī'Iyād，1083~1149）

艾布·法得勒·易雅得·本·穆萨·本·易雅得·本·阿慕伦·本·穆萨·本·易雅得·萨卜提·马立奇，生于西班牙休达，卒于摩洛哥马拉喀什。

史学著作：①《法庭整顿与道路接近：马立克学派群英知识》第 1~8 卷，拉巴特：伊斯兰宗教基金事务部，1981~1983。该书是中古时期篇幅最大的专门记载马立克派教法学人物传记的著作。②《疗愈：穆圣真理须知》第 1~2 卷，贝鲁特：阿拉伯书籍出版社，1984。该书是记述先知穆罕默德生平的古代阿拉伯名著之一。③《休达纪事》和《史集》等。

参考文献：扎哈比：《群英诸贤传》第 20 卷，第 212~218 页。齐力克里：《名人》第 5 卷，第 99 页。阿卜杜海·卡塔尼：《目录辞典》第 2 卷，第 797~804 页。伊本·苏达：《远马格里布史家索引》，第 40、97 页。

伊本·艾敏

（Ibn al-Amīn，1096~1149）

艾布·伊斯哈格·伊卜拉欣·本·叶哈雅·本·伊卜拉欣·本·叶哈雅·本·萨义德·古尔图比，生于西班牙科尔多瓦，卒于西班牙涅夫拉。

史学著作：《圣门群英良才通告》，坦塔：狄雅出版社，2008。该书收录 797 位圣门弟子的名单。

参考文献：伊本·巴施库沃勒：《〈安达卢西伊玛目、学者、圣训学家、

法学家与文豪史〉续编》第 1 卷，第 155 页。扎哈比：《伊斯兰史》第 37
卷，第 183 页。齐力克里：《名人》第 1 卷，第 79 页。

尔撒·哈拉维

（'Īsā al-Harawī，？～1149）

艾布·鲁哈·尔撒·本·阿卜杜拉·哈拉维，生卒地点有待考究。

史学著作：《赫拉特史》。

参考文献：哈吉·哈里发：《书艺题名释疑》第 1 卷，第 309 页。欧麦
尔·力铎：《著述家辞典》第 2 卷，第 596 页。利玛·杜尔内格：《阿拉伯
与穆斯林著名史学家》，第 303 页。

马斯欧德·贝哈基

（Mas'ūd al-Bayhaqī，？～1149）

艾布·麦哈新·马斯欧德·本·阿里·本·艾哈迈德·本·阿拔斯·
索沃尼·贝哈基，生卒地点有待考究。

史学著作：4 卷本《备忘》，即《艾布·麦哈新备忘》。

参考文献：雅孤特：《文豪辞典》第 6 卷，第 2699 页。齐力克里：《名
人》第 7 卷，第 219 页。沙奇尔·穆斯塔法：《阿拉伯历史与史家》第 2
卷，第 127～128 页。

穆萨拉姆·拉哈继

（Musallam al-Lahjī，？～1150）

穆萨拉姆·本·穆罕默德·本·贾法尔·拉哈继·沙缇比·也玛尼，
生于也门拉赫季，辞世地点有待考究。

史学著作：①四卷本层级传《穆萨拉姆·拉哈继史》，把也门名人分为
五个层级。②《枸橼：也门诗坛》和《也门栽德派纪事》。

参考文献：艾曼·福阿德：《伊斯兰时期也门历史文献》，第 105～107
页。沙奇尔·穆斯塔法：《阿拉伯历史与史家》第 2 卷，第 344～345 页。索

伊卜·阿卜杜·哈密德：《什叶派史学家辞典》第 2 卷，第 363~364 页。

伊本·达拔厄

（Ibn al-Dabbāgh，1088~1151）

艾布·瓦立德·优素福·本·阿卜杜·阿齐兹·本·优素福·本·欧麦尔·本·斐鲁赫·拉赫米·安达卢斯·温迪，生于西班牙翁达，卒于西班牙德尼亚。

史学著作：《圣训学家与法学家层级传》和《索法迪法官之长老辞典》等。

参考文献：伊本·巴施库沃勒：《〈安达卢西伊玛目、学者、圣训学家、法学家与文豪史〉续编》第 2 卷，第 331~332 页。伊本·易玛德：《金砂：往逝纪事》第 6 卷，第 234~235 页。齐力克里：《名人》第 8 卷，第 238 页。

阿里·蒙基兹

（'Alī al-Munqidhī，1094~1151）

详见上文的"蒙基兹家四兄弟"。

伊本·彦纳戈

（Ibn Yannaq，1089~1153）

艾布·阿米尔·穆罕默德·本·叶哈雅·本·穆罕默德·本·哈里发·本·彦纳戈·沙缇比，生于西班牙哈蒂瓦，可能卒于西班牙科尔多瓦。

史学著作：《安达卢西列王、群英与诗坛》。

参考文献：伊本·艾拔尔：《〈续编〉增补》第 2 卷，第 154~155 页。齐力克里：《名人》第 7 卷，第 137 页。利玛·杜尔内格：《阿拉伯与穆斯林著名史学家》，第 464 页。

法得勒·泰伯尔斯

（al-Fadl al-Tabarsī，1069~1153）

艾布·阿里·法得勒·本·哈桑·本·法得勒·艾敏·伊斯兰·泰伯尔斯，生于伊朗泰伯里斯坦地区，卒于伊朗萨卜泽瓦尔（旧称"贝哈格"）。

史学著作：《正道迹象显告》第 1~2 卷，库姆：圣裔遗产复兴基金会，1996。该书记载先知穆罕默德和十二位伊玛目的生平事迹。

参考文献：阿卜杜拉·阿凡迪：《学林园与德贤池》第 4 卷，第 340~359 页。艾哈迈德·萨敏：《伊玛目派人名学史导研》，第 94 页。索伊卜·阿卜杜·哈密德：《什叶派史学家辞典》第 2 卷，第 22 页。

沙赫拉斯塔尼

（al-Shahrastānī，1086~1153）

艾布·法特哈·穆罕默德·本·阿卜杜·卡利姆·本·艾哈迈德·沙赫拉斯塔尼，生卒于伊朗沙赫雷斯坦。

史学著作：《教义与信仰》第 1~3 卷，贝鲁特：学术书籍出版社，1992。值得特别指出的是，作者在书中把前伊斯兰时期的阿拉伯学问分为三种：其一，族谱、历史与宗教；其二，天启之学；其三，星象学。

参考文献：齐力克里：《名人》第 6 卷，第 215 页。沙奇尔·穆斯塔法：《阿拉伯历史与史家》第 2 卷，第 128 页。穆罕默德·苏海拔尼：《沙赫拉斯塔尼〈教义与信仰〉的编纂方法》（Muhammad al-Suhaybānī, *Manhaj al-Shahrastānī fī Kitābihi al-Milal wa-al-Nihal*：'*Ard wa-Taqwīm*），利雅得：国家出版社，1997。

马哈茂德·巴勒黑

（Mahmūd al-Balkhī，? ~1153）

马哈茂德·本·马斯欧德·巴勒黑，生卒地点有待考究。

史学著作：《时代装饰》。

参考文献：伊斯玛仪帕夏·巴格达迪：《著述家名讳遗作惠泽》第 2 卷，第 403 页。欧麦尔·力铎：《著述家辞典》第 3 卷，第 832 页。利玛·杜尔内格：《阿拉伯与穆斯林著名史学家》，第 472 页。

穆罕默德·尼撒布里
（Muhammad al-Nīsābūrī, 1090~1154）

艾布·贾法尔·穆罕默德·本·阿里·本·哈伦·本·穆罕默德·本·哈伦·穆萨维·尼撒布里·什义，生于伊朗内沙布尔，在战乱中被杀害于内沙布尔。

史学著作：《人物》和《巴尔赫列王族谱》等。

参考文献：扎哈比：《伊斯兰史》第 37 卷，第 378 页。索伊卜·阿卜杜·哈密德：《什叶派史学家辞典》第 2 卷，第 291~292 页。穆罕默德·拉施德：《族谱学家辞典》，第 491 页。

穆罕纳克
（al-Muhannak, ? ~1154）

艾布·阿卜杜拉·穆罕默德·本·侯赛因·本·哈桑·泰拉布路斯，祖籍黎巴嫩的黎波里，卒于埃及开罗。

史学著作：《埃及哈里发史》。

参考文献：麦戈利齐：《大踪录》第 5 卷，第 578 页。沙奇尔·穆斯塔法：《阿拉伯历史与史家》第 2 卷，第 211、287 页。利玛·杜尔内格：《阿拉伯与穆斯林著名史学家》，第 367 页。

伊本·纳斯尔
（Ibn Nāsir, 1075~1155）

艾布·法得勒·穆罕默德·本·纳斯尔·本·穆罕默德·本·阿里·本·欧麦尔·萨腊米·巴格达迪，生卒于伊拉克巴格达。

史学著作：《伊玛目艾哈迈德功德》。

参考文献：扎哈比：《群英诸贤传》第 20 卷，第 265~271 页。齐力克里：《名人》第 7 卷，第 121 页。阿卜杜拉·图雷基：《罕百里学派著作辞典》第 2 卷，第 215~217 页。

叶哈雅·萨勒玛斯
（Yahyá al-Salmāsī，1081~1155）

艾布·扎卡利雅·叶哈雅·本·伊卜拉欣·本·艾哈迈德·本·穆罕默德·艾兹迪·萨勒玛斯，生卒于伊朗萨勒马斯。

史学著作：《四大伊玛目艾布·哈尼法、马立克、沙斐仪与艾哈迈德》，麦地那：麦地那伊斯兰大学，2002。

参考文献：伊本·阿萨奇尔：《大马士革史》第 64 卷，第 44~46 页。伊本·焦齐：《历代帝王与民族通史》第 18 卷，第 105 页。扎哈比：《伊斯兰史》第 37 卷，第 415~416 页。

伊本·赫密斯
（Ibn Khamīs，1073~1157）

马吉德丁·艾布·阿卜杜拉·侯赛因·本·纳斯尔·本·穆罕默德·本·侯赛因·本·伽斯姆·本·赫密斯·卡尔比·摩苏里，生卒于伊拉克摩苏尔。

史学著作：①《廉正功德与德勋良善》第 1~2 卷，艾因：扎耶德遗产与历史中心，2006。这部苏菲派层级传收录了 109 名人物的传记。②《圣徒层级传》。

参考文献：伊本·赫里康：《精英辞世与时代名人信息录》第 2 卷，第 139~140 页。齐力克里：《名人》第 2 卷，第 261 页。沙奇尔·穆斯塔法：《阿拉伯历史与史家》第 2 卷，第 128 页。

艾布·阿拔斯·瓦西蒂
（Abū al-'Abbās al-Wāsitī，1084~1157）

艾布·阿拔斯·艾哈迈德·本·巴赫提雅尔·本·阿里·本·穆罕默

德·曼达伊·瓦西蒂，生于伊拉克瓦西特，卒于伊拉克巴格达。

史学著作：《法官》和《巴托伊哈史》等。

参考文献：雅孤特：《文豪辞典》第 1 卷，第 202～203 页。伊本·卡西尔：《始末录》第 16 卷，第 383 页。利玛·杜尔内格：《阿拉伯与穆斯林著名史学家》，第 32 页。

穆罕默德·蒙基兹

（Muhammad al-Munqidhī，？～约 1157）

详见上文的"蒙基兹家四兄弟"。

赫拉基

（al-Kharaqī，1084～1158）

艾布·穆罕默德·阿卜杜·杰拔尔·本·阿卜杜·杰拔尔·本·穆罕默德·赫拉基·麦尔瓦齐·沙斐仪，生于土库曼斯坦木鹿附近的赫拉格，卒于木鹿。

史学著作：《木鹿史》。

参考文献：塔朱丁·苏卜奇：《大沙斐仪学派层级传》第 7 卷，第 143 页。欧麦尔·力铎：《著述家辞典》第 2 卷，第 47 页。沙奇尔·穆斯塔法：《阿拉伯历史与史家》第 2 卷，第 128 页。

伊本·穆塔瓦奇勒·阿拉拉

（Ibn al-Mutawakkil 'alá Allāh，1085～1159）

艾布·阿里·哈桑·本·贾法尔·本·阿卜杜·索马德·本·穆塔瓦奇勒·阿拉拉·阿拔斯·哈希米，生卒于伊拉克巴格达。

史学著作：《穆斯塔尔什德传》、《穆戈塔斐传》和《长老志》等。

参考文献：伊本·拉杰卜：《〈罕百里学派层级传〉续编》第 2 卷，第 71～76 页。齐力克里：《名人》第 2 卷，第 186 页。阿卜杜拉·图雷基：《罕百里学派著作辞典》第 2 卷，第 218～220 页。

伊本・格腊尼斯

（Ibn al-Qalānisī，1072~1160）

艾布・叶尔腊・哈姆扎・本・阿萨德・本・阿里・本・穆罕默德・塔米米，生卒于叙利亚大马士革。

史学著作：《大马士革史（伊历 360~555 年）》，大马士革：哈撒恩出版社，1983。该书记载 971~1160 年在大马士革及其周边地区发生的重要事件，特别是关于十字军入侵的细节。

参考文献：杰玛勒・缶齐：《十字军战争时期沙姆地区的历史与史家》，第 203~225 页。沙奇尔・穆斯塔法：《阿拉伯历史与史家》第 2 卷，第 236~239 页。萨拉丁・穆纳吉德：《大马士革史学家及其手稿与出版物辞典》，第 34~35 页。

阿卜杜・麦立克・瓦拉戈

（'Abd al-Malik al-Warrāq，? ~约 1160）

艾布・马尔旺・阿卜杜・麦立克・本・穆萨・瓦拉戈，生于摩洛哥非斯，辞世地点有待考究。

史学著作：《马格里布与非斯纪事摘引》。

参考文献：欧麦尔・力铎：《著述家辞典》第 2 卷，第 322~323 页。伊本・苏达：《远马格里布史家索引》，第 36 页。利玛・杜尔内格：《阿拉伯与穆斯林著名史学家》，第 250 页。

阿济米

（al-'Azīmī，1090~1161）

艾布・阿卜杜拉・穆罕默德・本・阿里・本・穆罕默德・本・艾哈迈德・本・尼札尔・塔怒黑・哈拉比，生卒于叙利亚阿勒颇。

史学著作：①编年体简史《阿济米史》，从旧约时代写到 1144 年。1938 年，法国东方学家克劳德・卡恩（Claude Cahen，1909~1991）在《亚洲学报》（*Journal Asiatique*）上刊登了记载 1063~1144 年的部分。②《阿勒颇史》，大马士革：伊卜拉欣·扎俄鲁尔刊印，1984。

参考文献：卡尔·布罗克尔曼：《阿拉伯文学史》第 6 册，第 131~132 页。沙奇尔·穆斯塔法：《阿拉伯历史与史家》第 2 卷，第 239~240 页。索伊卜·阿卜杜·哈密德：《什叶派史学家辞典》第 2 卷，第 280 页。

伊本·绥拉斐·加尔纳蒂
（Ibn al-Sayrafī al-Gharnātī, 1074~1162）

艾布·伯克尔·叶哈雅·本·穆罕默德·本·优素福·安索里·加尔纳蒂，生于西班牙格拉纳达，卒于西班牙奥里韦拉。

史学著作：①《明朗光辉：穆拉比特王朝纪事》，坦塔：纳比加出版社，2018。②《蓝图尼王朝史》。

参考文献：里撒努丁·伊本·赫蒂卜：《格拉纳达纪综录》第 4 卷，第 407~415 页。齐力克里：《名人》第 8 卷，第 164~165 页。利玛·杜尔内格：《阿拉伯与穆斯林著名史学家》，第 501 页。

杰玛熙里父子

1. 伊本·达沃尼基·杰玛熙里
（Ibn al-Dawānīqī al-Jamāhirī,？~1163）

艾布·哈贾吉·优素福·本·穆罕默德·本·穆格拉德·本·尔撒·本·伊卜拉欣·本·索里哈·塔怒黑·杰玛熙里·苏菲，生卒于叙利亚大马士革。

史学著作：《即兴讲演：人物名字》。

2. 阿卜杜·萨腊姆·杰玛熙里
（'Abd al-Salām al-Jamāhirī,？~约 1185）

艾布·福突哈·阿卜杜·萨腊姆·本·优素福·本·穆罕默德·本·穆格拉德·杰玛熙里·迪马什基，生于伊拉克巴格达，卒于大马士革。

史学著作：《时代模范：精英诗坛》。

参考文献：扎哈比：《伊斯兰史》第 38 卷，第 279~280 页。索法迪：《逝者全录》第 29 卷，第 144~145 页。哈吉·哈里发：《书艺题名释疑》第 1 卷，第 61 页。齐力克里：《名人》第 8 卷，第 247 页。沙奇尔·穆斯塔法：《阿拉伯历史与史家》第 2 卷，第 288、297 页。萨拉丁·穆纳吉德：《大马士革史学家及其手稿与出版物辞典》，第 36、55~56 页。

伊本·索戈尔

（Ibn al-Saqr，1108~1164）

艾布·阿拔斯·艾哈迈德·本·阿卜杜·拉哈曼·本·穆罕默德·本·阿卜杜·拉哈曼·安达卢斯，生于西班牙阿尔梅里亚，卒于摩洛哥马拉喀什。

史学著作：《思想光芒：莅临安达卢西之修行者与虔敬者》。作者生前未能完成该书，其子阿卜杜拉续成此著。

参考文献：里撒努丁·伊本·赫蒂卜：《格拉纳达纪综录》第 1 卷，第 182~186 页。伊本·法尔宏：《金丝绸缎：学派精英知识》第 1 卷，第 211~214 页。欧麦尔·力铎：《著述家辞典》第 1 卷，第 167 页。

贝乍戈

（al-Baydhaq，? ~约 1164）

艾布·伯克尔·本·阿里·桑哈继，生卒地点有待考究。

史学著作：《马赫迪·本·突马尔特纪事与穆瓦希德王朝初期》，拉巴特：曼苏尔出版社，1971。

参考文献：卡尔·布罗克尔曼：《阿拉伯文学史》第 6 册，第 28 页。伊本·苏达：《远马格里布史家索引》，第 81~82 页。阿里·欧什：《伊历 6~7 世纪中马格里布（阿尔及利亚）史家对历史知识传承的影响》（'Alī 'Ushshī, "Dawr Mu'arrikhī al-Maghrib al-Awsat 'al-Jazā'ir' fī Naql al-Ma'rifah al-Tārīkhīyah khilāla al-Qarnayn al-Sādis wa-al-Sābi' al-Hijrīyayn"），《人文社会科学研究前沿》（*Majallat al-Muqaddimah li-l-Dirāsāt al-Insānīyah wa-al-Ijtimā'īyah*）2019 年第 6 期。

伊德利斯
（al-Idrīsī，1100~1165）

艾布·阿卜杜拉·穆罕默德·本·穆罕默德·本·阿卜杜拉·本·伊德里斯·本·叶哈雅·本·阿里·本·罕木德·伊德利斯，生卒于西班牙休达。

史学著作：①《热切观赏：天际奇景》第 1~2 卷，开罗：宗教文化书店，2002。②《精神和蔼与缓慰园地》。2007 年，沃斐·努希校勘出版了该书中关于北非和苏丹地区的篇章（拉巴特：伊斯兰宗教基金事务部）。③《和蔼园地与精神游逸》（即《邦国道里志》）和《植物记集》等。

参考文献：卡米勒·朱布里：《文豪辞典：自蒙昧时期至公元 2002 年》第 6 卷，第 99 页。伊本·苏达：《远马格里布史家索引》，第 38 页。纳斯鲁丁·萨义杜尼：《伊斯兰西部的历史与地理遗产》，第 68~73 页。

伊本·巴施伦
（Ibn Bashrūn，? ~约 1166）

奥斯曼·本·阿卜杜·拉希姆·本·阿卜杜·拉札戈·本·贾法尔·本·巴施伦·迈赫达维·西西里，生于突尼斯迈赫迪耶，卒于西西里岛。

史学著作：《当代人物佳选》。易玛杜丁·艾斯法哈尼（1125~1201）的《宫廷纯珠与时代清单》大量援引该书中的诗人传记及其诗作。

参考文献：齐力克里：《名人》第 4 卷，第 208 页。穆罕默德·马哈富兹：《突尼斯著述家志》第 1 卷，第 107~108 页。哈桑·阿卜杜·瓦贺卜：《突尼斯著作与著述家》第 2 卷第 1 分册，第 436~438 页。

伊本·罕敦父子

1. 伊本·罕敦
（Ibn Hamdūn，1102~1167）

巴贺丁·艾布·麦阿里·穆罕默德·本·哈桑·本·穆罕默德·本·

阿里·本·罕敦·巴格达迪，生卒于伊拉克巴格达。

史学著作:《罕敦备忘》第 1~10 卷，贝鲁特：索迪尔出版社，1996。

2. 塔朱丁·罕敦

（Tāj al-Dīn Hamdūn, 1152~1211）

塔朱丁·艾布·萨阿德·哈桑·本·穆罕默德·本·哈桑·本·穆罕默德·本·罕敦·巴格达迪，生于巴格达，卒于伊拉克古城麦达因。

史学著作:《学林纪事》和《诗坛纪事》。

参考文献: 扎哈比：《伊斯兰史》第 39 卷，第 136~137 页；第 43 卷，第 291~292 页。沙奇尔·穆斯塔法：《阿拉伯历史与史家》第 2 卷，第 128~129、132 页。索伊卜·阿卜杜·哈密德：《什叶派史学家辞典》第 1 卷，第 264~265 页。利玛·杜尔内格：《阿拉伯与穆斯林著名史学家》，第 365~366 页。

萨姆阿尼

（al-Sam'ānī, 1113~1167）

塔朱丁·艾布·萨阿德·阿卜杜·卡利姆·本·穆罕默德·本·曼苏尔·本·穆罕默德·塔米米·萨姆阿尼，生卒于土库曼斯坦古城木鹿。

史学著作: ①《木鹿史》。其手稿约 500 捆。②《〈巴格达史〉增补》。其手稿约 400 捆。③《大人物辞典修润》第 1~2 卷，巴格达：宗教基金办公室，1975。④《长老辞典精选》第 1~4 卷，利雅得：伊玛目穆罕默德·本·沙特伊斯兰大学，1996。⑤《沙姆特色》，大马士革：阿拉伯文化出版社，1992。

参考文献: 扎哈比：《群英诸贤传》第 20 卷，第 456~465 页。卡尔·布罗克尔曼：《阿拉伯文学史》第 6 册，第 63~66 页。沙奇尔·穆斯塔法：《阿拉伯历史与史家》第 1 卷，第 281 页；第 2 卷，第 107~108 页。

伽迪·拉施德

（al-Qādī al-Rashīd, ? ~1167）

艾布·侯赛因·艾哈迈德·本·阿里·本·伊卜拉欣·祖贝里·加萨

尼·艾斯沃尼，生于埃及阿斯旺，被杀害于埃及亚历山大。

史学著作：①《宝库与珍品》，科威特：科威特出版社，1959。一些学者认为，该书的作者可能是生活于 11 世纪的拉施德·本·祖贝尔法官。②4 卷本《精灵天堂与心智园地：埃及诗坛》，是塞阿里比（961~1038）《现世稀珍：当代良善》的续编。③《阿斯旺史》和《人物》等。

参考文献：雅孤特：《文豪辞典》第 1 卷，第 399~404 页。欧麦尔·力铎：《著述家辞典》第 1 卷，第 195 页。沙奇尔·穆斯塔法：《阿拉伯历史与史家》第 2 卷，第 191 页。

苏赫拉瓦尔迪
（al-Suhrawardī，1097~1168）

狄雅丁·艾布·纳继卜·阿卜杜·伽熙尔·本·阿卜杜拉·本·穆罕默德·本·萨阿德·伯克里·苏赫拉瓦尔迪，生于伊朗苏赫拉瓦尔德，卒于伊拉克巴格达。

史学著作：《沙斐仪学派层级传》。

参考文献：扎哈比：《伊斯兰史》第 39 卷，第 163~167 页。齐力克里：《名人》第 4 卷，第 49 页。贾法尔·苏卜哈尼主编《教法学家层级百科》第 6 卷，第 152~153 页。

伊本·马尔祖戈·罕百里
（Ibn Marzūq al-Hanbalī，1311~1379）

艾布·阿慕尔·奥斯曼·本·马尔祖戈·本·胡梅德·本·萨腊玛·古拉什·罕百里，出生地点有待考究，卒于埃及。

史学著作：《贤士品质》，是艾布·努爱姆·艾斯法哈尼（948~1038）《圣徒装饰品与苏菲层级传》的缩写本，与伊本·焦齐（1116~1200）的《贤士品质》同名，但内容有所不同。

参考文献：伊本·拉杰卜：《〈罕百里学派层级传〉续编》第 2 卷，第 222~231 页。齐力克里：《名人》第 4 卷，第 214 页。阿卜杜拉·图雷基：《罕百里学派著作辞典》第 2 卷，第 248 页。

艾布·哈米德·加尔纳蒂
(Abū Hāmid al-Gharnātī, 1080~1170)

艾布·哈米德·穆罕默德·本·阿卜杜·拉希姆·本·苏莱曼·本·艾比·拉比俄·盖斯·加尔纳蒂，生于西班牙格拉纳达，卒于叙利亚大马士革。

史学著作：①舆地学著作《粹珍奇精》，拉巴特：新视野出版社，1993。②《马格里布部分奇迹》，贝鲁特：学术书籍出版社，1999。

参考文献：扎哈比：《伊斯兰史》第 39 卷，第 233~234 页。艾哈迈德·麦格里：《沁香：温润安达卢西嫩权》第 2 卷，第 235~236 页。齐力克里：《名人》第 6 卷，第 199~200 页。

伊本·左发尔·西西里
(Ibn Zafar al-Siqillī, 1104~1170)

胡杰图丁·艾布·阿卜杜拉·穆罕默德·本·阿卜杜拉·本·穆罕默德·本·左发尔·西西里·麦奇·哈马维，生于西西里岛，卒于叙利亚哈马。

史学著作：①《忘忧：驭顺遣愁》，开罗：阿拉伯视野出版社，2001。该书是一部君王礼仪学（'Ilm Ādāb al-Mulūk）的经典著作。②先知传《人类福祉佳讯》，贝鲁特：学术书籍出版社，2010。

参考文献：雅孤特：《文豪辞典》第 6 卷，第 2643~2644 页。扎哈比：《伊斯兰史》第 39 卷，第 236~237 页。齐力克里：《名人》第 6 卷，第 230~231 页。

伊本·丰杜戈
(Ibn Funduq, 1106~1170)

扎希鲁丁·艾布·哈桑·阿里·本·栽德·本·穆罕默德·本·侯赛因·本·苏莱曼·安索里·贝哈基·沙斐仪，生卒于伊朗萨卜泽瓦尔（旧称"贝哈格")。

史学著作：①哲学史著作《〈智慧箱〉续成》，即《伊斯兰哲人史》，大马士革：阿拉伯科学院出版社，1946。该书是艾布·苏莱曼·西吉斯塔尼（？～1002）《智慧箱》的续编。②《贝哈格史》，优素福·哈迪译，大马士革：伊格拉出版社，2004。其原著用波斯文写成。③《伊玛目沙斐仪弟子美德》。

参考文献：雅孤特：《文豪辞典》第 4 卷，第 1759～1768 页。卡尔·布罗克尔曼：《阿拉伯文学史》第 6 册，第 40～41 页。沙奇尔·穆斯塔法：《阿拉伯历史与史家》第 2 卷，第 394～396 页。

伊本·沙菲俄

（Ibn Shāfi'，1126～1170）

艾布·法得勒·艾哈迈德·本·索里哈·本·沙菲俄·本·索里哈·本·哈提姆·罕百里，可能生卒于伊拉克巴格达。

史学著作：编年史《伊本·沙菲俄史》，是赫蒂卜·巴格达迪（1002～1071）《巴格达史》的续作，记载 1071～1165 年的史事和名人。

参考文献：扎哈比：《群英诸贤传》第 20 卷，第 572～573 页。欧麦尔·力铎：《著述家辞典》第 1 卷，第 157 页。阿卜杜拉·图雷基：《罕百里学派著作辞典》第 2 卷，第 249～250 页。

穆瓦法格·麦奇

（al-Muwaffaq al-Makkī，1091～1172）

艾布·穆爱耶德·穆瓦法格·本·艾哈迈德·本·穆罕默德·本·萨义德·花拉子米·麦奇·哈乃斐，生于麦加，卒于中亚的花剌子模。

史学著作：①《信士长官功德》，即《功德》，纳杰夫：海达利耶印书馆及其书店，1965。②《艾布·哈尼法功德》第 1～2 卷，贝鲁特：阿拉伯书籍出版社，1981。③《侯赛因殉难》，库姆：安瓦尔-胡达出版社，1997。

参考文献：扎哈比：《伊斯兰史》第 39 卷，第 326～327 页。卡尔·布罗克尔曼：《阿拉伯文学史》第 6 册，第 11 页。穆罕默德·希拉：《麦加历史与史家》，第 38~40 页。

穆兹熙鲁丁·花拉子米
（Muzhir al-Dīn al-Khuwārizmī，1099~1173）

穆兹熙鲁丁·艾布·穆罕默德·马哈茂德·本·穆罕默德·本·阿拔斯·本·艾尔斯岚·阿拔斯·花拉子米，生卒于中亚的花剌子模。

史学著作： 八卷本《花剌子模史》。

参考文献： 塔朱丁·苏卜奇：《大沙斐仪学派层级传》第 7 卷，第 289~291 页。欧麦尔·力铎：《著述家辞典》第 3 卷，第 829 页。沙奇尔·穆斯塔法：《阿拉伯历史与史家》第 2 卷，第 129 页。

艾布·阿腊·哈马扎尼
（Abū al-‘Alā’ al-Hamadhānī，1095~1173）

艾布·阿腊·哈桑·本·艾哈迈德·本·哈桑·本·艾哈迈德·本·穆罕默德·本·萨赫勒·阿拓尔·哈马扎尼·罕百里，生卒于伊朗哈马丹。

史学著作：《诵经家知识及其纪事》，约 20 卷。

参考文献： 雅孤特：《文豪辞典》第 2 卷，第 825~840 页。沙奇尔·穆斯塔法：《阿拉伯历史与史家》第 2 卷，第 129 页。阿卜杜拉·图雷基：《罕百里学派著作辞典》第 2 卷，第 259~264 页。

欧玛拉·也马尼
（‘Umārah al-Yamanī，1121~1174）

纳吉姆丁·艾布·穆罕默德·欧玛拉·本·阿里·本·宰丹·也马尼·沙斐仪，生于沙特阿拉伯马尔坦，被杀害于埃及开罗。

史学著作： ①《萨那与扎比德纪事及其列王、精英与文豪之诗》，又名《也门史》，开罗：萨阿达印书馆，1976。②《时代笑语：埃及臣卿纪事》，沙隆：马尔绍印书馆，1897。③《诗坛层级传》。

参考文献： 卡尔·布罗克尔曼：《阿拉伯文学史》第 6 册，第 80~82 页。

沙奇尔·穆斯塔法：《阿拉伯历史与史家》第 2 卷，第 213、346～348 页。索伊卜·阿卜杜·哈密德：《什叶派史学家辞典》第 1 卷，第 649～650 页。

阿卜杜·卡斐·塔纳吾提

（'Abd al-Kāfī al-Tanāwutī, ? ~约 1174）

艾布·安玛尔·阿卜杜·卡斐·本·优素福·本·伊斯玛仪·塔纳吾提·沃尔杰腊尼，生于阿尔及利亚瓦尔格拉附近的塔纳武特，葬于瓦尔格拉郊区。

史学著作：《艾布·安玛尔·阿卜杜·卡斐传记》，锡卜：铎米里书店，1996。

参考文献：艾哈迈德·达尔继尼：《马格里布长老层级传》第 2 卷，第 485～491 页。塔德乌什·莱维基：《北非伊巴迪亚派史学家》，第 64～68 页。穆罕默德·拔拔安米：《马格里布伊巴迪亚派名人辞典：自伊历一世纪至今》第 2 卷，第 258～259 页。

欧麦尔·艾尔达比里

（'Umar al-Ardabīlī, ? ~1174）

穆义努丁·艾布·贾法尔·欧麦尔·本·穆罕默德·本·希得尔·艾尔达比里·摩苏里·苏菲，生于伊拉克摩苏尔，卒于叙利亚大马士革。

史学著作：12 卷本《先知传》。

参考文献：欧麦尔·力铎：《著述家辞典》第 2 卷，第 573 页。穆罕默德·杜尔内格：《苏菲派著述家辞典》，第 291 页。萨拉丁·穆纳吉德：《大马士革史学家及其手稿与出版物辞典》，第 37 页。

优素福·沃尔杰腊尼

（Yūsuf al-Wārjalānī, 1106～1175）

艾布·叶尔孤卜·优素福·本·伊卜拉欣·本·穆纳德·萨德拉提·沃尔杰腊尼，生于阿尔及利亚萨德拉塔，葬于萨德拉塔。

史学著作：《穆斯纳德人物志》、《征服马格里布》和《〈马哈布卜·本·鲁海伊勒传〉注解》。

参考文献：穆罕默德·拔拔安米：《马格里布伊巴迪亚派名人辞典：自伊历一世纪至今》第 2 卷，第 481～483 页。哈密德·栽杜尔：《穆瓦希德王朝时期瓦尔杰兰伊巴迪亚派历史与史家：以艾布·叶尔孤卜·优素福·本·伊卜拉欣·沃尔杰腊尼为例》（Hamīd Zaydūr, "Al-Tārīkh wa-l-Mu'arrikhūn fī Wārjalān al-Ibādīyah 'alá 'Ahd al-Muwahhidīn: Abū Ya'qūb Yūsuf ibn Ibrāhīm al-Wārjalānī Namūdhajan"），《新时代杂志》（*Majallat'Usūr al-Jadīdah*）2012 年第 4 期。

栽德·哈姆达尼
（Zayd al-Hamdānī，1122～约 1175）

栽德·本·阿卜杜拉·本·艾哈迈德·本·穆罕默德·哈姆达尼·也马尼·沙斐仪，生于也门雷丹地区，辞世地点有待考究。

史学著作：《也门史》。

参考文献：伊斯玛仪帕夏·巴格达迪：《著述家名讳遗作惠泽》第 1 卷，第 375～376 页。阿卜杜拉·哈巴什：《也门伊斯兰思想文献》，第 477 页。

阿萨奇尔家族

1. 伊本·阿萨奇尔
（Ibn 'Asākir，1105～1176）

思格图丁·艾布·伽斯姆·阿里·本·哈桑·本·希巴图拉·本·阿卜杜拉·本·侯赛因·迪马什基，生卒于叙利亚大马士革。

史学著作：①《大马士革史》第 1～80 卷，贝鲁特：思想出版社，1995～2001。该书是现存最大篇幅的中古时期阿拉伯城市史著作，收录 1 万多名人物的传记。②《长老辞典》第 1～3 卷，大马士革：福音出版社，2000。③《四十城》，贝鲁特：伊斯兰书斋，1993。该书记载 40 位圣门弟子所在的 40 座城市的 40 名长老的传记及其传述的 40 段圣训。④《艾布·阿慕尔·奥札义纪事及其美德》、《埃及埃米尔》、《地震警报》、《哈里发美德》和《圣门弟子美德》等。

2. 伽斯姆·阿萨奇尔

（al-Qāsim 'Asākir，1133~1203）

巴贺丁·艾布·穆罕默德·伽斯姆·本·阿里·本·哈桑·本·希巴图拉·本·阿卜杜拉·本·侯赛因·迪马什基，生卒于大马士革。

史学著作：《阿克萨清真寺特色》、《麦地那特色》、《〈大马士革史〉续编》和《〈大马士革史〉选粹》等。

3. 塔吉·乌马纳

（Tāj al-Umanā'，1147~1213）

艾布·法得勒·艾哈迈德·本·穆罕默德·本·哈桑·本·希巴图拉·本·阿卜杜拉·本·侯赛因·迪马什基，生卒于大马士革。

史学著作：《慰藉：耶路撒冷特色》。

4. 易祖丁·阿萨奇尔

（'Izz al-Dīn 'Asākir，1170~1245）

易祖丁·艾布·阿卜杜拉·穆罕默德·本·塔吉·乌马纳·本·阿萨奇尔·迪马什基，生卒于大马士革。

史学著作：《历史》。

5. 阿卜杜拉·阿萨奇尔

（'Abd Allāh 'Asākir，1203~1247）

艾布·萨阿德·阿卜杜拉·本·哈桑·本·阿萨奇尔，生卒于大马士革。

史学著作：《耶路撒冷特色》。

6. 艾布·也门·阿萨奇尔

（Abū al-Yaman 'Asākir，1217~1287）

艾布·也门·阿卜杜·索马德·本·阿卜杜·瓦贺卜·本·哈桑·

本·穆罕默德·本·阿萨奇尔·迪马什基，生于大马士革，卒于麦地那。

史学著作：①《访圣极珍》，贝鲁特：埃尔格姆出版公司，2000。②《信士之母赫蒂彻美德》、《杜姆亚特战记》和《希拉山》等。

参考文献：扎哈比：《群英诸贤传》第 22 卷，第 26~27 页；第 23 卷，第 216~217 页。齐力克里：《名人》第 4 卷，第 11、273~274 页。欧麦尔·力铎：《著述家辞典》第 2 卷，第 235、427~428 页。沙奇尔·穆斯塔法：《阿拉伯历史与史家》第 1 卷，第 282 页；第 2 卷，第 240~243、293 页。萨拉丁·穆纳吉德：《大马士革史学家及其手稿与出版物辞典》，第 38~52、70~72、120 页。穆罕默德·希拉：《麦地那历史与史家》，第 81~84 页。穆罕默德·穆蒂俄：《哈菲兹伊本·阿萨奇尔：沙姆的圣训学家和大史学家》（Muhammad Mutī', *Al-Hāfiz Ibn'Asākir：Muhaddith al-Shām wa-Mu'arrikhuhā al-Kabīr*），大马士革：格拉姆出版社，2003。

穆简米义

（al-Mujammi'ī, ?　~1176）

艾布·麦哈新·穆罕默德·本·阿卜杜·巴基·本·希巴图拉·本·侯赛因·本·沙利夫·穆简米义·摩苏里·罕百里，生卒于伊拉克摩苏尔。

史学著作：《伊玛目艾哈迈德教法学弟子层级传》，或名《罕百里学派层级传》。

参考文献：伊斯玛仪帕夏·巴格达迪：《著述家名讳遗作惠泽》第 2 卷，第 99 页。齐力克里：《名人》第 6 卷，第 183 页。阿卜杜拉·图雷基：《罕百里学派著作辞典》第 2 卷，第 267~268 页。

伊本·哈达德

（Ibn al-Haddād, 1084~1177）

阿斐夫丁·艾布·法拉吉·索达格·本·侯赛因·本·哈桑·本·巴赫提雅尔·本·哈达德·巴格达迪·罕百里，生卒于伊拉克巴格达。

史学著作：编年史《〈札故尼史〉续编》，是伊本·札故尼（1063~1132）《历史》的续作。

参考文献：欧麦尔·力铎：《著述家辞典》第 1 卷，第 838~839 页。沙奇尔·穆斯塔法：《阿拉伯历史与史家》第 2 卷，第 129~130 页。阿卜杜拉·图雷基：《罕百里学派著作辞典》第 2 卷，第 271~273 页。

纳施万父子

1. 纳施万·希木叶里

（Nashwān al-Himyarī，? ~1178）

艾布·萨义德·纳施万·本·萨义德·本·纳施万·也马尼·希木叶里，可能生于也门侯斯，可能卒于也门萨比尔山附近。

史学著作：①《黑白分明》，开罗：汗吉书店，1948。该书中对栽德派、伊斯玛仪派及伊巴迪亚派人物的记载颇具史料价值。②《塔拔比阿列王纪事奇集精要》，即《希木叶尔列王与也门酋长》，贝鲁特：奥达出版社，1978。

2. 伊本·纳施万

（Ibn Nashwān，? ~约 1223）

杰玛路丁·阿里·本·纳施万·本·萨义德·希木叶里·栽迪，出生地点有待考究，卒于也门豪兰地区。

史学著作：《伊玛目曼苏尔比拉传》。

参考文献：齐力克里：《名人》第 5 卷，第 29 页；第 8 卷，第 20 页。沙奇尔·穆斯塔法：《阿拉伯历史与史家》第 2 卷，第 348~349、356 页。阿卜杜拉·哈巴什：《也门伊斯兰思想文献》，第 477、478~479 页。索伊卜·阿卜杜·哈密德：《什叶派史学家辞典》第 1 卷，第 641 页；第 2 卷，第 403 页。

麦木尼

（al-Ma'mūnī，? ~1178）

艾布·穆罕默德·哈伦·本·阿拔斯·本·穆罕默德·本·艾哈迈德·

本·穆罕默德·阿拔斯·麦木尼·巴格达迪，可能生卒于伊拉克巴格达。

史学著作：2 卷本《编年史》。

参考文献：扎哈比：《伊斯兰史》第 40 卷，第 135 页。欧麦尔·力铎：《著述家辞典》第 4 卷，第 49 页。利玛·杜尔内格：《阿拉伯与穆斯林著名史学家》，第 490 页。

萨义德·拉万迪
（Sa'īd al-Rāwandī,？ ~1178）

古特布丁·艾布·侯赛因·萨义德·本·阿卜杜拉·本·侯赛因·本·希巴图拉·本·哈桑·拉万迪·什义，生于伊朗拉万德，卒于伊朗库姆。

史学著作：①《诸先知故事》第 1~2 卷，库姆：阿腊玛-麦吉里斯书店，2009。②《使者、法蒂玛与伊玛目别号》。

参考文献：欧麦尔·力铎：《著述家辞典》第 1 卷，第 771 页。穆哈新·艾敏：《什叶派精英》第 7 卷，第 239~241 页。索伊卜·阿卜杜·哈密德：《什叶派史学家辞典》第 1 卷，第 360~361 页。

舒赫妲·伊芭丽娅（女）
（Shuhdah al-Ibarīyah，1089~1178）

舒赫妲·宾特·艾哈迈德·本·法拉吉·本·欧麦尔·迪纳瓦里·巴格达迪·伊芭丽娅，生卒于伊拉克巴格达。

史学著作：《长老志》。

参考文献：欧麦尔·力铎：《阿拉伯伊斯兰世界的女英杰》第 2 卷，第 309~312 页。阿卜杜海·卡塔尼：《目录辞典》第 2 卷，第 655 页。穆罕默德·亥尔：《伊斯兰史上的女著述家及其著作》，第 58~61 页。

伊本·亥尔·伊施比里
（Ibn Khayr al-Ishbīlī，1109~1179）

艾布·伯克尔·穆罕默德·本·亥尔·本·欧麦尔·本·哈里发·蓝

图尼·伊施比里，生于摩洛哥非斯，卒于西班牙科尔多瓦。

史学著作：《目录》第 1~2 卷，开罗：埃及书籍出版社 & 贝鲁特：黎巴嫩书籍出版社，1989。该书收录 1407 部著作及其作者的简要信息。

参考文献：伊本·艾拔尔：《〈续编〉增补》第 2 卷，第 209~211 页。扎哈比：《伊斯兰史》第 40 卷，第 178~179 页。齐力克里：《名人》第 6 卷，第 119 页。

瓦赫拉尼

（al-Wahrānī，? ~1179）

鲁克努丁（或杰玛路丁）·艾布·阿卜杜拉·穆罕默德·本·穆哈力兹·本·穆罕默德·瓦赫拉尼，生于阿尔及利亚奥兰，卒于叙利亚德拉雅。

史学著作：《瓦赫拉尼宣讲与信函集》，科隆：杰马勒出版社，1998。

参考文献：扎哈比：《伊斯兰史》第 40 卷，第 182~186 页。齐力克里：《名人》第 7 卷，第 19 页。沙奇尔·穆斯塔法：《阿拉伯历史与史家》第 2 卷，第 288~289 页。

叶萨俄·迦菲基

（al-Yasa'al-Ghāfiqī，? ~1179）

艾布·叶哈雅·叶萨俄·本·尔撒·本·哈兹姆·本·阿卜杜拉·本·叶萨俄·本·欧麦尔·迦菲基·捷雅尼，生于西班牙哈恩，卒于埃及开罗。

史学著作：《马格里布良善奇籍》。2016 年，摩洛哥学者阿卜杜·萨腊姆·杰尔玛蒂搜集整理的该书残存部分进行出版（拉巴特：艾曼出版社）。

参考文献：伊本·艾拔尔：《〈续编〉增补》第 4 卷，第 218~219 页。卡米勒·朱布里：《文豪辞典：自蒙昧时期至公元 2002 年》第 7 卷，第 27 页。伊本·苏达：《远马格里布史家索引》，第 109 页。

伊本·卡尔达布斯

(Ibn al-Kardabūs,？~约 1179)

艾布·马尔旺·阿卜杜·麦立克·本·穆罕默德·本·艾比·伽斯姆·穆罕默德·本·卡尔达布斯·陶扎里，祖籍突尼斯托泽尔，辞世地点有待考究。

史学著作：《哈里发纪事全录》第 1~3 卷，麦地那：麦地那伊斯兰大学，2008。该书由先知传、正统哈里发时期、伍麦叶王朝时期和阿拔斯王朝时期（写到该王朝的第 32 任哈里发穆斯坦吉德一世）四大部分内容构成。

参考文献：卡尔·布罗克尔曼：《阿拉伯文学史》第 6 册，第 134 页。穆罕默德·马哈富兹：《突尼斯著述家志》第 4 卷，第 158~159 页。哈桑·阿卜杜·瓦贺卜：《突尼斯著作与著述家》第 2 卷第 1 分册，第 439~442 页。

艾哈迈德·西拉斐

(Ahmad al-Silafī，1082~1180)

索德鲁丁·艾布·拓熙尔·艾哈迈德·本·穆罕默德·本·艾哈迈德·本·穆罕默德·西拉斐·艾斯巴哈尼，祖籍伊朗伊斯法罕，卒于埃及亚历山大。

史学著作：①《旅行人物辞典》，贝鲁特：思想出版社，1993。②《艾卜哈尔人物志》、《艾布·阿腊·麦阿利纪事》、《索引》、《埃及与开罗灿烂特色》、《伊斯法罕长老辞典》和 35 卷本《巴格达长老辞典》等。

参考文献：欧麦尔·力铎：《著述家辞典》第 1 卷，第 247~248 页。沙奇尔·穆斯塔法：《阿拉伯历史与史家》第 2 卷，第 192~193 页。哈桑·阿卜杜·哈密德：《哈菲兹艾布·拓熙尔·西拉斐》（Hasan 'Abd al-Hamīd, *Al-Hāfiz Abū Tāhir al-Silafī*），贝鲁特：伊斯兰书斋，1977。

法力基

（al-Fāriqī，1117~约1181）

艾哈迈德·本·优素福·本·阿里·本·艾兹拉戈·法力基，生于土耳其锡尔万，辞世地点有待考究。

史学著作：①《锡尔万史》。②《法力基史：麦尔瓦尼王朝》，开罗：埃米利耶出版总局，1959。该书是《锡尔万史》的构成部分，记载库尔德人政权麦尔瓦尼王朝（990~1085年）的历史。

参考文献：卡尔·布罗克尔曼：《阿拉伯文学史》第6册，第79页。沙奇尔·穆斯塔法：《阿拉伯历史与史家》第2卷，第130页。斯克凡·穆罕默德：《法力基及其〈锡尔万与阿米达史〉的编纂方法》（Skfān Muhammad, *Al-Fāriqī wa-Manhajuhu min khilāl Kitābihi Tārīkh Mayyāfāriqīn wa-Āmid*），杜胡克：斯皮尔斯出版社，2010。

伊本·安拔里

（Ibn al-Anbārī，1119~1181）

卡玛路丁·艾布·巴拉卡特·阿卜杜·拉哈曼·本·穆罕默德·本·欧贝杜拉·安拔里，生卒于伊拉克巴格达。

史学著作：《智者观赏：文豪层级传》，开罗：阿拉伯思想出版社，1998。该书收录了181名文豪的传记。

参考文献：欧麦尔·力铎：《著述家辞典》第2卷，第115~116页。沙奇尔·穆斯塔法：《阿拉伯历史与史家》第2卷，第130页。利玛·杜尔内格：《阿拉伯与穆斯林著名史学家》，第206~207页。

伊本·巴施库沃勒

（Ibn Bashkuwāl，1101~1183）

艾布·伽斯姆·赫拉夫·本·阿卜杜·麦立克·本·马斯欧德·本·穆萨·本·巴施库沃勒·安索里·赫兹拉继·古尔图比，生卒于西班牙科尔多瓦。

史学著作：《〈安达卢西伊玛目、学者、圣训学家、法学家与文豪史〉续编》第 1~2 卷，突尼斯：伊斯兰西方出版社，2010。该书是伊本·法拉获（962~1013）《安达卢西学林史》的续作，收录 1541 名人物的传记。

参考文献：伊本·亥尔：《目录》，第 272 页。卡尔·布罗克尔曼：《阿拉伯文学史》第 6 册，第 110~112 页。利玛·杜尔内格：《阿拉伯与穆斯林著名史学家》，第 149~150 页。

班继尔
（Banjīr,？ ~1183）

艾布·法特哈·班继尔·本·艾比·哈桑·阿里·本·班继尔·艾施塔里，出生地点有待考究，卒于叙利亚大马士革。

史学著作：《努尔丁传》，可能是第一部专门记述赞吉王朝国王努尔丁（1146~1174 年在位）生平的著作。

参考文献：扎哈比：《伊斯兰史》第 40 卷，第 277 页。艾布·沙玛：《双园：努尔丁与萨拉丁两王朝纪事》第 1 卷，第 377 页。沙奇尔·穆斯塔法：《阿拉伯历史与史家》第 2 卷，第 288 页。

艾布·伽斯姆·叶尔腊
（Abū al-Qāsim Yaʻlá, 1133~1184）

详见上文的"叶尔腊家族"。

伊本·易姆拉尼
（Ibn al-ʻImrānī,？ ~1184）

杰玛路丁·穆罕默德·本·阿里·本·穆罕默德·本·易姆拉尼，生卒地点有待考究，可能在伊拉克巴格达居住过一段时间。

史学著作：《伊本·易姆拉尼史》，即《哈里发历史讯息》，开罗：阿拉伯视野出版社，1999。该书主要逐一记载阿拔斯王朝前 32 任哈里发的事迹。

参考文献：卡尔·布罗克尔曼：《阿拉伯文学史》第 6 册，第 132 页。阿拔斯·阿札维：《蒙古与土库曼时期的史学家介绍》，第 129 页。沙奇尔·穆斯塔法：《阿拉伯历史与史家》第 2 卷，第 128 页。

阿卜杜·萨腊姆·杰玛熙里
('Abd al-Salām al-Jamāhirī, ? ~ 约 1185)

详见上文的"杰玛熙里父子"。

艾布·穆萨·麦迪尼
(Abū Mūsá al-Madīnī, 1108~1185)

艾布·穆萨·穆罕默德·本·欧麦尔·本·艾哈迈德·本·欧麦尔·本·穆罕默德·艾斯巴哈尼·麦迪尼，生卒于伊朗伊斯法罕。

史学著作：《〈圣门弟子知识〉续成》，是艾布·努爱姆·艾斯法哈尼（948~1038）《圣门弟子知识》的修正和补编。

参考文献：扎哈比：《群英诸贤传》第 21 卷，第 152~159 页。伊本·赫里康：《精英辞世与时代名人信息录》第 4 卷，第 286 页。齐力克里：《名人》第 6 卷，第 313 页。

艾布·伽斯姆·苏海里
(Abū al-Qāsim al-Suhaylī, 1114~1185)

艾布·伽斯姆·阿卜杜·拉哈曼·本·阿卜杜拉·本·艾哈迈德·苏海里，生于西班牙马拉加，卒于摩洛哥马拉喀什。

史学著作：①《未牧草原：伊本·希沙姆〈先知传〉注解》第 1~7 卷，开罗：伊斯兰书籍出版社，1967。②《穆瓦希德王朝史》。

参考文献：齐力克里：《名人》第 3 卷，第 313 页。伊本·苏达：《远马格里布史家索引》，第 89 页。穆罕默德·班纳：《艾布·伽斯姆·苏海里及其语法学派》（Muhammad al-Bannā, *Abū al-Qāsim al-Suhaylī wa-Madhhabuhu al-Nahwī*），吉达：巴彦-阿拉比出版社，1985。

阿卜杜·穆佶思

（'Abd al-Mughīth，1106~1187）

艾布·易兹·阿卜杜·穆佶思·本·祖海尔·本·祖海尔·本·阿拉维·哈尔比·巴格达迪·罕百里，生卒于伊拉克巴格达。

史学著作：《叶齐德·本·穆阿维叶美德》和 5 卷本《希得尔生平》等。

参考文献：伊本·拉杰卜：《〈罕百里学派层级传〉续编》第 2 卷，第 345~354 页。齐力克里：《名人》第 4 卷，第 155 页。阿卜杜拉·图雷基：《罕百里学派著作辞典》第 2 卷，第 281~284 页。

库塔赫

（Kūtāh，?　~1187）

艾布·哈米德·穆罕默德·本·阿卜杜·杰立勒·本·穆罕默德·艾斯巴哈尼，可能生卒于伊朗伊斯法罕。

史学著作：巨著《伊斯法罕史》，未清稿。

参考文献：索法迪：《逝者全录》第 3 卷，第 180 页。齐力克里：《名人》第 6 卷，第 185 页。利玛·杜尔内格：《阿拉伯与穆斯林著名史学家》，第 393 页。

乌撒玛·蒙基兹

（Usāmah al-Munqidhī，1095~1188）

详见上文的"蒙基兹家四兄弟"。

伊本·胡贝施

（Ibn Hubaysh，1111~1188）

艾布·伽斯姆·阿卜杜·拉哈曼·本·穆罕默德·本·阿卜杜拉·安

索里·安达卢斯，生于西班牙阿尔梅里亚，卒于西班牙穆尔西亚。

史学著作：①《进攻》，开罗：哈撒恩印书馆，1983。②《别号》和《伊本·巴施库沃勒〈续编〉摘要》等。

参考文献：伊本·艾拔尔：《〈续编〉增补》第 3 卷，第 167~169 页。卡尔·布罗克尔曼：《阿拉伯文学史》第 6 册，第 133 页。利玛·杜尔内格：《阿拉伯与穆斯林著名史学家》，第 207~208 页。

哈及米

（al-Hāzimī，1153~1188）

栽努丁·艾布·伯克尔·穆罕默德·本·穆萨·本·奥斯曼·本·穆萨·本·奥斯曼·哈及米·哈姆达尼，生于伊朗哈马丹附近，卒于伊拉克巴格达。

史学著作：《地名辨析》第 1~2 卷，利雅得：叶玛麦出版社，1995。该书按照阿拉伯字母顺序辨析 902 组容易混淆的地名。

参考文献：塔朱丁·苏卜奇：《大沙斐仪学派层级传》第 7 卷，第 13~14 页。扎哈比：《群英诸贤传》第 21 卷，第 167~172 页。齐力克里：《名人》第 7 卷，第 117~118 页。

阿卜杜拉·希贾里

（'Abd Allāh al-Hijārī,？~1188）

艾布·穆罕默德·阿卜杜拉·本·伊卜拉欣·悭迪·希贾里·安达卢斯·马立奇，生于西班牙瓜达拉哈拉，辞世地点有待考究。

史学著作：六卷本《马格里布人纪事详述》。

参考文献：伊斯玛仪帕夏·巴格达迪：《著述家名讳遗作惠泽》第 1 卷，第 457 页。齐力克里：《名人》第 4 卷，第 63 页。利玛·杜尔内格：《阿拉伯与穆斯林著名史学家》，第 226 页。

提克利提

（al-Tikrītī, ? ~1188）

艾布·穆罕默德·阿卜杜拉·本·阿里·本·阿卜杜拉·本·欧麦尔·本·哈桑·本·穆罕默德·提克利提，生于伊拉克提克里特，辞世地点有待考究。

史学著作： 2 卷本《提克里特史》。

参考文献： 扎哈比：《伊斯兰史》第 41 卷，第 183 页。齐力克里：《名人》第 4 卷，第 105 页。欧麦尔·力铎：《著述家辞典》第 2 卷，第 262 页。

艾哈迈德·卡扎鲁尼

（Ahmad al-Kāzarūnī, 1122~1190）

艾布·阿拔斯·艾哈迈德·本·曼苏尔·本·艾哈迈德·本·阿卜杜拉·卡扎鲁尼·沙斐仪，生于伊朗卡泽伦，卒于伊朗设拉子。

史学著作： 7 卷本《长老辞典》。

参考文献： 伊斯玛仪帕夏·巴格达迪：《著述家名讳遗作惠泽》第 1 卷，第 87 页。齐力克里：《名人》第 1 卷，第 260 页。欧麦尔·力铎：《著述家辞典》第 1 卷，第 311 页。

伊本·索斯拉·迪马什基

（Ibn Sasrá al-Dimashqī, 1142~1190）

艾布·麦沃熙卜·哈桑·本·希巴图拉·本·马哈富兹·本·哈桑·本·穆罕默德·本·哈桑·拉巴义·迪马什基·沙斐仪，生卒于叙利亚大马士革。

史学著作：《耶路撒冷特色》、《圣门弟子美德》和《长老辞典》等。

参考文献： 蒙兹里：《〈辞世追录〉增补》第 1 卷，第 146~148 页。沙奇尔·穆斯塔法：《阿拉伯历史与史家》第 2 卷，第 289 页。萨拉丁·穆纳吉德：《大马士革史学家及其手稿与出版物辞典》，第 57 页。

伊本·萨姆拉

（Ibn Samurah，1152～约 1190）

艾布·赫拓卜·欧麦尔·本·阿里·本·萨姆拉·本·侯赛因·本·萨姆拉·本·艾比·海塞姆·杰尔迪，生于也门乌纳米尔村，辞世地点有待考究。

史学著作：《也门法学家层级传》，贝鲁特：格拉姆出版社，1958。该书是第一部也门教法学家层级传，把 1187 年之前的教法学家分为七个层级。

参考文献：卡尔·布罗克尔曼：《阿拉伯文学史》第 6 册，第 82 页。艾曼·福阿德：《伊斯兰时期也门历史文献》，第 111～112 页。沙奇尔·穆斯塔法：《阿拉伯历史与史家》第 2 卷，第 349～350 页。

拓熙尔·易姆拉尼

（Tāhir al-'Imrānī，1125～1191）

艾布·推伊卜·拓熙尔·本·叶哈雅·本·艾比·亥尔·撒里姆·易姆拉尼，也门人，生卒地点有待考究。

史学著作：《穆罕默德·本·伊德里斯·沙斐仪与艾哈迈德·本·罕百勒功德》和编年史《拓熙尔·本·叶哈雅·易姆拉尼史》等。

参考文献：伊本·萨姆拉：《也门法学家层级传》，第 186～189 页。艾曼·福阿德：《伊斯兰时期也门历史文献》，第 112 页。沙奇尔·穆斯塔法：《阿拉伯历史与史家》第 2 卷，第 350 页。

伊本·米特兰

（Ibn al-Mitrān,？～1191）

穆瓦发古丁·艾斯阿德·本·伊勒雅斯·本·吉尔吉斯·本·米特兰·迪马什基，生卒于叙利亚大马士革。

史学著作：《医者花园与智者园地》，利比亚的黎波里：世界伊斯兰宣教协会，1993。

参考文献：扎哈比：《伊斯兰史》第 41 卷，第 263~264 页。齐力克里：《名人》第 1 卷，第 300 页。萨拉丁·穆纳吉德：《大马士革史学家及其手稿与出版物辞典》，第 58 页。

伊本·沙赫尔阿述卜
(Ibn Shahr'āshūb, 1096~1192)

拉施德丁·艾布·贾法尔·穆罕默德·本·阿里·本·沙赫尔阿述卜·萨尔维·玛赞达拉尼，祖籍伊朗马赞德兰，卒于叙利亚阿勒颇。

史学著作：①《学林路标：古今什叶派书籍及其著者名字索引》，纳杰夫：海达利耶出版社，1961。该书是图斯（995~1067）《目录》的续作，按照阿拉伯字母顺序编录 1021 名学者及其主要著作的简要信息。②《纳瓦斯卜缺点》第 1~3 卷，巴格达：校勘院思想文化事务部，2015。③《纪事精粹》、《诞辰》和《人物》等。

参考文献：沙奇尔·穆斯塔法：《阿拉伯历史与史家》第 2 卷，第 131、289~290 页。索伊卜·阿卜杜·哈密德：《什叶派史学家辞典》第 2 卷，第 267~268 页。杰沃德·贝铎尼：《伊本·沙赫尔阿述卜及其学术地位》(Jawād al-Baydānī, *Ibn Shahr'āshūb wa-Makānatuhu al-'Ilmīyah*)，贝鲁特：索法出版公司，2011。

沙利夫·焦沃尼
(al-Sharīf al-Jawwānī, 1131~1192)

沙拉夫丁·艾布·阿里·穆罕默德·本·艾斯阿德·本·阿里·本·马俄马尔·欧贝迪·焦沃尼·马立奇，祖籍麦地那附近的焦瓦尼亚，生卒于埃及。

史学著作：《〈地志〉续编》。

参考文献：索法迪：《逝者全录》第 2 卷，第 144 页。卡米勒·朱布里：《文豪辞典：自蒙昧时期至公元 2002 年》第 5 卷，第 145 页。穆罕默德·希拉：《麦地那历史与史家》，第 73~75 页。

伊本·麦蒙

（Ibn al-Ma'mūn,？~1192）

杰玛路丁·艾布·阿里·穆萨·本·麦蒙·巴拓伊希，生卒于埃及开罗。

史学著作：《伊本·麦蒙史》，又名《埃及纪事》。1983年，埃及校勘学家和史学家艾曼·福阿德校勘出版的残卷《埃及纪事原文》（开罗：法兰西东方考古研究院），记载1107~1108年、1112~1113年、1115~1116年和1121~1124年的史事。

参考文献：伊本·萨义德：《闪耀群星：开罗城饰宝》，第363页。麦戈利齐：《王国知识珠线》第1卷，第224页。沙奇尔·穆斯塔法：《阿拉伯历史与史家》第2卷，第211页。

伊卜拉欣·伊赫拔里

（Ibrāhīm al-Ikhbārī，1121~1193）

艾布·伊斯哈格·伊卜拉欣·本·伊斯玛仪·本·萨义德·古拉什·哈希米·阿拔斯·马立奇，生卒于埃及开罗。

史学著作：《诉愿与安乐：埃及福斯塔特统治者》，又名《诉愿与安乐：福斯塔特居民》。

参考文献：扎哈比：《伊斯兰史》第41卷，第293页。麦戈利齐：《大踪录》第1卷，第104页。沙奇尔·穆斯塔法：《阿拉伯历史与史家》第2卷，第208页。

马尔荻·泰尔苏斯

（Mardī al-Tarsūsī,？~1193）

马尔荻·本·阿里·本·马尔荻·泰尔苏斯，生卒地点有待考究。

史学著作：《战事谋略与兵器克敌》，即《古代兵器百科全书》，贝鲁特：索迪尔出版社，1998。

参考文献：齐力克里：《名人》第 7 卷，第 203 页。欧麦尔·力铎：《著述家辞典》第 3 卷，第 842 页。尤斯里·阿卜杜·加尼：《穆斯林史学家辞典》，第 164~165 页。

伊本·艾兹拉戈

(Ibn al-Azraq,? ~1194)

艾布·法得勒·阿卜杜拉·本·穆罕默德·本·阿卜杜·沃力思·本·艾兹拉戈·法力基，生卒地点有待考究，可能在土耳其锡尔万居住过一段时间。

史学著作：《锡尔万史》。

参考文献：哈吉·哈里发：《书艺题名释疑》第 1 卷，第 307 页。欧麦尔·力铎：《著述家辞典》第 2 卷，第 286 页。利玛·杜尔内格：《阿拉伯与穆斯林著名史学家》，第 242 页。

艾哈迈德·阿拉沙尼

(Ahmad al-'Arashānī,? ~1194)

索斐丁·艾哈迈德·本·阿里·本·艾比·伯克尔·阿拉沙尼·也马尼，也门人，生卒地点有待考究。

史学著作：《语法学家层级传》和《也门圣门弟子》。

参考文献：伊斯玛仪帕夏·巴格达迪：《著述家名讳遗作惠泽》第 1 卷，第 88 页。艾曼·福阿德：《伊斯兰时期也门历史文献》，第 112 页。沙奇尔·穆斯塔法：《阿拉伯历史与史家》第 2 卷，第 350~351 页。

谢扎里

(al-Shayzarī,? ~约 1194)

艾布·纳继卜·阿卜杜·拉哈曼·本·阿卜杜拉·本·纳斯尔·本·阿卜杜·拉哈曼·谢扎里·沙斐仪，祖籍叙利亚谢扎尔，可能卒于以色列太巴列。

史学著作：《列王政纲》，扎尔卡：马纳尔书店，1987。

参考文献：伊斯玛仪帕夏·巴格达迪：《著述家名讳遗作惠泽》第 1 卷，第 528 页。齐力克里：《名人》第 3 卷，第 340 页。沙奇尔·穆斯塔法：《阿拉伯历史与史家》第 2 卷，第 290~291 页。

伊本·达汉
（Ibn al-Dahhān，? ~约 1196）

法赫鲁丁·艾布·舒贾俄·穆罕默德·本·阿里·本·舒爱卜·巴格达迪，生于伊拉克巴格达，猝死于伊拉克希拉。

史学著作：《历史》，记载 1116~1196 年的史事。

参考文献：伊本·易玛德：《金砂：往逝纪事》第 6 卷，第 496~497 页。欧麦尔·力铎：《著述家辞典》第 3 卷，第 514~515 页。利玛·杜尔内格：《阿拉伯与穆斯林著名史学家》，第 419 页。

伊本·力法阿
（Ibn Rifā'ah，? ~1197）

艾布·伽斯姆·阿卜杜·拉哈曼·本·希巴图拉·本·哈桑·本·力法阿·米斯里，出生地点有待考究，可能卒于埃及。

史学著作：十卷本《领袖文集》，包含大量的埃及历史信息。

参考文献：伊本·福瓦蒂：《别号辞典文集》第 1 卷，第 528~529 页。索法迪：《逝者全录》第 18 卷，第 177~179 页。沙奇尔·穆斯塔法：《阿拉伯历史与史家》第 2 卷，第 209~210 页。

伊本·索希卜·萨拉
（Ibn Sāhib al-Salāh，约 1142~约 1197）

艾布·马尔旺·阿卜杜·麦立克·本·穆罕默德·本·艾哈迈德·本·穆罕默德·本·伊卜拉欣·拔继·伊施比里，生于葡萄牙贝雅，辞世地点有待考究。

史学著作：3 卷本《伊玛目恩惠》，仅存第 2 卷，即《伊玛目恩惠：穆瓦希德时期马格里布与安达卢西地区史》，贝鲁特：伊斯兰西方出版社，1987。

参考文献：卡尔·布罗克尔曼：《阿拉伯文学史》第 6 册，第 28～29页。齐力克里：《名人》第 4 卷，第 164 页。伊本·苏达：《远马格里布史家索引》，第 90 页。

穆罕默德·麦什哈迪
（Muhammad al-Mashhadī，1116～1198）

穆罕默德·本·贾法尔·本·阿里·本·贾法尔·麦什哈迪·哈伊里，生卒地点有待考究。

史学著作：《圣洁伊玛目美德纪事》。

参考文献：欧麦尔·力铎：《著述家辞典》第 3 卷，第 194 页。阿迦·布祖尔克：《什叶派著述门径》第 19 卷，第 14 页。索伊卜·阿卜杜·哈密德：《什叶派史学家辞典》第 2 卷，第 139 页。

哈提姆·哈米迪
（Hātim al-Hāmidī，1162～1199）

艾布·推伊·哈提姆·本·伊卜拉欣·本·侯赛因·本·艾比·麦斯欧德·本·叶尔孤卜·哈米迪·哈姆达尼，生卒地点有待考究。

史学著作：①《心灵珍品与忧闷缓解》，贝鲁特：萨基出版社，2012。该书是记载也门伊斯玛仪派历史的重要著作。②《信士长官阿里·本·艾比·塔里卜传》。

参考文献：艾曼·福阿德：《伊斯兰时期也门历史文献》，第 113 页。阿卜杜拉·哈巴什：《也门伊斯兰思想文献》，第 478 页。沙奇尔·穆斯塔法：《阿拉伯历史与史家》第 2 卷，第 351 页。

阿里·哈津

(‘Alī al-Khāzin，12 世纪)

阿里·本·侯赛因·本·阿卜杜拉·哈津，生卒地点有待考究。

史学著作：《臣卿》。

参考文献：阿迦·布祖尔克：《什叶派著述门径》第 25 卷，第 67 页。索伊卜·阿卜杜·哈密德：《什叶派史学家辞典》第 1 卷，第 587 页。

艾布·阿里·穆罕默德

(Abū ‘Alī Muhammad，12 世纪)

艾布·阿里·穆罕默德·本·穆罕默德·本·欧贝杜拉（或阿卜杜拉），生卒地点有待考究。

史学著作：《哈希姆人精英纪事》、《圣裔美德》和《古莱什优于全部阿拉伯人》。

参考文献：伊本·沙赫尔阿述卜：《学林路标：古今什叶派书籍及其著者名字索引》，第 117 页。阿迦·布祖尔克：《什叶派著述门径》第 1 卷，第 343 页；第 16 卷，第 257、271 页。索伊卜·阿卜杜·哈密德：《什叶派史学家辞典》第 2 卷，第 317 页。

海达拉

(Haydarah，12 世纪)

艾布·土拉卜·海达拉·本·哈桑·本·乌撒玛·赫蒂卜，生卒地点有待考究。

史学著作：《花园：信士长官功德》。

参考文献：阿迦·布祖尔克：《什叶派著述门径》第 6 卷，第 280 页。穆哈新·艾敏：《什叶派精英》第 6 卷，第 277 页。索伊卜·阿卜杜·哈密德：《什叶派史学家辞典》第 1 卷，第 318 页。

苏莱曼·塞格斐

（Sulaymān al-Thaqafī，约 12 世纪）

苏莱曼·本·叶哈雅·塞格斐·也马尼·栽迪，生卒地点有待考究。

史学著作：《伊玛目艾哈迈德·本·苏莱曼传》，哈拉姆：艾因人类与社会研究出版社，2002。

参考文献：艾哈迈德·侯赛尼：《栽德派著作》第 2 卷，第 110 页。沙奇尔·穆斯塔法：《阿拉伯历史与史家》第 2 卷，第 352 页。索伊卜·阿卜杜·哈密德：《什叶派史学家辞典》第 2 卷，第 370 页。

瓦赫述占·代拉米

（Wahshūdhān al-Daylamī，12 世纪）

赛夫·道拉·瓦赫述占（或瓦赫速占）·本·杜施曼·齐雅德·本·马尔达夫康·代拉米，生卒地点有待考究。

史学著作：《历史》。该书可能是一部波斯文著作。

参考文献：欧麦尔·力铎：《著述家辞典》第 4 卷，第 80 页。阿迦·布祖尔克：《什叶派著述门径》第 4 卷，第 473 页。索伊卜·阿卜杜·哈密德：《什叶派史学家辞典》第 2 卷，第 444 页。

瓦斯雅尼

（al-Wasyānī，12 世纪）

艾布·拉比俄·苏莱曼·本·阿卜杜·萨腊姆·本·哈撒恩·本·阿卜杜拉·瓦斯雅尼·扎纳提，祖籍突尼斯杰里德，辞世地点有待考究。

史学著作：伊巴迪亚派人物志《瓦斯雅尼传记》第 1~3 卷，马斯喀特：阿曼遗产与文化部，2009。

参考文献：塔德乌什·莱维基：《北非伊巴迪亚派史学家》，第 104~106 页。穆罕默德·马哈富兹：《突尼斯著述家志》第 5 卷，第 141 页。哈桑·阿卜杜·瓦贺卜：《突尼斯著作与著述家》第 2 卷第 1 分册，第 603~

605 页。

巴尔瑙斯

(al-Barnawssī, 12 世纪)

艾布·阿卜杜拉·穆罕默德·本·哈玛达·萨卜提·巴尔瑙斯,可能生于西班牙休达,辞世地点有待考究。

史学著作:《马格里布与安达卢西纪事摘录》和《巴尔瑙斯史:伊德里斯王朝》。

参考文献:伊本·苏达:《远马格里布史家索引》,第 36 页。安瓦尔·扎纳提:《马格里布与安达卢西史料》,第 34~36 页。

伊本·简怒恩

(Ibn Jannūn, 12 世纪)

艾布·伽斯姆·本·简怒恩,摩洛哥人,具体生卒地点有待考究。

史学著作:《非斯城史》。

参考文献:伊本·艾比·扎尔俄:《纸园趣蔼:摩洛哥列王纪与非斯城史》,第 55 页。伊本·苏达:《远马格里布史家索引》,第 20 页。

伊卜拉欣·赛雅尔

(Ibrāhīm Sayyār, 12 世纪)

伊卜拉欣·本·赛雅尔·也玛尼,也门人,生卒地点有待考究。

史学著作:《艾哈迈德·本·艾比·亥尔功德》。

参考文献:屯奇:《著述家辞典》第 4 卷,第 514 页。欧麦尔·力铎:《著述家辞典》第 1 卷,第 30 页。索伊卜·阿卜杜·哈密德:《什叶派史学家辞典》第 1 卷,第 67 页。

栽德·贾法里

（Zayd al-Ja'farī，12 世纪）

艾布·伽斯姆·栽德·本·伊斯哈格·贾法里，生卒地点有待考究。

史学著作：《武功纪与先知传》。

参考文献：阿卜杜拉·阿凡迪：《学林园与德贤池》第 2 卷，第 356～357 页。穆哈新·艾敏：《什叶派精英》第 7 卷，第 91 页。索伊卜·阿卜杜·哈密德：《什叶派史学家辞典》第 1 卷，第 349 页。

第 7 编

公元13世纪

伽迪·法狄勒

（al-Qādī al-Fādil，1135~1200）

艾布·阿里·阿卜杜·拉希姆·本·阿里·本·哈桑·本·哈桑·本·艾哈迈德·拉赫米·阿斯格拉尼，生于以色列阿什凯隆，卒于埃及开罗。

史学著作：《法狄勒法官书信》，贝鲁特：学术书籍出版社，2005。

参考文献：扎哈比：《伊斯兰史》第 42 卷，第 244~251 页。卡尔·布罗克尔曼：《阿拉伯文学史》第 6 册，第 9~11 页。沙奇尔·穆斯塔法：《阿拉伯历史与史家》第 2 卷，第 193 页。

伊本·焦齐祖孙

1. 伊本·焦齐

（Ibn al-Jawzī，1116~1200）

杰玛路丁·艾布·法拉吉·阿卜杜·拉哈曼·本·阿里·本·穆罕默德·本·阿里·伯克里·巴格达迪·罕百里，生卒于伊拉克巴格达。

史学著作：①《历代帝王与民族通史》第 1~19 卷，贝鲁特：学术书籍出版社，1992~1993。该书绪论部分谈论历史的重要性和史家编纂历史的方法与类型，正文分为三大部分。第一，先知穆罕默德出生前的历史，按照时间顺序叙事。第二，穆罕默德迁徙前的历史，采用编年体的方法书写，被分为两个时间段：自穆罕默德降世至成为"安拉的使者"（即 1~40 岁），按年龄顺序记述；自"为使"之年至迁徙（622 年）以前，以"为使"纪年，从"为使 1 年"写到"为使 13 年"。第三，伊斯兰史，记载 622~1179 年的史事，收录了 4330 名人物的传记。②《贤士品质》第 1~2 卷，开罗：哈迪斯出版社，2009。该书是艾布·努爱姆·艾斯法哈尼（948~1038）《圣徒装饰品与苏菲层级传》的精简本。③《聪明人纪事》，贝鲁特：伊本·哈兹姆出版社，2003。④《傻子与蠢货纪事》，贝鲁特：黎巴嫩思想出版社，1990。⑤《妇女纪事》，贝鲁特：纳迪姆出版社，1991。⑥《羸弱者与被弃者》第 1~3 卷，贝鲁特：学术书籍出版社，1986。⑦《圣训派才智嫁接：历史与传记精粹》，贝鲁特：埃尔格姆出版公司，1997。⑧《穆圣状况全录》第 1~2 卷，利雅得：萨义迪耶基金会，1976。⑨《伊本·焦齐之长老》，贝鲁特：伊斯兰西方出版社，2006。

2. 斯卜特·伊本·焦齐

（Sibt Ibn al-Jawzī, 1185~1257）

沙姆苏丁·艾布·穆左发尔·优素福·本·古兹·乌厄里·本·阿卜杜拉·土尔奇·罕百里，伊本·焦齐的外孙，生于伊拉克巴格达，卒于叙利亚大马士革。

史学著作：①编年体世界通史《时代镜鉴：精英历史》第 1~23 卷，贝鲁特：世界使命出版社，2013。该书是《历代帝王与民族通史》的扩写改编本，从创世写到 1256 年 7 月。②《民族精粹备忘：伊玛目特征纪录》第 1~2 卷，贝鲁特：圣裔世界大会，2005。

参考文献：齐力克里：《名人》第 3 卷，第 316~317 页；第 8 卷，第 246 页。沙奇尔·穆斯塔法：《阿拉伯历史与史家》第 1 卷，第 282 页；第 2 卷，第 108~110、261~263 页。利玛·杜尔内格：《阿拉伯与穆斯林著名史学家》，第 124~125、200~202、510~511 页。阿卜杜·哈密德·阿勒瓦继：《伊本·焦齐的著作》（'Abd al-Hamīd al-'Alwajī, *Mu'allafāt Ibn al-Jawzī*），巴格达：共和国出版公司，1965。伊卜拉欣·栽巴戈：《斯卜特·伊本·焦齐：〈时代镜鉴〉中的训诫史家》（Ibrāhīm al-Zaybaq, *Sibt Ibn al-Jawzī al-Mu'arrikh al-Wā'iz fī Mir'āt al-Zamān*），贝鲁特：伊斯兰福音出版社，2017。

易玛杜丁·艾斯法哈尼

（'Imād al-Dīn al-Asfahānī, 1125~1201）

易玛杜丁·艾布·阿卜杜拉·穆罕默德·本·穆罕默德·本·哈米德·本·穆罕默德·艾斯法哈尼，生于伊朗伊斯法罕，卒于叙利亚大马士革。

史学著作：（1）《宫廷纯珠与时代清单》，原稿凡 10 大卷。笔者所见者包括：①《宫廷纯珠与时代清单：埃及诗坛部分》第 1~2 卷，开罗：编译出版委员会，1951。②《宫廷纯珠与时代清单：伊拉克部分》第 1~2 卷，巴格达：伊拉克科学院出版社，1955、1964；第3卷第1~2分册，巴格达：
自由出版社，1976、1978；第4卷第1~2分册，巴格达：伊拉克信息部，
1973；《〈宫廷纯珠与时代清单：伊拉克诗坛部分〉增补》，巴格达：伊拉克
科学院出版社，1981。③《宫廷纯珠与时代清单：伊斯法罕德者纪录》，德
黑兰：遗产之镜，1999；《宫廷纯珠与时代清单：呼罗珊与赫拉特德者纪
录》，德黑兰：遗产之镜，1999；《宫廷纯珠与时代清单：法尔斯德者纪
录》，德黑兰：遗产之镜，1999。④《〈宫廷纯珠与时代清单：沙姆地区诗
坛部分〉序言》，大马士革：阿拉伯语学会出版社，1968；《宫廷纯珠与时
代清单：沙姆地区诗坛部分》第1~3卷，大马士革：阿拉伯语学会出版社，
1955~1964。⑤《宫廷纯珠与时代清单：马格里布与安达卢西诗坛部分》第
1~3卷，突尼斯：突尼斯出版社，1986。⑥《〈宫廷纯珠与时代清单〉补
遗》，大马士革：奇南出版社，2010。（2）《沙姆闪电》，凡7卷，仅存第
3、5卷（安曼：阿卜杜·哈密德·舒曼公司，1987）。（3）《萨拉丁诸战与
征服耶路撒冷》，开罗：马纳尔出版社，2004。（4）《塞尔柱王朝史》，贝鲁
特：学术书籍出版社，2004。（5）《史集万花园》，赛达&贝鲁特：现代书
店，2002。这部编年体简史从创世写到1197年。

参考文献：杰玛勒·缶齐：《十字军战争时期沙姆地区的历史与史家》，
第157~179页。萨拉丁·穆纳吉德：《大马士革史学家及其手稿与出版物辞
典》，第59~66页。沙奇尔·穆斯塔法：《阿拉伯历史与史家》第2卷，第
246~248、291~292页。

艾布·迦里卜·谢拔尼

（Abū Ghālib al-Shaybānī，1141~1201）

杰玛路丁·艾布·迦里卜·阿卜杜·瓦希德·本·马斯欧德·本·阿卜
杜·瓦希德·谢拔尼·巴格达迪，生于伊拉克巴格达，卒于叙利亚阿勒颇。

史学著作：《〈泰伯里史〉续编》。

参考文献：蒙兹里：《〈辞世追录〉增补》第1卷，第398页。扎哈比：
《伊斯兰史》第42卷，第307~308页。沙奇尔·穆斯塔法：《阿拉伯历史与
史家》第2卷，第131页。

罕玛德·哈拉尼

（Hammād al-Harrānī，1117~1202）

艾布·塞纳·罕玛德·本·希巴图拉·本·罕玛德·本·福戴勒·哈拉尼·罕百里，生卒于土耳其古城哈兰。

史学著作：《哈兰史》。

参考文献：齐力克里：《名人》第 2 卷，第 272 页。欧麦尔·力铎：《著述家辞典》第 1 卷，第 651 页。阿卜杜拉·图雷基：《罕百里学派著作辞典》第 2 卷，第 451~453 页。

伊本·布绥拉

（Ibn Busaylah，1158~1202）

艾布·穆罕默德·阿卜杜拉·本·赫拉夫·本·拉菲俄·本·雷伊斯·米斯奇·沙力义·米斯里，祖籍巴勒斯坦米斯卡，生卒于埃及开罗。

史学著作：《埃及史》。

参考文献：蒙兹里：《〈辞世追录〉增补》第 1 卷，第 426~428 页。齐力克里：《名人》第 4 卷，第 84 页。沙奇尔·穆斯塔法：《阿拉伯历史与史家》第 2 卷，第 213~214 页。

伊本·穆汉迪斯

（Ibn al-Muhandis，约 1135~1203）

穆爱耶杜丁·艾布·法得勒·穆罕默德·本·阿卜杜·卡利姆·本·阿卜杜·拉哈曼·哈力西·迪马什基·穆汉迪斯，生卒于叙利亚大马士革。

史学著作：《战争与政治》与《〈诗歌集〉摘要》。

参考文献：索法迪：《逝者全录》第 3 卷，第 230~231 页。齐力克里：《名人》第 6 卷，第 215 页。沙奇尔·穆斯塔法：《阿拉伯历史与史家》第 2 卷，第 292 页。

伊本·欧克巴里

(Ibn al-'Ukbarī, 1143~1203)

艾布·阿卜杜拉·穆罕默德·本·奥斯曼·本·欧麦尔·本·阿卜杜·拔基·欧克巴里·巴格达迪·左发里·罕百里，生卒于伊拉克巴格达。

史学著作： 5 卷本《长老辞典》。

参考文献： 伊本·拉杰卜：《〈罕百里学派层级传〉续编》第 2 卷，第 525~527 页。齐力克里：《名人》第 6 卷，第 261 页。阿卜杜拉·图雷基：《罕百里学派著作辞典》第 2 卷，第 454~455 页。

伊本·玛利斯塔尼耶

(Ibn al-Māristānīyah, 1146~1203)

法赫鲁丁·艾布·伯克尔·欧贝杜拉·本·阿里·本·纳斯尔·巴格达迪，生于伊拉克巴格达，卒于从格鲁吉亚第比利斯回巴格达途中的朱尔赫班德。

史学著作： ①《伊斯兰集》，是一部巨型巴格达志。作者原计划写 100 卷，但只写了 60 卷，而且已散佚。②《维齐尔伊本·胡贝拉传》。

参考文献： 蒙兹里：《〈辞世追录〉增补》第 1 卷，第 469~470 页。沙奇尔·穆斯塔法：《阿拉伯历史与史家》第 2 卷，第 110~111 页。阿卜杜拉·图雷基：《罕百里学派著作辞典》第 2 卷，第 456~458 页。

伊本·阿密拉

(Ibn 'Amīrah, ? ~1203)

艾布·贾法尔·艾哈迈德·本·叶哈雅·本·艾哈迈德·本·阿密拉·多比，生于西班牙贝莱斯-马拉加，在西班牙穆尔西亚被倒塌的墙壁砸死。

史学著作：《探索目标：安达卢西人物史》第 1~2 卷，开罗：埃及书籍

出版社 & 贝鲁特：黎巴嫩书籍出版社，1989。该书收录 1602 名人物传记。

参考文献：伊本·艾拔尔：《〈续编〉增补》第 1 卷，第 188~189 页。卡尔·布罗克尔曼：《阿拉伯文学史》第 6 册，第 112~113 页。利玛·杜尔内格：《阿拉伯与穆斯林著名史学家》，第 86 页。

伊本·瓦绥夫·沙赫

（Ibn Wasīf Shāh，? ~1203）

伊卜拉欣·本·瓦绥夫·沙赫，祖籍伊朗，生于埃及，具体生卒地点有待考究。

史学著作：①《海洋珠宝与世代事件：埃及纪事》，又名《海洋珠宝与世代奇迹》。需要特别指出的是，埃及学者阿卜杜·拉及戈·胡韦齐在《阿拉伯手稿研究院杂志》（*Majallat Ma'had al-Makhtūtāt al-'Arabīyah*）2010 年第 54 卷第 2 期上发表文章认为，该书的作者不是伊本·瓦绥夫·沙赫。②《尘世奇略》，贝鲁特：学术书籍出版社，2001。该书是麦斯欧迪（? ~957）《黄金草原与珠玑宝藏》的缩写本。③《舒什城纪事》。

参考文献：卡尔·布罗克尔曼：《阿拉伯文学史》第 6 册，第 91~92 页。欧麦尔·力铎：《著述家辞典》第 1 卷，第 81 页。沙奇尔·穆斯塔法：《阿拉伯历史与史家》第 2 卷，第 193~194 页。

巴厄图里

（al-Baghtūrī，? ~约 1203）

穆戈琳·本·穆罕默德·巴厄图里·纳富斯，生于利比亚奈富塞山，辞世地点有待考究。

史学著作：《长老传说：奈富塞山长老传》，巴尔卡：遗迹宝藏书店，2017。它完稿于 1203 年 1 月，是记载奈富塞山名人传记的重要著作。

参考文献：山玛黑：《传记》第 2 卷，第 189 页。穆罕默德·拔拔安米：《马格里布伊巴迪亚派名人辞典：自伊历一世纪至今》第 2 卷，第 423 页。

伽斯姆·阿萨奇尔

（al-Qāsim 'Asākir，1133~1203）

详见上文的"阿萨奇尔家族"。

阿卜杜·加尼·麦格迪斯

（'Abd al-Ghanī al-Maqdisī，1146~1203）

塔基丁·艾布·穆罕默德·阿卜杜·加尼·本·阿卜杜·瓦希德·本·阿里·麦格迪斯·罕百里，生于巴勒斯坦杰迈伊勒，卒于埃及开罗。

史学著作：①《人名大全》第 1~10 卷，科威特：古兰、圣训及其各分支学科出版发行公共管理局，2016。该书收录了 6701 名人物。②《先知与十大圣门弟子传摘要》，利雅得：巴兰斯耶出版社，2003。③《哈桑·巴士里纪事》，大马士革：努梅尔出版社 & 法拉伊德出版社，1996。④《伊玛目艾哈迈德·本·罕百里之考验》，吉萨：哈杰尔出版社，1987。⑤《欧麦尔·本·赫拓卜美德》、《欧麦尔·本·阿卜杜·阿齐兹功德》、《圣门弟子功德》和《麦加特色》等。

参考文献：扎哈比：《群英诸贤传》第 21 卷，第 443~471 页。萨拉丁·穆纳吉德：《大马士革史学家及其手稿与出版物辞典》，第 67~69 页。阿卜杜拉·图雷基：《罕百里学派著作辞典》第 2 卷，第 463~483 页。

伊本·巴特利戈·希里

（Ibn al-Batrīq al-Hillī，1129~1204）

沙姆苏丁·艾布·侯赛因·叶哈雅·本·哈桑·本·侯赛因·本·阿里·本·穆罕默德·本·巴特利戈·阿萨迪·希里·拉巴义，生卒于伊拉克希拉。

史学著作：《什叶派人物》。

参考文献：齐力克里：《名人》第 8 卷，第 141 页。艾哈迈德·萨敏：《伊玛目派人名学史导研》，第 168~170 页。索伊卜·阿卜杜·哈密德：《什叶派史学家辞典》第 2 卷，第 447~448 页。

伊本·拔巴韦赫

（Ibn Bābawayh，1111~约 1204）

蒙塔杰布丁·艾布·哈桑·阿里·本·欧贝杜拉·本·哈桑·本·哈桑·本·侯赛因·本·侯赛因·本·拔巴韦赫·拉齐，生卒于伊朗雷伊。

史学著作：①《什叶派学者名字及其著作目录》，贝鲁特：艾德瓦出版社，1986。②《历史》（《什叶派史》）和《雷伊史》等。

参考文献：欧麦尔·力铎：《著述家辞典》第 2 卷，第 472 页；第 3 卷，第 911 页。沙奇尔·穆斯塔法：《阿拉伯历史与史家》第 2 卷，第 130~131 页。索伊卜·阿卜杜·哈密德：《什叶派史学家辞典》第 1 卷，第 611~612 页。

伊本·萨密拉

（Ibn Samīrah，? ~约 1204）

艾布·阿拔斯·艾哈迈德·本·穆罕默德·本·艾哈迈德·菲赫里·伊施比里，生卒地点有待考究。

史学著作：《阿卜杜·穆敏王朝及其党羽》和《伊本·阿卜杜·巴尔〈圣门弟子知识全录〉摘要》。

参考文献：伊本·阿卜杜·麦立克：《〈续编二著〉增补》第 1 卷，第 564 页。伊本·苏达：《远马格里布史家索引》，第 90 页。

伊本·沙达德·桑哈继

（Ibn Shadād al-Sanhājī，? ~约 1204）

易祖丁·艾布·谷雷卜·阿卜杜·阿齐兹·本·沙达德·本·塔米姆·本·穆易兹·桑哈继·盖拉沃尼，可能生于突尼斯凯鲁万，旅居叙利亚大马士革。

史学著作：《凯鲁万纪事集释》，即《伊本·沙达德史》。

参考文献：伊本·福瓦蒂：《别号辞典文集》第 1 卷，第 230~231 页。穆罕默德·马哈富兹：《突尼斯著述家志》第 3 卷，第 150~151 页。哈桑·阿卜杜·瓦贺卜：《突尼斯著作与著述家》第 2 卷第 1 分册，第 444~447 页。

艾布·法得勒·伊尔比里
（Abū al-Fadl al-Irbilī，1156~1204）

艾布·法得勒·伊勒雅斯·本·贾米俄·本·阿里·伊尔比里，生卒于伊拉克埃尔比勒。

史学著作：《历史》。

参考文献：扎哈比：《伊斯兰史》第 43 卷，第 48~49 页。蒙兹里：《〈辞世追录〉增补》第 2 卷，第 64~65 页。欧麦尔·力铎：《著述家辞典》第 2 卷，第 621 页。

伊本·马斯欧德
（Ibn Mas'ūd，? ~1205）

艾布·阿拔斯·艾哈迈德·本·马斯欧德·本·穆罕默德·古尔图比·赫兹拉继，生卒地点有待考究。

史学著作：《纪事学精选》。

参考文献：艾哈迈德·麦格里：《沁香：温润安达卢西嫩权》第 2 卷，第 614~615 页。哈吉·哈里发：《书艺题名释疑》第 1 卷，第 33 页。欧麦尔·力铎：《著述家辞典》第 1 卷，第 307~308 页。

穆罕默德·塔米米
（Muhammad al-Tamīmī，? ~1207）

艾布·阿卜杜拉·穆罕默德·本·伽斯姆·本·阿卜杜·拉哈曼·本·阿卜杜·卡利姆·塔米米·法斯，生卒于摩洛哥非斯。

史学著作：《获益：非斯城及其下辖地区之人们功德》第 1~2 册，得土安：阿卜杜·麦立克·萨阿迪大学文学与人文社会科学院，2002。

参考文献： 扎哈比：《伊斯兰史》第 43 卷，第 129 页。麦戈利齐：《大踪录》第 6 卷，第 534 页。欧麦尔·力铎：《著述家辞典》第 3 卷，第 595 页。

玛里
（Mārī,？~约 1207）

玛里·本·苏莱曼，生卒地点有待考究。

史学著作：《东方主教纪事》，罗马：路易吉出版社，1899。该书是第一部用阿拉伯文写的基督教百科全书《好辩者》的部分内容。

参考文献： 欧麦尔·力铎：《著述家辞典》第 3 卷，第 8 页。沙奇尔·穆斯塔法：《阿拉伯历史与史家》第 2 卷，第 451 页。

艾布·乍尔·胡沙尼
（Abū Dharr al-Khushanī，1139~1208）

艾布·乍尔·穆斯阿卜·本·穆罕默德·本·马斯欧德·本·阿卜杜拉·本·马斯欧德·胡沙尼·捷雅尼·安达卢斯，生于西班牙哈恩，卒于摩洛哥非斯。

史学著作：《先知传奇文注解摘记》第 1~2 卷，安曼：巴什尔出版社，1991。

参考文献： 伊本·艾拔尔：《〈续编〉增补》第 2 卷，第 423~424 页。扎哈比：《伊斯兰史》第 43 卷，第 163~164 页。卡米勒·朱布里：《文豪辞典：自蒙昧时期至公元 2002 年》第 6 卷，第 246 页。

拉什德·巴哈拉尼
（Rāshid al-Bahrānī,？~1208）

纳斯鲁丁·拉什德·本·伊卜拉欣·本·伊斯哈格·本·伊卜拉欣·巴哈拉尼，生卒于巴林。

史学著作：《先知与十二伊玛目概况》。

参考文献：穆哈新·艾敏：《什叶派精英》第 6 卷，第 440~441 页。撒里姆·努韦迪里：《十四个世纪以来的巴林伊斯兰文化名人》，第 142~143 页。索伊卜·阿卜杜·哈密德：《什叶派史学家辞典》第 1 卷，第 337 页。

伊本·曼玛提

(Ibn Mammātī, 1149~1209)

沙拉夫丁·艾布·麦卡力姆·艾斯阿德·本·穆哈乍卜·本·米纳·本·扎卡利雅，生于埃及开罗，卒于叙利亚阿勒颇。

史学著作：①《行政机关法则》，开罗：马德布里书店，1991。②《萨拉丁传》。

参考文献：卡尔·布罗克尔曼：《阿拉伯文学史》第 6 册，第 86~88 页。阿拔斯·阿札维：《蒙古与土库曼时期的史学家介绍》，第 8~10 页。沙奇尔·穆斯塔法：《阿拉伯历史与史家》第 2 卷，第 214、452~453 页。

伊本·伊德里斯

(Ibn Idrīs,？ ~1209)

艾布·叶哈雅·伊德里斯·本·伊卜拉欣·本·阿卜杜·拉哈曼·图继比·穆尔斯，生卒于西班牙穆尔西亚。

史学著作：《伊本·伊斯哈格〈先知传〉摘要》。

参考文献：齐力克里：《名人》第 1 卷，第 278 页。欧麦尔·力铎：《著述家辞典》第 1 卷，第 332 页。

伊本·拉比俄

(Ibn al-Rabī', 1134~1210)

马吉德丁·艾布·阿里·叶哈雅·本·拉比俄·本·苏莱曼·本·哈拉兹·阿达维·欧麦里，生于伊拉克瓦西特，卒于伊拉克巴格达。

史学著作：《赫蒂卜·巴格达迪〈巴格达史〉摘要》和《〈伊本·萨姆阿尼史〉续编》。

参考文献：扎哈比：《伊斯兰史》第 43 卷，第 235～237 页。齐力克里：《名人》第 8 卷，第 144 页。欧麦尔·力铎：《著述家辞典》第 4 卷，第 94～95 页。

法赫鲁丁·拉齐
（Fakhr al-Dīn al-Rāzī，1150～1210）

法赫鲁丁·艾布·阿卜杜拉·穆罕默德·本·欧麦尔·本·侯赛因·本·哈桑·伯克里·拉齐·沙斐仪，生于伊朗雷伊，卒于阿富汗赫拉特。

史学著作：《秘真花园》，又名《学问大全》或《六十学问书》，孟买：穆扎法里印书馆，1905。该书探讨 60 门学问，其中第 13 门学问是史学。

参考文献：伊本·伽迪·舒赫巴：《沙斐仪学派层级传》第 2 卷，第 81～84 页。齐力克里：《名人》第 6 卷，第 313 页。沙奇尔·穆斯塔法：《阿拉伯历史与史家》第 2 卷，第 402～403 页。

伊本·福戴勒
（Ibn Fudayl，1148～1211）

艾哈迈德·本·阿里·本·艾比·伯克尔·本·希木叶尔·本·福戴勒·哈姆达尼，出生地点有待考究，卒于也门吉卜拉。

史学著作：《〈泰伯里史〉续编》、《〈古铎义史〉续编》、《也门史及其特征与王国》和《到访也门之学者、维齐尔与诗人等人物史》。

参考文献：伊本·萨姆拉：《也门法学家层级传》，第 236 页。沙奇尔·穆斯塔法：《阿拉伯历史与史家》第 2 卷，第 353 页。阿卜杜拉·哈巴什：《也门伊斯兰思想文献》，第 478 页。

塔朱丁·罕敦
（Tāj al-Dīn Hamdūn，1152～1211）

详见上文的"伊本·罕敦父子"。

伊本·巴德伦

(Ibn Badrūn, ? ~约 1211)

艾布·伽斯姆·阿卜杜·麦立克·本·阿卜杜拉·本·巴德伦·哈德拉米·什勒比，生于葡萄牙锡尔维什，辞世地点有待考究。

史学著作：《〈伊本·阿卜敦长诗〉注解》，开罗：萨阿达印书馆，1921。

参考文献：伊本·艾拔尔：《〈续编〉增补》第 3 卷，第 223 页。卡尔·布罗克尔曼：《阿拉伯文学史》第 6 册，第 110 页。齐力克里：《名人》第 4 卷，第 161 页。

伊本·艾比·绥夫

(Ibn Abī al-Sayf, ? ~1213)

塔基丁·艾布·阿卜杜拉·穆罕默德·本·伊斯玛仪·本·阿里·本·艾比·绥夫·也马尼·麦奇，祖籍也门扎比德，卒于麦加。

史学著作：《探访塔伊夫》和《幸福：也门人美德》。

参考文献：艾曼·福阿德：《伊斯兰时期也门历史文献》，第 120 页。沙奇尔·穆斯塔法：《阿拉伯历史与史家》第 2 卷，第 352~353 页。穆罕默德·希拉：《麦加历史与史家》，第 40~41 页。

塔吉·乌马纳

(Tāj al-Umanā', 1147~1213)

详见上文的"阿萨奇尔家族"。

伊德里斯·伊德利斯

(Idrīs al-Idrīsī, 1150~1213)

伊德里斯·本·哈桑·本·阿里·本·尔撒·本·阿里·本·尔撒·本·阿卜杜拉·伊德利斯·哈萨尼，生于埃及，卒于叙利亚阿勒颇。

史学著作：《谱系与历史汇编》。

参考文献：伊本·阿迪姆：《阿勒颇史索觅》第 3 卷，第 1324～1326 页。穆罕默德·拉施德：《族谱学家辞典》，第 89 页。

伊本·穆法多勒

(Ibn al-Mufaddal，1149～1214)

艾布·哈桑·阿里·本·穆法多勒·本·阿里·本·穆法力吉·本·哈提姆·麦格迪斯·伊斯坎达拉尼·马立奇，生于埃及亚历山大，卒于埃及开罗。

史学著作：①《四十大背诵家层级传》，利雅得：先辈之光书店，1993。②《辞世追录》。

参考文献：扎哈比：《群英诸贤传》第 22 卷，第 66～69 页。齐力克里：《名人》第 5 卷，第 23 页。穆罕默德·土尔奇：《伊本·穆法多勒·麦格迪斯著作辞典》（ Muhammad al-Turkī, *Mu'jam Mu'allafāt al-Hāfiz Ibn al-Mufaddal al-Maqdisī*），利雅得：首都出版社，2009。

伊本·穆拉哈勒

(Ibn al-Murahhal，? ～约 1214)

布尔贺努丁·艾布·伊斯哈格·伊卜拉欣·本·穆罕默德·本·穆拉哈勒·迪马什基·沙斐仪，生卒地点有待考究，可能长期居住在叙利亚大马士革。

史学著作：《宝库：先知传略》。

参考文献：屯奇：《著述家辞典》第 4 卷，第 417～418 页。欧麦尔·力铎：《著述家辞典》第 1 卷，第 70 页。萨拉丁·穆纳吉德：《大马士革史学家及其手稿与出版物辞典》，第 73 页。

伊本·艾赫多尔

(Ibn al-Akhdar，1130～1215)

塔基丁·艾布·穆罕默德·阿卜杜·阿齐兹·本·马哈茂德·本·穆

拔拉克·本·马哈茂德·本·艾赫多尔·朱纳比兹·巴格达迪，生卒于伊拉克巴格达。

史学著作：《艾布·伽斯姆·巴加维之长老》、《圣门弟子后裔之门徒纪录》和 2 卷本《从伊玛目艾哈迈德那里传述知识之人纪录》等。

参考文献：伊本·拉杰卜：《〈罕百里学派层级传〉续编》第 3 卷，第 167~173 页。齐力克里：《名人》第 4 卷，第 28 页。阿卜杜拉·图雷基：《罕百里学派著作辞典》第 3 卷，第 21~24 页。

艾布·哈桑·哈拉维

(Abū al-Hasan al-Harawī, ? ~1215)

艾布·哈桑·阿里·本·艾比·伯克尔·本·阿里·哈拉维，祖籍阿富汗赫拉特，生于伊拉克摩苏尔，卒于叙利亚阿勒颇。

史学著作：《探访知识提示》，开罗：宗教文化书店，2002。该书简要地记载作者周游阿拉伯世界各大城市的见闻。

参考文献：蒙兹里：《〈辞世追录〉增补》第 2 卷，第 315~316 页。扎哈比：《伊斯兰史》第 44 卷，第 81~83 页。齐力克里：《名人》第 4 卷，第 266 页。

伊本·佐菲尔

(Ibn Zāfir, 1171~1216)

杰玛路丁·艾布·哈桑·阿里·本·佐菲尔·本·侯赛因·艾兹迪·赫兹拉继·马立奇，生卒于埃及开罗。

史学著作：①4 卷本《割据列国纪事》，记载各个伊斯兰王朝的统治者和重要史事。②《英雄纪事》和《政治基础》等。

参考文献：卡尔·布罗克尔曼：《阿拉伯文学史》第 6 册，第 26~28 页。齐力克里：《名人》第 4 卷，第 296~297 页。沙奇尔·穆斯塔法：《阿拉伯历史与史家》第 2 卷，第 194~196 页。

伊本·朱贝尔

(Ibn Jubayr, 1145~1217)

艾布·哈桑·穆罕默德·本·艾哈迈德·本·朱贝尔·奇纳尼·安达卢斯·沙缇比·巴岚斯，生于西班牙瓦伦西亚，卒于埃及亚历山大。

史学著作：《伊本·朱贝尔游记》，贝鲁特：索迪尔出版社，1964。该书记载作者在 1183 年 2 月 22 日至 1185 年 5 月 2 日游历地中海和阿拉伯伊斯兰世界东部地区的各种见闻，包括入侵沙姆地区的十字军。

参考文献：纳斯鲁丁·萨易杜尼：《伊斯兰西部的历史与地理遗产》，第 82~89 页。侯赛因·穆阿尼斯：《安达卢西地理与地理学家史》，第 429~452 页。穆罕默德·齐雅达：《伊本·朱贝尔游记与伊本·白图泰游记》（Muhammad Ziyādah, *Rihlat Ibn Jubayr wa-Rihlat Ibn Battūtah*），开罗：编译出版委员会，1939。

阿卜杜拉·哈姆扎

('Abd Allāh Hamzah, 1166~1217)

艾布·穆罕默德·阿卜杜拉·本·哈姆扎·本·苏莱曼·本·哈姆扎·本·阿里·本·哈姆扎·阿拉维，生于也门哈姆丹区的艾尚，卒于也门考凯班。

史学著作：《宝贵璎珞：伊玛目智慧》，安曼：伊玛目栽德·本·阿里文化基金会，2001。

参考文献：齐力克里：《名人》第 4 卷，第 83 页。阿卜杜·萨腊姆·瓦继赫：《栽德派著述名人》，第 578~586 页。沙奇尔·穆斯塔法：《阿拉伯历史与史家》第 2 卷，第 354 页。

伊斯玛仪·麦尔瓦齐

(Ismā'īl al-Marwazī, 1176~约 1217)

艾布·塔里卜·伊斯玛仪·本·侯赛因·本·穆罕默德·本·侯赛

因·本·艾哈迈德·麦尔瓦齐·阿拉维·侯赛尼，生卒于土库曼斯坦古城木鹿。

史学著作：《艾布·加纳伊姆·迪马什基》、《艾布·塔里卜·赞贾尼·穆萨维之〈知识〉》和《法学家扎卡利雅·本·艾哈迈德·巴札尔·尼撒布里之〈层级传〉》等。

参考文献：雅孤特：《文豪辞典》第 2 卷，第 652~655 页。欧麦尔·力铎：《著述家辞典》第 1 卷，第 362 页。索伊卜·阿卜杜·哈密德：《什叶派史学家辞典》第 1 卷，第 159~161 页。

伊本·迪尔塞姆
(Ibn Di'tham, ? ~约 1219)

鲁克努丁·艾布·菲拉斯·法狄勒·本·阿拔斯·本·阿里·本·穆罕默德·本·艾比·伽斯姆·本·阿慕尔·迪尔塞姆，生卒地点有待考究。

史学著作：4 卷本《曼苏里耶传：伊玛目阿卜杜拉·本·哈姆扎传》，仅存第 2、3 卷（贝鲁特：当代思想出版社，1993）。

参考文献：伊本·艾比·利贾勒：《月升海汇：栽德派人物志》第 4 卷，第 11~13 页。阿卜杜·萨腊姆·瓦继赫：《栽德派著述名人》，第 749 页。阿卜杜拉·哈巴什：《也门伊斯兰思想文献》，第 479 页。

伊本·图韦尔
(Ibn al-Tuwayr, 1130~1220)

艾布·穆罕默德·阿卜杜·萨腊姆·本·哈桑·本·阿卜杜·萨腊姆·本·阿里·本·艾哈迈德·菲赫里·盖萨拉尼·米斯里，生卒于埃及。

史学著作：《双眸观赏：两朝纪事》，贝鲁特：索迪尔出版社，1992。该书主要记载埃及法蒂玛王朝和萨拉丁王朝的史事。

参考文献：蒙兹里：《〈辞世追录〉增补》第 3 卷，第 7~8 页。扎哈比：《伊斯兰史》第 44 卷，第 350~351 页。沙奇尔·穆斯塔法：《阿拉伯历史与史家》第 2 卷，第 214 页。

曼苏尔国王

（al-Malik al-Mansūr, 1172~1221）

纳斯鲁丁·艾布·麦阿里·穆罕默德·本·穆左发尔·艾比·萨义德·欧麦尔·本·沙汉沙赫·艾尤比，出生地点有待考究，卒于叙利亚哈马。

史学著作：①《列王纪事与列国君主观赏：诗坛层级传》，巴格达：公共文化事务出版社，2001。②10 卷本《真理之道与万物奥妙》。1968 年，开罗书籍世界出版的残卷记载 1179~1186 年的史事。

参考文献：卡尔·布罗克尔曼：《阿拉伯文学史》第 6 册，第 42~43 页。杰玛勒·缶齐：《十字军战争时期沙姆地区的历史与史家》，第 38~54 页。沙奇尔·穆斯塔法：《阿拉伯历史与史家》第 2 卷，第 248~250 页。

伊本·纳黑勒

（Ibn Nakhīl,?~1222）

艾布·阿卜杜拉·穆罕默德·本·艾哈迈德·本·纳黑勒·安达卢斯，祖籍西班牙，被杀害于突尼斯城。

史学著作：《伊本·纳黑勒史》，记载穆瓦希德王朝与哈夫斯王朝的史事。

参考文献：伊本·苏达：《远马格里布史家索引》，第 89 页。穆罕默德·马哈富兹：《突尼斯著述家志》第 5 卷，第 28~33 页。哈桑·阿卜杜·瓦贺卜：《突尼斯著作与著述家》第 2 卷第 1 分册，第 448~450 页。

麦腊希

（al-Mallāhī, 1154~1222）

艾布·伽斯姆·穆罕默德·本·阿卜杜·瓦希德·本·伊卜拉欣·本·穆法力吉·安达卢斯，生于西班牙格拉纳达附近的马拉哈，卒于格拉纳达。

史学著作：《埃尔维拉学林及其谱系与讯息》、《阿拉伯与异域诸民族谱系树》和《伊本·阿卜杜·巴尔〈圣门弟子知识全录〉修正》等。

参考文献：伊本·艾拔尔：《〈续编〉增补》第 2 卷，第 317~319 页。齐力克里：《名人》第 6 卷，第 255 页。利玛·杜尔内格：《阿拉伯与穆斯林著名史学家》，第 411 页。

古达玛家族

1. 伊本·古达玛

（Ibn Qudāmah，1147~1223）

穆瓦发古丁·艾布·穆罕默德·阿卜杜拉·本·艾哈迈德·本·穆罕默德·本·古达玛·罕百里，生于巴勒斯坦杰迈伊勒，卒于叙利亚大马士革。

史学著作：①《坦途：正统哈里发美德》，科威特：佶拉斯出版社，2007。②《忏悔者》，贝鲁特：学术书籍出版社，1987。③《圣门弟子美德》。

2. 赛夫丁·古达玛

（Sayf al-Dīn Qudāmah，1208~1245）

赛夫丁·艾布·阿拔斯·艾哈迈德·本·尔撒·本·穆瓦发古丁·本·古达玛·罕百里，出生地点有待考究，卒于大马士革。

史学著作：《人物志评注》和《杰利尔·本·阿卜杜拉·巴杰里美德》。

3. 沙姆苏丁·古达玛

（Shams al-Dīn Qudāmah，1200~1283）

沙姆苏丁·艾布·穆罕默德·阿卜杜·拉哈曼·本·穆罕默德·本·艾哈迈德·本·古达玛·罕百里，生于大马士革卡松山，卒于大马士革。

史学著作：《长老志》。

参考文献：扎哈比：《群英诸贤传》第 22 卷，第 165~173 页；第 23 卷，第 118~119 页。欧麦尔·力铎：《著述家辞典》第 1 卷，第 221~222 页；第 2 卷，第 108、227 页。萨拉丁·穆纳吉德：《大马士革史学家及其手稿与出版物辞典》，第 74~76、87 页。阿卜杜拉·图雷基：《罕百里学派著作辞典》第 3 卷，第 69~89、166~168、245~248 页。穆罕默德·亥尔：《穆瓦发古丁·伊本·古达玛·麦格迪斯》（Muhammad Khayr, *Muwaffaq al-Dīn ibn Qudāmah al-Maqdisī*），贝鲁特：伊本·哈兹姆出版社，1997。

艾哈迈德·泰伯尔斯
(Ahmad al-Tabarsī, ? ~ 约 1223)

艾布·曼苏尔·艾哈迈德·本·阿里·本·艾比·塔里卜·泰伯尔斯·什义，生卒地点有待考究。

史学著作：《伊玛目史》和《法蒂玛美德》。

参考文献：欧麦尔·力铎：《著述家辞典》第 1 卷，第 203 页。索伊卜·阿卜杜·哈密德：《什叶派史学家辞典》第 1 卷，第 118 页。利玛·杜尔内格：《阿拉伯与穆斯林著名史学家》，第 54 页。

伊本·纳施万
(Ibn Nashwān, ? ~ 约 1223)

详见上文的"纳施万父子"。

古莱什·苏贝俄
(Quraysh Subayʿ, 1147~1224)

艾布·穆罕默德·古莱什·本·苏贝俄·本·穆汉纳·本·苏贝俄·本·穆汉纳·本·苏贝俄·哈萨尼·麦达尼，生于麦地那，卒于伊拉克巴格达。

史学著作：《人物》、《伊本·阿卜杜·巴尔〈圣门弟子知识全录〉精选》和《伊本·萨阿德〈层级传〉精选》。

参考文献：蒙兹里：《〈辞世追录〉增补》第 3 卷，第 111~112 页。欧麦尔·力铎：《著述家辞典》第 2 卷，第 659 页。索伊卜·阿卜杜·哈密德：《什叶派史学家辞典》第 2 卷，第 47 页。

阿里·侯赛尼

('Alī al-Husaynī, 1180~约 1225)

索德鲁丁·艾布·哈桑·阿里·本·纳斯尔·本·阿里·侯赛尼,生卒地点有待考究。

史学著作:《历史精髓:塞尔柱王朝埃米尔与列王纪事》,贝鲁特:伊格拉出版社,1985。

参考文献:卡尔·布罗克尔曼:《阿拉伯文学史》第 6 册,第 30 页。欧麦尔·力铎:《著述家辞典》第 2 卷,第 538 页。沙奇尔·穆斯塔法:《阿拉伯历史与史家》第 2 卷,第 405~406 页。

阿卜杜拉·胡札义

('Abd Allāh al-Khuzā'ī, 1141~1226)

艾布·法得勒·阿卜杜拉·本·阿岚·本·拉津·本·欧麦尔·本·拉津·胡札义·瓦西蒂,可能生于伊拉克瓦西特,可能卒于叙利亚阿勒颇。

史学著作:15 卷本《智慧珠宝、民族历史、阿拉伯与异域列王传》(又名《智慧珠宝:阿拉伯与异域列王传》)、20 卷本《阿拉伯坚贞与阿拉伯日子》、《列王与素丹传阐明》、5 卷本《银钩玉轮:善德精华传》和《〈银钩玉轮〉摘要》等。

参考文献:伊本·沙阿尔:《宝珠项链:当代诗坛》第 2 卷,第 176~178 页。欧麦尔·力铎:《著述家辞典》第 2 卷,第 352 页。利玛·杜尔内格:《阿拉伯与穆斯林著名史学家》,第 257 页。

拉菲义

(al-Rāfi'ī, 1162~1226)

艾布·伽斯姆·阿卜杜·卡利姆·本·穆罕默德·本·阿卜杜·卡利姆·拉菲义·格兹维尼,生卒于伊朗加兹温。

史学著作：《加兹温纪事集》第 1~4 卷，贝鲁特：学术书籍出版社，1987。

参考文献：扎哈比：《伊斯兰史》第 45 卷，第 157~159 页。齐力克里：《名人》第 4 卷，第 55 页。伊本·拉菲俄：《艾布·伽斯姆·拉菲义传》（Ibn Rāfi', *Tarjamat al-Imām Abī al-Qāsim al-Rāfi'ī*），安曼：法特哈出版社，2011。

穆斯林·谢扎里
(Muslim al-Shayzarī，约 1169~约 1228)

阿米努丁·艾布·加纳伊姆·穆斯林·本·马哈茂德·本·尼尔玛·本·艾尔斯岚·谢扎里，生于叙利亚大马士革，辞世地点有待考究。

史学著作：《伊斯兰集》第 1~2 卷，阿布扎比：文化协会，2005。这部散文与诗歌集记载了作者所处时代的一些也门史事和名人事迹。

参考文献：齐力克里：《名人》第 7 卷，第 223 页。艾曼·福阿德：《伊斯兰时期也门历史文献》，第 122 页。沙奇尔·穆斯塔法：《阿拉伯历史与史家》第 2 卷，第 354~355 页。

雅孤特·哈马维
(Yāqūt al-Hamawī，1178~1229)

什贺布丁·艾布·阿卜杜拉·雅孤特·本·阿卜杜拉·鲁米·哈马维，生于东罗马，卒于叙利亚阿勒颇郊区的一个客栈。

史学著作：①《文豪辞典》第 1~20 卷，开罗：麦蒙出版集团，1936~1938。该书按照阿拉伯字母顺序编录了 1200 多名人物的传记。②《地名辞典》第 1~10 卷，开罗：萨阿达印书馆，1906~1907。该书是中古时期最大篇幅的阿拉伯伊斯兰历史地理百科全书，按照字母顺序编录了约 1.3 万个地名。

参考文献：阿拔斯·阿札维：《蒙古与土库曼时期的史学家介绍》，第 10~15 页。沙奇尔·穆斯塔法：《阿拉伯历史与史家》第 2 卷，第 250~252 页。塔沃尼斯：《雅孤特·哈马维》（al-Tawānisī, *Yāqūt al-Hamawī*），开罗：埃及图书总局，1971。

阿拉沙尼

（al-'Arashānī,? ~1229）

萨里·本·伊卜拉欣·本·艾比·伯克尔·本·阿里·本·穆阿孜·本·穆拔拉克·本·图巴俄·阿拉沙尼，出生地点有待考究，卒于也门萨那。

史学著作：《专题》，是拉齐·萨那尼（？~约1068）《萨那城史》的续编，详见拉齐·萨那尼：《萨那城史》，贝鲁特：当代思想出版社 & 大马士革：思想出版社，1989，第491~552页。

参考文献：拔马赫拉玛：《雕饰项链：时代精英辞世》第5卷，第121页。沙奇尔·穆斯塔法：《阿拉伯历史与史家》第2卷，第355页。阿卜杜拉·哈巴什：《也门伊斯兰思想文献》，第479~480页。

伊本·栽雅特

（Ibn al-Zayyāt,? ~1230）

艾布·哈贾吉·优素福·本·叶哈雅·本·尔撒·本·阿卜杜·拉哈曼·塔德里，生于摩洛哥塔德莱堡，卒于摩洛哥雷格拉加农庄。

史学著作：《苏菲派人物观察与艾布·阿拔斯·萨卜提纪事》，拉巴特：穆罕默德五世大学人文社会科学院出版社，1997。该书可能是第一部摩洛哥苏菲派人物志。

参考文献：卡尔·布罗克尔曼：《阿拉伯文学史》第6册，第43页。齐力克里：《名人》第8卷，第257页。伊本·苏达：《远马格里布史家索引》，第173~174页。

伊本·格唐父子

1. 伊本·格唐·法斯

（Ibn al-Qattān al-Fāsī, 1167~1230）

艾布·哈桑·阿里·本·穆罕默德·本·阿卜杜·麦立克·本·叶

哈雅·库塔米·法斯·马立奇，生于摩洛哥非斯，卒于摩洛哥锡吉勒
马萨。

2. 伊本·格唐·马拉库什

（Ibn al-Qaṭṭān al-Marrākushī，13 世纪）

艾布·穆罕默德·哈桑·本·阿里·本·穆罕默德·本·阿卜杜·麦
立克·本·叶哈雅·库塔米·马拉库什·马立奇，生卒于摩洛哥。

史学著作： 7 卷本编年史《珠串：时代纪事》，被多位学者误以为是伊
本·格唐·法斯的著作，但它其实出自伊本·格唐·马拉库什之手。每卷
记载 100 个伊历年的史事，从元年（622 年）写到作者的时代。

参考文献： 扎哈比：《群英诸贤传》第 22 卷，第 306~307 页。齐力克
里：《名人》第 4 卷，第 331 页。伊本·苏达：《远马格里布史家索引》，第
105 页。

伊本·罕玛德·桑哈继

（Ibn Ḥammād al-Sanhājī，? ~1231）

艾布·阿卜杜拉·穆罕默德·本·阿里·本·罕玛德·本·尔撒·
本·艾比·伯克尔·桑哈继，生于阿尔及利亚贝尼·哈马德堡附近，卒于
摩洛哥马拉喀什。

史学著作： ①《欧贝德家族列王纪传》，开罗：萨哈瓦出版社，1981。
②《桑哈贾纪事》。

参考文献： 卡尔·布罗克尔曼：《阿拉伯文学史》第 6 册，第 30~31
页。欧麦尔·力铎：《著述家辞典》第 3 卷，第 508 页。阿里·欧什：《伊
历 6~7 世纪中马格里布（阿尔及利亚）史家对历史知识传承的影响》（'Alī
'Ushshī, "Dawr Mu'arrikhī al-Maghrib al-Awsaṭ 'al-Jazā'ir' fī Naql al-Ma'rifah al-
Tārīkhīyah khilāla al-Qarnayn al-Sādis wa-al-Sābi' al-Hijrīyayn"），《人文社会
科学研究前沿》（*Majallat al-Muqaddimah li-l-Dirāsāt al-Insānīyah wa-al-
Ijtimā'īyah*）2019 年第 6 期。

阿卜杜·拉蒂夫·巴格达迪

('Abd al-Latīf al-Baghdādī, 1162~1231)

穆瓦发古丁·艾布·穆罕默德·阿卜杜·拉蒂夫·本·优素福·本·穆罕默德·本·阿里·摩苏里·巴格达迪,生卒于伊拉克巴格达。

史学著作:《裨益与深思:亲历埃及诸事》,又名《阿卜杜·拉蒂夫·巴格达迪埃及行记》,开罗:埃及图书总局,1998。

参考文献:扎哈比:《群英诸贤传》第 22 卷,第 320~323 页。阿拔斯·阿札维:《蒙古与土库曼时期的史学家介绍》,第 15~23 页。沙奇尔·穆斯塔法:《阿拉伯历史与史家》第 2 卷,第 196 页。

伊本·努戈泰

(Ibn Nuqtah, 1183~1231)

穆义努丁·艾布·伯克尔·穆罕默德·本·阿卜杜·加尼·本·艾比·伯克尔·本·舒贾俄·巴格达迪·罕百里,生卒于伊拉克巴格达。

史学著作:①《传述知识记录》第 1~2 卷,贝鲁特:纳瓦迪尔出版社,2014。②《〈大全〉增补》第 1~6 卷,麦加:乌姆古拉大学学术研究与伊斯兰遗产复兴研究院,1987~1997。该书是伊本·玛库腊(1030~约 1093年)《名字、别名与谱系辨正释疑大全》的续作。

参考文献:齐力克里:《名人》第 6 卷,第 211 页。沙奇尔·穆斯塔法:《阿拉伯历史与史家》第 2 卷,第 133 页。阿卜杜拉·图雷基:《罕百里学派著作辞典》第 3 卷,第 112~115 页。

伊本·欧奈恩

(Ibn 'Unayn,1154~1232)

沙拉夫丁·艾布·麦哈新·穆罕默德·本·纳斯鲁拉·本·马卡力姆·本·哈桑·本·欧奈恩·安索里·迪马什基,生卒于叙利亚大马士革。

史学著作:《阿齐兹史》。该书是献给艾尤卜王朝的阿勒颇城埃米尔阿齐兹（1216~1236 年在位）的读物，因而得此书名。

参考文献：伊本·赫里康：《精英辞世与时代名人信息录》第 5 卷，第 14~19 页。沙奇尔·穆斯塔法：《阿拉伯历史与史家》第 2 卷，第 294~295 页。利玛·杜尔内格：《阿拉伯与穆斯林著名史学家》，第 461~462 页。

伊本·艾西尔
(Ibn al-Athīr, 1160~1233)

易祖丁·艾布·哈桑·阿里·穆罕默德·本·穆罕默德·本·阿卜杜·卡利姆·谢拔尼，生于土耳其吉兹雷，卒于伊拉克摩苏尔，被誉为"十字军战史家"，是"阿拉伯三大编年史家"[①] 之一。

史学著作：①《历史大全》第 1~11 卷，贝鲁特：阿拉伯书籍出版社，2012。这部编年体世界通史从创世写到 1231 年。该书关于十字军东侵和蒙古人西征的内容翔实可靠，是现代学者研究这段人类暴力文明交往史的珍贵资料。②《莽丛群狮：圣门弟子知识》第 1~8 卷，贝鲁特：学术书籍出版社，2016。该书按照阿拉伯字母顺序编录了 7700 多名圣门弟子（包括 1020 多名女圣门弟子）的传记。③《赞吉王朝辉煌史》，开罗：现代书籍出版社，1963。该书是第一部专门记载赞吉家族史的著作，从赞吉王朝建立（1127 年）写到艾尔斯岚·沙一世（1193~1211 在位）去世。

参考文献：阿拔斯·阿札维：《蒙古与土库曼时期的史学家介绍》，第 24~52 页。杰玛勒·缶齐：《十字军战争时期沙姆地区的历史与史家》，第 55~112、180~202 页。阿卜杜·伽迪尔·图莱玛特：《史学家伊本·艾西尔·杰扎里》（'Abd al-Qādir Tulaymāt, *Ibn al-Athīr al-Jazarī al-Mu'arrikh*），开罗：阿拉伯作家出版社，1969。

曼达伊
(al-Mandā'ī, 1164~1233)

艾布·贾法尔·阿里·本·穆罕默德·本·艾哈迈德·本·巴赫提雅

[①] 另外两大编年史家是上述的泰伯里和杰巴尔提（al-Jabartī, 1754~1825）。

尔·本·阿里·瓦西蒂，生卒于伊拉克瓦西特。

史学著作：《历史》。

参考文献：齐力克里：《名人》第 4 卷，第 332 页。欧麦尔·力铎：《著述家辞典》第 2 卷，第 492~493 页。利玛·杜尔内格：《阿拉伯与穆斯林著名史学家》，第 282 页。

伊本·艾比·推伊

(Ibn Abī Tayy, 1179~1233)

叶哈雅·本·哈米达·本·佐菲尔·本·阿里·本·阿卜杜拉·加萨尼·哈拉比，生卒于叙利亚阿勒颇。

史学著作：①《伊玛目教派层级传》，又名《伊玛目教派史》。2000 年，伊朗当代史学家拉苏勒·贾法力彦根据该书的残存内容，整理出版《什叶派伊玛目支派人物集》。②《黄金宝藏：列王、哈里发与贵胄史》、《历代史事》、《文豪与诗坛人物志》、《萨拉丁传》、《埃及史》、《沙姆史》、《阿勒颇列王传》、《马格里布史精选》、《扎希尔国王传》和《什叶派传述人名字及其著作》等。

参考文献：欧麦尔·力铎：《著述家辞典》第 4 卷，第 93~94 页。沙奇尔·穆斯塔法：《阿拉伯历史与史家》第 2 卷，第 252~255 页。索伊卜·阿卜杜·哈密德：《什叶派史学家辞典》第 2 卷，第 453~455 页。

伊本·哈吉卜

(Ibn al-Hājib, 1197~1233)

易祖丁·艾布·哈夫斯·欧麦尔·本·穆罕默德·本·曼苏尔·阿米尼·迪马什基，生卒于叙利亚大马士革。

史学著作：①《长老辞典》，收录了 1180 位长老的传记。②《地点与区域辞典》和续编伊本·阿萨奇尔（1105~1176）的《大马士革史》。

参考文献：沙奇尔·穆斯塔法：《阿拉伯历史与史家》第 2 卷，第 295 页。萨拉丁·穆纳吉德：《大马士革史学家及其手稿与出版物辞典》，第 77 页。利玛·杜尔内格：《阿拉伯与穆斯林著名史学家》，第 299~300 页。

法哈尔·穆萨维

（Fakhār al-Mūsawī, ?　~1233）

沙姆苏丁·艾布·阿里·法哈尔·本·马阿德·本·法哈尔·本·艾哈迈德·本·穆罕默德·穆萨维·哈伊里，生于伊拉克希拉，卒于伊拉克卡尔巴拉。

史学著作：《艾布·塔里卜信仰》，库姆：赛义德－舒哈达出版社，1990。

参考文献：齐力克里：《名人》第 5 卷，第 137 页。穆哈新·艾敏：《什叶派精英》第 8 卷，第 393~394 页。索伊卜·阿卜杜·哈密德：《什叶派史学家辞典》第 2 卷，第 16~17 页。

伊本·纳济夫

（Ibn Nazīf, ?　~约 1234）

艾布·法铎伊勒·穆罕默德·本·阿里·本·阿卜杜·阿齐兹·本·阿里·本·纳济夫·哈马维，可能生于叙利亚哈马，辞世地点有待考究。

史学著作：①《曼苏里史》，大马士革：希贾兹印书馆，1981。这部编年史是献给霍姆斯城主曼苏尔王的礼物，因而得此书名。它主要记载 1193~1234 年的史事。其中对萨拉丁死后的艾尤卜王朝史的记载尤为珍贵。②《历代史事释疑》。

参考文献：卡尔·布罗克尔曼：《阿拉伯文学史》第 6 册，第 150 页。杰玛勒·缶齐：《十字军战争时期沙姆地区的历史与史家》，第 113~118 页。沙奇尔·穆斯塔法：《阿拉伯历史与史家》第 2 卷，第 255~256 页。

伊本·沙达德·摩苏里

（Ibn Shaddād al-Mawsilī, 1145~1235）

巴贺丁·艾布·麦哈新·优素福·本·拉菲俄·本·塔米姆·本·欧

特巴·阿萨迪·哈拉比·摩苏里·沙斐仪，生于伊拉克摩苏尔，卒于叙利亚阿勒颇。

史学著作：《素丹传奇与优素福家族良善》，又名《萨拉丁传》，开罗：汗吉书店，1994。

参考文献：卡尔·布罗克尔曼：《阿拉伯文学史》第 6 册，第 11～14 页。侯赛因·艾敏：《同时代阿拉伯史家著作中的十字军战争》，第 18～20 页。杰玛勒·缶齐：《十字军战争时期沙姆地区的历史与史家》，第 271～285 页。

鲁爱尼

(al-Ru'aynī, 1185～1235)

艾布·穆萨·尔撒·本·苏莱曼·本·阿卜杜拉·本·阿卜杜·麦立克·伦迪·玛拉基·鲁爱尼，生于西班牙隆达，卒于西班牙马拉加。

史学著作：《圣门弟子知识》和《长老辞典》。

参考文献：伊本·艾拔尔：《〈续编〉增补》第 3 卷，第 432～433 页。齐力克里：《名人》第 5 卷，第 103 页。阿卜杜海·卡塔尼：《目录辞典》第 2 卷，第 614 页。

穆罕默德·伽迪斯

(Muhammad al-Qādisī, ? ～1235)

艾布·阿卜杜拉·穆罕默德·本·艾哈迈德·本·穆罕默德·本·阿里·伽迪斯·库图比，出生地点有待考究，卒于伊拉克巴格达。

史学著作：续编伊本·焦齐（1116～1200）的《历代帝王与民族通史》到 1218 或 1220 年。

参考文献：扎哈比：《伊斯兰史》第 46 卷，第 120 页。沙奇尔·穆斯塔法：《阿拉伯历史与史家》第 2 卷，第 134 页。利玛·杜尔内格：《阿拉伯与穆斯林著名史学家》，第 342 页。

伊本·迪哈耶

(Ibn Dihyah，1150~1236)

马吉德丁·艾布·赫拓卜·欧麦尔·本·哈桑·本·阿里·本·穆罕默德·本·迪哈耶·卡勒比·安达卢斯，生于西班牙休达，卒于埃及开罗。

史学著作：①《路灯：阿拔斯家族哈里发史》，巴格达：知识印书馆，1946。②《公开呼告：隋芬参战者择优》，贝鲁特：伊斯兰西方出版社，1998。③《辞世录》。

参考文献：欧麦尔·力铎：《著述家辞典》第 2 卷，第 556~557 页。阿拔斯·阿札维：《蒙古与土库曼时期的史学家介绍》，第 52~60 页。沙奇尔·穆斯塔法：《阿拉伯历史与史家》第 2 卷，第 215 页。

盖路韦

(al-Qayluway，1169~1236)

艾布·阿里·哈桑·本·穆罕默德·本·伊斯玛仪·本·艾比·易兹·本·阿里·盖路韦，生于埃及尼罗河畔，卒于叙利亚大马士革。

史学著作：编年体巨著《历史》，是伊本·斯马纳尼（？~1105）《列国与纪事知识展示》的续编。

参考文献：蒙兹里：《〈辞世追录〉增补》第 3 卷，第 422~423 页。扎哈比：《伊斯兰史》第 46 卷，第 145 页。沙奇尔·穆斯塔法：《阿拉伯历史与史家》第 2 卷，第 133 页。

格蒂义

(al-Qatī'ī，1151~1236)

艾布·哈桑·穆罕默德·本·艾哈迈德·本·欧麦尔·本·侯赛因·本·赫拉夫·巴格达迪·格蒂义·罕百里，生卒于伊拉克巴格达。

史学著作：《续补冕珠》，是萨姆阿尼（1113~1167）《〈巴格达史〉增补》的续作。

参考文献：欧麦尔·力铎：《著述家辞典》第 1 卷，第 285 页；第 3 卷，第 88 页。沙奇尔·穆斯塔法：《阿拉伯历史与史家》第 2 卷，第 134 页。阿卜杜拉·图雷基：《罕百里学派著作辞典》第 3 卷，第 131~132 页。

伊本·罕百里

（Ibn al-Hanbalī，1159~1236）

纳斯胡丁·艾布·法拉吉·阿卜杜·拉哈曼·本·纳吉姆·本·阿卜杜·瓦贺卜·本·阿卜杜·瓦希德·罕百里·迪马什基，生卒于叙利亚大马士革。

史学著作：《吾遇此地良德》和《训诫者史》等。

参考文献：沙奇尔·穆斯塔法：《阿拉伯历史与史家》第 2 卷，第 296 页。萨拉丁·穆纳吉德：《大马士革史学家及其手稿与出版物辞典》，第 78 页。阿卜杜拉·图雷基：《罕百里学派著作辞典》第 3 卷，第 123~126 页。

奇腊义

（al-Kilā‘ī，1170~1237）

艾布·拉比俄·苏莱曼·本·穆萨·本·撒里姆·本·哈桑·奇腊义·安达卢斯·马立奇，生于西班牙穆尔西亚郊外，战死于普伊格战役（Battle of the Puig）。

史学著作：①《安拉使者与三位哈里发武功纪全录》第 1 卷第 1 分册~第 2 卷第 2 分册，贝鲁特：书籍世界，1997。②《布哈里纪传》和《圣门弟子与再传圣门弟子知识》等。

参考文献：齐力克里：《名人》第 3 卷，第 136 页。利玛·杜尔内格：《阿拉伯与穆斯林著名史学家》，第 172 页。索里哈·山马里、奥斯曼·马施安：《奇腊义及其〈安拉使者与三位哈里发武功纪全录〉的编纂方法》（Sālih al-Shammarī wa-‘Uthmān Mash‘ān，"Al-Kilā‘ī wa-Manhajuhu fī *Kitāb al-Iktifā fī Maghāzī Rasūl Allāh wa-al-Thalāthah al-Khulafā*"），《文墨杂志》（*Majallat Midād al-Ādāb*）2014 年第 8 期。

艾斯阿德·艾斯巴哈尼
(As'ad al-Asbahānī, ? ~1237)

艾布·萨阿达特·艾斯阿德·本·阿卜杜·伽熙尔·本·艾斯阿德·艾斯巴哈尼·什义，生卒地点有待考究。

史学著作：《明证泉源与美德汇集》，记载先知穆罕默德家族的功德与人物传记。

参考文献：欧麦尔·力铎：《著述家辞典》第 1 卷，第 350~351 页。穆哈新·艾敏：《什叶派精英》第 3 卷，第 297~298 页。索伊卜·阿卜杜·哈密德：《什叶派史学家辞典》第 1 卷，第 157 页。

阿里·古拉什
('Alī al-Qurashī, ? ~1238)

艾布·哈桑·阿里·本·胡梅德·本·艾哈迈德·本·阿里·本·艾哈迈德·本·贾法尔·本·哈桑·本·叶哈雅·本·伊卜拉欣·古拉什，生卒地点有待考究。

史学著作：①《诉愿者层级传》。②《古拉什传》，是作者父亲的传记。

参考文献：欧麦尔·力铎：《著述家辞典》第 2 卷，第 437 页。阿卜杜·萨腊姆·瓦继赫：《栽德派著述名人》，第 677~678 页。索伊卜·阿卜杜·哈密德：《什叶派史学家辞典》第 1 卷，第 600 页。

伊本·赫勒丰
(Ibn Khalfūn, 1160~1239)

艾布·伯克尔·穆罕默德·本·伊斯玛仪·本·穆罕默德·本·阿卜杜·拉哈曼·本·马尔旺·本·赫勒丰·艾兹迪·奥纳比，生卒于西班牙奥纳巴。

史学著作：①《布哈里与穆斯林之长老识知》，贝鲁特：学术书籍出版社，2000。该书按照阿拉伯字母顺序编录了 506 名长老的传记。②《伊玛目马立克·本·艾纳斯之长老名单》，开罗：宗教文化书店，1989。

参考文献：伊本·艾拔尔：《〈续编〉增补》第 2 卷，第 351~352 页。扎哈比：《群英诸贤传》第 23 卷，第 71~72 页。齐力克里：《名人》第 6 卷，第 36 页。

伊本·阿斯卡尔
（Ibn 'Askar, 1188~1239）

艾布·阿卜杜拉·穆罕默德·本·阿里·本·希得尔·本·哈伦·加萨尼，生于西班牙马拉加郊区的一个村落，卒于马拉加。

史学著作：《马拉加名人》，贝鲁特：伊斯兰西方出版社 & 拉巴特：艾曼出版社，1999。作者生前未能完成该书，他的外甥艾布·伯克尔·穆罕默德·本·赫密斯最终完成了它。②《观者游览：安玛尔·本·雅斯尔功德》。

参考文献：伊本·艾拔尔：《〈续编〉增补》第 2 卷，第 349~350 页。齐力克里：《名人》第 6 卷，第 281 页。利玛·杜尔内格：《阿拉伯与穆斯林著名史学家》，第 417~418 页。

哈朱里
（al-Hajūrī,？~约 1239）

艾布·穆罕默德·优素福·本·哈斐兹·哈朱里，或叶哈雅·本·苏莱曼·本·艾比·哈斐兹·哈朱里，祖籍也门哈珠尔地区，辞世地点有待考究。

史学著作：4 卷本也门史《哈朱里园地》。

参考文献：阿卜杜·萨腊姆·瓦继赫：《栽德派著述名人》，第 1133~1134 页。沙奇尔·穆斯塔法：《阿拉伯历史与史家》第 2 卷，第 358~359 页；第 4 卷，第 263 页。阿卜杜拉·哈巴什：《也门伊斯兰思想文献》，第 480 页。

伊本·杜贝西
（Ibn al-Dubaythī, 1163~1239）

艾布·阿卜杜拉·穆罕默德·本·萨义德·本·叶哈雅·本·阿里·

杜贝西·瓦西蒂·沙斐仪，生于伊拉克瓦西特，卒于伊拉克巴格达。

史学著作：①《〈和平之城史〉增补》第 1~5 卷，贝鲁特：伊斯兰西方出版社，2006。该书是萨姆阿尼（1113~1167）《〈巴格达史〉增补》的续作，收录了 2900 名人物的传记。②巨著《瓦西特史》。

参考文献：欧麦尔·力铎：《著述家辞典》第 3 卷，第 325~326 页。卡尔·布罗克尔曼：《阿拉伯文学史》第 6 册，第 67 页。沙奇尔·穆斯塔法：《阿拉伯历史与史家》第 2 卷，第 116 页。

伊本·鲁密耶
(Ibn al-Rūmīyah, 1165~1239)

艾布·阿拔斯·艾哈迈德·本·穆罕默德·本·穆法力吉·伊施比里·伍麦维·哈兹米·纳拔提，生卒于西班牙塞维利亚。

史学著作：①《人群》，是伊本·阿迪（890~976）《赢弱人物大全》的续作。②《纳拔提游记》和 2 卷本《伊本·阿迪〈赢弱人物大全〉摘要》。

参考文献：伊本·艾拔尔：《〈续编〉增补》第 1 卷，第 228~229 页。扎哈比：《群英诸贤传》第 23 卷，第 58~59 页。齐力克里：《名人》第 1 卷，第 218~219 页。

伊本·托尔汗
(Ibn Tarkhān, 1166~1239)

塔基丁·艾布·阿卜杜拉·穆罕默德·本·托尔汗·本·艾比·哈桑·阿里·本·阿卜杜拉·苏拉米·迪马什基·罕百里，生卒于叙利亚大马士革卡松山。

史学著作：大型人物志《长老志》，收录作者长老们的传记。

参考文献：伊本·易玛德：《金砂：往逝纪事》第 7 卷，第 325 页。欧麦尔·力铎：《著述家辞典》第 3 卷，第 368 页。阿卜杜拉·图雷基：《罕百里学派著作辞典》第 3 卷，第 135 页。

伊本·穆斯陶斐

（Ibn al-Mustawfī，1169~1239）

沙拉夫丁·艾布·巴拉卡特·穆拔拉克·本·艾哈迈德·本·穆拔拉克·本·毛合卜·拉赫米·伊尔比里，生于伊拉克埃尔比勒，卒于伊拉克摩苏尔。

史学著作：《埃尔比勒史》第 1~2 卷，巴格达：拉施德出版社，1980。

参考文献： 阿拔斯·阿札维：《蒙古与土库曼时期的史学家介绍》，第 60~61 页。利玛·杜尔内格：《阿拉伯与穆斯林著名史学家》，第 109、319~320 页。萨米·索伽尔：《阿拔斯王朝时期的埃尔比勒公国及其史家伊本·穆斯陶斐》（Sāmī al-Saqqār, *Imārat Irbil fī al-'Asr al-'Abbāsī wa-Mu'arrikhuhā Ibn al-Mustawfī*），利雅得：邵瓦夫出版社，1992。

阿拉比父子

1. 伊本·阿拉比

（Ibn 'Arabī，1165~1240）

穆哈义丁·艾布·伯克尔·穆罕默德·本·阿里·本·穆罕默德·本·艾哈迈德·拓伊·哈提米，生于西班牙穆尔西亚，卒于叙利亚大马士革。

史学著作： ①《安拉使者传摘要》，贝鲁特：伊本·宰檄出版社，1987。②《明星：左勒怒恩·米斯里功德》，贝鲁特：阿拉伯传播公司，2002。③《诚挚演说与慈善夜谈：文学、奇闻与纪事》，开罗：萨阿达印书馆，1906。

2. 萨阿杜丁·阿拉比

（Sa'd al-Dīn 'Arabī，1221~1258）

萨阿杜丁·穆罕默德·本·穆罕默德·本·阿里·本·阿拉比·拓伊·哈提米，生于土耳其马拉蒂亚，卒于大马士革。

史学著作：《〈时代镜鉴〉续编》。

参考文献：扎哈比：《伊斯兰史》第 46 卷，第 374~381 页；第 48 卷，第 293~294 页。齐力克里：《名人》第 6 卷，第 281~282 页；第 7 卷，第 29 页。萨拉丁·穆纳吉德：《大马士革史学家及其手稿与出版物辞典》，第 79~80、96 页。利玛·杜尔内格：《阿拉伯与穆斯林著名史学家》，第 471 页。

伊本·托勒哈
(Ibn Talhah，1177~1240)

艾米努丁·艾布·伯克尔·艾哈迈德·本·穆罕默德·本·托勒哈·本·哈桑·本·托勒哈·巴格达迪·罕百里，生卒于伊拉克巴格达。

史学著作：《长老辞典》。

参考文献：扎哈比：《伊斯兰史》第 46 卷，第 359 页。欧麦尔·力铎：《著述家辞典》第 1 卷，第 270 页。阿卜杜拉·图雷基：《罕百里学派著作辞典》第 3 卷，第 136~137 页。

伊本·拉姆施
(Ibn al-Lamsh，1178~约 1242)

卡玛路丁·艾布·哈夫斯·欧麦尔·本·希得尔·本·拉姆施·土尔奇·杜内萨里·沙斐仪，生卒于土耳其克孜勒泰佩（即杜内萨尔）。

史学著作：《杜内萨尔史》，大马士革：福音出版社，1992。

参考文献：扎哈比：《伊斯兰史》第 46 卷，第 464~465 页。卡尔·布罗克尔曼：《阿拉伯文学史》第 6 册，第 79 页。齐力克里：《名人》第 5 卷，第 45 页。

伊本·罕穆韦赫
(Ibn Hammuwayh，1177~1244)

塔朱丁·艾布·穆罕默德·阿卜杜拉·本·欧麦尔·本·阿里·本·

穆罕默德·朱韦尼·迪马什基·苏菲·沙斐仪，生卒于叙利亚大马士革。

史学著作：①《续编连接》，记载马拉喀什国王叶尔孤卜·本·优素福的传记及其王国概况。②《道里邦国志》、《马格里布游记》和《君主政治》等。

参考文献：蒙兹里：《〈辞世追录〉增补》第 3 卷，第 637~638 页。沙奇尔·穆斯塔法：《阿拉伯历史与史家》第 2 卷，第 297~298 页。萨拉丁·穆纳吉德：《大马士革史学家及其手稿与出版物辞典》，第 81~82 页。

伊本·艾比·达姆
（Ibn Abī al-Dam，1187~1244）

什贺布丁·艾布·伊斯哈格·伊卜拉欣·本·阿卜杜拉·本·阿卜杜·蒙易姆·本·艾比·达姆·哈马维，生于叙利亚哈马，卒于叙利亚阿勒颇。

史学著作：①《伊斯兰史》，又名《穆扎法里史》，开罗：文化出版社，1989。该书从先知穆罕默德时代写到伍麦叶王朝灭亡。②6 卷本《穆扎法里大历史》。

参考文献：卡尔·布罗克尔曼：《阿拉伯文学史》第 6 册，第 138~140 页。杰玛勒·缶齐：《十字军战争时期沙姆地区的历史与史家》，第 119~128 页。沙奇尔·穆斯塔法：《阿拉伯历史与史家》第 2 卷，第 256~258 页。

伊卜拉欣·巴托勒尧斯
（Ibrāhīm al-Batalyawsī，？~1244）

艾布·伊斯哈格·伊卜拉欣·本·伽斯姆·马格里比·巴托勒尧斯，祖籍西班牙巴达霍斯，曾居住于西班牙塞维利亚。

史学著作：《安达卢西地区巴达霍斯史》。

参考文献：屯奇：《著述家辞典》第 4 卷，第 299~300 页。欧麦尔·力铎：《著述家辞典》第 1 卷，第 52 页。利玛·杜尔内格：《阿拉伯与穆斯林著名史学家》，第 23 页。

阿里·萨哈维

（'Alī al-Sakhāwī，1163~1245）

阿拉姆丁·艾布·哈桑·阿里·本·穆罕默德·本·阿卜杜·索马德·米斯里·萨哈维·沙斐仪，生于埃及萨哈（即索伊斯），卒于叙利亚大马士革。

史学著作：《思想嫁接：往昔纪事》。

参考文献：伊斯玛仪帕夏·巴格达迪：《著述家名讳遗作惠泽》第 1 卷，第 708~709 页。欧麦尔·力铎：《著述家辞典》第 2 卷，第 511~512 页。沙奇尔·穆斯塔法：《阿拉伯历史与史家》第 2 卷，第 298 页。

易祖丁·阿萨奇尔

（'Izz al-Dīn 'Asākir，1170~1245）

详见上文的"阿萨奇尔家族"。

狄雅丁·麦格迪斯

（Diyā' al-Dīn al-Maqdisī，1174~1245）

狄雅丁·艾布·阿卜杜拉·穆罕默德·本·阿卜杜·瓦希德·本·艾哈迈德·本·阿卜杜·拉哈曼·萨阿迪·麦格迪斯·罕百里，生卒于叙利亚大马士革。

史学著作：①《耶路撒冷特色》，大马士革：思想出版社，1988。该书是作者 3 卷本《沙姆特色》的第 2 卷。②《贾法尔·本·艾比·塔里卜功德》，巴格达：知识印书馆，1969。③《艾布·欧麦尔·麦格迪斯长老功德》，贝鲁特：伊本·哈兹姆出版社，1997。④《麦加特色》、《阿卜杜·加尼·本·瓦希德·麦格迪斯传》、《穆瓦法格·阿卜杜拉·本·艾哈迈德·本·古达玛传》、《易玛德·伊卜拉欣·本·阿卜杜·瓦希德·麦格迪斯传》以及《先知传》等。

参考文献：沙奇尔·穆斯塔法：《阿拉伯历史与史家》第 2 卷，第

258~259 页。萨拉丁·穆纳吉德：《大马士革史学家及其手稿与出版物辞典》，第 85~86 页。阿卜杜拉·图雷基：《罕百里学派著作辞典》第 3 卷，第 146~165 页。

伊本·罕木德
（Ibn Hammūd，1174~1245）

阿米努丁·艾布·法得勒·阿卜杜·穆哈新·本·罕木德·本·穆哈新·本·阿里·塔怒黑·哈拉比·迪马什基，生于叙利亚阿勒颇，卒于叙利亚大马士革。

史学著作：20 卷本《纪事与奇闻》。

参考文献：扎哈比：《群英诸贤传》第 23 卷，第 215~216 页。齐力克里：《名人》第 4 卷，第 151 页。沙奇尔·穆斯塔法：《阿拉伯历史与史家》第 2 卷，第 298~299 页。

伊本·萨拉哈
（Ibn al-Salāh，1181~1245）

塔基丁·艾布·阿慕尔·奥斯曼·本·阿卜杜·拉哈曼·本·奥斯曼·沙赫拉祖里·库尔迪·沙拉哈尼，生于伊拉克沙拉汗村，卒于叙利亚大马士革。

史学著作：《沙斐仪派法学家层级传》第 1~2 卷，贝鲁特：伊斯兰福音出版社，1992。该书按照阿拉伯字母顺序编录了 277 名沙斐仪派法学家的传记。

参考文献：齐力克里：《名人》第 4 卷，第 207~208 页。萨拉丁·穆纳吉德：《大马士革史学家及其手稿与出版物辞典》，第 83~84 页。沙奇尔·穆斯塔法：《阿拉伯历史与史家》第 2 卷，第 298 页。

伊本·纳贾尔·巴格达迪
（Ibn al-Najjār al-Baghdādī，1183~1245）

穆希布丁·艾布·阿卜杜拉·穆罕默德·本·马哈茂德·本·哈桑·

本·希巴图拉·本·穆哈新·巴格达迪，生卒于伊拉克巴格达。

史学著作：①30 卷本《和平之城新史》（又名《〈巴格达史〉补遗》）。1997 年，贝鲁特学术书籍出版社出版残存的第 16~20 卷收录了 1357 名人物的传记（从艾布·易兹·阿卜杜·穆佶思·本·祖海尔写到艾布·萨阿德·法得勒·本·穆罕默德）。②《宝珠：麦地那历史》，又名《宝珠：麦地那纪事》，麦地那：麦地那出版社，1996。③《再传圣门弟子知识》、《卓越璎珞：尘世纪事与万物良善精粹》、《人物知识大全》和《沙斐仪功德》等。

参考文献：卡尔·布罗克尔曼：《阿拉伯文学史》第 6 册，第 58、79 页。沙奇尔·穆斯塔法：《阿拉伯历史与史家》第 2 卷，第 117~118 页。穆罕默德·希拉：《麦地那历史与史家》，第 76~80 页。

奔达里
（al-Bundārī，1190~1245）

艾布·伊卜拉欣·法特哈·本·阿里·本·穆罕默德·奔达里·艾斯法哈尼，生于伊朗伊斯法罕，卒于叙利亚大马士革。

史学著作：①《沙姆闪电闪烁》，开罗：汗吉书店，1979。该书是易玛杜丁·艾斯法哈尼（1125~1201）《沙姆闪电》的缩写本。②《塞尔柱王朝史》，开罗：阿拉伯书籍出版公司，1900。③《巴格达史》，大马士革：萨阿杜丁出版社，2015。④翻译伊朗大诗人菲尔多西（940~1020）的波斯文民族史诗《列王纪》（共 2 卷，开罗：埃及国家图书馆，1932）。

参考文献：卡尔·布罗克尔曼：《阿拉伯文学史》第 6 册，第 29~30、59 页。沙奇尔·穆斯塔法：《阿拉伯历史与史家》第 2 卷，第 134~135 页。索伊卜·阿卜杜·哈密德：《什叶派史学家辞典》第 2 卷，第 15 页。

赛夫丁·古达玛
（Sayf al-Dīn Qudāmah，1208~1245）

详见上文的"古达玛家族"。

伊本·瓦立德
（Ibn al-Walīd，？~1245）

艾布·曼苏尔·阿卜杜拉·本·穆罕默德·本·艾比·穆罕默德·本·瓦立德·巴格达迪·哈利米，生卒于伊拉克巴格达。

史学著作：人物志《历史》。

参考文献：扎哈比：《伊斯兰史》第 47 卷，第 172~173 页。沙奇尔·穆斯塔法：《阿拉伯历史与史家》第 2 卷，第 135 页。阿卜杜拉·图雷基：《罕百里学派著作辞典》第 3 卷，第 144~145 页。

蒙兹里父子

1. 伊本·蒙兹里
（Ibn al-Mundhirī，1216~1246）

拉施德丁·艾布·伯克尔·穆罕默德·本·阿卜杜·阿济姆·本·阿卜杜·格维·蒙兹里，生卒于埃及开罗。

史学著作：《埃及史》。作者英年早逝，未能完成这部著作。

2. 蒙兹里
（al-Mundhirī，1185~1258）

扎奇丁·艾布·穆罕默德·阿卜杜·阿济姆·本·阿卜杜·格维·本·阿卜杜拉·本·萨腊玛·蒙兹里，生卒于开罗。

史学著作：《〈辞世追录〉增补》第 1~4 卷，贝鲁特：使命基金会，1984。该书是伊本·穆法多勒（1149~1214）《辞世追录》的续作，同时也是辞世录类阿拉伯人物志的巅峰作品，收录卒于 1186 年 12 月 27 日~1244 年 9 月 8 日的 3164 位名人的传记。

参考文献：索法迪：《逝者全录》第 3 卷，第 218 页；第 19 卷，第 10~12 页。易祖丁·侯赛尼：《〈辞世追录增补〉续编》第 1 卷，第 156~157、393~395 页。扎哈比：《群英诸贤传》第 23 卷，第 218~219、319~324 页。

齐力克里:《名人》第 4 卷,第 30 页;第 6 卷,第 210 页。沙奇尔·穆斯塔法:《阿拉伯历史与史家》第 2 卷,第 196~197 页;第 3 卷,第 105~109页。巴沙尔·马尔鲁夫:《蒙兹里及其著作〈辞世追录增补〉》(Bashshār Ma'rūf, *Al-Mundhirī wa-Kitābuhu al-Takmilah li-Wafayāt al-Naqalah*),纳杰夫:文学印书馆,1968。

阿卜杜拉·阿萨奇尔
('Abd Allāh 'Asākir, 1203~1247)

详见上文的"阿萨奇尔家族"。

基夫蒂
(al-Qiftī, 1172~1248)

杰玛路丁·艾布·哈桑·阿里·本·优素福·本·伊卜拉欣·本·阿卜杜·瓦希德·谢拔尼·基夫蒂,生于埃及吉夫特,卒于叙利亚阿勒颇。

史学著作:①《语法学家提醒述知》第 1~4 卷,开罗:阿拉伯思想出版社 & 贝鲁特:文化书籍公司,1986。该书收录 976 名语法学家的传记。②《贤哲纪学林知》,贝鲁特:学术书籍出版社,2005。该书收录了412 名贤哲的传记。③《诗坛穆罕默德及其诗作》,利雅得:叶玛麦出版社,1970。该书收录了 328 位名为"穆罕默德"诗人的传记。④世界史《大编年史》、6 卷本编年史《埃及史》、地区史《马格里布纪事》(或名《马格里布史》)和《也门史》,王朝史《温存:米尔达斯家族史》、《布维希家族史》、《塞尔柱王朝纪事》和《马哈茂德·本·萨布克塔金及其子嗣史》,学术史《著述家及其著作纪事》等。

参考文献:雅孤特:《文豪辞典》第 5 卷,第 2022~2036 页。卡尔·布罗克尔曼:《阿拉伯文学史》第 6 册,第 43~46 页。沙奇尔·穆斯塔法:《阿拉伯历史与史家》第 2 卷,第 259~261 页。

哈利利

（al-Harīrī，1195~1248）

艾布·穆罕默德·阿卜杜拉·本·伽斯姆·本·阿卜杜拉·本·穆罕默德·本·赫拉夫·伊施比里·哈利利，生于西班牙卡布提勒岛，卒于西班牙塞维利亚。

史学著作：①人物志《愉快坦途》，是伊本·法拉荻（962~1013）《安达卢西学林史》与伊本·巴施库沃勒（1101~1183）《〈安达卢西伊玛目、学者、圣训学家、法学家与文豪史〉续编》的汇编。②《长老辞典》和《伊本·鲁密耶功德》等。

参考文献：伊本·艾拔尔：《〈续编〉增补》第 3 卷，第 105 页。欧麦尔·力铎：《著述家辞典》第 2 卷，第 270 页。利玛·杜尔内格：《阿拉伯与穆斯林著名史学家》，第 238 页。

纳萨维

（al-Nasawī,? ~1249）

什贺布丁·穆罕默德·本·艾哈迈德·本·阿里·本·穆罕默德·纳萨维，生于土库曼斯坦尼萨附近的呼兰达兹，卒于叙利亚阿勒颇。

史学著作：《札兰丁素丹传》，开罗：阿拉伯思想出版社，1953。

参考文献：卡尔·布罗克尔曼：《阿拉伯文学史》第 6 册，第 21~22 页。阿拔斯·阿札维：《蒙古与土库曼时期的史学家介绍》，第 61~63 页。沙奇尔·穆斯塔法：《阿拉伯历史与史家》第 2 卷，第 135~136 页。

阿卜杜·瓦希德·马拉库什

（'Abd al-Wāhid al-Marrākushī，1185~1250）

艾布·穆罕默德·阿卜杜·瓦希德·本·阿里·塔米米·马拉库什·马立奇，生于摩洛哥马拉喀什，辞世地点有待考究。

史学著作：①《马格里布纪事精妙》，赛达 & 贝鲁特：现代书店，

2006。②《穆拉比特王朝与穆瓦希德王朝文献》，开罗：宗教文化书店，1997。

参考文献：卡尔·布罗克尔曼：《阿拉伯文学史》第 6 册，第 31~32 页。欧麦尔·力铎：《著述家辞典》第 2 卷，第 334 页。伊本·苏达：《远马格里布史家索引》，第 109 页。

优素福·赫里勒
(Yūsuf Khalīl, 1160~1250)

沙姆苏丁·艾布·哈贾吉·优素福·本·赫里勒·本·格拉贾·本·阿卜杜拉·迪马什基，生于叙利亚大马士革，卒于叙利亚阿勒颇。

史学著作：①《历史》。②3 卷本《长老辞典》，收录了 500 多名长老。

参考文献：萨拉丁·穆纳吉德：《大马士革史学家及其手稿与出版物辞典》，第 88 页。沙奇尔·穆斯塔法：《阿拉伯历史与史家》第 2 卷，第 299~300 页。阿卜杜拉·图雷基：《罕百里学派著作辞典》第 3 卷，第 169~172 页。

伊本·赫沙卜·哈拉比
(Ibn al-Khashshāb al-Halabī, 1173~1250)

巴贺丁·艾布·穆罕默德·哈桑·本·伊卜拉欣·本·萨义德·本·叶哈雅·本·穆罕默德·本·赫沙卜·哈拉比，生卒于叙利亚阿勒颇。

史学著作：《历史》，记载 1106~1250 年的史事。

参考文献：伊本·阿迪姆：《阿勒颇史索觅》第 5 卷，第 2246~2247 页。穆罕默德·泰拔厄：《阿勒颇史上群英诸贤》第 4 卷，第 398~399 页。沙奇尔·穆斯塔法：《阿拉伯历史与史家》第 2 卷，第 299 页。

伊本·艾比·苏鲁尔
(Ibn Abī al-Surūr, ? ~约 1250)

艾布·哈桑·阿里·本·艾比·阿卜杜拉·穆罕默德·本·艾比·苏鲁尔·本·阿卜杜·拉哈曼·鲁希·苏鲁继，生卒地点有待考究。

史学著作：《风雅极致：哈里发历史纪录》，开罗：宗教文化书店，2001。

参考文献：欧麦尔·力铎：《著述家辞典》第 2 卷，第 469 页。阿拔斯·阿札维：《蒙古与土库曼时期的史学家介绍》，第 67～69 页。沙奇尔·穆斯塔法：《阿拉伯历史与史家》第 2 卷，第 215 页。

伊德利斯父子

1. 伊德利斯·法维

（al-Idrīsī al-Fāwī，1173～1251）

艾布·贾法尔·穆罕默德·本·阿卜杜·阿齐兹·本·阿卜杜·拉希姆·本·欧麦尔·伊德利斯·法维，生于埃及古斯附近的法瓦，卒于埃及开罗。

史学著作：《裨益：上埃及人物纪录》。

2. 贾法尔·伊德利斯

（Ja'far al-Idrīsī，1215～1277）

艾布·阿卜杜拉·贾法尔·本·穆罕默德·本·阿卜杜·阿齐兹·本·阿卜杜·拉希姆·伊德利斯·米斯里，生于开罗，辞世地点有待考究。

史学著作：《开罗史》。

参考文献：乌德夫维：《汇聚福星：上埃及优秀人士名讳》，第 534～536 页。欧麦尔·力铎：《著述家辞典》第 1 卷，第 497 页；第 3 卷，第 414 页。沙奇尔·穆斯塔法：《阿拉伯历史与史家》第 3 卷，第 205 页。利玛·杜尔内格：《阿拉伯与穆斯林著名史学家》，第 124、400 页。

索迦尼

（al-Saghānī，1181～1252）

拉荻丁·艾布·法铎伊勒·哈桑·本·穆罕默德·本·哈桑·本·海

达尔·古拉什·欧麦里·索迦尼，生于巴基斯坦拉合尔，卒于伊拉克巴格达。

史学著作：①《布哈里之长老名单》，大马士革：卡玛勒－穆塔希达出版社，2016。②《圣门弟子辞世地点》，巴格达：知识印书馆，1969。

参考文献：扎哈比：《伊斯兰史》第 47 卷，第 443~446 页。沙奇尔·穆斯塔法：《阿拉伯历史与史家》第 4 卷，第 347 页。穆罕默德·希拉：《麦加历史与史家》，第 41~43 页。

提法什
（al-Tīfāshī，1184~1253）

沙拉夫丁·艾布·法得勒·艾哈迈德·本·优素福·本·艾哈迈德·本·艾比·伯克尔·本·罕敦·提法什，生于阿尔及利亚提法什，卒于埃及开罗。

史学著作：①人物志《卓越宝珠》，收录作者家乡的名人传记。②《鸽子咕叫：尼罗河纪事》，是苏尤蒂（1445~1505）《雅美报告：埃及与开罗史》的主要参考文献之一。③24 卷本历史语言文学百科全书《智慧五官终决》。1980 年，贝鲁特阿拉伯研究与出版基金会出版的《五官魂愉》是该巨著的残卷之一。

参考文献：沙奇尔·穆斯塔法：《阿拉伯历史与史家》第 2 卷，第 300~301 页。穆罕默德·马哈富兹：《突尼斯著述家志》第 1 卷，第 205~209 页。马丽卡·阿拓乌拉：《艾哈迈德·提法什及其学术贡献》（Malīkah 'Atā' Allāh，"Ahmad al-Tīfāshī wa-Ishāmātuhu al-'Ilmīyah"），《记忆》（*Al-Dhākirah*）2015 年第 5 期。

伊本·纳达
（Ibn Nadá，? ~1253）

穆哈义丁·穆罕默德·本·穆罕默德·本·萨义德·本·纳达·杰扎里，出生地点有待考究，卒于叙利亚大马士革。

史学著作：《王权标杆》、《王权管制》和《君主备忘》等。

参考文献：索法迪：《逝者全录》第 1 卷，第 143～145 页。沙奇尔·穆斯塔法：《阿拉伯历史与史家》第 2 卷，第 300 页。

泰米叶祖孙

1. 马吉德丁·泰米叶

（Majd al-Dīn Taymīyah，约 1194～1254）

马吉德丁·艾布·巴拉卡特·阿卜杜·萨腊姆·本·阿卜杜拉·本·希得尔·本·穆罕默德·本·泰米叶·哈拉尼·罕百里，生卒于土耳其古城哈兰。

史学著作：《穆圣纪事精粹》第 1～2 卷，开罗：大商务书店，1931～1932。

2. 伊本·泰米叶

（Ibn Taymīyah，1263～1328）

塔朱丁·艾布·阿拔斯·艾哈迈德·本·阿卜杜·哈立姆·本·阿卜杜·萨腊姆·本·泰米叶·罕百里，生于哈兰，卒于叙利亚大马士革，被誉为"伊斯兰复兴运动的先驱"。

史学著作：①《叶齐德·本·穆阿维叶之疑问》，大马士革：阿拉伯科学院出版社，1963。②《侯赛因头颅》，开罗：穆罕默德逊奈印书馆，1949。③《致信纳赛尔国王谈论塔塔尔事务》，贝鲁特：新书出版社，1976。

参考文献：扎哈比：《伊斯兰史》第 48 卷，第 127～129 页。萨拉丁·穆纳吉德：《大马士革史学家及其手稿与出版物辞典》，第 136～137 页。阿卜杜拉·图雷基：《罕百里学派著作辞典》第 3 卷，第 173～178、367～489 页。穆罕默德·欧栽尔、阿里·欧姆兰编：《近七个世纪以来的伊斯兰长老伊本·泰米叶传记集》（Muhammad 'Uzayr wa-'Alī al-'Umrān, *Al-Jāmi' li-Sīrat Shaykh al-Islām Ibn Taymīyah khilāla Sab'at Qurūn*），麦加：益世出版社，2001。

纳绥比

（al-Nasībī，1186~1254）

卡玛路丁·艾布·撒里姆·穆罕默德·本·托勒哈·本·穆罕默德·古拉什·纳绥比·沙斐仪，生于土耳其努赛宾附近的乌马里亚村，卒于叙利亚阿勒颇。

史学著作：①《罕世璎珞：萨义德国王》，开罗：瓦哈比印书馆，1867。②《使者家族功德》，贝鲁特：巴拉加基金会，1999。

参考文献：阿里·力铎等：《世界图书馆藏伊斯兰遗产史辞典》第 4 卷，第 2780~2781 页。穆罕默德·泰拔厄：《阿勒颇史上群英诸贤》第 4 卷，第 406~407 页。沙奇尔·穆斯塔法：《阿拉伯历史与史家》第 2 卷，第 136、301~302 页。

伽迪·沙希德

（al-Qādī al-Shahīd，1186~1254）

胡萨姆丁·艾布·阿卜杜拉·胡梅德·本·艾哈迈德·本·穆罕默德·本·艾哈迈德·麦哈里·萨那尼，生于也门萨那，被杀害于也门拉哈巴。

史学著作：①《玫瑰园：栽德派伊玛目功德》第 1~2 卷，萨那：巴德尔书店，2002。②《美丽繁花：正直伊玛目与诸圣洁伊玛目之父、信士长官阿里·本·艾比·塔里卜功德》，库姆：伊斯兰文化复兴会，2001。

参考文献：阿卜杜·萨腊姆·瓦继赫：《栽德派著述名人》，第 407~410 页。沙奇尔·穆斯塔法：《阿拉伯历史与史家》第 2 卷，第 356~357 页；第 4 卷，第 237~238 页。索伊卜·阿卜杜·哈密德：《什叶派史学家辞典》第 1 卷，第 313 页。

贝雅斯

（al-Bayyāsī，1177~1255）

杰玛路丁·艾布·哈贾吉·优素福·本·穆罕默德·本·伊卜拉欣·

安索里·贝雅斯，生于西班牙巴埃萨，卒于突尼斯城。

史学著作：①《伊斯兰早期事变报告》第 1~2 卷，安曼：沙斐格·贾斯尔·艾哈迈德·马哈茂德刊印，1987。②《历史》，续编伊本·海彦（987~1076）的《安达卢西人物史选录》到 13 世纪。③《疏漏备忘与无知提醒》，记载穆拉比特人和穆瓦希德人与西班牙基督教列王之间的战争。

参考文献：扎哈比：《群英诸贤传》第 23 卷，第 339 页。卡尔·布罗克尔曼：《阿拉伯文学史》第 6 册，第 140 页。穆罕默德·马哈富兹：《突尼斯著述家志》第 1 卷，第 127~130 页。

古绥
（al-Qūsī，1178~1255）

什贺布丁·艾布·麦哈米德·伊斯玛仪·本·哈米德·本·阿卜杜·拉哈曼·安索里·古绥·迪马什基·沙斐仪，生于埃及古斯，卒于叙利亚大马士革。

史学著作：①4 卷本《集录与辞典冠冕》，又名《古绥辞典》，收录了约 1000 名长老的传记。②《〈集录与辞典冠冕〉摘要》，大马士革：阿拉伯语学会出版社，2012。③《纯珠项链：地震纪录》。

参考文献：齐力克里：《名人》第 1 卷，第 312 页。萨拉丁·穆纳吉德：《大马士革史学家及其手稿与出版物辞典》，第 89 页。沙奇尔·穆斯塔法：《阿拉伯历史与史家》第 2 卷，第 302 页；第 3 卷，第 203 页。

伊本·沙阿尔
（Ibn al-Sha''ār，1198~1256）

卡玛路丁·艾布·巴拉卡特·穆拔拉克·本·艾哈迈德·本·罕丹·本·艾哈迈德·本·欧勒万·摩苏里，生于伊拉克摩苏尔，卒于叙利亚阿勒颇。

史学著作：①《宝珠璎珞：当代诗坛》，又名《宝珠项链：当代诗坛》第 1~9 卷，贝鲁特：学术书籍出版社，2005。该书按照阿拉伯字母顺序编录了 1200 多名诗人的传记及其代表作。②《臣卿珍品》和 12 卷本《备忘》。

参考文献：卡尔·布罗克尔曼：《阿拉伯文学史》第 6 册，第 47 ~ 48 页。阿拔斯·阿札维：《蒙古与土库曼时期的史学家介绍》，第 75 ~ 76 页。沙奇尔·穆斯塔法：《阿拉伯历史与史家》第 2 卷，第 136 ~ 137 页。

斯卜特·伊本·焦齐
（Sibt Ibn al-Jawzī，1185 ~ 1257）

详见上文的"伊本·焦齐祖孙"。

伊本·拔蒂施
（Ibn Bātīsh，1179 ~ 1257）

易玛杜丁·艾布·麦吉德·伊斯玛仪·本·希巴图拉·本·萨义德·本·希巴图拉·摩苏里·沙斐仪，生于伊拉克摩苏尔，卒于叙利亚阿勒颇。

史学著作：①《奇异雅名讯息》第 1 ~ 3 册，麦加：商务书店，1991。②《沙斐仪弟子层级传》，或名《法学家层级传》，或名《沙斐仪学派层级传》，或名《沙斐仪派法学家层级传》，或名《沙斐仪派法学家纪事》，或名《法学家史》。③《地名混淆裁断》、《原初知识通达》和《摩苏尔史》。

参考文献：齐力克里：《名人》第 1 卷，第 328 页。沙奇尔·穆斯塔法：《阿拉伯历史与史家》第 2 卷，第 137、302 ~ 303 页；第 4 卷，第 303 ~ 304、348 页。利玛·杜尔内格：《阿拉伯与穆斯林著名史学家》，第 101 页。

伊本·达弗塔尔·赫万
（Ibn Daftar Khawān，1193 ~ 1257）

艾布·哈桑·阿里·本·穆罕默德·本·力铎·本·穆罕默德·本·哈姆扎·本·艾密拉卡·侯赛尼·穆萨维·图斯，生卒于叙利亚哈马。

史学著作：①《一千零一女奴》，记载 1001 名女奴的事迹。②《一千零一仆人》。

参考文献：索法迪：《逝者全录》第 21 卷，第 307 ~ 310 页。沙奇尔·穆斯塔法：《阿拉伯历史与史家》第 4 卷，第 348 页。索伊卜·阿卜杜·哈密德：《什叶派史学家辞典》第 1 卷，第 622 页。

伊本·穆栽应

（Ibn al-Muzayyin，1182~1258）

狄雅丁·艾布·阿拔斯·艾哈迈德·本·欧麦尔·本·伊卜拉欣·本·欧麦尔·安达卢斯·古尔图比，生于西班牙科尔多瓦，卒于埃及亚历山大。

史学著作：《穆罕默德预言证实》，贝鲁特：学术书籍出版社，2004。

参考文献：扎哈比：《伊斯兰史》第 48 卷，第 224~226 页。伊本·阿卜杜·麦立克：《〈续编二著〉增补》第 1 卷，第 524~525 页。艾哈迈德·麦格里：《沁香：温润安达卢西嫩权》第 2 卷，第 615 页。

蒙兹里

（al-Mundhirī，1185~1258）

详见上文的"蒙兹里父子"。

萨阿杜丁·阿拉比

（Sa'd al-Dīn 'Arabī，1221~1258）

详见上文的"阿拉比父子"。

舒尔拉

（Shu'lah，1226~1258）

沙姆苏丁·艾布·阿卜杜拉·穆罕默德·本·艾哈迈德·本·穆罕默德·本·艾哈迈德·摩苏里·罕百里，出生地点有待考究，卒于伊拉克摩苏尔。

史学著作：《四大伊玛目美德》。

参考文献：扎哈比：《群英诸贤传》第 23 卷，第 360 页。沙奇尔·穆斯塔法：《阿拉伯历史与史家》第 4 卷，第 349 页。阿卜杜拉·图雷基：
《罕百里学派著作辞典》第 3 卷，第 180~185 页。

阿里·班达尼继

('Alī al-Bandanījī, ? ~1258)

易玛杜丁·阿里·本·阿卜杜·麦立克·本·艾比·加纳伊姆·班达
尼继，生卒地点有待考究。

史学著作：《哈里发史》。

参考文献：欧麦尔·力铎：《著述家辞典》第 2 卷，第 471 页。利玛·
杜尔内格：《阿拉伯与穆斯林著名史学家》，第 278 页。

艾哈迈德·拉索斯

(Ahmad al-Rassās, ? ~1258)

沙姆苏丁·艾哈迈德·本·哈桑·拉索斯·栽迪·胡西，出生地点有
待考究，卒于也门侯斯。

史学著作：《明亮流星：阿里·本·艾比·塔里卜功德》。

参考文献：阿卜杜·萨腊姆·瓦继赫：《栽德派著述名人》，第 164~
165 页。沙奇尔·穆斯塔法：《阿拉伯历史与史家》第 4 卷，第 261 页。索
伊卜·阿卜杜·哈密德：《什叶派史学家辞典》第 1 卷，第 90~91 页。

伊本·阿密德

(Ibn al-'Amīd, ? ~1258)

阿卜杜拉·本·伊勒雅斯·纳斯拉尼，生卒地点有待考究。

史学著作：《历史》。

参考文献：伊斯玛仪帕夏·巴格达迪：《著述家名讳遗作惠泽》第 1
卷，第 462 页。欧麦尔·力铎：《著述家辞典》第 2 卷，第 231 页。利玛·
杜尔内格：《阿拉伯与穆斯林著名史学家》，第 228 页。

伊本·伊玛目·扎希尔

(Ibn al-Imām al-Zāhir, ? ~1258)

艾布·哈希姆·优素福·本·穆罕默德·本·艾哈迈德·本·哈桑·本·优素福·阿拔斯，出生地点有待考究，被旭烈兀杀害于伊拉克巴格达。

史学著作：《历史》，记载阿拔斯王朝哈里发穆斯坦绥尔一世时期（1226~1242 年）的统治政策和重要史事。

参考文献：索法迪：《逝者全录》第 29 卷，第 154~155 页。沙奇尔·穆斯塔法：《阿拉伯历史与史家》第 4 卷，第 349 页。

伊本·艾拔尔

(Ibn al-Abbār, 1199~1260)

艾布·阿卜杜拉·穆罕默德·本·阿卜杜拉·本·艾比·伯克尔·本·阿卜杜拉·古铎义·安达卢斯，生于西班牙瓦伦西亚，被杀害于突尼斯城。

史学著作：①《〈续编〉增补》第 1~4 卷，突尼斯：伊斯兰西方出版社，2011。该书是伊本·巴施库沃勒（1101~1183）《〈安达卢西伊玛目、学者、圣训学家、法学家与文豪史〉续编》的续作，收录了 3610 名人物的传记。②诗坛人物志《纯金装潢》第 1~2 卷，开罗：知识出版社，1985。③诗坛人物志《即临珍品》残卷，贝鲁特：伊斯兰西方出版社，1986。④《伊玛目艾布·阿里·索达斐法官之弟子辞典》，开罗：宗教文化书店，2000。⑤《书吏告诫》，大马士革：阿拉伯语学会出版社，1961。该书收录 75 篇传记。

参考文献：卡尔·布罗克尔曼：《阿拉伯文学史》第 6 册，第 113~115 页。索伊卜·阿卜杜·哈密德：《什叶派史学家辞典》第 2 卷，第 236~238 页。利玛·杜尔内格：《阿拉伯与穆斯林著名史学家》，第 403 页。

康继

(al-Kanjī, ? ~1260)

艾布·阿卜杜拉·穆罕默德·本·优素福·本·穆罕默德·古拉什·

瑙发里·康继，出生地点有待考究，被杀害于叙利亚大马士革。

史学著作：《满足要求：阿里·本·艾比·塔里卜功德》和《时代主人纪事》，纳杰夫：海达利耶印书馆，1970。

参考文献：扎哈比：《伊斯兰史》第 48 卷，第 368~369 页。欧麦尔·力铎：《著述家辞典》第 3 卷，第 787 页。沙奇尔·穆斯塔法：《阿拉伯历史与史家》第 4 卷，第 349~350 页。

索德鲁丁·巴士里

(Sadr al-Dīn al-Basrī, ? ~约 1261)

索德鲁丁·艾布·哈桑·阿里·本·艾比·法拉吉·本·哈桑·巴士里，生于伊拉克巴士拉，可能卒于叙利亚大马士革。

史学著作：《阿拔斯家族功德》，记载阿拔斯王朝兴衰史。

参考文献：齐力克里：《名人》第 4 卷，第 319 页。阿拔斯·阿札维：《蒙古与土库曼时期的史学家介绍》，第 171~172 页。沙奇尔·穆斯塔法：《阿拉伯历史与史家》第 2 卷，第 137~138 页；第 4 卷，第 359 页。

易兹·本·阿卜杜·萨腊姆

(al-'Izz ibn 'Abd al-Salām，1181~1262)

易祖丁·艾布·穆罕默德·阿卜杜·阿齐兹·本·阿卜杜·萨腊姆·本·艾比·伽斯姆·苏拉米·迪马什基，生于叙利亚大马士革，卒于埃及开罗。

史学著作：①《伊斯兰人士意愿：沙姆住处》，大马士革：思想出版社，1992。②《部分圣门弟子与先贤状况注解》。

参考文献：萨拉丁·穆纳吉德：《大马士革史学家及其手稿与出版物辞典》，第 97~98 页。沙奇尔·穆斯塔法：《阿拉伯历史与史家》第 4 卷，第 142 页。穆罕默德·祖海里：《易兹·本·阿卜杜·萨腊姆》(Muhammad al-Zuhaylī, *Al-'Izz ibn 'Abd al-Salām*)，大马士革：格拉姆出版社，1992。

伊本·阿迪姆

（Ibn al-ʻAdīm, 1192~1262）

卡玛路丁·艾布·伽斯姆·欧麦尔·本·艾哈迈德·本·希巴图拉·本·穆罕默德·欧盖里·哈拉比·哈乃斐，生于叙利亚阿勒颇，卒于埃及开罗。

史学著作： ①《阿勒颇史索觅》第 1~12 卷，贝鲁特：思想出版社，1988。该书是中古时期最大篇幅的阿勒颇城市志。②《阿勒颇史精髓》，贝鲁特：学术书籍出版社，1996。该书是《阿勒颇史索觅》的缩写本。③16卷本《备忘》。

参考文献： 阿拔斯·阿札维：《蒙古与土库曼时期的史学家介绍》，第 77~83 页。杰玛勒·缶齐：《十字军战争时期沙姆地区的历史与史家》，第 226~243 页。沙奇尔·穆斯塔法：《阿拉伯历史与史家》第 2 卷，第 263~266 页。萨米·达汉：《伊本·阿迪姆的生平及其影响》（Sāmī al-Dahhān, *Hayāt Ibn al-ʻAdīm wa-Āthāruhu*），大马士革：法兰西阿拉伯研究院，1951。

沙占·加百列

（Shādhān Jibra'īl, ? ~约 1262）

萨迪杜丁·艾布·法得勒·沙占·本·加百列·本·伊斯玛仪·库米·什义，生卒地点有待考究。

史学著作：《美德》，即《美德及其修正》，卡尔巴拉：侯赛尼耶圣陵总秘书处，2015。

参考文献： 欧麦尔·力铎：《著述家辞典》第 1 卷，第 807 页。阿迦·布祖尔克：《什叶派著述门径》第 16 卷，第 250 页。索伊卜·阿卜杜·哈密德：《什叶派史学家辞典》第 1 卷，第 375 页。

拉施德·阿拓尔

（al-Rashīd al-ʻAttār, 1153~1264）

拉施德丁·艾布·侯赛因·叶哈雅·本·阿里·本·阿卜杜拉·本·阿

里·本·穆法力吉·古拉什·伍麦维·纳布卢斯·米斯里，生卒于埃及开罗。

史学著作：《长老辞典》。

参考文献： 伊本·易玛德：《金砂：往逝纪事》第 7 卷，第 540 页。齐力克里：《名人》第 8 卷，第 159 页。阿卜杜海·卡塔尼：《目录辞典》第 2卷，第 615 页。

伊本·马斯迪
（Ibn Masdī，1202~1265）

杰玛路丁·艾布·伯克尔·穆罕默德·本·优素福·本·穆萨·艾兹迪·穆哈拉比·加尔纳蒂·麦奇，生于西班牙格拉纳达，被杀害于麦加。

史学著作：《先知特质》和 3 大卷本《长老辞典》。

参考文献： 扎哈比：《伊斯兰史》第 49 卷，第 156~158 页。穆罕默德·希拉：《麦加历史与史家》，第 43~45 页。努尔丁·哈密迪：《伊玛目哈菲兹艾布·伯克尔·伊本·马斯迪·加尔纳蒂的生平及其影响》（Nūr al-Dīn al-Hamīdī, *Al-Imām al-Hāfiz Abū Bakr ibn Masdī al-Gharnātī*: *Hayātuhu wa-Āthāruhu*），贝鲁特：伊斯兰福音出版社，2018。

索伊努丁·侯赛因
（Sā'in al-Dīn Husayn，?~1266）

索伊努丁·侯赛因·本·穆罕默德·本·萨勒曼·沙斐仪，生卒地点有待考究。

史学著作：《法尔斯长老史》。

参考文献： 欧麦尔·力铎：《著述家辞典》第 1 卷，第 638 页。利玛·杜尔内格：《阿拉伯与穆斯林著名史学家》，第 143 页。

拓悟斯家族

1. 阿里·拓悟斯
（'Alī Tāwūs，1193~1266）

拉荻丁·艾布·伽斯姆·阿里·本·穆萨·本·贾法尔·本·穆罕默

德·本·艾哈迈德·侯赛尼·阿拉维，生于伊拉克希拉，卒于伊拉克巴格达。

史学著作：①《忧愁消散：天文学林史》，库姆：拉荻出版社，1944。该书是中古时期最重要的阿拉伯伊斯兰天文学史著作之一。②《侯赛因殉难》，贝鲁特：艾尔拉米出版公司，1993。③《恩典尊荣：受难须知》，又名《激战与受难》，库姆：索希卜-艾姆尔基金会，1996。④《列王与哈里发史精选》。

2. 伊本·拓悟斯

（Ibn Tāwūs，? ～1275）

杰玛路丁·艾布·法铎伊勒·艾哈迈德·本·穆萨·本·贾法尔·本·穆罕默德·本·艾哈迈德·本·穆罕默德·侯赛尼，生卒于希拉。

史学著作：《人物知识解疑》，是第一本汇集什叶派"五部人名学原典"的著作。哈桑·栽努丁（Hasan Zayn al-Dīn，1552～1602）重新编校该书，即《拓悟斯编校》（贝鲁特：艾尔拉米出版公司，1988）。

3. 阿卜杜·卡利姆·拓悟斯

（'Abd al-Karīm Tāwūs，1250～1294）

吉雅素丁·艾布·穆左发尔·阿卜杜·卡利姆·本·艾哈迈德·本·穆萨·本·贾法尔·本·拓悟斯·侯赛尼，生于伊拉克卡尔巴拉，卒于巴格达。

史学著作：①《纳杰夫阿里墓前激奋》，纳杰夫：阿拉维耶圣陵思想文化事务部，2010。②史诗《诸学著述家》。

参考文献：卡尔·布罗克尔曼：《阿拉伯文学史》第 6 册，第 55 页。齐力克里：《名人》第 4 卷，第 51 页；第 5 卷，第 26 页。沙奇尔·穆斯塔法：《阿拉伯历史与史家》第 2 卷，第 137 页；第 4 卷，第 143～144、304～305、357、360 页。索伊卜·阿卜杜·哈密德：《什叶派史学家辞典》第 1 卷，第 145～146、501～502、638～640 页。艾哈迈德·萨敏：《伊玛目派人名学史导研》，第 179～187 页。利玛·杜尔内格：《阿拉伯与穆斯林著名史学家》，第 288 页。

毫沃里

（al-Hawwārī，1189~约 1267）

艾布·哈桑·阿里·本·欧麦尔·本·穆罕默德·本·艾比·伽斯姆·毫沃里·突尼斯·苏菲，生于突尼斯城，辞世地点有待考究。

史学著作：《突尼斯及其周边地区先贤功德》、《艾布·萨义德·拔继功德》、《艾布·易姆兰·穆萨·本·叶哈雅·安索里·谷玛里功德》和《艾布·阿拔斯·艾哈迈德·本·贾法尔·萨卜提功德》。

参考文献：穆罕默德·马哈富兹：《突尼斯著述家志》第 5 卷，第 108~109 页。哈桑·阿卜杜·瓦贺卜：《突尼斯著作与著述家》第 2 卷第 1 分册，第 453~456 页。

艾布·沙玛

（Abū Shāmah，1203~1267）

什贺布丁·艾布·沙玛·阿卜杜·拉哈曼·本·伊斯玛仪·本·伊卜拉欣·本·奥斯曼·麦格迪斯·沙斐仪，生卒于叙利亚大马士革。

史学著作：①《双园：努尔丁与萨拉丁两王朝纪事》第 1~5 卷，贝鲁特：使命基金会，1997。该书记载 1146~1201 年的史事和名人，详细讲述努尔丁（1146~1174 年在位）和萨拉丁（1174~1193 年在位）的生平事迹。②《六与七世纪人物志》，即《〈双园〉续编》，贝鲁特：学术书籍出版社，2002。该书记载 1194~1267 年的要事和名人。③5 卷本《伊本·阿萨奇尔〈大马士革史〉摘要》。

参考文献：阿拔斯·阿札维：《蒙古与土库曼时期的史学家介绍》，第 84~86 页。萨拉丁·穆纳吉德：《大马士革史学家及其手稿与出版物辞典》，第 100~103 页。沙奇尔·穆斯塔法：《阿拉伯历史与史家》第 2 卷，第 266~268 页。

伊本·拉熙卜

(Ibn al-Rāhib, 卒于约 1259~1268)

艾布·沙奇尔·布特鲁斯·本·艾比·卡拉姆·本·穆哈乍卜·科普蒂·米斯里, 出生地点有待考究, 卒于埃及开罗。

史学著作:《伊本·拉熙卜史》, 贝鲁特: 耶稣会神父印书馆, 1903。这部世界简史从创世写到 1259 年。

参考文献: 欧麦尔·力铎:《著述家辞典》第 1 卷, 第 432 页。沙奇尔·穆斯塔法:《阿拉伯历史与史家》第 2 卷, 第 453~454 页; 第 3 卷, 第 205 页。利玛·杜尔内格:《阿拉伯与穆斯林著名史学家》, 第 112 页。

哈桑·希木叶里

(al-Hasan al-Himyarī, 1214~1269)

艾布·穆罕默德·哈桑·本·阿里·本·欧麦尔·本·穆罕默德·本·欧麦尔·本·阿里·本·艾比·伽斯姆·希木叶里, 生卒地点有待考究。

史学著作: 续编伊本·萨姆拉 (1152~约 1190) 的《也门法学家层级传》。

参考文献: 伊斯玛仪帕夏·巴格达迪:《著述家名讳遗作惠泽》第 1 卷, 第 282 页。阿卜杜拉·哈巴什:《也门伊斯兰思想文献》, 第 481 页。沙奇尔·穆斯塔法:《阿拉伯历史与史家》第 4 卷, 第 261 页。

伊本·阿卜杜·达伊姆

(Ibn 'Abd al-Dā'im, 1179~1270)

栽努丁·艾布·阿拔斯·艾哈迈德·本·阿卜杜·达伊姆·本·尼尔玛·本·艾哈迈德·麦格迪斯·罕百里, 生于巴勒斯坦纳布卢斯, 卒于叙利亚大马士革。

史学著作：《长老志》、《〈伊本·阿萨奇尔史〉摘要》和《历史》等。

参考文献：萨拉丁·穆纳吉德：《大马士革史学家及其手稿与出版物辞典》，第 104 页。沙奇尔·穆斯塔法：《阿拉伯历史与史家》第 2 卷，第 303～304 页。阿卜杜拉·图雷基：《罕百里学派著作辞典》第 3 卷，第 207～209 页。

伊本·艾比·乌绥比阿

(Ibn Abī Usaybiʻah，1203～1270)

穆瓦发古丁·艾布·阿拔斯·艾哈迈德·本·伽斯姆·本·哈里发·本·优努斯·赫兹拉继，生于叙利亚大马士革，卒于大马士革附近的萨尔赫德。

史学著作：①《讯息精粹：医者层级传》第 1～2 卷，开罗：瓦哈比印书馆，1882。该书是中古时期阿拉伯最著名的医学史著作。②《史粹精选》，是伊本·福拉特（1335～1405）《伊本·福拉特史》的部分内容摘要。③《民族概貌与智者纪事》。

参考文献：卡尔·布罗克尔曼：《阿拉伯文学史》第 6 册，第 48～49 页。萨拉丁·穆纳吉德：《大马士革史学家及其手稿与出版物辞典》，第 105～107 页。沙奇尔·穆斯塔法：《阿拉伯历史与史家》第 2 卷，第 268～270 页。

伊本·左细尔

(Ibn al-Zahīr，? ～约 1270)

扎希鲁丁·艾布·哈米德·穆罕默德·本·伊卜拉欣·本·穆罕默德·尼撒布里·哈乃斐，生卒地点有待考究。

史学著作：《民族纪事揭晓》。

参考文献：哈吉·哈里发：《书艺题名释疑》第 1 卷，第 285 页。阿里·力铎等：《世界图书馆藏伊斯兰遗产史辞典》第 4 卷，第 2455 页。沙奇尔·穆斯塔法：《阿拉伯历史与史家》第 3 卷，第 226、251 页。

艾哈迈德·达尔继尼

（Ahmad al-Darjīnī，约 1204～约 1271）

艾布·阿拔斯·艾哈迈德·本·萨义德·本·苏莱曼·本·阿里·本·叶赫拉夫·达尔继尼·伊巴迪，生卒于突尼斯内夫塔附近的达尔金。

史学著作：《马格里布长老层级传》第 1～2 卷，君士坦丁：巴阿斯印书馆，1974。该书由两大部分内容构成：第一部分记载伊巴迪亚派在马格里布的发展历程；第二部分按照时间顺序，把生活于 622～1204 年的伊巴迪亚派人物分为 12 个层级，每个层级分为 50 个伊历年。

参考文献：卡尔·布罗克尔曼：《阿拉伯文学史》第 6 册，第 93～94 页。塔德乌什·莱维基：《北非伊巴迪亚派史学家》，第 52～57 页。哈桑·阿卜杜·瓦贺卜：《突尼斯著作与著述家》第 2 卷第 1 分册，第 605～608 页。

伊本·图吉利勒·赛雅夫

（Ibn Tughirīl al-Sayyāf，1228～1272）

什贺布丁·艾布·哈夫斯·欧麦尔·本·艾尤卜·本·欧麦尔·本·艾尔斯岚·土尔库玛尼·达马尔达什·哈乃斐，生于叙利亚大马士革，卒于埃及。

史学著作：《长老辞典》。

参考文献：阿卜杜·伽迪尔·古拉什：《往昔珠宝：哈乃斐学派层级传》第 2 卷，第 638 页。扎哈比：《伊斯兰史》第 49 卷，第 312 页。沙奇尔·穆斯塔法：《阿拉伯历史与史家》第 4 卷，第 141 页。

哈桑·阿拉维

（Hasan al-'Alawī，? ～1272）

哈桑·本·穆罕默德·本·艾哈迈德·本·叶哈雅·阿拉维·栽迪·也马尼，也门人，具体生卒地点有待考究。

史学著作：《真理光辉：信士长官美德》和《〈真理光辉〉注解》。

参考文献：伊斯玛仪帕夏·巴格达迪：《〈书艺题名释疑〉补遗》第 1 卷，第 147 页。欧麦尔·力铎：《著述家辞典》第 1 卷，第 581 页。索伊卜·阿卜杜·哈密德：《什叶派史学家辞典》第 1 卷，第 262 页。

哈姆扎·哈马维

（Hamzah al-Hamawī,? ~1272）

穆瓦发古丁·艾布·阿腊·哈姆扎·本·优素福·本·萨义德·塔怒黑·哈马维·沙斐仪，出生地点有待考究，卒于叙利亚大马士革。

史学著作：《语法学家与语言学家层级传》。

参考文献：伊斯玛仪帕夏·巴格达迪：《著述家名讳遗作惠泽》第 1 卷，第 337 页。欧麦尔·力铎：《著述家辞典》第 1 卷，第 657 页。沙奇尔·穆斯塔法：《阿拉伯历史与史家》第 4 卷，第 142~143 页。

阿卜杜·拉蒂夫·哈拉尼

（'Abd al-Latīf al-Harrānī, 1191~1273）

艾布·法拉吉·阿卜杜·拉蒂夫·本·阿卜杜·蒙易姆·本·阿里·哈拉尼·罕百里，生于土耳其古城哈兰，卒于埃及开罗。

史学著作：7 卷本《长老名字辞典》和 5 卷本《长老志》。

参考文献：阿卜杜海·卡塔尼：《目录辞典》第 2 卷，第 615 页。欧麦尔·力铎：《著述家辞典》第 2 卷，第 216 页。阿卜杜拉·图雷基：《罕百里学派著作辞典》第 3 卷，第 212~214 页。

麦金

（al-Makīn, 1205~约 1273）

艾布·麦卡力姆·吉尔吉斯·本·艾比·雅斯尔·本·艾比·麦卡力姆·本·艾比·推伊卜·纳斯拉尼，生于埃及开罗，卒于叙利亚大马士革。

史学著作：《吉祥集》，又名《全史》或《麦金史》。该书的第一部分从创世写到伊斯兰教兴起，第二部分接着写到1260年。第二部分即《穆斯林史》，被翻译成拉丁文（1625年）、英文（1626年）和法文（1657年）等文字后，成为17~19世纪欧洲学者研究阿拉伯史的基本参考书。

参考文献：卡尔·布罗克尔曼：《阿拉伯文学史》第6册，第144~146页。欧麦尔·力铎：《著述家辞典》第1卷，第480页。沙奇尔·穆斯塔法：《阿拉伯历史与史家》第2卷，第454~455页；第3卷，第109~110页。

梯弗立斯

（al-Taflīsī，约1205~1274）

卡玛路丁·艾布·法特哈（或哈夫斯）·欧麦尔·本·奔达尔·本·欧麦尔·本·阿里·梯弗立斯·沙斐仪，生于格鲁吉亚第比利斯，卒于埃及开罗。

史学著作：《沙斐仪学派层级传》。

参考文献：扎哈比：《伊斯兰史》第50卷，第103~104页。塔朱丁·苏卜奇：《大沙斐仪学派层级传》第8卷，第309~310页。沙奇尔·穆斯塔法：《阿拉伯历史与史家》第4卷，第143、353页。

叶厄木里

（al-Yaghmūrī，1203~1274）

杰玛路丁·艾布·麦哈新·优素福·本·艾哈迈德·本·马哈茂德·本·艾哈迈德·阿萨迪·迪马什基，生于叙利亚大马士革，卒于埃及大迈哈莱。

史学著作：①《语法学家、文豪、诗坛与学林纪事选录举要》，威斯巴登：弗朗兹·施泰纳出版社，1964。该书是麦尔祖拔尼（910~994）《选录》的缩写本。②6卷本人物志《备忘》。

参考文献：萨拉丁·穆纳吉德：《大马士革史学家及其手稿与出版物辞典》，第109~110页。沙奇尔·穆斯塔法：《阿拉伯历史与史家》第4卷，第144页。马贺·萨义德：《艾布·麦哈新·优素福·本·艾哈迈德·叶厄木里的生平及其学识研究》（Mahā Sa'īd，"Abū al-Mahāsin Yūsuf ibn Ahmad al-Yaghmūrī：Dirāsat fī Sīratihi wa-Thaqāfatihi"），《摩苏尔研究》（*Dirāsāt Mawsilīyah*）2010 年总第 29 期。

伊本·舒盖尔
（Ibn Shuqayr，1207~1274）

沙拉夫丁·艾布·法特哈·纳斯鲁拉·本·阿卜杜·蒙易姆·本·纳斯鲁拉·本·艾哈迈德·本·毫沃里·迪马什基·哈乃斐，生卒于叙利亚大马士革。

史学著作：3 卷本《睡醒：沙姆特色》。

参考文献：哈吉·哈里发：《书艺题名释疑》第 1 卷，第 215 页。萨拉丁·穆纳吉德：《大马士革史学家及其手稿与出版物辞典》，第 108 页。沙奇尔·穆斯塔法：《阿拉伯历史与史家》第 4 卷，第 144 页。

伊本·易玛迪耶
（Ibn al-'Imādīyah，1210~1275）

瓦继胡丁·艾布·穆左发尔·曼苏尔·本·苏莱姆·本·曼苏尔·本·福突哈·哈姆达尼·伊斯坎达拉尼·沙斐仪，生卒于埃及亚历山大。

史学著作：①2 卷本《华丽珠玉：亚历山大纪事》，又名《亚历山大史》。②续编伊本·努戈泰（1183~1231）的《〈大全〉增补》。③《长老辞典》。

参考文献：卡尔·布罗克尔曼：《阿拉伯文学史》第 6 册，第 89 页。齐力克里：《名人》第 7 卷，第 300 页。沙奇尔·穆斯塔法：《阿拉伯历史与史家》第 3 卷，第 204~205 页。

伊本·拓悟斯
（Ibn Tāwūs，? ~1275）

详见上文的"拓悟斯家族"。

伊本·提提

(Ibn al-Tītī,? ~1275)

沙拉夫丁·艾布·菲达·伊斯玛仪·本·艾哈迈德·本·阿里·谢拔尼·阿米迪·罕百里，祖籍土耳其迪亚巴克尔，卒于土耳其马尔丁。

史学著作：《阿米达史》。

参考文献：萨拉丁·穆纳吉德：《大马士革史学家及其手稿与出版物辞典》，第 111 页。沙奇尔·穆斯塔法：《阿拉伯历史与史家》第 4 卷，第 144~145、353~354 页。阿卜杜拉·图雷基：《罕百里学派著作辞典》第 3 卷，第 220~221 页。

伊本·撒义

(Ibn al-Sā'ī, 1197~1275)

塔朱丁·艾布·塔里卜·阿里·本·安杰卜·本·奥斯曼·本·阿卜杜拉·本·安玛尔·本·欧贝杜拉·巴格达迪，生卒于伊拉克巴格达。

史学著作：①25 卷本《历史题名与传记精粹集略》，又名《伊本·撒义史》。1934 年，伊拉克学者穆斯塔法·杰沃德（1905~1969）校勘出版（巴格达：叙利亚天主教会印书馆）的残存第 9 卷记载 1199~1210 年的史事和名人。②6 卷本《宝贵珠玉：著者名字》，是一部珍贵的伊斯兰目录学著作，按照阿拉伯字母顺序编录学者的传记及其著作名。仅记载前 400 余名学者的第 1 卷（突尼斯：伊斯兰西方出版社，2009）幸存至今。③《哈里发后宫佳丽》，又名《哈里发妻妾》，开罗：知识出版社，1960。④《名陵圣访》，安曼：法鲁戈出版社，2014。⑤《哈拉吉纪事》，大马士革：新先锋出版社，1997。⑥《诗坛史》、《法学家层级传》、《沙斐仪学派层级传》、《巴格达法官纪事》、《哈里发王朝臣卿纪事》和〈巴格达史〉续编》等。

参考文献：卡尔·布罗克尔曼：《阿拉伯文学史》第 6 册，第 147~148 页。阿拔斯·阿札维：《蒙古与土库曼时期的史学家介绍》，第 90~95 页。沙奇尔·穆斯塔法：《阿拉伯历史与史家》第 4 卷，第 305~311 页。

哈桑·侯赛尼

（al-Hasan al-Husaynī，1211~1275）

法赫鲁丁·艾布·穆罕默德·哈桑·本·阿里·本·哈桑·本·拓熙尔·本·艾比·哈桑·侯赛尼，出生地点有待考究，卒于黎巴嫩巴勒贝克。

史学著作：《历史》，未完稿。

参考文献：索法迪：《逝者全录》第 12 卷，第 121~122 页。欧麦尔·力铎：《著述家辞典》第 1 卷，第 567 页。利玛·杜尔内格：《阿拉伯与穆斯林著名史学家》，第 132~133 页。

巴达勒

（Badal，? ~1275）

法赫鲁丁·艾布·伯克尔·艾哈迈德·本·沙拉夫丁·阿卜杜拉·法里斯，生卒地点有待考究。

史学著作：《纪事宝藏》和《哈里发秘密》。

参考文献：伊斯玛仪帕夏·巴格达迪：《〈书艺题名释疑〉补遗》第 2 卷，第 10 页。欧麦尔·力铎：《著述家辞典》第 1 卷，第 440 页。沙奇尔·穆斯塔法：《阿拉伯历史与史家》第 4 卷，第 354 页。

萨阿杜丁·朱韦尼

（Sa'd al-Dīn al-Juwaynī，1196~1276）

萨阿杜丁·艾布·萨阿德·希得尔（或马斯欧德）·本·阿卜杜拉·本·欧麦尔·本·阿里·朱韦尼·迪马什基，生卒于叙利亚大马士革。

史学著作：2 卷本《历史》。

参考文献：扎哈比：《伊斯兰史》第 50 卷，第 151~152 页。萨拉丁·穆纳吉德：《大马士革史学家及其手稿与出版物辞典》，第 112 页。沙奇尔·穆斯塔法：《阿拉伯历史与史家》第 4 卷，第 145 页。

阿卜杜·索马德·巴格达迪

（'Abd al-Samad al-Baghdādī，1196~1277）

艾布·艾哈迈德·阿卜杜·索马德·本·艾哈迈德·本·阿卜杜·伽迪尔·本·艾比·捷施·本·阿卜杜拉·巴格达迪，生卒于伊拉克巴格达。

史学著作：《长老志》，收录了 550 多名长老的传记。

参考文献： 伊本·拉杰卜：《〈罕百里学派层级传〉续编》第 4 卷，第 135~142 页。欧麦尔·力铎：《著述家辞典》第 2 卷，第 152 页。阿卜杜拉·图雷基：《罕百里学派著作辞典》第 3 卷，第 226~227 页。

贾法尔·伊德利斯

（Ja'far al-Idrīsī，1215~1277）

详见上文的"伊德利斯父子"。

纳瓦维

（al-Nawawī，1233~1277）

穆哈义丁·艾布·扎卡利雅·叶哈雅·本·沙拉夫·本·穆里·本·哈桑·本·侯赛因·本·穆罕默德·纳瓦维·沙斐仪，生卒于叙利亚纳瓦。

史学著作：①《沙斐仪派法学家层级传》，开罗：宗教文化书店，2009。该书收录了 277 名教法学家的传记。②《名字与语言修正》第 1 卷第 1 分册~第 2 卷第 2 分册，贝鲁特：学术书籍出版社影印版。③《先知传修正》，利雅得：国家出版社，1993。④《沙斐仪功德》。

参考文献： 塔朱丁·苏卜奇：《大沙斐仪学派层级传》第 8 卷，第 395~400 页。萨拉丁·穆纳吉德：《大马士革史学家及其手稿与出版物辞典》，第 113~114 页。沙奇尔·穆斯塔法：《阿拉伯历史与史家》第 4 卷，第 21~22 页。

栽德·哈萨尼

（Zayd al-Hasanī，? ~约 1277）

栽德·本·哈希姆·本·阿里·哈萨尼，生卒地点有待考究。

史学著作：《麦加史》。

参考文献：哈吉·哈里发：《书艺题名释疑》第 1 卷，第 306 页。欧麦尔·力铎：《著述家辞典》第 1 卷，第 740 页。利玛·杜尔内格：《阿拉伯与穆斯林著名史学家》，第 163 页。

穆罕默德·麦格迪斯

（Muhammad al-Maqdisī，1206~1278）

沙姆苏丁·艾布·阿卜杜拉·穆罕默德·本·伊卜拉欣·本·阿卜杜·瓦希德·本·阿里·麦格迪斯·罕百里，生于叙利亚大马士革，卒于埃及。

史学著作：《麦格迪斯人物辞典》和《纪事精粹》。

参考文献：阿卜杜海·卡塔尼：《目录辞典》第 2 卷，第 615 页。欧麦尔·力铎：《著述家辞典》第 3 卷，第 34 页。阿卜杜拉·图雷基：《罕百里学派著作辞典》第 3 卷，第 224~225 页。

伊本·穆耶萨尔

（Ibn Muyassar，1231~1278）

塔朱丁·艾布·阿卜杜拉·穆罕默德·本·阿里·本·优素福·本·杰拉卜·米斯里，生卒于埃及开罗。

史学著作：①《埃及纪事》，又名《埃及史》，是穆萨比希（977~1029）《埃及纪事》的续作。麦戈利齐（1365~1442）把该书精简成《埃及纪事精粹》。②《法官史》。

参考文献：卡尔·布罗克尔曼：《阿拉伯文学史》第 6 册，第 90~91 页。欧麦尔·力铎：《著述家辞典》第 3 卷，第 555 页。沙奇尔·穆斯塔法：《阿拉伯历史与史家》第3卷，第111~112页。

穆罕默德·法里斯

（Muhammad al-Fārisī，? ~1278）

巴德鲁丁·艾布·阿卜杜拉·穆罕默德·本·艾比·伯克尔·本·穆罕默德·本·艾比·伯克尔·本·哈桑·台米·法里斯，祖籍伊朗，生卒于也门亚丁。

史学著作：《也门历史片段》。

参考文献：阿里·赫兹拉继：《珍珠项链：拉苏勒王朝史》第1卷，第204页。阿卜杜拉·哈巴什：《也门伊斯兰思想文献》，第481页。沙奇尔·穆斯塔法：《阿拉伯历史与史家》第4卷，第262页。

叶哈雅·伽斯姆

（Yahyá al-Qāsim，? ~1278）

沙拉夫丁·叶哈雅·本·伽斯姆·本·叶哈雅·本·伽斯姆·本·叶哈雅·本·哈姆扎·阿拉维，出生地点有待考究，卒于阿曼佐法尔。

史学著作：《伊玛目马赫迪艾哈迈德·本·侯赛因·本·伽斯姆传》。

参考文献：阿卜杜·萨腊姆·瓦继赫：《栽德派著述名人》，第1143~1144页。沙奇尔·穆斯塔法：《阿拉伯历史与史家》第2卷，第357~359页。索伊卜·阿卜杜·哈密德：《什叶派史学家辞典》第2卷，第457~458页。

艾哈迈德·阿卜达里

（Ahmad al-'Abdarī，? ~1280）

艾布·阿拔斯·艾哈迈德·本·阿里·本·艾比·伯克尔·本·尔撒·阿卜达里·马立奇，祖籍西班牙马略卡岛，卒于沙特阿拉伯塔伊夫附近。

史学著作：①《精神愉悦：塔伊夫与瓦吉部分特色》，塔伊夫：塔伊夫文学论坛印书馆，1984。该书是现存最古老的塔伊夫志。②《麦加史注解》。

参考文献：塔基丁·法斯：《宝贵璎珞：安宁城市史》第 3 卷，第 102~103 页。齐力克里：《名人》第 1 卷，第 175 页。穆罕默德·希拉：《麦加历史与史家》，第 47~49 页。

哈桑·雅菲义
（Hasan al-Yāfiʻī, ? ~ 约 1280）

哈桑·本·伊卜拉欣·本·穆罕默德·雅菲义，生卒地点有待考究。

史学著作：《埃及史集：伊斯兰列王、哈里发与素丹纪录》，记载 1224~1280 年的史事和名人。该书是献给马穆鲁克王朝素丹盖拉温（1279~1290 年在位）的读物。

参考文献：沙奇尔·穆斯塔法：《阿拉伯历史与史家》第 3 卷，第 205 页。

艾布·侯赛因·杰札尔
（Abū al-Husayn al-Jazzār, 1204~1281）

杰玛路丁·艾布·侯赛因·叶哈雅·本·阿卜杜·阿济姆·本·叶哈雅·本·穆罕默德·杰札尔·米斯里，生卒于埃及开罗。

史学著作：拉吉兹式格律史诗《明亮璎珞：埃及埃米尔》。

参考文献：卡尔·布罗克尔曼：《阿拉伯文学史》第 6 册，第 89~90 页。沙奇尔·穆斯塔法：《阿拉伯历史与史家》第 3 卷，第 203~204 页。索伊卜·阿卜杜·哈密德：《什叶派史学家辞典》第 2 卷，第 456~457 页。

伊本·阿提戈
（Ibn ʻAtīq, ? ~ 约 1281）

艾布·阿里·侯赛因·本·阿提戈·本·侯赛因·本·拉什戈·塔厄里比，生于西班牙穆尔西亚，可能卒于西班牙格拉纳达。

史学著作：写了一部历史巨著，其缩写本名为《行为标准》。

参考文献：里撒努丁·伊本·赫蒂卜：《格拉纳达纪综录》第 1 卷，第

472~476页。欧麦尔·力铎:《著述家辞典》第1卷,第621~622页。利玛·杜尔内格:《阿拉伯与穆斯林著名史学家》,第141页。

伊本·纳玛

(Ibn Namā,? ~约1281)

纳吉姆丁·贾法尔·本·穆罕默德·本·贾法尔·本·希巴图拉·本·纳玛·本·阿里·本·罕敦·希里·拉巴义,可能生卒于伊拉克希拉。

史学著作:①《侯赛因殉难》,即《悲哀煽动者与令人伤感路》,库姆:海达利耶书店,2013。②《穆赫塔尔·本·艾比·欧贝德·赛格斐传》。

参考文献:欧麦尔·力铎:《著述家辞典》第1卷,第499页。穆哈新·艾敏:《什叶派精英》第4卷,第156~157页。索伊卜·阿卜杜·哈密德:《什叶派史学家辞典》第1卷,第210~211页。

伊本·赫里康

(Ibn Khallikān,1211~1282)

艾布·阿拔斯·艾哈迈德·本·穆罕默德·本·伊卜拉欣·本·艾比·伯克尔·本·赫里康·沙斐仪,生于伊拉克埃尔比勒,卒于叙利亚大马士革。

史学著作:《精英辞世与时代名人信息录》第1~8卷,贝鲁特:索迪尔出版社,1977~1978。该书按照阿拉伯字母顺序编录了855名人物的传记。

参考文献:卡尔·布罗克尔曼:《阿拉伯文学史》第6册,第49~55页。萨拉丁·穆纳吉德:《大马士革史学家及其手稿与出版物辞典》,第116~119页。沙奇尔·穆斯塔法:《阿拉伯历史与史家》第4卷,第23~29页。

伊本·沙拔特

(Ibn al-Shabbāt,1221~1282)

艾布·阿卜杜拉·穆罕默德·本·阿里·本·穆罕默德·本·阿里·

本·欧麦尔·米斯里·陶扎里，生卒于突尼斯托泽尔。

史学著作:《罕世璎珞:杰里德学林史》。

参考文献: 欧麦尔·力铎:《著述家辞典》第 3 卷, 第 544 页。穆罕默德·马哈富兹:《突尼斯著述家志》第 3 卷, 第 141~143 页。利玛·杜尔内格:《阿拉伯与穆斯林著名史学家》, 第 422~423 页。

沙姆苏丁·古达玛

（Shams al-Dīn Qudāmah，1200~1283）

详见上文的"古达玛家族"。

扎卡利雅·格兹维尼

（Zakarīyā al-Qazwīnī，1208~1283）

易玛杜丁·艾布·叶哈雅·扎卡利雅·本·穆罕默德·本·马哈茂德·格兹维尼，生于伊朗加兹温，卒于伊拉克瓦西特。

史学著作: ①《世界奇观与万物珍品》, 贝鲁特:艾尔拉米出版公司, 2000。②《各地遗迹与人类纪事》, 贝鲁特:索迪尔出版社, 1960。

参考文献: 阿拔斯·阿札维:《蒙古与土库曼时期的史学家介绍》, 第 114~116 页。沙奇尔·穆斯塔法:《阿拉伯历史与史家》第 4 卷, 第 314~315 页。利玛·杜尔内格:《阿拉伯与穆斯林著名史学家》, 第 162 页。

伊本·阿卜达克

（Ibn 'Abdak，? ~1283）

沙姆苏丁·艾布·阿卜杜拉·穆罕默德·本·穆罕默德·本·侯赛因·本·阿卜达克·本·伊卜拉欣·康继, 出生地点有待考究, 卒于耶路撒冷。

史学著作:《长老辞典》和耶路撒冷史《历史》。

参考文献: 欧麦尔·力铎:《著述家辞典》第 3 卷, 第 639 页。沙奇尔·穆斯塔法:《阿拉伯历史与史家》第 4 卷, 第 145~146 页。利玛·杜尔内格:《阿拉伯与穆斯林著名史学家》,第 439 页。

伊本·穆汉纳

（Ibn al-Muhannā,？~1283）

杰玛路丁·艾布·法得勒·艾哈迈德·本·穆罕默德·本·穆汉纳·本·阿里·本·穆汉纳·侯赛尼·欧贝达里,出生地点有待考究,卒于伊拉克巴格达。

史学著作:《当世精英》、《巴格达臣卿》和世界史巨著《时代解释者》。

参考文献: 扎哈比:《伊斯兰史与诸杰群英辞世录》第 51 卷,第 95~96 页。穆哈新·艾敏:《什叶派精英》第 3 卷,第 155~156 页;第 4 卷,第 201 页。沙奇尔·穆斯塔法:《阿拉伯历史与史家》第 4 卷,第 315~316 页。索伊卜·阿卜杜·哈密德:《什叶派史学家辞典》第 1 卷,第 141、218 页。

伊本·福拉特·伊斯坎达拉尼

（Ibn al-Furāt al-Iskandarānī, 1195~1284）

索斐丁·艾布·穆罕默德·阿卜杜·瓦贺卜·本·哈桑·本·福拉特·拉赫米·伊斯坎达拉尼,生于埃及亚历山大,辞世地点有待考究。

史学著作:《粮食精华:先知传略》,科威特:拉托伊夫学术论著出版社,2020。

参考文献: 扎哈比:《伊斯兰史》第 51 卷,第 153~154 页。沙奇尔·穆斯塔法:《阿拉伯历史与史家》第 3 卷,第 251 页。阿卜杜·杰拔尔·力法义:《关于使者与圣裔的著作辞典》第 4 卷,第 32 页。

伊本·拔力齐

（Ibn al-Bārizī, 1211~1284）

纳吉姆丁·艾布·穆罕默德·阿卜杜·拉希姆·本·伊卜拉欣·本·希巴图拉·朱哈尼,生于叙利亚哈马,卒于麦地那附近。

史学著作：《人类与列国史》和拉吉兹式格律史诗《日子更替与智慧相似》。

参考文献：卡尔·布罗克尔曼：《阿拉伯文学史》第 6 册，第 148 页。齐力克里：《名人》第 3 卷，第 343 页。沙奇尔·穆斯塔法：《阿拉伯历史与史家》第 4 卷，第 146 页。

伊本·沙达德·哈拉比

（Ibn Shaddād al-Halabī，1217~1285）

易祖丁·艾布·阿卜杜拉·穆罕默德·本·阿里·本·伊卜拉欣·本·沙达德·安索里·哈拉比，生于叙利亚阿勒颇，卒于埃及开罗。

史学著作：①《扎希尔国王传》，又名《扎希尔国王史》，威斯巴登：弗朗兹·施泰纳出版社，1983。②《贵重珍宝：沙姆与杰齐拉地区埃米尔纪录》第 1 卷第 1~2 分册，大马士革：叙利亚文化部，1991；第 2 卷第 1 分册，即《贵重珍宝：沙姆与杰齐拉地区埃米尔纪录（大马士革城市史）》，大马士革：法兰西阿拉伯研究院，1956；第 2 卷第 2 分册，即《贵重珍宝：沙姆与杰齐拉地区埃米尔纪录（黎巴嫩、约旦与巴勒斯坦史）》，大马士革：法兰西阿拉伯研究院，1963；第 3 卷第 1~2 分册，大马士革：文化与国家指导部，1978。

参考文献：欧麦尔·力铎：《著述家辞典》第 2 卷，第 247 页；第 3 卷，第 35、493 页。沙奇尔·穆斯塔法：《阿拉伯历史与史家》第 4 卷，第 29~32 页。利玛·杜尔内格：《阿拉伯与穆斯林著名史学家》，第 233、415 页。

伊本·萨义德·安达卢斯

（Ibn Sa'īd al-Andalusī，1214~1286）

努尔丁·艾布·哈桑·阿里·本·穆萨·本·穆罕默德·本·阿卜杜·麦立克·本·萨义德·安达卢斯·马格里比，生于西班牙格拉纳达，卒于突尼斯城。

史学著作：①4 卷本《马什里克饰宝光耀》。②15 卷本《马格里布饰宝奇籍》。其中 6 卷写埃及，3 卷写马格里布地区，6 卷写安达卢西。1953 年，开罗福阿德一世大学出版社出版了关于埃及部分的残卷。1953~1955年，开罗知识出版社分两册出版了关于安达卢西的残卷。1970年，开罗书籍出版社出版了关于埃及开罗的残卷，即《闪耀群星：开罗城饰宝》。③《地理书》，贝鲁特：商务出版社，1970。④《心荡神怡：阿拉伯蒙昧史》第1~2卷，安曼：阿克萨书店，1982。该书是记载前伊斯兰时期阿拉伯名人传记的重要著作。⑤《熟果压枝：七世纪诗坛良善》，开罗：知识出版社，1998。

参考文献：艾哈迈德·麦格里：《沁香：温润安达卢西嫩权》第2卷，第262~370页。卡尔·布罗克尔曼：《阿拉伯文学史》第6册，第94~100页。穆罕默德·马哈富兹：《突尼斯著述家志》第3卷，第37~39页。

伊本·易卜里
(Ibn al-'Ibrī，1226~1286)

即巴尔·希布累阿斯（Bar Hebraeus），艾布·法拉吉·格里高利·本·艾哈伦·本·突玛·麦拉蒂，生于土耳其马拉蒂亚，卒于伊朗马拉盖。

史学著作：古叙利亚文著作《列国志》。其中第一部分是从创世到1284年8月2日的世界历史纲要，第二部分是西方犹太会堂史，第三部分是东方犹太会堂史。作者把第一部分翻译成了阿拉伯文，即《列国史纲》，贝鲁特：学术书籍出版社，1997。

参考文献：卡尔·布罗克尔曼：《阿拉伯文学史》第6册，第148~150页。阿拔斯·阿札维：《蒙古与土库曼时期的史学家介绍》，第119~123页。沙奇尔·穆斯塔法：《阿拉伯历史与史家》第2卷，第455~456页；第4卷，第32~34页。

奥斯曼·纳布卢斯
('Uthmān al-Nābulusī,？~约1286)

法赫鲁丁·奥斯曼·本·伊卜拉欣·纳布卢斯·索法迪，生卒地点有待考究。

史学著作：①《既往法规速写：埃及迪万制度》，开罗：阿拉伯思想出版社，1999。②《法尤姆地区史》，开罗：艾哈里耶印书馆，1898。

参考文献：卡尔·布罗克尔曼：《阿拉伯文学史》第 6 册，第 88～89页。齐力克里：《名人》第 4 卷，第 202 页。利玛·杜尔内格：《阿拉伯与穆斯林著名史学家》，第 258 页。

优素福·苏拉米

（Yūsuf al-Sulamī，1242～1287）

巴贺丁·艾布·法得勒·优素福·本·叶哈雅·本·穆罕默德·本·叙利亚阿里·本·阿卜杜·阿齐兹·苏拉米·沙斐仪，出生地点有待考究，卒于叙利亚大马士革。

史学著作：《珠玉璎珞：蒙塔左尔纪事》，扎尔卡：马纳尔书店，1989。

参考文献：齐力克里：《名人》第 8 卷，第 257 页。欧麦尔·力铎：《著述家辞典》第 4 卷，第 189 页。卡米勒·朱布里：《文豪辞典：自蒙昧时期至公元 2002 年》第 7 卷，第 73 页。

艾布·也门·阿萨奇尔

（Abū al-Yaman 'Asākir，1217～1287）

详见上文的"阿萨奇尔家族"。

古特布丁·格斯托腊尼

（Qutb al-Dīn al-Qastallānī，1218～1287）

古特布丁·艾布·伯克尔·穆罕默德·本·艾哈迈德·本·阿里·本·穆罕默德·本·哈桑·格斯托腊尼·陶扎里，生于埃及，卒于埃及开罗。

史学著作：《也门特色》和《伊本·阿拔斯美德》。

参考文献：塔基丁·法斯：《宝贵璎珞：安宁城市史》第 1 卷，第 321～330 页。沙奇尔·穆斯塔法：《阿拉伯历史与史家》第 4 卷，第 401～

402 页。穆罕默德·希拉：《麦加历史与史家》，第 51～52 页。

伊本·谢赫·艾克巴尔
（Ibn al-Shaykh al-Akbar, 1221～1287）

萨阿杜丁·马哈茂德·本·谢赫·穆哈义丁·穆罕默德·本·阿里·哈提米·拓伊，生于叙利亚大马士革，定居土耳其马拉蒂亚，辞世地点有待考究。

史学著作：续编斯卜特·伊本·焦齐（1185～1257）的《时代镜鉴》。

参考文献：伊斯玛仪帕夏·巴格达迪：《著述家名讳遗作惠泽》第 2 卷，第 406 页。沙奇尔·穆斯塔法：《阿拉伯历史与史家》第 4 卷，第 147 页。

劳里
（al-Lawrī, 1217～1288）

艾布·伊斯哈格·伊卜拉欣·本·阿卜杜·阿齐兹·本·叶哈雅·劳里（或劳齐）·鲁爱尼·安达卢斯，祖籍西班牙，卒于沙特阿拉伯延布。

史学著作：3 卷本《伊本·赫里康〈精英辞世〉摘要》。

参考文献：伊本·易玛德：《金砂：往逝纪事》第 7 卷，第 699～700 页。沙奇尔·穆斯塔法：《阿拉伯历史与史家》第 4 卷，第 147 页。利玛·杜尔内格：《阿拉伯与穆斯林著名史学家》，第 21 页。

沙赫拉祖里
（al-Shahrazūrī,？～约 1288）

沙姆苏丁·穆罕默德·本·马哈茂德·伊施拉基·沙赫拉祖里，生卒地点有待考究。

史学著作：《精神观赏与欢乐园地：智者与哲人史》，又被称为《伊斯兰教兴起前后哲人史》，巴黎：碧波里安出版社，2007。

参考文献：伊斯玛仪帕夏·巴格达迪：《著述家名讳遗作惠泽》第 2

卷，第 136 页。欧麦尔·力铎：《著述家辞典》第 3 卷，第 704 页。沙奇尔·穆斯塔法：《阿拉伯历史与史家》第 4 卷，第 356 页。

伊斯哈格·代拉米
（Ishāq al-Daylamī，1212~1290）

卡拉祖丁·艾布·麦法析尔·伊斯哈格·本·加百列·本·穆尔达什尔·代拉米·巴格达迪·布维希，祖籍伊拉克迪瓦尼耶，卒于伊拉克巴格达。

史学著作：《天地史》和《列王、素丹史与学者、占星家纪事》。

参考文献：扎哈比：《伊斯兰史》第 51 卷，第 360 页。哈吉·哈里发：《书艺题名释疑》第 1 卷，第 296 页。卡米勒·朱布里：《诗坛辞典》第 1 卷，第 258 页。

伊本·穆贾威尔
（Ibn al-Mujāwir，1205~1291）

纳吉姆丁·艾布·法特哈·优素福·本·叶尔孤卜·本·穆罕默德·本·阿里·谢拔尼·迪马什基，生卒于叙利亚大马士革。

史学著作：《也门、麦加与希贾兹部分地区志》，又名《穆斯塔卜绥尔史》，开罗：宗教文化书店，1996。

参考文献：扎哈比：《伊斯兰史》第 51 卷，第 440~441 页。萨拉丁·穆纳吉德：《大马士革史学家及其手稿与出版物辞典》，第 121 页。沙奇尔·穆斯塔法：《阿拉伯历史与史家》第 2 卷，第 295~296、361 页。

菲尔卡哈父子

1. 菲尔卡哈
（al-Firkāh，1227~1291）

塔朱丁·艾布·穆罕默德·阿卜杜·拉哈曼·本·伊卜拉欣·本·斯

拔俄·法札里·米斯里·迪马什基·沙斐仪，生卒于叙利亚大马士革。

史学著作：《历史》，是伊本·突伦（1475～1546）《珠玑项链：萨里希史》的主要参考文献之一。

2. 伊本·菲尔卡哈

（Ibn al-Firkāh，1262～1329）

布尔贺努丁·艾布·伊斯哈格·伊卜拉欣·本·阿卜杜·拉哈曼·本·伊卜拉欣·本·斯拔俄·法札里·迪马什基·沙斐仪，生卒于大马士革。

史学著作：①《精神动因：拜访圣地》，开罗：埃及国家图书馆与档案馆，2009。②《沙姆特色报告》，是伊本·艾比·毫勒（？～1052）《沙姆与大马士革特色》的缩写本。③《布尔贺努丁·法札里之长老》。

参考文献：索法迪：《逝者全录》第 6 卷，第 30～31 页；第 18 卷，第 58～59 页。伊本·卡西尔：《始末录》第 17 卷，第 641～643；第 18 卷，第 316～317 页。齐力克里：《名人》第 1 卷，第 45～46 页；第 3 卷，第 293 页。萨拉丁·穆纳吉德：《大马士革史学家及其手稿与出版物辞典》，第 138～139 页。沙奇尔·穆斯塔法：《阿拉伯历史与史家》第 4 卷，第 147～148、160～161 页。

伊本·纳得尔

（Ibn al-Nadr，？～约 1291）

艾哈迈德·本·苏莱曼·本·阿卜杜拉·本·艾哈迈德·本·希得尔·本·纳得尔，生于阿曼，被杀害于阿曼。

史学著作：2 卷本《珠线：阿曼人传记》和 4 卷本《视觉款待：各种遗迹集》。

参考文献：齐力克里：《名人》第 1 卷，第 132 页。沙奇尔·穆斯塔法：《阿拉伯历史与史家》第 4 卷，第 262 页。法赫德·萨阿迪：《伊巴迪亚派诗坛辞典》，第 16～22 页。

伊本·阿卜杜·扎希尔

(Ibn 'Abd al-Zāhir, 1223~1293)

穆哈义丁·艾布·法得勒·阿卜杜拉·本·阿卜杜·扎希尔·本·纳施万·本·阿卜杜·扎希尔·萨阿迪·米斯里,生卒于埃及开罗。

史学著作:①《花园:扎希尔国王传》,利雅得:阿卜杜·阿齐兹·胡韦缇尔,1976。②《光辉时日:曼苏尔国王传》,开罗:文化与国家指导部,1961。③《秘礼:艾什拉夫素丹传》,记载马穆鲁克王朝素丹赫里勒·艾什拉夫(1290~1293 年在位)的生平,仅存 1291 年末至 1292 年 3 月的部分。1902 年,瑞典东方学家莫伯格(Axel Moberg, 1872~1955)把该残卷翻译成了荷兰文。④《绚丽花园:开罗地志》,开罗:阿拉伯书籍出版社,1996。

参考文献:卡尔·布罗克尔曼:《阿拉伯文学史》第 6 册,第 19~20 页。侯赛因·艾敏:《同时代阿拉伯史家著作中的十字军战争》,第 20 页。沙奇尔·穆斯塔法:《阿拉伯历史与史家》第 3 卷,第 112~114 页。

巴贺丁·伊尔比里

(Bahā' al-Dīn al-Irbilī, 1228~1293)

巴贺丁·艾布·哈桑·阿里·本·尔撒·本·艾比·法特哈·谢拔尼·伊尔比里,生于伊拉克埃尔比勒,卒于伊拉克巴格达。

史学著作:《揭秘:伊玛目知识》第 1~4 卷,贝鲁特:圣裔世界大会,2012。

参考文献:扎哈比:《伊斯兰史》第 52 卷,第 162~163 页。沙奇尔·穆斯塔法:《阿拉伯历史与史家》第 4 卷,第 356~357 页。索伊卜·阿卜杜·哈密德:《什叶派史学家辞典》第 1 卷,第 613~614 页。

伊本·拉津

(Ibn Razīn, 1229~1293)

艾布·哈桑·阿里·本·穆罕默德·本·艾比·伽斯姆·本·穆罕默

德·本·穆罕默德·本·拉津·图继比，出生地点有待考究，卒于突尼斯城。

史学著作：《突尼斯纪事：法兰西纪事》、《宝贵珠玉：科洛纪事与征服君士坦丁》和《长老与传述人名字索引》。

参考文献：阿卜杜海·卡塔尼：《目录辞典》第 1 卷，第 441 页。穆罕默德·马哈富兹：《突尼斯著述家志》第 2 卷，第 348~349 页。伊本·鲁谢德：《伊本·鲁谢德·萨卜提游记》（Ibn Rushayd, *Rihlat Ibn Rushayd al-Sabtī*）第 1 卷，拉巴特：伊斯兰宗教基金事务部，2003，第 320~321 页。

艾哈迈德·加尔纳蒂
（Ahmad al-Gharnātī，？~1293）

艾布·阿拔斯·艾哈迈德·本·穆罕默德·古拉什·加尔纳蒂，可能生于西班牙格拉纳达，卒于突尼斯城。

史学著作：《马格里布与马什里克学林光耀》。

参考文献：穆罕默德·马哈富兹：《突尼斯著述家志》第 3 卷，第 455~457 页。哈桑·阿卜杜·瓦贺卜：《突尼斯著作与著述家》第 2 卷第 1 分册，第 450~452 页。吉卜利尼：《七世纪贝贾亚学林名人识要》，第 347~348 页。

阿卜杜·卡利姆·拓悟斯
（'Abd al-Karīm Tāwūs，1250~1294）

详见上文的"拓悟斯家族"。

伊本·古尔图比
（Ibn al-Qurtubī，？~1294）

卡玛路丁·穆罕默德·本·艾哈迈德·古尔图比，生卒于埃及基纳。

史学著作：多卷本《历史》。

参考文献：欧麦尔·力铎：《著述家辞典》第 3 卷，第 92 页。沙奇尔·穆斯塔法:《阿拉伯历史与史家》第 3 卷,第 205~206 页。利玛·杜尔内格:《阿拉伯与穆斯林著名史学家》,第 338 页。

麦加的泰伯里家族

1. 穆希布丁·泰伯里

（Muhibb al-Dīn al-Tabarī, 1218~1295）

穆希布丁·艾布·贾法尔·艾哈迈德·本·阿卜杜拉·本·穆罕默德·本·艾比·伯克尔·泰伯里·麦奇·沙斐仪,生卒于麦加。

史学著作: ①《新鲜园地:十大圣门弟子功德》第 1~2 卷,贝鲁特:伊斯兰西方出版社,1996。②《酬赏财宝:穆罕默德亲属功德》,开罗:埃及国家图书馆,1995。③《款待向往麦加者》,贝鲁特:学术书店,1993。④《先知传略》,曼苏拉:麦瓦达出版社,2011。

2. 杰玛路丁·泰伯里

（Jamāl al-Dīn al-Tabarī, 1238~1296）

杰玛路丁·穆罕默德·本·艾哈迈德·本·阿卜杜拉·本·穆罕默德·泰伯里·麦奇·沙斐仪,生卒于麦加。

史学著作:《向往天房》,贝鲁特:学术书籍出版社,1998。

3. 拉荻丁·泰伯里

（Radī al-Dīn al-Tabarī, 1238~1322）

拉荻丁·伊卜拉欣·本·穆罕默德·本·伊卜拉欣·本·艾比·伯克尔·本·穆罕默德·泰伯里·麦奇·沙斐仪,生卒于麦加。

史学著作:《传述人索引》。

4. 阿伊莎·泰芭丽娅 （女）

（'Ā'ishah al-Tabarīyah,? ~约 1359）

乌姆·胡达·阿伊莎·宾特·阿卜杜拉·本·艾比·贾法尔·艾哈迈德·穆希布丁·泰芭丽娅,生卒于麦加。

史学著作：《泰伯里家族史》。

参考文献：索法迪：《逝者全录》第 7 卷，第 90~91 页。塔基丁·法斯：《宝贵璎珞：安宁城市史》第 1 卷，第 294~296 页。伊本·哈杰尔：《隐珠：八世纪精英》第 1 卷，第 54~55 页；第 2 卷，第 236 页。穆罕默德·希拉：《麦加历史与史家》，第 53~59、61、66 页。沙奇尔·穆斯塔法：《阿拉伯历史与史家》第 4 卷，第 402~404 页。

伊本·布祖里
（Ibn al-Buzūrī，约 1234~1295）

易祖丁·艾布·伯克尔·马哈富兹·本·马尔突戈·本·艾比·伯克尔·布祖里·巴格达迪·沙斐仪，生于伊拉克巴格达，卒于叙利亚大马士革。

史学著作：3 卷本《历史》，是伊本·焦齐（1116~1200）《历代帝王与民族通史》的续编。

参考文献：伊本·拉菲俄：《巴格达学林史》，第 133~134 页。萨拉丁·穆纳吉德：《大马士革史学家及其手稿与出版物辞典》，第 123 页。沙奇尔·穆斯塔法：《阿拉伯历史与史家》第 4 卷，第 148 页。

伊本·罕丹
（Ibn Hamdān，1207~1295）

纳吉姆丁·艾布·阿卜杜拉·艾哈迈德·本·罕丹·本·沙比卜·本·罕丹·本·沙比卜·哈拉尼·罕百里，生于土耳其古城哈兰，卒于埃及开罗。

史学著作：①《诸艺汇集与悲愁消散》，阿布扎比：国家图书出版社，2015。该书包含古老民族的历史和各地奇观。②《哈兰长老志》。

参考文献：齐力克里：《名人》第 1 卷，第 119 页。沙奇尔·穆斯塔法：《阿拉伯历史与史家》第 4 卷，第 149 页。阿卜杜拉·图雷基：《罕百里学派著作辞典》第 3 卷，第 266~276 页。

杰玛路丁·泰伯里
(Jamāl al-Dīn al-Tabarī，1238~1296)

详见上文的"麦加的泰伯里家族"。

易祖丁·侯赛尼
('Izz al-Dīn al-Husaynī，1238~1296)

易祖丁·艾布·伽斯姆·艾哈迈德·本·穆罕默德·本·阿卜杜·拉哈曼·本·阿里·阿拉维·侯赛尼·米斯里，祖籍叙利亚阿勒颇，生卒于埃及开罗。

史学著作：《〈辞世追录增补〉续编》第 1~2 卷，贝鲁特：伊斯兰西方出版社，2007。该书是蒙兹里（1185~1258）《〈辞世追录〉增补》的续作，收录辞世于 1243 年 7 月 2 日至 1277 年 4 月 29 日的 1242 名人物的传记。

参考文献：齐力克里：《名人》第 1 卷，第 221 页。沙奇尔·穆斯塔法：《阿拉伯历史与史家》第 3 卷，第 206 页。利玛·杜尔内格：《阿拉伯与穆斯林著名史学家》，第 75 页。

亥雅特
(al-Khayyāt，?~1296)

阿拉姆丁·桑杰尔·麦斯鲁里·索里希，出生地点有待考究，卒于埃及开罗。

史学著作：《〈历史大全〉摘要与增补》，赛达 & 贝鲁特：现代书店，2002。该书是伊本·艾西尔（1160~1233）《历史大全》的续作，记载 1198~1239 年的史事和名人。

参考文献：麦戈利齐：《王国知识珠线》第 2 卷，第 316 页。巴德鲁丁·爱尼：《历史珠珞：马穆鲁克素丹时期》第 3 卷，第 340 页。沙奇尔·穆斯塔法：《阿拉伯历史与史家》第 2 卷，第 292 页。

赛义妲·玛拉妮娅（女）

（Sayyidah al-Mārānīyah，? ~1296）

乌姆·穆罕默德·赛义妲·宾特·穆萨·本·奥斯曼·本·迪尔拔斯·玛拉妮娅，出生地点有待考究，卒于前往埃及开罗的路上。

史学著作：《长老志》。

参考文献：阿卜杜海·卡塔尼：《目录辞典》第 2 卷，第 653 页。穆罕默德·亥尔：《伊斯兰史上的女著述家及其著作》，第 56~57 页。欧麦尔·力铎：《阿拉伯伊斯兰世界的女英杰》第 2 卷，第 276 页。

伊本·扎希里

（Ibn al-Zāhirī，1229~1297）

杰玛路丁·艾布·阿拔斯·艾哈迈德·本·穆罕默德·本·阿卜杜拉·扎希里·哈乃斐，生于叙利亚阿勒颇，卒于埃及开罗。

史学著作：《伊本·布哈里之长老》第 1~3 卷，麦加：益世出版社，1998。

参考文献：扎哈比：《伊斯兰史》第 52 卷，第 290~292 页。齐力克里：《名人》第 1 卷，第 221 页。沙奇尔·穆斯塔法：《阿拉伯历史与史家》第 4 卷，第 149、151~152 页。

伊本·沃斯勒

（Ibn Wāsil，1208~1298）

杰玛路丁·艾布·阿卜杜拉·穆罕默德·本·撒里姆·本·纳斯鲁拉·本·沃斯勒·哈马维，生卒于叙利亚哈马。

史学著作：①《悲忧释怀：艾尤卜人纪事》第 1 卷，开罗：福阿德一世大学出版社，1953；第 2 卷，开罗：埃米利耶印书馆，1957；第 3 卷，开罗：格拉姆出版社，1960；第 4~5 卷，开罗：埃及国家图书馆，1972~1977；第 6 卷，赛达 & 贝鲁特：现代书店，2004。这部编年体史书详细记

载艾尤卜王朝统治家族的兴衰历程（1083～1263 年）。②《萨里希史》第
1～2 卷，赛达 & 贝鲁特：现代书店，2010。该书讲述自创世至 1239 年的历
史。③《诗歌清单》第 1 卷第 1 分册，开罗：埃及印书馆，1955；第 1 卷第
2～3 分册，开罗：阿拉伯作家出版社，1955、1957；第 2 卷第 1～3 分册，
开罗：埃及印书馆，1957～1963。

参考文献：卡尔·布罗克尔曼：《阿拉伯文学史》第 6 册，第 32～33
页。阿拔斯·阿札维：《蒙古与土库曼时期的史学家介绍》，第 129～131 页。
沙奇尔·穆斯塔法：《阿拉伯历史与史家》第 4 卷，第 34～37 页。

扎希鲁丁·卡扎鲁尼
（Zahīr al-Dīn al-Kāzarūnī，1214～1298）

扎希鲁丁·艾布·哈桑·阿里·本·穆罕默德·本·马哈茂德·本·
艾比·易兹·本·艾哈迈德·巴格达迪·卡扎鲁尼，生卒于伊拉克巴格达。

史学著作：①27 卷本《智妙园地》（又名《文学园地》）。②《简史：
自时代开端至阿拔斯王朝终结》，巴格达：伊拉克信息部，1970。该书是
《智妙园地》的缩写本。③《先知传》和《〈伊本·易姆拉尼史〉续
编》等。

参考文献：欧麦尔·力铎：《著述家辞典》第 2 卷，第 525～526 页。阿
拔斯·阿札维：《蒙古与土库曼时期的史学家介绍》，第 127～129 页。沙奇
尔·穆斯塔法：《阿拉伯历史与史家》第 4 卷，第 316～318 页。

麦勒祖齐
（al-Malzūzī，? ～1298）

艾布·法里斯·阿卜杜·阿齐兹·本·阿卜杜·瓦希德·本·穆罕默
德·麦勒祖齐，生于摩洛哥梅克内斯，缢死于摩洛哥非斯的监狱里。

史学著作：①史诗《历代先知、哈里发与国王》，拉巴特：皇家印书
馆，1963。②《马格里布史》。

参考文献：卡尔·布罗克尔曼：《阿拉伯文学史》第 6 册，第 99～100
页。欧麦尔·力铎：《著述家辞典》第 2 卷，第 161 页。伊本·苏达：《远

马格里布史家索引》，第 90 页。

麦尔达维

(al-Mardāwī, 1232~1299)

沙姆苏丁·艾布·阿卜杜拉·穆罕默德·本·阿卜杜·格维·本·巴德兰·麦格迪斯·麦尔达维，生于巴勒斯坦马尔达，卒于叙利亚大马士革。

史学著作：《罕百里弟子层级传》。

参考文献：萨拉丁·穆纳吉德：《大马士革史学家及其手稿与出版物辞典》，第 124 页。沙奇尔·穆斯塔法：《阿拉伯历史与史家》第 4 卷，第 149 页。阿卜杜拉·图雷基：《罕百里学派著作辞典》第 3 卷，第 283~286 页。

扎马勒卡尼家族

1. 法特胡丁·扎马勒卡尼

(Fath al-Dīn al-Zamalkānī, 1247~1299)

法特胡丁·艾布·阿拔斯·艾哈迈德·本·阿卜杜·瓦希德·本·阿卜杜·卡利姆·本·赫拉夫·安索里·萨里米·沙斐仪，生卒地点有待考究。

史学著作：模仿伊本·赫里康（1211~1282）《精英辞世》的样式，计划按照阿拉伯字母顺序编写了 30 卷本的人物志，但只写到字母"吉姆"（3 卷）。

2. 卡玛路丁·扎马勒卡尼

(Kamāl al-Dīn al-Zamalkānī, 1269~1327)

卡玛路丁·艾布·麦阿里·穆罕默德·本·阿里·本·阿卜杜·瓦希德·迪马什基·沙斐仪，生于叙利亚大马士革，卒于前往埃及比勒拜斯的路上。

史学著作：《精英辞世录》，记载 622~1301 年的史事和名人。

3. 艾哈迈德·扎马勒卡尼

（Ahmad al-Zamalkānī，14 世纪）

艾哈迈德·本·穆罕默德·本·阿里·本·阿卜杜·瓦希德·扎马勒卡尼，生卒地点有待考究。

史学著作：《历史珠珞》。据伊斯玛仪帕夏·巴格达迪（Ismā'īl Bāshā al-Baghdādī，？~1920）在《〈书艺题名释疑〉补遗》中的记载，该书的作者是艾哈迈德·本·穆罕默德·本·扎马勒卡尼。但笔者所见的德国莱比锡图书馆藏手抄本上写的作者是穆罕默德·本·艾哈迈德·扎马勒卡尼·安索里。

参考文献：伊本·易玛德：《金砂：往逝纪事》第 8 卷，第 140~141 页。伊斯玛仪帕夏·巴格达迪：《〈书艺题名释疑〉补遗》第 2 卷，第 112 页。欧麦尔·力铎：《著述家辞典》第 1 卷，第 189~190 页；第 3 卷，第 520~521 页。沙奇尔·穆斯塔法：《阿拉伯历史与史家》第 4 卷，第 158~159、166 页。利玛·杜尔内格：《阿拉伯与穆斯林著名史学家》，第 50、420 页。

伊本·艾西尔·哈拉比

（Ibn al-Athīr al-Halabī，1254~1299）

易玛杜丁·伊斯玛仪·本·艾哈迈德·本·萨义德·本·穆罕默德·本·塔朱丁·本·艾西尔·哈拉比，生于埃及开罗，被蒙古人杀害于叙利亚霍姆斯。

史学著作：2 卷本《洞察初鉴：诸城列王》。2009 年，沙特阿拉伯泰巴大学的利姆·宾特·马易得通过校勘与研究该书的手抄本而获得博士学位。

参考文献：哈吉·哈里发：《书艺题名释疑》第 2 卷，第 1123 页。齐力克里：《名人》第 1 卷，第 309 页。沙奇尔·穆斯塔法：《阿拉伯历史与史家》第 4 卷，第 149~150 页。

艾麦图拉（女）

（Amat Allāh，13 世纪）

乌姆·穆罕默德·艾麦图拉·宾特·阿卜杜·拉哈曼·古拉什，生卒地点有待考究。

　　史学著作：《长老志》。

　　参考文献：阿卜杜海·卡塔尼：《目录辞典》第 2 卷，第 653 页。穆罕默德·亥尔：《伊斯兰史上的女著述家及其作品》，第 27 页。

法拉

（al-Farrā'，13 世纪）

　　阿里·本·艾比·伯克尔·法拉·萨那尼，生卒地点有待考究。

　　史学著作：《欧麦尔·本·萨义德·拉比义法官功德》。

　　参考文献：阿里·赫兹拉继：《珍珠项链：拉苏勒王朝史》第 1 卷，第 242 页。阿卜杜拉·哈巴什：《也门伊斯兰思想文献》，第 482 页。沙奇尔·穆斯塔法：《阿拉伯历史与史家》第 4 卷，第 264 页。

穆罕默德·古绥

（Muhammad al-Qūsī，13 世纪）

　　穆罕默德·本·艾弗多路丁·古德斯·麦赫祖米·古绥，可能生于埃及古斯，辞世地点有待考究。

　　史学著作：《古斯城赞美》。该书的大部分内容被乌德夫维（1286~1347）在《汇聚福星：上埃及有德者与传述人名字》中引用。

　　参考文献：乔治·宰丹：《阿拉伯语言文学史》第 3 卷，第 174 页。沙奇尔·穆斯塔法：《阿拉伯历史与史家》第 3 卷，第 204 页。

伊本·格唐·马拉库什

（Ibn al-Qattān al-Marrākushī，13 世纪）

　　详见上文的"伊本·格唐父子"。

优素福·伊施比里

（Yūsuf al-Ishbīlī，13 世纪）

艾布·哈贾吉·优素福·本·欧麦尔·伍麦维·伊施比里，生于西班牙塞维利亚，辞世地点有待考究。

史学著作：《穆瓦希德家族史》。

参考文献：哈吉·哈里发：《书艺题名释疑》第 1 卷，第 307 页。伊本·苏达：《远马格里布史家索引》，第 90 页。艾克拉姆·加得班：《艾布·哈贾吉·优素福·本·欧麦尔·伍麦维·伊施比里〈穆瓦希德家族（阿卜杜·穆敏·本·阿里·铎伊俄子嗣）史〉的流传文本》（Akram Ghadbān, "Nusūs min Riwāyāt *Kitāb Tārīkh al-Muwahhidīn Awlād ʿAbd al-Muʾmin ibn ʿAlī al-Dāʾiʿ* li-Abī al-Hajjāj Yūsuf ibn ʿUmar al-Umawī al-Ishbīlī"），《巴士拉文学杂志》（*Majallat Ādāb al-Basrah*）2014 年总第 71 期。

第 8 编

公元14世纪

达拔厄

（al-Dabbāgh，1208~1300）

艾布·齐雅德·阿卜杜·拉哈曼·本·穆罕默德·本·阿里·本·阿卜杜拉·安索里·马立奇·乌赛迪，生卒于突尼斯凯鲁万。

史学著作：①《信仰貌迹：凯鲁万人知识》第1~4卷，开罗：汗吉书店 & 突尼斯：阿提格书店，1968~1980。该书收录了391名凯鲁万城精英的传记。②《名单》和《伊斯兰列王史》。

参考文献：齐力克里：《名人》第3卷，第329页。穆罕默德·马哈富兹：《突尼斯著述家志》第2卷，第288~292页。哈桑·阿卜杜·瓦贺卜：《突尼斯著作与著述家》第2卷第1分册，第456~461页。

伊本·艾比·海贾

（Ibn Abī al-Hayjā'，1223~1301）

易祖丁·穆罕默德·本·艾比·海贾·本·穆罕默德·哈孜拔尼·伊尔比里，生于伊拉克埃尔比勒，卒于埃及绍瓦达。

史学著作：《伊本·艾比·海贾史》，开罗：利雅得－萨里欣出版社，1993。原书从先知穆罕默德时代写到13世纪。该残卷按照编年体史书的编撰方法，简要地记载969~1157年的史事。

参考文献：伊本·哈杰尔：《隐珠：八世纪精英》第4卷，第278页。索法迪：《逝者全录》第5卷，第112页。沙奇尔·穆斯塔法：《阿拉伯历史与史家》第2卷，第137、303页；第4卷，第361页。

艾巴尔孤希

（al-Abarqūhī，1218~1302）

什贺布丁·艾布·麦阿里·艾哈迈德·本·伊斯哈格·本·穆罕默德·本·穆爱耶德·艾巴尔孤希，生于伊朗阿巴尔古，卒于麦加。

史学著作：《艾巴尔孤希之长老辞典》，开罗：宗教文化书店，2009。

参考文献：伊本·易玛德：《金砂：往逝纪事》第 8 卷，第 9 页。伊本·拉菲俄：《巴格达学林史》，第 17~19 页。齐力克里：《名人》第 1 卷，第 96 页。

伊本·穆概齐勒

（Ibn al-Mughayzil，? ~1302）

努尔丁·阿里·本·阿卜杜·拉希姆·本·艾哈迈德·本·穆罕默德·哈马维，出生地点有待考究，卒于黎巴嫩的黎波里。

史学著作：《〈悲忧释怀：艾尤卜人纪事〉续编》，赛达 & 贝鲁特：现代书店，2004。该书记载 1264~1296 年的史事。

参考文献：沙奇尔·穆斯塔法：《阿拉伯历史与史家》第 4 卷，第 148~149 页。

雅米

（al-Yāmī，? ~约 1303）

巴德鲁丁·穆罕默德·本·哈提姆·本·阿慕尔·本·阿里·本·哈提姆·本·艾哈迈德·本·易姆兰·雅米·也玛尼·哈姆达尼，也门人，生卒地点有待考究。

史学著作：①《宝珠项圈：征服也门列王纪事》，剑桥：剑桥大学出版社，1984。该书记载也门艾尤卜王朝和拉苏勒王朝的发展历程，从 1173 年写到 1295 年。②《宝贵璎珞：近期也门列王名字》。

参考文献：卡尔·布罗克尔曼：《阿拉伯文学史》第 6 册，第 34 页。沙奇尔·穆斯塔法：《阿拉伯历史与史家》第 2 卷，第 359~360 页；第 4 卷，第 239~240 页。阿卜杜拉·哈巴什：《也门伊斯兰思想文献》，第 482 页。

伊本·赫拔兹

（Ibn al-Khabbāz，1232~1303）

纳吉姆丁·艾布·菲达·伊斯玛仪·本·伊卜拉欣·本·撒里姆·本·巴拉卡特·安索里·迪马什基·罕百里，生卒于叙利亚大马士革。

史学著作：《长老志》、《沙姆苏丁·扎哈比传》、《伊本·古达玛·麦格迪斯传》和《艾哈迈德·本·阿卜杜·达伊姆之长老》等。

参考文献：伊本·哈杰尔：《隐珠：八世纪精英》第 1 卷，第 362~363 页。萨拉丁·穆纳吉德：《大马士革史学家及其手稿与出版物辞典》，第 437 页。沙奇尔·穆斯塔法：《阿拉伯历史与史家》第 4 卷，第 152~153 页。

伊本·阿卜杜·麦立克

(Ibn 'Abd al-Malik，1237~1303)

艾布·阿卜杜拉·穆罕默德·本·穆罕默德·本·阿卜杜·麦克·安索里·奥斯·马拉库什，生于摩洛哥马拉喀什，卒于阿尔及利亚特莱姆森。

史学著作：《〈续编二著〉增补》第 1~6 卷，突尼斯：伊斯兰西方出版社，2012。该书是伊本·法拉荻（962~1013）《安达卢西学林史》和伊本·巴施库沃勒（1101~1183）《〈安达卢西伊玛目、学者、圣训学家、法学家与文豪史〉续编》的续作，是最大篇幅的安达卢西与马格里布人物志之一。

参考文献：卡尔·布罗克尔曼：《阿拉伯文学史》第 6 册，第 111 页。齐力克里：《名人》第 7 卷，第 32 页。欧麦尔·力铎：《著述家辞典》第 3 卷，第 657 页。

拉基

(al-Raqqī，1249~1303)

布尔贺努丁·艾布·伊斯哈格·伊卜拉欣·本·艾哈迈德·本·穆罕默德·本·马阿里·拉基·罕百里，生于叙利亚拉卡，卒于叙利亚大马士革。

史学著作：《绝美极善》，曼苏拉：珍珠出版社，2018。这部苏菲派层级传是伊本·焦齐（1116~1200）《贤士品质》的精选本。

参考文献：萨拉丁·穆纳吉德：《大马士革史学家及其手稿与出版物辞典》，第 125~126 页。沙奇尔·穆斯塔法：《阿拉伯历史与史家》第 4 卷，第 153~154 页。阿卜杜拉·图雷基：《罕百里学派著作辞典》第 3 卷，第 296~299 页。

沙拉夫丁·迪姆雅蒂

（Sharaf al-Dīn al-Dimyātī，1217~1306）

沙拉夫丁·艾布·穆罕默德·阿卜杜·穆敏·本·赫拉夫·本·艾比·哈桑·本·沙拉夫·迪姆雅蒂·沙斐仪，生于埃及图万，猝死于埃及开罗。

史学著作：①《先知传》，阿勒颇：萨布尼出版社，1996。②4 卷本《长老辞典》，收录了约 1300 名长老的传记。1962 年，法国东方学家乔治·瓦吉达（Georges Vajda，1908~1981）出版的残卷从穆罕默德·本·哈桑写到穆罕默德·本·萨腊玛。

参考文献：塔朱丁·苏卜奇：《大沙斐仪学派层级传》第 10 卷，第 102~123 页。齐力克里：《名人》第 4 卷，第 169~170 页。沙奇尔·穆斯塔法：《阿拉伯历史与史家》第 3 卷，第 207~208 页。

萨迪杜丁·卡施加里

（Sadīd al-Dīn al-Kāshgharī，? ~1306）

萨迪杜丁·艾布·阿卜杜拉·穆罕默德·本·穆罕默德·本·阿里·卡施加里，出生地点有待考究，卒于也门毛扎。

史学著作：《〈莽丛群狮：圣门弟子知识〉摘要》。

参考文献：欧麦尔·力铎：《著述家辞典》第 3 卷，第 661~662 页。阿卜杜拉·哈巴什：《也门伊斯兰思想文献》，第 482 页。穆罕默德·希拉：《麦加历史与史家》，第 59 页。

伽璐斯

（al-Qālūsī，? ~1307）

艾布·伯克尔·穆罕默德·本·艾哈迈德·本·伊德里斯·本·马立克·本·阿卜杜·瓦希德，生卒地点有待考究。

史学著作：《历史》。

参考文献：欧麦尔·力铎：《著述家辞典》第 3 卷，第 46~47 页。利玛·杜尔内格：《阿拉伯与穆斯林著名史学家》，第 328 页。

伊本·祖贝尔
(Ibn al-Zubayr, 1230~1308)

艾布·贾法尔·艾哈迈德·本·伊卜拉欣·本·祖贝尔·塞格斐·加尔纳蒂，生于西班牙哈恩，卒于西班牙格拉纳达。

史学著作：①《再续》，开罗：宗教文化书店，2008。该书是伊本·巴施库沃勒（1101~1183）《〈安达卢西伊玛目、学者、圣训学家、法学家与文豪史〉续编》的续作，收录了 1067 名人物的传记。②《人物辞典》。

参考文献：卡尔·布罗克尔曼：《阿拉伯文学史》第 6 册，第 111 页。齐力克里：《名人》第 1 卷，第 86 页。利玛·杜尔内格：《阿拉伯与穆斯林著名史学家》，第 28~29 页。

伊本·缇戈托格
(Ibn al-Tiqtaqá, 1262~1309)

索斐丁·艾布·阿卜杜拉·穆罕默德·本·艾比·哈桑·阿里·本·沙姆苏丁·阿里·本·缇戈托格·阿拉维，生卒于伊拉克摩苏尔（或巴格达）。

史学著作：①《荣耀：权力修养与伊斯兰国家》，贝鲁特：索迪尔出版社，1990。该书是一部阿拉伯历史哲学名著，探讨了伊斯兰神权和王权政治，逐一讨论历任哈里发在任期间的重要史事。②《塔里卜家族与十二伊玛目派名人纪事摘要》，卡尔巴拉：阿拔斯圣陵手稿出版社，2015。

参考文献：阿拔斯·阿札维：《蒙古与土库曼时期的史学家介绍》，第 131~137 页。沙奇尔·穆斯塔法：《阿拉伯历史与史家》第 4 卷，第 318~320 页。索伊卜·阿卜杜·哈密德：《什叶派史学家辞典》第 2 卷，第 284~285 页。

格拉拓伊

（Qaratāy，? ~ 约 1309）

什贺布丁·格拉拓伊·易齐·赫津达里，生卒地点有待考究，长期居住在埃及。

史学著作： 四卷本《始末奇集史》。这部编年体世界简史从创世写到 1309 年。2005 年，贝鲁特现代书店出版的残卷记载了 1219 ~ 1294 年的史事。同年，德国克劳斯·施瓦兹出版社在贝鲁特出版的残卷记载了 1219 ~ 1290 年的史事。2008 年，贝鲁特现代书店出版的残卷从创世写到 720 年。

参考文献： 沙奇尔·穆斯塔法：《阿拉伯历史与史家》第 3 卷，第 208 ~ 209 页。

哈桑·阿拔斯

（al-Hasan al-'Abbāsī，? ~ 1310）

哈桑·本·阿卜杜拉·本·欧麦尔·本·马哈新·阿拔斯，生卒地点有待考究。

史学著作：《最初遗迹：列国编排》，贝鲁特：吉勒出版社，1989。

参考文献： 齐力克里：《名人》第 2 卷，第 197 页。沙奇尔·穆斯塔法：《阿拉伯历史与史家》第 3 卷，第 209 页。

伊本·曼祖尔

（Ibn Manzūr，1232 ~ 1311）

杰玛路丁·艾布·法得勒·穆罕默德·本·穆卡拉姆·本·阿里·本·曼祖尔·安索里·鲁韦菲义·伊非里基，生于利比亚的黎波里，卒于埃及开罗。

史学著作： ①《伊本·阿萨奇尔〈大马士革史〉摘要》第 1 ~ 29 卷，大马士革：思想出版社，1984 ~ 1990。②《〈诗歌集〉精选》第 1 ~ 8 卷，开罗：尔撒·巴比·哈拉比及其合伙人印书馆，1965 ~ 1966。③《艾布·努沃斯纪事》第 1~2 册，开罗：伊尔提玛德印书馆，1924。④《萨姆阿尼〈巴格达史增补〉摘要》、《〈伊本·纳贾尔史〉摘要》、《伊本·巴撒姆〈宝库：岛民良善〉精简》、《塔怒黑〈报告〉摘要》、《伊本·阿卜杜·拉比赫〈罕世璎珞〉摘要》、《贾希兹〈动物志〉摘要》和《塞阿里比〈现世稀珍：当代良善〉摘要》等。

参考文献：齐力克里：《名人》第 7 卷，第 108 页。沙奇尔·穆斯塔法：《阿拉伯历史与史家》第 3 卷，第 209~210 页。利玛·杜尔内格：《阿拉伯与穆斯林著名史学家》，第 458 页。

伊本·谢赫·哈札敏

（Ibn Shaykh al-Hazzāmīn，1259~1311）

易玛杜丁·艾布·阿拔斯·艾哈迈德·本·伊卜拉欣·本·阿卜杜·拉哈曼·本·马斯欧德·瓦西蒂·哈扎米，生于伊拉克瓦西特，卒于叙利亚大马士革。

史学著作：①《伊斯兰长老塔基丁·艾哈迈德·本·泰米叶功德》，大马士革 & 贝鲁特：纳瓦迪尔出版社，2007。②《〈先知明证〉摘要》和《〈先知传〉摘要》。

参考文献：伊本·哈杰尔：《隐珠：八世纪精英》第 1 卷，第 91 页。伊本·易玛德：《金砂：往逝纪事》第 8 卷，第 45~46 页。齐力克里：《名人》第 1 卷，第 86~87 页。

伊本·易扎里

（Ibn ʿIdhārī，? ~约 1313）

艾布·阿拔斯·艾哈迈德·本·穆罕默德·本·易扎里·马拉库什，可能生于摩洛哥马拉喀什，辞世地点有待考究。

史学著作：《奇籍释明：安达卢西与马格里布纪事》，即《奇籍释明：安达卢西与马格里布列王纪事撮要》第 1~4 卷，突尼斯：伊斯兰西方出版社，2013。该书记载 642~1269 年的马格里布地区与伊比利亚半岛史事。

参考文献：卡尔·布罗克尔曼：《阿拉伯文学史》第 6 册，第 100 页。

齐力克里：《名人》第 7 卷，第 95 页。利玛·杜尔内格：《阿拉伯与穆斯林著名史学家》，第 63~64、455 页。

伊德里斯·哈姆齐
（Idrīs al-Hamzī，1274~1314）

易玛杜丁·艾布·穆萨·伊德里斯·本·阿里·本·阿卜杜拉·本·哈桑·本·哈姆扎·本·苏莱曼·哈萨尼·萨那尼·栽迪，可能生卒于也门萨那。

史学著作： ①4 卷本也门伊斯兰史《精华宝藏：纪传知识》。②《也门史》，科威特：阿拉伯什拉阿基金会，1992。该书是《精华宝藏：纪传知识》的部分内容。③《法蒂玛功德》。

参考文献： 沙奇尔·穆斯塔法：《阿拉伯历史与史家》第 4 卷，第 240~241 页。阿卜杜拉·哈巴什：《也门伊斯兰思想文献》，第 482~483 页。索伊卜·阿卜杜·哈密德：《什叶派史学家辞典》第 1 卷，第 149 页。

吉卜利尼
（al-Ghibrīnī，1246~1315）

艾布·阿拔斯·艾哈迈德·本·艾哈迈德·本·阿卜杜拉·本·穆罕默德·本·阿里·吉卜利尼，生卒于阿尔及利亚贝贾亚。

史学著作：《七世纪贝贾亚学林名人识要》，贝鲁特：新视野出版社，1979。

参考文献： 阿迪勒·努韦熙得：《阿尔及利亚名人辞典》，第 248~249 页。纳斯鲁丁·萨义杜尼：《伊斯兰西部的历史与地理遗产》，第 128~134 页。萨义德·欧戈巴：《史学家艾布·阿拔斯·艾哈迈德·吉卜利尼及其〈七世纪贝贾亚学林名人识要〉》（Sa'īd 'Uqbah, "Al-Mu'arrikh Abū al-'Abbās Ahmad al-Ghibrīnī wa-Kitābuhu 'Unwān al-Dirāyah fī-man 'Urifa min al-'Ulamā' fī al-Mi'ah al-Sābi'ah bi-Bijāyah"），《历史研究知识杂志》（Majallat al-Ma'ārif li-l-Buhūth wa-al-Dirāsāt al-Tārīkhīyah）2015 年第 7 期。

苏莱曼·哈姆扎

(Sulaymān Hamzah, 1231~1316)

塔基丁·艾布·法得勒·苏莱曼·本·哈姆扎·本·艾哈迈德·本·欧麦尔·本·古达玛·麦格迪斯，生卒于叙利亚大马士革。

史学著作: 2卷本《长老辞典》。

参考文献: 齐力克里:《名人》第3卷，第124页。阿卜杜海·卡塔尼:《目录辞典》第2卷，第617页。沙奇尔·穆斯塔法:《阿拉伯历史与史家》第4卷，第155页。

阿沃尼

(al-'Awānī, ? ~约1316)

艾布·伊斯哈格·伊卜拉欣·本·优素福·本·阿卜杜·麦立克·本·阿卜杜拉·本·撒里姆·阿沃尼·盖拉沃尼·马立奇，生卒于突尼斯凯鲁万。

史学著作:《凯鲁万学林美德》。

参考文献: 伊斯玛仪帕夏·巴格达迪:《著述家名讳遗作惠泽》第1卷，第15页。穆罕默德·马哈富兹:《突尼斯著述家志》第3卷，第438页。哈桑·阿卜杜·瓦贺卜:《突尼斯著作与著述家》第2卷第1分册，第463~465页。

伊本·格尼突

(Ibn Qanītū, 1242~1317)

巴德鲁丁·艾布·穆罕默德·阿卜杜·拉哈曼·本·伊卜拉欣·本·格尼突（或格尼努）·伊尔比里，生于伊拉克埃尔比勒，辞世地点有待考究。

史学著作:《金锭精粹:列王传略》，巴格达:穆散纳书店，1964。

参考文献: 欧麦尔·力铎:《著述家辞典》第2卷，第71页。阿拔斯·阿札维:《蒙古与土库曼时期的史学家介绍》，第137~138页。沙奇尔·穆斯塔法：《阿拉伯历史与史家》第 4 卷，第 320~321 页。

哈桑·索法迪
（al-Hasan al-Safadī，?　~ 约 1317）

哈桑·本·阿卜杜拉·本·欧麦尔·本·马哈新·本·阿卜杜·卡利姆·阿拔斯·索法迪，可能生于以色列采法特，辞世地点有待考究。

史学著作：《埃及列王传略》，赛达 & 贝鲁特：现代书店，2003。

参考文献：欧麦尔·力铎：《著述家辞典》第 1 卷，第 560~561 页。沙奇尔·穆斯塔法：《阿拉伯历史与史家》第 3 卷，第 210~211 页；第 4 卷，第 181 页。利玛·杜尔内格：《阿拉伯与穆斯林著名史学家》，第 131 页。

瓦特沃特
（al-Watwāt，1235~1318）

杰玛路丁·艾布·伊斯哈格·穆罕默德·本·伊卜拉欣·本·叶哈雅·本·阿里·安索里·库图比，生于埃及，卒于埃及开罗。

史学著作：①《思想欢愉与殷鉴方法》，贝鲁特：阿拉伯百科全书出版社，2000。这部百科全书主要记载天文地理和动植物。②《伊本·艾西尔〈历史大全〉旁注》。

参考文献：欧麦尔·力铎：《著述家辞典》第 3 卷，第 42 页。沙奇尔·穆斯塔法：《阿拉伯历史与史家》第 3 卷，第 211~212 页。利玛·杜尔内格：《阿拉伯与穆斯林著名史学家》，第 327~328 页。

沙尔阿比
（al-Shar'abī，?　~1318）

艾布·阿凡·奥斯曼·本·穆罕默德·沙尔阿比，出生地点有待考究，卒于也门塔伊兹。

史学著作：《塔伊兹城法学家志》。

参考文献：阿里·赫兹拉继：《珍珠项链：拉苏勒王朝史》第 1 卷，第 429 页。阿卜杜拉·哈巴什：《也门伊斯兰思想文献》，第 483 页。

伊本·淘沃哈

(Ibn al-Tawwāh, ? ~ 约 1318)

阿卜杜·瓦希德·本·穆罕默德·本·阿卜杜·阿齐兹·本·淘沃哈·突尼斯，生于突尼斯城，辞世地点有待考究。

史学著作：《学说铸造：缰绳解脱》，利比亚的黎波里：世界伊斯兰宣教协会，2008。该书收录了与作者同时代的 26 名苏菲派人物的传记。

参考文献：穆罕默德·马哈富兹：《突尼斯著述家志》第 3 卷，第 283~284 页。伊本·淘沃哈：《学说铸造：缰绳解脱》，第 21~40 页。

伊本·泰拉哈

(Ibn al-Tarrāh, 1257~1320)

格沃姆丁·哈桑·本·穆罕默德·本·贾法尔·本·阿卜杜·卡利姆·本·艾比·萨阿德·谢拔尼，生卒于伊拉克。

史学著作：多卷本《女诗人纪事》。苏尤蒂（1445~1505）在短文《同游共赏：女性诗歌》的序言中说，他曾读到该书第 6 卷，但它不是最后 1 卷。

参考文献：伊本·哈杰尔：《隐珠：八世纪精英》第 2 卷，第 34~35 页。沙奇尔·穆斯塔法：《阿拉伯历史与史家》第 4 卷，第 363 页。苏尤蒂：《同游共赏：女性诗歌》（al-Suyūtī, *Nuzhat al-Julasā' fī Ashʿār al-Nisā'*），开罗：古兰书店，1986。

伊本·鲁谢德

(Ibn Rushayd, 1259~1321)

艾布·阿卜杜拉·穆罕默德·本·欧麦尔·本·赫蒂卜·本·伊德里

斯·菲赫里·萨卜提，生于西班牙休达，卒于摩洛哥非斯。

史学著作：《伊本·鲁谢德·萨卜提游记》第 1~2 卷，拉巴特：伊斯兰宗教基金事务部，2003。

参考文献：阿卜杜海·卡塔尼：《目录辞典》第 1 卷，第 443~444 页。齐力克里：《名人》第 6 卷，第 314 页。纳斯鲁丁·萨义杜尼：《伊斯兰西部的历史与地理遗产》，第 150~157 页。

提贾尼

（al-Tijānī，约 1276~1321）

艾布·穆罕默德·阿卜杜拉·本·穆罕默德·本·艾哈迈德·本·穆罕默德·本·艾比·伽斯姆·突尼斯·提贾尼，生于突尼斯城，辞世地点有待考究。

史学著作：《提贾尼游记》，利比亚的黎波里：阿拉伯书籍出版社，1981。该书记载作者在 14 世纪初自突尼斯往返利比亚的黎波里的沿途见闻。

参考文献：克拉奇科夫斯基：《阿拉伯地理文学史》第 1 册，第 383~384 页。穆罕默德·马哈富兹：《突尼斯著述家志》第 1 卷，第 155~159 页。哈桑·阿卜杜·瓦贺卜：《突尼斯著作与著述家》第 2 卷第 1 分册，第 465~469 页。

艾尔曼提

（al-Armantī，1235~1322）

塔基丁·阿卜杜·麦立克·本·艾哈迈德·本·阿卜杜·麦立克·安索里·艾尔曼提，生于埃及艾尔曼特，卒于埃及古斯。

史学著作：拉吉兹式格律史诗《艾兹拉基〈麦加史〉》。

参考文献：齐力克里：《名人》第 4 卷，第 156 页。欧麦尔·力铎：《著述家辞典》第 2 卷，第 315 页。利玛·杜尔内格：《阿拉伯与穆斯林著名史学家》，第 247 页。

拉荻丁·泰伯里

（Radī al-Dīn al-Tabarī，1238~1322）

详见上文的"麦加的泰伯里家族"。

阿卜杜·哈格·拔迪斯

（'Abd al-Haqq al-Bādisī，? ~约1322）

艾布·穆罕默德·阿卜杜·哈格·本·伊斯玛仪·本·艾哈迈德·本·穆罕默德·拔迪斯·加尔纳蒂·赫兹拉继，生于摩洛哥巴迪斯，辞世地点有待考究。

史学著作：《高贵目标与风雅志向：里夫德贤须知》，拉巴特：皇家印书馆，1993。该书记载穆瓦希德王朝末期摩洛哥里夫地区的史事和名人。

参考文献：齐力克里：《名人》第3卷，第280页。伊本·苏达：《远马格里布史家索引》，第36页。欧麦尔·力铎：《著述家辞典》第2卷，第57页。

伊本·福瓦蒂

（Ibn al-Fuwatī，1244~1323）

卡玛路丁·艾布·法得勒·阿卜杜·拉札戈·本·艾哈迈德·本·穆罕默德·本·艾哈迈德·本·欧麦尔·本·穆罕默德·谢拔尼，生卒于伊拉克巴格达。

史学著作：①《聚拢事件与裨益经验：七世纪》，贝鲁特：学术书籍出版社，2003。这部编年体史书记载1229~1300年的伊拉克巴格达及其周边地区的重要事件。②50卷本《别号辞典文集》，是中古时期最大篇幅的人物别号集。③5卷本《〈别号辞典文集〉摘要》。1996年，伊朗文化与伊斯兰指导部出版的6册本《别号辞典文集》是残存的最后两卷，收录了5921名人物。④《七世纪诗坛》和《伊本·福瓦蒂之长老》等。

参考文献：沙奇尔·穆斯塔法：《阿拉伯历史与史家》第4卷，第327~

331 页。阿卜杜拉·图雷基：《罕百里学派著作辞典》第 3 卷，第 343~350 页。
穆罕默德·沙比比：《伊拉克史学家伊本·福瓦蒂》（Muhammad Shabībī,
Mu'arrikh al-'Irāq Ibn al-Fuwatī）第 1~2 卷，巴格达：伊拉克科学院出版社，
1950~1958。

伊本·阿拓尔
（Ibn al-'Attār，1256~1324）

阿拉丁·艾布·哈桑·阿里·本·伊卜拉欣·本·达乌德·本·萨勒
曼·本·苏莱曼·本·阿拓尔·迪马什基·沙斐仪，生卒于叙利亚大马士革。

史学著作：①《伊玛目穆哈义丁传》，安曼：古迹出版社，2007。②《长
老辞典》。

参考文献：伊本·哈杰尔：《隐珠：八世纪精英》第 3 卷，第 5~7 页。
萨拉丁·穆纳吉德：《大马士革史学家及其手稿与出版物辞典》，第 128 页。
沙奇尔·穆斯塔法：《阿拉伯历史与史家》第 4 卷，第 155~156 页。

伊本·法赫德·卡提卜
（Ibn Fahd al-Kātib，1246~1325）

什贺布丁·艾布·塞纳·马哈茂德·本·萨勒曼·本·法赫德·哈拉
比·迪马什基·罕百里，生于叙利亚阿勒颇，卒于叙利亚大马士革。

史学著作：续编优尼尼（1242~1326）的《〈时代镜鉴〉续编》和伊
本·艾西尔（1160~1233）的《历史大全》。

参考文献：萨拉丁·穆纳吉德：《大马士革史学家及其手稿与出版物辞
典》，第 129 页。沙奇尔·穆斯塔法：《阿拉伯历史与史家》第 4 卷，第 156
页。阿卜杜拉·图雷基：《罕百里学派著作辞典》第 3 卷，第 352~355 页。

贝伯尔斯·曼苏里
（Baybars al-Mansūrī，1247~1325）

鲁克努丁·贝伯尔斯·本·阿卜杜拉·曼苏里·纳斯里·达沃达尔·
希拓伊，生卒于埃及开罗。

史学著作：①11 卷本《思想精髓：希吉莱史》，记载 622～1324 年的史事。残存的第 3 卷记载 662～739 年，第 4 卷记载 749～866 年，第 5 卷记载 866～934 年，第 6 卷写到 1009 年，第 7 卷记载 1009～1096 年，第 9 或 10 卷记载 1257～1309 年。②《艾尤卜王朝与马穆鲁克王朝史纪选》，开罗：埃及黎巴嫩出版社，1993。③《国君珍品：突厥王朝》，开罗：埃及黎巴嫩出版社，1993。

参考文献：沙奇尔·穆斯塔法：《阿拉伯历史与史家》第 3 卷，第 114～117 页。利玛·杜尔内格：《阿拉伯与穆斯林著名史学家》，第 116～117 页。沃伊勒·多穆尔：《埃米尔贝伯尔斯·曼苏里》（Wā'il al-Damūr, *Al-Amīr Baybars al-Mansūrī*），安曼：约旦文化部，2009。

阿卜达里

（al-'Abdarī, ? ～约 1325）

艾布·阿卜杜拉·穆罕默德·本·穆罕默德·本·阿里·本·艾哈迈德·本·马斯欧德·阿卜达里·哈希，生于摩洛哥哈哈地区，辞世地点有待考究。

史学著作：《马格里比亚游记》，安纳巴：邦纳研究基金会，2007。1289 年 12 月 17 日，阿卜达里在儿子的陪同下，开始东游。该游记是他一路见闻的记录。

参考文献：齐力克里：《名人》第 7 卷，第 32 页。纳斯鲁丁·萨义杜尼：《伊斯兰西部的历史与地理遗产》，第 120～127 页。侯赛因·穆阿尼斯：《安达卢西地理与地理学家史》，第 518～528 页。

阿腊玛·希里

（al-'Allāmah al-Hillī, 1250～1325）

杰玛路丁·艾布·曼苏尔·哈桑·本·优素福·本·阿里·本·穆罕默德·本·穆特哈尔·阿萨迪·希里，生卒于伊拉克希拉。

史学著作：①《人物知识概论》，库姆：教法传播基金会，2010。②《传述人名字疑解》，库姆：阿亚图拉麦尔阿什书店，2004。

参考文献：艾哈迈德·萨敏：《伊玛目派人名学史导研》，第 194~227 页。索伊卜·阿卜杜·哈密德：《什叶派史学家辞典》第 1 卷，第 273~274 页。萨米·罕木德：《阿腊玛·希里与伊本·达乌德·希里两部人名学著作的历史方法》（Sāmī Hammūd, *Al-Manhaj al-Tārīkhī fī Kitābī al-'Allāmah al-Hillī wa-Ibn Dāwūd al-Hillī fī 'Ilm al-Rijāl*），希拉：希拉遗产中心，2017。

叙伽义

（al-Suqā'ī, 约 1229~1326）

法得路拉·本·艾比·法赫尔·叙伽义，生卒于叙利亚大马士革。

史学著作：①《续〈精英辞世〉》，大马士革：法兰西阿拉伯研究院，1974。该书是伊本·赫里康（1211~1282）《精英辞世》的续作。②《〈伊本·赫里康史〉摘要》、《歌手辞世录》和《〈麦金·伊本·阿密德史〉续编》。

参考文献：卡尔·布罗克尔曼：《阿拉伯文学史》第 6 册，第 54 页。萨拉丁·穆纳吉德：《大马士革史学家及其手稿与出版物辞典》，第 134~135 页。沙奇尔·穆斯塔法：《阿拉伯历史与史家》第 4 卷，第 38~39 页。

优尼尼

（al-Yūnīnī, 1242~1326）

古特布丁·艾布·法特哈·穆萨·本·穆罕默德·本·艾哈迈德·巴尔勒巴奇·优尼尼，生于叙利亚大马士革，卒于黎巴嫩巴勒贝克或大马士革。

史学著作：①《〈时代镜鉴〉续编》第 1~3 卷，阿布扎比：阿布扎比文化遗产委员会，2007。该书是斯卜特·伊本·焦齐（1185~1257）《时代镜鉴：精英历史》的续编，续写 1256~1312 年的史事。②《阿卜杜·伽迪尔·吉拉尼长老功德》和 2 卷本《〈时代镜鉴〉摘要》。

参考文献：萨拉丁·穆纳吉德：《大马士革史学家及其手稿与出版物辞典》，第 130~131 页。沙奇尔·穆斯塔法：《阿拉伯历史与史家》第 4 卷，第 37~38 页。阿卜杜拉·图雷基：《罕百里学派著作辞典》第 3 卷，第 356~358 页。

伊尔比里

（al-Irbilī，1265~1326）

巴德鲁丁（或易祖丁）·艾布·阿里·哈桑·本·艾哈迈德·本·祖发尔·伊尔比里·迪马什基，生于伊拉克埃尔比勒，卒于叙利亚大马士革。

史学著作：①《大马士革学校、收容所、清真寺与澡堂》，大马士革：塔拉基印书馆，1947。②《伊尔比里史》和《先知传》。

参考文献：萨拉丁·穆纳吉德：《大马士革史学家及其手稿与出版物辞典》，第132~133页。沙奇尔·穆斯塔法：《阿拉伯历史与史家》第4卷，第157页。利玛·杜尔内格：《阿拉伯与穆斯林著名史学家》，第128页。

哈斯卡斐

（al-Haskafī，? ~约1326）

达乌德·本·纳斯鲁丁·摩苏里·哈斯卡斐，祖籍伊拉克摩苏尔，定居土耳其哈桑凯伊夫。

史学著作：《智者园地：医者史》，是伊本·艾比·乌绥比阿（1203~1270）《讯息精粹：医者层级传》的续编。

参考文献：齐力克里：《名人》第2卷，第335页。欧麦尔·力铎：《著述家辞典》第1卷，第703页。沙奇尔·穆斯塔法：《阿拉伯历史与史家》第4卷，第186页。

谢赫·鲁卜瓦

（Shaykh al-Rubwah，1256~1327）

沙姆苏丁·艾比·阿卜杜拉·穆罕默德·本·艾比·塔里卜·安索里·苏菲·迪马什基，生于叙利亚大马士革，卒于以色列采法特。

史学著作：《世代精粹：陆海奇观》，巴格达：穆散纳书店，1963。

参考文献：伊本·哈杰尔：《隐珠：八世纪精英》第3卷，第458~459页。哈吉·哈里发：《书艺题名释疑》第2卷，第1936页。沙奇尔·穆斯塔法：《阿拉伯历史与史家》第 4 卷，第 158 页。

卡玛路丁·扎马勒卡尼
（Kamāl al-Dīn al-Zamalkānī，1269~1327）

详见上文的"扎马勒卡尼家族"。

伊本·泰米叶
（Ibn Taymīyah，1263~1328）

详见上文的"泰米叶祖孙"。

哈米杜丁·尼撒布里
（Hamīd al-Dīn al-Nīsābūrī,？~1328）

哈米杜丁·艾布·阿卜杜拉·马哈茂德·本·欧麦尔·纳贾提·尼撒布里，生卒地点有待考究，曾居住于伊朗大不里士。

史学著作：《德者花园与智者香草》，完稿于 1310 年 5 月，是对欧特比（？~1036）《也米尼史》的注解。

参考文献：哈吉·哈里发：《书艺题名释疑》第 2 卷，第 2052 页。齐力克里：《名人》第 7 卷，第 178~179 页。沙奇尔·穆斯塔法：《阿拉伯历史与史家》第 4 卷，第 363~364 页。

达拔比斯
（al-Dabābīsī，1238~1329）

法特胡丁·艾布·怒恩·优努斯·本·伊卜拉欣·本·阿卜杜·格维·奇纳尼·阿斯格拉尼·米斯里·达拔比斯，出生地点有待考究，卒于埃及开罗。

史学著作：6 卷本《达布斯人物辞典》。

参考文献：齐力克里：《名人》第 8 卷，第 260 页。阿卜杜海·卡塔尼:《目录辞典》第 2 卷,第 616 页。沙奇尔·穆斯塔法:《阿拉伯历史与史家》第 4 卷,第 161 页。

伊本·菲尔卡哈
（Ibn al-Firkāh，1262~1329）

详见上文的"菲尔卡哈父子"。

伊本·穆陶瓦吉
（Ibn al-Mutawwaj，1241~1329）

塔朱丁·穆罕默德·本·阿卜杜·瓦贺卜·本·穆陶瓦吉·本·索里哈·祖贝里·沙斐仪·米斯里,生卒于埃及。

史学著作:《疏忽警醒与熟思训诫:埃及纪事》。

参考文献: 苏尤蒂:《雅美报告:埃及与开罗史》第 1 卷,第 555~556 页。欧麦尔·力铎:《著述家辞典》第 3 卷,第 474 页。沙奇尔·穆斯塔法:《阿拉伯历史与史家》第 3 卷,第 212 页。

沙菲俄·奇纳尼
（Shāfi' al-Kinānī，1251~1330）

纳斯鲁丁·沙菲俄·本·阿里·本·阿拔斯·本·伊斯玛仪·本·阿萨奇尔·奇纳尼·阿斯格拉尼·米斯里,生卒于埃及开罗。

史学著作: ①《扎希尔传》,利雅得:萨菲尔印书馆,1989。该书是伊本·阿卜杜·扎希尔（1223~1293）《花园:扎希尔国王传》的精简修正本。②《曼苏尔国王传》,赛达 & 贝鲁特:现代书店,1998。

参考文献: 卡米勒·朱布里:《文豪辞典:自蒙昧时期至公元 2002 年》第 3 卷,第 114~115 页。沙奇尔·穆斯塔法:《阿拉伯历史与史家》第 3 卷,第 117~119 页。利玛·杜尔内格:《阿拉伯与穆斯林著名史学家》,第 173~174 页。

伊本·萨拉吉

（Ibn al-Sarrāj，1256~1330）

穆罕默德·本·伊卜拉欣·本·阿卜杜拉·本·艾哈迈德·本·穆罕默德·本·优素福·安索里·加尔纳蒂，生卒于西班牙格拉纳达。

史学著作：《格拉纳达特色》。

参考文献：伊本·哈杰尔：《隐珠：八世纪精英》第 3 卷，第 287 页。齐力克里：《名人》第 5 卷，第 297 页。欧麦尔·力铎：《著述家辞典》第 3 卷，第 33 页。

阿卜杜·加法尔·萨阿迪

（'Abd al-Ghaffār al-Sa'dī，1252~1331）

塔朱丁·艾布·伽斯姆·阿卜杜·加法尔·本·穆罕默德·本·阿卜杜·卡斐·本·易瓦得·萨阿迪·沙斐仪，出生地点有待考究，卒于埃及。

史学著作：3 卷本《长老辞典》。

参考文献：伊本·哈杰尔：《隐珠：八世纪精英》第 2 卷，第 386~387 页。欧麦尔·力铎：《著述家辞典》第 2 卷，第 174~175 页。沙奇尔·穆斯塔法：《阿拉伯历史与史家》第 4 卷，第 162 页。

艾布·菲达

（Abū al-Fidā'，1273~1331）

易玛杜丁·艾布·菲达·伊斯玛仪·本·阿里·本·马哈茂德·本·欧麦尔·本·沙汉沙赫·艾尤比，生于叙利亚大马士革，卒于叙利亚哈马。

史学著作：①《人类简史》，又名《艾布·菲达史》第 1~4 卷，开罗：知识出版社，1998~1999。该书是伊本·艾西尔（1160~1233）《历史大全》的节略续编本，从创世写到 1329 年，简述世界各民族史，详谈阿拉伯伊斯兰史，是最早在欧洲出版的阿拉伯史学典籍之一。②《地名辞典》，贝鲁特：索迪尔出版社影印版，出版时间不明。③《铸金矿物：列王历史》，开罗：宗教文化书店，1995。

参考文献：阿拔斯·阿札维：《蒙古与土库曼时期的史学家介绍》，第168~169页。侯赛因·艾敏：《同时代阿拉伯史家著作中的十字军战争》，第20~21页。沙奇尔·穆斯塔法：《阿拉伯历史与史家》第4卷，第39~42页。

娃姬哈（女）

（Wajīhah，1241~1332）

娃姬哈·宾特·阿里·本·叶哈雅·本·素丹·安索丽娅，生于上埃及，卒于埃及亚历山大。

史学著作：《长老志》。

参考文献：阿卜杜海·卡塔尼：《目录辞典》第2卷，第654页。穆罕默德·亥尔：《伊斯兰史上的女著述家及其著作》，第102~103页。欧麦尔·力铎：《阿拉伯伊斯兰世界的女英杰》第5卷，第274页。

杰尔巴里

（al-Ja'barī，1242~1332）

布尔贺努丁·艾布·伊斯哈格·伊卜拉欣·本·欧麦尔·本·伊卜拉欣·本·赫里勒·杰尔巴里·沙斐仪，生于叙利亚杰巴尔堡，卒于以色列希伯伦。

史学著作：①《尊贵约定：先知降世》，安曼：古迹出版社，2018。②《富足赠礼：沙斐仪功德》，拉合尔：圣训学者乌姆古拉中心，2004。③《杰尔巴里之长老》，载《杰尔巴里三书》，开罗：奥拉德-谢赫遗产书店，2005。

参考文献：伊本·哈杰尔：《隐珠：八世纪精英》第1卷，第50~51页。欧麦尔·力铎：《著述家辞典》第1卷，第49页。沙奇尔·穆斯塔法：《阿拉伯历史与史家》第4卷，第162~163页。

巴贺丁·杰纳迪

（Bahā' al-Dīn al-Janadī, ? ~1332）

巴贺丁·艾布·阿卜杜拉·穆罕默德·本·优素福·本·叶尔孤卜·杰纳迪，生卒于也门杰纳德。

史学著作：《杰纳迪层级传》，即《珠线：学林与列王层级传》第 1~2 卷，萨那：伊尔沙德书店，1993~1995。

参考文献：沙奇尔·穆斯塔法：《阿拉伯历史与史家》第 4 卷，第 241~242 页。阿卜杜拉·哈巴什：《也门伊斯兰思想文献》，第 484 页。索伊卜·阿卜杜·哈密德：《什叶派史学家辞典》第 2 卷，第 465 页。

达孤基

（al-Daqūqī, 1265~1332）

塔基丁·艾布·塞纳·马哈茂德·本·阿里·本·马哈茂德·本·穆戈比勒·本·苏莱曼·本·达乌德·达孤基·巴格达迪，生卒于伊拉克巴格达。

史学著作：《明星：阿拉维派功德》、《历史》和《圣训人物杂乱名字》等。

参考文献：伊本·拉杰卜：《〈罕百里学派层级传〉续编》第 5 卷，第 44~50 页。欧麦尔·力铎：《著述家辞典》第 3 卷，第 821 页。阿卜杜拉·图雷基：《罕百里学派著作辞典》第 4 卷，第 13~15 页。

杰玛阿父子

1. 巴德鲁丁·杰玛阿

（Badr al-Dīn Jamā'ah, 1241~1333）

巴德鲁丁·艾布·阿卜杜拉·穆罕默德·本·伊卜拉欣·本·萨阿杜拉·本·穆罕默德·本·杰玛阿·哈马维·沙斐仪，生于叙利亚哈马，卒于埃及开罗。

史学著作：①《先知传略》和《布哈里人物志》。②拉吉兹式格律史诗《埃及法官》、《大马士革法官》和《哈里发》等。

2. 伊本·杰玛阿

（Ibn Jamā'ah，1294~1366）

易祖丁·艾布·欧麦尔·阿卜杜·阿齐兹·本·穆罕默德·本·伊卜拉欣·本·杰玛阿·奇纳尼·哈马维·沙斐仪，生于叙利亚大马士革，卒于麦加。

史学著作：《使者传大摘要》，贝鲁特：使命基金会，1993。

参考文献：伊本·卡西尔：《始末录》第 18 卷，第 357~358、715~718页。欧麦尔·力铎：《著述家辞典》第 2 卷，第 166 页；第 3 卷，第 30 页。萨拉丁·穆纳吉德：《大马士革史学家及其手稿与出版物辞典》，第 140~141、195 页。沙奇尔·穆斯塔法：《阿拉伯历史与史家》第 4 卷，第 163~164、172 页。

伊本·杰赫巴勒

（Ibn Jahbal，1271~1333）

什贺布丁·艾布·阿拔斯·艾哈迈德·本·叶哈雅·本·伊斯玛仪·本·拓熙尔·本·杰赫巴勒·迪马什基，生于叙利亚阿勒颇，卒于叙利亚大马士革。

史学著作：《大层级传》。

参考文献：伊本·易玛德：《金砂：往逝纪事》第 8 卷，第 182~183页。欧麦尔·力铎：《著述家辞典》第 1 卷，第 322 页。沙奇尔·穆斯塔法：《阿拉伯历史与史家》第 4 卷，第 164 页。

努韦里

（al-Nuwayrī，1279~1333）

什贺布丁·艾布·阿拔斯·艾哈迈德·本·阿卜杜·瓦贺卜·本·穆

罕默德·本·阿卜杜·达伊姆·努韦里·沙斐仪，生于埃及艾赫米姆，卒
于埃及开罗。

史学著作：《文苑观止》第 1~33 卷，贝鲁特：学术书籍出版社，2004。
该书是"马穆鲁克王朝时期的三大百科全书"之一。全书分为 5 科、25 类、
139 门：第一科，天地。其中的第一类包括 5 门，第二类包括 4 门，第三类
包括 4 门，第四类包括 7 门，第五类包括 5 门。第二科，人。其中的第一类包
括 4 门，第二类包括 5 门，第三类包括 7 门，第四类包括 4 门，第五类包
括 14 门。第三科，动物。其中的第一类包括 3 门，第二类包括 3 门，第三
类包括 3 门，第四类包括 2 门，第五类包括 8 门。第四科，植物。其中的第
一类包括 3 门，第二类包括 3 门，第三类包括 2 门，第四类包括 4 门，第五
类包括 11 门。第五科，历史。其中的第一类包括 8 门，第二类包括 7 门，
第三类包括 6 门（和 4 门补遗），第四类包括 5 门，第五类包括 12 门。"历
史"科约占全书的 2/3，按照编年体史书的形式，从创世写到 1330 年
10 月。

参考文献：沙奇尔·穆斯塔法：《阿拉伯历史与史家》第 3 卷，第
119~122 页。艾密娜·杰玛路丁：《努韦里及其〈文苑观止〉》（Amīnah
Jamāl al-Dīn, *Al-Nuwayrī wa-Kitābuhu Nihāyat al-Arab fī Funūn al-Adab*），开
罗：萨比特出版社，1984。阿卜杜·哈立姆·纳德维：《努韦里编纂〈文苑
观止〉的方法》（'Abd al-Halīm al-Nadwī, *Manhaj al-Nuwayrī fī Kitābihi
Nihāyat al-Arab fī Funūn al-Adab*），大马士革：思想出版社，1987。

伊本·赛义德·纳斯

（Ibn Sayyid al-Nās, 1273~1334）

法特胡丁·艾布·法特哈·穆罕默德·本·穆罕默德·本·穆罕默
德·本·艾哈迈德·本·赛义德·纳斯·叶尔姆里·拉巴义，生卒于埃及
开罗。

史学著作：①《武功纪、品性集与先知传遗要》第 1~2 卷，麦地那：
遗产出版书店，1992。②《赞圣赠品》，大马士革：思想出版社，1987。

参考文献：伊本·易玛德：《金砂：往逝纪事》第 8 卷，第 189~190
页。齐力克里：《名人》第 7 卷，第 34~35 页。利玛·杜尔内格：《阿拉伯

与穆斯林著名史学家》，第 444 页。

宰娜卜·萨拉密娅（女）

（Zaynab al-Salamīyah，1250~1335）

乌姆·穆罕默德·宰娜卜·宾特·叶哈雅·本·易兹·本·阿卜杜·萨腊姆·萨拉密娅，生卒地点有待考究。

史学著作：《长老志》。

参考文献：索法迪：《逝者全录》第 15 卷，第 43 页。穆罕默德·亥尔：《伊斯兰史上的女著述家及其著作》，第 54~55 页。欧麦尔·力铎：《阿拉伯伊斯兰世界的女英杰》第 2 卷，第 122~123 页。

古特布丁·哈拉比

（Qutb al-Dīn al-Halabī，1266~1335）

古特布丁·艾布·阿里·阿卜杜·卡利姆·本·阿卜杜·怒尔·本·穆尼尔·本·阿卜杜·卡利姆·哈拉比·罕百里，生于叙利亚阿勒颇，卒于埃及开罗。

史学著作：①《可口源泉：阿卜杜·加尼〈先知传〉言辞》第 1~3 卷，大马士革：纳瓦迪尔出版社，2014。②《埃及史》。作者写了十卷，若能完稿，可能超过 20 卷。③多卷本《长老辞典》，收录 1300 多位长老的传记。

参考文献：齐力克里：《名人》第 4 卷，第 53 页。欧麦尔·力铎：《著述家辞典》第 2 卷，第 208 页。沙奇尔·穆斯塔法：《阿拉伯历史与史家》第 4 卷，第 42~43 页。

伊本·哈迪耶

（Ibn Hadīyah，? ~1335）

艾布·阿卜杜拉·穆罕默德·本·曼苏尔·本·阿里·本·哈迪耶·

古拉什·提里姆撒尼，生卒地点有待考究，曾在阿尔及利亚特莱姆森担任法官。

史学著作：《特莱姆森史》。

参考文献： 齐力克里：《名人》第 7 卷，第 112 页。欧麦尔·力铎：《著述家辞典》第 3 卷，第 734 页。利玛·杜尔内格：《阿拉伯与穆斯林著名史学家》，第 459 页。

阿伊莎·哈拉妮娅（女）

（'Ā'ishah al-Harānīyah，1249~1336）

乌姆·阿卜杜拉·阿伊莎·宾特·穆罕默德·本·穆斯林·哈拉妮娅，可能生卒于叙利亚大马士革。

史学著作：《长老志》。

参考文献： 阿卜杜海·卡塔尼：《目录辞典》第 2 卷，第 654 页。穆罕默德·亥尔：《伊斯兰史上的女著述家及其著作》，第 72~73 页。欧麦尔·力铎：《阿拉伯伊斯兰世界的女英杰》第 3 卷，第 189 页。

伊本·达沃达里

（Ibn al-Dawādārī，? ~约 1336）

艾布·伯克尔·本·阿卜杜拉·本·艾巴克·达沃达里，生于埃及开罗，辞世地点有待考究。

史学著作： ①《珠玉宝藏与精华荟萃》，共分为九"珠"：第 1 卷《高级珠玉：创世纪事》，开罗：尔撒·巴比·哈拉比及其合伙人印书馆，1982；第 2 卷《珍稀珠玉：古代民族纪事》，贝鲁特：高校研究与传播基金会，1994；第 3 卷《宝贵珠玉：先知与正统哈里发纪事》，开罗：尔撒·巴比·哈拉比及其合伙人印书馆，1981；第 4 卷《卓越珠玉：伍麦叶王朝纪事》，贝鲁特：高校研究与传播基金会，1994；第 5 卷《华丽珠玉：阿拔斯王朝纪事》，贝鲁特：高校研究与传播基金会，1992；第 6 卷《往昔珠玉：法蒂玛王朝纪事》，开罗：编译出版委员会，1961；第 7 卷《寻觅珠玉：艾尤卜列王纪事》，开罗：尔撒·巴比·哈拉比及其合伙人印书馆，1972；第 8 卷《纯洁珠玉：突厥王朝纪事》，开罗：尔撒·巴比·哈拉比及其合伙人印书馆，1971；第 9 卷《荣耀珠玉：纳赛尔国王传记》，开罗：编译出版委员会，1960。②《冠冕珠玉与历史开端》和《花园：开罗地志》等。

参考文献：齐力克里：《名人》第 2 卷，第 66 页。沙奇尔·穆斯塔法：《阿拉伯历史与史家》第 3 卷，第 122~125 页。纳比勒·艾布·伽斯姆：《埃及学林名人明星》，第 56 页。

伊本·阿卜杜·巴尔·塔怒黑

(Ibn 'Abd al-Barr al-Tanūkhī,？~1337)

艾布·穆罕默德·阿卜杜拉·本·穆罕默德·本·艾比·伽斯姆·本·阿里·本·阿卜杜·巴尔·塔怒黑，生卒于突尼斯城。

史学著作：①6 卷本编年史《历史》，从先知穆罕默德时代写到 14 世纪。②《萨姆阿尼〈巴格达史增补〉摘要》。③《格拉纳达史》，是艾哈迈德·加尔纳蒂（？~1293）《马格里布与马什里克学林光耀》的缩写本。

参考文献：齐力克里：《名人》第 4 卷，第 126 页。穆罕默德·马哈富兹：《突尼斯著述家志》第 1 卷，第 191~192 页。哈桑·阿卜杜·瓦贺卜：《突尼斯著作与著述家》第 2 卷第 1 分册，第 474~476 页。

伊本·沙玛伊勒

(Ibn Shamā'il, 1260~1338)

索斐丁·艾布·法铎伊勒·阿卜杜·穆敏·本·阿卜杜·哈格·本·阿卜杜拉·本·马斯欧德·格蒂义·巴格达迪·罕百里，生卒于伊拉克巴格达。

史学著作：①《地名勘察》第 1~3 卷，贝鲁特：吉勒出版社，1992。该书是雅孤特（1178~1229）《地名辞典》的缩写本。②《长老辞典》、《圣训人物辞典》和 4 卷本《〈泰伯里史〉摘要》等。

参考文献：阿拔斯·阿札维：《蒙古与土库曼时期的史学家介绍》，第

174~175 页。沙奇尔·穆斯塔法：《阿拉伯历史与史家》第 4 卷，第 334 页。阿卜杜拉·图雷基：《罕百里学派著作辞典》第 4 卷，第 21~30 页。

伊本·杰扎里

（Ibn al-Jazarī，1260~1338）

沙姆苏丁·艾布·阿卜杜拉·穆罕默德·本·伊卜拉欣·本·艾比·伯克尔·本·伊卜拉欣·杰扎里·迪马什基，生卒于叙利亚大马士革。

史学著作：多卷本编年史《历代史事与贵族精英辞世信息录》，又名《伊本·杰扎里史》，或名《大历史》。1998 年，贝鲁特现代书店出版的残卷包括：第一册记载 1290~1299 年的 274 位辞世名人和 1291~1300 年的史事，第二、三册记载 1325~1338 年的史事和 1326~1338 年的 1398 位辞世名人。

参考文献：阿拔斯·阿札维：《蒙古与土库曼时期的史学家介绍》，第 175~179 页。萨拉丁·穆纳吉德：《大马士革史学家及其手稿与出版物辞典》，第 145~146 页。沙奇尔·穆斯塔法：《阿拉伯历史与史家》第 4 卷，第 46~48 页。

阿戈什赫里

（al-Āqshihrī，1266~1339）

沙姆苏丁·穆罕默德·本·艾哈迈德·本·艾敏·本·穆阿孜·阿戈什赫里，生于土耳其阿克谢希尔，卒于麦地那。

史学著作：①《天堂花园与神圣庭院》第 1~2 卷，伦敦：福尔甘伊斯兰遗产基金会，2010。该书讲述安葬于麦地那巴基阿墓地的人物事迹。②《马什里克与马格里布之旅》。

参考文献：哈吉·哈里发：《书艺题名释疑》第 1 卷，第 928 页。齐力克里：《名人》第 5 卷，第 325 页。穆罕默德·希拉：《麦地那历史与史家》，第 86~88 页。

巴尔札里

（al-Barzālī，1267~1339）

阿拉姆丁·艾布·穆罕默德·伽斯姆·本·穆罕默德·本·优素福·本·穆罕默德·巴尔札里·迪马什基，生于叙利亚大马士革，卒于麦加附近。

史学著作：①7卷本《巴尔札里史》，即《双园续踪》，是艾布·沙玛（1203~1267）《双园：努尔丁与萨拉丁两王朝纪事》的续编，记载1266~1338年的史事和名人。2006年，贝鲁特现代书店分四册出版的前两卷记载1266~1329年的史事和名人。②《辞世录》，记载卒于1267~1338年的名人。2005年，科威特佶拉斯出版社出版的残卷记载1309年6月~1319年2月的753位辞世名人。③《巴尔札里之长老辞典》，收录约2000名长老的传记。

参考文献：阿拔斯·阿札维：《蒙古与土库曼时期的史学家介绍》，第179~183页。萨拉丁·穆纳吉德：《大马士革史学家及其手稿与出版物辞典》，第142~144页。沙奇尔·穆斯塔法：《阿拉伯历史与史家》第4卷，第43~46页。

宾特·卡玛勒（女）

（Bint al-Kamāl，1248~1339）

乌姆·阿卜杜拉·宰娜卜·宾特·艾哈迈德·本·阿卜杜·拉希姆·本·阿卜杜·瓦希德·麦格迪斯娅，生于耶路撒冷，辞世地点有待考究。

史学著作：《长老志》。

参考文献：阿卜杜海·卡塔尼：《目录辞典》第2卷，第653页。欧麦尔·力铎：《阿拉伯伊斯兰世界的女英杰》第2卷，第46~51页。穆罕默德·亥尔：《伊斯兰史上的女著述家及其著作》，第46~48页。

伊本·达乌德·希里

（Ibn Dāwūd al-Hillī，1249~约1339）

塔基丁·艾布·穆罕默德·哈桑·本·阿里·本·达乌德·希里，可能生卒于伊拉克希拉。

史学著作：《人物》，德黑兰：德黑兰大学出版社，1964。

参考文献：沙奇尔·穆斯塔法：《阿拉伯历史与史家》第 4 卷，第 362 页。索伊卜·阿卜杜·哈密德：《什叶派史学家辞典》第 1 卷，第 253~254 页。萨米·罕木德：《阿腊玛·希里与伊本·达乌德·希里两部人名学著作的历史方法》（Sāmī Ḥammūd, *Al-Manhaj al-Tārīkhī fī Kitābī al-'Allāmah al-Hillī wa-Ibn Dāwūd al-Hillī fī 'Ilm al-Rijāl*），希拉：希拉遗产中心，2017。

杰玛路丁·麦托里

（Jamāl al-Dīn al-Matarī, 1272~1340）

杰玛路丁·艾布·阿卜杜拉·穆罕默德·本·艾哈迈德·本·赫拉夫·本·尔撒·本·阿米尔·麦托里·麦达尼·沙斐仪，生卒于麦地那。

史学著作：《麦地那概貌介绍》，利雅得：阿卜杜·阿齐兹国王研究与档案基金会，2005。

参考文献：欧麦尔·力铎：《著述家辞典》第 3 卷，第 62 页。阿卜杜拉·哈巴什：《也门伊斯兰思想文献》，第 484 页。穆罕默德·希拉：《麦地那历史与史家》，第 89~90 页。

朱岱·卡勒比家族

1. 艾布·伽斯姆·朱岱·卡勒比

（Abū al-Qāsim Juzayy al-Kalbī, 1294~1340）

艾布·伽斯姆·穆罕默德·本·艾哈迈德·本·穆罕默德·本·阿卜杜拉·本·朱岱·卡勒比，生于西班牙格拉纳达，在萨拉多战役中被杀。

史学著作：学林志《目录》。

2. 艾布·伯克尔·朱岱·卡勒比

（Abū Bakr Juzayy al-Kalbī, 1315~1383）

艾布·伯克尔·艾哈迈德·本·穆罕默德·本·艾哈迈德·本·穆罕

默德·本·阿卜杜拉·本·朱甾·卡勒比，生卒于格拉纳达。

史学著作：《阿德南族谱释略》。

3. 艾布·阿卜杜拉·朱甾·卡勒比

（Abū 'Abd Allāh Juzayy al-Kalbī, 1321~1356）

艾布·阿卜杜拉·穆罕默德·本·穆罕默德·本·艾哈迈德·本·穆罕默德·本·阿卜杜拉·本·朱甾·卡勒比，生于格拉纳达，卒于摩洛哥非斯。

史学著作：①《伊本·白图泰游记》的笔录者。②《格拉纳达史》。

参考文献：齐力克里：《名人》第 5 卷，第 325 页；第 7 卷，第 37 页。欧麦尔·力铎：《著述家辞典》第 1 卷，第 245 页；第 3 卷，第 103~104、625 页。利玛·杜尔内格：《阿拉伯与穆斯林著名史学家》，第 436 页。阿里·祖贝里：《伊本·朱甾及其经注方法》（'Alī al-Zubayrī, *Ibn Juzayy wa-Manhajuhu fī al-Tafsīr*）第 1 卷，大马士革：格拉姆出版社，1987。

伊本·艾比·扎尔俄

（Ibn Abī Zar', ? ~1340）

艾布·哈桑·阿里·本·阿卜杜拉（或穆罕默德）·本·艾哈迈德·本·欧麦尔·本·艾比·扎尔俄·法斯，生卒于摩洛哥非斯。

史学著作：①《纸园趣蔼：摩洛哥列王纪与非斯城史》，拉巴特：曼苏尔出版社，1972。②《绚丽宝库：马林王朝史》，拉巴特：曼苏尔出版社，1972。③《园中花：时代纪事》。

参考文献：齐力克里：《名人》第 4 卷，第 305~306 页。伊本·苏达：《远马格里布史家索引》，第 83~84、89、103 页。利玛·杜尔内格：《阿拉伯与穆斯林著名史学家》，第 277 页。

哈津

（al-Khāzin, 1280~1341）

阿拉丁·艾布·哈桑·阿里·本·穆罕默德·本·伊卜拉欣·巴格达迪·沙斐仪，生于伊拉克巴格达，卒于叙利亚阿勒颇。

史学著作：《花果园：先知传修正》第 1~4 卷，贝鲁特：学术书籍出版社，2016。

参考文献：伊本·伽迪·舒赫巴：《沙斐仪学派层级传》第 3 卷，第 53~54 页。齐力克里：《名人》第 5 卷，第 5 页。萨拉丁·穆纳吉德：《大马士革史学家及其手稿与出版物辞典》，第 147 页。

扎利拉尼

（al-Zarīrānī，1311~1341）

沙拉夫丁·艾布·穆罕默德·阿卜杜·拉希姆·本·阿卜杜拉·本·穆罕默德·本·艾比·伯克尔·本·伊斯玛仪·扎利拉尼，生卒于伊拉克巴格达。

史学著作：节略和增补伊本·艾比·叶尔腊（1059~1132）的《罕百里学派层级传》。

参考文献：伊本·拉杰卜：《〈罕百里学派层级传〉续编》第 5 卷，第 104~115 页。欧麦尔·力铎：《著述家辞典》第 2 卷，第 132 页。阿卜杜拉·图雷基：《罕百里学派著作辞典》第 4 卷，第 38~39 页。

沙菲俄·继里

（Shāfi‘ al-Jīlī，? ~1341）

鲁克努丁·沙菲俄·本·欧麦尔·本·伊斯玛仪·继里·罕百里，出生地点有待考究，卒于伊拉克巴格达。

史学著作：《纪事精髓：四大伊玛目功德》。

参考文献：伊本·拉杰卜：《〈罕百里学派层级传〉续编》第 5 卷，第 103 页。齐力克里：《名人》第 3 卷，第 152 页。阿卜杜拉·图雷基：《罕百里学派著作辞典》第 4 卷，第 36~37 页。

米齐

（al-Mizzī，1256~1341）

杰玛路丁·艾布·哈贾吉·优素福·本·阿卜杜·拉哈曼·本·优素

福·米齐·迪马什基·沙斐仪，生于叙利亚阿勒颇附近，卒于叙利亚大马士革。

史学著作：《〈人名大全〉修正》第 1~35 卷，贝鲁特：使命基金会，1982~1992。该书是对阿卜杜·加尼·麦格迪斯（1146~1203）《人名大全》的修正和扩编，按照阿拉伯字母顺序编录了 8045 个人（包括 266 名女性）。

参考文献：萨拉丁·穆纳吉德：《大马士革史学家及其手稿与出版物辞典》，第 148~155 页。沙奇尔·穆斯塔法：《阿拉伯历史与史家》第 4 卷，第 49~52 页。赛义德·穆罕默德：《哈菲兹艾布·哈贾吉·优素福·米齐及其〈大全修正〉》（al-Sayyid Muhammad, *Al-Hāfiz Abū al-Hajjāj Yūsuf al-Mizzī wa-Juhūduhu fī Kitābihi Tahdhīb al-Kamāl*），科威特：伊斯兰宗教基金事务部，2012。

尔撒·扎沃维

（'īsá al-Zawāwī, 1266~1342）

沙拉夫丁·艾布·鲁哈·尔撒·本·马斯欧德·本·曼苏尔·曼卡腊提·扎沃维·马立奇，生于阿尔及利亚扎瓦瓦地区，卒于埃及开罗。

史学著作：①10 卷本世界通史《历史》，从创世写到作者的时代。②《伊玛目马立克功德》，贝鲁特：学术书籍出版社，1994。

参考文献：伊本·法尔宏：《金丝绸缎：学派精英知识》第 2 卷，第 72~74 页。欧麦尔·力铎：《著述家辞典》第 2 卷，第 598 页。沙奇尔·穆斯塔法：《阿拉伯历史与史家》第 3 卷，第 213 页。

塔朱丁·也玛尼

（Tāj al-Dīn al-Yamānī, 1281~1343）

塔朱丁·艾布·麦哈新·阿卜杜·拔基·本·阿卜杜·麦继德·本·阿卜杜拉·也玛尼·麦赫祖米·古拉什·麦奇，生于麦加，卒于埃及开罗。

史学著作：①《标出记号：语法学家与语言学家传》，利雅得：费萨尔国王伊斯兰研究中心，1986。该书按照阿拉伯字母顺序编录了 246 名语法学家与语言学家的传记。②《也门史》，萨那：卡里玛出版社，1985。该书简要地记载自正统哈里发时期至 1325 年的也门历史。③节略与续编伊本·赫里康（1211~1282）的《精英辞世》。

参考文献：沙奇尔·穆斯塔法：《阿拉伯历史与史家》第 4 卷，第 266 页。阿卜杜拉·哈巴什：《也门伊斯兰思想文献》，第 485 页。穆罕默德·希拉：《麦加历史与史家》，第 64~66 页。

伊本·阿卜杜·哈迪

（Ibn 'Abd al-Hādī, 1305~1343）

沙姆苏丁·艾布·阿卜杜拉·穆罕默德·本·艾哈迈德·本·阿卜杜·哈迪·麦格迪斯·索里希·罕百里，生于叙利亚大马士革，病逝于大马士革。

史学著作：①《圣训学林层级传》第 1~4 卷，贝鲁特：使命基金会，1996。该书收录了 1156 名圣训学家的传记。②《珠珞：伊斯兰长老伊本·泰米叶功德》，开罗：现代法鲁戈出版社，2002。③《四大伊玛目功德》，利雅得：穆爱耶德出版社，1995。④《沙姆特色》，坦塔：圣门弟子遗产出版社，1988。

参考文献：索里哈·拉希丹：《考证人物志》第 2 卷，第 221~231 页。萨拉丁·穆纳吉德：《大马士革史学家及其手稿与出版物辞典》，第 157~158 页。阿卜杜拉·图雷基：《罕百里学派著作辞典》第 4 卷，第 40~61 页。

苏卜奇家族

1. 穆罕默德·苏卜奇

（Muhammad al-Subkī, 1305~1344）

塔基丁·艾布·法特哈·穆罕默德·本·阿卜杜·拉蒂夫·本·叶哈雅·本·阿里·本·坦玛姆·苏卜奇，生于埃及大迈哈莱，卒于叙利亚大马士革。

史学著作：写了一部关于当时历史事件的著作。

2. 杰玛路丁·苏卜奇

（Jamāl al-Dīn al-Subkī，1322~1354）

杰玛路丁·艾布·推伊卜·侯赛因·本·阿里·本·阿卜杜·卡斐·本·阿里·本·优素福·本·坦玛姆·苏卜奇，生于埃及开罗，卒于大马士革。

史学著作：《以侯赛因·本·阿里为名者》。

3. 阿里·苏卜奇

（‘Alī al-Subkī，1284~1355）

塔基丁·艾布·哈桑·阿里·本·阿卜杜·卡斐·本·阿里·本·坦玛姆·安索里·赫兹拉继·苏卜奇，生于埃及萨卜克，卒于开罗。

史学著作：《法学家层级传略》。

4. 塔朱丁·苏卜奇

（Tāj al-Dīn al-Subkī，1327~1370）

塔朱丁·艾布·纳斯尔·阿卜杜·瓦贺卜·本·阿里·本·阿卜杜·卡斐·本·阿里·本·坦玛姆·安索里·赫兹拉继·苏卜奇，生于开罗。

史学著作：①《大沙斐仪学派层级传》第 1~11 卷，吉萨：哈杰尔出版社，1992。该书是最重要的伊斯兰教法学派层级传之一，收录了 1400 多名沙斐仪派人物的传记。②《中沙斐仪学派层级传》，是《大沙斐仪学派层级传》的缩写本。③《小沙斐仪学派层级传》，是《中沙斐仪学派层级传》的缩写本。

参考文献：伊本·哈杰尔：《隐珠：八世纪精英》第 2 卷，第 61~63 页；第 3 卷，第 63~71 页；第 4 卷，第 25~26 页。齐力克里：《名人》第 4 卷，第 184~185、302 页。欧麦尔·力铎：《著述家辞典》第 1 卷，第 626 页；第 2 卷，第 343~344、461~462 页；第 3 卷，第 426 页。萨拉丁·穆纳吉德：《大马士革史学家及其手稿与出版物辞典》，第 156、199~202 页。沙奇尔·穆斯塔法：《阿拉伯历史与史家》第 3 卷，第 213~214 页；第 4 卷，第 81~83、168~169 页。

穆爱耶德·比拉·阿拉维

（al-Mu'ayyad billāh al-'Alawī, 1270~1344）

穆爱耶德·比拉·艾布·伊德里斯·叶哈雅·本·哈姆扎·本·阿里·本·伊卜拉欣·侯赛尼·阿拉维，生于也门萨那，卒于也门锡兰堡。

史学著作：《先知传略》，是伊本·希沙姆（？~约 834）《先知传》的缩写本。

参考文献：邵卡尼：《吉星满月：七世纪后良善》第 2 卷，第 331~333 页。沙奇尔·穆斯塔法：《阿拉伯历史与史家》第 4 卷，第 267 页。索伊卜·阿卜杜·哈密德：《什叶派史学家辞典》第 2 卷，第 452~453 页。

法析里

（al-Fākhirī,？~1344）

巴德鲁丁·巴克塔施·法析里，出生地点有待考究，卒于埃及开罗。

史学著作：七或八卷本《法析里史》。2010 年，贝鲁特现代书店出版的残卷选择性地记载 1193~1337 年埃及和沙姆地区的政治人物、历史事件、军事活动、设施建设、自然环境和社会状况等。

参考文献：沙奇尔·穆斯塔法：《阿拉伯历史与史家》第 3 卷，第 90、214 页。《法析里史》的校勘序言。

法尔宏家族

1. 努尔丁·法尔宏

（Nūr al-Dīn Farhūn, 1299~1345）

努尔丁·阿里·本·穆罕默德·本·艾比·伽斯姆·本·法尔宏·突尼斯·叶尔姆里·麦达尼，生卒于麦地那。

史学著作：《纪事历史与先知族谱须知》。

2. 巴德鲁丁·法尔宏

（Badr al-Dīn Farhūn，1294~1368）

巴德鲁丁·艾布·穆罕默德·阿卜杜拉·本·穆罕默德·本·法尔宏·叶尔姆里·马立奇，生卒于麦地那。

史学著作：《麦地那史》，贝鲁特：埃尔格姆出版公司，2000。

3. 布尔贺努丁·法尔宏

（Burhān al-Dīn Farhūn，约 1329~1397）

布尔贺努丁·艾布·瓦法·伊卜拉欣·本·阿里·本·穆罕默德·本·艾比·伽斯姆·本·穆罕默德·本·法尔宏·叶尔姆里，生卒于麦地那。

史学著作：《金丝绸缎：学派精英知识》第 1~2 卷，开罗：遗产出版社，1972。该书是最重要的马立克教法学派层级传之一，收录了 625 名法学家的传记。

参考文献：齐力克里：《名人》第 1 卷，第 52 页；第 4 卷，第 126 页；第 5 卷，第 6 页。欧麦尔·力铎：《著述家辞典》第 1 卷，第 48 页；第 2 卷，第 290、521 页。穆罕默德·希拉：《麦地那历史与史家》，第 90~91、93~96、99~101 页。利玛·杜尔内格：《阿拉伯与穆斯林著名史学家》，第 243 页。

法蒂玛·麦格迪斯娅（女）

（Fātimah al-Maqdisīyah，1256~1346）

乌姆·伊卜拉欣·法蒂玛·宾特·易兹·伊卜拉欣·本·阿卜杜拉·本·艾比·欧麦尔·麦格迪斯娅，可能生于耶路撒冷，辞世地点有待考究。

史学著作：《长老志》。

参考文献：阿卜杜海·卡塔尼：《目录辞典》第 2 卷，第 654 页。欧麦尔·力铎：《阿拉伯伊斯兰世界的女英杰》第 4 卷，第 23~24 页。穆罕默德·亥尔：《伊斯兰史上的女著述家及其著作》，第 80~81 页。

乌德夫维

（al-Udfuwī，1286~1347）

卡玛路丁·艾布·海彦·贾法尔·本·塞尔拉卜·乌德夫维·沙斐仪，生于埃及埃德富，卒于埃及开罗。

史学著作：①《明月照客心》第 1~3 卷，贝鲁特：伊本·哈兹姆出版社，2015。该书按照阿拉伯字母顺序编录了 13 世纪人物的传记。②《汇聚福星：上埃及有德者与传述人名字》，又名《汇聚福星：上埃及优秀人士名字》，开罗：埃及编译出版社，1966。

参考文献：齐力克里：《名人》第 2 卷，第 122~123 页。沙奇尔·穆斯塔法：《阿拉伯历史与史家》第 3 卷，第 215 页。利玛·杜尔内格：《阿拉伯与穆斯林著名史学家》，第 122、307~308 页。

扎哈比

（al-Dhahabī，1274~1348）

沙姆苏丁·艾布·阿卜杜拉·穆罕默德·本·艾哈迈德·本·奥斯曼·本·伽伊玛兹·土尔库玛尼·迪马什基·沙斐仪，生于叙利亚大马士革附近的巴特纳村，卒于大马士革，被誉为"伊斯兰史学大师"。

史学著作：①《伊斯兰史与诸杰群英辞世录》第 1~52 卷，贝鲁特：阿拉伯书籍出版社，1988~2000。该书又被称为《大历史》，记述 622~1301 年的史事和名人，把 700 年伊斯兰史划分成 70 个层级，每 10 年为一层，每层先按年份顺序叙述重要史事，再按阿拉伯字母顺序为名人立传。②《〈伊斯兰史〉续编》，利雅得：穆厄尼出版社，1998。③《往事殷鉴》第 1~5 卷，科威特：科威特政府印书馆，1960~1986。该书是《伊斯兰史》的缩写本，又被称为《中历史》。④《〈往事殷鉴〉续编》，贝鲁特：学术书籍出版社，1985。该书续写了 1301~1340 年的史事和名人。⑤《伊斯兰国家》第 1~2 卷，贝鲁特：索迪尔出版社，1999。该书是《伊斯兰史》的精简续编本，又被称为《小历史》。⑥《群英诸贤传》第 1~25 卷，贝鲁特：使命基金会，1996；第 1~3 卷，安曼 & 利雅得：国际思想之家，2004。该书由先知传、四大正统哈里发传和 6800 多名人物的传记构成。⑦《扎哈比之长老辞典》，贝鲁特：学术书籍出版社，1990。⑧《圣训学家层级传》，贝鲁特：学术书籍出版社，1998。⑨《诵经家层级传》第 1～3 卷，利雅得：费萨尔国王伊斯兰研究中心，1997。⑩《背诵家层级传》，又名《背诵家备忘》第 1～4 卷，贝鲁特：学术书籍出版社，1998。⑪《〈人名大全修正〉镀金》第 1～11 卷，开罗：现代法鲁戈出版社，2004。⑫《中庸标准：人物评论》第 1～7 卷，贝鲁特：学术书籍出版社，1995。⑬《群英辞世通告》第 1～2 卷，贝鲁特：文化书籍公司，1993。⑭《精英辞世提示》，贝鲁特：伊本·艾西尔出版社，1991。该书是《伊斯兰史》里的辞世名人的节略摘编。⑮《扎哈比之圣训传述家辞典》，贝鲁特：学术书籍出版社，1993。⑯《〈含笑未牧草原：先知传〉摘要》，大马士革：福音出版社，2005。⑰《大马士革法官纪事》、《古迹诸城》、《百岁老人》、《〈伊本·杰扎里史〉精选》、《基夫蒂〈语法学家提醒述知〉摘要》、《赫蒂卜〈巴格达史〉摘要》、《伊本·阿萨奇尔〈大马士革史〉摘要》、《伊本·优努斯〈埃及人史〉摘要》、《哈奇姆〈内沙布尔史〉摘要》、《艾布·菲达〈地名辞典〉摘要》和《伊本·艾拔尔〈续编增补〉摘要》等。

参考文献：沙奇尔·穆斯塔法：《阿拉伯历史与史家》第 4 卷，第 52～68 页。阿卜杜·萨塔尔：《哈菲兹扎哈比》（'Abd al-Sattār, *Al-Hāfiz al-Dhahabī*），大马士革 & 贝鲁特：格拉姆出版社，1994。巴沙尔·马尔鲁夫：《扎哈比及其编撰〈伊斯兰史〉的方法》（Bashshār Ma'rūf, *Al-Dhahabī wa-Manhajuhu fī Kitābihi Tārīkh al-Islām*），贝鲁特：伊斯兰西方出版社，2008。

瓦迪·阿什

（al-Wādī Āshī, 1274～1348）

沙姆苏丁·艾布·阿卜杜拉·穆罕默德·本·贾比尔·本·穆罕默德·本·伽斯姆·本·艾哈迈德·盖斯·瓦迪·阿什，生卒于突尼斯城。

史学著作：①《名单》，突尼斯：突尼斯图画艺术出版公司，1981。该书记载了 279 名长老的传记和 238 部著作。②《易雅得法官传》和游记《旅客食粮》。

参考文献：伊本·哈杰尔：《隐珠：八世纪精英》第 3 卷，第 413~414 页。穆罕默德·马哈富兹：《突尼斯著述家志》第 5 卷，第 113~117 页。哈桑·阿卜杜·瓦贺卜：《突尼斯著作与著述家》第 1 卷第 1 分册，第 319~323 页。

伊本·马克图姆

（Ibn Maktūm，1284~1348）

塔朱丁·艾布·穆罕默德·艾哈迈德·本·阿卜杜·伽迪尔·本·艾哈迈德·本·马克图姆·盖斯·哈乃斐，生于埃及开罗，因瘟疫致死于埃及。

史学著作：《语言学家与语法学家纪事集》，底稿约十卷。

参考文献：哈吉·哈里发：《书艺题名释疑》第 1 卷，第 599 页。欧麦尔·力铎：《著述家辞典》第 1 卷，第 173 页。沙奇尔·穆斯塔法：《阿拉伯历史与史家》第 3 卷，第 216 页。

伊本·迪姆雅蒂

（Ibn al-Dimyātī，1300~1348）

什贺布丁·艾布·侯赛因·艾哈迈德·本·艾巴克·本·阿卜杜拉·胡萨米·迪姆雅蒂，生于埃及开罗，因瘟疫致死于开罗。

史学著作：①《〈巴格达史补遗〉择益》，贝鲁特：使命基金会，1986。该书是伊本·纳贾尔（1183~1245）《〈巴格达史〉补遗》的精选本。②《〈大全〉摘要》，是伊本·阿迪（890~976）《羸弱人物大全》的缩写本。③《〈辞世录〉续编》，是易祖丁·侯赛尼（1238~1296）《〈辞世追录增补〉续编》的续编。④《〈精英辞世〉续编》、《阿里·苏卜奇之长老辞典》和《艾布·怒恩·优努斯·本·伊卜拉欣·奇纳尼之长老辞典》等。

参考文献：齐力克里：《名人》第 1 卷，第 102 页。沙奇尔·穆斯塔法：《阿拉伯历史与史家》第 3 卷，第 215~216 页。利玛·杜尔内格：《阿拉伯与穆斯林著名史学家》，第 31~32 页。

伊本·艾克法尼

（Ibn al-Akfānī,？ ～1348）

拉荻丁·艾布·阿卜杜拉·穆罕默德·本·伊卜拉欣·本·撒易德·安索里·新贾维·米斯里，生于伊拉克辛贾尔，卒于埃及开罗。

史学著作：学术史《诸学捷引》，开罗：阿拉伯思想出版社，1990。

参考文献：伊本·哈杰尔：《隐珠：八世纪精英》第 3 卷，第 279～280 页。齐力克里：《名人》第 5 卷，第 299 页。欧麦尔·力铎：《著述家辞典》第 3 卷，第 29 页。

欧麦尔·巴札尔

（'Umar al-Bazzār, 1289～1349）

斯拉朱丁·艾布·哈夫斯·欧麦尔·本·阿里·本·穆萨·本·赫里勒·巴格达迪·艾扎继·巴札尔·罕百里，出生地点有待考究，卒于前往麦加的路上。

史学著作：《伊斯兰长老伊本·泰米叶功德》，贝鲁特：新书出版社，1976。

参考文献：伊本·拉杰卜：《〈罕百里学派层级传〉续编》第 5 卷，第 146～148 页。欧麦尔·力铎：《著述家辞典》第 2 卷，第 569 页。阿卜杜拉·图雷基：《罕百里学派著作辞典》第 4 卷，第 71～72 页。

伊本·瓦尔迪

（Ibn al-Wardī, 1292～1349）

栽努丁·艾布·哈夫斯·欧麦尔·本·穆左发尔·本·欧麦尔·本·穆罕默德·瓦尔迪·麦阿利，生于叙利亚马雷特努曼，卒于叙利亚阿勒颇。

史学著作：①纪事本末体世界史《伊本·瓦尔迪史》第 1～2 卷，贝鲁特：学术书籍出版社，1996。②《奇迹纯珠与罕世独珠》，开罗：宗教文化书店，2008。该书作者其实是伊本·瓦尔迪的孙子斯拉朱丁·瓦尔迪（Sirāj al-Dīn al-Wardī,？ ～1457）。一些学者误以为它是伊本·瓦尔迪的作品。实际上，它成书于 1419 年。那时，伊本·瓦尔迪已经去世 70 年。

参考文献：阿拔斯·阿札维：《蒙古与土库曼时期的史学家介绍》，第 188～189 页。齐力克里：《名人》第 5 卷，第 67 页。沙奇尔·穆斯塔法：《阿拉伯历史与史家》第 4 卷，第 72～73 页。

欧麦里
（al-'Umarī, 1300～1349）

什贺布丁·艾布·阿拔斯·艾哈迈德·本·叶哈雅·本·法得路拉·本·穆杰里·古拉什·阿德维·欧麦里，生卒于叙利亚大马士革。

史学著作：①《鉴识路途：诸城列国》第 1～27 卷，贝鲁特：学术书籍出版社，2010。该书是"马穆鲁克王朝时期的三大百科全书"之一，由两大部分构成：第一部分（第 1～4 卷）记载山川地理；第二部分讲述人文历史与自然物种，包括大量各类的人物传记（第 5～19 卷），常见的动植物（第 20 卷），星辰、矿物和石头（第 21～22 卷），世界各民族、前伊斯兰时期世界史、先知与伊玛目传、哈里发史以及 622～1343 年的重要历史事件（第 23～27 卷）。②《敬辞须知》，贝鲁特：学术书籍出版社，1988。

参考文献：阿拔斯·阿札维：《蒙古与土库曼时期的史学家介绍》，第 187～188 页。萨拉丁·穆纳吉德：《大马士革史学家及其手稿与出版物辞典》，第 176～177 页。沙奇尔·穆斯塔法：《阿拉伯历史与史家》第 4 卷，第 69～72 页。

艾布·亥尔·迪赫里
（Abū al-Khayr al-Dihlī, 1312～1349）

纳吉姆丁·艾布·亥尔·萨义德·本·阿卜杜拉·哈利利·迪赫里，祖籍印度德里，在伊拉克巴格达长大，卒于叙利亚大马士革。

史学著作：①《历史》，记载了大量巴格达和大马士革人物的传记。②《巴格达灾难》，记载了蒙古人攻入巴格达后的所作所为。

参考文献：齐力克里：《名人》第 3 卷，第 97~98 页。阿拔斯·阿札维：《蒙古与土库曼时期的史学家介绍》，第 190~191 页。沙奇尔·穆斯塔法：《阿拉伯历史与史家》第 4 卷，第 334~335 页。

宰娜卜·赫芭姿（女）
（Zaynab al-Khabbāz，1261~1349）

乌姆·阿齐兹·宰娜卜·宾特·伊斯玛仪·本·伊卜拉欣·赫芭姿，生卒地点有待考究。

史学著作：《长老志》。

参考文献：欧麦尔·力铎：《阿拉伯伊斯兰世界的女英杰》第 2 卷，第 54~56 页。穆罕默德·亥尔：《伊斯兰史上的女著述家及其著作》，第 49~51 页。阿卜杜海·卡塔尼：《目录辞典》第 2 卷，第 654 页。

伊本·土尔库玛尼
（Ibn al-Turkumānī，1284~1349）

阿拉丁·艾布·哈桑·阿里·本·奥斯曼·本·伊卜拉欣·本·穆斯塔法·玛力迪尼·哈乃斐，出生地点有待考究，卒于埃及开罗。

史学著作：《赢弱者与被弃者》。

参考文献：伊本·哈杰尔：《隐珠：八世纪精英》第 3 卷，第 84~85 页。伊本·塔厄里·比尔迪：《闪耀群星：埃及与开罗列王》第 10 卷，第 246~247 页。欧麦尔·力铎：《著述家辞典》第 2 卷，第 473 页。

扎兰迪兄弟

1. 穆罕默德·扎兰迪
（Muhammad al-Zarandī，1294~1349）

杰玛路丁·穆罕默德·本·优素福·本·哈桑·本·穆罕默德·本·马哈茂德·扎兰迪·麦达尼·哈乃斐，生于麦地那，卒于伊朗设拉子。

史学著作： ①《项圈珠玉：穆罕默德、阿里、法蒂玛与两外孙美德》，贝鲁特：阿拉伯遗产复兴出版社，2004。②《使者家族美德知识通梯》，库姆：伊斯兰文化复兴会，2004。③《先知降世》。

2. 阿里·扎兰迪

（'Alī al-Zarandī，约 1308~1370）

努尔丁·艾布·哈桑·阿里·本·优素福·本·哈桑·本·穆罕默德·本·马哈茂德·扎兰迪·麦达尼·哈乃斐，生卒于麦地那。

史学著作：《两圣地知察》，麦地那：遗产出版书店，1987。

参考文献： 齐力克里：《名人》第 7 卷，第 152~153 页。欧麦尔·力铎：《著述家辞典》第 2 卷，第 546 页；第 3 卷，第 781 页。穆罕默德·希拉：《麦地那历史与史家》，第 91~92、96~97 页。

穆罕默德·土尔库玛尼

（Muhammad al-Turkumānī，1314~1349）

穆罕默德·本·艾哈迈德·本·奥斯曼·本·伊卜拉欣·本·穆斯塔法·玛力迪尼·土尔库玛尼·哈乃斐，出生地点有待考究，被杀害于黎巴嫩的黎波里。

史学著作：《天堂》，是伊本·赫里康（1211~1282）《精英辞世》的摘要。

参考文献： 伊本·古特璐布迦：《人物志冠冕》，第 251~252 页。欧麦尔·力铎：《著述家辞典》第 3 卷，第 79 页。沙奇尔·穆斯塔法：《阿拉伯历史与史家》第 4 卷，第 166、372~373 页。

伊本·杜凯恩

（Ibn Dukayn，? ~1349）

穆罕默德·本·艾比·伯克尔·本·阿里·本·阿卜杜·麦立克·本·罕玛迪·摩苏里·力法义，生于伊拉克摩苏尔，定居伊拉克巴士拉。

史学著作：《精英园地：时代名人纪事》，收录先知及其家族、哈里发、诗人、文豪及其他名人传记。

参考文献：伊斯玛仪帕夏·巴格达迪：《著述家名讳遗作惠泽》第 2 卷，第 157 页。齐力克里：《名人》第 6 卷，第 55～56 页。沙奇尔·穆斯塔法：《阿拉伯历史与史家》第 4 卷，第 372 页。

伊本·盖伊姆·焦齐耶

（Ibn Qayyim al-Jawzīyah，1292～1350）

沙姆苏丁·艾布·阿卜杜拉·穆罕默德·本·艾比·伯克尔·本·艾尤卜·本·萨阿德·祖尔义·迪马什基·罕百里，生卒于叙利亚大马士革。

史学著作：①穆罕默德传记《后世食粮：善仆正道》第 1～8 卷，麦加：益世出版社，2018。②《伊斯兰长老伊本·泰米叶著作名册》，贝鲁特：新书出版社，1983。③《妇女纪事》，贝鲁特：生活书店出版社，1982。

参考文献：伊本·哈杰尔：《隐珠：八世纪精英》第 3 卷，第 400～403 页。沙奇尔·穆斯塔法：《阿拉伯历史与史家》第 4 卷，第 167～168 页。阿卜杜拉·图雷基：《罕百里学派著作辞典》第 4 卷，第 73～105 页。

伊本·索拔厄·突尼斯

（Ibn al-Sabbāgh al-Tūnisī，? ～约 1350）

穆罕默德·本·艾比·伽斯姆·希木叶里·突尼斯，生于突尼斯城，辞世地点有待考究。

史学著作：①《秘密珠玉与纯洁珍品：艾布·哈桑·沙兹里传》，开罗：爱资哈尔遗产书店，2001。②《艾哈迈德·萨伽功德》、《沙兹里四十大弟子功德》和《穆拔拉克·阿杰米功德》等。

参考文献：穆罕默德·马哈富兹：《突尼斯著述家志》第 3 卷，第 227～228 页。哈桑·阿卜杜·瓦贺卜：《突尼斯著作与著述家》第 2 卷第 1 分册，第 473～474 页。

伊本·贝立克

（Ibn Baylīk，1299~1352）

什贺布丁·艾哈迈德·本·贝立克·穆哈斯尼·扎希里·沙斐仪·米斯里，可能生于埃及亚历山大，辞世地点有待考究。

史学著作： 先知传摘要《宝贵珠玑》。

参考文献： 伊本·哈杰尔：《隐珠：八世纪精英》第 1 卷，第 116 页。索法迪：《逝者全录》第 6 卷，第 173~174 页。齐力克里：《名人》第 1 卷，第 106 页。

盖萨拉尼

（al-Qaysarānī，?~1352）

沙姆苏丁·伊卜拉欣·本·阿卜杜·拉哈曼·本·阿卜杜拉·盖萨拉尼·古拉什·哈里迪，生卒地点有待考究，长期居住在叙利亚大马士革和埃及开罗。

史学著作： ①《白光与贝珠：素丹索里哈王》，黎巴嫩的黎波里：英沙出版社，1982。②《储藏珠玉：赛夫丁·古迅传》，赛达 & 贝鲁特：现代书店，2016。

参考文献： 伊本·哈杰尔：《隐珠：八世纪精英》第 1 卷，第 37 页。卡米勒·朱布里：《文豪辞典：自蒙昧时期至公元 2002 年》第 1 卷，第 45 页。沙奇尔·穆斯塔法：《阿拉伯历史与史家》第 3 卷，第 214~215 页；第 4 卷，第 168 页。

杰玛路丁·苏卜奇

（Jamāl al-Dīn al-Subkī，1322~1354）

详见上文的"苏卜奇家族"。

阿里·苏卜奇

（'Alī al-Subkī，1284~1355）

详见上文的"苏卜奇家族"。

苏莱曼·伊斯纳维

（Sulaymān al-Isnawī，1300~1355）

穆哈义丁·艾布·拉比俄·苏莱曼·本·贾法尔·伊斯纳维·米斯里·沙斐仪，生卒地点有待考究。

史学著作：《沙斐仪派法学家层级传》。

参考文献：伊本·哈杰尔：《隐珠：八世纪精英》第 2 卷，第 145 页。伊本·易玛德：《金砂：往逝纪事》第 8 卷，第 307~308 页。沙奇尔·穆斯塔法：《阿拉伯历史与史家》第 3 卷，第 217 页。

沙姆苏丁·舒贾义

（Shams al-Dīn Shujā'ī，? ~1355）

名字族谱和生卒地点有待考究。

史学著作：《纳赛尔王穆罕默德·本·盖拉温·索里希及其子嗣史》第 1~2 卷，威斯巴登：弗朗兹·施泰纳出版社，1978~1985。这部编年体史书记载 1336~1345 年埃及与沙姆地区的史事和名人。

参考文献：沙奇尔·穆斯塔法：《阿拉伯历史与史家》第 3 卷，第 214 页。

侯赛因·瓦西蒂

（Husayn al-Wāsitī，? ~约 1355）

侯赛因·本·阿里·本·侯赛因·本·杰玛路丁·罕玛德·本·艾比·侯赛因·莱西·瓦西蒂，生卒地点有待考究。

史学著作：《世界起源、先知故事与列王、哈里发史》和《穆圣品德精粹》。

参考文献：穆哈新·艾敏：《什叶派精英》第 6 卷，第 105~106 页。欧麦尔·力铎：《著述家辞典》第 1 卷，第 623 页。索伊卜·阿卜杜·哈密德：《什叶派史学家辞典》第 1 卷，第 292 页。

艾布·阿卜杜拉·朱甾·卡勒比
(Abū 'Abd Allāh Juzayy al-Kalbī, 1321~1356)

详见上文的"朱甾·卡勒比家族"。

斯特·古妲特（女）
(Sitt al-Qudāt, 1292~1357)

乌姆·穆罕默德·麦尔彦·宾特·阿卜杜·拉哈曼·本·艾哈迈德·本·阿卜杜·拉哈曼·罕百丽娅，生卒于巴勒斯坦纳布卢斯。

史学著作：《麦尔彦长老辞典》，开罗：宗教文化书店，2010。该书收录了 283 名长老的传记。

参考文献：穆罕默德·亥尔：《伊斯兰史上的女著述家及其著作》，第 95~96 页。欧麦尔·力铎：《阿拉伯伊斯兰世界的女英杰》第 5 卷，第 40~41 页。阿卜杜拉·图雷基：《罕百里学派著作辞典》第 4 卷，第 111~112 页。

伊卜拉欣·泰尔苏斯
(Ibrāhīm al-Tarsūsī, 1321~1357)

纳吉姆丁·伊卜拉欣·本·阿里·本·艾哈迈德·本·阿卜杜·瓦希德·本·阿卜杜·蒙易姆·泰尔苏斯·迪马什基·哈乃斐，生卒于叙利亚大马士革。

史学著作：《哈乃斐学派精英辞世录》。

参考文献：哈吉·哈里发：《书艺题名释疑》第 2 卷，第 2019 页。萨拉丁·穆纳吉德：《大马士革史学家及其手稿与出版物辞典》，第 179 页。沙奇尔·穆斯塔法：《阿拉伯历史与史家》第 4 卷，第 169 页。

萨阿杜丁·卡扎鲁尼
(Sa'd al-Dīn al-Kāzarūnī, ? ~1357)

萨阿杜丁·艾布·穆罕默代恩·穆罕默德·本·马斯欧德·本·穆罕

默德·卡扎鲁尼，祖籍伊朗卡泽伦，辞世地点有待考究。

史学著作：波斯文著作《先知传精粹》。其子阿斐夫丁·卡扎鲁尼（'Afīf al-Dīn al-Kāzarūnī, 1327~1383）把它翻译成阿拉伯文。

参考文献：齐力克里：《名人》第 3 卷，第 101 页；第 7 卷，第 96 页。欧麦尔·力铎：《著述家辞典》第 1 卷，第 769 页；第 3 卷，第 715 页。穆罕默德·希拉：《麦地那历史与史家》，第 97~99 页。

穆萨·优素斐

（Mūsá al-Yūsufī，1296~1358）

易玛杜丁·穆萨·本·穆罕默德·本·叶哈雅·优素斐·米斯里，生卒于埃及开罗。

史学著作：①15 卷本《观者游览：纳赛尔国王传》，从马穆鲁克王朝第七任素丹盖拉温时代（1279~1290 年）写到 1354 年。1986 年，贝鲁特书籍世界出版的残卷记载 1332~1338 年的史事。②《悲忧显露：战争知识》。

参考文献：欧麦尔·力铎：《著述家辞典》第 3 卷，第 938 页。沙奇尔·穆斯塔法：《阿拉伯历史与史家》第 3 卷，第 217~218、227 页。利玛·杜尔内格：《阿拉伯与穆斯林著名史学家》，第 481~482 页。

阿里·索法迪

（'Alī al-Safadī, ? ~1358）

阿拉丁·阿里·本·阿卜杜·拉哈曼·本·侯赛因·奥斯玛尼·索法迪·沙斐仪，生卒于以色列采法特。

史学著作：《采法特史》和《法学家层级传》。

参考文献：欧麦尔·力铎：《著述家辞典》第 2 卷，第 456 页。沙奇尔·穆斯塔法：《阿拉伯历史与史家》第 4 卷，第 169~170 页。利玛·杜尔内格：《阿拉伯与穆斯林著名史学家》，第 276 页。

赫蒂卜·索法德

（Khatīb Safad，？ ~1358）

卡玛路丁·艾布·阿卜杜拉·穆罕默德·本·哈桑·本·穆罕默德·奥斯玛尼·沙斐仪，生于叙利亚大马士革，卒于以色列采法特。

史学著作：简史《各族状况精要》。

参考文献：索法迪：《逝者全录》第 2 卷，第 270~274 页。欧麦尔·力铎：《著述家辞典》第 3 卷，第 234 页。利玛·杜尔内格：《阿拉伯与穆斯林著名史学家》，第 365 页。

伊本·阿撒勒

（Ibn al-'Assāl，？ ~约 1358）

穆法多勒·本·艾比·法铎伊勒·科普蒂·米斯里，以"伊本·阿撒勒"或"伊本·艾比·法铎伊勒"著称于世，埃及科普特人，具体生卒地点有待考究。

史学著作：《正道绝珠：〈伊本·阿密德史〉后续》第 1~2 卷，大马士革：萨阿杜丁出版社，2017。该书是麦金（即伊本·阿密德，1205~约1273）《全史》的续编，记载 1260 年 10 月至 1341 年 6 月的史事。

参考文献：欧麦尔·力铎：《著述家辞典》第 3 卷，第 904 页。沙奇尔·穆斯塔法：《阿拉伯历史与史家》第 3 卷，第 111、213 页。利玛·杜尔内格：《阿拉伯与穆斯林著名史学家》，第 478 页。

阿伊莎·泰芭丽娅（女）

（'Ā'ishah al-Tabarīyah，？ ~约 1359）

详见上文的"麦加的泰伯里家族"。

萨拉丁·阿拉伊

（Salāh al-Dīn al-'Alā'ī, 1295~1359）

萨拉丁·艾布·萨义德·赫里勒·本·凯卡勒迪·本·阿卜杜拉·阿拉伊·迪马什基，生于叙利亚大马士革，卒于耶路撒冷。

史学著作：《〈双园〉摘要与增补》、《法札里之长老》和《吊喑米齐》等。

参考文献：齐力克里：《名人》第 2 卷，第 321~322 页。萨拉丁·穆纳吉德：《大马士革史学家及其手稿与出版物辞典》，第 181~182 页。沙奇尔·穆斯塔法：《阿拉伯历史与史家》第 4 卷，第 170 页。

穆加勒拓伊

（Mughaltāy, 1290~1361）

阿拉丁·艾布·阿卜杜拉·穆加勒拓伊·本·格立吉·本·阿卜杜拉·巴克杰里·米斯里·希克里·哈乃斐，生卒于埃及开罗。

史学著作：①穆罕默德传记《含笑繁花：艾布·伽斯姆传》第 1~2 卷，开罗：萨腊姆出版社，2012。②《穆圣传与哈里发史提示》，大马士革：格拉姆出版社，1996。③《圣门弟子各种知识》第 1~2 卷，利雅得：鲁世德书店，1999。④《〈人名大全修正〉补全》第 1~12 卷，开罗：现代法鲁戈出版社，2001。该书是伊本·努戈泰（1183~1231）《〈大全〉增补》的续作，按照阿拉伯字母顺序编录了 5228 名人物。

参考文献：欧麦尔·力铎：《著述家辞典》第 3 卷，第 903 页。沙奇尔·穆斯塔法：《阿拉伯历史与史家》第 3 卷，第 218~219 页。利玛·杜尔内格：《阿拉伯与穆斯林著名史学家》，第 477~478 页。

伊本·沙奇尔·库图比

（Ibn Shākir al-Kutubī, 1282~1363）

萨拉丁·穆罕默德·本·沙奇尔·本·艾哈迈德·本·阿卜杜·拉哈

曼·本·沙奇尔·达拉尼，生于叙利亚德拉雅，卒于叙利亚大马士革。

史学著作：①28 卷本《历史精粹》，从先知穆罕默德时期写到 1359
年。其手抄本散落于中东和欧洲的多个图书馆。1980 年，埃及复兴书店
出版的第 1 卷主要记载穆罕默德的生平事迹。1984 年，伊拉克文化信息
部出版的第 21 卷记载 1272~1288 年的史事和名人。1996 年，贝鲁特文化
出版社出版的残卷记载 834~864 年的史事和名人。②《精英辞世录及其
补遗》第 1~5 卷，贝鲁特：索迪尔出版社，1973。该书按照阿拉伯字母
顺序编录了 600 名人物的传记。

参考文献：卡尔·布罗克尔曼：《阿拉伯文学史》第 6 册，第 54 页。
萨拉丁·穆纳吉德：《大马士革史学家及其手稿与出版物辞典》，第 183~
186 页。沙奇尔·穆斯塔法：《阿拉伯历史与史家》第 4 卷，第 75~76 页。

索法迪

（al-Safadī，1297~1363）

萨拉丁·艾布·索法·赫里勒·本·艾巴克·本·阿卜杜拉·索法
迪·沙斐仪，生于以色列采法特，卒于叙利亚大马士革。

史学著作：①《逝者全录》第 1~29 卷，贝鲁特：阿拉伯遗产复兴出版
社，2000。该书由四大部分内容构成：绪论，表现出了鲜明的史学理论与史
学史意识；先知穆罕默德传记；收录名为"穆罕默德"的人物 2353 位；按
照阿拉伯字母顺序编录了 1 万余名人物的传记。②《当世精英》第 1~6 卷，
大马士革：思想出版社，1998。该书收录了 2017 名与作者同时代人物的传
记。③《精粹珍品：大马士革哈里发、国王与代理人》第 1~2 卷，大马士
革：叙利亚文化部，1991~1992。④《伊斯兰时期大马士革埃米尔》，大马
士革：阿拉伯科学院出版社，1955。

参考文献：萨拉丁·穆纳吉德：《大马士革史学家及其手稿与出版物辞
典》，第 187~192 页。沙奇尔·穆斯塔法：《阿拉伯历史与史家》第 4 卷，
第 76~80 页。穆罕默德·拉辛：《索法迪及其对文学与评论的影响》
（Muhammad Lāshīn，*Al-Safadī wa-Āthāruhu fī al-Adab wa-al-Naqd*），开罗：阿
拉伯视野出版社，2005。

阿斐夫丁·麦托里

（'Afīf al-Dīn al-Matarī，1299~1363）

阿斐夫丁·艾布·斯雅达·阿卜杜拉·本·穆罕默德·本·艾哈迈德·本·哈拉夫·本·尔撒·本·阿拔斯·麦托里·沙斐仪，生卒于麦地那。

史学著作：《伊本·卡西尔〈沙斐仪派法学家层级传〉续编》和《到访麦地那名人通告》。

参考文献：伊本·哈杰尔：《隐珠：八世纪精英》第 2 卷，第 284~285 页。欧麦尔·力铎：《著述家辞典》第 2 卷，第 273 页。穆罕默德·希拉：《麦地那历史与史家》，第 92~93 页。

艾哈迈德·麦格迪斯

（Ahmad al-Maqdisī，1314~1364）

什贺布丁·艾布·马哈茂德·艾哈迈德·本·穆罕默德·本·伊卜拉欣·本·希腊勒·本·塔米姆·本·苏鲁尔·麦格迪斯，生于耶路撒冷，卒于埃及。

史学著作：①《探访耶路撒冷与沙姆》，贝鲁特：吉勒出版社，1994。②《塔米姆·达利纪事》。

参考文献：伊斯玛仪帕夏·巴格达迪：《著述家名讳遗作惠泽》第 1 卷，第 112 页。欧麦尔·力铎：《著述家辞典》第 1 卷，第 298 页。沙奇尔·穆斯塔法：《阿拉伯历史与史家》第 4 卷，第 171~172 页。

伊本·哈姆扎·侯赛尼

（Ibn Hamzah al-Husaynī，1315~1364）

沙姆苏丁·艾布·麦哈新·穆罕默德·本·阿里·本·哈桑·本·哈姆扎·侯赛尼·迪马什基·沙斐仪，祖籍伊拉克瓦西特，生卒于叙利亚大马士革。

史学著作：①《扎哈比〈殷鉴〉续编》，科威特：科威特政府印书馆，1986。该书续编了 1340～1363 年的史事和名人传记。②《扎哈比〈背诵家备忘〉续编》，贝鲁特：学术书籍出版社影印版，出版时间不明。③《十书人物知识备忘》第 1～4 卷，开罗：汗吉书店，1997。④《〈大全修正〉未录伊玛目艾哈迈德之穆斯纳德传述人物全录》，卡拉奇：伊斯兰研究大学，1989。

参考文献：萨拉丁·穆纳吉德：《大马士革史学家及其手稿与出版物辞典》，第 193～194 页。沙奇尔·穆斯塔法：《阿拉伯历史与史家》第 4 卷，第 80～81 页。利玛·杜尔内格：《阿拉伯与穆斯林著名史学家》，第 369、417 页。

麦吉达里

（al-Majdalī，？～约 1365）

阿卜杜·拉哈曼·本·焦哈尔·本·阿卜杜海·麦吉达里·加齐·艾什阿里·马立奇，生卒地点有待考究。

史学著作：《伊本·赫里康〈精英辞世〉摘要》。

参考文献：齐力克里：《名人》第 3 卷，第 303 页。卡米勒·朱布里：《文豪辞典：自蒙昧时期至公元 2002 年》第 3 卷，第 369 页。沙奇尔·穆斯塔法：《阿拉伯历史与史家》第 4 卷，第 172 页。

伊本·祖哈拉

（Ibn Zuhrah，？～1365）

沙姆苏丁·哈桑·本·穆罕默德·本·哈桑·本·穆罕默德·本·阿里·本·哈桑·本·祖哈拉·侯赛尼·哈拉比，生卒于叙利亚阿勒颇。

史学著作：《珍贵珠玉：先知穆罕默德美德》。

参考文献：伊本·哈杰尔：《隐珠：八世纪精英》第 2 卷，第 35 页。穆罕默德·泰拔厄：《阿勒颇史上群英诸贤》第 5 卷，第 46～47 页。索伊卜·阿卜杜·哈密德：《什叶派史学家辞典》第 1 卷，第 266 页。

伊本·杰玛阿

(Ibn Jamā'ah, 1294~1366)

详见上文的"杰玛阿父子"。

伊本·努拔塔

(Ibn Nubātah, 1287~1366)

杰玛路丁·艾布·伯克尔·穆罕默德·本·穆罕默德·本·穆罕默德·本·哈桑·朱扎米·法力基·米斯里,生卒于埃及开罗。

史学著作:《王国珠线》、《耶路撒冷游记》和人物志《项圈鸽咕》。

参考文献: 欧麦尔·力铎:《著述家辞典》第 3 卷,第 676~677 页。沙奇尔·穆斯塔法:《阿拉伯历史与史家》第 3 卷,第 219~220 页。利玛·杜尔内格:《阿拉伯与穆斯林著名史学家》,第 444~445 页。

雅菲义

(al-Yāfi'ī, 1298~1367)

阿斐夫丁·艾布·萨阿达特·阿卜杜拉·本·艾斯阿德·本·阿里·本·苏莱曼·本·法腊哈·雅菲义,生于也门亚丁,卒于麦加。

史学著作:①《天堂镜鉴与警醒教训:历史熟思知识》第 1~4 卷,贝鲁特:学术书籍出版社,1997。这部编年体简史记载 622~1349 年的史事和名人。②《混合芳香溢散:苏菲派长老美德》第 1~2 卷,开罗:宗教文化书店,2004。③《也门学林》和《历史边缘》等。

参考文献: 沙奇尔·穆斯塔法:《阿拉伯历史与史家》第 4 卷,第 243~245 页。阿卜杜拉·哈巴什:《也门伊斯兰思想文献》,第 486 页。穆罕默德·希拉:《麦加历史与史家》,第 66~70 页。

伊本·瓦赫班

（Ibn Wahbān，? ~1367）

阿米努丁·艾布·穆罕默德·阿卜杜·瓦贺卜·本·艾哈迈德·本·瓦赫班·哈力思·迪马什基·哈乃斐，生于叙利亚大马士革，卒于叙利亚哈马。

史学著作：《最佳纪事：七大诵经家良善》，贝鲁特：伊本·哈兹姆出版社，2004。

参考文献：齐力克里：《名人》第 4 卷，第 180 页。萨拉丁·穆纳吉德：《大马士革史学家及其手稿与出版物辞典》，第 196 页。沙奇尔·穆斯塔法：《阿拉伯历史与史家》第 4 卷，第 173 页。

伊本·穆汉迪斯·哈乃斐

（Ibn al-Muhandis al-Hanafī，1292~1367）

萨拉丁·阿卜杜拉·本·穆罕默德·本·伊卜拉欣·本·加纳伊姆·本·穆汉迪斯·迪马什基·哈乃斐，生卒于叙利亚大马士革。

史学著作：巨著《哈乃斐派层级传》。

参考文献：哈吉·哈里发：《杰才层级通梯》第 2 卷，第 223 页。萨拉丁·穆纳吉德：《大马士革史学家及其手稿与出版物辞典》，第 198 页。沙奇尔·穆斯塔法：《阿拉伯历史与史家》第 4 卷，第 174 页。

伊本·萨腊玛·麦格迪斯

（Ibn Salāmah al-Maqdisī，? ~1367）

什贺布丁·艾布·阿拔斯·艾哈迈德·本·萨腊玛·本·拉拔哈·本·穆罕默德·本·萨腊玛·麦格迪斯·米斯里，生卒地点有待考究。

史学著作：苏菲派层级传《同道觅选》，巴特那：胡达·巴赫什东方公共图书馆，1998。

参考文献：欧麦尔·力铎：《著述家辞典》第 1 卷，第 147 页。沙奇尔·穆斯塔法：《阿拉伯历史与史家》第 4 卷，第 174 页。

巴德鲁丁·法尔宏
（Badr al-Dīn Farhūn，1294~1368）

详见上文的"法尔宏家族"。

什卜里
（al-Shiblī，1312~1368）

巴德鲁丁·艾布·阿卜杜拉·穆罕默德·本·阿卜杜拉·什卜里·迪马什基·泰拉布路斯·哈乃斐，生于叙利亚大马士革，卒于黎巴嫩的黎波里。

史学著作：《原初知识》。

参考文献：萨拉丁·穆纳吉德：《大马士革史学家及其手稿与出版物辞典》，第 197 页。沙奇尔·穆斯塔法：《阿拉伯历史与史家》第 4 卷，第 173 页。利玛·杜尔内格：《阿拉伯与穆斯林著名史学家》，第 405~406 页。

伊本·迦里
（Ibn Ghālī，? ~约 1368）

穆罕默德·本·马哈富兹·本·穆罕默德·本·迦里·朱哈尼·舒贝奇·麦奇，生卒地点有待考究，长期居住于麦加。

史学著作：编年史《麦加史》。塔基丁·法斯（1373~1429）曾见到该书记载 1325~1359 年史事的手稿。

参考文献：塔基丁·法斯：《宝贵璎珞：安宁城市史》第 2 卷，第 348 页。穆罕默德·希拉：《麦加历史与史家》，第 72~74 页。

麦尔贾尼
（al-Marjānī，? ~约 1368）

阿斐夫丁·艾布·穆罕默德·阿卜杜拉·本·阿卜杜·麦立克·本·

阿卜杜拉·伯克里·突尼斯·麦尔贾尼，生于埃及亚历山大，卒于摩洛哥。

史学著作：《心喜面悦：麦地那史》第 1~2 卷，贝鲁特：伊斯兰西方出版社，2002。

参考文献：塔基丁·法斯：《宝贵璎珞：安宁城市史》第 5 卷，第 203~204 页。穆罕默德·希拉：《麦加历史与史家》，第 70~72 页。穆罕默德·马哈富兹：《突尼斯著述家志》第 4 卷，第 300~301 页。

费尤米
（al-Fayyūmī，约 1320~约 1369）

艾布·阿拔斯·艾哈迈德·本·穆罕默德·本·阿里·费尤米·哈马维，生于埃及法尤姆，可能卒于叙利亚哈马。

史学著作：《珍珠散落：精英人物志》。埃及国家图书馆藏手抄本残卷（编号：1746）包括三个部分：第一部分，共 180 页，写 1138~1172 年的精英人物；第二部分，也是 180 页，写 1226~1276 年的精英人物；第三部分，共 856 页，写 1302~1344 年的精英人物。

参考文献：欧麦尔·力铎：《著述家辞典》第 2 卷，第 519 页。沙奇尔·穆斯塔法：《阿拉伯历史与史家》第 3 卷，第 220~221 页。利玛·杜尔内格：《阿拉伯与穆斯林著名史学家》，第 285 页。

伊本·哈吉
（Ibn al-Hājj，1281~1370）

艾布·巴拉卡特·穆罕默德·本·穆罕默德·本·伊卜拉欣·本·穆罕默德·本·赫拉夫·苏拉米·穆里，生于西班牙阿尔梅里亚，辞世地点有待考究。

史学著作：《阿尔梅里亚史》、《书名及其作者须知》、《时代人物可靠讯息录》和《时代人物讯息公告》等。

参考文献：齐力克里：《名人》第 7 卷，第 39 页。欧麦尔·力铎：《著述家辞典》第 3 卷，第 619 页。利玛·杜尔内格：《阿拉伯与穆斯林著名史学家》，第 435 页。

塔朱丁·苏卜奇
(Tāj al-Dīn al-Subkī, 1327～1370)

详见上文的"苏卜奇家族"。

杰玛路丁·伊斯纳维
(Jamāl al-Dīn al-Isnawī, 1305～1370)

杰玛路丁·艾布·穆罕默德·阿卜杜·拉希姆·本·哈桑·本·阿里·伊斯纳维·沙斐仪,生于埃及伊斯纳,卒于埃及开罗。

史学著作:《沙斐仪学派层级传》第 1～2 卷,巴格达:伊尔沙德印书馆,1971。该书收录了 1289 名沙斐仪派教法学家的传记。

参考文献:伊本·易玛德:《金砂:往逝纪事》第 8 卷,第 383～384 页。齐力克里:《名人》第 3 卷,第 344 页。沙奇尔·穆斯塔法:《阿拉伯历史与史家》第 3 卷,第 221～223 页。

阿里·扎兰迪
('Alī al-Zarandī, 约 1308～1370)

详见上文的"扎兰迪兄弟"。

伊本·拉菲俄
(Ibn Rāfi', 1305～1372)

塔基丁·艾布·麦阿里·穆罕默德·本·拉菲俄·本·哈吉拉斯·本·穆罕默德·萨腊米·米斯里,生于埃及开罗,卒于叙利亚大马士革。

史学著作:①《辞世录》第 1～2 卷,贝鲁特:使命基金会,1982。该书是巴尔札里(1267～1339)《辞世录》的续作,收录卒于 1336 年 8 月～1372 年 12 月的 953 名人物。②4 卷本《伊本·纳贾尔〈巴格达史〉增补》。仅存其缩写本,即《巴格达学林史》,贝鲁特:阿拉伯百科全书出版社,

2000。③《穆罕默德·本·伊卜拉欣·巴雅尼穆斯纳德长老志》，贝鲁特：伊斯兰福音出版社，2004。④4 卷本《长老辞典》，收录了 1000 多名长老的传记。

参考文献：萨拉丁·穆纳吉德：《大马士革史学家及其手稿与出版物辞典》，第 208~209 页。阿拔斯·阿札维：《蒙古与土库曼时期的史学家介绍》，第 200~201 页。沙奇尔·穆斯塔法：《阿拉伯历史与史家》第 4 卷，第 86~89 页。

伊本·卡西尔父子

1. 伊本·卡西尔

（Ibn Kathīr，1302~1373）

易玛杜丁·艾布·菲达·伊斯玛仪·本·欧麦尔·本·卡西尔·布斯拉维·沙斐仪，生于叙利亚布斯拉附近的马吉达勒，卒于叙利亚大马士革。

史学著作：①《始末录》第 1~21 卷，吉萨：哈杰尔出版社，1997~1999。这部编年体世界通史从创世写到 1373 年。1368~1373 年的部分已失传。残存部分包括：第一部分写创世和诸先知故事；第二部分是先知穆罕默德传记；第三部分逐年记载自正统哈里发时期至马穆鲁克王朝时期的阿拉伯伊斯兰历史和名人；第四部分探讨末世论。②《沙斐仪学派层级传》第 1~2 卷，贝鲁特：伊斯兰轴心出版社，2004。该书收录了 958 名沙斐仪派教法学家的传记。③《先知传》第 1~4 卷，贝鲁特：知识出版社，1976。④《先知传摘章》，哈瓦利：纳瓦迪尔出版社，2010。⑤《可信者、羸弱者与不知名者知识增补》，即《可信者、羸弱者与不知名者考证与知识增补》第 1~4 卷，萨那：努尔曼伊斯兰研究、遗产校勘与翻译中心，2011。该书收录了 2906 名圣训人物（包括 269 名女性）的传记。

2. 阿卜杜·拉哈曼·卡西尔

（'Abd al-Rahmān Kathīr，? ~1390）

阿卜杜·拉哈曼·本·伊斯玛仪·本·欧麦尔·本·卡西尔·布斯拉维·迪马什基·沙斐仪，可能生于大马士革，辞世地点有待考究。

史学著作：续编其父的《始末录》。

3. 穆罕默德·卡西尔

（Muhammad Kathīr，1358~1400）

巴德鲁丁·艾布·阿卜杜拉·穆罕默德·本·伊斯玛仪·本·欧麦尔·本·卡西尔·布斯拉维·沙斐仪，生于大马士革，卒于以色列拉姆拉。

史学著作： 记载当时的事件，续编其父的《始末录》。

参考文献： 欧麦尔·力铎：《著述家辞典》第1卷，第373页；第3卷，第134页。萨拉丁·穆纳吉德：《大马士革史学家及其手稿与出版物辞典》，第203~207、215、222页。沙奇尔·穆斯塔法：《阿拉伯历史与史家》第4卷，第83~85、178、183页。利玛·杜尔内格：《阿拉伯与穆斯林著名史学家》，第100、348~349页。穆罕默德·祖海里：《伊本·卡西尔·迪马什基：哈菲兹、经注学家、史学家、教法学家》（Muhammad al-Zuhaylī, *Ibn Kathīr al-Dimashqī: al-Hāfiz, al-Mufassir, al-Mu'arrikh, al-Faqīh*），大马士革：格拉姆出版社，1995。

伊本·赫沙卜·加尔纳蒂

（Ibn al-Khashshāb al-Gharnātī，? ~1373）

艾布·伽斯姆·穆罕默德·本·穆罕默德·本·优素福·本·穆罕默德·本·穆罕默德·本·阿里·加尔纳蒂，可能生卒于西班牙格拉纳达。

史学著作：《人物辞典》，收录了约400名长老的传记。

参考文献： 齐力克里：《名人》第7卷，第40页。阿卜杜海·卡塔尼：《目录辞典》第1卷，第384页；第2卷，第619页。

阿卜杜·伽迪尔·古拉什

（'Abd al-Qādir al-Qurashī，1297~1373）

穆哈义丁·艾布·穆罕默德·阿卜杜·伽迪尔·本·穆罕默德·本·穆罕默德·本·纳斯鲁拉·本·撒里姆·古拉什·哈乃斐，生卒于埃及开罗。

史学著作：①《往昔珠宝：哈乃斐学派层级传》第1~5卷，吉萨：哈杰尔出版社，1993。该书按照阿拉伯字母顺序编录 1871 名哈乃斐派教法学家、5 名女教法学家以及数百个别名与别号。②《花园：努尔曼美德》和《辞世录》等。

参考文献：伊本·哈杰尔：《隐珠：八世纪精英》第 2 卷，第 392 页。齐力克里：《名人》第 4 卷，第 42 页。沙奇尔·穆斯塔法：《阿拉伯历史与史家》第 3 卷，第 223~225 页；第 4 卷，第 174 页。

努韦里·伊斯坎达拉尼

（al-Nuwayrī al-Iskandarānī,？~约 1373）

穆罕默德·本·伽斯姆·本·穆罕默德·努韦里·伊斯坎达拉尼，生于埃及努维拉村，辞世地点有待考究。

史学著作：《亚历山大豪杰识略》第 1~7 卷，海得拉巴：奥斯曼百科全书委员会印务部，1968~1976。

参考文献：欧麦尔·力铎：《著述家辞典》第 3 卷，第 599 页。沙奇尔·穆斯塔法：《阿拉伯历史与史家》第 3 卷，第 219 页。阿齐兹·速尔雅勒：《努韦里·伊斯坎达拉尼的〈识略〉研究》（'Azīz Sūryāl, "Kitāb al-Ilmām li-l-Nuwayrī al-Iskandarānī: Dirāsat Naqdīyah Tahlīlīyah"），《思想世界》（'Ālam al-Fikr）1983 年第 2 期。

杰玛路丁·苏拉马里

（Jamāl al-Dīn al-Surramarrī, 1297~1374）

杰玛路丁·艾布·穆左发尔·优素福·本·穆罕默德·本·马斯欧德·本·穆罕默德·苏拉马里·罕百里，生于伊拉克萨迈拉，卒于叙利亚大马士革。

史学著作：①《自传翠园》，按照阿拉伯字母顺序记载作者的约百种论著。②《圣裔美德》、《圣门弟子美德》、《正统哈里发美德》和《始末知识》等。

参考文献：齐力克里：《名人》第 8 卷，第 250~251 页。沙奇尔·穆斯塔法：《阿拉伯历史与史家》第 4 卷，第 175、375 页。阿卜杜拉·图雷基：

《罕百里学派著作辞典》第 4 卷，第 175～184 页。

沙姆苏丁·瓦西蒂
(Shams al-Dīn al-Wāsitī, 1317～1374)

沙姆苏丁·艾布·阿卜杜拉·穆罕默德·本·哈桑·本·阿卜杜拉·侯赛尼·瓦西蒂·沙斐仪，可能生于伊拉克瓦西特，卒于叙利亚大马士革。

史学著作：《崇高目标：沙斐仪学派功德》和 3 卷本《纪事汇集：良善功德》（或名《苏菲派史集》）。

参考文献：齐力克里：《名人》第 6 卷，第 87 页。阿里·力铎等：《世界图书馆藏伊斯兰遗产史辞典》第 4 卷，第 2676 页。萨拉丁·穆纳吉德：《大马士革史学家及其手稿与出版物辞典》，第 211 页。

伊本·穆爱耶
(Ibn Mu'ayyah, ? ～1374)

塔朱丁·艾布·阿卜杜拉·穆罕默德·本·伽斯姆·本·侯赛因·本·伽斯姆·本·穆爱耶·哈萨尼·希里·迪拔继，生卒于伊拉克希拉。

史学著作：①《民族纪事》。作者计划写 100 卷，每卷 800 页，但只写了 21 卷。②《人物知识》。

参考文献：艾哈迈德·萨敏：《伊玛目派人名学史导研》，第 227 页。沙奇尔·穆斯塔法：《阿拉伯历史与史家》第 4 卷，第 337～338 页。索伊卜·阿卜杜·哈密德：《什叶派史学家辞典》第 2 卷，第 303～304 页。

里撒努丁·伊本·赫蒂卜
(Lisān al-Dīn Ibn al-Khatīb, 1313～1375)

里撒努丁·艾布·阿卜杜拉·穆罕默德·本·阿卜杜拉·本·萨义德·萨勒玛尼·加尔纳蒂·安达卢斯，生于西班牙洛哈，被杀害于摩洛哥非斯的监狱。

史学著作：①《格拉纳达纪综录》第 1～4 卷，开罗：汗吉书店，

1973~1977。该书是关于安达卢西阿拉伯伊斯兰历史与人物志的集大成作品。②《潜伏营：八世纪安达卢西诗坛》，贝鲁特：文化出版社，1983。③拉吉兹式格律史诗《列国编整》，突尼斯：乌木米耶印书馆，1898。

参考文献：伊本·哈杰尔：《隐珠：八世纪精英》第 3 卷，第 469~474 页。欧麦尔·力铎：《著述家辞典》第 3 卷，第 440~441 页。利玛·杜尔内格：《阿拉伯与穆斯林著名史学家》，第 403~404 页。

穆罕默德·哈拉比

（Muhammad al-Halabī,？~1375）

艾布·穆萨·穆罕默德·本·马哈茂德·本·伊斯哈格·本·艾哈迈德·哈拉比·麦格迪斯，可能生于叙利亚阿勒颇，卒于叙利亚大马士革。

史学著作：《纪事宝藏》、《耶路撒冷史》和《辞世录》等。

参考文献：欧麦尔·力铎：《著述家辞典》第 3 卷，第 701 页。沙奇尔·穆斯塔法：《阿拉伯历史与史家》第 4 卷，第 174 页。利玛·杜尔内格：《阿拉伯与穆斯林著名史学家》，第 452 页。

艾弗多勒国王

（al-Malik al-Afdal,？~1377）

狄尔迦姆丁·阿拔斯·本·阿里·本·达乌德·本·优素福·本·拉苏勒·加萨尼·也马尼，可能生于也门塔伊兹，卒于也门扎比德。

史学著作：①《华丽礼物与愉快赠品：也门人功德》，萨那：也门文化与旅游部，2004。该书按照阿拉伯字母顺序编录了 972 名也门人物的传记。②《农民希冀：硕果和风》第 1~2 卷，大马士革：法尔格德出版社，2016。该书是记载中古时期也门与阿曼的农业、政治、社会与经济状况的重要文献。③《亲眼目游：数世纪各派史》。该书是《华丽礼物与愉快赠品》的续作。④《〈伊本·赫里康史〉摘要》和《鉴识观赏：〈精华宝藏〉摘要》等。

参考文献：欧麦尔·力铎：《著述家辞典》第 2 卷，第 32 页。沙奇尔·穆斯塔法：《阿拉伯历史与史家》第 4 卷，第 245~246 页。索伊卜·阿卜杜·哈密德：《什叶派史学家辞典》第 1 卷，第 423 页。

伊本·白图泰

（Ibn Batūtah，1304~1377）

艾布·阿卜杜拉·穆罕默德·本·阿卜杜拉·本·穆罕默德·本·伊卜拉欣·本·穆罕默德·路沃提·丹继，生于摩洛哥丹吉尔，卒于摩洛哥马拉喀什。

史学著作：《异境奇观》，又名《伊本·白图泰游记》第1~5卷，拉巴特：摩洛哥皇家科学院，1997；《异境奇观——伊本·白图泰游记（全译本）》，李光斌译，海洋出版社，2008。该书是中古时期最著名的游记之一。

参考文献：伊卜拉欣·阿德维：《伊斯兰世界的伊本·白图泰》（Ibrāhīm al-'Adawī, *Ibn Battūtah fī al-'Ālam al-Islāmī*），开罗：知识出版社，1954。侯赛因·穆阿尼斯：《伊本·白图泰及其游记》（Husayn Mu'nis, *Ibn Battūtah wa-Rihlātuhu：Tahqīq wa-Dirāsat wa-Tahlīl*），开罗：知识出版社，1980。李光斌：《伊本·白图泰中国纪行考》，海洋出版社，2009。

哈比卜父子

1. 伊本·哈比卜·哈拉比

（Ibn Habīb al-Halabī，1310~1377）

巴德鲁丁·艾布·穆罕默德·哈桑·本·欧麦尔·本·哈桑·本·哈比卜·哈拉比，生于叙利亚大马士革或阿勒颇，卒于阿勒颇。

史学著作：①《线珠：突厥王朝》第1~2卷，开罗：埃及国家图书馆与档案馆，2014。这部编年史记载了1250~1376年的马穆鲁克王朝政治军事史和名人传记。②《警醒备忘：曼苏尔及其子嗣时代》第1卷，开罗：书籍出版社，1976；第2~3卷，开罗：埃及图书总局，1982~1986。这部编年史以统治马穆鲁克王朝的盖拉温家族作为主要叙事对象，记载1279~1368年的史事和名人。③《穆圣传记选》，开罗：哈迪斯出版社，1996。④《确真纪事：诸城列王》。

2. 拓熙尔·哈比卜

（Tāhir Habīb，1339~1406）

栽努丁·艾布·易兹·拓熙尔·本·哈桑·本·欧麦尔·本·哈桑·本·欧麦尔·哈拉比·哈乃斐，生于阿勒颇，卒于埃及开罗。

史学著作：《〈线珠：突厥王朝〉续编》，续写到 1400 年。

参考文献：齐力克里：《名人》第 2 卷，第 208~209 页；第 3 卷，第 221 页。欧麦尔·力铎：《著述家辞典》第 1 卷，第 575 页；第 2 卷，第 10 页。阿拔斯·阿札维：《蒙古与土库曼时期的史学家介绍》，第 205~206 页。萨拉丁·穆纳吉德：《大马士革史学家及其手稿与出版物辞典》，第 212~213 页。沙奇尔·穆斯塔法：《阿拉伯历史与史家》第 4 卷，第 89~91、184 页。

伊本·艾斯尔

（Ibn Asīr，? ~约 1377）

穆罕默德·本·穆罕默德·本·曼苏尔·本·艾斯尔，生卒于也门扎比德。

史学著作：《扎比德城史》。

参考文献：阿卜杜拉·哈巴什：《也门伊斯兰思想文献》，第 487 页。沙奇尔·穆斯塔法：《阿拉伯历史与史家》第 4 卷，第 268 页。

叶哈雅·赫勒敦

（Yahyá Khaldūn，1332~1378）

详见下文的"赫勒敦兄弟"。

伊本·马尔祖戈

（Ibn Marzūq，1311~1379）

沙姆苏丁·艾布·阿卜杜拉·穆罕默德·本·艾哈迈德·本·穆罕默德·本·马尔祖戈·阿捷斯，生于阿尔及利亚特莱姆森，卒于埃及开罗。

史学著作：《艾布·哈桑德行与良善》，阿尔及尔：国家出版公司，1981。

参考文献：伊本·易玛德：《金砂：往逝纪事》第 8 卷，第 467~468 页。齐力克里：《名人》第 5 卷，第 328~329 页。伊本·苏达：《远马格里布史家索引》，第 111 页。

伊本·萨腊尔

（Ibn al-Sallār，1299~1380）

阿米努丁·艾布·穆罕默德·阿卜杜·瓦贺卜·本·优素福·本·伊卜拉欣·本·贝拉姆·本·巴赫拉姆·本·萨腊尔·沙斐仪，生卒于叙利亚大马士革。

史学著作：《七大诵经家层级传及其功德与诵经纪录》，赛达 & 贝鲁特：现代书店，2003。

参考文献：伊本·哈杰尔：《隐珠：八世纪精英》第 2 卷，第 431~432 页。伊本·易玛德：《金砂：往逝纪事》第 8 卷，第 474 页。齐力克里：《名人》第 4 卷，第 186 页。

威索比

（al-Wisābī，1334~1380）

瓦继胡丁·艾布·穆罕默德·阿卜杜·拉哈曼·本·穆罕默德·本·阿卜杜·拉哈曼·本·欧麦尔·胡贝什·威索比，生卒于也门威萨布。

史学著作：《威萨布史》，萨那：伊尔沙德书店，2006。

参考文献：阿卜杜拉·哈巴什：《也门伊斯兰思想文献》，第 490 页。沙奇尔·穆斯塔法：《阿拉伯历史与史家》第 4 卷，第 268 页。

伊本·阿拉姆

（Ibn 'Arrām，? ~1380）

萨拉丁·赫里勒（或穆罕默德）·本·阿里·本·阿拉姆·伊斯坎达拉尼，出生地点有待考究，被杀害于埃及亚历山大。

史学著作：十卷本埃及史《历史》。

参考文献：伊本·哈杰尔：《毕生闻讯告新学小生》第 1 卷，第 223 ~ 224、227 页。伊斯玛仪帕夏·巴格达迪：《著述家名讳遗作惠泽》第 1 卷，第 352 页。沙奇尔·穆斯塔法：《阿拉伯历史与史家》第 3 卷，第 225 页。

伊本·曼卡里
(Ibn Mankalī, ? ~ 1382)

杰拉路丁·穆罕默德·本·马哈茂德·本·曼卡里·布迦·伽熙里·米斯里，生卒地点有待考究。

史学著作：①《官方证据：战争动员》，巴格达：伊拉克科学院出版社，1988。②《谋略：战术、攻城与坚守》，开罗：埃及国家图书馆，2000。③《野兽驯养》，安曼：巴什尔出版社，1993。④《兵工业》、《伴君线路》、《战士甘泉》、《海上厮杀技》和《兵工业政策》等。

参考文献：伊斯玛仪帕夏·巴格达迪：《著述家名讳遗作惠泽》第 2 卷，第 172 页。欧麦尔·力铎：《著述家辞典》第 3 卷，第 707 页。沙奇尔·穆斯塔法：《阿拉伯历史与史家》第 3 卷，第 225 页。

艾布·阿卜杜拉·奇纳尼
(Abū 'Abd Allāh al-Kinānī, 1303 ~ 1383)

艾布·阿卜杜拉·穆罕默德·本·索里哈·本·伊斯玛仪·奇纳尼·麦达尼·沙斐仪，生卒于麦地那。

史学著作：《麦地那史》。

参考文献：萨哈维：《雅珍：麦地那史》第 3 卷，第 583 ~ 585 页。欧麦尔·力铎：《著述家辞典》第 3 卷，第 352 页。利玛·杜尔内格：《阿拉伯与穆斯林著名史学家》，第 387 页。

艾布·伯克尔·朱笛·卡勒比
(Abū Bakr Juzayy al-Kalbī, 1315 ~ 1383)

详见上文的"朱笛·卡勒比家族"。

阿斐夫丁·卡扎鲁尼

（'Afīf al-Dīn al-Kāzarūnī，1327~1383）

详见上文的"萨阿杜丁·卡扎鲁尼"。

艾哈迈德·赫兹拉继

（Ahmad al-Khazrajī，? ~约1383）

杰拉路丁·艾布·伽斯姆·艾哈迈德·本·杰拉路丁·安索里·赫兹拉继·沙斐仪，生卒地点有待考究。

史学著作：《简明精选：欧麦尔·本·阿卜杜·阿齐兹功德》。

参考文献：欧麦尔·力铎：《著述家辞典》第 1 卷，第 115 页。沙奇尔·穆斯塔法：《阿拉伯历史与史家》第 3 卷，第 228~229 页。

奇尔玛尼父子

1. 沙姆苏丁·奇尔玛尼

（Shams al-Dīn al-Kirmānī，1317~1384）

沙姆苏丁·艾布·阿卜杜拉·穆罕默德·本·优素福·本·阿里·奇尔玛尼·沙斐仪，祖籍伊朗克尔曼，成名于伊拉克巴格达，卒于朝觐归途。

史学著作：续编欧麦里（1300~1349）的《鉴识路途：诸城列国》。

2. 伊本·奇尔玛尼

（Ibn al-Kirmānī，1361~1430）

塔基丁·叶哈雅·本·穆罕默德·本·优素福·本·阿里·奇尔玛尼·巴格达迪·沙斐仪，生于巴格达，卒于埃及开罗。

史学著作：①《艾布·瓦立德·艾兹拉基〈麦加史〉摘要》，麦加：学术研究与伊斯兰遗产复兴中心，2017。②《〈埃及纪事〉摘要》。

参考文献：伊本·哈杰尔：《隐珠：八世纪精英》第 4 卷，第 310~311

页。萨哈维：《闪光：九世纪人物》第 10 卷，第 259~261 页。齐力克里：《名人》第 7 卷，第 153 页；第 8 卷，第 166~167 页。沙奇尔·穆斯塔法：《阿拉伯历史与史家》第 4 卷，第 375 页。

伊本·巴尔迪斯

（Ibn Bardis，1320~1384）

易玛杜丁·艾布·菲达·伊斯玛仪·本·穆罕默德·本·巴尔迪斯·本·纳斯尔·本·巴尔迪斯·巴尔勒巴奇·罕百里，生卒于黎巴嫩巴勒贝克。

史学著作： ①把扎哈比（1274~1348）的《背诵家层级传》改写成史诗。②缩写米齐（1256~1341）的《〈人名大全〉修正》。

参考文献： 齐力克里：《名人》第 1 卷，第 324 页。沙奇尔·穆斯塔法：《阿拉伯历史与史家》第 4 卷，第 175~176 页。阿卜杜拉·图雷基：《罕百里学派著作辞典》第 4 卷，第 199~202 页。

萨阿杜拉·艾斯发拉益尼

（Sa'd Allāh al-Asfarāyīnī，? ~1384）

萨阿杜丁·艾布·萨阿达特·萨阿杜拉·本·欧麦尔·本·穆罕默德·本·阿里·艾斯发拉益尼，出生地点有待考究，卒于麦加。

史学著作： 《艾斯发拉益尼长老志》和《行为精华与动作概要：麦加与麦地那史》。

参考文献： 欧麦尔·力铎：《著述家辞典》第 2 卷，第 538 页；第 3 卷，第 566 页。穆罕默德·希拉：《麦加历史与史家》，第 74~84 页。利玛·杜尔内格：《阿拉伯与穆斯林著名史学家》，第 347、425 页。

萨利贾·麦拉蒂

（Sarījā al-Malatī，1320~1386）

栽努丁·萨利贾·本·穆罕默德·本·萨利贾·麦拉蒂·玛力迪尼·沙斐仪，出生地点有待考究，卒于土耳其马尔丁。

史学著作：《精英纪事选》、《马尔丁纪事集》和《艾尤卜家族史》等。

参考文献：伊斯玛仪帕夏·巴格达迪：《著述家名讳遗作惠泽》第 1 卷，第 382~383 页。欧麦尔·力铎：《著述家辞典》第 1 卷，第 755 页。沙奇尔·穆斯塔法：《阿拉伯历史与史家》第 4 卷，第 176~177 页。

塔朱丁·希木叶里

(Tāj al-Dīn al-Himyarī, ? ~1386)

塔朱丁·艾布·阿拔斯·艾哈迈德·本·穆罕默德·本·阿卜杜拉·本·侯赛因·本·伊斯玛仪·迪马什基·希木叶里，生卒地点有待考究。

史学著作：60 卷本《备忘》。

参考文献：伊本·易玛德：《金砂：往逝纪事》第 8 卷，第 515 页。伊斯玛仪帕夏·巴格达迪：《著述家名讳遗作惠泽》第 1 卷，第 115 页。沙奇尔·穆斯塔法：《阿拉伯历史与史家》第 4 卷，第 176 页。

阿里·胡札义

('Alī al-Khuzā'ī, 1310~1387)

艾布·哈桑·阿里·本·穆罕默德·本·艾哈迈德·本·穆萨·本·马斯欧德·胡札义，生于阿尔及利亚特莱姆森，卒于摩洛哥非斯。

史学著作：《安拉使者时代传闻证据解说》，贝鲁特：伊斯兰西方出版社，1985。

参考文献：齐力克里：《名人》第 5 卷，第 6~7 页。阿迪勒·努韦熙得：《阿尔及利亚名人辞典》，第 132~133 页。阿拉伯联盟教育、文化及科学组织：《阿拉伯与穆斯林学林文坛名人百科全书》第 8 卷，第 214~217 页。

索米特

(al-Sāmit, 1312~1387)

沙姆苏丁·艾布·伯克尔·穆罕默德·本·阿卜杜拉·本·艾哈迈

德·本·阿卜杜拉·索里希·罕百里，出生地点有待考究，卒于叙利亚大马士革。

史学著作：《羸弱者备忘》和《到访耶路撒冷者名单》。

参考文献：欧麦尔·力铎：《著述家辞典》第 3 卷，第 615～616 页。沙奇尔·穆斯塔法：《阿拉伯历史与史家》第 4 卷，第 177 页。阿卜杜拉·图雷基：《罕百里学派著作辞典》第 4 卷，第 205～207 页。

伊本·阿沙伊尔
（Ibn 'Ashā'ir, 1341～1387）

纳斯鲁丁·艾布·麦阿里·穆罕默德·本·阿里·本·穆罕默德·本·哈希姆·苏拉米·哈拉比，生于叙利亚历史名镇肯奈斯林，卒于埃及开罗。

史学著作：《长寿花冠：肯奈斯林史》和四卷本《伊本·阿迪姆〈阿勒颇史〉续编》。

参考文献：卡米勒·朱布里：《文豪辞典：自蒙昧时期至公元 2002 年》第 6 卷，第 34 页。沙奇尔·穆斯塔法：《阿拉伯历史与史家》第 4 卷，第 177 页。利玛·杜尔内格：《阿拉伯与穆斯林著名史学家》，第 423 页。

伊本·阿塔伊基
（Ibn al-'Atā'iqī, 1300～约 1388）

卡玛路丁·阿卜杜·拉哈曼·本·穆罕默德·本·伊卜拉欣·本·穆罕默德·本·伊卜拉欣·阿塔伊基·希里，祖籍伊拉克阿塔伊格，曾定居伊朗伊斯法罕。

史学著作：①《第一》，是艾布·希腊勒·阿斯卡里（？～约 1005）《第一》的缩写本。②《穆斯林分歧》。

参考文献：齐力克里：《名人》第 3 卷，第 330 页。阿卜杜拉·阿凡迪：《学林园与德贤池》第 3 卷，第 103～106 页。索伊卜·阿卜杜·哈密德：《什叶派史学家辞典》第 1 卷，第 457～458 页。

伽迪·舒赫巴家族

1. 什贺布丁·伽迪·舒赫巴

（Shihāb al-Dīn Qādī Shuhbah，1337～1388）

什贺布丁·艾布·阿拔斯·艾哈迈德·本·穆罕默德·本·欧麦尔·本·穆罕默德·阿萨迪·沙斐仪，生卒于叙利亚大马士革。

史学著作： 2 卷本《历史》。

2. 伊本·伽迪·舒赫巴

（Ibn Qādī Shuhbah，1377～1448）

塔基丁·艾布·伯克尔·本·艾哈迈德·本·穆罕默德·本·欧麦尔·本·穆罕默德·阿萨迪·沙斐仪，生卒于大马士革。

史学著作： ①7 卷本《〈伊斯兰史〉续编》，在伊本·哈吉（1350～1413）未完成的编年史续作《伊本·哈吉史》的基础上增补到 1437 年。②《伊本·伽迪·舒赫巴史》第 1～4 卷，大马士革：法兰西阿拉伯研究院，1977～1997。该书按照年月日顺序记载 1340～1405 年的史事和名人。③《沙斐仪学派层级传》第 1～5 卷，海得拉巴：奥斯曼百科全书委员会印务部，1978～1980。④《语法学家、语言学家、经注学家与法学家层级传》，贝鲁特：阿拉伯百科全书出版社，2008。⑤《哈乃斐学派层级传》和《也门法学家层级传略》等。

3. 巴德鲁丁·伽迪·舒赫巴

（Badr al-Dīn Qādī Shuhbah，1395～1470）

巴德鲁丁·艾布·法得勒·穆罕默德·本·艾比·伯克尔·本·艾哈迈德·本·穆罕默德·本·欧麦尔·阿萨迪·沙斐仪，生卒于大马士革。

史学著作： ①《努尔丁素丹史》，贝鲁特：新书出版社，1971。②《法学家层级传》。

参考文献： 伊本·易玛德：《金砂：往逝纪事》第 8 卷，第 535～536 页；第 9 卷，第 392～393 页。欧麦尔·力铎：《著述家辞典》第 1 卷，第

287、435 页；第 3 卷，第 48、164 页。沙奇尔·穆斯塔法：《阿拉伯历史与史家》第 4 卷，第 105～108、196～197 页。萨拉丁·穆纳吉德：《大马士革史学家及其手稿与出版物辞典》，第 237～241、252～253 页。利玛·杜尔内格：《阿拉伯与穆斯林著名史学家》，第 79、113、328～329 页。

伊本·萨腊玛·毛扎义

（Ibn Salāmah al-Mawza'ī,? ~1388）

什贺布丁·艾哈迈德·本·艾比·伯克尔·本·穆罕默德·本·萨腊玛·麦多里·苏拉米·毛扎义，生卒于也门毛扎。

史学著作：《指引目标：阿卜杜拉·本·艾斯阿德·雅菲义长老功德》和《富裕园地：也门先贤知识》。

参考文献：哈吉·哈里发：《书艺题名释疑》第 2 卷，第 1845 页。阿卜杜拉·哈巴什：《也门伊斯兰思想文献》，第 486、488 页。沙奇尔·穆斯塔法：《阿拉伯历史与史家》第 4 卷，第 267～268 页。

阿里·加齐

（'Alī al-Ghazzī，1312~1390）

阿拉丁·阿里·本·赫拉夫·本·赫里勒·本·阿拓乌拉·萨阿迪·加齐·沙斐仪，生卒于巴勒斯坦加沙。

史学著作：《扎哈比〈伊斯兰史〉摘要》。

参考文献：欧麦尔·力铎：《著述家辞典》第 2 卷，第 438 页。沙奇尔·穆斯塔法：《阿拉伯历史与史家》第 4 卷，第 178 页。利玛·杜尔内格：《阿拉伯与穆斯林著名史学家》，第 272 页。

伊本·萨纳德

（Ibn Sanad，1329~1390）

沙姆苏丁·艾布·阿拔斯穆罕默德·本·穆萨·本·穆罕默德·本·萨纳德·米斯里·迪马什基·沙斐仪，祖籍埃及，卒于叙利亚大马士革。

史学著作：增补伊本·哈姆扎·侯赛尼（1315～1364）的《扎哈比〈殷鉴〉续编》。

参考文献：齐力克里：《名人》第 7 卷，第 118 页。萨拉丁·穆纳吉德：《大马士革史学家及其手稿与出版物辞典》，第 216 页。沙奇尔·穆斯塔法：《阿拉伯历史与史家》第 3 卷，第 225～226 页：第 4 卷，第 177～178 页。

伊本·艾比·易兹
（Ibn Abī al-'Izz, 1331～1390）

索德鲁丁·艾布·哈桑·阿里·本·阿里·本·穆罕默德·本·穆罕默德·本·艾比·易兹·索里哈·迪马什基·哈乃斐，生卒于叙利亚大马士革。

史学著作：《伊斯兰国家哈里发史诗注解》第 1～2 卷，开罗：伊玛目布哈里书店，2013。

参考文献：伊本·哈杰尔：《隐珠：八世纪精英》第 8 卷，第 118～119 页。萨拉丁·穆纳吉德：《大马士革史学家及其手稿与出版物辞典》，第 180 页。沙奇尔·穆斯塔法：《阿拉伯历史与史家》第 4 卷，第 179 页。

阿卜杜·拉哈曼·卡西尔
（'Abd al-Rahmān Kathīr,？～1390）

详见上文的"伊本·卡西尔父子"。

努拔希
（al-Nubāhī，1313～约 1391）

艾布·哈桑·阿里·本·阿卜杜拉·本·穆罕默德·本·穆罕默德·本·哈桑·努拔希·玛拉基·安达卢斯，生于西班牙马拉加，辞世地点有待考究。

史学著作：《安达卢西法官史》，开罗：埃及作家出版社，1948。

参考文献：艾哈迈德·麦格里：《园中繁花：易雅得纪事》第 2 卷，第 5～7 页。齐力克里：《名人》第 4 卷，第 306 页。哈里德·马哈茂德、格巴斯·法鲁戈：《史学家艾布·哈桑·努拔希法官》（Khālid Mahmūd wa-Qabas Fārūq, "Al-Qādī Abū al-Hasan al-Nubāhī Mu'arrikhan"），《提克里特大学学报（人文科学版）》（*Majallat Jāmi'at Tikrīt li-l-'Ulūm al-Insānīyah*）2008 年第 9 期。

巴德鲁丁·扎尔卡什

（Badr al-Dīn al-Zarkashī, 1344~1392）

巴德鲁丁·艾布·阿卜杜拉·穆罕默德·本·巴贺杜尔·本·阿卜杜拉·米斯里·扎尔卡什·沙斐仪，生于埃及，卒于埃及开罗。

史学著作：人物志《宝珠项链》，是伊本·赫里康（1211~1282）《精英辞世》的续编。

参考文献：欧麦尔·力铎：《著述家辞典》第 3 卷，第 174~175、433 页。沙奇尔·穆斯塔法：《阿拉伯历史与史家》第 3 卷，第 226 页。穆罕默德·卡玛路丁：《史学家巴德尔·扎尔卡什》（Muhammad Kamāl al-Dīn, *Al-Badr al-Zarkashī Mu'arrikhan*），贝鲁特：书籍世界，1989。

伊本·阿拓尔·杜内萨里

（Ibn al-'Attār al-Dunaysarī, 1345~1392）

什贺布丁·艾布·阿拔斯·艾哈迈德·本·穆罕默德·本·阿里·本·阿拓尔·杜内萨里·米斯里·沙斐仪，生卒于埃及开罗。

史学著作：《风趣温雅》和史诗《希伯来时代》。

参考文献：伊本·塔厄里·比尔迪：《别世偿清碧泉》第 2 卷，第 177~179 页。哈吉·哈里发：《杰才层级通梯》第 1 卷，第 224 页。沙奇尔·穆斯塔法：《阿拉伯历史与史家》第 3 卷，第 226 页。

伊本·拉杰卜

（Ibn Rajab, 1335~1393）

栽努丁·艾布·法拉吉·阿卜杜·拉哈曼·本·艾哈迈德·本·拉杰

卜·巴格达迪·迪马什基·罕百里，生于伊拉克巴格达，卒于叙利亚大马士革。

史学著作：①《税制释解》，贝鲁特：学术书籍出版社，1985。该书与艾布·优素福（731~798）的《税》、叶哈雅·阿丹（？~819）的《税》、古达玛（？~约948）的《税册及其编写》并称为"古代阿拉伯四大税册"。②《〈罕百里学派层级传〉续编》第1~5卷，利雅得：欧贝肯书店，2005。该书续伊本·艾比·叶尔腊（1059~1132）的《罕百里学派层级传》，编录卒于1068年3月~1350年10月的600名罕百里派教法学家的传记。③《什贺布丁·艾比·阿拔斯·艾哈迈德·本·拉杰卜·罕百里之长老辞典精粹》，科威特：佶拉斯出版社，2006。④《阿卜杜·麦立克·本·欧麦尔·本·阿卜杜·阿齐兹传》，载《伊本·拉杰卜·罕百里短文集》第2辑，开罗：现代法鲁戈出版社，2003，第475~510页。⑤《沙姆特色》，载《伊本·拉杰卜·罕百里短文集》第3辑，第177~288页。

参考文献：萨拉丁·穆纳吉德：《大马士革史学家及其手稿与出版物辞典》，第218~219页。沙奇尔·穆斯塔法：《阿拉伯历史与史家》第4卷，第92~93页。阿卜杜拉·图雷基：《罕百里学派著作辞典》第4卷，第215~237页。

穆罕默德·纳布卢斯

（Muhammad al-Nābulusī，1327~1395）

沙姆苏丁·艾布·阿卜杜拉·穆罕默德·本·阿卜杜·伽迪尔·本·奥斯曼·本·阿卜杜·拉哈曼·贾法里·纳布卢斯·罕百里，生卒于巴勒斯坦纳布卢斯。

史学著作：《〈罕百里学派层级传〉摘要》，即《罕百里学派层级传》，大马士革：阿拉伯书店，1932。该书是伊本·艾比·叶尔腊（1059~1132）《罕百里学派层级传》的缩写本。

参考文献：齐力克里：《名人》第6卷，第211~212页。沙奇尔·穆斯塔法：《阿拉伯历史与史家》第4卷，第179页。阿卜杜拉·图雷基：《罕百里学派著作辞典》第4卷，第238~240页。

伊本·叶尔孤卜

(Ibn Ya'qūb, ? ~1395)

沙姆苏丁·穆罕默德·本·艾比·穆罕默德·叶尔孤卜·本·穆罕默德·本·艾哈迈德·赫里里·麦格迪斯，生卒地点有待考究。

史学著作：《圣门弟子要知》第 1~2 卷，贝鲁特：伊本·卡西尔出版社，2020。该书是伊本·阿卜杜·巴尔（978~1071）《圣门弟子知识全录》的缩写本。

参考文献：伊斯玛仪帕夏·巴格达迪：《著述家名讳遗作惠泽》第 2 卷，第 176 页。卡尔·布罗克尔曼：《阿拉伯文学史》第 6 册，第 261 页。沙奇尔·穆斯塔法：《阿拉伯历史与史家》第 4 卷，第 179 页。

布尔贺努丁·法尔宏

(Burhān al-Dīn Farhūn，约 1329~1397)

详见上文的"法尔宏家族"。

伽迪·索法德

(Qādī Safad，1317~约 1398)

索德鲁丁·艾布·阿卜杜拉·穆罕默德·本·阿卜杜·拉哈曼·本·侯赛因·奥斯玛尼·索法迪·沙斐仪，生于以色列采法特，可能卒于采法特。

史学著作：①《大法学家层级传》第 1~2 卷，贝鲁特：伊斯兰福音出版社，2013。该书收录了 976 名沙斐仪派教法学家的传记。②《采法特史》和《伊玛目安萨里传》。

参考文献：伊斯玛仪帕夏·巴格达迪：《著述家名讳遗作惠泽》第 2 卷，第 170 页。齐力克里：《名人》第 6 卷，第 193 页。穆罕默德·索里希耶：《巴勒斯坦历史与史家》，第 330 页。

巴赫纳斯

（al-Bahnassī，1336~约1398）

沙拉夫丁·艾布·阿卜杜拉·穆罕默德·本·阿卜杜·拉哈曼·本·穆罕默德·本·阿里·赫兹拉继·巴赫纳斯·沙斐仪，生卒地点有待考究。

史学著作：《沙斐仪派学林知识全录》。

参考文献：伊斯玛仪帕夏·巴格达迪：《〈书艺题名释疑〉补遗》第2卷，第259页。齐力克里：《名人》第6卷，第193页。欧麦尔·力铎：《著述家辞典》第3卷，第401页。

巴贺丁·尼里

（Bahā' al-Dīn al-Nīlī，? ~约1398）

巴贺丁·艾布·侯赛因·阿里·本·阿卜杜·卡利姆·本·阿里·本·穆罕默德·侯赛尼·尼里，祖籍伊拉克巴比伦附近的尼勒，定居伊拉克纳杰夫。

史学著作：《什叶派人物》。

参考文献：阿卜杜拉·阿凡迪：《学林园与德贤池》第4卷，第124~129页。欧麦尔·力铎：《著述家辞典》第2卷，第462页。索伊卜·阿卜杜·哈密德：《什叶派史学家辞典》第1卷，第606~607页。

伊本·苏卡尔

（Ibn Sukkar，1319~1398）

沙姆苏丁·艾布·阿卜杜拉·穆罕默德·本·阿里·本·穆罕默德·本·阿里·本·狄尔迦姆·伯克里·哈乃斐，生于埃及开罗，卒于麦加。

史学著作：《人物辞典》。塔基丁·法斯（1373~1429）在《宝贵璎珞：安宁城市史》中抄录了该书记载的麦加长老名单。

参考文献：塔基丁·法斯：《宝贵璎珞：安宁城市史》第2卷，第

201~207 页。萨哈维：《闪光：九世纪人物》第 9 卷，第 19~20 页。穆罕默德·希拉：《麦加历史与史家》，第 85~86 页。

哈尔富施
（al-Harfūsh，? ~1398）

艾布·阿里·阿卜杜拉·本·萨阿杜拉·本·阿卜杜·卡斐·米斯里·麦奇，祖籍埃及，卒于麦加。

史学著作：《艾布·哈乃斐功德》。

参考文献： 萨哈维：《闪光：九世纪人物》第 5 卷，第 20 页。哈吉·哈里发：《书艺题名释疑》第 1 卷，第 646 页。穆罕默德·希拉：《麦加历史与史家》，第 86~87 页。

伊本·艾巴克
（Ibn Aybak，1328~1399）

阿拉丁·阿里·本·艾巴克·本·阿卜杜拉·阿拉丁·塔戈斯拔维·纳斯里·迪马什基，可能生卒于叙利亚大马士革。

史学著作：《历史》，记载作者所处时代的事件。

参考文献： 欧麦尔·力铎：《著述家辞典》第 2 卷，第 409 页。萨拉丁·穆纳吉德：《大马士革史学家及其手稿与出版物辞典》，第 221 页。沙奇尔·穆斯塔法：《阿拉伯历史与史家》第 4 卷，第 182 页。

伊本·索斯拉
（Ibn Sasrá，? ~约 1399）

穆罕默德·本·穆罕默德·本·艾哈迈德·本·索斯拉·迪马什基，生卒地点有待考究，可能长期生活于叙利亚大马士革。

史学著作：《往昔珠玉：扎希里耶王朝纪事》，大马士革：萨阿杜丁出版社，2014。该书记载 1389~1397 年扎希里耶王朝的要事。

参考文献： 齐力克里：《名人》第 7 卷，第 43 页。萨拉丁·穆纳吉德：

《大马士革史学家及其手稿与出版物辞典》，第 220 页。沙奇尔·穆斯塔法：《阿拉伯历史与史家》第 3 卷，第 88、90 页；第 4 卷，第 180 页。

布尔贺努丁·艾卜纳斯
(Burhān al-Dīn al-Abnāsī, 1325~1399)

布尔贺努丁·艾布·伊斯哈格·伊卜拉欣·本·穆萨·本·艾尤卜·艾卜纳斯·伽熙里，生于埃及艾卜纳斯村，定居埃及开罗，卒于朝觐归途中。

史学著作：《一些主要人物》。

参考文献：萨哈维：《闪光：九世纪人物》第 1 卷，第 172~175 页。伊本·易玛德：《金砂：往逝纪事》第 9 卷，第 27 页。齐力克里：《名人》第 1 卷，第 75 页。

阿里·伽利
('Alī al-Qāri', 14 世纪)

艾布·哈桑·阿里·本·伊卜拉欣·本·阿卜杜拉·伽利·巴格达迪，生卒地点有待考究。

史学著作：《穆哈义丁长老功德》，载艾哈迈德·麦齐迪辑勘《耀眼光芒：为大长老辩护》，开罗：兹克尔出版社，2007，第 17~93 页。该小册子的作者也可能是伊卜拉欣·本·阿卜杜拉·伽利·巴格达迪。

参考文献：阿里·力铎等：《世界图书馆藏伊斯兰遗产史辞典》第 1 卷，第 34 页。沙奇尔·穆斯塔法：《阿拉伯历史与史家》第 4 卷，第 203~204 页。

艾哈迈德·扎马勒卡尼
(Ahmad al-Zamalkānī, 14 世纪)

详见上文的"扎马勒卡尼家族"。

穆罕默德·哈德拉米

(Muhammad al-Hadramī, 14 世纪)

艾布·阿卜杜拉·穆罕默德·本·艾比·伯克尔·哈德拉米, 生卒地点有待考究。

史学著作:《甜流甘泉》,《阿拉伯手稿研究院杂志》(*Majallat Ma'had al-Makhtūtāt al-'Arabīyah*) 1964 年第 1 期, 第 37~98 页。该文收录了与作者同时代 41 名苏菲主义者的传记, 分为三个层级。

参考文献: 沙奇尔·穆斯塔法:《阿拉伯历史与史家》第 4 卷, 第 269 页。伊本·苏达:《远马格里布史家索引》, 第 41 页。

萨腊米施

(Salāmish, 14 世纪)

萨腊米施·本·坤杜加迪·索里希, 生卒地点有待考究。

史学著作:《花园: 天地奇观》。1585 年, 该书在意大利罗马出版。它是欧洲出版的第一部阿拉伯文历史与地理学著作。

参考文献: 优素福·萨尔奇斯:《阿拉伯与阿拉伯化的书籍出版辞典》第 1 卷, 第 1037 页。沙奇尔·穆斯塔法:《阿拉伯历史与史家》第 3 卷, 第 229 页。

第 9 编

公元15世纪

穆罕默德·卡西尔
（Muhammad Kathīr，1358~1400）

详见上文的"伊本·卡西尔父子"。

艾什拉夫·伊斯玛仪
（al-Ashraf Ismā'il，1360~1400）

易玛杜丁·艾布·阿拔斯·伊斯玛仪·本·阿拔斯·本·阿里·本·达乌德·本·优素福·拉苏里·也马尼，出生地点有待考究，病逝于也门塔伊兹。

史学著作：①《铸锭黄金与试金宝石：哈里发与列王层级传》。这部编年史记载7~14世纪的史事和名人。1975年，巴格达巴彦出版社和贝鲁特伊斯兰遗产出版社联合出版的残卷记载1181~1258年的史事和名人。②《也门国王纪事》，记载自先知穆罕默德时代至1400年的也门历史。

参考文献：萨哈维：《闪光：九世纪人物》第2卷，第299页。齐力克里：《名人》第1卷，第316~317页。沙奇尔·穆斯塔法：《阿拉伯历史与史家》第4卷，第246~247页。

穆夫里哈家族

1. 塔基丁·穆夫里哈
（Taqī al-Dīn Muflih，1348~1401）

塔基丁·艾布·伊斯哈格·伊卜拉欣·本·穆罕默德·本·穆夫里哈·本·穆法力吉·拉米尼·迪马什基·罕百里，可能生卒于叙利亚大马士革。

史学著作：《伊玛目艾哈迈德弟子层级传》。

2. 伊本·穆夫里哈
（Ibn Muflih，1412~1479）

布尔贺努丁·艾布·伊斯哈格·伊卜拉欣·本·穆罕默德·本·阿卜

杜拉·本·穆罕默德·本·穆夫里哈·拉米尼·罕百里，生卒于大马士革。

史学著作：《指引目标：伊玛目艾哈迈德弟子纪录》第 1～3 卷，利雅得：鲁世德书店，1990。该书按字母顺序编录了 1315 名罕百里派教法学家的传记。

参考文献：伊本·易玛德：《金砂：往逝纪事》第 9 卷，第 40、507～508 页。齐力克里：《名人》第 1 卷，第 64～65 页。欧麦尔·力铎：《著述家辞典》第 1 卷，第 66、70 页。萨拉丁·穆纳吉德：《大马士革史学家及其手稿与出版物辞典》，第 223、258 页。沙奇尔·穆斯塔法：《阿拉伯历史与史家》第 4 卷，第 183、200 页。阿卜杜拉·图雷基：《罕百里学派著作辞典》第 4 卷，第 250～253、389～392 页。

伊本·穆拉勤

（Ibn al-Mulaqqin，1323～1401）

斯拉朱丁·艾布·哈夫斯·欧麦尔·本·阿里·本·艾哈迈德·本·穆罕默德·本·阿卜杜拉·安达卢斯·米斯里·沙斐仪，生卒于埃及开罗。

史学著作：①《观者游览：诸城法官》，开罗：宗教文化书店，1996。②《黄金璎珞：学派运动层级传》，贝鲁特：学术书籍出版社，1997。该书收录了 1681 名教法学家的传记。其补编增录 443 名。③《圣徒层级传》，开罗：汗吉书店，1994。④《使者特质》，贝鲁特：伊斯兰福音出版社，1993。

参考文献：沙奇尔·穆斯塔法：《阿拉伯历史与史家》第 3 卷，第 126～127 页。穆罕默德·卡玛路丁：《史学家伊本·穆拉勤》（Muhammad Kamāl al-Dīn，*Ibn al-Mulaqqin Mu'arrikhan*），贝鲁特：书籍世界，1987。纳斯尔·萨腊玛：《杰出学者伊本·穆拉勤著述辞典：沙特阿拉伯王国图书馆藏手抄本》（Nāsir al-Salāmah，*Mu'jam Mu'allafāt al-'Allāmah Ibn al-Mulaqqin al-Makhtūtah bi-Maktabāt al-Mamlakah al-'Arabīyah al-Su'ūdīyah*），法尤姆：法腊哈出版社，2002。

伊本·艾比·麦吉德

（Ibn Abī al-Majd，1330~1402）

易玛杜丁·艾布·伯克尔·本·艾比·麦吉德·本·玛吉德·萨阿迪·迪马什基·米斯里·罕百里，生于叙利亚大马士革，卒于埃及。

史学著作： 2 卷本《米齐〈大全修正〉摘要》。

参考文献： 萨拉丁·穆纳吉德：《大马士革史学家及其手稿与出版物辞典》，第 224 页。沙奇尔·穆斯塔法：《阿拉伯历史与史家》第 4 卷，第 184 页。阿卜杜拉·图雷基：《罕百里学派著作辞典》第 4 卷，第 267~268 页。

叶哈雅·萨拉吉

（Yahyá al-Sarrāj，? ~1402）

艾布·扎卡利雅·叶哈雅·本·艾哈迈德·本·穆罕默德·本·哈桑·本·古斯·伦迪·安达卢斯·法斯，出生地点有待考究，卒于摩洛哥非斯。

史学著作：《目录》，丹吉尔：卡塔尼现代出版社，2013。

参考文献： 齐力克里：《名人》第 8 卷，第 136 页。欧麦尔·力铎：《著述家辞典》第 4 卷，第 87 页。伊本·苏达：《远马格里布史家索引》，第 209 页。

奥里雅乌拉·阿莫里

（Awliyā’ Allāh al-Āmulī，? ~约 1403）

奥里雅乌拉·穆罕默德·本·哈桑·鲁雅尼·阿莫里，祖籍伊朗阿莫勒，辞世地点有待考究。

史学著作：《先辈贵族史》和《马赞德兰史》。

参考文献： 阿迦·布祖尔克：《什叶派著述门径》第 3 卷，第 254、285 页。穆哈新·艾敏：《什叶派精英》第 3 卷，第 510~511 页。索伊卜·阿卜杜·哈密德：《什叶派史学家辞典》第 1 卷，第 176~177 页。

易拉基父子

1. 栽努丁·易拉基

（Zayn al-Dīn al-ʻIrāqī，1325~1404）

栽努丁·艾布·法得勒·阿卜杜·拉希姆·本·侯赛因·本·阿卜杜·拉哈曼·易拉基，生于伊拉克拉扎南，卒于埃及开罗。

史学著作：①传记诗《千行先知传》，贝鲁特：敏贺吉出版社，2005。②《〈中庸标准〉增补》，贝鲁特：书籍世界，1987。该书是扎哈比（1274~1348）《中庸标准：人物评论》的补编。③《扎哈比〈殷鉴续编〉增补》和《人物辞典》等。

2. 伊本·易拉基

（Ibn al-ʻIrāqī，1361~1423）

瓦里丁·艾布·祖尔阿·艾哈迈德·本·阿卜杜·拉希姆·本·侯赛因·本·阿卜杜·拉哈曼·库尔迪·易拉基，生卒于开罗。

史学著作：①《穆达里斯》，曼苏拉：瓦法出版社，1995。②《〈往事殷鉴〉续编》第 1~3 册，贝鲁特：使命基金会，1989。该书是栽努丁·易拉基《扎哈比〈殷鉴续编〉增补》的续作，续编 1361~1384 年。③《解释与澄清》，贝鲁特：天堂出版社，1990。④《采集珍品：使者传述纪录》，利雅得：鲁世德书店，1999。

参考文献：伊本·易玛德：《金砂：往逝纪事》第 9 卷，第 87~88、251~252 页。齐力克里：《名人》第 1 卷，第 148 页；第 3 卷，第 344~345 页。沙奇尔·穆斯塔法：《阿拉伯历史与史家》第 3 卷，第 137~139、232~233 页。

伊本·艾哈马尔

（Ibn al-Ahmar，1325~1405）

艾布·瓦立德·伊斯玛仪·本·优素福·本·穆罕默德·本·纳斯

尔·赫兹拉继·安索里·纳斯里，生于西班牙格拉纳达，卒于摩洛哥非斯。

史学著作：①《八世纪马格里布与安达卢西名人》，贝鲁特：使命基金会，1976。②《大非斯家族》，拉巴特：曼苏尔出版社，1972。③《长寿花园：马林王朝》，拉巴特：皇家印书馆，1962。

参考文献：阿卜杜海·卡塔尼：《目录辞典》第 1 卷，第 144~145 页。齐力克里：《名人》第 1 卷，第 329~330 页。伊本·苏达：《远马格里布史家索引》，第 22 页。

伊本·福拉特

（Ibn al-Furāt，1335~1405）

纳斯鲁丁·穆罕默德·本·阿卜杜·拉希姆·本·阿里·本·福拉特·米斯里·哈乃斐，生卒于埃及开罗。

史学著作：百卷本编年史《直通坦途：哈里发与列王传记知识》，又名《列国诸王史》，即《伊本·福拉特史》，记载到 1401 年。作者誊清了 20 卷，仅存约 10 卷。笔者所见残卷包括：第 4 卷第 1~2 分册（巴士拉：现代出版社，1967~1969），记载 1168~1203 年的史事和名人；第 5 卷第 1 分册（巴士拉：现代出版社，1970），记载 1203~1219 年的史事和名人；第 6 卷第 1 分册（贝鲁特：贝鲁特美国大学，1961），记载 1262~1266 年的史事和名人；第 7 卷（贝鲁特：贝鲁特美国大学，1942），记载 1273~1283 年的史事和名人；第 8 卷（贝鲁特：贝鲁特美国大学，1939），记载 1284~1297 年的史事和名人；第 9 卷第 1~2 分册（贝鲁特：贝鲁特美国大学，1936~1938），记载 1387~1397 年的史事和名人。

参考文献：沙奇尔·穆斯塔法：《阿拉伯历史与史家》第 3 卷，第 128~130 页。穆罕默德·卡玛路丁：《马穆鲁克布尔吉王朝时期的四大史家与四大著作》，第 33~102 页。艾哈迈德·沙米：《〈列国诸王史〉手稿研究》（Ahmad al-Shāmī, *Dirāsat fī Makhtūt Tārīkh al-Duwal wa-al-Mulūk*），开罗：埃及恩格鲁书店，1983。

伊本·艾比·栽德

（Ibn Abī Zayd，1339~1405）

艾布·阿卜杜拉·穆罕默德·本·阿卜杜·拉哈曼·马拉库什·君士坦尼·多利尔·马立奇，生于摩洛哥马拉喀什，卒于阿尔及利亚安纳巴。

史学著作：《马拉喀什史》。

参考文献：伊本·宫夫孜：《辞世录》，第 381~382 页。欧麦尔·力铎：《著述家辞典》第 3 卷，第 398、402 页。利玛·杜尔内格：《阿拉伯与穆斯林著名史学家》，第 395 页。

达密里

（al-Damīrī，1341~1405）

卡玛路丁·艾布·巴伽·穆罕默德·本·穆萨·本·尔撒·本·阿里·达密里·伽熙里·沙斐仪，生卒于埃及开罗。

史学著作：《大动物生活》第 1~4 卷，大马士革：福音出版社，2005。这部古代阿拉伯动物学史名著按照阿拉伯字母顺序编录了 1069 种动物。

参考文献：萨哈维：《闪光：九世纪人物》第 10 卷，第 59~62 页。哈吉·哈里发：《书艺题名释疑》第 1 卷，第 696~697 页。欧麦尔·力铎：《著述家辞典》第 3 卷，第 743 页。

哈萨娜·泰芭丽娅（女）

（Hasanah al-Tabarīyah,? ~1406）

哈萨娜·宾特·穆罕默德·本·艾哈迈德·本·伊卜拉欣·本·穆罕默德·本·伊卜拉欣·泰芭丽娅，生卒于麦加。

史学著作：《长老志》。

参考文献：阿卜杜海·卡塔尼：《目录辞典》第 2 卷，第 655 页。欧麦尔·力铎：《阿拉伯伊斯兰世界的女英杰》第 1 卷，第 264 页。穆罕默德·亥尔：《伊斯兰史上的女著述家及其著作》，第 34~35 页。

赫勒敦兄弟

1. 伊本·赫勒敦

（Ibn Khaldūn，1332~1406）

瓦里丁·艾布·栽德·阿卜杜·拉哈曼·本·穆罕默德·本·穆罕默德·本·穆罕默德·本·哈桑·本·穆罕默德·本·贾比尔·本·穆罕默德·本·伊卜拉欣·本·赫勒敦，生于突尼斯城，卒于埃及开罗，被誉为"社会历史哲学奠基人"。

史学著作：①《阿拉伯人、异族人、柏柏尔人及其同时代最有权势者殷鉴集与始纪录》，又名《伊本·赫勒敦史》第 1~8 卷，贝鲁特：思想出版社，2000。需要特别指出的是，享誉世界的《历史绪论》是这部巨著的绪论卷。该卷有两个中译本，即李振中译本（宁夏人民出版社 2014 年版）和陈克礼译本（华文出版社 2017 年版）。②《伊本·赫勒敦游记》，贝鲁特：学术书籍出版社，2004。

2. 叶哈雅·赫勒敦

（Yahyá Khaldūn，1332~1378）

艾布·扎卡利雅·叶哈雅·本·穆罕默德·本·穆罕默德·本·穆罕默德·本·哈桑·本·赫勒敦，生于突尼斯城，被杀害于阿尔及利亚特莱姆森。

史学著作：《探查愿望：阿卜杜·瓦德家族列王纪录》第 1~2 卷，阿尔及尔：皮埃尔·丰塔纳东方印书局，1903~1910。

参考文献：齐力克里：《名人》第 3 卷，第 330 页；第 8 卷，第 166 页。穆罕默德·马哈富兹：《突尼斯著述家志》第 2 卷，第 211~227 页。利玛·杜尔内格：《阿拉伯与穆斯林著名史学家》，第 210~213、501 页。纳斯鲁丁·萨义杜尼：《伊斯兰西部的历史与地理遗产》，第 201~223 页。侯赛因·阿绥：《史学家伊本·赫勒敦》（Husayn 'Āsī, *Ibn Khaldūn Mu'arrikhan*），贝鲁特：学术书籍出版社，1991。马小鹤：《伊本·赫勒敦》，台北：东大图书公司，1993。

拓熙尔·哈比卜

（Tāhir Habīb，1339~1406）

详见上文的"哈比卜父子"。

伊本·杜戈玛戈

（Ibn Duqmāq，1349~1407）

索力姆丁·伊卜拉欣·本·穆罕默德·本·艾达马尔·本·杜戈玛戈·阿拉伊·伽熙里，生卒于埃及开罗。

史学著作：①12 卷本编年史《万物观赏：伊斯兰史》。1999 年，贝鲁特现代书店出版的残卷记载 1230~1261 年的史事和名人。②10 卷本城市志《城拱支柱》。1893 年，埃及开罗布拉格印书馆出版的残存第 4~5 卷描述埃及的主要城市概貌。③《宝贵珠玑：哈里发、列王与素丹传》，麦加：乌姆古拉大学学术研究与伊斯兰遗产复兴中心，1982。④3 卷本《珠串：伊玛目努尔曼弟子层级传》，是阿卜杜·伽迪尔·古拉什（1297~1373）《往昔珠宝：哈乃斐学派层级传》的节略增编本。⑤12 卷本《时代解释者：精英人物志》。残存的第 7、11、13 和 16 卷手稿收藏于土耳其伊斯坦布尔艾哈迈德三世图书馆。⑥《珠玑项链：扎希尔国王传》、《隐匿宝藏：苏菲派人物志》（又名《隐匿宝藏：苏菲派史》）、《伊卜拉欣·本·艾德汉传》和 2 卷本《突厥王朝史》等。

参考文献：乔治·宰丹：《阿拉伯语言文学史》第 3 卷，第 188~189页。沙奇尔·穆斯塔法：《阿拉伯历史与史家》第 3 卷，第 131~133 页。穆罕默德·卡玛路丁：《马穆鲁克布尔吉王朝时期的四大史家与四大著作》，第 103~154 页。

伊本·宫夫孜

（Ibn Qunfudh，1339~1407）

艾布·阿拔斯·艾哈迈德·本·哈桑（或侯赛因）·本·阿里·本·

哈桑·本·阿里·本·赫蒂卜·君士坦尼，生卒于阿尔及利亚君士坦丁。

史学著作：①《法里斯家族：哈夫斯王朝开创者》，突尼斯：突尼斯出版社，1968。②《辞世录》，贝鲁特：新视野出版社，1983。该书记载卒于632~1405年的807位名人。③《贫蔼贱荣》，拉巴特：高校学术研究中心，1965。该书讲述大苏菲艾布·马德彦（Abū Madyan, ? ~1198）及其弟子的生平事迹。④《先知伊斯兰之道》，贝鲁特：伊斯兰西方出版社，1984。⑤《君士坦丁学林层级传》和《〈阿卜达里游记〉摘要》等。

参考文献：齐力克里：《名人》第1卷，第117页。穆罕默德·哈吉：《摩洛哥名人百科全书》第2卷，第724~725页。穆罕默德·古韦斯姆：《史家艾哈迈德·本·宫夫孜·本·赫蒂卜·君士坦尼》（Muhammad Quwaysim, "Al-Mu'arrikh Ahmad Ibn Qunfudh Ibn al-Khatīb al-Qusantīnī"），《伊斯兰研究》（*Dirāsāt Islāmīyah*）2012年第2期。

巴拉迪
（al-Barrādī，1320~约1407）

艾布·法得勒·艾布·伽斯姆·本·伊卜拉欣·本·苏莱曼·本·伊卜拉欣·巴拉迪·丹马里，生于突尼斯达姆马尔山，卒于突尼斯杰尔巴岛。

史学著作：《精选珠宝》，伦敦：智慧出版社，2014。该书是艾哈迈德·达尔继尼（约1204~约1271）《马格里布长老层级传》的补编。

参考文献：卡尔·布罗克尔曼：《阿拉伯文学史》第6册，第94页。塔德乌什·莱维基：《北非伊巴迪亚派史学家》，第73~76页。穆罕默德·马哈富兹：《突尼斯著述家志》第1卷，第80~83页。

伊本·赫蒂卜·达雷雅
（Ibn Khatīb Dārayyā，1344~1408）

杰拉路丁·艾布·麦阿里·穆罕默德·本·艾哈迈德·本·苏莱曼·本·叶尔孤卜·迪马什基·沙斐仪，生于叙利亚大马士革，卒于埃及开罗。

史学著作：圣门弟子传记集《辞世详情》。

参考文献：萨哈维：《闪光：九世纪人物》第 6 卷，第 310~312 页。齐力克里：《名人》第 5 卷，第 330~331 页。利玛·杜尔内格：《阿拉伯与穆斯林著名史学家》，第 334 页。

奥哈迪
（al-Awhadī，1360~1408）

什贺布丁·艾哈迈德·本·阿卜杜拉·本·哈桑·本·图干·奥哈迪，埃及人，具体生卒地点有待考究。

史学著作：多卷本《埃及与开罗地志》。麦戈利齐（1365~1442）在《殷鉴与深思：地志与遗迹纪录》一书中大量引用该书。

参考文献：齐力克里：《名人》第 1 卷，第 159 页。沙奇尔·穆斯塔法：《阿拉伯历史与史家》第 3 卷，第 233~234 页。利玛·杜尔内格：《阿拉伯与穆斯林著名史学家》，第 48 页。

阿里·赫兹拉继
（'Alī al-Khazrajī，1332~1410）

穆瓦发古丁·艾布·哈桑·阿里·本·哈桑·本·艾比·伯克尔·本·哈桑·本·瓦贺斯·赫兹拉继·扎比迪，生卒于也门扎比德。

史学著作：①《铸锭黄金：也门列王》，萨那：也门文化宣传部，1981。②《时代豪杰模范：也门精英层级传》，又名《豪美璎珞：也门贵族层级传》第 1~5 卷，萨那：吉勒-杰迪德书店，2008~2009。该书收录了约 1500 名也门人物的传记。③《珍珠项链：拉苏勒王朝史》第 1~2 卷，开罗：新月印书馆，1911~1914。④《也门统治者及其伊斯兰列王》和《时代镜鉴：扎比德与亚丁史》。

参考文献：沙奇尔·穆斯塔法：《阿拉伯历史与史家》第 4 卷，第 247~249 页。阿卜杜拉·哈巴什：《也门伊斯兰思想文献》，第 489~490 页。索伊卜·阿卜杜·哈密德：《什叶派史学家辞典》第 1 卷，第 582~583 页。

阿卜杜·拉哈曼·麦哈里

（'Abd al-Rahmān al-Mahallī, 1334~1410）

塔基丁·艾布·穆罕默德·阿卜杜·拉哈曼·本·穆罕默德·本·阿卜杜·纳赛尔·本·希巴图拉·麦哈里·伽熙里·沙斐仪，可能生卒于埃及开罗。

史学著作：《历史评注》。伊本·哈杰尔（1372~1449）在《毕生闻讯告新学小生》中大量引用该书。

参考文献：欧麦尔·力铎：《著述家辞典》第 2 卷，第 115 页。沙奇尔·穆斯塔法：《阿拉伯历史与史家》第 3 卷，第 234~235 页。利玛·杜尔内格：《阿拉伯与穆斯林著名史学家》，第 206 页。

伊本·格唐

（Ibn al-Qattān, 1337~1411）

沙姆苏丁·穆罕默德·本·阿里·本·穆罕默德·本·欧麦尔·本·尔撒·米斯里·沙斐仪，生卒于埃及开罗。

史学著作：《伊斯纳维〈层级传〉续编》。

参考文献：伊本·哈杰尔：《毕生闻讯告新学小生》第 2 卷，第 476 页。欧麦尔·力铎：《著述家辞典》第 3 卷，第 544 页。沙奇尔·穆斯塔法：《阿拉伯历史与史家》第 3 卷，第 235 页。

伊本·什哈纳父子

1. 大伊本·什哈纳

（Ibn al-Shihnah al-Kabīr, 1348~1412）

穆希布丁·艾布·瓦立德·穆罕默德·本·穆罕默德·本·穆罕默德·本·马哈茂德·本·什哈纳·土尔奇·哈拉比·哈乃斐，生卒于叙利亚阿勒颇。

史学著作：《风景园地：始末知识》，贝鲁特：学术书籍出版社，1997。
这部编年体世界简史从创世写到 1404 年。

2. 小伊本·什哈纳

（Ibn al-Shihnah al-Saghīr, 1402~1485）

艾布·法得勒·穆罕默德·本·穆罕默德·本·穆罕默德·本·穆罕
默德·本·马哈茂德·本·什哈纳·哈拉比，生于阿勒颇，卒于埃及开罗。

史学著作：①《眼观目游：风景园地》，是《风景园地：始末知识》的
注解。②《精选珠玉：阿勒颇王国史》，大马士革：阿拉伯书籍出版社，
1984。③《哈乃斐学派层级传》。

参考文献：卡尔·布罗克尔曼：《阿拉伯文学史》第 6 册，第 76~77
页。齐力克里：《名人》第 7 卷，第 44、51 页。沙奇尔·穆斯塔法：《阿拉
伯历史与史家》第 4 卷，第 93~95、116~117 页。利玛·杜尔内格：《阿拉
伯与穆斯林著名史学家》，第 446~447、448~449 页。

伊本·哈斯拔尼

（Ibn al-Hasbānī, 1349~1412）

什贺布丁·艾布·阿拔斯·艾哈迈德·本·伊斯玛仪·本·哈里发·
本·阿卜杜·阿勒·迪马什基·沙斐仪，生卒于叙利亚大马士革。

史学著作：《沙斐仪学派层级传》和《诵经家层级传编排》。

参考文献：伊本·伽迪·舒赫巴：《沙斐仪学派层级传》第 4 卷，第
9~10 页。萨拉丁·穆纳吉德：《大马士革史学家及其手稿与出版物辞典》，
第 227 页。沙奇尔·穆斯塔法：《阿拉伯历史与史家》第 4 卷，第 185 页。

奥斯

（al-Awsī,? ~约 1412）

斯拉朱丁·艾布·哈夫斯·欧麦尔·本·伊卜拉欣·本·欧麦尔·奥
斯·安索里，生卒地点有待考究。

史学著作：《悲忧释怀：战争谋划》，开罗：美国大学出版社，1961。

　　参考文献：齐力克里：《名人》第 5 卷，第 39 页。尤斯里·阿卜杜·加尼：《穆斯林史学家辞典》，第 132~133 页。利玛·杜尔内格：《阿拉伯与穆斯林著名史学家》，第 291~292 页。

伊本·巴沙拉
（Ibn Bashārah，? ~1412）

　　杰玛路丁·赫里勒·本·巴沙拉·迪马什基，可能生卒于叙利亚大马士革。

　　史学著作：《伊本·巴沙拉史》。

　　参考文献：伊斯玛仪帕夏·巴格达迪：《著述家名讳遗作惠泽》第 1 卷，第 353 页。欧麦尔·力铎：《著述家辞典》第 1 卷，第 682 页。沙奇尔·穆斯塔法：《阿拉伯历史与史家》第 4 卷，第 185 页。

阿伊莎·麦格迪斯娅（女）
（'Ā'ishah al-Maqdisīyah，1323~1413）

　　乌姆·穆罕默德·阿伊莎·宾特·穆罕默德·本·阿卜杜·哈迪·本·阿卜杜·哈密德·麦格迪斯娅，祖籍耶路撒冷，卒于叙利亚大马士革。

　　史学著作：《长老志》。

　　参考文献：萨哈维：《闪光：九世纪人物》第 12 卷，第 81 页。欧麦尔·力铎：《阿拉伯伊斯兰世界的女英杰》第 3 卷，第 187~188 页。穆罕默德·亥尔：《伊斯兰史上的女著述家及其著作》，第 69~71 页。

伊本·哈吉
（Ibn Hajjī，1350~1413）

　　什贺布丁·艾布·阿拔斯·艾哈迈德·本·哈吉·本·穆萨·本·艾哈迈德·本·萨义德·萨阿迪·哈斯拔尼·迪马什基·沙斐仪，生卒于叙利亚大马士革。

　　史学著作：①《〈伊本·卡西尔史〉续编》，即《伊本·哈吉史》。作者生前未能完成这部续作，嘱咐其得意弟子伊本·伽迪·舒赫巴（Ibn Qādī Shuhbah，1377~1448）继承遗志。后者把它续编到 1437 年，最终写了七卷。2003 年，贝鲁特伊本·哈兹姆出版社出版的残卷记载 1393 年 11 月~1413 年 3 月的史事和名人。②《学院纪事研究》和《人物辞典》。

参考文献：齐力克里：《名人》第 1 卷，第 110 页。萨拉丁·穆纳吉德：《大马士革史学家及其手稿与出版物辞典》，第 229~230 页。沙奇尔·穆斯塔法：《阿拉伯历史与史家》第 4 卷，第 95~97 页。

艾布·伯克尔·麦拉佶
（Abū Bakr al-Marāghī，1327~1414）

栽努丁·艾布·伯克尔·本·侯赛因·本·欧麦尔·本·穆罕默德·本·优努斯·奥斯玛尼·麦拉佶·米斯里，生于埃及开罗，卒于麦地那。

史学著作：①《麦地那概貌》，麦地那：学术书店，1955。②《含笑繁花香》，是穆加勒拓伊（1290~1361）《含笑繁花：艾布·伽斯姆传》的缩写本。

参考文献：萨哈维：《闪光：九世纪人物》第 11 卷，第 28~31 页。齐力克里：《名人》第 2 卷，第 63 页。穆罕默德·希拉：《麦地那历史与史家》，第 102~105 页。

左细拉家族

1. 杰玛路丁·左细拉
（Jamāl al-Dīn Zahīrah，1350~1414）

杰玛路丁·艾布·哈米德·穆罕默德·本·阿卜杜拉·本·左细拉·本·艾哈迈德·本·阿蒂耶·本·左细拉·麦奇·沙斐仪，生卒于麦加。

史学著作：《潜藏珠宝：渗渗泉特色》和《人物辞典》等。

2. 杰拉路丁·左细拉
（Jalāl al-Dīn Zahīrah，1393~1457）

杰拉路丁·艾布·萨阿达特·穆罕默德·本·穆罕默德·本·穆罕默

德·本·侯赛因·本·左细拉·古拉什·麦奇·沙斐仪，生卒于麦加。

史学著作：《历史》和《〈苏卜奇层级传〉续编》等。

3. 穆希布丁·左细拉

（Muhibb al-Dīn Zahīrah，1422~1480）

穆希布丁·艾布·推伊卜·艾哈迈德·本·穆罕默德·本·穆罕默德·本·穆罕默德·本·侯赛因·本·左细拉·麦奇·沙斐仪，生卒于麦加。

史学著作：《光辉特色：埃及与开罗之美》，开罗：埃及国家图书馆与档案馆，1969。

4. 法赫鲁丁·左细拉

（Fakhr al-Dīn Zahīrah，1435~1484）

法赫鲁丁·艾布·伯克尔·本·阿里·本·穆罕默德·本·穆罕默德·本·侯赛因·本·左细拉·麦奇·沙斐仪，生卒于麦加。

史学著作：①《止渴剂与治病药：朝觐》第1~2卷，贝鲁特：雷彦基金会，2011。②《〈麦地那史〉续编》。

参考文献：齐力克里：《名人》第1卷，第230~231页；第7卷，第48页。欧麦尔·力铎：《著述家辞典》第1卷，第294、442页；第3卷，第443、632、677页。穆罕默德·希拉：《麦加历史与史家》，第88~90、136、160~163页。利玛·杜尔内格：《阿拉伯与穆斯林著名史学家》，第437页。

菲鲁扎巴迪

（al-Fīrūzābādī，1329~1415）

马吉德丁·艾布·拓熙尔·穆罕默德·本·叶尔孤卜·本·穆罕默德·本·伊卜拉欣·菲鲁扎巴迪·什拉齐·沙斐仪，生于伊朗卡尔津，卒于也门扎比德。

史学著作：①《语法与语言名家传略》，大马士革：萨阿杜丁出版社，2000。该书按照阿拉伯字母顺序编录了422名语法学家和语言学家。②《佳美获利：泰巴风貌》。哈马德·贾斯尔校勘的第五章（利雅得：叶玛麦出版社，1969）按照字母顺序记载了麦地那及其周边地点的名称。③《全梯：

哈乃斐学派层级传》，是阿卜杜·伽迪尔·古拉什（1297～1373）《往昔珠宝：哈乃斐学派层级传》的缩写本。④《高梯：沙斐仪学派层级传》、《心智游览：伊斯法罕史》、《观者园地：阿卜杜·伽迪尔长老传》、《木鹿史》、《长老志》和《人物辞典》等。

参考文献：欧麦尔·力铎：《著述家辞典》第 3 卷，第 776～778 页。沙奇尔·穆斯塔法：《阿拉伯历史与史家》第 4 卷，第 404～405 页。穆罕默德·希拉：《麦加历史与史家》，第 90～96 页。

伊本·哈撒恩
（Ibn Hassān，1349～1415）

瓦继胡丁·艾布·阿卜杜拉·阿卜·拉哈曼·本·阿里·本·哈撒恩·恺迪，生于也门赖代－米什加斯，卒于赖代－米什加斯附近的卡鲁沙姆。

史学著作：《哈德拉毛史》，安曼：法特哈出版社，2020。该书是最古老的也门哈德拉毛地区编年史，记载 1033～1520 年的史事和名人。

参考文献：阿卜杜拉·萨伽夫：《哈德拉毛诗坛史》第 1 卷，第 74～76 页。阿卜杜拉·哈巴什：《也门伊斯兰思想文献》，第 491 页。沙奇尔·穆斯塔法：《阿拉伯历史与史家》第 4 卷，第 272 页。

阿卜杜拉·巴什提
（'Abd Allāh al-Bashshītī，1361～1417）

杰玛路丁·阿卜杜拉·本·艾哈迈德·本·阿卜杜·阿齐兹·本·穆萨·巴什提·沙斐仪，祖籍巴勒斯坦巴什希特，卒于埃及亚历山大。

史学著作：《埃及法官纪事》。

参考文献：萨哈维：《闪光：九世纪人物》第 5 卷，第 7 页。欧麦尔·力铎：《著述家辞典》第 2 卷，第 224 页。沙奇尔·穆斯塔法：《阿拉伯历史与史家》第 3 卷，第 235～236 页。

格勒格山迪

（al-Qalqashandī，1355~1418）

什贺布丁·艾布·阿拔斯·艾哈迈德·本·阿里·本·艾哈迈德·本·阿卜杜拉·格勒格山迪·沙斐仪，生于埃及格勒格山达，卒于埃及开罗。

史学著作：①《夜盲之曙》第 1~14 卷，开罗：埃米利耶印书馆，1913~1919。该书完稿于 1412 年 2 月 21 日，是"马穆鲁克王朝时期的三大百科全书"之一，是对欧麦里（1300~1349）《敬辞须知》的注解和扩编，由导论、十篇和结论构成，每篇皆可独立成书。作者不仅依靠书信部的大量档案，还融会贯通前辈们在历史、地理、族谱、文学和传记等方面的海量著作，耗费约 15 年时间和精力才完成它。②政治史著作《丰功伟绩：哈里发概貌》第 1~3 卷，贝鲁特：书籍世界，1980。③《破晓曙光与满树硕果》，是《夜盲之曙》的缩写本。1906 年，开罗瓦易兹印书馆出版了第 1 卷。

参考文献：沙奇尔·穆斯塔法：《阿拉伯历史与史家》第 3 卷，第 133~137 页。阿卜杜·拉蒂夫·哈姆扎：《格勒格山迪及其〈夜盲之曙〉》（'Abd al-Latīf Hamzah，*Al-Qalqashandī fī Kitābihi Subh al-A'shá*），开罗：文化与国家指导部，1962。穆罕默德·卡玛路丁：《史学家艾布·阿拔斯·格勒格山迪》（Muhammad Kamāl al-Dīn，*Abū al-'Abbās al-Qalqashandī Mu'arrikh*），贝鲁特：书籍世界，1990。

萨尔密尼

（al-Sarmīnī，？~约 1418）

艾布·法特哈·阿里·本·索达格·本·曼苏尔·萨尔密尼，生卒地点有待考究。

史学著作：《无孔珍珠：佳选贤士品质》，贝鲁特：马哈杰-贝铎出版社，2019。该书辑录先贤、圣门弟子与伊玛目们的纪事。

参考文献：伊斯玛仪帕夏·巴格达迪：《〈书艺题名释疑〉补遗》第 1 卷，第 463 页。欧麦尔·力铎：《著述家辞典》第 2 卷，第 451 页。沙奇尔·穆斯塔法：《阿拉伯历史与史家》第 4 卷，第 186、197 页。

瓦特尤特

（Watyūt,? ~ 约 1418）

侯赛因·本·伊斯玛仪·巴杰里，生卒地点有待考究。

史学著作：《瓦特尤特史：锡哈姆与祖阿勒地区长老志》，亚丁：亚丁历史研究与出版中心，2019。

参考文献： 阿卜杜拉·哈巴什：《也门伊斯兰思想文献》，第 498 页。沙奇尔·穆斯塔法：《阿拉伯历史与史家》第 4 卷，第 278~279 页。

纳什里家族

1. 穆罕默德·纳什里

（Muhammad al-Nāshirī, 1333~1419）

艾布·努杰拔·穆罕默德·本·阿卜杜拉·本·欧麦尔·本·艾比·伯克尔·本·欧麦尔·纳什里·也玛尼·沙斐仪，生卒于也门。

史学著作：《也门史》（又名《纳什里史》）和《素丹劝告》。

2. 阿里·纳什里

（'Alī al-Nāshirī, 1353~1440）

穆瓦发古丁·阿里·本·艾比·伯克尔·本·阿里·本·穆罕默德·本·艾比·伯克尔·纳什里·沙斐仪，生于也门扎比德，卒于也门塔伊兹。

史学著作：《观者园地：纳赛尔王》，是也门拉苏勒王朝第八任国王纳赛尔·艾哈迈德（1400~1424 年在位）的传记。

3. 奥斯曼·纳什里

（'Uthmān al-Nāshirī, 1401~1445）

阿斐夫丁·艾布·陶菲格·奥斯曼·本·欧麦尔·本·艾比·伯克尔·本·阿里·本·穆罕默德·本·艾比·伯克尔·纳什里·沙斐仪，生卒于也门。

史学著作：《蔓延花园：纳什里家族学林层级传》。

4. 哈姆扎·纳什里

（Hamzah al-Nāshirī，1430~1520）

塔基丁·艾布·阿拔斯·哈姆扎·本·阿卜杜拉·本·穆罕默德·本·阿里·本·艾比·伯克尔·纳什里·扎比迪，生卒于扎比德。

史学著作：《盛开花园：纳什里家族学林层级传》，是《蔓延花园》的续编。

参考文献：萨哈维：《闪光：九世纪人物》第 5 卷，第 134~135 页；第 8 卷，第 100 页。伊斯玛仪帕夏·巴格达迪：《〈书艺题名释疑〉补遗》第 1 卷，第 181 页。欧麦尔·力铎：《著述家辞典》第 1 卷，第 655~656 页；第 2 卷，第 366、411~412 页；第 3 卷，第 447 页。艾曼·福阿德：《伊斯兰时期也门历史文献》，第 167、175、178、198 页。阿卜杜拉·哈巴什：《也门伊斯兰思想文献》，第 491、494、500 页。沙奇尔·穆斯塔法：《阿拉伯历史与史家》第 4 卷，第 272、275、283 页。利玛·杜尔内格：《阿拉伯与穆斯林著名史学家》，第 266、407 页。

维齐尔家族

1. 哈迪·维齐尔

（al-Hādī al-Wazīr，1357~1419）

杰玛路丁·哈迪·本·伊卜拉欣·本·阿里·本·穆尔塔多·本·哈迪·哈萨尼·萨那尼·栽迪，生于也门希吉拉-祖哈尔，卒于也门扎马尔。

史学著作：《维齐尔家族人物志》、《揭秘：伊玛目之伊玛目萨拉丁·纳赛尔传》和拉吉兹式格律史诗《鉴识园地：伊玛目与学林纪录》。

2. 阿卜杜拉·维齐尔

（'Abd Allāh al-Wazīr，? ~1436）

阿卜杜拉·本·哈迪·本·伊卜拉欣·本·阿里·本·穆尔塔多·维齐尔·哈萨尼·也马尼，生于也门萨达，卒于也门萨那。

史学著作：《绥芬纪事》、《伊玛目叶哈雅传》和《圣裔伊玛目传》等。

3. 索力姆丁·维齐尔

（Sārim al-Dīn al-Wazīrī，1431~1508）

索力姆丁·伊卜拉欣·本·穆罕默德·本·阿卜杜拉·本·哈迪·本·伊卜拉欣·本·阿里·本·穆尔塔多·维齐尔，出生地点有待考究，卒于也门。

史学著作：①史诗《纪事珠宝：伊玛目传》，又名《微笑》，记载截至 1496 年的什叶派历任伊玛目生平事迹。②《伊玛目马赫迪·穆罕默德·本·叶哈雅·穆尔塔多传》。

参考文献：欧麦尔·力铎：《著述家辞典》第 1 卷，第 68 页；第 2 卷，第 304 页。阿卜杜·萨腊姆·瓦继赫：《栽德派著述名人》，第 69~71、623~624、1069~1073 页。艾曼·福阿德：《伊斯兰时期也门历史文献》，第 192~195 页。阿卜杜拉·哈巴什：《也门伊斯兰思想文献》，第 499 页。沙奇尔·穆斯塔法：《阿拉伯历史与史家》第 4 卷，第 272~273、280~281 页。索伊卜·阿卜杜·哈密德：《什叶派史学家辞典》第 1 卷，第 534 页；第 2 卷，第 415~416 页。

加齐家族

1. 什贺布丁·加齐

（Shihāb al-Dīn al-Ghazzī，1368~1419）

什贺布丁·艾布·努爱姆·艾哈迈德·本·阿卜杜拉·本·巴德尔·加齐·迪马什基·沙斐仪，生于巴勒斯坦加沙，曾定居叙利亚大马士革，卒于麦加。

史学著作：《布哈里圣训人物》和《伊本·赫里康〈精英辞世〉摘要》。

2. 拉荻丁·加齐

（Radī al-Dīn al-Ghazzī，1409~1460）

拉荻丁·艾布·巴拉卡特·穆罕默德·本·艾哈迈德·本·阿卜杜

拉·本·巴德尔·加齐·迪马什基·沙斐仪，生卒于大马士革。

史学著作：《观者愉悦：沙斐仪学派晚近人物志》，贝鲁特：伊本·哈兹姆出版社，2000。该书按照阿拉伯字母顺序编录了卒于 1397 年之后的沙斐仪派教法学家的传记。

参考文献：萨哈维：《闪光：九世纪人物》第 1 卷，第 356~358 页；第 6 卷，第 324 页。齐力克里：《名人》第 1 卷，第 159 页；第 5 卷，第 333 页。穆罕默德·希拉：《麦加历史与史家》，第 96~97 页。欧麦尔·力铎：《著述家辞典》第 1 卷，第 178 页；第 3 卷，第 75 页。萨拉丁·穆纳吉德：《大马士革史学家及其手稿与出版物辞典》，第 245 页。

伊本·穆萨

(Ibn Mūsá，1385~1420)

杰玛路丁·艾布·巴拉卡特·穆罕默德·本·穆萨·本·阿里·本·阿卜杜·索马德·马拉库什·麦奇·沙斐仪，生卒于麦加。

史学著作：①《伊玛目艾布·伯克尔·本·侯赛因·本·欧麦尔·古拉什·麦拉佶之长老》，麦加：乌姆古拉大学学术研究与伊斯兰遗产复兴中心，2001。②《穆罕默德·什拉齐之长老》、《穆尔什迪之长老》和《麦地那史》等。

参考文献：塔基丁·法斯：《宝贵璎珞：安宁城市史》第 2 卷，第 364~371 页。齐力克里：《名人》第 7 卷，第 118~119 页。穆罕默德·希拉：《麦加历史与史家》，第 97~99 页。

穆罕默德·萨卜提

(Muhammad al-Sabtī，？~约 1422)

艾布·阿卜杜拉·穆罕默德·本·伽斯姆·本·穆罕默德·本·穆罕默德·本·艾哈迈德·安索里，生于西班牙休达，卒于摩洛哥安杰拉。

史学著作：《休达港遗迹纪略》，拉巴特：皇家印书馆，1983。

参考文献：齐力克里：《名人》第 7 卷，第 5 页。伊本·苏达：《远马格里布史家索引》，第 15 页。利玛·杜尔内格：《阿拉伯与穆斯林著名史学家》，第 431 页。

伊本·易拉基

（Ibn al-'Irāqī，1361~1423）

详见上文的"易拉基父子"。

法赫德家族

1. 巴德鲁丁·法赫德

（Badr al-Dīn Fahd，1406~1423）

巴德鲁丁·艾布·祖尔阿·穆罕默德·本·穆罕默德·本·穆罕默德·本·穆罕默德·本·穆罕默德·本·法赫德·麦奇·沙斐仪，生卒于麦加。

史学著作：《长老辞典》和《伊玛目沙斐仪功德》等。

2. 塔基丁·法赫德

（Taqī al-Dīn Fahd，1385~1466）

塔基丁·艾布·法得勒·穆罕默德·本·穆罕默德·本·穆罕默德·本·穆罕默德·本·法赫德·艾士富尼·沙斐仪，生于埃及阿斯福旺，卒于麦加。

史学著作：①《华丽珍珠与绚丽宝石：先知故事与口述纪事》，安曼：汗吉书店，2018。②《〈背诵家层级传续编〉评议》，贝鲁特：学术书籍出版社影印版，出版时间不详。

3. 纳吉姆丁·法赫德

（Najm al-Dīn Fahd，1409~1480）

纳吉姆丁·艾布·伽斯姆·欧麦尔·本·穆罕默德·本·穆罕默德·本·穆罕默德·本·穆罕默德·本·穆罕默德·本·法赫德·麦奇，生卒于麦加。

史学著作：①《万物珍品：乌姆古拉纪事》第 1~5 卷，麦加：乌姆古拉大学学术研究与伊斯兰遗产复兴中心，1983~1990。该书是第一部编年体麦加史，记载 622~1481 年的政治、社会、文化、建筑、经济、史事和名人等内容。②《隐珠：〈宝贵璎珞：安宁城市史〉续编》第 1~3 卷，贝鲁特：希得尔出版社，2000。该书是塔基丁·法斯（1373~1429）《宝贵璎珞：安宁城市史》的续编，按照阿拉伯字母顺序补录卒于 1427~1480 年的 1749 名（包括 287 名女性）麦加人物的传记。③《长老辞典》，利雅得：叶玛麦出版社，1982。

4. 穆哈义丁·法赫德

（Muhyī al-Dīn Fahd，1444~1480）

穆哈义丁·艾布·扎卡利雅·叶哈雅·本·纳吉姆丁·欧麦尔·本·塔基丁·穆罕默德·本·法赫德·麦奇，生卒于麦加。

史学著作：《原初知识明证》。

5. 易祖丁·法赫德

（'Izz al-Dīn Fahd，1447~1516）

易祖丁·艾布·法里斯·阿卜杜·阿齐兹·本·纳吉姆丁·欧麦尔·本·塔基丁·穆罕默德·本·法赫德·麦奇，生卒于麦加。

史学著作：①《〈万物珍品：乌姆古拉纪事〉续编》第 1~4 卷，开罗：开罗出版社，2005。该书续编 1480 年 11 月至 1516 年 5 月的麦加史事和名人。②《愿望终点：禁寺政权纪事》第 1~3 卷，麦加：乌姆古拉大学学术研究与伊斯兰遗产复兴研究院，1986~1988。该书是纳吉姆丁·法赫德未完成的著作《禁寺总督纪事》的补全本，记载 629~1515 年的共 205 任麦加总督事迹和麦加政治史。

参考文献：齐力克里：《名人》第 4 卷，第 24 页；第 5 卷，第 63~64 页；第 7 卷，第 48 页；第 8 卷，第 161 页。欧麦尔·力铎：《著述家辞典》第 1 卷，第 470 页；第 2 卷，第 578 页；第 3 卷，第 686、690 页；第 4 卷，第 108 页。沙奇尔·穆斯塔法：《阿拉伯历史与史家》第 4 卷，第 408~410 页。穆罕默德·希拉：《麦加历史与史家》，第 99~108、137~160、170~179 页。利玛·杜尔内格：《阿拉伯与穆斯林著名史学家》，第 217、299、447 页。

麦尔贾尼·兹尔维

（al-Marjānī al-Dhirwī，1359~1424）

纳吉姆丁·穆罕默德·本·艾比·伯克尔·本·阿里·本·优素福·麦尔贾尼·兹尔维，生卒于麦加。

史学著作：《沙斐仪派法学家层级传》。

参考文献：塔基丁·法斯：《宝贵璎珞：安宁城市史》第 1 卷，第 429~432 页。齐力克里：《名人》第 6 卷，第 57 页。穆罕默德·希拉：《麦加历史与史家》，第 108~110 页。

沙姆苏丁·花拉子米

（Shams al-Dīn al-Khuwārizmī，?　~1424）

沙姆苏丁·穆罕默德·本·伊斯哈格·花拉子米·哈乃斐，出生地点有待考究，卒于麦加。

史学著作：《三大清真寺与天房史》，贝鲁特：学术书籍出版社，2000。该书由四个部分构成：第一部分记载麦加及其人物纪事；第二部分记载麦地那及其人物纪事；第三部分记载耶路撒冷；第四部分记载先知伊卜拉欣之墓。

参考文献：塔基丁·法斯：《宝贵璎珞：安宁城市史》第 1 卷，第 412 页。欧麦尔·力铎：《著述家辞典》第 3 卷，第 121~122 页。穆罕默德·希拉：《麦加历史与史家》，第 110~111 页。

希斯尼

（al-Hisnī，1352~1426）

塔基丁·艾布·伯克尔·本·穆罕默德·本·阿卜杜·穆敏·本·哈利兹·希斯尼·沙斐仪，生于叙利亚豪兰附近，卒于叙利亚大马士革。

史学著作：《先贤妇女传》、《先知降世》和苏菲派层级传《善道品行》等。

参考文献：萨哈维：《闪光：九世纪人物》第 11 卷，第 81～84 页。萨拉丁·穆纳吉德：《大马士革史学家及其手稿与出版物辞典》，第 231 页。沙奇尔·穆斯塔法：《阿拉伯历史与史家》第 4 卷，第 186～187 页。

阿里·萨比特
('Alī Thābit, 1370~1426)

阿里·本·萨比特·本·萨义德·本·阿里·本·穆罕默德·本·阿里·本·萨义德·提里姆撒尼·古拉什·伍麦维，摩洛哥人，具体生卒地点有待考究。

史学著作： 写了约 30 部著作，涉及教义学、圣训学、历史学和医学等方面，包括《大斗篷颂注解》、《中斗篷颂注解》和《小斗篷颂注解》等。

参考文献： 齐力克里：《名人》第 4 卷，第 268 页。欧麦尔·力铎：《著述家辞典》第 2 卷，第 414 页。利玛·杜尔内格：《阿拉伯与穆斯林著名史学家》，第 267 页。

哈桑·希里
(al-Hasan al-Hillī,? ～约 1427)

塔朱丁·哈桑·本·拉什德·希里，可能生于伊拉克希拉，辞世地点有待考究。

史学著作： 拉吉兹式格律史诗《列王与哈里发史》和《开罗史》等。

参考文献： 欧麦尔·力铎：《著述家辞典》第 1 卷，第 551 页。索伊卜·阿卜杜·哈密德：《什叶派史学家辞典》第 1 卷，第 241～242 页。利玛·杜尔内格：《阿拉伯与穆斯林著名史学家》，第 130 页。

塔基丁·法斯
(Taqī al-Dīn al-Fāsī, 1373~1429)

塔基丁·艾布·推伊卜·穆罕默德·本·艾哈迈德·本·阿里·本·穆罕默德·本·穆罕默德·本·阿卜杜·拉哈曼·法斯·麦奇，生卒于麦加。

史学著作：①《宝贵璎珞：安宁城市史》第 1~8 卷，贝鲁特：使命基金会，1986。该书是中古时期最庞大的麦加人物志，按照阿拉伯字母顺序编录了约 3550 名人物。②《迷药：禁地纪事》第 1~2 卷，麦加：现代复兴书店，1956。这部麦加史由绪论、40 章和结论构成。③《麦加史摘花》，开罗：宗教文化书店，2001。该书是《迷药》的摘要。④《扎哈比未录诸贤补知》，贝鲁特：索迪尔出版社，1998。该书是扎哈比（1274~1348）《群英诸贤传》的续作，增补卒于 1340~1388 年的 1172 名人物。⑤《〈传述知识记录〉增补》第 1~3 卷，麦加：乌姆古拉大学学术研究与伊斯兰遗产复兴研究院，1997。该书是伊本·努戈泰（1183~1231）《传述知识记录》的续作，补录了 1899 名人物。⑥《巴格达学林史》，贝鲁特：阿拉伯百科全书出版社，2000。该书是伊本·拉菲俄（1305~1372）《伊本·纳贾尔〈巴格达史〉增补》的缩写本。⑦《列王、哈里发与麦加总督纪事》，阿勒颇：马拉哈出版社，1986。⑧《扎哈比〈群英辞世通告〉补全》、《扎哈比〈精英辞世提示〉续编》、《扎哈比〈往事殷鉴〉续编》、《麦加总督名单》、《使者家族君王纪事》、《先知传》和《乌姆古拉史》等。

参考文献：欧麦尔·力铎：《著述家辞典》第 3 卷，第 86~87、661 页。沙奇尔·穆斯塔法：《阿拉伯历史与史家》第 4 卷，第 405~407 页。穆罕默德·希拉：《麦加历史与史家》，第 113~126 页。

沙姆苏丁·伊本·杰扎里

(Shams al-Dīn Ibn al-Jazarī，1350~1429)

沙姆苏丁·艾布·亥尔·穆罕默德·本·穆罕默德·本·穆罕默德·本·阿里·迪马什基·沙斐仪，生于叙利亚大马士革，卒于伊朗设拉子。

史学著作：①《扎哈比〈伊斯兰史〉摘要》、《伊本·杰扎里史》和多卷本《知识终结：诵经人物名字》。②《终极目标：诵经家层级传》第 1~2 卷，贝鲁特：学术书籍出版社，2006。该书是《知识终结》的缩写本，按照阿拉伯字母顺序编录了 3955 名诵经家。③《先知与哈里发传》，科威特：扎希里耶出版社，2017。④《圣人降世须知》，丹吉尔：卡塔尼现代出版社，2011。

参考文献：萨拉丁·穆纳吉德：《大马士革史学家及其手稿与出版物辞

典》，第 232~233 页。沙奇尔·穆斯塔法：《阿拉伯历史与史家》第 4 卷，第 97~98 页。穆罕默德·穆蒂俄：《诵经长老伊玛目伊本·杰扎里》（Muhammad Mutī', *Shaykh al-Qurrā' al-Imām Ibn al-Jazarī*），贝鲁特：当代思想出版社，1995。

伊本·奇尔玛尼
（Ibn al-Kirmānī，1361~1430）

详见上文的"奇尔玛尼父子"。

艾哈迈德·爱纳塔比
（Ahmad al-'Aynatābī,？~约 1431）

什贺布丁·艾布·伽斯姆·艾哈迈德·本·艾哈迈德·本·穆萨·爱纳塔比·奥斯玛尼·哈乃斐，生卒地点有待考究。

史学著作：7 卷本《流星明月史：历代人物描述》。土耳其阿克萨赖图书馆藏（编号：2952）第 2~3 卷手抄本记载 622~684 年的史事，第 6 卷记载 1036~1176 年的史事。

参考文献：沙奇尔·穆斯塔法：《阿拉伯历史与史家》第 4 卷，第 99 页。阿里·力铎、艾哈迈德·图兰：《世界图书馆藏伊斯兰遗产史辞典》第 1 卷，第 185 页。

包沃卜·卡米立耶
（Bawwāb al-Kāmilīyah，约 1344~1431）

什贺布丁·艾哈迈德·本·艾比·伯克尔·本·阿里·罕百里，出生地点有待考究，可能卒于叙利亚大马士革。

史学著作：抄写和增补《伊本·卡西尔史》。

参考文献：伊本·易玛德：《金砂：往逝纪事》第 9 卷，第 308 页。齐力克里：《名人》第 1 卷，第 104 页。阿卜杜拉·图雷基：《罕百里学派著作辞典》第 4 卷，第 296~297 页。

艾哈迈德·伊卜什蒂

（Ahmad al-Ibshītī，1359~1432）

什贺布丁·艾哈迈德·本·伊斯玛仪·伊卜什蒂·伽熙里·沙斐仪，生于埃及艾卜什特，卒于麦地那。

史学著作：《先知传》，约 30 卷。

参考文献：萨哈维：《闪光：九世纪人物》第 1 卷，第 244 页。欧麦尔·力铎：《著述家辞典》第 1 卷，第 103 页。利玛·杜尔内格：《阿拉伯与穆斯林著名史学家》，第 30~31 页。

库璐塔提

（al-Kulūtātī，1361~1432）

什贺布丁·艾布·法特哈·艾哈迈德·本·奥斯曼·本·穆罕默德·本·阿卜杜拉·库璐塔提·哈乃斐，祖籍伊朗克尔曼，生卒于埃及开罗。

史学著作：两卷本《〈大全修正〉摘要》，未完稿。

参考文献：萨哈维：《闪光：九世纪人物》第 1 卷，第 378~380 页。齐力克里：《名人》第 1 卷，第 167 页。沙奇尔·穆斯塔法：《阿拉伯历史与史家》第 3 卷，第 236 页。

哈迪·穆爱耶德

（al-Hādī al-Mu'ayyad，1356~1432）

哈迪·里丁拉·阿里·本·穆爱耶德·本·艾哈迈德·本·加百列·穆爱耶德·哈萨尼·叶哈叶维·栽迪，生卒于也门萨达。

史学著作：《往昔珍珠：栽德派伊玛目整编》。

参考文献：阿卜杜·萨腊姆·瓦继赫：《栽德派著述名人》，第 724 页。阿卜杜拉·哈巴什：《也门伊斯兰思想文献》，第 493 页。索伊卜·阿卜杜·哈密德：《什叶派史学家辞典》第 2 卷，第 421 页。

伊本·穆戈里·也玛尼

（Ibn al-Muqrī al-Yamānī，1354~1433）

沙拉夫丁·艾布·穆罕默德·伊斯玛仪·本·艾比·伯克尔·本·阿卜杜拉·沙尔继·也玛尼·沙斐仪，生于也门艾卜亚特-侯赛因，卒于也门扎比德。

史学著作：①《教法学、韵律学、历史学、语法学与诗韵学入门》，贝鲁特：书籍世界，1996。②《也门史》。

参考文献：齐力克里：《名人》第 1 卷，第 310~311 页。阿卜杜拉·哈巴什：《也门伊斯兰思想文献》，第 493 页。沙奇尔·穆斯塔法：《阿拉伯历史与史家》第 4 卷，第 273~274 页。

伊本·纳继

（Ibn Nājī，1359~1433）

艾布·法得勒·伽斯姆·本·尔撒·本·纳继·塔怒黑·盖拉沃尼，生卒于突尼斯凯鲁万。

史学著作：增补达拔厄（1208~1300）的《信仰貌迹》。详见达拔厄《信仰貌迹：凯鲁万人知识》第 1~4 卷，开罗：汗吉书店，1968~1980。

参考文献：艾哈迈德·拔拔：《喜获缎绣》，第 364 页。齐力克里：《名人》第 5 卷，第 179 页。穆罕默德·马哈富兹：《突尼斯著述家志》第 5 卷，第 8~14 页。

谢比

（al-Shaybī，1378~1433）

杰玛路丁·艾布·麦哈新·穆罕默德·本·阿里·本·穆罕默德·本·艾比·伯克尔·古拉什·阿卜达里·谢比·沙斐仪，生卒于麦加。

史学著作：①《穆阿拉陵墓记》，麦加：阿萨迪书店，2005。②《麦加史》。

参考文献：齐力克里：《名人》第 6 卷，第 287~288 页。沙奇尔·穆斯塔法：《阿拉伯历史与史家》第 4 卷，第 407 页。穆罕默德·希拉：《麦加历史与史家》，第 126~128 页。

伊本·扎克嫩

(Ibn Zaknūn，1357~1434)

艾布·哈桑·阿里·本·侯赛因·本·欧尔瓦·马什里基·迪马什基·罕百里，出生地点有待考究，卒于叙利亚大马士革。

史学著作：《先知传》、《艾布·侯赛因法官〈罕百里学派层级传〉摘要》和《伊本·拉杰卜〈层级传〉摘要》等。

参考文献：萨哈维：《闪光：九世纪人物》第 5 卷，第 214~215 页。齐力克里：《名人》第 4 卷，第 280~281 页。阿卜杜拉·图雷基：《罕百里学派著作辞典》第 4 卷，第 300~303 页。

法蒂玛·奇纳妮娅（女）

(Fātimah al-Kinānīyah，约 1349~1434)

乌姆·哈桑·法蒂玛·宾特·赫里勒·本·艾哈迈德·本·穆罕默德·本·艾比·法特哈·本·希沙姆·奇纳妮娅·罕百里，生卒于埃及开罗。

史学著作：《长老志》。

参考文献：齐力克里：《名人》第 5 卷，第 131 页。欧麦尔·力铎：《阿拉伯伊斯兰世界的女英杰》第 4 卷，第 53 页。穆罕默德·亥尔：《伊斯兰史上的女著述家及其著作》，第 82~83 页。

达勒继

(al-Daljī，约 1367~1435)

什贺布丁·艾哈迈德·本·阿里·本·阿卜杜拉·达勒继·米斯里，祖籍埃及达勒加，成名于叙利亚大马士革，卒于埃及开罗。

史学著作：《贫穷与穷人》，巴格达：安达卢西书店，1966。这部古代阿拉伯经济史名著分为 13 章，包含 130 多名人物的传记。

参考文献：伊斯玛仪帕夏·巴格达迪：《〈书艺题名释疑〉补遗》第 2 卷，第 320 页。沙奇尔·穆斯塔法：《阿拉伯历史与史家》第 4 卷，第 189 页。哈马德·朱奈迪勒：《艾哈迈德·本·阿里·达勒继经济思想研究》（Hamad al-Junaydil, *Dirāsat li-l-Fikr al-Iqtisādī 'inda Ahmad ibn 'Alī al-Daljī*），利雅得：穆阿孜出版社，1993。

伊本·亥雅特·吉卜里
（Ibn al-Khayyāt al-Jiblī, 1337~1436）

艾布·阿卜杜拉·穆罕默德·本·艾比·伯克尔·本·穆罕默德·本·索里哈·哈姆扎尼·吉卜里·塔易兹，生于也门吉卜拉，卒于也门塔伊兹。

史学著作：《也门史》，记载也门学者的传记。

参考文献：萨哈维：《闪光：九世纪人物》第 7 卷，第 194~195 页。阿卜杜拉·哈巴什：《也门伊斯兰思想文献》，第 493 页。沙奇尔·穆斯塔法：《阿拉伯历史与史家》第 4 卷，第 274 页。

布绥里
（al-Būsīrī, 1360~1436）

什贺布丁·艾布·阿拔斯·艾哈迈德·本·艾比·伯克尔·本·伊斯玛仪·本·萨立姆·布绥里·奇纳尼·沙斐仪，生于埃及阿布西尔，卒于埃及开罗。

史学著作：①《先知征兆》，吉达：萨瓦迪书店，1990。②《功德》，载布绥里：《十大穆斯纳德附增》第 9 卷，利雅得：鲁世德书店，1998，第 197~473 页。

参考文献：萨哈维：《闪光：九世纪人物》第 1 卷，第 251~252 页。伊本·易玛德：《金砂：往逝纪事》第 9 卷，第 340~341 页。齐力克里：《名人》第 1 卷，第 104 页。

阿卜杜拉・维齐尔

（'Abd Allāh al-Wazīr,？ ~1436）

详见上文的"维齐尔家族"。

伊继

（al-Ījī,？ ~约 1436）

穆罕默德・本・伊卜拉欣・伊继，生卒地点有待考究。

史学著作：《史学宝鉴》，大马士革：奇南出版社，2010。该书融汇古代阿拉伯多门学问，特别是历史、天文和哲学，简述古代各民族的历史、族谱、哈里发和列王传。作者在历史哲学上的造诣比不上伊本・赫勒敦，但在史学方法论方面比后者略胜一筹。

参考文献：齐力克里：《名人》第 5 卷，第 301 页。欧麦尔・力铎：《著述家辞典》第 3 卷，第 25 页。利玛・杜尔内格：《阿拉伯与穆斯林著名史学家》，第 323 页。

马赫迪・里丁拉

（al-Mahdī li-Dīn Allāh，1363~1437）

马赫迪・里丁拉・艾哈迈德・本・叶哈雅・本・穆尔塔多・本・穆法多勒・本・曼苏尔・哈萨尼・也马尼，生于也门扎马尔，因瘟疫致死于也门希杰山。

史学著作：①《满溢汇海：诸城学派》第 1~5 卷，萨那：也门智慧出版社影印版，1988。②《穆尔太齐赖派层级传》，贝鲁特：蒙塔泽尔出版社，1988。③《伍麦叶与阿拔斯家族传》和栽德派人物志《父辈祖宗纪录》等。

参考文献：阿卜杜・萨腊姆・瓦继赫：《栽德派著述名人》，第 206~213 页。沙奇尔・穆斯塔法：《阿拉伯历史与史家》第 4 卷，第 249~250 页。索伊卜・阿卜杜・哈密德：《什叶派史学家辞典》第 1 卷，第 146~147 页。

斯卜特·伊本·阿杰米父子

1. 大斯卜特·伊本·阿杰米

（Sibt Ibn al-'Ajamī al-Kabīr, 1352~1438）

布尔贺努丁·艾布·瓦法·伊卜拉欣·本·穆罕默德·本·赫里勒·哈拉比·沙斐仪，以"大斯卜特·伊本·阿杰米"著称于世，生卒于叙利亚阿勒颇。

史学著作：①《街灯光芒：伊本·赛义德·纳斯〈先知传〉》第1~9卷，大马士革：纳瓦迪尔出版社，2014。该书是对伊本·赛义德·纳斯（1273~1334）《武功纪、品性集与先知传遗要》的注解。②《穆达里斯名字说明》，贝鲁特：学术书籍出版社，1986。③《历史》。④批注伊本·阿卜杜·巴尔（978~1071）的《圣门弟子知识全录》。⑤评论和增补扎哈比（1274~1348）的《中庸标准：人物评论》。

2. 小斯卜特·伊本·阿杰米

（Sibt Ibn al-'Ajamī al-Saghīr, 1415~1480）

穆瓦发古丁·艾布·乍尔·艾哈迈德·本·伊卜拉欣·本·穆罕默德·哈拉比·沙斐仪，也以"小斯卜特·伊本·阿杰米"著称于世，生卒于阿勒颇。

史学著作：《黄金宝藏：阿勒颇史》第1~2卷，阿勒颇：格拉姆－阿拉比出版社，1996~1997。该书是伊本·赫蒂卜·纳斯利耶（1372~1440）《精选珠玉：〈阿勒颇史〉增补》的续编。

参考文献：萨哈维：《闪光：九世纪人物》第1卷，第138~145、198~200页。齐力克里：《名人》第1卷，第65、88页。沙奇尔·穆斯塔法：《阿拉伯历史与史家》第4卷，第99~101、115~116页。

伊本·纳斯鲁丁

（Ibn Nāsir al-Dīn, 1375~1438）

沙姆苏丁·艾布·阿卜杜拉·穆罕默德·本·艾比·伯克尔·阿卜杜

拉·本·穆罕默德·本·艾哈迈德·迪马什基·沙斐仪，生卒于叙利亚大马士革。

史学著作：①《遗迹集：先知生平》第 1~8 卷，法尤姆：法腊哈出版社，2010。②《精英死亡妙释》，科威特：伊本·艾西尔出版社，1997。这首拉吉兹式格律传记长诗分为 25 个层级，905 行，吟咏的人物多达1211 名。

参考文献：萨哈维：《闪光：九世纪人物》第 8 卷，第 103~106 页。萨拉丁·穆纳吉德：《大马士革史学家及其手稿与出版物辞典》，第 234~236页。沙奇尔·穆斯塔法：《阿拉伯历史与史家》第 4 卷，第 101~104 页。

伊本·赫蒂卜·纳斯利耶
(Ibn Khatīb al-Nāsirīyah，1372~1440)

阿拉丁·艾布·哈桑·阿里·本·穆罕默德·本·萨阿德·本·穆罕默德·本·阿里·吉卜利尼·哈拉比·拓伊·沙斐仪，生卒于叙利亚阿勒颇。

史学著作：①《精选珠玉：〈阿勒颇史〉增补》第 1~6 卷，科威特：阿卜杜·阿齐兹·沙特·拔巴廷文化基金会，2018。该书是伊本·阿迪姆(1192~1262)《阿勒颇史索觅》的续编，按照阿拉伯字母顺序续录了 1668名人物的传记。②《穆爱耶德传》。

参考文献：卡尔·布罗克尔曼：《阿拉伯文学史》第 6 册，第 77 页。欧麦尔·力铎：《著述家辞典》第 2 卷，第 505~506 页。沙奇尔·穆斯塔法：《阿拉伯历史与史家》第 4 卷，第 104~105 页。

阿里·纳什里
('Alī al-Nāshirī，1353~1440)

详见上文的"纳什里家族"。

伊本·纳斯鲁拉

（Ibn Nasr Allāh，1364~1440）

穆希布丁·艾布·法得勒·艾哈迈德·本·纳斯鲁拉·本·艾哈迈德·本·穆罕默德·本·欧麦尔·罕百里，生于伊拉克巴格达，卒于埃及开罗。

史学著作：《伊本·拉杰卜〈罕百里学派层级传〉摘要》和四卷本《层级传》。

参考文献：萨哈维：《闪光：九世纪人物》第2卷，第233~239页。齐力克里：《名人》第1卷，第264页。阿卜杜拉·图雷基：《罕百里学派著作辞典》第4卷，第310~316页。

伊本·艾尔斯岚

（Ibn Arslān，1371~1440）

什贺布丁·艾布·阿拔斯·艾哈迈德·本·侯赛因·本·哈桑·本·阿里·本·优素福·本·艾尔斯岚·沙斐仪，生于以色列拉姆拉，卒于耶路撒冷。

史学著作：《沙斐仪学派层级传》和《先知传》。

参考文献：萨哈维：《闪光：九世纪人物》第1卷，第282~288页。齐力克里：《名人》第1卷，第117页。沙奇尔·穆斯塔法：《阿拉伯历史与史家》第4卷，第190页。

麦戈利齐

（al-Maqrīzī，1365~1442）

塔基丁·艾布·阿拔斯（或穆罕默德）·艾哈迈德·本·阿里·本·阿卜杜·伽迪尔·麦戈利齐·沙斐仪，祖籍黎巴嫩巴勒贝克，生卒于埃及开罗。

史学著作：①《麦戈利齐地志》，即《殷鉴与深思：地志与遗迹纪录》第1~4卷，贝鲁特：学术书籍出版社，1998。该书描述埃及的地理概貌、税收概况、各地城镇、各族居民，城市的街道、地段、市场、居民小区、清真寺、宫殿、住宅、学校、花园、桥梁和广场等。书中对埃及列王的记载颇具史料价值，关于埃及建筑、社会、艺术、经济和文化的一些记载鲜见于其他著作。②《王国知识珠线》第 1~8 卷，贝鲁特：学术书籍出版社，1997。这部编年史佳作记载了 1172~1441 年埃及的史事和名人。③大型埃及人物志《埃及本土与外来人物志踪录》，又名《大踪录》。作者计划写 80 多卷，但只完成 16 卷。1991 年，贝鲁特伊斯兰西方出版社分 7 册（第 8 册是总目录）出版的残卷按照阿拉伯字母顺序编录了 3635 名人物。④《民族救援：隐秘揭露》，开罗：编译出版委员会，1940。该书记载自上古至 1405 年的埃及饥荒史。书中对社会经济因素的分析具有较高的理论价值。⑤《正统训诫：法蒂玛人历任伊玛目纪事》第 1~3 卷，开罗：伊斯兰遗产复兴委员会，1996。这部法蒂玛王朝编年史首先从阿里（656~661 年在位）开始追溯法蒂玛人族谱，接着简述他们在马格里布建立政权及另立哈里发、入主埃及的过程。自开罗建城至王朝灭亡的部分（969~1171 年）按照编年体的形式叙述。⑥《项链金豆：钱币纪录》，即《伊斯兰古币》，载《麦戈利齐短文集》，开罗：哈迪斯出版社，1998，第 155~175 页。它可能是第一篇阿拉伯伊斯兰钱币史专文，由钱币分类、伊斯兰钱币和埃及钱币三个部分构成。⑦《人类纪事》第 1~8 卷，贝鲁特：阿拉伯百科全书出版社，2013。⑧《先知全闻录》第 1~15 卷，贝鲁特：学术书籍出版社，1999。该书全面记录作者所知的关于先知穆罕默德的一切知识。⑨《埃塞俄比亚伊斯兰列王纪略》，载《麦戈利齐短文集》，开罗：哈迪斯出版社，1998，第 229~244 页。⑩《罕世珠链：精英人物志》第 1~4 卷，贝鲁特：伊斯兰西方出版社，2002。该书按照阿拉伯字母顺序编录了卒于 1359~1441 年的 1473 名人物。⑪《埃及纪事精粹》，开罗：法兰西东方考古研究院，1981。该书是伊本·穆耶萨尔（1231~1278）《埃及纪事》的精简本。

参考文献：沙奇尔·穆斯塔法：《阿拉伯历史与史家》第 3 卷，第 140~151 页。穆罕默德·卡玛路丁：《马穆鲁克布尔吉王朝时期的四大史家与四大著作》，第 155~293 页。穆罕默德·卡玛路丁：《史学家麦戈利齐》（Muhammad Kamāl al-Dīn, *Al-Maqrīzī Mu'arrikhan*），贝鲁特：书籍世界，1990。

宰娜卜·雅菲怡娅（女）
(Zaynab al-Yāfi'īyah，1367~1442)

乌姆·马萨金·宰娜卜·宾特·阿卜杜拉·本·萨阿德·本·阿里·雅菲怡娅，生于麦地那，卒于麦加。

史学著作：《长老志》。

参考文献：阿卜杜海·卡塔尼：《目录辞典》第 2 卷，第 653 页。穆罕默德·亥尔：《伊斯兰史上的女著述家及其著作》，第 52~53 页。欧麦尔·力铎：《著述家辞典》第 1 卷，第 744~745 页。

奥斯曼·纳什里
('Uthmān al-Nāshirī，1401~1445)

详见上文的"纳什里家族"。

布哈图里
(al-Buhturī,？~约 1446)

索里哈·本·叶哈雅·本·索里哈·本·侯赛因·布哈图里·塔怒黑，生于黎巴嫩贝鲁特，辞世地点有待考究。

史学著作：①《贝鲁特史与埃米尔布哈图尔纪事》，贝鲁特：天主教会印书馆，1898。②《伊玛目奥札义传》。

参考文献：欧麦尔·力铎：《著述家辞典》第 1 卷，第 836 页。沙奇尔·穆斯塔法：《阿拉伯历史与史家》第 4 卷，第 189~190 页。利玛·杜尔内格：《阿拉伯与穆斯林著名史学家》，第 179 页。

伊本·伽迪·舒赫巴
(Ibn Qādī Shuhbah，1377~1448)

详见上文的"伽迪·舒赫巴家族"。

力得万·欧戈比

（Ridwān al-'Uqbī, 1368~1448）

艾布·纳义姆·力得万·本·穆罕默德·本·优素福·本·萨腊玛·欧戈比·伽熙里·沙斐仪，生于埃及吉萨，卒于埃及开罗。

史学著作：①《沙斐仪教法学派背诵家层级传》。②摘录苏莱曼·伊斯纳维（1300~1355）的《沙斐仪派法学家层级传》。

参考文献：萨哈维：《闪光：九世纪人物》第 3 卷，第 226~229 页。齐力克里：《名人》第 3 卷，第 27 页。沙奇尔·穆斯塔法：《阿拉伯历史与史家》第 4 卷，第 190 页。

伊本·沙拉夫

（Ibn Sharaf, 1380~1448）

易玛杜丁·艾布·菲达·伊斯玛仪·本·伊卜拉欣·本·穆罕默德·本·阿里·本·沙拉夫·麦格迪斯·沙斐仪，生卒于耶路撒冷。

史学著作：《沙斐仪学派层级传》。

参考文献：萨哈维：《闪光：九世纪人物》第 2 卷，第 284~286 页。齐力克里：《名人》第 1 卷，第 308 页。欧麦尔·力铎：《著述家辞典》第 1 卷，第 356 页。

艾卜什希

（al-Abshīhī, 1388~约 1448）

巴贺丁·艾布·法特哈·穆罕默德·本·艾哈迈德·本·曼苏尔·本·艾哈迈德·艾卜什希·沙斐仪，生于埃及艾卜沙维赫，卒于埃及开罗。

史学著作：①《群艺雅趣》，贝鲁特：知识出版社，2008。这部杂文集共 84 章，包含大量历史信息、故事和奇闻。②《知者备忘与察者思虑》，又名《艾卜什希备忘》，大马士革：阿拉伯语学会出版社，2018。

参考文献：萨哈维：《闪光：九世纪人物》第 7 卷，第 109 页。齐力克里：《名人》第 5 卷，第 332 页。沙奇尔·穆斯塔法：《阿拉伯历史与史家》第 3 卷，第 239 页。

伊本·哈杰尔
(Ibn Hajar, 1372~1449)

什贺布丁·艾布·法得勒·艾哈迈德·本·阿里·本·穆罕默德·本·穆罕默德·本·阿里·奇纳尼·阿斯格拉尼，生卒于埃及开罗。

史学著作： ①《圣门弟子常识精要》第 1~16 卷，开罗：哈吉尔阿拉伯伊斯兰研究中心，2008。作者花费 30 多年的时间，融汇 900 多部著作的相关记载，三校其稿，铸成这部人物志，按照阿拉伯字母顺序编录了 12446 名（包括 1564 名女性）圣门弟子。②《隐珠：八世纪精英》第 1~4 卷，贝鲁特：吉勒出版社，1993。这部世纪人物志完稿于 1434 年，按照字母顺序编录了卒于 1301~1398 年的 5320 名人物。③《〈隐珠〉续编》，开罗：阿拉伯联盟教育、文化及科学组织阿拉伯手稿研究院，1992。该书逐年续编了（每年再按照阿拉伯字母顺序编排）卒于 1398~1429 年的 639 名人物。④《修正精编》第 1~7 卷，贝鲁特：学术书籍出版社，2004。该书按照阿拉伯字母顺序编录了 12294 名（包括 326 名女性）的人物。⑤《指针》第 1~10 卷，贝鲁特：伊斯兰印书局，2002。该书是对扎哈比（1274~1348）《中庸标准：人物评论》的修正和补编，收录了 9000 多名人物。⑥《挑起重担：埃及法官》，开罗：汗吉书店，1998。该书收录了 7~15 世纪的 261 名埃及法官的传记，包括作者自传。⑦《索引辞典》，贝鲁特：使命基金会，1998。该书介绍了近 2000 部著作，包括数百部历史、传记和族谱。⑧《〈索引辞典〉基础汇编》第 1~4 卷，贝鲁特：知识出版社，1992~1994。该书编录 730 名作者的长老传记。⑨《毕生闻讯告新学小生》第 1~4 卷，开罗：伊斯兰遗产复兴委员会，1969~1998。该书是作者一生见闻录，从其出生年（1372 年）写到 1446 年，每年先按时间顺序记录史事，再按字母顺序编录名人传记。⑩《穆达里斯层级传》，扎尔卡：马纳尔书店，1983。⑪《〈逝者全录〉清单》第 1~7 卷，贝鲁特：雷彦基金会，2013。该书是对索法迪（1297~1363）《逝者全录》的摘抄。⑫《〈修正〉近略》，贝鲁特：使命基金会，1999。该书是《修正精编》的人名索引。

参考文献：沙奇尔·穆斯塔法：《阿拉伯历史与史家》第 3 卷，第 152~165 页。穆罕默德·卡玛路丁：《史学家伊本·哈杰尔·阿斯格拉尼》（Muhammad Kamāl al-Dīn, *Ibn Hajar al-'Asqalānī Mu'arrikhan*），贝鲁特：书籍世界，1987。沙奇尔·马哈茂德：《伊本·哈杰尔·阿斯格拉尼》（Shākir Mahmūd, *Ibn Hajar al-'Asqalānī*）第 1~2 卷，贝鲁特：使命基金会，1997。

伊本·狄雅

（Ibn al-Diyā', 1387~1450）

巴贺丁·艾布·巴伽·穆罕默德·本·艾哈迈德·本·穆罕默德·本·穆罕默德·本·萨义德·欧麦里·麦奇·哈乃斐，生卒于麦加。

史学著作：①《麦加、禁寺、麦地那与先知墓史》，贝鲁特：学术书籍出版社，1997。②《禁寺游览》。③《〈禁寺游览〉摘要》，贝鲁特：伊斯兰福音出版社，1999。

参考文献：欧麦尔·力铎：《著述家辞典》第 3 卷，第 106~107 页。穆罕默德·希拉：《麦加历史与史家》，第 130~133 页。利玛·杜尔内格：《阿拉伯与穆斯林著名史学家》，第 341~342 页。

伊本·阿拉卜沙赫

（Ibn Arabshāh, 1389~1450）

什贺布丁·艾布·阿拔斯·艾哈迈德·本·穆罕默德·本·阿卜杜拉·本·阿拉卜沙赫·迪马什基·哈乃斐，生于叙利亚大马士革，卒于埃及开罗。

史学著作：①《帖木儿传奇》，贝鲁特：使命基金会，1986。该书是中古时期记载帖木儿（1336~1405）生平的最重要的阿拉伯文专著。②《哈里发水果与风趣蜜饯》，开罗：阿拉伯视野出版社，2001。

参考文献：阿拔斯·阿札维：《蒙古与土库曼时期的史学家介绍》，第 229~231 页。萨拉丁·穆纳吉德：《大马士革史学家及其手稿与出版物辞典》，第 242~244 页。沙奇尔·穆斯塔法：《阿拉伯历史与史家》第 4 卷，第 108~110 页。

巴德鲁丁·爱尼

（Badr al-Dīn al-'Aynī, 1361~1451）

巴德鲁丁·艾布·穆罕默德·马哈茂德·本·艾哈迈德·本·穆萨·本·艾哈迈德·爱尼·哈乃斐，生于土耳其加济安泰普，卒于埃及开罗。

史学著作：①25 卷本编年史《历史珠珞》，从创世写到 1447 年。2010 年，埃及国家图书馆与档案馆出版的 4 卷本《历史珠珞：艾尤卜王朝时期》记载了 1169~1231 年的史事和名人，5 卷本《历史珠珞：马穆鲁克素丹时期》记载 1250~1312 年。②《花园：扎希尔国王塔塔尔传》，开罗：阿拉伯书籍复兴出版社，1962。③《印度剑：穆爱耶德国王传》，开罗：埃及国家图书馆，1998。

参考文献：阿拔斯·阿札维：《蒙古与土库曼时期的史学家介绍》，第 232~233 页。侯赛因·艾敏：《同时代阿拉伯史家著作中的十字军战争》，第 21 页。沙奇尔·穆斯塔法：《阿拉伯历史与史家》第 4 卷，第 110~113 页。

伊本·艾赫达勒

（Ibn al-Ahdal, 1377~1451）

巴德鲁丁·艾布·穆罕默德·侯赛因·本·阿卜杜·拉哈曼·本·穆罕默德·本·阿里·艾赫达勒·阿拉维，生于也门格哈里亚，卒于也门艾卜亚特-侯赛因。

史学著作：①《时代筛选：精英辞世》，即《〈雅菲义史〉摘要》。2019 年，沙特阿拉伯乌姆古拉大学的艾哈迈德·优素福通过校勘与研究该书手抄本而获得博士学位。②《时代珍品：也门领袖史》第 1~2 卷，阿布扎比：文化协会，2004。该书在摘抄巴贺丁·杰纳迪（？~1332）《珠线：学林与列王层级传》的基础上，增补后续史事。③《艾什阿里层级传略》。

参考文献：欧麦尔·力铎：《著述家辞典》第 1 卷，第 614 页。沙奇尔·穆斯塔法：《阿拉伯历史与史家》第 4 卷，第 250~252 页。阿卜杜拉·哈巴什：《也门伊斯兰思想文献》，第 494 页。

伊本·索拔厄·马立奇

（Ibn al-Sabbāgh al-Mālikī，1383~1451）

努尔丁·阿里·本·穆罕默德·本·艾哈迈德·本·阿卜杜拉·马格里比·马立奇·麦奇，生卒于麦加。

史学著作：《伊玛目知识要章》第 1~2 卷，库姆：哈迪斯出版社，2001。该书共 12 章，每章记述十二伊玛目派的其中一位伊玛目生平事迹。

参考文献：萨哈维：《闪光：九世纪人物》第 5 卷，第 283 页。齐力克里：《名人》第 5 卷，第 8 页。穆罕默德·希拉：《麦加历史与史家》，第 133~134 页。

阿卜杜·拉哈曼·赫蒂卜

（'Abd al-Rahmān al-Khatīb，1393~1451）

阿卜杜·拉哈曼·本·穆罕默德·本·阿卜·拉哈曼·本·穆罕默德·本·阿里·赫蒂卜，生卒于也门泰里姆。

史学著作：①《阿卜杜拉·爱达鲁斯功德》。②两卷本《艾布·阿拉维家族及其他知名圣徒美德纪录》，记载也门的苏菲派人物传记。

参考文献：阿卜杜拉·萨伽夫：《哈德拉毛诗坛史》第 1 卷，第 76~78 页。阿卜杜拉·哈巴什：《也门伊斯兰思想文献》，第 494~495 页。沙奇尔·穆斯塔法：《阿拉伯历史与史家》第 4 卷，第 276 页。

伊本·什贺卜

（Ibn Shihāb，? ~约 1451）

哈桑·本·什贺布丁·侯赛因·本·塔朱丁·叶兹迪，生卒地点有待考究。

史学著作：《史集》，完稿于 1451 年 2 月。

参考文献：穆哈新·艾敏：《什叶派精英》第 5 卷，第 49 页。索伊卜·阿卜杜·哈密德：《什叶派史学家辞典》第 1 卷，第 237 页。

阿斐夫丁·伊继

('Afīf al-Dīn al-Ījī, 1388~1452)

阿斐夫丁·艾布·伯克尔·穆罕默德·本·穆罕默德·本·阿卜杜拉·本·穆罕默德·伊继·什拉齐·沙斐仪，生于伊朗设拉子附近的伊吉，卒于麦加。

史学著作：《提尔米兹〈品性〉旁注》和《先知品性》。

参考文献：纳吉姆丁·法赫德：《隐珠：〈宝贵璎珞：安宁城市史〉续编》第 1 卷，第 319~322 页。萨哈维：《闪光：九世纪人物》第 9 卷，第 126~127 页。穆罕默德·希拉：《麦地那历史与史家》，第 106 页。

萨拉丁·苏尤蒂

(Salāh al-Dīn al-Suyūtī, 1381~1452)

萨拉丁·艾布·哈桑·穆罕默德·本·艾比·伯克尔·本·阿里·本·哈桑·哈萨尼·苏尤蒂·伽熙里·沙斐仪，生于埃及艾斯尤特，卒于埃及开罗。

史学著作：《文豪主题》。

参考文献：萨哈维：《闪光：九世纪人物》第 7 卷，第 178~179 页。齐力克里：《名人》第 6 卷，第 57~58 页。沙奇尔·穆斯塔法：《阿拉伯历史与史家》第 3 卷，第 239 页。

伊本·艾比·欧宰巴

(Ibn Abī 'Udhaybah, 1416~1452)

什贺布丁·艾哈迈德·本·穆罕默德·本·欧麦尔·麦格迪斯·沙斐仪，生卒于耶路撒冷。

史学著作：①5 卷本《精英列国史：长诗〈串珠〉注解》。②《六世纪名流》，安曼：瓦尔德出版社，2007。该书是《精英列国史》的其中 1 卷。③编年史《大历史》，未完稿，仅存记载 622~750 年史事的第 1 卷。④《长老辞典》和《诸先知故事》等。

参考文献：齐力克里：《名人》第 1 卷，第 228~229 页。阿拔斯·阿札维：《蒙古与土库曼时期的史学家介绍》，第 236~238 页。沙奇尔·穆斯塔法：《阿拉伯历史与史家》第 4 卷，第 114~115、191 页。

艾布·伽斯姆·努韦里
（Abū al-Qāsim al-Nuwayrī, 1399~1453）

卡玛路丁·艾布·伽斯姆·穆罕默德·本·穆罕默德·本·穆罕默德·本·阿里·努韦里·伽熙里·麦奇·马立奇，生于埃及开罗，卒于麦加。

史学著作：《哈里发史》。

参考文献：伊斯玛仪帕夏·巴格达迪：《著述家名讳遗作惠泽》第 2 卷，第 199 页。欧麦尔·力铎：《著述家辞典》第 3 卷，第 662 页。穆罕默德·希拉：《麦加历史与史家》，第 135 页。

比斯拓米
（al-Bistāmī,? ~1454）

栽努丁·阿卜杜·拉哈曼·本·穆罕默德·本·阿里·本·艾哈迈德·本·穆罕默德·比斯拓米·哈乃斐，生于土耳其安塔基亚，卒于土耳其布尔萨。

史学著作：《各地列王纪事摘要》、《史传宝珠》、《哈里发与列王史》和《学林人物志》等。

参考文献：齐力克里：《名人》第 3 卷，第 331 页。欧麦尔·力铎：《著述家辞典》第 2 卷，第 116~117 页。沙奇尔·穆斯塔法：《阿拉伯历史与史家》第 3 卷，第 166~168 页；第 4 卷，第 421~422 页。

纳沃继
（al-Nawājī, 1386~1455）

沙姆苏丁·穆罕默德·本·哈桑·本·阿里·本·奥斯曼·纳沃继·沙斐仪，生卒于埃及开罗。

史学著作：《纪事观览：精选良善》。

参考文献：欧麦尔·力铎：《著述家辞典》第 3 卷，第 226～227 页。沙奇尔·穆斯塔法：《阿拉伯历史与史家》第 3 卷，第 240 页。哈桑·阿卜杜·哈迪：《沙姆苏丁·穆罕默德·本·哈桑·纳沃继·沙斐仪的著作》（Hasan 'Abd al-Hādī, *Mu'allafāt Shams al-Dīn Muhammad ibn Hasan al-Nawājī al-Shāfiʿī*），安曼：也纳比俄出版社，2001。

杰拉路丁·左细拉

（Jalāl al-Dīn Zahīrah，1393～1457）

详见上文的"左细拉家族"。

斯拉朱丁·瓦尔迪

（Sirāj al-Dīn al-Wardī, ? ～1457）

详见上文的"伊本·瓦尔迪"。

阿里·达沃立比

（'Alī al-Dawālībī，1377～1458）

阿斐夫丁·艾布·麦阿里·阿里·本·阿卜杜·穆哈新·本·阿卜杜·达伊姆·达沃立比·罕百里，生于伊拉克巴格达，卒于叙利亚大马士革。

史学著作：《长老志》、《伊本·希沙姆〈先知传〉摘要》、《伊玛目布哈里传》、《伊玛目艾布·哈乃斐美德》、《阿里·本·阿卜杜·穆哈新·巴格达迪传》和《穆阿孜·本·杰巴勒传》等。

参考文献：萨哈维：《闪光：九世纪人物》第 5 卷，第 255～256 页。欧麦尔·力铎：《著述家辞典》第 2 卷，第 471 页。阿卜杜拉·图雷基：《罕百里学派著作辞典》第 4 卷，第 346～350 页。

拉荻丁·加齐

（Radī al-Dīn al-Ghazzī，1409~1460）

详见上文的"加齐家族"。

艾布·阿绥达·比贾伊

（Abū 'Asīdah al-Bijā'ī，? ~约 1460）

艾布·阿绥达·艾哈迈德·本·艾哈迈德·比贾伊，在阿尔及利亚贝贾亚长大，可能卒于沙特阿拉伯希贾兹地区。

史学著作：游记《奇文致爱》，贝鲁特：伊斯兰西方出版社，1993。这本小册子记载作者自贝贾亚经埃及开罗、到希贾兹地区一路的见闻。

参考文献：纳斯鲁丁·萨义杜尼：《伊斯兰西部的历史与地理遗产》，第 238~243 页。艾布·伽斯姆·萨阿杜拉：《艾布·阿绥达·比贾伊之旅：从贝贾亚到希贾兹》（Abū al-Qāsim Sa'd Allāh，"Rihlat Abī 'Asīdah al-Bijā'ī min Bijāyah ilá al-Hijāz"），《阿拉伯》（Al-'Arab）1990 年第 9~10 期。

爱斯玛·麦赫拉妮娅（女）

（Asmā' al-Mahrānīyah，? ~1462）

乌姆·哈桑·爱斯玛·宾特·阿卜杜拉·本·穆罕默德·迪马什基·麦赫拉妮娅，出生地点有待考究，卒于叙利亚大马士革。

史学著作：《长老志》。

参考文献：萨哈维：《闪光：九世纪人物》第 12 卷，第 6~7 页。阿卜杜海·卡塔尼：《目录辞典》第 2 卷，第 652~653 页。欧麦尔·力铎：《阿拉伯伊斯兰世界的女英杰》第 1 卷，第 56 页。

伊本·格拉

（Ibn Qarā，? ~1464）

什贺布丁·艾哈迈德·本·欧麦尔·本·奥斯曼·本·阿里·花拉子

米·迪马什基·沙斐仪，生卒于叙利亚大马士革。

史学著作：①《卒年纪录片段》，记载卒于 14 世纪下半叶的人物传记。②摘抄伽迪·易雅得（1083~1149）《法庭整顿与道路接近：马立克学派群英知识》的部分人物传记。③《塔基丁·法斯传》、《欧麦尔·本·阿卜杜·阿齐兹美德精粹》和《艾布·阿拔斯·希得尔传》等。

参考文献：齐力克里：《名人》第 1 卷，第 187~188 页。萨拉丁·穆纳吉德：《大马士革史学家及其手稿与出版物辞典》，第 246~247 页。沙奇尔·穆斯塔法：《阿拉伯历史与史家》第 4 卷，第 192~193 页。

伊本·栽德
（Ibn Zayd，1387~1465）

什贺布丁·艾布·阿拔斯·艾哈迈德·本·穆罕默德·本·艾哈迈德·本·艾比·伯克尔·栽德·迪马什基·罕百里，生卒于叙利亚大马士革。

史学著作：①《伊玛目艾布·阿慕尔·奥札义功德》，开罗：尔撒·巴比·哈拉比及其合伙人印书馆，1933。②《伊本·希沙姆〈先知传〉摘要》。

参考文献：萨拉丁·穆纳吉德：《大马士革史学家及其手稿与出版物辞典》，第 248~249 页。沙奇尔·穆斯塔法：《阿拉伯历史与史家》第 4 卷，第 193~194 页。阿卜杜拉·图雷基：《罕百里学派著作辞典》第 4 卷，第 352~354 页。

塔基丁·法赫德
（Taqī al-Dīn Fahd，1385~1466）

详见上文的"法赫德家族"。

艾哈迈德·拓悟斯
（Ahmad al-Tāwūsī，1388~1466）

努尔丁·艾布·福突哈·艾哈迈德·本·阿卜杜拉·本·阿卜杜·伽

迪尔·本·阿卜杜·哈格·拓悟斯·什拉齐·沙斐仪，生卒地点有待考究。

史学著作：《美德扩散：品性人物志》。

参考文献：萨哈维：《闪光：九世纪人物》第 1 卷，第 360 ~ 361 页。欧麦尔·力铎：《著述家辞典》第 1 卷，第 184 页。利玛·杜尔内格：《阿拉伯与穆斯林著名史学家》，第 49 页。

拔欧尼家族

1. 沙姆苏丁·拔欧尼

（Shams al-Dīn al-Bā'ūnī，1374 ~ 1467）

沙姆苏丁·穆罕默德·本·艾哈迈德·本·纳斯尔·本·哈里发·本·法腊哈·本·阿卜杜拉·拔欧尼·沙斐仪，生卒于叙利亚大马士革。

史学著作：拉吉兹式格律史诗《风雅珍品：列王与哈里发史》。

2. 巴贺丁·拔欧尼

（Bahā' al-Dīn al-Bā'ūnī，1453 ~ 1510）

巴贺丁·穆罕默德·本·优素福·本·艾哈迈德·拔欧尼·迪马什基，生卒于大马士革。

史学著作：①拉吉兹式格律史诗《艾什拉夫特质》，是沙姆苏丁·拔欧尼《风雅珍品：列王与哈里发史》的补编。②拉吉兹式格律史诗《艾什拉夫国王传》。

参考文献：齐力克里：《名人》第 5 卷，第 334 页；第 7 卷，第 155 页。欧麦尔·力铎：《著述家辞典》第 3 卷，第 111 ~ 112、778 ~ 779 页。萨拉丁·穆纳吉德：《大马士革史学家及其手稿与出版物辞典》，第 250 ~ 251、277 ~ 278 页。沙奇尔·穆斯塔法：《阿拉伯历史与史家》第 4 卷，第 194、209 页。利玛·杜尔内格：《阿拉伯与穆斯林著名史学家》，第 344、465 ~ 466 页。

伊德里斯·达易

（Idrīs al-Dā'ī，1392 ~ 1467）

易玛杜丁·伊德里斯·本·哈桑·本·阿卜杜拉·本·阿里·本·穆

罕默德·本·哈提姆·古拉什·也玛尼·达易·伊斯玛仪里，生卒于也门希巴姆。

史学著作：①《纪事精粹与遗迹诸学》第1~7卷，塞莱米耶：加迪尔出版社，2017~2019。这部伊斯兰教伊玛目派历史百科全书从先知穆罕默德传记写到索里哈人与伊玛目派忒比耶支派在也门的活动。②《纪事园地与夜间游览：也门事件》，萨那：也门图书出版总局，1995。该书记载1441~1466年的也门历史。③2卷本《也门列王与传教者纪录》。

参考文献：沙奇尔·穆斯塔法：《阿拉伯历史与史家》第4卷，第252~254页。阿卜杜拉·哈巴什：《也门伊斯兰思想文献》，第496页。索伊卜·阿卜杜·哈密德：《什叶派史学家辞典》第1卷，第148页

伊本·沙欣父子

1. 大伊本·沙欣

（Ibn Shāhīn al-Kabīr，1410~1468）

加尔苏丁·艾布·索法·赫里勒·本·沙欣·扎希里·米斯里，生于耶路撒冷，卒于黎巴嫩的黎波里。

史学著作：①2卷本《邦国侦察与径道释解》。②《〈邦国侦察与径道释解〉精髓》，巴黎：共和国印书馆，1894。

2. 小伊本·沙欣

（Ibn Shāhīn al-Saghīr，1440~1514）

栽努丁·艾布·麦卡力姆·阿卜杜·拔斯特·本·赫里勒·本·沙欣·麦拉蒂·伽熙里·哈乃斐，生于土耳其马拉蒂亚，因肺病致死于埃及开罗。

史学著作：①《国史得续》，是扎哈比（1274~1348）《伊斯兰国家》的续编，从1343年6月开始续写，可能写到1506年之后。2002年，贝鲁特现代书店分8册（第九册是总目）出版的残卷续编到1491年10月，收录了3605名人物。②《一生人事笑花园》第1~4卷，赛达&贝鲁特：现代书店，2014。这部编年史记载自作者出生年至去世前的阿拉伯史事和名人。③《人物辞典集》第1~2卷，贝鲁特：伊斯兰福音出版社，2011。该书收录了1195

名与作者同时代的人物。④《名家观览：埃及素丹》，开罗：宗教文化书店，1987。

参考文献：齐力克里：《名人》第 2 卷，第 318 页；第 3 卷，第 270 页。沙奇尔·穆斯塔法：《阿拉伯历史与史家》第 3 卷，第 254 ~ 255 页；第 4 卷，第 195 ~ 196 页。利玛·杜尔内格：《阿拉伯与穆斯林著名史学家》，第 153、184 ~ 185 页。穆罕默德·卡玛路丁：《史学家阿卜杜·拔斯特·哈乃斐》（Muhammad Kamāl al-Dīn, 'Abd al-Bāsit al-Hanafi Mu'arrikhan），贝鲁特：书籍世界，1990。

伊本·山玛俄
（Ibn al-Shammā', ? ~ 约 1469）

艾布·阿卜杜拉·穆罕默德·本·艾哈迈德·本·穆罕默德·麦尔贾尼·欣塔提，生于突尼斯城，死于瘟疫。

史学著作：《辉煌明证：哈夫斯王朝荣耀》，利比亚的黎波里：阿拉伯书籍出版社，1984。

参考文献：穆罕默德·马哈富兹：《突尼斯著述家志》第 3 卷，第 210 页。哈桑·阿卜杜·瓦贺卜：《突尼斯著作与著述家》第 2 卷第 1 分册，第 492 ~ 493 页。纳斯鲁丁·萨义杜尼：《伊斯兰西部的历史与地理遗产》，第 244 ~ 248 页。

哈姆扎·侯赛尼
（Hamzah al-Husaynī, 1415 ~ 1469）

易祖丁·哈姆扎·本·艾哈迈德·本·阿里·本·穆罕默德·本·阿里·侯赛尼·迪马什基·沙斐仪，生于叙利亚大马士革，卒于耶路撒冷。

史学著作：《伊本·伽迪·舒赫巴〈沙斐仪学派层级传〉续编》、《语法学家与语言学家层级传》、《耶路撒冷特色》和《始末辞世终结》等。

参考文献：欧麦尔·力铎：《著述家辞典》第 1 卷，第 654 页。萨拉丁·穆纳吉德：《大马士革史学家及其手稿与出版物辞典》，第 254 ~ 255 页。沙奇尔·穆斯塔法：《阿拉伯历史与史家》第 4 卷，第 196 页。

巴德鲁丁·伽迪·舒赫巴

（Badr al-Dīn Qādī Shuhbah，1395~1470）

详见上文的"伽迪·舒赫巴家族"。

伊本·伊玛目·卡米立耶

（Ibn Imām al-Kāmilīyah，1406~1470）

卡玛路丁·艾布·阿卜杜拉·穆罕默德·本·穆罕默德·本·阿卜杜·拉哈曼·本·阿里·本·优素福·伽熙里·沙斐仪，生卒于埃及开罗。

史学著作：①《伊玛目纳瓦维传》，贝鲁特：伊斯兰福音出版社，2010。②《艾什阿里学派层级传》。

参考文献：邵卡尼：《吉星满月：七世纪后良善》第 2 卷，第 244 页。齐力克里：《名人》第 7 卷，第 48 页。沙奇尔·穆斯塔法：《阿拉伯历史与史家》第 3 卷，第 240 页。

伊本·塔厄里·比尔迪

（Ibn Taghrī Birdī，1410~1470）

杰玛路丁·艾布·麦哈新·优素福·本·塔厄里·比尔迪·本·阿卜杜拉·扎希里·哈乃斐，生卒于埃及开罗，被誉为"尼罗河史家"。

史学著作：①《闪耀群星：埃及与开罗列王》第 1~16 卷，贝鲁特：学术书籍出版社，1992。这部编年史记述了 641~1468 年的埃及史事、名人和城市等，评论一些重要事件，记录每年的尼罗河水位。②《别世偿清碧泉》第 1~13 卷，开罗：埃及图书总局 & 埃及国家图书馆与档案馆，1984~2009。该书按照阿拉伯字母顺序编录自马穆鲁克王朝（1250~1517 年）建立初年至作者时代的 2828 名人物的传记。③《碧泉疗效明证》第 1~2 卷，开罗：埃及国家图书馆，1998。该书是《别世偿清碧泉》的缩写本。④《日月世事》第 1~2 卷，贝鲁特：书籍世界，1990。这部编年史是麦戈利齐（1365～1442）《王国知识珠线》的续编，按照年月日顺序续写 1441 年 6 月至 1456 年 12 月的史事和名人。⑤《仁爱泉源：素丹与哈里发》第 1～2 卷，开罗：埃及国家图书馆，1997。

参考文献：阿拔斯·阿札维：《蒙古与土库曼时期的史学家介绍》，第 245～248 页。沙奇尔·穆斯塔法：《阿拉伯历史与史家》第 3 卷，第 169～172 页。穆罕默德·侯赛因：《马穆鲁克王朝时期的埃及史家伊本·塔厄里·比尔迪》（Muhammad Husayn, *Ibn Taghrī Birdī, Abū al-Mahāsin Jamāl al-Dīn ibn Yūsuf ibn Taghrī Birdī al-Atābikī 812-874 H.;Mu'arrikh Misr fī al-'Asr al-Mamlūkī*），贝鲁特：学术书籍出版社，1992。

塔朱丁·侯赛尼
（Tāj al-Dīn al-Husaynī，约 1397～1470）

塔朱丁·艾布·纳斯尔·阿卜杜·瓦贺卜·本·欧麦尔·本·侯赛因·本·穆罕默德·侯赛尼·迪马什基·沙斐仪，生卒于叙利亚大马士革。

史学著作：《耶路撒冷特色》，安曼：杰利尔出版社，2009。该书完稿于 1468 年，由导论和 37 章构成。

参考文献：萨拉丁·穆纳吉德：《大马士革史学家及其手稿与出版物辞典》，第 256 页。沙奇尔·穆斯塔法：《阿拉伯历史与史家》第 4 卷，第 181、197 页。穆罕默德·希拉：《麦加历史与史家》，第 146～147 页。

什贺卜·希贾齐
（al-Shihāb al-Hijāzī，1388～1471）

什贺布丁·艾布·推伊卜·艾哈迈德·本·穆罕默德·本·阿里·本·哈桑·本·伊卜拉欣·安索里·赫兹拉继·萨阿迪·沙斐仪，生卒于埃及开罗。

史学著作：《马格里布纪事详述》和 5 卷本《备忘》。

参考文献：伊斯玛仪帕夏·巴格达迪：《著述家名讳遗作惠泽》第 1 卷，第 133 页。欧麦尔·力铎：《著述家辞典》第 1 卷，第 279～280 页。沙奇尔·穆斯塔法：《阿拉伯历史与史家》第 3 卷，第 241 页。

艾布·巴拉卡特·奇纳尼
（Abū al-Barakāt al-Kinānī，1397~1471）

易祖丁·艾布·巴拉卡特·艾哈迈德·本·伊卜拉欣·本·纳斯鲁拉·奇纳尼·阿斯格拉尼·米斯里·罕百里，生卒于埃及开罗。

史学著作：①《心药：艾尤卜人功德》，开罗：宗教文化书店，1996。②41卷本《历史报告》。每个世纪（伊历）各写两卷，一卷按照阿拉伯字母顺序编录人物传记，另一卷逐年记载重要史事。③20卷本《大罕百里学派层级传》，3卷本《中罕百里学派层级传》，单卷本《小罕百里学派层级传》，拉吉兹式格律史诗《埃及法官》等。

参考文献：阿拔斯·阿札维：《蒙古与土库曼时期的史学家介绍》，第248~249页。沙奇尔·穆斯塔法：《阿拉伯历史与史家》第3卷，第173~174页。阿卜杜拉·图雷基：《罕百里学派著作辞典》第4卷，第359~365页。

优努斯·栽尼
（Yūnus al-Zaynī，1422~1472）

优努斯·本·欧麦尔·栽尼·欧麦里·哈乃斐，生卒于埃及开罗。

史学著作：《史集》和《〈动物生活〉摘要》等。

参考文献：萨哈维：《闪光：九世纪人物》第10卷，第343~344页。欧麦尔·力铎：《著述家辞典》第4卷，第193页。利玛·杜尔内格：《阿拉伯与穆斯林著名史学家》，第512页。

伊本·巴哈达尔
（Ibn Bahādar，1432~1473）

卡玛路丁·艾布·法得勒·穆罕默德·本·穆罕默德·本·穆罕默德·本·巴哈达尔·穆阿米尼，生于利比亚的黎波里，卒于埃及开罗。

史学著作：①2卷本《胜利开启：埃及列王史》。1990年，埃及爱资哈

尔大学的萨米尔·赫拉夫通过校勘和研究该书的 1254~1350 年部分而获得
博士学位。②《土库曼史集》，记载 1300~1446 年的土库曼王朝史。

参考文献：卡米勒·朱布里：《文豪辞典：自蒙昧时期至公元 2002 年》
第 6 卷，第 105 页。沙奇尔·穆斯塔法：《阿拉伯历史与史家》第 3 卷，第
238、241~242 页。利玛·杜尔内格：《阿拉伯与穆斯林著名史学家》，第
449~450 页。

卡菲耶继

（al-Kāfiyajī，1386~1474）

穆哈义丁·艾布·阿卜杜拉·穆罕默德·本·苏莱曼·本·萨阿德·
本·马斯欧德·鲁米·卡菲耶继，生于土耳其卡卡加奇，因痢疾致死于埃
及开罗。

史学著作：《史学撮要》，贝鲁特：书籍世界，1990。它是现存最古老
的阿拉伯史学理论专文，撰成于 1463 年 4 月 7 日。

参考文献：欧麦尔·力铎：《著述家辞典》第 3 卷，第 332~333 页。穆
罕默德·卡玛路丁：《马穆鲁克布尔吉王朝时期的四大史家与四大著作》，
第 13~31 页。阿卜杜·瓦希德·杰哈达尼：《杰出学者穆哈义丁·卡菲耶继
的生平及其著作》（'Abd al-Wāhid Jahdānī, *Al-'Allāmah Muhyī al-Dīn al-
Kāfiyajī: Hayātuhu wa-Musannafātuhu*），贝鲁特：学术书籍出版社，2016。

穆托哈尔·扎玛里

（al-Mutahhar al-Dhamārī，1398~1474）

艾布·穆罕默德·穆托哈尔·本·穆罕默德·本·苏莱曼·本·叶哈
雅·本·哈姆扎·扎玛里·也玛尼，出生地点有待考究，卒于也门扎马尔。

史学著作：栽德派伊玛目传记《伊玛目状况》。

参考文献：齐力克里：《名人》第 7 卷，第 254 页。阿卜杜·萨腊姆·
瓦继赫：《栽德派著述名人》，第 1037~1039 页。索伊卜·阿卜杜·哈密德：
《什叶派史学家辞典》第 2 卷，第 370 页。

伊本·古特璐布迦
（Ibn Qutlūbughā，1399~1474）

栽努丁·艾布·菲达·伽斯姆·本·古特璐布迦·本·阿卜杜拉·速杜尼·杰玛里·米斯里·哈乃斐，生卒于埃及开罗。

史学著作：①《人物志冠冕》，大马士革&贝鲁特：格拉姆出版社，1992。该书收录了347名哈乃斐派教法学家的传记。②《突厥国家概要》、《长老之长老志》、《当代长老之长老志》和《长老辞典》等。

参考文献：齐力克里：《名人》第5卷，第180页。沙奇尔·穆斯塔法：《阿拉伯历史与史家》第3卷，第242页。利玛·杜尔内格：《阿拉伯与穆斯林著名史学家》，第313~314页。

敏贺继·艾斯尤蒂
（al-Minhājī al-Asyūtī，1410~1475）

沙姆苏丁·艾布·阿卜杜拉·穆罕默德·本·艾哈迈德·本·阿里·敏贺继·艾斯尤蒂·伽熙里·沙斐仪，生于埃及艾斯尤特，卒于埃及开罗。

史学著作：①《专属珍品：阿克萨清真寺特色》第1~2卷，开罗：埃及图书总局，1982~1984。②《沙姆特色》和世界史《秘密表象与纪事奇闻》等。

参考文献：萨哈维：《闪光：九世纪人物》第7卷，第13页。齐力克里：《名人》第5卷，第334~335页。沙奇尔·穆斯塔法：《阿拉伯历史与史家》第3卷，第243页。

伊卜拉欣·伽迪里
（Ibrāhīm al-Qādirī，约1413~1475）

布尔贺努丁·伊卜拉欣·本·阿里·本·艾哈迈德·代里·伽迪里，

生于叙利亚拉哈巴城堡附近的阿沙里修道院，卒于叙利亚大马士革。

史学著作： ①《花园：阿卜杜·伽迪尔长老功德》，贝鲁特：学术书籍出版社，2008。②2 卷本《苏菲派纪事》。

参考文献： 萨哈维：《闪光：九世纪人物》第 1 卷，第 80～81 页。齐力克里：《名人》第 1 卷，第 52 页。沙奇尔·穆斯塔法：《阿拉伯历史与史家》第 4 卷，第 198～199 页。

图干·穆罕默迪

（Tūghān al-Muhammadī, ？ ~1476）

什贺布丁·图干·谢赫·穆罕默迪·艾什拉斐·米斯里·哈乃斐，埃及人，具体生卒地点有待考究。

史学著作：《君权导论：合法政治》，开罗：扎哈拉书店，1997。该书完稿于 1473/1474 年，是献给马穆鲁克王朝素丹艾什拉夫·赛夫丁·伽伊特贝（1468~1496 年在位）的政治史读物。

参考文献： 伊斯玛仪帕夏·巴格达迪：《〈书艺题名释疑〉补遗》第 2 卷，第 543 页。欧麦尔·力铎：《著述家辞典》第 2 卷，第 18 页。沙奇尔·穆斯塔法：《阿拉伯历史与史家》第 3 卷，第 242~243 页。

伊本·阿贾

（Ibn Ajā, 1417~1476）

沙姆苏丁·穆罕默德·本·马哈茂德·本·赫里勒·哈拉比·哈乃斐，生卒于叙利亚阿勒颇。

史学著作： ①《马穆鲁克人与突厥奥斯曼人之战：与埃米尔叶施巴克同行》，大马士革：思想出版社，1986。②3 卷本《哈乃斐学派层级传》。

参考文献： 萨哈维：《闪光：九世纪人物》第 10 卷，第 43 页。欧麦尔·力铎：《著述家辞典》第 3 卷，第 703 页。沙奇尔·穆斯塔法：《阿拉伯历史与史家》第 3 卷，第 248~249 页；第 4 卷，第 199 页。

伊本·扎厄丹

（Ibn Zaghdān，1417~1478）

艾布·麦沃熙卜·穆罕默德·本·艾哈迈德·本·穆罕默德·本·达乌德·本·萨腊玛·叶兹拉提尼·突尼斯·马立奇，生于突尼斯城，卒于埃及开罗。

史学著作：《先贤纪事》和《先知降世》等。

参考文献：萨哈维：《闪光：九世纪人物》第 7 卷，第 66~67 页。伊本·易玛德：《金砂：往逝纪事》第 9 卷，第 502~503 页。穆罕默德·马哈富兹：《突尼斯著述家志》第 2 卷，第 419~422 页。

扎尔卡什

（al-Zarkashī，约 1417~约 1478）

艾布·阿卜杜拉·穆罕默德·本·伊卜拉欣·路阿路维·扎尔卡什，生卒于突尼斯城，被誉为"哈夫斯王朝最后一位史家"。

史学著作：《穆瓦希德与哈夫斯王朝史》，突尼斯：阿提格书店，1966。

参考文献：艾哈迈德·图尔贝恩：《现代阿拉伯史学与史家》，第 216~217 页。穆罕默德·马哈富兹：《突尼斯著述家志》第 2 卷，第 413~416 页。哈桑·阿卜杜·瓦贺卜：《突尼斯著作与著述家》第 2 卷第 1 分册，第 494~498 页。

吉拉义

（al-Jirā'ī，1422~1478）

塔基丁·艾布·伯克尔·本·栽德·本·艾比·伯克尔·本·栽德·吉拉义·迪马什基·罕百里，生于巴勒斯坦吉拉，卒于叙利亚大马士革。

史学著作：①《清真寺躬珍》，科威特：伊斯兰宗教基金事务部，2004。该书记载天房、先知寺与阿克萨清真寺的历史。②《第一》，大马士革：伊曼出版社，1988。该书包含 60 多种圣训、教法、教义与历史方面的著作信息。

参考文献：萨哈维：《闪光：九世纪人物》第 11 卷，第 32~33 页。萨拉丁·穆纳吉德：《大马士革史学家及其手稿与出版物辞典》，第 257 页。沙奇尔·穆斯塔法：《阿拉伯历史与史家》第 4 卷，第 199~200 页。

伊本·穆夫里哈
（Ibn Muflih，1412~1479）

详见上文的"穆夫里哈家族"。

小斯卜特·伊本·阿杰米
（Sibt Ibn al-'Ajamī al-Saghīr，1415~1480）

详见上文的"斯卜特·伊本·阿杰米父子"。

比伽义
（al-Biqā'ī，1406~1480）

布尔贺努丁·艾布·哈桑·伊卜拉欣·本·欧麦尔·本·哈桑·鲁拔特·本·阿里·比伽义·沙斐仪，生于黎巴嫩贝卡谷地，卒于叙利亚大马士革。

史学著作：①《时代标题：长老与领袖人物志》第 1~5 卷，开罗：埃及国家图书馆与档案馆，2001~2009。该书按照阿拉伯字母顺序编录了 15 世纪 513 名人物的传记。②《题中标题：长老及其部分学生与领袖名字清单》，贝鲁特：阿拉伯书籍出版社，2002。该书是《时代标题》的缩写本。③《迁徙沙姆者通告》，贝鲁特：伊本·哈兹姆出版社，1997。④《格斗纪事：征服各地》，至少有三种手抄本存世，分别被收藏于土耳其伊斯坦布尔拉雷利清真寺（编号：1994），达玛特·伊卜拉欣书库（编号：886）和法国巴黎（编号：5862）等地。⑤《比伽义史》，即《时代宣告：今人秘密》，是伊本·哈杰尔（1372~1449）《毕生闻讯告新学小生》的续编，续到 1466 年 8 月。1992~1993 年，沙特阿拉伯伊玛目穆罕默德·本·沙特伊斯兰大学的穆罕默德·撒里姆分 3 册（第 1 册，吉萨：哈杰尔出版社，1992；第 2~3 册，开罗：阿拉比亚出版社，1993）出版了记载 1451 年 2 月至 1461 年 10 月史事的部分。⑥《辞世录（伊历 1~745 年）》，收录卒于 622~1344 年的名人传记。⑦《使者传摘要》。

参考文献：萨拉丁·穆纳吉德：《大马士革史学家及其手稿与出版物辞典》，第 259~261 页。沙奇尔·穆斯塔法：《阿拉伯历史与史家》第 4 卷，第 117~119 页。阿里·力铎等：《世界图书馆藏伊斯兰遗产史辞典》第 1 卷，第 51~54 页。

纳吉姆丁·法赫德

（Najm al-Dīn Fahd，1409~1480）

详见上文的"法赫德家族"。

继安家族

1. 伊本·继安

（Ibn al-Jī'ān，1412~1480）

沙拉夫丁·艾布·扎卡利雅·叶哈雅·本·沙奇尔·本·阿卜杜·加尼·本·沙奇尔·本·玛吉德·迪姆雅蒂·伽熙里·沙斐仪，生卒于埃及开罗。

史学著作：《华丽珍品：埃及地名》，开罗：艾哈里耶印书馆，1898。

2. 巴德鲁丁·继安

（Badr al-Dīn al-Jī'ān，1443~1497）

巴德鲁丁·艾布·巴伽·穆罕默德·本·叶哈雅·本·沙奇尔·本·阿卜杜·加尼·本·沙奇尔·本·玛吉德·伽熙里·沙斐仪，生卒于开罗。

史学著作：《雅言：艾什拉夫国王之旅》，黎巴嫩的黎波里：杰娄斯-帕拉斯出版社，1984。该书记载马穆鲁克王朝素丹伽伊特贝（1468~1496 年在位）在 1477 年视察沙姆地区的见闻。

3. 什贺布丁·继安

（Shihāb al-Dīn al-Jī‘ān，? ~1524）

什贺布丁·艾布·巴伽·艾哈迈德·本·叶哈雅·本·沙奇尔·本·阿卜杜·加尼·本·沙奇尔·伽熙里·沙斐仪，生于开罗，被绞死于开罗。

史学著作：《吉星高照：年月轮换》。其手抄本藏于埃及国家图书馆（编号：442720）。

参考文献：萨哈维：《闪光：九世纪人物》第 10 卷，第 71、226 ~ 229 页。纳吉姆丁·加齐：《行星：十世纪精英》第 1 卷，第 158 页。齐力克里：《名人》第 1 卷，第 270 页；第 8 卷，第 149 页。欧麦尔·力铎：《著述家辞典》第 1 卷，第 323、432 ~ 433 页；第 4 卷，第 97 页。沙奇尔·穆斯塔法：《阿拉伯历史与史家》第 3 卷，第 244 ~ 245、257 页；第 4 卷，第 208 页。

穆希布丁·左细拉

（Muhibb al-Dīn Zahīrah，1422 ~ 1480）

详见上文的"左细拉家族"。

穆哈义丁·法赫德

（Muhyī al-Dīn Fahd，1444 ~ 1480）

详见上文的"法赫德家族"。

艾布·瓦立德·卡扎鲁尼

（Abū al-Walīd al-Kāzarūnī，? ~1482）

阿斐夫丁·艾布·瓦立德·艾哈迈德·本·穆萨达德·本·穆罕默德·本·阿卜杜·阿齐兹·本·阿卜杜·萨腊姆·卡扎鲁尼，生卒于麦地那。

史学著作：《混合香园：古巴与阿瓦里》，描述麦地那的街区古巴和阿瓦里。

参考文献：齐力克里：《名人》第 1 卷，第 257 页。欧麦尔·力铎：

《著述家辞典》第 1 卷，第 306~307 页。穆罕默德·希拉：《麦地那历史与史家》，第 107~108 页。

穆罕默德·贾法里
（Muhammad al-Ja'farī，1392~1482）

纳斯鲁丁·艾布·阿卜杜拉·穆罕默德·本·穆罕默德·本·穆罕默德·本·哈桑·贾法里·伽熙里·沙斐仪，生于埃及杰法里亚，辞世地点有待考究。

史学著作：《线路光辉：哈里发、素丹与列王史》。

参考文献：萨哈维：《闪光：九世纪人物》第 9 卷，第 211~212 页。欧麦尔·力铎：《著述家辞典》第 3 卷，第 677 页。沙奇尔·穆斯塔法：《阿拉伯历史与史家》第 3 卷，第 245 页。

艾布·哈米德·古德斯
（Abū Hāmid al-Qudsī，1416~1483）

穆希布丁·艾布·哈米德·穆罕默德·本·赫里勒·本·优素福·比勒毕斯·拉姆里·麦格迪斯·沙斐仪，生于以色列拉姆拉，卒于埃及开罗。

史学著作：《伊斯兰列国》，贝鲁特：柏林阿拉伯书籍出版社，1997。

参考文献：萨哈维：《闪光：九世纪人物》第 7 卷，第 234~237 页。齐力克里：《名人》第 6 卷，第 117 页。沙奇尔·穆斯塔法：《阿拉伯历史与史家》第 3 卷，第 245 页；第 4 卷，第 204 页。

法赫鲁丁·左细拉
（Fakhr al-Dīn Zahīrah，1435~1484）

详见上文的"左细拉家族"。

努尔丁·萨哈维

（Nūr al-Dīn al-Sakhāwī,? ~ 约 1484）

努尔丁·艾布·哈桑·阿里·本·艾哈迈德·本·欧麦尔·本·赫拉夫·本·马哈茂德·萨哈维·哈乃斐，生卒地点有待考究。

史学著作：《心爱珍品与觅求所愿：地志、圣地、人物与福地》，开罗：科学与文学书店，1937。

参考文献：齐力克里：《名人》第 4 卷，第 258 页。卡米勒·朱布里：《文豪辞典：自蒙昧时期至公元 2002 年》第 4 卷，第 237 页。沙奇尔·穆斯塔法：《阿拉伯历史与史家》第 3 卷，第 245 页。

小伊本·什哈纳

（Ibn al-Shihnah al-Saghīr，1402~1485）

详见上文的"伊本·什哈纳父子"。

格拉索迪

（al-Qalasādī，1412~1486）

艾布·哈桑·阿里·本·穆罕默德·本·穆罕默德·本·阿里·古拉什·巴斯蒂，生于西班牙巴萨，卒于突尼斯巴杰。

史学著作：《格拉索迪游记》，突尼斯：突尼斯发行公司，1978。这本游记讲述作者从巴萨前往麦加，再从麦加行至格拉纳达的所见所闻。

参考文献：萨哈维：《闪光：九世纪人物》第 6 卷，第 14~15 页。齐力克里：《名人》第 5 卷，第 10 页。穆罕默德·马哈富兹：《突尼斯著述家志》第 4 卷，第 107~114 页。

伊本·阿扎姆

（Ibn 'Azam，1414~1486）

沙姆苏丁·艾布·阿卜杜拉·穆罕默德·本·欧麦尔·本·穆罕默

德·本·阿扎姆·塔米米·突尼斯·麦奇·马立奇，生于突尼斯城，卒于麦加。

史学著作：《八世纪辞世录》、《九世纪辞世录》和人物志《名人知识报告册》。

参考文献：萨哈维：《闪光：九世纪人物》第 8 卷，第 255~256 页。穆罕默德·希拉：《麦加历史与史家》，第 163~165 页。索里希·亥尔：《艾布·阿卜杜拉·穆罕默德·本·欧麦尔·本·阿扎姆·突尼斯·麦奇〈名人知识报告册〉手抄本及其包含的人物志研究》（Sālihī al-Khayr, "Dirāsat Ta'rīfīyah li-Makhtūt *Dustūr al-I'lām bi-Ma'ārif al-A'lām* li-Abī 'Abd Allāh Muhammad ibn 'Umar ibn 'Azam al-Tūnisī al-Makkī wa-mā adraj fīhi min Tarājim"），《艾因沙姆斯文学年鉴》（*Hawlīyāt Ādāb 'Ayn Shams*）2015 年第 3 期。

佶雅西
（al-Ghīyāthī,？ ~约 1486）

吉雅素丁·阿卜杜拉·本·法特胡拉·巴格达迪，可能生于伊拉克巴格达，长期居住在叙利亚阿勒颇，辞世地点有待考究。

史学著作：《佶雅西史》，由绪论和六章构成，从创世写到穆罕默德·穆沙沙易开创穆沙沙易王朝（1436~1724 年）。残存的第五章（巴格达：艾斯阿德印书馆，1975）记载 1258~1486 年的史事。

参考文献：欧麦尔·力铎：《著述家辞典》第 2 卷，第 268 页。阿拔斯·阿札维：《蒙古与土库曼时期的史学家介绍》，第 249~251 页。沙奇尔·穆斯塔法：《阿拉伯历史与史家》第 4 卷，第 384~385 页。

格唐·米斯里
（al-Qattān al-Misrī,？ ~约 1487）

艾布·阿卜杜拉·穆罕默德·本·盖索尔·本·阿卜杜·拉哈曼·米斯里，生卒地点有待考究。

史学著作：2 卷本《史传宝藏拾珠》。

参考文献：萨哈维：《闪光：九世纪人物》第 8 卷，第 294 页。欧麦尔·力铎：《著述家辞典》第 3 卷，第 604 页。沙奇尔·穆斯塔法：《阿拉伯历史与史家》第 3 卷，第 235、245~246 页。

伊本·阿卜杜·拉蒂夫
（Ibn 'Abd al-Latīf，1410~1488）

什贺布丁·艾布·阿拔斯·艾哈迈德·本·艾哈迈德·本·阿卜杜·拉蒂夫·本·艾比·伯克尔·沙尔继·扎比迪·也玛尼·哈乃斐，生卒于也门扎比德。

史学著作：《忠诚精粹层级传》，开罗：梅马尼耶印书馆，1903。这部层级传按照阿拉伯字母顺序编录了也门苏菲主义者的传记。

参考文献：齐力克里：《名人》第 1 卷，第 91 页。阿卜杜拉·哈巴什：《也门伊斯兰思想文献》，第 497 页。沙奇尔·穆斯塔法：《阿拉伯历史与史家》第 2 卷，第 350 页；第 4 卷，第 277 页。

叶哈雅·阿米里
（Yahyá al-'Āmirī，1413~1488）

艾布·扎卡利雅·叶哈雅·本·艾比·伯克尔·本·穆罕默德·本·叶哈雅·本·穆罕默德·本·哈桑·阿米里·哈拉荻·沙斐仪，生卒于也门哈赖德。

史学著作：①《聚会欢庆与理想切望：先知生平、奇迹与品性摘要》，贝鲁特：敏贺吉出版社，2009。②《时代筛选：精英辞世》，大马士革：栽德·本·萨比特印书馆，1985。该书收录卒于 622~1349 年的部分名人的传记。

参考文献：阿卜杜拉·哈巴什：《也门伊斯兰思想文献》，第 496~497 页。沙奇尔·穆斯塔法：《阿拉伯历史与史家》第 4 卷，第 277~278 页。索伊卜·阿卜杜·哈密德：《什叶派史学家辞典》第 2 卷，第 446~447 页。

伊本·亥迪里

（Ibn al-Khaydirī，1418~1489）

古特布丁·艾布·亥尔·穆罕默德·本·穆罕默德·本·阿卜杜拉·亥迪里·迪马什基·沙斐仪，生于叙利亚大马士革附近的贝特拉希亚，卒于埃及开罗。

史学著作：①《才华闪溢：沙斐仪学派精英》第1~3卷，开罗：欧麦利耶书店，2020。②《先知特质敬辞》第1~2卷，麦地那：穆罕默德·辛基蒂印制，1996。③《清新园地：希得尔情况》，安曼：法特哈出版社，2016。

参考文献：齐力克里：《名人》第7卷，第51~52页。萨拉丁·穆纳吉德：《大马士革史学家及其手稿与出版物辞典》，第263~264页。沙奇尔·穆斯塔法：《阿拉伯历史与史家》第4卷，第201~202页。

伊本·巴德里

（Ibn al-Badrī，1443~1489）

塔基丁·艾布·伯克尔·本·阿卜杜拉·本·穆罕默德·本·艾哈迈德·巴德里·迪马什基·沙斐仪，生于叙利亚大马士革，卒于巴勒斯坦加沙。

史学著作：地方志《万物观赏：沙姆美妙》，巴格达：阿拉伯书店，1923。

参考文献：欧麦尔·力铎：《著述家辞典》第1卷，第440页；第2卷，第274~275页。萨拉丁·穆纳吉德：《大马士革史学家及其手稿与出版物辞典》，第262页。沙奇尔·穆斯塔法：《阿拉伯历史与史家》第4卷，第201页。

拉索俄

（al-Rassā‘，? ~1489）

艾布·阿卜杜拉·穆罕默德·本·伽斯姆·安索里，生于阿尔及利亚特莱姆森，卒于突尼斯城。

　　史学著作：①《爱慕备忘：使者名字》，阿布扎比：文化协会，2002。②长老志《拉索俄目录》，突尼斯：阿提格书店，1967。

　　参考文献：萨哈维：《闪光：九世纪人物》第 8 卷，第 287~288 页。齐力克里：《名人》第 7 卷，第 5 页。穆罕默德·马哈富兹：《突尼斯著述家志》第 2 卷，第 358~362 页。

阿卜杜·拉哈曼·萨富里

（'Abd al-Rahmān al-Saffūrī，？~1489）

　　艾布·胡雷拉·阿卜杜·拉哈曼·本·阿卜杜·萨腊姆·本·阿卜杜·拉哈曼·萨富里·沙斐仪，生于以色列古城塞佛瑞斯，曾在麦加担任法官。

　　史学著作：《良集摘要：四大哈里发美德》，大马士革：伊本·卡西尔出版社，1986。

　　参考文献：齐力克里：《名人》第 3 卷，第 310 页。沙奇尔·穆斯塔法：《阿拉伯历史与史家》第 4 卷，第 200~201 页。穆罕默德·希拉：《麦加历史与史家》，第 166~167 页。

萨伽夫

（al-Saqqāf，1415~1489）

　　沙姆苏丁·艾布·哈桑·阿里·本·艾比·伯克尔·本·阿卜杜·拉哈曼·萨伽夫·拔阿拉维·侯赛尼，生卒于也门泰里姆。

　　史学著作：《绚惊珠玉：萨阿德·本·阿里·哈德拉米·塔里米长老功德》。

　　参考文献：阿卜杜拉·萨伽夫：《哈德拉毛诗坛史》第 1 卷，第 78~86 页。阿卜杜拉·哈巴什：《也门伊斯兰思想文献》，第 497 页。沙奇尔·穆斯塔法：《阿拉伯历史与史家》第 4 卷，第 279 页。

伊本·拉布迪

（Ibn al-Labūdī，1431~1490）

什贺布丁·艾布·阿拔斯·艾哈迈德·本·赫里勒·本·艾哈迈德·本·伊卜拉欣·迪马什基·索里希·沙斐仪，生卒于叙利亚大马士革。

史学著作：①《闪耀群星：终结知识》，大马士革：阿拉伯语学会出版社，1995。②《伊本·拉布迪史》。1968年，哈桑·哈巴什（1915~2005）校勘出版的残卷《大马士革编年史（伊历834~839年）》（开罗：埃及恩格鲁书店）逐月记载1431年6月~1436年2月的史事和名人。③《伊卜拉欣·本·欧麦尔·比伽义著作目录》和拉吉兹式格律史诗《微笑园地：沙姆法官》等。

参考文献：萨哈维：《闪光：九世纪人物》第1卷，第293~294页。萨拉丁·穆纳吉德：《大马士革史学家及其手稿与出版物辞典》，第265~266页。沙奇尔·穆斯塔法：《阿拉伯历史与史家》第4卷，第202~203页。

伊本·撒比戈

（Ibn al-Sābiq，1411~1491）

栽努丁·法拉吉·本·穆罕默德·本·穆罕默德·本·穆罕默德·哈马维·沙斐仪，生卒于叙利亚哈马。

史学著作：《〈穆爱耶德史〉续编》和《哈马纪事》等。

参考文献：萨哈维：《闪光：九世纪人物》第6卷，第169~170页。欧麦尔·力铎：《著述家辞典》第2卷，第618页。沙奇尔·穆斯塔法：《阿拉伯历史与史家》第4卷，第203页。

穆义努丁·艾斯发拉益尼

（Mu'īn al-Dīn al-Asfarāyīnī，? ~约1492）

穆义努丁·穆罕默德·艾斯发拉益尼，生卒地点有待考究。

史学著作：《花园》，成书于 1492 年，记述阿富汗赫拉特城的历史。

参考文献：哈吉·哈里发：《书艺题名释疑》第 1 卷，第 310 页。欧麦尔·力铎：《著述家辞典》第 3 卷，第 129 页。利玛·杜尔内格：《阿拉伯与穆斯林著名史学家》，第 347 页。

伊本·扎奇
（Ibn al-Zakī，？ ~ 约 1492）

杰玛路丁·阿卜杜拉·本·穆罕默德·本·阿卜杜拉·本·穆罕默德·本·阿卜杜拉·本·欧麦尔·扎奇·罕百里，生卒地点有待考究。

史学著作：《金锭、荣获、散玉与珠串》。其中包含马穆鲁克王朝素丹伽伊特贝（1468~1496 年在位）的传记。

参考文献：萨哈维：《闪光：九世纪人物》第 5 卷，第 54 ~ 55 页。阿里·力铎等：《世界图书馆藏伊斯兰遗产史辞典》第 2 卷，第 1428 页。沙奇尔·穆斯塔法：《阿拉伯历史与史家》第 3 卷，第 227 页；第 4 卷，第 203 页。

斯卜特·伊本·哈杰尔
（Sibt Ibn Hajar，1425~1494）

杰玛路丁·艾布·麦哈新·优素福·本·沙欣·卡拉奇·伽熙里·哈乃斐·沙斐仪，生卒于埃及开罗。

史学著作：①《字词光彩：背诵家辞典》第 1~4 卷，贝鲁特：纳瓦迪尔出版社，2017。该书是苏尤蒂（1445~1505）《背诵家层级传》的续编。②《伊本·伊德里斯门生辞典》、《苏菲派层级传》和《埃及与开罗法官纪事》等。

参考文献：萨哈维：《闪光：九世纪人物》第 10 卷，第 313 ~ 317 页。欧麦尔·力铎：《著述家辞典》第 4 卷，第 164 页。沙奇尔·穆斯塔法：《阿拉伯历史与史家》第 3 卷，第 246 ~ 247 页。

塔纳斯

（al-Tanasī, ? ~1494）

艾布·阿卜杜拉·穆罕默德·本·阿卜杜拉·本·阿卜杜·杰立勒·塔纳斯·马立奇，可能生卒于阿尔及利亚提奈斯。

史学著作：《特莱姆森栽彦家族列王史》，阿尔及尔：穆菲姆出版社，2011。

参考文献：萨哈维：《闪光：九世纪人物》第 8 卷，第 120 页。欧麦尔·力铎：《著述家辞典》第 3 卷，第 444 页。伊本·苏达：《远马格里布史家索引》，第 112~113 页。

纳继

（al-Nājī, 1407~1495）

布尔贺努丁·艾布·伊斯哈格·伊卜拉欣·本·穆罕默德·本·马哈茂德·本·巴德尔·纳继·迪马什基·沙斐仪，生卒于叙利亚大马士革。

史学著作：《穆罕默德生卒标志》，开罗：使命出版社，2018。

参考文献：齐力克里：《名人》第 1 卷，第 65 页。萨拉丁·穆纳吉德：《大马士革史学家及其手稿与出版物辞典》，第 268~269 页。沙奇尔·穆斯塔法：《阿拉伯历史与史家》第 4 卷，第 207 页。

伊本·绥拉斐·焦哈里

（Ibn al-Sayrafī al-Jawharī, 1416~1495）

努尔丁·阿里·本·达乌德·本·伊卜拉欣·焦哈里，生卒于埃及开罗。

史学著作：①编年史《心身观赏：历史》，从创世写到 15 世纪。记载 1382~1446 年史事和名人的残卷已被校勘出版（第 1~3 卷，开罗：埃及文化部，1970~1974；第 4 卷，开罗：埃及图书总局，1994）。②《当代闻讯》，记录 15 世纪的史事和名人。哈桑·哈巴什（1915~2005）校勘出版的残卷（开罗：埃及图书总局，2002）记载 1468 年 8 月至 1472 年 9 月和 1480~1481 年。③《艾什拉夫·伽伊特贝国王传》和《先知传》等。

参考文献：阿拔斯·阿札维：《蒙古与土库曼时期的史学家介绍》，第 251~252 页。沙奇尔·穆斯塔法：《阿拉伯历史与史家》第 3 卷，第 174~177 页。利玛·杜尔内格：《阿拉伯与穆斯林著名史学家》，第 272 页。

萨阿迪
（al-Sa'dī, 1433~1495）

巴德鲁丁·艾布·麦阿里·穆罕默德·本·穆罕默德·本·艾比·伯克尔·本·哈里德·本·伊卜拉欣·伽熙里·罕百里，生卒于埃及开罗。

史学著作：《合成珠玑：伊玛目艾哈迈德·本·罕百勒功德》，开罗：加利卜书店，1977。

参考文献：萨哈维：《闪光：九世纪人物》第 9 卷，第 58~60 页。齐力克里：《名人》第 7 卷，第 52~53 页。阿卜杜拉·图雷基：《罕百里学派著作辞典》第 5 卷，第 36~37 页。

卡拉米
（al-Karāmī, ？~1495）

艾布·尔撒·叶哈雅·本·萨义德·本·苏莱曼·卡拉米·斯姆拉里·速斯，生于摩洛哥苏斯，辞世地点有待考究。

史学著作：《时代纪事》和 1900 行拉吉兹式格律史诗《纪事韵诗》。

参考文献：欧麦尔·力铎：《著述家辞典》第 4 卷，第 96 页。卡米勒·朱布里：《文豪辞典：自蒙昧时期至公元 2002 年》第 7 卷，第 13 页。利玛·杜尔内格：《阿拉伯与穆斯林著名史学家》，第 498~499 页。

伊本·阿卜杜·蒙易姆
（Ibn 'Abd al-Mun'im, ？~1495）

沙姆苏丁·艾布·阿卜杜拉·穆罕默德·本·穆罕默德·本·阿卜杜

拉·本·阿卜杜·蒙易姆·希木叶里，生于西班牙休达，辞世地点有待考究。

史学著作：①《域纪芳园》，贝鲁特：黎巴嫩书店，1984。该书按字母顺序编录地名。②《安达卢西半岛志》，贝鲁特：吉勒出版社，1988。

参考文献：齐力克里：《名人》第7卷，第53页。欧麦尔·力铎：《著述家辞典》第3卷，第655页。伊本·苏达：《远马格里布史家索引》，第29~30页。

伊本·艾姆沙蒂

(Ibn al-Amshātī, 1409~1496)

穆左发鲁丁·艾布·塞纳·马哈茂德·本·艾哈迈德·本·哈桑·本·伊斯玛仪·爱纳塔比·伽熙里·哈乃斐，生卒于埃及开罗。

史学著作：《婢女与奴隶选论》，贝鲁特：使命基金会，1996。

参考文献：萨哈维：《闪光：九世纪人物》第10卷，第128~129页。齐力克里：《名人》第7卷，第163页。沙奇尔·穆斯塔法：《阿拉伯历史与史家》第3卷，第253页。

阿卜杜·索马德·索里希

('Abd al-Samad al-Sālihī, ? ~约1496)

阿卜杜·索马德·本·叶哈雅·本·艾哈迈德·本·叶哈雅·索里希·沙斐仪，生卒地点有待考究。

史学著作：《献给纳赛尔王艾布·萨阿达特·穆罕默德·本·伽伊特贝之礼物》，开罗：埃及国家图书馆与档案馆，2017。

参考文献：欧麦尔·力铎：《著述家辞典》第2卷，第155页。沙奇尔·穆斯塔法：《阿拉伯历史与史家》第3卷，第252页。

沙姆苏丁·萨哈维

(Shams al-Dīn al-Sakhāwī, 1427~1497)

沙姆苏丁·艾布·亥尔·穆罕默德·本·阿卜杜·拉哈曼·本·穆罕

默德·本·艾比·伯克尔·本·奥斯曼·萨哈维·沙斐仪，生于埃及开罗，卒于麦地那。

史学著作：①《为史正名》，贝鲁特：使命基金会，1986。该书完稿于 1492 年初，是第一部全面系统的阿拉伯史学理论与史学史专著，把"史家之史"视为历史撰述的主要内容之一。②《闪光：九世纪人物》第 1～12 卷，贝鲁特：吉勒出版社，1992。该书完稿于 1494 年 1 月，前 10 卷按照阿拉伯字母顺序编录了 1 万多名 15 世纪的人物，第 11 卷收录别名、别号和族谱等信息，末卷按字母顺序编录了 1075 名女性人物。③《雅珍：麦地那史》。1979～1980 年，艾斯阿德·托拉比祖尼出版的 3 册残卷按字母顺序编录了 4091 名人物。④《铸金矿物：〈珠线〉续编》第 1～4 卷，开罗：埃及国家图书馆与档案馆，2002～2007。该书是麦戈利齐（1365～1442）《王国知识珠线》的续编，记载 1441～1453 年的史事和名人。值得一提的是，作者在序言中认为，史学是圣训学的一门分支学问。⑤《言语简洁：〈伊斯兰国家〉续编》第 1～4 卷，贝鲁特：使命基金会，1995。该书是扎哈比（1274～1348）《伊斯兰国家》的续编，记载 1344～1493 年的史事和名人。⑥《宝珠：伊斯兰长老伊本·哈杰尔传》第 1～3 卷，贝鲁特：伊本·哈兹姆出版社，1999。⑦《〈挑起重担〉续编》，开罗：埃及编译出版社，1966。该书是伊本·哈杰尔（1372～1449）《挑起重担：埃及法官》的续作。⑧《伊本·杰扎里〈诵经家层级传〉续编》、《诵经家层级传略》、《马立克学派层级传》、《哈乃斐学派层级传》、《两圣城史》、《大洋史》、《也门史略》、《亚历山大游记》、《阿勒颇游记》和《麦加游记》等。

参考文献：沙奇尔·穆斯塔法：《阿拉伯历史与史家》第 3 卷，第 177～182 页。穆罕默德·希拉：《麦地那历史与史家》，第 109～117 页。艾布·欧贝达·马什胡尔等：《萨哈维的著作》（Abū 'Ubaydah Mashhūr, *Mu'allafāt al-Sakhāwī*），贝鲁特：伊本·哈兹姆出版社，1998。

伊本·穆尔台米德

(Ibn al-Mu'tamid, 1440～1497)

布尔贺努丁·伊卜拉欣·本·穆罕默德·本·伊卜拉欣·本·穆罕默德·本·阿里·本·穆尔台米德·迪马什基·索里希，生卒于叙利亚大马士革。

史学著作：2 卷本《知心蜜饯：精英层级传》，是塔朱丁·苏卜奇（1327~1370）《大沙斐仪学派层级传》的续编。

参考文献：伊本·易玛德：《金砂：往逝纪事》第 10 卷，第 20~21 页。萨拉丁·穆纳吉德：《大马士革史学家及其手稿与出版物辞典》，第 270 页。沙奇尔·穆斯塔法：《阿拉伯历史与史家》第 4 卷，第 207 页。

巴德鲁丁·继安
（Badr al-Dīn al-Jī'ān，1443~1497）

详见上文的"继安家族"。

伊本·希腊勒
（Ibn Hilāl，1414~1498）

艾布·伊斯哈格·伊卜拉欣·本·希腊勒·本·阿里·桑哈继·法拉里·西吉勒玛斯，生卒于摩洛哥锡吉勒马萨。

史学著作：《目录》和《伊本·法尔宏〈金丝绸缎〉摘要》。

参考文献：艾哈迈德·拔拔：《喜获缎绣》，第 66~67 页。齐力克里：《名人》第 1 卷，第 78 页。欧麦尔·力铎：《著述家辞典》第 1 卷，第 80 页。

伊本·沙拉夫丁
（Ibn Sharaf al-Dīn，? ~ 约 1498）

沙姆苏丁·穆罕默德·本·艾哈迈德·伊本·沙拉夫丁·麦达尼，生于麦地那，辞世地点有待考究。

史学著作：《高贵厚赠：甘旭赫·故里素丹功德》，开罗：宗教文化书店，2001。

参考文献：卡米勒·朱布里：《文豪辞典：自蒙昧时期至公元 2002 年》第 5 卷，第 112 页。沙奇尔·穆斯塔法：《阿拉伯历史与史家》第 3 卷，第 253 页。穆罕默德·希拉：《麦地那历史与史家》，第 117~118 页。

阿卜杜·瓦贺卜·布雷希

('Abd al-Wahhāb al-Burayhī, 1410~1499)

阿卜杜·瓦贺卜·本·阿卜杜·拉哈曼·布雷希·萨克萨奇·也马尼，生卒于也门。

史学著作：《布雷希史》，即《也门德贤层级传》，萨那：伊尔沙德书店，1994。

参考文献：阿卜杜拉·哈巴什：《也门伊斯兰思想文献》，第 495~496 页。缶齐·阿力夫：《布雷希·萨克萨奇及其〈也门德贤层级传〉的历史编纂方法研究》（Fawzī 'Ārif, "Dirāsat li-l-Burayhī al-Saksakī wa-Manhajihi al-Tārīkhī fī Kitābihi *Tabaqāt Sulahā' al-Yaman*"），《贝尼苏韦夫大学文学院年鉴》（*Hawlīyat Kullīyat al-Ādāb bi-Jāmi'at Banī Suwayf*）2016 年第 2 期。

伊本·艾玛纳

(Ibn al-Amānah, 1420~约 15 世纪)

杰拉路丁·艾布·法得勒·阿卜杜·拉哈曼·本·穆罕默德·本·艾哈迈德·本·阿卜杜·阿齐兹·伽熙里·沙斐仪，生于埃及开罗，辞世地点有待考究。

史学著作：①多卷本历史事件与人物志。②10 卷本《备忘》。

参考文献：萨哈维：《闪光：九世纪人物》第 4 卷，第 120~121 页。欧麦尔·力铎：《著述家辞典》第 2 卷，第 108 页。利玛·杜尔内格：《阿拉伯与穆斯林著名史学家》，第 203 页。

哈碧芭·泰芭丽娅（女）

(Habībah al-Tabarīyah, 15 世纪)

哈碧芭·宾特·穆罕默德·本·穆罕默德·本·艾哈迈德·本·伊卜拉欣·本·穆罕默德·本·伊卜拉欣·泰芭丽娅，可能生于麦加，辞世地点有待考究。

史学著作：《长老志》。

参考文献：萨哈维：《闪光：九世纪人物》第 12 卷，第 19~20 页。鲁达尼：《先贤后续》，第 386 页。阿卜杜海·卡塔尼：《目录辞典》第 2 卷，第 655 页。

达阿尼姆·萨那尼

（Da ' anim al-San'ānī, 15 世纪）

艾布·法拉斯·达阿尼姆·萨那尼·栽迪·也玛尼，可能生于也门萨那，辞世地点有待考究。

史学著作：《伊玛目曼苏尔传》，是伊本·纳施万（？~约 1223）《伊玛目曼苏尔比拉传》的缩写本。

参考文献：艾哈迈德·侯赛尼：《栽德派著作》第 2 卷，第 111 页。索伊卜·阿卜杜·哈密德：《什叶派史学家辞典》第 1 卷，第 333 页。

第10编

公元16世纪

卡夫阿米
（al-Kaf'amī，1436~1500）

塔基丁·伊卜拉欣·本·阿里·本·哈桑·本·穆罕默德·本·索里哈·本·伊斯玛仪·阿米里·卡夫阿米，生卒于黎巴嫩阿米勒山区的艾马村。

史学著作：《学林辞世史》和《〈智者观赏：文豪层级传〉摘要》。

参考文献：穆哈新·艾敏：《什叶派精英》第 2 卷，第 184~189 页。沙奇尔·穆斯塔法：《阿拉伯历史与史家》第 4 卷，第 208~209 页。索伊卜·阿卜杜·哈密德：《什叶派史学家辞典》第 1 卷，第 69 页。

布斯拉维
（al-Busrawī，1438~1500）

阿拉丁·阿里·本·优素福·本·阿里·本·艾哈迈德·迪马什基·阿提奇·沙斐仪，出生地点有待考究，可能卒于叙利亚大马士革。

史学著作：《续编》，可能是比伽义（1406~1480）《时代标题：长老与领袖人物志》的续编。

参考文献：纳吉姆丁·加齐：《行星：十世纪精英》第 1 卷，第 279~280 页。萨拉丁·穆纳吉德：《大马士革史学家及其手稿与出版物辞典》，第 271 页。沙奇尔·穆斯塔法：《阿拉伯历史与史家》第 4 卷，第 207~208 页。

伊本·曼苏尔
（Ibn Mansūr，1459~约 1500）

拉荻丁·艾布·伯克尔·穆罕默德·本·穆罕默德·本·阿里·本·哈希姆·本·曼苏尔·侯赛尼·哈拉比·罕百里，生于叙利亚阿勒颇，辞世地点有待考究。

史学著作：《沙姆游记》。

参考文献：萨哈维：《闪光：九世纪人物》第 9 卷，第 164～165 页。齐力克里：《名人》第 7 卷，第 53 页。阿卜杜拉·图雷基：《罕百里学派著作辞典》第 5 卷，第 38 页。

伊本·艾比·沙利夫
（Ibn Abī Sharīf, 1419～1501）

卡玛路丁·艾布·麦阿里·穆罕默德·本·穆罕默德·本·艾比·伯克尔·本·阿里·本·艾比·沙利夫·麦格迪斯·沙斐仪，生卒于耶路撒冷。

史学著作：《专属珍品：阿克萨清真寺特色》和《沙斐仪派部分法学家志》。

参考文献：纳吉姆丁·加齐：《行星：十世纪精英》第 1 卷，第 9～11 页。沙奇尔·穆斯塔法：《阿拉伯历史与史家》第 4 卷，第 119～120 页。穆罕默德·希拉：《麦加历史与史家》，第 167～169 页。

伊本·麦奇耶
（Ibn Makkīyah, 1440～1502）

什贺布丁·艾哈迈德·本·阿卜杜·拉哈曼·本·阿卜杜·卡利姆·纳布卢斯·迪马什基·沙斐仪，生于巴勒斯坦纳布卢斯，卒于叙利亚大马士革。

史学著作：《海洋珍珠：先知降世》。

参考文献：萨哈维：《闪光：九世纪人物》第 1 卷，第 331 页。伊本·易玛德：《金砂：往逝纪事》第 10 卷，第 48～49 页。齐力克里：《名人》第 1 卷，第 147 页。

麦佶里
（al-Maghīlī, 1427～1503）

艾布·阿卜杜拉·穆罕默德·本·阿卜杜·卡利姆·本·穆罕默德·

麦佶里·提里姆撒尼，生于阿尔及利亚迈吉拉，卒于阿尔及利亚图阿特。

史学著作：《精神明灯：福乐原理》，贝鲁特：学术书籍出版社，2001。这本小册子中关于图阿特地区犹太人的论述具有较高的史料价值。

参考文献：纳斯鲁丁·萨义杜尼：《伊斯兰西部的历史与地理遗产》，第 266~276 页。马卜鲁克·穆格迪姆：《伊玛目穆罕默德·本·阿卜杜·卡利姆·麦佶里·提里姆撒尼及其对 15 世纪西非伊斯兰王国建立的影响》（ Mabrūk Muqaddim, *Al-Imām Muhammad ibn 'Abd al-Karīm al-Maghīlī al-Tilimsānī wa-Dawruhu fī Ta'sīs al-Imārah al-Islāmīyah bi-Ifrīqiyā al-Gharbīyah khilāl al-Qarn al-Tāsi'li-l-Hijrah, al-Khāmis 'Ashar li-l-Mīlād*），奥兰：西方出版社，2006。

伊本·米卜拉德

（Ibn al-Mibrad，1436~1503）

杰玛路丁·艾布·麦哈新·优素福·本·哈桑·本·艾哈迈德·本·哈桑·本·艾哈迈德·迪马什基·罕百里，生卒于叙利亚大马士革。

史学著作：①《意愿之果：清真寺纪录》，贝鲁特：大马士革法兰西研究院，1943。②《伊本·拉杰卜〈层级传〉续编》，即《排珠：艾哈迈德弟子层级余传》，利雅得：欧贝肯书店，2000。该书续录了 211 名罕百里派教法学家。③《希望颂扬：祖贝尔·本·敖沃姆美德》，科威特：佶拉斯出版社，2013。④《背诵家备忘与警醒思虑》，大马士革：纳瓦迪尔出版社，2011。该书按字母顺序编录了 948 名（包括 3 名女性）背诵家。⑤《马立克功德通导》，贝鲁特：伊本·哈兹姆出版社，2009。⑥《完美璎珞：先知妻妾》，利雅得：书籍世界出版社，1985。⑦《诚恳颂扬：萨阿德·本·艾比·瓦伽斯功德》，贝鲁特：伊斯兰福音出版公司，2006。⑧《真诚颂扬：萨义德·本·栽德功德》，利雅得：鲁世德书店，2004。⑨《理性颂扬：信士长官欧麦尔·本·赫拓卜美德》第 1~3 卷，利雅得：先辈之光书店，2000。⑩《欢喜颂扬：托勒哈美德》，科威特：佶拉斯出版社，2012。⑪《目录》《伊斯兰史》以及沙斐仪教法学派人物志《大珍珠》等。

参考文献：萨拉丁·穆纳吉德：《大马士革史学家及其手稿与出版物辞典》，第 272~276 页。沙奇尔·穆斯塔法：《阿拉伯历史与史家》第 4 卷，第 121～125 页。阿卜杜拉·图雷基:《罕百里学派著作辞典》第 5 卷,第 41～128 页。

苏尤蒂

(al-Suyūtī,1445～1505)

杰拉路丁·艾布·法得勒·阿卜杜·拉哈曼·本·艾比·伯克尔·本·穆罕默德·胡戴里·苏尤蒂·米斯里·沙斐仪,生卒于埃及开罗。

史学著作:①《史学嫩枝》,开罗:文学书店,1991。该文是从宗教学角度阐述阿拉伯史学理论的名篇。②《雅美报告:埃及与开罗史》第 1～2 卷,开罗:阿拉伯书籍复兴出版社,1967。③《哈里发史》,贝鲁特:伊本·哈兹姆出版社,2003。④《自觉索求:语言学家与语法学家层级传》第 1～2 卷,开罗:尔撒·巴比·哈拉比及其合伙人印书馆,1964。该书是古代阿拉伯语言学与语法学史研究的巅峰之作,按字母顺序编录了 2209 名语法学家和语言学家。⑤《背诵家层级传》,贝鲁特:学术书籍出版社,1983。该书收录 1188 名背诵家并把他们分为 24 个层级。⑥《经注学家层级传》,开罗:瓦哈巴书店,1976。该书按字母顺序编录了 136 名经注学家。⑦《纯金串珠:精英名士》,纽约:叙利亚-美国出版社,1927。该书按字母顺序编录了与作者同时代的 200 名人物。⑧《涟漪:天使纪事》,贝鲁特:学术书籍出版社,1988 年。⑨《同游共赏:女性诗歌》,开罗:古兰书店,1986。该书收录了 40 名女诗人传记及其代表作。⑩《起源:人物辞典》,即《苏尤蒂之长老辞典》,贝鲁特:伊本·哈兹姆出版社,1995。该书按字母顺序编录了 195 名长老。⑪《罗达之星》,开罗:埃及黎巴嫩出版社,2008。该书记述埃及罗达岛的概貌和历史。⑫《伊玛目纳瓦维传》,贝鲁特:伊本·哈兹姆出版社,1988。⑬《明显证据:麦加与麦地那抉择》,大马士革 & 贝鲁特:叶玛麦出版社,1985。⑭《玫瑰芳香:马赫迪纪事》,贝鲁特:学术书籍出版社,2006。⑮《叮当响露:地震特征》,载《苏尤蒂十篇文集》,拉合尔:穆罕默迪印书馆,出版时间不明。⑯《长寿花香:一百二十岁圣门弟子》,吉达:瓦法出版社,1985。⑰《教义学家层级传》、《书吏层级传》、《简明沙斐仪学派层级传》、《圣裔美德》、《璀璨光辉:埃及哈里发与列王史》、《法蒂玛功德》、《钱袋脱落:精英辞世》和《达密里

〈动物生活〉补遗》等。

参考文献：阿拔斯·阿札维：《蒙古与土库曼时期的史学家介绍》，第253~254页。沙奇尔·穆斯塔法：《阿拉伯历史与史家》第 3 卷，第 182~195 页。伊雅德·泰拔俄：《伊玛目哈菲兹杰拉路丁·苏尤蒂：伊斯兰学问百科全书》（Iyād al-Tabbā', *Al-Imām al-Hāfiz Jalāl al-Dīn al-Suyūtī: Ma'lamat al-'Ulūm al-Islāmīyah*），大马士革：格拉姆出版社，1996。

阿里·桑合迪
('Alī al-Samhūdī, 1440~1506)

努尔丁·艾布·哈桑·阿里·本·阿卜杜拉·本·艾哈迈德·本·阿里·本·尔撒·哈希米·哈萨尼·桑合迪，生于埃及萨姆侯德村，卒于麦地那。

史学著作：①章节体方志《麦地那纪事》第 1~5 卷，伦敦：福尔甘伊斯兰遗产基金会，2001。②《〈麦地那纪事〉摘要》，麦地那：学术书店，1972。

参考文献：欧麦尔·力铎：《著述家辞典》第 2 卷，第 463 页。沙奇尔·穆斯塔法：《阿拉伯历史与史家》第 4 卷，第 412~414 页。穆罕默德·希拉：《麦地那历史与史家》，第 118~128 页。

万沙利斯
(al-Wansharīsī, 1430~1508)

艾布·阿拔斯·艾哈迈德·本·叶哈雅·本·穆罕默德·本·阿卜杜·瓦希德·本·阿里·万沙利斯，生于阿尔及利亚瓦尔塞尼斯，卒于摩洛哥非斯。

史学著作：《万沙利斯辞世录》，开罗：思想涌现公司，2009。该书按时间顺序收录了卒于 1301~1507 年的人物名单。

参考文献：阿卜杜海·卡塔尼：《目录辞典》第 2 卷，第 1122~1123页。纳斯鲁丁·萨义杜尼：《伊斯兰西部的历史与地理遗产》，第 277~289页。拉米娅·兹克里：《特莱姆森名人：艾布·阿拔斯·艾哈迈德·万沙利斯传》（Lāmīyat Zikrī, "Min A'lām Tilimsān: Abū al-Abbās Ahmad al-Wansharīsī

834～914 H./1430－1508 M., Sīrah wa-Masīrah"），《新时代》（'Usūr al-Jadīdah）2013 年总第 10 期。

索力姆丁·维齐尔
（Sārim al-Dīn al-Wazīrī, 1431~1508）

详见上文的"维齐尔家族"。

伊本·淘戈
（Ibn Tawq, 1430~1509）

什贺布丁·艾哈迈德·本·穆罕默德·本·艾哈迈德·本·艾哈迈德·本·艾哈迈德·迪马什基·沙斐仪，生卒于叙利亚大马士革。

史学著作:《大马士革日记》，即《评论》第 1~4 卷，大马士革:法兰西阿拉伯研究院，2000。该书记载作者在 1480 年 12 月 20 日至 1502 年 12 月 13 日的见闻。

参考文献: 纳吉姆丁·加齐:《行星:十世纪精英》第 1 卷，第 127 页。萨拉丁·穆纳吉德:《大马士革史学家及其手稿与出版物辞典》，第 279~280 页。沙奇尔·穆斯塔法:《阿拉伯历史与史家》第 4 卷，第 209~210 页。

巴贺丁·拔欧尼
（Bahā' al-Dīn al-Bā'ūnī, 1453~1510）

详见上文的"拔欧尼家族"。

伊本·凡德
（Ibn Fand,?~约 1510）

努尔丁·穆罕默德·本·阿里·本·优努斯·本·阿里·萨阿迪·也玛尼，生卒于也门。

史学著作:《廉正德行:〈纪事珠宝〉点缀详情》第 1~3 卷，安曼:伊玛目栽德·本·阿里文化基金会，2002。该书是对索力姆丁·维齐尔（1431~1508）《纪事珠宝：伊玛目传》的注解。

参考文献：阿卜杜·萨腊姆·瓦继赫：《栽德派著述名人》，第976~977页。沙奇尔·穆斯塔法：《阿拉伯历史与史家》第4卷，第281页。索伊卜·阿卜杜·哈密德：《什叶派史学家辞典》第2卷，第294~295页。

伊本·撒里姆·麦奇

（Ibn Sālim al-Makkī，1455~1511）

穆罕默德·本·欧麦尔·本·艾比·伯克尔·本·穆罕默德·本·阿卜杜·拉蒂夫·本·撒里姆·麦奇，生卒于麦加。

史学著作：2卷本《万物信息：乌姆古拉纪事》，记载1468~1511年麦加的史事和名人。

参考文献：穆罕默德·什里：《〈十世纪史事明光〉增补辉煌》，第107~108页。齐力克里：《名人》第6卷，第315页。穆罕默德·希拉：《麦加历史与史家》，第170页。

侯赛因·哈伊里

（Husayn al-Hā'irī，? ~约1512）

易祖丁·侯赛因·本·穆撒易德·本·侯赛因·本·麦赫祖姆·本·艾比·伽斯姆·本·尔撒·侯赛尼·哈伊里，生卒地点有待考究。

史学著作：《纯洁珍品：圣洁伊玛目功德》。

参考文献：穆哈新·艾敏：《什叶派精英》第6卷，第171~173页。阿卜杜拉·阿凡迪：《学林园与德贤池》第2卷，第175~176页。索伊卜·阿卜杜·哈密德：《什叶派史学家辞典》第1卷，第307页。

伊本·迦齐·米克纳斯

（Ibn Ghāzī al-Miknāsī，1437~1513）

艾布·阿卜杜拉·穆罕默德·本·艾哈迈德·本·穆罕默德·本·穆罕默

德·阿里·本·迦齐·米克纳斯，生于摩洛哥梅克内斯，卒于摩洛哥非斯。

史学著作：①《雨园：梅克内斯纪事》，拉巴特：皇家印书馆，1988。②学术史著作《伊本·迦齐目录》，突尼斯：布萨腊玛出版社，1984。

参考文献：齐力克里：《名人》第 5 卷，第 336 页。欧麦尔·力铎：《著述家辞典》第 3 卷，第 107 页。伊本·苏达：《远马格里布史家索引》，第 30 页。

小伊本·沙欣

（Ibn Shāhīn al-Saghīr，1440~1514）

详见上文的"伊本·沙欣父子"。

伊本·山巴勒

（Ibn Shanbal，1467~1514）

什贺布丁·艾哈迈德·本·阿卜杜拉·本·阿拉维·本·哈桑·本·艾哈迈德·本·穆罕默德·侯赛尼，生卒于也门哈德拉毛地区。

史学著作：《哈德拉毛史》，又名《山巴勒史》，萨那：萨那古迹书店，2003。这部编年体方志记载了 1107~1514 年的史事和名人。

参考文献：艾曼·福阿德：《伊斯兰时期也门历史文献》，第 196~197页。阿卜杜拉·哈巴什：《也门伊斯兰思想文献》，第 499~500 页。沙奇尔·穆斯塔法：《阿拉伯历史与史家》第 4 卷，第 281~282 页。

易祖丁·法赫德

（'Izz al-Dīn Fahd，1447~1516）

详见上文的"法赫德家族"。

伊本·基腊义

（Ibn al-Qilā'ī，1450~1516）

加百列·本·布特鲁斯·本·基腊义·法兰西斯·玛鲁尼，生于黎巴嫩莱哈法德，卒于塞浦路斯。

史学著作：《基腊义史》。

参考文献：路易斯·契克霍：《基督徒的阿拉伯文手稿》，第 14~15 页。欧麦尔·力铎：《著述家辞典》第 1 卷，第 474 页。沙奇尔·穆斯塔法：《阿拉伯历史与史家》第 4 卷，第 210 页。

阿伊莎·芭妖妮娅（女）
（'Ā'ishah al-Bā'ūnīyah，? ~1516）

阿伊莎·宾特·优素福·本·艾哈迈德·本·纳斯鲁丁·芭妖妮娅·迪马什基娅，生卒于叙利亚大马士革。

史学著作：《先知降世》，大马士革：希夫尼耶印书馆，1884。

参考文献：欧麦尔·力铎：《阿拉伯伊斯兰世界的女英杰》第 3 卷，第 196~197 页。穆罕默德·屯继：《女英杰辞典》，第 121 页。沙奇尔·穆斯塔法：《阿拉伯历史与史家》第 4 卷，第 210 页。

伊本·图璐尼
（Ibn al-Tūlūnī，1432~1517）

巴德鲁丁·哈桑·本·侯赛因·本·艾哈迈德·本·艾哈迈德·哈乃斐，生卒于埃及开罗。

史学著作：《华丽观赏：哈里发与埃及列王纪事》。1988 年，贝鲁特书籍世界出版了其中的哈里发纪事部分。

参考文献：卡米勒·朱布里：《文豪辞典：自蒙昧时期至公元 2002 年》第 2 卷，第 143 页。尤斯里·阿卜杜·加尼：《穆斯林史学家辞典》，第 67~69 页。沙奇尔·穆斯塔法：《阿拉伯历史与史家》第 3 卷，第 237、253~254 页。

格斯托腊尼
（al-Qastallānī，1447~1517）

什贺布丁·艾布·阿拔斯·艾哈迈德·本·穆罕默德·本·艾比·伯

克尔·本·阿卜杜·麦立克·格斯托腊尼·古太比·米斯里，生卒于埃及
开罗。

史学著作：《神秘馈赠：穆罕默德赠礼》第 1~4 卷，贝鲁特 & 大马士
革 & 安曼：伊斯兰书斋，2004。

参考文献：齐力克里：《名人》第 1 卷，第 232 页。沙奇尔·穆斯塔
法：《阿拉伯历史与史家》第 3 卷，第 255~256 页。利玛·杜尔内格：《阿
拉伯与穆斯林著名史学家》，第 71 页。

阿里·拉赫米

（'Alī al-Lakhmī，? ~约 1517）

艾布·哈桑·阿里·本·穆罕默德·拉赫米·伊施比里·马格里比·
安达卢斯，生卒地点有待考究。

史学著作：《存珠：穆左发尔·萨立姆汗传》，开罗：阿拉伯书籍复兴
出版社，1962。

参考文献：伊斯玛仪帕夏·巴格达迪：《著述家名讳遗作惠泽》第 1
卷，第 742 页。欧麦尔·力铎：《著述家辞典》第 2 卷，第 522 页。利玛·
杜尔内格：《阿拉伯与穆斯林著名史学家》，第 285 页。

索斐丁·赫兹拉继

（Safī al-Dīn al-Khazrajī，? ~约 1517）

索斐丁·艾哈迈德·本·阿卜杜拉·本·艾比·亥尔·本·阿卜杜·
阿立姆·赫兹拉继·安索里·撒易迪·也马尼，生卒地点有待考究。

史学著作：《〈人名大全修正镀金〉摘要》第 1~3 卷，贝鲁特：学术书
籍出版社，2001。

参考文献：齐力克里：《名人》第 1 卷，第 160 页。欧麦尔·力铎：
《著述家辞典》第 1 卷，第 180 页。沙奇尔·穆斯塔法：《阿拉伯历史与史
家》第 3 卷，第 256 页。

哈姆扎·纳什里

（Hamzah al-Nāshirī，1430~1520）

详见上文的"纳什里家族"。

伊本·欧莱夫

（Ibn al-'Ulayf，1447~1520）

什贺布丁·艾哈迈德·本·侯赛因·本·穆罕默德·本·侯赛因·本·尔撒·本·穆罕默德·本·艾哈迈德·本·穆斯林·麦奇·沙斐仪，生卒于麦加。

史学著作：《巴耶齐德素丹功德》和十卷本《备忘》等。

参考文献：阿卜杜·伽迪尔·爱达鲁斯：《十世纪史事明光》，第180~185页。欧麦尔·力铎：《著述家辞典》第1卷，第130页。穆罕默德·希拉：《麦加历史与史家》，第179~182页。

伊本·斯拔特

（Ibn Sibāt，? ~1520）

哈姆扎·本·艾哈迈德·本·斯拔特·欧麦尔·本·索里哈·本·素丹·本·艾比·麦沃熙卜，生卒于黎巴嫩阿莱附近的阿拜。

史学著作：《纪事真诚》，即《伊本·斯拔特史》第1~2卷，黎巴嫩的黎波里：杰娄斯-帕拉斯出版社，1993。原书共11章：第1章，包括绪论和先知传等内容；第2~10章，每章记百年史事；末章，写1495~1520年的史事。从开篇到1131年的部分已佚。黎巴嫩学者欧麦尔·塔德穆里校勘出版的残卷记载1132~1520年的史事。

参考文献：齐力克里：《名人》第2卷，第276页。沙奇尔·穆斯塔法：《阿拉伯历史与史家》第4卷，第211页。阿比德·巴拉克：《伊本·斯拔特〈纪事真诚〉的史料》（'Ābid Barāk, "Mawārid Ibn Sibāt fī Kitābihi

Sidq al-Akhbār"），《法拉细迪文学》（Majallat Ādāb al-Farāhīdī）2014 年总第 20 期。

伊本·哈利利

（Ibn al-Harīrī,? ~约 1520）

艾哈迈德·本·阿里·本·马格里比·本·哈利利，出生地点有待考究，卒于摩洛哥拉巴特。

史学著作：①《通告与解释：法兰克人攻击穆斯林家园》，大马士革：马拉哈出版社，1981。该书撰成于 1520 年 10 月，记载 1098~1291 年十字军东侵的过程。叙利亚著名史学史家沙奇尔·穆斯塔法（1921~1997）认为，它是独立且详细地记载这些战争的第一部编年体阿拉伯文史书。②《时代精选：哈里发、学林与精英史》第 1~2 卷，贝鲁特：伊丝塔出版社，1993~1995。

参考文献：齐力克里：《名人》第 1 卷，第 179~180 页。沙奇尔·穆斯塔法：《阿拉伯历史与史家》第 3 卷，第 256~257 页。艾哈迈德·图尔贝恩：《现代阿拉伯史学与史家》，第 53 页。

伊本·穆左发尔

（Ibn Muzaffar,? ~1520）

巴德尔丁·穆罕默德·本·艾哈迈德·本·叶哈雅·本·艾哈迈德·本·阿里·穆左发尔·也马尼·希木叶里，生卒于也门。

史学著作：《花苑：圣门弟子、再传圣门弟子、先辈伊玛目、法学家及学林》、《马赫迪·里丁拉·艾哈迈德·本·叶哈雅·本·穆尔塔多传》以及注解索力姆丁·维齐尔（1431~1508）的《微笑》等。

参考文献：阿卜杜·萨腊姆·瓦继赫：《栽德派著述名人》，第 854~855 页。艾曼·福阿德：《伊斯兰时期也门历史文献》，第 197~198 页。沙奇尔·穆斯塔法：《阿拉伯历史与史家》第 4 卷，第 282~283 页。

努爱米

（al-Nu'aymī，1442~1521）

穆哈义丁·艾布·麦法析尔·阿卜杜·伽迪尔·本·穆罕默德·本·欧麦尔·本·穆罕默德·本·优素福·本·阿卜杜拉·努爱米，生卒于叙利亚大马士革。

史学著作：①《学堂史研究》第1~2卷，贝鲁特：学术书籍出版社，1990。该书全面记载大马士革的各类学堂及其任教长老。②《今人生卒修正》、《兄弟备忘：历代史事》以及《学林先贤志阐明》等。

参考文献：萨拉丁·穆纳吉德：《大马士革史学家及其手稿与出版物辞典》，第281~283页。沙奇尔·穆斯塔法：《阿拉伯历史与史家》第4卷，第125~126页。艾哈迈德·图尔贝恩：《现代阿拉伯史学与史家》，第23~24页。

伊本·阿卜杜·萨腊姆

（Ibn 'Abd al-Salām，1443~1521）

艾布·亥尔·艾哈迈德·本·穆罕默德·本·穆罕默德·本·阿卜杜·萨腊姆·本·穆萨·沙斐仪，生卒于埃及米努夫。

史学著作：《滔洪：尼罗河纪事》，贝鲁特：学术书籍出版社，2018。

参考文献：齐力克里：《名人》第1卷，第232~233页。卡米勒·朱布里：《文豪辞典：自蒙昧时期至公元2002年》第1卷，第279页。沙奇尔·穆斯塔法：《阿拉伯历史与史家》第3卷，第257页。

穆继鲁丁·欧莱米

（Mujīr al-Dīn al-'Ulaymī，1456~1522）

穆继鲁丁·艾布·也门·阿卜杜·拉哈曼·本·穆罕默德·本·阿卜杜·拉哈曼·本·优素福·欧莱米·罕百里，生卒于耶路撒冷。

史学著作：①《灿烂温愉：耶路撒冷与希伯伦史》第1~2卷，希伯伦：

丹迪斯书店，1999。该书是中古时期记载耶路撒冷与希伯伦历史的最重要阿拉伯文专著。②《佳径：伊玛目艾哈迈德弟子传》第 1~6 卷，贝鲁特：索迪尔出版社，1997。该书收录了 1654 名罕百里派教法学家。③《排珠：伊玛目艾哈迈德弟子纪录》第 1~2 卷，利雅得：淘吧书店，1992。该书是《佳径》的缩写本。④《鉴史：往昔要讯》第 1~3 卷，大马士革 & 贝鲁特 & 哈瓦利：纳瓦迪尔出版社，2011。该书简述自人祖亚当时代至马穆鲁克王朝素丹伽伊特贝时期（1468~1496 年）的历史，按照阿拉伯字母顺序编录了 610 名人物。

参考文献：阿卜杜拉·图雷基：《罕百里学派著作辞典》第 5 卷，第 134~138 页。利玛·杜尔内格：《阿拉伯与穆斯林著名史学家》，第 205~206 页。穆哈新·穆罕默德主编《耶路撒冷城文化遗产研究》（Muhsin Muhammad, *Dirāsāt fī al-Turāth al-Thaqāfī li-Madīnat al-Quds*），贝鲁特：橄榄树研究与咨询中心，2010，第 54~61 页。

山玛黑

（al-Shammākhī,？ ~1522）

巴德鲁丁·艾布·阿拔斯·艾哈迈德·本·萨义德·本·阿卜杜·瓦希德·山玛黑·叶弗拉尼，生于利比亚耶夫兰，卒于突尼斯杰尔巴岛。

史学著作：《传记》第 1~2 卷，马斯喀特：阿曼苏丹国民族遗产与文化部，1992。该书是中古时期最重要的伊巴迪亚派人物志之一。

参考文献：塔德乌什·莱维基：《北非伊巴迪亚派史学家》，第 43~49 页。穆罕默德·拔拔安米：《马格里布伊巴迪亚派名人辞典：自伊历一世纪至今》第 2 卷，第 44~45 页。利玛·杜尔内格：《阿拉伯与穆斯林著名史学家》，第 38~39 页。

伊本·凯雅勒

（Ibn al-Kayyāl,？ ~1523）

栽努丁·艾布·巴拉卡特·巴拉卡特·本·艾哈迈德·本·穆罕默德·本·优素福·本·穆罕默德·迪马什基·沙斐仪，生卒于叙利亚大马士革。

史学著作：《可信传述者易混淆知识》，麦加：安达迪耶书店，1999。该书按照阿拉伯字母顺序编录了 70 名人物的传记。

参考文献：纳吉姆丁·加齐：《行星：十世纪精英》第 1 卷，第 167～169 页。齐力克里：《名人》第 2 卷，第 49 页。沙奇尔·穆斯塔法：《阿拉伯历史与史家》第 4 卷，第 211～212 页。

什贺布丁·继安

（Shihāb al-Dīn al-Jī'ān，？～1524）

详见上文的"继安家族"。

伊本·伊雅斯

（Ibn Iyās，1448～约 1524）

艾布·巴拉卡特·穆罕默德·本·艾哈迈德·本·伊雅斯·哈乃斐，生卒于埃及开罗，堪称"马穆鲁克王朝史学天空中的最后一颗耀眼明星"。

史学著作：①《世事玉英》第 1 卷第 1 分册，威斯巴登：弗朗兹·施泰纳出版社，1975；第 1 卷第 2 分册，开罗：埃及图书总局，1983；第 2 卷，威斯巴登：弗朗兹·施泰纳出版社，1972；第 3～5 卷，开罗：埃及图书总局，1984。该书从埃及有史以来写到 1522 年 11 月，涉及政治、军事、行政、法律、经济、文化、艺术和建筑等方面的内容。作者细致入微地描画了王朝更迭和时代变迁的景象，在末卷详细记述奥斯曼人摧毁马穆鲁克王朝与建立新政权的过程。②《线珠：哈里发与列王事务》，开罗：文化出版社，2006。该书是《世事玉英》的缩写本。③舆地学著作《各族游览：奇迹与智慧》，开罗：马德布里书店，1995。

参考文献：沙奇尔·穆斯塔法：《阿拉伯历史与史家》第 3 卷，第 195～199 页。艾哈迈德·易扎特主编《伊本·伊雅斯研究》（Ahmad 'Izzat, *Ibn Iyās: Dirāsāt wa-Buhūth*），开罗：埃及图书总局，1977。侯赛因·阿斯：《伊本·伊雅斯》（Husayn 'Āsī, *Ibn Iyās*），贝鲁特：学术书籍出版社，1993。

阿文字母	静音 拉丁	静音 汉字	开口短音 拉丁	开口短音 汉字	启齿短音 拉丁	启齿短音 汉字	合口短音 拉丁	合口短音 汉字	开口长音 拉丁	开口长音 汉字	启齿长音 拉丁	启齿长音 汉字	合口长音 拉丁	合口长音 汉字	软音 拉丁(ay)	软音 汉字(ay)	软音 拉丁(aw)	软音 汉字(aw)	开口鼻音 拉丁	开口鼻音 汉字	启齿鼻音 拉丁	启齿鼻音 汉字	合口鼻音 拉丁	合口鼻音 汉字
ا	ʾ	阿	a/'a	艾/阿	i/'i	伊	u/'u	乌/伍	ā/'ā	阿	ī/'ī	伊	ū/'ū	乌	ay	爱/艾	aw	奥	an	安	in	英	un	温
ب	b	卜	ba	巴/伯	bi	比	bu	布	bā	拔/巴	bī	比/毕	bū	布	bay	贝/拜	baw	包	ban	班	bin	宾	bun	奔
ت	t	特	ta	塔/台	ti	提/梯	tu	土/图	tā	塔	tī	提	tū	突/图	tay	台/帖	taw	陶	tan	坦	tin	廷	tun	屯
ث	th	思/斯	tha	鲞	thi	思	thu	素	thā	萨	thī	西	thū	慄	thay	撒/塞	thaw	扫	than	散	thin	鑫	thun	训
ج	j	季/吉	ja	杰/贾	ji	吉	ju	朱	jā	贾	jī	继/吉	jū	朱	jay	捷	jaw	焦	jan	简	jin	晋	jun	君
ح	h	哈	ha	哈	hi	希	hu	胡	hā	哈	hī	希	hū	胡	hay	海	haw	豪	han	罕	hin	信	hun	宏
خ	kh	赫	kha	赫/哈	khi	析/希	khu	胡	khā	哈	khī	黑	khū	忽	khay	亥	khaw	浩	khan	汗	khin	兴	khun	珲
د	d	德	da	达	di	迪	du	杜	dā	达	dī	迪	dū	杜	day	代	daw	道	dan	丹	din	丁	dun	敦
ذ	dh	孜	dha	仔/扎	dhi	兹	dhu	祝/祖	dhā	扎	dhī	兹	dhū	烛	dhay	宰	dhaw	造	dhan	占	dhin	敬	dhun	准
ر	r	尔/儿	ra	拉	ri	力/利	ru	鲁	rā	拉	rī	利/里	rū	鲁	ray	雷/莱	raw	娄	ran	兰	rin	琳	run	伦
ز	z	兹	za	扎	zi	及齐	zu	祖	zā	札	zī	齐	zū	祖	zay	栽/甾	zaw	召	zan	赞	zin	津	zun	尊
س	s	斯	sa	萨	si	斯/西	su	苏/素	sā	撒/萨	sī	斯	sū	速/苏	say	赛	saw	绍	san	桑	sin	新	sun	逊
ش	sh	施/什	sha	沙	shi	什/希	shu	术/舒	shā	沙	shī	什	shū	述	shay	谢	shaw	部	shan	山	shin	辛	shun	顺
ص	s	斯/士	sa	索/萨	si	斯	su	叙/苏	sā	索/萨	sī	绥	sū	旭/苏	say	绥	saw	韶	san	桑	sin	馨	sun	迅

续表

阿文字母	静音 拉丁	静音 汉字	开口短音 拉丁	开口短音 汉字	启齿短音 拉丁	启齿短音 汉字	合口短音 拉丁	合口短音 汉字	开口长音 拉丁	开口长音 汉字	启齿长音 拉丁	启齿长音 汉字	合口长音 拉丁	合口长音 汉字	软音 拉丁	软音 汉字	软音 拉丁	软音 汉字	开口鼻音 拉丁	开口鼻音 汉字	启齿鼻音 拉丁	启齿鼻音 汉字	合口鼻音 拉丁	合口鼻音 汉字
د	d	得/德	da	多	di	狄/迪	du	度	dā	铎	dī	狄/迪	dū	渡	day	戴	daw	倒	dan	旦	din	定	dun	通
ط	t	特	ta	托/泰	ti	缇	tu	图	tā	拓/塔	tī	蒂	tū	笃/图	tay	推	taw	淘	tan	唐/丹	tin	庭	tun	吞
ظ	z	兹	za	左/扎	zi	资	zu	竺	zā	佐/扎	zī	济	zū	筑/祖	zay	再	zaw	兆	zan	簪	zin	进	zun	遵
ع	'	尔/俄	'a	阿	'i	易	'u	欧/奥	'ā	阿	'ī	义/尔	'ū	欧	'ay	爱	'aw	敖	'an	安	'in	因	'un	稳
غ	gh	厄	gha	加	ghi	吉	ghu	谷	ghā	迦	ghī	倍	ghū	故	ghay	概	ghaw	镐	ghan	干	ghin	青	ghun	贡
ف	f	弗/夫	fa	发/法	fi	菲	fu	夫/福	fā	法	fī	斐	fū	富	fay	费	faw	岳	fan	凡	fin	芬	fun	丰
ق	q	戈/格	qa	格/盖	qi	基	qu	古/库	qā	伽/格	qī	基	qū	孤/古	qay	盖	qaw	高	qan	甘	qin	勤	qun	宫
ك	k	克	ka	卡/凯	ki	奇	ku	库	kā	卡	kī	奇	kū	库	kay	凯	kaw	考	kan	康	kin	鏗/金	kun	坤
ل	l	勒	la	拉	li	里/立	lu	路/卢	lā	腊/拉	lī	立/里	lū	璐	lay	莱	law	劳	lan	岚/蓝	lin	林	lun	仑/伦
م	m	姆/慕	ma	马/麦	mi	米	mu	穆/姆	mā	玛/马	mī	密/米	mū	穆/木	may	梅	maw	毛/茂	man	曼	min	敏	mun	蒙
ن	n	恩	na	纳/乃	ni	尼	nu	努	nā	纳	nī	尼	nū	怒/努	nay	内/奈	naw	瑙	nan	南	nin	宁	nun	嫩
ه	h	赫	ha	哈	hi	熙/希	hu	胡/户	hā	贺/哈	hī	细/希	hū	胡/合	hay	海	haw	毫	han	汉	hin	欣	hun	浑/温
و	w	喔	wa	瓦/娃	wi	威	wu	吾	wā	沃/瓦	wī	维	wū	悟/乌	way	韦	waw	渥	wan	万/旺	win	文		
ي	y	依	ya	叶/耶/也	yi	伊/义	yu	尤	yā	雅/亚	yī	义/益	yū	优/尤	yay	亚	yaw	尧	yan	彦	yin	应	yun	云

附录2　外国出版机构

出版地	出版机构的汉译名称	拉丁字母转写的出版机构名称
卡尔巴拉	阿拔斯圣陵手稿出版社	Dār Makhtūtāt al-'Atabah al-'Abbāsīyah al-Muqaddasah
科威特	阿卜杜·阿齐兹·沙特·拔巴廷文化基金会	Mu'assasat 'Abd al-'Azīz Sa'ūd al-Bābatīn al-Thaqāfiyah
利雅得	阿卜杜·阿齐兹国王研究与档案基金会	Dārat al-Malik 'Abd al-'Azīz
安曼	阿卜杜·哈密德·舒曼公司	Mu'assasat 'Abd al-Hamīd Shūmān
得土安	阿卜杜·麦立克·萨阿迪大学文学与人文社会科学院	Jāmi'at 'Abd al-Mālik al-Sa'dī, Kullīyat al-Ādāb wa-al-'Ulūm al-Insānīyah
阿布扎比	阿布扎比文化遗产委员会	Hay'at Abū Zaby li-l-Thaqāfah wa-al-Turāth
开塞利	阿格巴出版社	Dār al-'Aqabah
安曼	阿克萨书店	Maktabat al-Aqsá
开罗	阿拉比亚出版社	'Arabīyah li-l-Tibā'ah wa-al-Nashr
贝鲁特	阿拉伯百科全书出版社	al-Dār al-'Arabīyah li-l-Mawsū'āt
贝鲁特	阿拉伯出版社	Dār al-'Arabīyah
贝鲁特	阿拉伯传播公司	Mu'assasat al-Intishār al-'Arabī
贝鲁特	阿拉伯复兴出版社	Dār al-Nahdah al-'Arabīyah
拉巴特	阿拉伯化研究院	Ma'had al-Dirāsāt wa-al-Abhāth li-l-Ta'rīb
大马士革	阿拉伯科学院出版社	Matbū'āt al-Majma' al-'Ilmī al-'Arabī
艾因	阿拉伯联合酋长国大学出版社	Jāmi'at al-Imārāt al-'Arabīyah al-Muttahidah
开罗	阿拉伯联盟教育、文化及科学组织阿拉伯手稿研究院	al-Munazzamah al-'Arabīyah li-l-Tarbiyah wa-al-Thaqāfah wa-al-'Ulūm, Ma'had al-Makhtūtāt al-'Arabīyah
科威特	阿拉伯什拉阿基金会	Mu'assasat al-Shirā' al-'Arabī
贝鲁特	阿拉伯史学家出版社	Dār al-Mu'arrikh al-'Arabī
马德里	阿拉伯世界合作研究院	Ma'had li-Ta'āwwun ma'a al-'Ālam al-'Arabī
开罗	阿拉伯视野出版社	Dār al-Āfāq al-'Arabīyah
巴格达	阿拉伯书店	al-Maktabah al-'Arabīyah
大马士革	阿拉伯书店	al-Maktabah al-'Arabīyah

出版地	出版机构的汉译名称	拉丁字母转写的出版机构名称
开罗	阿拉伯书籍出版公司	Sharikat Tabʻal-Kutub al-ʻArabīyah
贝鲁特	阿拉伯书籍出版社	Dār al-Kitāb al-ʻArabī
大马士革	阿拉伯书籍出版社	Dār al-Kitāb al-ʻArabī
开罗	阿拉伯书籍出版社	al-Dār al-ʻArabīyah li-l-Kitāb
利比亚的黎波里	阿拉伯书籍出版社	al-Dār al-ʻArabīyah li-l-Kitāb
开罗	阿拉伯书籍复兴出版社	Dār Ihyāʼ al-Kutub al-ʻArabīyah
开罗	阿拉伯思想出版社	Dār al-Fikr al-ʻArabī
贝鲁特	阿拉伯统一研究中心	Markaz Dirāsāt al-Wahdah al-ʻArabīyah
大马士革	阿拉伯文化出版社	Dār al-Thaqāfah al-ʻArabīyah
贝鲁特	阿拉伯文选出版社	Dār al-Muntakhab al-ʻArabī
贝鲁特	阿拉伯先驱出版社	Dār al-Rāʼid al-ʻArabī
贝鲁特	阿拉伯研究与出版基金会	al-Muʼassasah al-ʻArabīyah li-l-Dirāsāt wa-al-Nashr
贝鲁特	阿拉伯遗产复兴出版社	Dār Ihyāʼ al-Turāth al-ʻArabī
大马士革	阿拉伯语学会出版社	Matbūʻāt Majmaʻal-Lughah al-ʻArabīyah
开罗	阿拉伯作家出版社	Dār al-Kātib al-ʻArabī
大马士革	阿拉丁出版社	Dār ʻAlāʼ al-Dīn
纳杰夫	阿拉维耶圣陵思想文化事务部	Qism al-Shuʼūn al-Fikrīyah wa-al-Thaqāfīyah fī al-ʻAtabah al-ʻAlawīyah al-Muqaddasah
库姆	阿腊玛-麦吉里斯书店	Maktabat al-ʻAllāmah al-Majlisī
利雅得	阿勒彦出版社	Dār al-ʻAlyān
马斯喀特	阿曼苏丹国民族遗产与文化部	Saltanat ʻUmān, Wizārat al-Turāth al-Qawmī wa-al-Thaqāfah
马斯喀特	阿曼遗产与文化部	Wizārat al-Turāth wa-al-Thaqāfah
巴格达	阿尼印书馆	Matbaʻat al-ʻĀnī
德黑兰	阿萨迪书店	Maktabat al-Asadī
麦加	阿萨迪书店	Maktabat al-Asadī
突尼斯	阿提格书店	al-Maktabah al-ʻAtīqah
贝鲁特	阿瓦勒研究与档案中心	Markaz Awāl li-l-Dirāsāt wa-al-Tawthīq
库姆	阿亚图拉麦尔阿什书店	Maktabat Āyat Allāh al-ʻUzmá al-Marʻashī al-Najafī al-Kubrá

出版地	出版机构的汉译名称	拉丁字母转写的出版机构名称
贝鲁特	埃尔格姆出版公司	Sharikat Dār al-Arqam
开罗	埃及阿拉伯书籍出版社	Dār al-Kitāb al-'Arabī bi-Misr
开罗	埃及编译出版社	al-Dār al-Misrīyah li-l-Ta'līf wa-al-Tarjamah
开罗	埃及编译出版总局	al-Mu'assasah al-Misrīyah al-'Āmmah li-l-Ta'līf wa-al-Tarjamah wa-al-Tibā'ah wa-al-Nashr
开罗	埃及恩格鲁书店	Maktabat al-Anjlū al-Misrīyah
开罗	埃及复兴书店	Maktabat Nahdat Misr
开罗	埃及国家图书馆	Dār al-Kutub al-Misrīyah
开罗	埃及国家图书馆与档案馆	Dār al-Kutub wa-al-Wathā'iq al-Qawmīyah
开罗	埃及黎巴嫩出版社	al-Dār al-Misrīyah al-Lubnānīyah
开罗	埃及沙拉菲耶印书馆	al-Matba'ah al-Sharafīyah al-Misrīyah
开罗	埃及书店	Maktabat Misr
开罗	埃及书籍出版社	Dār al-Kitāb al-Misrī
开罗	埃及图书总局	al-Hay'ah al-Misrīyah al-'Āmmah li-l-Kitāb
开罗	埃及印书馆	Matba'at Misr
开罗	埃及作家出版社	Dār al-Kātib al-Misrī
开罗	埃米利耶出版总局	al-Hay'ah al-'Āmmah li-Shu'ūn al-Matābi'al-Amīrīyah
开罗	埃米利耶印书馆	al-Matba'ah al-Amīrīyah
贝鲁特	艾德瓦出版社	Dār al-Adwā'
贝鲁特	艾尔拉米出版公司	Sharikat al-A'lamī li-l-Matbū'āt/Mu'assasat al-A'lamī li-l-Matbū'āt
开罗	艾哈里耶印书馆	al-Matba'ah al-Ahlīyah
科威特	艾勒费恩书店	Maktabat al-Alfayn
拉巴特	艾曼出版社	Dār al-Amān
开罗	艾敏·阿卜杜·拉哈曼印书馆	Matba'at Amīn 'Abd al-Rahmān
巴格达	艾斯阿德印书馆	Matba'at As'ad
哈拉姆	艾因人类与社会研究出版社	'Ayn li-l-Dirāsāt wa-al-Buhūth al-Insānīyah wa-al-Ijtimā'īyah
开罗	爱资哈尔遗产书店	al-Maktabah al-Azharīyah li-l-Turāth
麦加	安达迪耶书店	al-Maktabah al-Amdādīyah

续表

出版地	出版机构的汉译名称	拉丁字母转写的出版机构名称
贝鲁特	安达卢西出版社	Dār al-Andalus
巴格达	安达卢西书店	Maktabat al-Andalus
安曼	安玛尔出版社	Dār ʿAmmār
库姆	安瓦尔-胡达出版社	Dār Anwār al-Hudá
开罗	安瓦尔印书馆	Maṭbaʿat al-Anwār
贝鲁特	奥达出版社	Dār al-ʿAwdah
开罗	奥拉德-谢赫遗产书店	Maktabat Awlād al-Shaykh li-l-Turāth
安曼	奥斯玛尼耶出版社	al-Dār al-ʿUthmānīyah li-l-Nashr
海得拉巴	奥斯曼百科全书委员会印务部	Maṭbaʿat Majlis Dāʾirat al-Maʿārif al-ʿUthmānīyah
德黑兰	巴阿塞基金会	Muʾassasat al-Baʿthah
库姆	巴阿塞基金会	Muʾassasat al-Baʿthah
君士坦丁	巴阿斯印书馆	Maṭbaʿat al-Baʿth
萨那	巴德尔书店	Maktabat Badr
贝鲁特	巴基阿遗产复兴基金会	Muʾassasat al-Baqīʿ li-Iḥyāʾ al-Turāth
贝鲁特	巴拉加基金会	Muʾassasat al-Balāgh
利雅得	巴兰斯耶出版社	Dār Balansīyah
贝鲁特	巴勒斯坦百科全书委员会	Hayʾat al-Mawsūʿah al-Filasṭīnīyah
麦纳麦	巴林司法与伊斯兰事务部	Wizārat al-ʿAdl wa-al-Shuʾūn al-Islāmīyah bi-Mamlakah al-Bahrayn
安曼	巴什尔出版社	Dār al-Bashīr
坦塔	巴什尔伊斯兰文化与科学出版社	Dār al-Bashīr li-l-Thaqāfah wa-al-ʿUlūm al-Islāmīyah
巴士拉	巴士拉遗产中心	Markaz Turāth al-Baṣrah
吉达	巴彦-阿拉比出版社	Dār al-Bayān al-ʿArabī
巴格达	巴彦出版社	Dār al-Bayān
科威特	巴彦出版书店	Maktabat Dār al-Bayān
纳杰夫	拔基尔出版社	Manshūrāt Dār al-Bāqir
贝鲁特	柏林阿拉伯书籍出版社	Dār al-Nashr al-Kitāb al-ʿArabī Barlīn
安纳巴	邦纳研究基金会	Muʾassasat Būnah li-l-Buḥūth wa-al-Dirāsāt
贝鲁特	贝鲁特美国大学	American University of Beirut
贝鲁特	比萨特出版社	Dār Bisāṭ

续表

出版地	出版机构的汉译名称	拉丁字母转写的出版机构名称
巴黎	碧波里安出版社	Dār Bībliyūn
朱拜勒	碧波里安书店出版社	Dār wa-Maktabat Bībliyūn
开罗	编译出版委员会	Lajnat al-Ta'līf wa-al-Tarjamah wa-al-Nashr
莱顿	博睿学术出版社	E. J. Brill
麦地那	布哈里出版社	Dār al-Bukhārī li-l-Nashr wa-al-Tawzī'
开罗	布拉格印书馆	Matba'at Būlāq
突尼斯	布萨腊玛出版社	Dār Būsalāmah
吉达	翠绿安达卢西出版社	Dār al-Andalus al-Khadrā'
麦地那	达尔书店	Maktabat al-Dār
库姆	达里勒玛出版社	Manshūrāt Dalīl Mā
贝鲁特	大马士革法兰西研究院	al-Ma'had al-Ifransī bi-Dimashq
开罗	大商务书店	al-Maktabah al-Tijārīyah al-Kubrá
贝鲁特	大众知识出版社	Dār al-'Ilm li-l-Malāyīn
希伯伦	丹迪斯书店	Maktabat Dandīs
贝鲁特	当代思想出版社	Dār al-Fikr al-Mu'āsir
德黑兰	德黑兰大学出版社	Intishārāt Dānishgāh Tihrān
坦塔	狄雅出版社	Dār al-Diyā'
锡卜	铎米里书店	Maktabat al-Dāmirī
开罗	尔撒·巴比·哈拉比及其合伙人印书馆	Matba'at 'Isá al-Bābī al-Halabī wa-Shurakāh
大马士革	法尔格德出版社	Dār al-Farqad
贝鲁特	法拉比出版社	Dār al-Fārābī
大马士革	法拉伊德出版社	Dār al-Farā'id
法尤姆	法腊哈出版社	Dār al-Falāh li-l-Bahth al-'Ilmī wa-Tahqīq al-Turāth
科威特	法腊哈书店	Maktabat al-Falāh
大马士革	法兰西阿拉伯研究院	al-Ma'had al-Faransī li-l-Dirāsāt al-'Arabīyah
开罗	法兰西东方考古研究院	al-Ma'had al-'Ilmī al-Firansī li-al-Āthār al-Sharqīyah
安曼	法鲁戈出版社	Dār al-Fārūq li-l-Nashr wa-al-Tawzī'
安曼	法特哈出版社	Dār al-Fath li-l-Dirāsāt wa-al-Nashr

出版地	出版机构的汉译名称	拉丁字母转写的出版机构名称
喀土穆	非洲国际大学非洲研究中心	Jāmiʻat Ifrīqīyā al-ʻĀlāmīyah，Markaz al-Buhūth wa-al-Dirāsāt al-Ifrīqīyah
利雅得	费萨尔国王伊斯兰研究中心	Markaz al-Malik Faysal li-l-Buhūth wa-al-Dirāsāt al-Islāmīyah
威斯巴登	弗朗兹·施泰纳出版社	Franz Steiner Verlag
开罗	福阿德一世大学出版社	Matbaʻat Jāmiʻat Fuʾād al-Awwal
安曼	福尔甘出版社	Dār al-Furqān li-l-Nashr wa-al-Tawzīʻ
开罗	福尔甘出版社	Dār al-Furqān
伦敦	福尔甘伊斯兰遗产基金会	Muʾassasat al-Furqān li-l-Turāth al-Islāmī
麦加	福尔甘伊斯兰遗产基金会	Muʾassasat al-Furqān li-l-Turāth al-Islāmī
大马士革	福音出版社	Dār al-Bashāʾir
贝鲁特	橄榄树研究与咨询中心	Markaz al-Zaytūnah li-l-Dirāsāt wa-al-Istishārāt
亚历山大	高校青年基金会	Muʾassasat Shabāb al-Jāmiʻah
拉巴特	高校学术研究中心	al-Markaz al-Jāmiʻī li-l-Bahth al-ʻIlmī
贝鲁特	高校研究与传播基金会	al-Muʾassasah al-Jāmiʻīyah li-l-Dirāsāt wa-al-Nashr wa-al-Tawzīʻ
阿勒颇	格拉姆-阿拉比出版社	Dār al-Qalam al-ʻArabī
贝鲁特	格拉姆出版社	Dār al-Qalam
大马士革	格拉姆出版社	Dār al-Qalam
开罗	格拉姆出版社	Dār al-Qalam
科威特	格拉姆出版社	Dār al-Qalam
巴格达	公共文化事务出版社	Dār al-Shuʾūn al-Thaqāfīyah al-ʻAmmah
巴格达	共和国出版公司	Sharikat Dār al-Jumhūrīyah li-l-Nashr wa-al-Tabʻ
巴黎	共和国印书馆	al-Matbaʻah al-Jumhūrīyah
马什哈德	古德斯-拉达维出版公司	Muʻassasah-i Chap va Intisharat-i Astan-i Quds-i Razavi
安曼	古迹出版社	al-Dār al-Atharīyah
麦地那	古拉拔-艾塞利耶书店	Maktabat al-Ghurabāʾ al-Atharīyah
科威特	古兰、圣训及其各分支学科出版发行公共管理局	al-Hayʾah al-ʻĀmmah li-l-ʻInāyah bi-Tibāʻat wa-Nashr al-Qurʾān al-Karīm wa-al-Sunnah al-Nabawīyah wa-ʻUlūmihā

续表

出版地	出版机构的汉译名称	拉丁字母转写的出版机构名称
开罗	古兰书店	Maktabat al-Qur'ān
安曼	国际思想之家	Bayt al-Afkār al-Dawlīyah
利雅得	国际思想之家	Bayt al-Afkār al-Dawlīyah
阿尔及尔	国家出版公司	al-Sharikah al-Watanīyah li-l-Nashr wa-al-Tawzī'
利雅得	国家出版社	Dār al-Watan
开罗	国家翻译中心	al-Markaz al-Qawmī li-l-Tarjamah
阿布扎比	国家图书出版社	Dār al-Kutub al-Watanīyah
贝鲁特	哈迪出版社	Dār al-Hādī
贝鲁特	哈迪斯出版社	Dār al-Hadīth
开罗	哈迪斯出版社	Dār al-Hadīth
库姆	哈迪斯出版社	Dār al-Hadīth
开罗	哈吉尔阿拉伯伊斯兰研究中心	Markaz Hajar al-Buhūth wa-al-Dirāsāt al-'Arabīyah wa-al-Islāmīyah
吉萨	哈杰尔出版社	Hajar li-l-Tibā'ah wa-al-Nashr wa-al-Tawzī'wa-al-I'lān
伊尔比德	哈玛达高校研究与出版公司	Mu'assasat Hamādah li-l-Dirāsāt al-Jāmi'īyah wa-al-Nashr wa-al-Tawzī'
大马士革	哈撒恩出版社	Dār Hassān
开罗	哈撒恩印书馆	Matba'at Hassān
纳杰夫	海达利耶出版社	Manshūrāt al-Maktabah al-Haydarīyah
库姆	海达利耶书店	Maktabat al-Haydarīyah
纳杰夫	海达利耶书店及其出版社	Manshūrāt al-Maktabah al-Haydarīyah wa-Matba'atuhā
纳杰夫	海达利耶印书馆及其书店	al-Matba'ah al-Haydarīyah wa-Maktabatuhā
库姆	海雅姆印书馆	Matba'at al-Khayyām
开罗	汗吉书店	Maktabat al-Khānjī
安曼	赫里吉出版社	Dār al-Khalīj li-l-Nashr wa-al-Tawzī'
卡尔巴拉	侯赛尼耶圣陵思想文化事务部	Qism al-Shu'ūn al-Fikrīyah wa-al-Thaqāfīyah fī al-'Atabah al-Husaynīyah al-Muqaddasah
卡尔巴拉	侯赛尼耶圣陵总秘书处	al-Amānah al-'Āmmah li-l-'Atabah al-Husaynīyah al-Muqaddasah
巴特那	胡达·巴赫什东方公共图书馆	Khuda Bakhsh Oriental Public Library

续表

出版地	出版机构的汉译名称	拉丁字母转写的出版机构名称
拉巴特	皇家印书馆	al-Matba'ah al-Malakīyah
贝鲁特	吉勒出版社	Dār al-Jīl
萨那	吉勒-杰迪德书店	Maktabat al-Jīl al-Jadīd
马斯喀特	吉勒-瓦易德书店	Maktabat al-Jīl al-Wā'id
科威特	佶拉斯出版社	Ghirās li-l-Nashr wa-al-Tawzī' wa-al-Di'āyah wa-al-I'lān
塞莱米耶	加迪尔出版社	Dār al-Ghadīr
贝鲁特	伽迪尔研究与出版中心	Markaz al-Ghadīr li-l-Dirāsāt wa-al-Nashr wa-al-Tawzī'
开罗	加利卜书店	Maktabat Gharīb
剑桥	剑桥大学出版社	Cambridge University Press
库姆	教法传播基金会	Mu'assasat Nashr al-Faqāhah
安曼	杰利尔出版社	Dār Jarīr
黎巴嫩的黎波里	杰娄斯-帕拉斯出版社	Manshūrāt Jarrūs Biris
科隆	杰马勒出版社	Manshūrāt al-Jamal
加尔各答	浸信会印书馆	Matba' Baptist Mission
卡拉奇	经典与圣训出版社	Dār al-Kitāb wa-al-Sunnah
萨那	卡里玛出版社	Dār al-Kalimah
大马士革	卡玛勒-穆塔希达出版社	Dār al-Kamāl al-Muttahidah
贝鲁特	卡沙夫出版社	Dār al-Kashshāf
丹吉尔	卡塔尼现代出版社	Dār al-Hadīth al-Kattānīyah
开罗	开罗出版社	Dār al-Qāhirah
利雅得	考塞尔书店	Maktabat al-Kawthar
库姆	考塞尔伊斯兰知识基金会	Mu'assasat al-Kawthar li-l-Ma'ārif al-Islāmīyah
科威特	科威特出版社	Dā'irat al-Matbū'āt wa-al-Nashr fī al-Kuwayt
科威特	科威特大学出版社	Matbū'āt Jāmi'at al-Kuwayt
科威特	科威特政府印书馆	Matba'at Hukūmah al-Kuwayt
利雅得	科学出版社	Dār al-'Ulūm
利雅得	科学研究、宗教敕令、传教与指导总局	Ri'āsat Idārāt al-Buhūth al-'Ilmīyah wa-al-Iftā' wa-al-Da'wah wa-al-Irshād

续表

出版地	出版机构的汉译名称	拉丁字母转写的出版机构名称
开罗	科学印书馆	Matbaʻat al-ʻUlūm
开罗	科学与文学书店	Maktabat al-ʻUlūm wa-al-Ādāb
麦地那	科学与智慧书店	Maktabat al-ʻUlūm wa-al-Hikam
柏林	克劳斯·施瓦兹出版社	Klaus Schwarz Verlag
莱顿	拉彻曼斯出版社	S. et J. Luchtmans
库姆	拉获出版社	Manshūrāt al-Radī
开罗	拉沙德出版社	Dār al-Rashād
巴格达	拉施德出版社	Dār al-Rashīd
科威特	拉托伊夫学术论著出版社	Latāʼif li-Nashr al-Kutub wa-al-Rasāʼil al-ʻIlmīyah
贝鲁特	朗诵者出版社	Dār al-Qāriʼ
贝鲁特	雷彦基金会	Muʼassasat al-Rayyān
贝鲁特	黎巴嫩书店	Maktabat Lubnān
贝鲁特	黎巴嫩书籍出版社	Dār al-Kitāb al-Lubnānī
贝鲁特	黎巴嫩思想出版社	Dār al-Fikr al-Lubnānī
达曼胡尔	里纳特书店	Maktabat Līnah
开罗	利雅得－萨里欣出版社	Riyād al-Sālihīn
开罗	两圣地出版社	Dār al-Haramayn
亚历山大	鲁什迪亚特印书馆	Matbaʻat al-Rushdīyāt
利雅得	鲁世德出版社	Dār al-Rushd
利雅得	鲁世德书店	Maktabat al-Rushd
罗马	路易吉出版社	Excudebat C. de Luigi
开罗	马德布里书店	Maktabat Madbūlī
贝鲁特	马德拉萨书店	Maktabat al-Madrasah
沙隆	马尔绍印书馆	Matbaʻat Marsaw
贝鲁特	马哈杰－贝铎出版社	Dār al-Mahajjah al-Baydāʼ
开罗	马哈鲁萨印书馆	Matbaʻat al-Mahrūsah
大马士革	马克塔比出版社	Dār al-Maktabī
阿勒颇	马拉哈出版社	Dār al-Mallāh
大马士革	马拉哈出版社	Maktabat Dār al-Mallāh
开罗	马纳尔出版社	Dār al-Manār

续表

出版地	出版机构的汉译名称	拉丁字母转写的出版机构名称
扎尔卡	马纳尔书店	Maktabat al-Manār
贝鲁特	马纳希勒出版社	Dār al-Manāhil
吉达	玛吉德·阿斯里出版社	Dār Mājid ʻAsīrī
迪拜	玛吉德文化遗产中心	Markaz Jumʻah al-Mājid li-l-Thaqāfah wa-al-Turāth
伊斯坦布尔	麦阿力夫出版社	Wikālat al-Maʻārif
麦地那	麦地那出版社	Dār al-Madīnah al-Munawwarah
麦地那	麦地那研究中心	Markaz Buhūth wa-Dirāsāt al-Madīnat al-Munawwarah
麦地那	麦地那伊斯兰大学	al-Jāmiʻah al-Islāmīyah bi-al-Madīnah al-Munawwarah
开罗	麦蒙出版集团	Matbūʻāt Dār al-Maʼmūn
曼苏拉	麦瓦达出版社	Dār al-Mawaddah
拉巴特	曼苏尔出版社	Dār al-Mansūr
开罗	梅马尼耶印书馆	al-Matbaʻah al-Maymanīyah
开罗	美国大学出版社	Manshūrāt al-Jāmiʻah al-Amrīkīyah
贝鲁特	蒙塔泽尔出版社	Dār al-Muntazar
贝鲁特	敏贺吉出版社	Dār al-Minhāj
利雅得	穆阿孜出版社	Dār Muʻādh li-l-Nashr wa-al-Tawzīʻ
利雅得	穆爱耶德出版社	Dār al-Muʼayyad
利雅得	穆厄尼出版社	Dār al-Mughnī li-l-Nashr wa-al-Tawzīʻ
纳杰夫	穆尔塔德维书店及其印书馆	al-Maktabah al-Murtadawīyah wa-Matbaʻatuhā
阿尔及尔	穆菲姆出版社	Mūfim li-l-Nashr
库姆	穆斐德出版社	Dār al-Mufīd
拉巴特	穆罕默德五世大学人文社会科学院出版社	Jāmiʻat Muhammad al-Khāmis, Manshūrāt Kullīyat al-Ādāb wa-al-ʻUlūm al-Insānīyah
开罗	穆罕默逊奈印书馆	Matbaʻat al-Sunnah al-Muhammadīyah
拉合尔	穆罕默迪印书馆	al-Matbaʻ al-Muhammadī
开罗	穆尼利耶出版社	Dār al-Tibāʻah al-Munīrīyah
巴格达	穆散纳书店	Maktabat al-Muthannā
利雅得	穆斯林出版社	Dār al-Muslim li-l-Nashr wa-al-Tawzīʻ
开罗	穆斯塔法·巴比·哈拉比及其后裔书店与出版公司	Sharikat Maktabat wa-Matbaʻat Mustafá al-Bābī al-Halabī wa-Awlādihi

续表

出版地	出版机构的汉译名称	拉丁字母转写的出版机构名称
孟买	穆扎法里印书馆	Matbaʻat Muzaffarī
坦塔	纳比加出版社	Dār al-Nābighah
贝鲁特	纳迪姆出版社	Dār al-Nadīm
贝鲁特	纳法伊斯出版社	Dār al-Nafāʼis
开罗	纳斯尔印书馆	Matbaʻat al-Nasr
贝鲁特	纳瓦迪尔出版社	Dār al-Nawādir
大马士革	纳瓦迪尔出版社	Dār al-Nawādir
哈瓦利	纳瓦迪尔出版社	Dār al-Nawādir
萨那	努尔曼伊斯兰研究、遗产校勘与翻译中心	Markaz al-Nuʻmān li-l-Buhūth wa-al-Dirāsāt al-Islāmīyah wa-Tahqīq al-Turāth wa-al-Tarjamah
大马士革	努梅尔出版社	Dār al-Numayr
利雅得	欧贝肯书店	Maktabat al-ʻUbaykān
开罗	欧麦利耶书店	al-Maktabah al-ʻUmarīyah
阿尔及尔	皮埃尔·丰塔纳东方印书局	Imprimerie Orientale Pierre Fontana
大马士革	奇南出版社	Dār Kinān
利雅得	撒义书店	Maktabat al-Sāʻī
开罗	萨阿达印书馆	Matbaʻat al-Saʻādah
大马士革	萨阿杜丁出版社	Dār Saʻd al-Dīn
开罗	萨比特出版社	Dār Thābit
阿勒颇	萨布尼出版社	Dār al-Sābūnī
利雅得	萨菲尔印书馆	Matbaʻat Safīr
突尼斯	萨哈尔出版社	Sahar li-l-Nashr
开罗	萨哈瓦出版社	Dār al-Sahwah
贝鲁特	萨基出版社	Dār al-Sāqī
孟买	萨拉菲耶出版社	al-Dār al-Salafīyah
利雅得	萨拉夫出版社	Dār al-Salaf li-l-Nashr wa-al-Tawzīʻ
开罗	萨腊姆出版社	Dār al-Salām
萨那	萨那古迹书店	Maktabat Sanʻāʼ al-Atharīyah
吉达	萨瓦迪书店	Maktabat al-Sawādī
开罗	萨维印书馆	Matbaʻat al-Sāwī

出版地	出版机构的汉译名称	拉丁字母转写的出版机构名称
利雅得	萨义迪耶基金会	al-Mu'assasah al-Sa'īdīyah
库姆	赛义德-舒哈达出版社	Intishārāt Sayyid al-Shuhadā'
萨那	桑哈尼书店	Maktabat al-Sanhānī
库姆	沙利夫·拉荻出版社	Intishārāt al-Sharīf al-Radī
贝鲁特	沙姆出版社	al-Dār al-Shāmīyah
利雅得	沙特阿拉伯王国成立百年纪念庆典总秘书处	al-Mamlakah al-'Arabīyah al-Sa'ūdīyah，al-Amānah al-'Āmmah li-l-Ihtifāl bi-Murūr Mi'at 'Ām 'alá Ta'sīs al-Mamlakah
贝鲁特	商务出版社	al-Maktab al-Tijārī li-l-Tibā'ah wa-al-Tawzī'wa-al-Nashr
巴格达	商务出版有限公司	Sharikat al-Tijārah wa-al-Tibā'ah al-Mahdūdah
麦加	商务书店	al-Maktabah al-Tijārīyah
利雅得	邵瓦夫出版社	Dār al-Shawwāf
贝鲁特	生活书店出版社	Manshūrāt Dār Maktabat al-Hayāh
坦塔	圣门弟子遗产出版社	Dār al-Sahābah li-l-Turāth
拉合尔	圣训学者乌姆古拉中心	Markaz Umm al-Qurá Ahl al-Hadīth
贝鲁特	圣裔世界大会	al-Majma'al-'Ālamī li-Ahl al-Bayt
萨达	圣裔书店	Maktabat Ahl al-Bayt
萨达	圣裔伊斯兰研究中心	Markaz Ahl al-Bayt li-l-Dirāsāt al-Islāmīyah
贝鲁特	圣裔遗产复兴基金会	Mu'assasat Āl al-Bayt li-Ihyā' al-Turāth
库姆	圣裔遗产复兴基金会	Mu'assasat Āl al-Bayt li-Ihyā' al-Turāth
开罗	使命出版社	Dār al-Risālah li-l-Nashr wa-al-Tawzī'
贝鲁特	使命基金会	Mu'assasat al-Risālah
贝鲁特	世界使命出版社	Dār al-Risālah al-'Ālamīyah
利比亚的黎波里	世界伊斯兰宣教协会	Jam'īyat al-Da'wah al-Islāmīyah al-'Ālamīyah
利雅得	首都出版社	Dār al-'Āsimah
开罗	书籍出版社	Matba'at Dār al-Kutub
贝鲁特	书籍世界	'Ālam al-Kutub
开罗	书籍世界	'Ālam al-Kutub
利雅得	书籍世界出版社	Dār 'Ālam al-Kutub

续表

出版地	出版机构的汉译名称	拉丁字母转写的出版机构名称
开罗	舒鲁戈出版社	Dār al-Shurūq
安曼	思想出版社	Dār al-Fikr
贝鲁特	思想出版社	Dār al-Fikr
大马士革	思想出版社	Dār al-Fikr
开罗	思想涌现公司	Sharikat Nawābigh al-Fikr
杜胡克	斯皮尔斯出版社	Dār Sabīrīz li-l-Tibā‘ah wa-al-Nashr
利雅得	苏美易出版社	Dār al-Sumay‘ī
阿布扎比	苏威迪出版社	Dār al-Suwaydī
贝鲁特	索迪尔出版社	Dār Sādir
贝鲁特	索迪尔书店	Maktabat Sādir
贝鲁特	索法出版公司	Mu’assasat al-Safā’ li-l-Matbū‘āt
库姆	索希卜-艾姆尔基金会	Mu’assasat Sāhib al-Amr
贝鲁特	塔阿鲁夫出版社	Dār al-Ta‘āruf li-l-Matbū‘āt
开罗	塔阿斯勒出版社	Dār al-Ta’sīl
穆赫塔拉	塔格杜米耶出版社	al-Dār al-Taqaddumīyah
大马士革	塔克文出版社	al-Takwīn li-l-Tibā‘ah wa-al-Nashr wa-al-Tawzī‘
大马士革	塔拉基印书馆	Matba‘at al-Taraqqī
塔伊夫	塔伊夫文学论坛印书馆	Matbū‘āt Nādī al-Tā’if al-Adabī
贝鲁特	泰里阿出版社	Dār al-Talī‘ah
利雅得	淘吧书店	Maktabat al-Tawbah
贝鲁特	天堂出版社	Dār al-Jinān
贝鲁特	天主教会印书馆	al-Matba‘ah al-Kāthūlīkīyah
突尼斯	突尼斯出版社	al-Dār al-Tūnisīyah li-l-Nashr
突尼斯	突尼斯发行公司	al-Sharikah al-Tūnisīyah li-l-Tawzī‘
突尼斯	突尼斯图画艺术出版公司	Matba‘at al-Sharikah al-Tūnisīyah li-Funūn al-Rasm
利雅得	图维格出版社	Dār Tuwayq
利雅得	推巴出版社	Dār Taybah
大马士革	托拉斯出版社	Dār Talās
安曼	瓦尔德出版社	Dār Ward
吉达	瓦法出版社	Dār al-Wafā’

续表

出版地	出版机构的汉译名称	拉丁字母转写的出版机构名称
曼苏拉	瓦法出版社	Dār al-Wafā'
开罗	瓦哈巴书店	Maktabat Wahbah
开罗	瓦哈比印书馆	al-Matba'ah al-Wahbīyah
利比亚的黎波里	瓦立德出版社	Dar al-Walīd
开罗	瓦易兹印书馆	Matba'at al-Wā'iz
贝鲁特	瓦赞库加拉夫·塔拔拉印书馆	Matba'at wa-Zinkūghrāf Tabbārah
德黑兰	文化朝阳基金会	Mu'assasat Shams al-Duhá al-Thaqāfīyah
贝鲁特	文化出版社	Dār al-Thaqāfah
开罗	文化出版社	Dār al-Thaqāfah
库姆	文化出版社	Dār al-Thaqāfah
贝鲁特	文化复兴基金会	Mu'assasat Nuwayhid al-Thaqāfīyah
开罗	文化宫总局	al-Hay'ah al-'Āmmah li-Qusūr al-Thaqāfah
贝鲁特	文化书籍公司	Mu'assasat al-Kutub al-Thaqāfīyah
阿布扎比	文化协会	al-Majma' al-Thaqāfī
大马士革	文化与国家指导部	Wizārat al-Thaqāfah wa-al-Irshād al-Qawmī
开罗	文化与国家指导部	Wizārat al-Thaqāfah wa-al-Irshād al-Qawmī
埃尔比勒	文化与青年部	Wizārat al-Thaqāfah wa-al-Shabāb
德黑兰	文化与伊斯兰指导部	Wizārat al-Thaqāfah wa-al-Irshād al-Islāmī
开罗	文学书店	Maktabat al-Ādāb
纳杰夫	文学印书馆	Matba'at al-Ādāb
麦加	乌姆古拉大学学术研究与伊斯兰遗产复兴研究院	Jāmi'at Umm al-Qurá, Ma'had al-Buhūth al-'Ilmīyah wa-Ihyā' al-Turāth al-Islāmī
麦加	乌姆古拉大学学术研究与伊斯兰遗产复兴中心	Jāmi'at Umm al-Qurá, Markaz al-Bahth al-'Ilmī wa-Ihyā' al-Turāth al-Islāmī
麦加	乌姆古拉大学学术研究院伊斯兰研究中心	Jāmi'at Umm al-Qurá, Ma'had al-Buhūth al-'Ilmīyah, Markaz al-Buhūth al-Dirāsāt al-Islāmīyah
突尼斯	乌木米耶印书馆	al-Matba'ah al-'Umūmīyah
开罗	乌苏勒出版社	Usūl li-l-Nashr wa-al-Tawzī'
利雅得	伍麦叶出版社	Dār Umayyah
奥兰	西方出版社	Dār al-Gharb

续表

出版地	出版机构的汉译名称	拉丁字母转写的出版机构名称
贝鲁特	希得尔出版社	Dār Khidr
大马士革	希夫尼耶印书馆	al-Matba'ah al-Hifnīyah
利雅得	希吉拉出版社	Dār al-Hijrah
开罗	希贾齐印书馆	Matba'at Hijāzī
大马士革	希贾兹印书馆	Matba'at al-Hijāz
利雅得	先辈之光书店	Maktabat Adwā' al-Salaf
巴士拉	现代出版社	Dār al-Tibā'ah al-Hadīthah
开罗	现代法鲁戈出版社	al-Fārūq al-Hadīthah li-l-Tibā'ah wa-al-Nashr
麦加	现代复兴书店	Maktabat al-Nahdah al-Hadīthah
贝鲁特	现代书店	al-Maktabah al-'Asrīyah
赛达	现代书店	al-Maktabah al-'Asrīyah
开罗	现代书籍出版社	Dār al-Kutub al-Hadīthah
贝鲁特	现代思想出版社	Dār al-Fikr al-Hadīth
黎巴嫩的黎波里	现代图书公司	al-Mu'assasah al-Hadīthah li-l-Kitāb
巴格达	校勘院思想文化事务部	Shu'bat al-Tahqīq fī Qism al-Shu'ūn al-Fikrīyah wa-al-Thaqāfīyah
贝鲁特	新视野出版社	Dār al-Āfāq al-Jadīdah
拉巴特	新视野出版社	Dār al-Āfāq al-Jadīdah
贝鲁特	新书出版社	Dār al-Kitāb al-Jadīd
大马士革	新先锋出版社	Dār al-Talī'ah al-Jadīdah
贝鲁特	新月出版与书店联社	Dār wa-Maktabat al-Hilāl
开罗	新月印书馆	Matba'at al-Hilāl
巴格达	叙利亚天主教会印书馆	al-Matba'ah al-Suryānīyah al-Kāthūlīkīyah
大马士革	叙利亚图书出版总局	Manshūrāt al-Hay'ah al-'Āmmah al-Sūrīyah li-l-Kitāb
大马士革	叙利亚文化部	Wizārat al-Thaqāfah fī al-Jumhūrīyah al-'Arabīyah al-Sūrīyah
贝鲁特	学术书店	al-Maktabah al-'Ilmīyah
麦地那	学术书店	al-Maktabah al-'Ilmīyah
巴格达	学术书店出版社	Manshūrāt al-Maktabah al-'Ilmīyah
贝鲁特	学术书籍出版社	Dār al-Kutub al-'Ilmīyah

续表

出版地	出版机构的汉译名称	拉丁字母转写的出版机构名称
麦加	学术研究与伊斯兰遗产复兴中心	Markaz al-Bahth al-'Ilmī wa-Ihyā' al-Turāth al-Islāmī
亚丁	亚丁历史研究与出版中心	Markaz 'Adan li-l-Dirāsāt wa-al-Buhūth al-Tārīkhīyah wa-al-Nashr
贝鲁特	耶稣会神父印书馆	Matba'at al-Ābā' al-Yasū'īyīn
萨那	也门出版社	al-Dār al-Yamanīyah
萨那	也门图书出版总局	Manshūrāt al-Hay'ah al-'Āmmah al-Yamanīyah li-l-Kitāb
萨那	也门文化宣传部	al-Jumhūrīyah al-'Arabīyah al-Yamanīyah，Wizārat al-I'lām wa-al-Thaqāfah
萨那	也门文化与旅游部	Wizārat al-Thaqāfah wa-al-Siyāhah fī al-Jumhūrīyah al-Yamanīyah
萨那	也门研究中心	Markaz al-Dirāsāt wa-al-Buhūth al-Yamanī
萨那	也门智慧出版社	Dār al-Hikmah al-Yamānīyah
安曼	也纳比俄出版社	Dār al-Yanābī'
贝鲁特	叶玛麦出版社	al-Yamāmah li-l-Tibā'ah wa-al-Nashr wa-al-Tawzī'
大马士革	叶玛麦出版社	al-Yamāmah li-l-Tibā'ah wa-al-Nashr wa-al-Tawzī'
利雅得	叶玛麦出版社	Dār al-Yamāmah
科威特	伊本·艾西尔出版社	Dār Ibn al-Athīr
贝鲁特	伊本·艾西尔出版社	Dār Ibn al-Athīr
科威特	伊本·古台巴出版社	Dār Ibn Qutaybah
贝鲁特	伊本·哈兹姆出版社	Dār Ibn Hazm
达曼	伊本·焦齐出版社	Dār Ibn al-Jawzī
利雅得	伊本·焦齐出版社	Dār Ibn al-Jawzī
贝鲁特	伊本·卡西尔出版社	Dār Ibn Kathīr
大马士革	伊本·卡西尔出版社	Dār Ibn Kathīr
开罗	伊本·泰米叶书店	Maktabat Ibn Taymīyah
贝鲁特	伊本·宰橄出版社	Dār Ibn Zaydūn
阿加迪尔	伊本·祖哈尔大学人文社会科学院	Jāmi'at Ibn Zuhr，Kullīyat al-Ādāb wa-al-'Ulūm al-Insānīyah
萨那	伊尔沙德书店	Maktabat al-Irshād

出版地	出版机构的汉译名称	拉丁字母转写的出版机构名称
巴格达	伊尔沙德印书馆	Matba'at al-Irshād
开罗	伊尔提玛德印书馆	Matba'at al-I'timād
贝鲁特	伊格拉出版社	Dār Iqra'；Manshūrāt Iqra'
大马士革	伊格拉出版社	Dār Iqra'
巴格达	伊拉克科学院出版社	Matba'at al-Majma'al-'Ilmī al-'Irāqī
巴格达	伊拉克书籍穆尔塔多埃及公司	Mu'assasat Misr Murtadá li-l-Kitāb al-'Irāqī
巴格达	伊拉克文化信息部	Al-Jumhūrīyah al-'Irāqīyah，Wizārat al-Thaqāfah wa-al-I'lām
巴格达	伊拉克信息部	Al-Jumhūrīyah al-'Irāqīyah，Wizārat al-I'lām
德黑兰	伊朗班雅德-法尔罕格出版社	Intishārāt-i Bunyād va Farhang-i Īrān
开罗	伊玛目布哈里书店	Maktabat al-Imām al-Bukhārī
伊斯梅利亚	伊玛目布哈里书店	Maktabat al-Imām al-Bukhārī
卡尔巴拉	伊玛目侯赛因圣裔遗产校勘科学院	Majma'al-Imām al-Husayn al-'Ilmī li-Tahqīq Turāth Ahl al-Bayt
纳杰夫	伊玛目忽伊基金会	Mu'assasat al-Imām al-Khū'ī al-Islāmīyah
库姆	伊玛目马赫迪基金	Mu'assasat al-Imām al-Mahdī
利雅得	伊玛目穆罕默德·本·沙特伊斯兰大学	Jāmi'at al-Imam Muhammad ibn Sa'ūd al-Islāmīyah
库姆	伊玛目索迪戈基金会	Mu'assasat al-Imām al-Sādiq
安曼	伊玛目栽德·本·阿里文化基金会	Mu'assasat al-Imām Zayd ibn 'Alī al-Thaqāfīyah
萨那	伊玛目栽德·本·阿里文化基金会	Mu'assasat al-Imām Zayd ibn 'Alī al-Thaqāfīyah
大马士革	伊曼出版社	Dār al-Īmān
黎巴嫩的黎波里	伊曼出版社	Dār al-Īmān
巴格达	伊曼印书馆	Matba'at al-īmān
麦加	伊姆达迪耶书店	al-Maktabah al-Imdādīyah
贝鲁特	伊丝塔出版社	Dār 'Ishtār
伦敦	伊斯兰出版公司	Mu'assasat Dār al-Islām
库姆	伊斯兰传播基金会	Mu'assasat al-Nashr al-Islāmī
麦地那	伊斯兰大学出版社	Matba'at al-Jāmi'ah al-Islāmīyah

出版地	出版机构的汉译名称	拉丁字母转写的出版机构名称
贝鲁特	伊斯兰福音出版公司	Sharikat Dār al-Bashā'ir al-Islāmīyah
贝鲁特	伊斯兰福音出版社	Dār al-Bashā'ir al-Islāmīyah
库姆	伊斯兰教法百科全书基金会	Mu'assasat Dā'irat Ma'ārif al-Fiqh al-Islāmī
开罗	伊斯兰荣耀出版社	Dār Majd al-Islām
开罗	伊斯兰书籍出版社	Dār al-Kitāb al-Islāmī
安曼	伊斯兰书斋	al-Maktab al-Islāmī
贝鲁特	伊斯兰书斋	al-Maktab al-Islāmī
大马士革	伊斯兰书斋	al-Maktab al-Islāmī
库姆	伊斯兰文化复兴会	Majma' Ihyā' al-Thaqāfah al-Islāmīyah
贝鲁特	伊斯兰西方出版社	Dār al-Gharb al-Islāmī
突尼斯	伊斯兰西方出版社	Dār al-Gharb al-Islāmī
库姆	伊斯兰宣传办公室	Maktab al-I'lām al-Islāmī
卡拉奇	伊斯兰研究大学	Jāmi'at al-Dirāsāt al-Islāmīyah
马德里	伊斯兰研究院出版社	Manshūrāt Ma'had al-Dirāsāt al-Islāmīyah
贝鲁特	伊斯兰遗产出版社	Dār al-Turāth al-Islāmī
拉巴特	伊斯兰遗产复兴基金会	Sundūq Ihyā' al-Turāth al-Islāmī
开罗	伊斯兰遗产复兴委员会	Lajnat Ihyā' al-Turāth al-Islāmī
阿勒颇	伊斯兰印书局	Maktab al-Matbū'āt al-Islāmīyah
贝鲁特	伊斯兰印书局	Maktab al-Matbū'āt al-Islāmīyah
贝鲁特	伊斯兰轴心出版社	Dār al-Madār al-Islāmī
巴格达	伊斯兰宗教基金事务部	Wizārat al-Awqāf wa-al-Shu'ūn al-Islāmīyah
科威特	伊斯兰宗教基金事务部	Wizārat al-Awqāf wa-al-Shu'ūn al-Islāmīyah
拉巴特	伊斯兰宗教基金事务部	Wizārat al-Awqāf wa-al-Shu'ūn al-Islāmīyah
伊斯坦布尔	伊斯坦布尔伊斯兰历史、艺术与文化研究中心	Markaz al-Abhāth li-l-Tārīkh wa-al-Funūn wa-al-Thaqāfah al-Islāmīyah bi-Istānbūl
开罗	伊斯提伽玛印书馆	Matba'at al-Istiqāmah
开罗	遗产出版社	Dār al-Turāth
开罗	遗产出版书店	Maktabat Dār al-Turāth
麦地那	遗产出版书店	Maktabat Dār al-Turāth
德黑兰	遗产之镜	Mir'āt al-Turāth

续表

出版地	出版机构的汉译名称	拉丁字母转写的出版机构名称
巴尔卡	遗迹宝藏书店	Maktabat Khazā'in al-Āthār
萨那	遗迹出版社	Dār al-Āthār
贝鲁特	易祖丁基金会	Mu'assasat 'Izz al-Dīn
麦加	益世出版社	Dār 'Ālam al-Fawā'id
海得拉巴	印度百科全书委员会印务部	Matba'at Majlis Dā'irat al-Ma'ārif al-Nizāmīyah al-Kā'inah fī al-Hind
黎巴嫩的黎波里	英沙出版社	Dār al-Inshā'
安曼	约旦文化部	Wizārat al-Thaqāfah
大马士革	栽德·本·萨比特印书馆	Matba'at Zayd ibn Thābit
开罗	扎哈拉书店	Maktabat al-Zahrā'
开罗	扎哈伊尔出版社	Dār al-Dhakhā'ir
科威特	扎希里耶出版社	Dār al-Zāhirīyah
艾因	扎耶德遗产与历史中心	Markaz Zāyid li-l-Turāth wa-al-Tārīkh
曼苏拉	珍珠出版社	Dār al-Lu'lu'ah li-l-Nashr wa-al-Tawzī'
贝鲁特	知识出版社	Dār al-Ma'rifah
开罗	知识出版社	Dār al-Ma'ārif
贝鲁特	知识基金会	Mu'assasat al-Ma'ārif
利雅得	知识书店	Maktabat al-Ma'ārif
巴格达	知识印书馆	Matba'at al-Ma'ārif
伦敦	智慧出版社	Dār al-Hikmah
开罗	兹克尔出版社	Dār al-Dhikr
巴格达	自由出版社	Dār al-Hurrīyah li-l-Tibā'ah
巴格达	宗教基金办公室	Ri'āsat Dīwān al-Awqāf
开罗	宗教文化书店	Maktabat al-Thaqāfah al-Dīnīyah
利比亚的黎波里	作家出版社	Dār al-Kātib

附录 3 人名音译表

汉译	拉丁字母转写	阿拉伯文
阿拔德	'Abbād	عباد
阿拔迪	al-'Abbādī	العبادي
阿拔斯	'Abbās；al-'Abbās；al-'Abbāsī	عباس؛ العباس؛ العباسي
阿比	al-Ābī	الآبي
阿比德	'Ābid	عابد
阿卜达	'Abdah	عبدة
阿卜达克	'Abdak	عبدك
阿卜达里	al-'Abdarī	العبدري
阿卜迪	al-'Abdī	العبدي
阿卜杜	'Abd	عبد
阿卜杜海	'Abd al-Hayy	عبد الحي
阿卜杜拉	'Abd Allāh	عبد الله
阿卜杜斯	'Abdūs	عبدوس
阿卜敦	'Abdūn	عبدون
阿卜斯	al-'Absī	العبسي
阿布德	'Abbūd	عبود
阿达尼	al-'Adanī	العدني
阿达维	al-'Adawī	العدوي
阿丹；亚当	Ādam	آدم
阿德南	'Adnān	عدنان
阿迪	'Adī	عدي
阿迪勒	'Ādil	عادل
阿迪姆	al-'Adīm	العديم
阿蒂耶	'Atīyah	عطية
阿尔继	al-'Arjī	العرجي
阿尔坤	Arkūn	أركون
阿法夫	'Afāf	عفاف
阿凡	'Affān	عفان

续表

汉译	拉丁字母转写	阿拉伯文
阿凡迪	Afandī	أفندي
阿斐夫丁	'Afīf al-Dīn	عفيف الدين
阿戈什赫里	al-Āqshihrī	الآقشهري
阿基戈	al-'Aqīq	العقيق
阿基基	al-'Aqīqī	العقيقي
阿基勒	'Aqīl	عقيل
阿季岚	'Ajlān	عجلان
阿济米	al-'Azīmī	العظيمي
阿济姆	al-'Azīm	العظيم
阿迦	Āghā	آغا
阿迦比优斯	Aghābiyūs	أغابيوس
阿贾	Ajā	أجا
阿贾吉	al-'Ajjāj	العجاج
阿贾伊兹	al-'Ajā'iz	العجائز
阿杰米	al-'Ajamī	العجمي
阿杰姆	al-'Ajam	العجم
阿捷斯	al-'Ajjaysī	العجيسي
阿拉卜沙赫	Arabshāh	عربشاه
阿拉丁（习惯译名）	'Alā' al-Dīn	علاء الدين
阿拉法	'Arafah	عرفة
阿拉拉	'alá Allāh	على الله
阿拉姆	'Arrām	عرام
阿拉姆丁	'Alam al-Dīn	علم الدين
阿拉沙尼	al-'Arashānī	العرشاني
阿拉维	al-'Alawī	العلوي
阿拉伊	al-'Alā'ī	العلائي
阿腊	al-'Alā'	العلاء
阿腊玛	al-'Allāmah	العلامة
阿岚	'Allān	علان
阿勒	al-'Āl	العال

续表

汉译	拉丁字母转写	阿拉伯文
阿勒格玛	ʻAlqamah	علقمة
阿勒马维	al-ʻAlmawī	العلموي
阿勒瓦继	al-ʻAlwajī	العلوجي
阿勒-朱梅伊俄	Āl Jumayyiʻ	آل جميع
阿里	ʻAlī；al-ʻAlī	علي؛ العلي
阿力夫	ʻĀrif；al-ʻĀrif	عارف؛ العارف
阿立姆	al-ʻAlīm	العليم
阿利卜	ʻArīb	عريب
阿利获	al-ʻArīdī	العريضي
阿鲁巴	ʻArūbah	عروبة
阿米尔	ʻĀmir	عامر
阿米里	al-ʻĀmirī	العامري
阿米努丁（习惯译名）	Amīn al-Dīn	أمين الدين
阿密德	al-ʻAmīd	العميد
阿密拉	ʻAmīrah	عميرة
阿莫里（习惯译名）	al-Āmulī	الآملي
阿姆鲁拉（习惯译名）	Amr Allāh	أمر الله
阿木迪	al-ʻAmūdī	العمودي
阿慕尔	ʻAmr	عمرو
阿慕伦	ʻAmrūn	عمرون
阿纳齐	al-ʻAnazī	العنزي
阿尼	al-ʻĀnī	العاني
阿齐扎	ʻAzīzah	عزيزة
阿齐兹	ʻAzīz；al-ʻAzīz	عزيز؛ العزيز
阿撒勒	al-ʻAssāl	العسال
阿萨德（习惯译名）	Asad	أسد
阿萨迪（习惯译名）	al-Asadī	الأسدي
阿萨杜拉	Asad Allāh	أسد الله
阿萨奇尔	ʻAsākir	عساكر
阿沙伊尔	ʻAshāʼir	عشائر

续表

汉译	拉丁字母转写	阿拉伯文
阿什	Āshī	آشي
阿斯	al-ʿĀs	العاص
阿斯格拉尼	al-ʿAsqalānī	العسقلاني
阿斯卡尔	ʿAskar	عسكر
阿斯卡里	al-ʿAskarī	العسكري
阿斯米	al-ʿĀsimī	العاصمي
阿斯姆	ʿĀsim	عاصم
阿绥	ʿĀsī	عاصي
阿绥达	ʿAsīdah	عصيدة
阿塔奇	al-ʿAtakī	العتكي
阿塔希耶	al-ʿAtāhīyah	العتاهية
阿塔伊基	al-ʿAtāʾiqī	العتائقي
阿特万	ʿAtwān	عطوان
阿拓	ʿAtāʾ	عطاء
阿拓尔	al-ʿAttār	العطار
阿拓沙	ʿAtāshá	عطاشي
阿拓乌拉	ʿAtāʾ Allāh	عطاء الله
阿提戈	ʿAtīq	عتيق
阿提奇	al-ʿĀtikī	العاتكي
阿沃继	al-ʿAwājī	العواجي
阿沃纳	ʿAwānah	عوانة
阿沃尼	al-ʿAwānī	العواني
阿伊莎（女）	ʿĀʾishah	عائشة
阿伊孜	ʿĀʾidh	عائذ
阿扎	ʿAzzah	عزة
阿扎姆	ʿAzam	عزم
阿札姆	al-ʿAzzām	العزام
阿札维	al-ʿAzzāwī	العزاوي
阿朱里	al-Ājurrī	الآجري
艾巴尔孤希	al-Abarqūhī	الأبرقوهي

续表

汉译	拉丁字母转写	阿拉伯文
艾巴克	Aybak	أيبك
艾拔尔	al-Abār	الأبار
艾班	Abān	أبان
艾比	Abī	أبي
艾比瓦尔迪	al-Abīwardī	الأبيوردي
艾卜杰尔	Abjar	أبجر
艾卜纳斯	al-Abnāsī	الأبناسي
艾卜纳维	al-Abnāwī	الأبناوي
艾卜什希	al-Abshīhī	الأبشيهي
艾布	Abū	أبو
艾达马尔	Aydamar	أيدمر
艾德汉	Adham	أدهم
艾尔达比里	al-Ardabīlī	الأردبيلي
艾尔拉	al-A'lá	الأعلى
艾尔拉比	al-A'rābī	الأعرابي
艾尔拉季	al-A'raj	الأعرج
艾尔马纳齐	al-Armanāzī	الأرمنازي
艾尔曼提	al-Armantī	الأرمنتي
艾尔塞姆	A'tham	أعثم
艾尔斯岚	Arslān	أرسلان
艾尔提基	al-Artiqī	الأرتقي
艾尔彦	A'yan	أعين
艾弗多勒	al-Afdal	الأفضل
艾弗多路丁	Afdal al-Dīn	أفضل الدين
艾格莱卜（习惯译名）	al-Aghlab	الأغلب
艾哈伦	Aharūn	أهرون
艾哈马尔	al-Ahmar	الأحمر
艾哈马里	al-Ahmarī	الأحمري
艾哈迈德（习惯译名）	Ahmad	أحمد
艾哈撒伊	al-Ahsā'ī	الأحسائي

续表

汉译	拉丁字母转写	阿拉伯文
艾哈瓦勒	al-Ahwal	الأحول
艾哈瓦斯	al-Ahwas	الأحوص
艾哈耶德	Ahyad	أحيد
艾赫拔里	al-Akhbārī	الأخباري
艾赫达勒	al-Ahdal	الأهدل
艾赫多尔	al-Akhdar	الأخضر
艾赫斯卡西	al-Akhsīkathī	الأخسيكثي
艾赫沃尼	al-Ahwānī	الأهواني
艾赫沃齐	al-Ahwāzī	الأهوازي
艾吉达比	al-Ajdābī	الأجدابي
艾克巴尔	al-Akbar	الأكبر
艾克法尼	al-Akfānī	الأكفاني
艾克拉姆	Akram	أكرم
艾克马路丁	Akmal al-Dīn	أكمل الدين
艾克瓦俄	al-Akwa‘	الأكوع
艾玛纳	al-Amānah	الأمانة
艾麦图拉（女）	Amat Allāh	أمة الله
艾曼	Ayman	أيمن
艾密拉卡	Amīrakā	أميركا
艾密娜	Amīnah	أمينة
艾密尼	al-Amīnī	الأميني
艾敏	Amīn；al-Amīn	أمين؛ الأمين
艾姆沙蒂	al-Amshātī	الأمشاطي
艾纳斯	Anas	أنس
艾萨达拔迪	al-Asadābādī	الأسدآبادي
艾萨力比	al-Athāribī	الأثاربي
艾沙季	al-Ashajj	الأشج
艾什阿里（习惯译名）	al-Ash‘arī	الأشعري
艾什拉斐	al-Ashrafī	الأشرفي
艾什拉夫（习惯译名）	al-Ashraf	الأشرف

续表

汉译	拉丁字母转写	阿拉伯文
艾施阿思	al-Ash'ath	الأشعث
艾施塔里	al-Ashtarī	الأشتري
艾士富尼	al-Asfūnī	الأصفوني
艾思拉姆	al-Athram	الأثرم
艾斯阿德	As'ad	أسعد
艾斯巴厄	Asbagh；al-Asbagh	أصبغ؛ الأصبغ
艾斯巴哈尼	al-Asbahānī	الأصبهاني
艾斯尔	Asīr	أسير
艾斯发尔	al-Asfar	الأصفر
艾斯发拉益尼	al-Asfarāyīnī	الاسفراييني
艾斯法哈尼（习惯译名）	al-Asfahānī	الأصفهاني
艾斯拉米	al-Aslamī	الأسلمي
艾斯拉姆	'Aslam	أسلم
艾斯立姆	Aslīm	أسليم
艾斯马俄	Asma'	أصمع
艾斯马义	al-Asma'ī	الأصمعي
艾斯玛（男）；爱斯玛（女）	Asmā'	أسماء
艾斯塔拉巴迪（习惯译名）	al-Astarābādī	الأستراآبادي
艾斯瓦德	al-Aswad	الأسود
艾斯沃尼	al-Aswānī	الأسواني
艾斯尤蒂	al-Asyūtī	الأسيوطي
艾特鲁施	al-Atrūsh	الأطروش
艾西尔（习惯译名）	al-Athīr	الأثير
艾希德	Ahīd	أحيد
艾尤比	al-Ayyūbī	الأيوبي
艾尤卜	Ayyūb	أيوب
艾扎继	al-Azajī	الأزجي
艾札力格	al-Azāriqah	الأزارقة
艾兹迪	al-Azdī	الأزدي
艾兹杜拉伽尼	al-Azdūraqānī	الأزدورقاني

续表

汉译	拉丁字母转写	阿拉伯文
艾兹拉戈	al-Azraq	الأزرق
艾兹拉基	al-Azraqī	الأزرقي
爱达鲁斯	al-'Aydarūs	العيدروس
爱纳	al-'Aynā'	العيناء
爱纳塔比	al-'Aynatābī	العينتابي
爱尼	al-'Aynī	العيني
爱雅尼	al-'Ayyānī	العياني
爱雅什	'Ayyāsh；al-'Ayyāshī	عياش؛ العياشي
爱资哈尔（习惯译名）	al-Azhar	الأزهر
爱资哈里	al-Azharī	الأزهري
安巴萨	'Anbasah	عنبسة
安巴斯	al-'Anbas	العنبس
安拔里	al-Anbārī	الأنباري
安达卢斯	al-Andalusī	الأندلسي
安杰卜	Anjab	أنجب
安玛蒂	al-Anmādī	الأنماطي
安玛尔	'Ammār	عمار
安玛里	al-'Ammārī	العماري
安米	al-'Ammī	العمي
安萨里（习惯译名）	al-Ghazzālī	الغزالي
安索里；安索丽娅（女）	al-Ansārī；al-Ansārīyah	الأنصاري؛ الأنصارية
安塔奇	al-Antākī	الأنطاكي
安瓦尔	Anwar	أنور
敖恩	'Awn	عون
敖沃姆	al-'Awwām	العوام
奥迪	al-Awdī	الأودي
奥尔奥尔	'Ur'ur	عرعر
奥哈迪	al-Awhadī	الأوحدي
奥里雅乌拉	Awliyā' Allāh	أولياء الله
奥纳比	al-Awnabī	الأونبي

续表

汉译	拉丁字母转写	阿拉伯文
奥斯	Aws；al-Awsī	أوس؛ الأوسي
奥斯玛尼	al-'Uthmānī	العثماني
奥斯曼	'Uthmān	عثمان
奥札义	al-Awzā'ī	الأوزاعي
巴达勒	Badal	بدل
巴达维	Badawī	بدوي
巴德尔	Badr	بدر
巴德兰	Badrān	بدران
巴德里	al-Badrī	البدري
巴德鲁丁	Badr al-Dīn	بدر الدين
巴德伦	Badrūn	بدرون
巴厄腊尼	al-Baghlānī	البغلاني
巴厄图里	al-Baghtūrī	البغطوري
巴尔	al-Barr	البر
巴尔迪继	al-Bardījī	البرديجي
巴尔迪斯	Bardis	بردس
巴尔迪兹巴赫	Bardizbah	بردزبه
巴尔基	al-Barqī	البرقي
巴尔勒巴奇	al-Ba'lbakī	البعلبكي
巴尔瑙斯	al-Barnawssī	البرنوسي
巴尔尼耶	Barnīyah	برنية
巴尔塔里	al-Bartallī	البرتلي
巴尔札里	al-Barzālī	البرزالي
巴尔乍义	al-Bardha'ī	البرذعي
巴伽	al-Baqā'	البقاء
巴伽勒	al-Baqqāl	البقال
巴格达迪（习惯译名）	al-Baghdādī	البغدادي
巴哈尔	Bahr	بحر
巴哈拉尼	al-Bahrānī	البحراني
巴哈沙勒	Bahshal	بحشل

续表

汉译	拉丁字母转写	阿拉伯文
巴贺迪里	al-Bahādilī	البهادلي
巴贺丁	Bahā' al-Dīn	بهاء الدين
巴贺杜尔	Bahādur	بهادر
巴赫拉姆	Bahrām	بهرام
巴赫兰	Bahrān	بهران
巴赫曼	Bahman	بهمن
巴赫纳斯	al-Bahnassī	البهنسي
巴赫塔里	al-Bakhtarī	البختري
巴赫提雅尔	Bakhtiyār	بختيار
巴基	Baqī	بقي
巴加维	al-Baghawī	البغوي
巴杰里	al-Bajalī	البجلي
巴卡尔	Bakkār	بكار
巴克法璐尼	al-Bakfālūnī	البكفالوني
巴克杰里	al-Bakjarī	البكجري
巴克塔施	Baktāsh	بكتاش
巴拉	al-Barā'	البراء
巴拉迪	al-Barrādī	البرادي
巴拉卡特	Barakat；Barakāt；al-Barakāt	بركة؛ بركات؛ البركات
巴拉克	Barāk	براك
巴拉瓦斯塔尼	al-Barāwastānī	البراوستاني
巴拉维	al-Balawī	البلوي
巴拉祖里	al-Balādhurī	البلاذري
巴岚斯	al-Balansī	البلنسي
巴岚朱尔	Balanjur	بلنجر
巴勒阿米	al-Bal'amī	البلعمي
巴勒黑	al-Balkhī	البلخي
巴南	Banān	بنان
巴撒姆	Bassām	بسام
巴沙尔	Bashshār	بشار

续表

汉译	拉丁字母转写	阿拉伯文
巴沙拉	Bashārah	بشارة
巴沙里	al-Bashārī	البشاري
巴什尔	Bashīr	بشير
巴什提	al-Bashshītī	البشيتي
巴施库沃勒	Bashkuwāl	بشكوال
巴施伦	Bashrūn	بشرون
巴士里（习惯译名）	al-Basrī	البصري
巴斯蒂	al-Bastī	البسطي
巴斯拉维	al-Basrāwī	البصراوي
巴拓伊尼	al-Batā'inī	البطانني
巴拓伊希	al-Batā'ihī	البطائحي
巴特利戈	al-Batrīq	البطريق
巴托勒尧斯	al-Batalyawsī	البطليوسي
巴雅尼	al-Bayānī	البياني
巴彦	Bayān	بيان
巴耶齐德（习惯译名）	Bāyazīd	بايزيد
巴札尔	al-Bazzār	البزار
巴札兹	al-Bazzāz	البزاز
巴召发里	al-Bazawfarī	البزوفري
芭妩妮娅（女）	al-Bā'ūnīyah	الباعونية
拔阿拉维	Bā'alawī	باعلوي
拔巴赫	Bābah	بابه
拔巴克	Bābak	بابك
拔巴提	Bābatī	بابتي
拔巴韦赫	Bābawayh	بابويه
拔拔	Bābā	بابا
拔拔安米	Bābā'ammī	باباعمي
拔迪斯	Bādīs；al-Bādisī	بادیس؛ البادسي
拔蒂施	Bātīsh	باطيش
拔格什施	Bāqashīsh	باقشيش

续表

汉译	拉丁字母转写	阿拉伯文
拔古谢尔	Bāqushayr	باقشير
拔赫尔齐	al-Bākharzī	الباخرزي
拔基尔	Bāqir	باقر
拔继	al-Bājī	الباجي
拔简玛勒	Bājammāl	باجمال
拔卡西尔	Bākathīr	باكثير
拔里	Bālī	بالي
拔力齐	al-Bārizī	البارزي
拔鲁尼	al-Bārūnī	الباروني
拔马赫拉玛	Bāmakhramah	بامخرمة
拔纳	Bānah	بانة
拔欧尼	al-Bā'ūnī	الباعوني
拔斯拔俄	Bāsbā'	باسباع
拔斯特	al-Bāsit	الباسط
拔瓦尔迪	al-Bāwardī	الباوردي
拔熙里	al-Bāhilī	الباهلي
拔谢班	Bāshaybān	باشيبان
拔兹	al-Bāz	الباز
拔兹雅尔	al-Bāzyār	البازيار
白图泰（习惯译名）	Batūtah	بطوطة
班达尔	Bandar	بندر
班达尼继	al-Bandanījī	البندنيجي
班继尔	Banjīr	بنجير
班纳	al-Bannā'；al-Bannā	البناء؛ البنا
包沃卜	Bawwāb	بواب
贝伯尔斯	Baybars	بيبرس
贝铎尼	al-Baydānī	البيضاني
贝铎维	al-Baydāwī	البيضاوي
贝哈基	al-Bayhaqī	البيهقي
贝拉姆	Bayram	بيرم

汉译	拉丁字母转写	阿拉伯文
贝立克	Baylīk	بيليك
贝雅斯	al-Bayyāsī	البياسي
贝乍戈	al-Baydhaq	البيذق
奔达尔	Bundār	بندار
奔达里	al-Bundārī	البنداري
比尔迪	Birdī	بردي
比尔纳兹	Birnāz	برناز
比伽义	al-Biqā'ī	البقاعي
比贾伊	al-Bijā'ī	البجائي
比腊迪	al-Bilādī	البلادي
比腊勒	Bilāl	بلال
比勒毕斯	al-Bilbīsī	البلبيسي
比鲁尼	al-Bīrūnī	البيروني
比施尔	Bishr	بشر
比斯拓米	al-Bistāmī	البسطامي
伯克尔	Bakr	بكر
伯克兰	Bakrān	بكران
伯克里	al-Bakrī	البكري
布代勒	Budayl	بديل
布尔贺努丁	Burhān al-Dīn	برهان الدين
布哈里（习惯译名）	al-Bukhārī	البخاري
布哈图尔	Buhtur	بحتر
布哈图里	al-Buhturī	البحتري
布赫璐勒	al-Buhlūl	البهلول
布赫特	Bukht	بخت
布迦	Būghā	بوغا
布捷尔	Bujayr	بجير
布凯尔	Bukayr	بكير
布雷希	al-Burayhī	البريهي
布卢悭	Bulukkīn	بلكين

续表

汉译	拉丁字母转写	阿拉伯文
布卢勤	Buluqqīn	بلقين
布鲁吉尔迪	al-Burūjirdī	البروجردي
布纳阿玛	Būna'āmah	بونعامة
布斯尔	Busr	بسر
布斯拉维	al-Busrawī	البصروي
布斯纳维	al-Busnawī	البسنوي
布斯提	al-Bustī	البستي
布绥拉	Busaylah	بصيلة
布绥里	al-Būsīrī	البوصيري
布特岚	Butlān	بطلان
布特鲁斯	Butrus	بطرس
布祖尔克	Buzurk	بزرك
布祖里	al-Buzūrī	البزوري
达阿卜	Da'b	دأب
达阿尼姆	Da'anim	دعنم
达拔比斯	al-Dabābīsī	الدبابيسي
达拔厄	al-Dabbāgh	الدباغ
达布斯	al-Dabūsī	الدبوسي
达达赫	Dadah	دده
达尔继尼	al-Darjīnī	الدرجيني
达尔贾尼	al-Da'jānī	الدعجاني
达尔维什	Darwīsh	درويش
达尔义	al-Dar'ī	الدرعي
达法俄	al-Daffā'	الدفاع
达弗塔尔	Daftar	دفتر
达孤基	al-Daqūqī	الدقوقي
达汉	al-Dahhān	الدهان
达赫甘	al-Dahqān	الدهقان
达拉古特尼	al-Dāraqutnī	الدارقطني
达拉尼	al-Dārānī	الداراني

汉译	拉丁字母转写	阿拉伯文
达拉伊	al-Dalā'ī	الدلائي
达勒继	al-Daljī	الدلجي
达雷雅	Dārayyā	داريا
达马尔达什	al-Damardāshī	الدمرداشي
达密里	al-Damīrī	الدميري
达姆	al-Dam	الدم
达尼	al-Dānī	الداني
达斯土密撒尼	al-Dastumīsānī	الدستميساني
达沃达尔	al-Dawādār	الدوادار
达沃达里	al-Dawādārī	الدواداري
达沃立比	al-Dawālībī	الدواليبي
达沃尼基	al-Dawānīqī	الدوانيقي
达乌德（习惯译名）	Dāwūd	داود
达熙尔	Dāhir	داهر
达耶	al-Dāyah	الداية
达伊姆	al-Dā'im	الدائم
代巴俄	al-Dayba'	الديبع
代拉米	al-Daylamī	الديلمي
代里	al-Dayrī	الديري
戴夫拉	Dayf Allāh	ضيف الله
丹达恩	Dandān	دندان
丹继	al-Tanjī	الطنجي
丹马里	al-Dammarī	الدمري
道罕	Dawhān	دوحان
道拉基	al-Dawraqī	الدورقي
狄尔迦姆	Dirghām	ضرغام
狄尔迦姆丁	Dirghām al-Dīn	ضرغام الدين
狄雅	Diyā'；al-Diyā'	ضياء؛ الضياء
狄雅丁	Diyā' al-Dīn	ضياء الدين
迪拔继	al-Dībājī	الديباجي

续表

汉译	拉丁字母转写	阿拉伯文
迪尔拔斯	Dirbās	درباس
迪尔比勒	Di'bil	دعبل
迪尔汉	Dirham	درهم
迪尔塞姆	Di'tham	دعثم
迪哈耶	Dihyah	دحية
迪赫里	al-Dihlī	الدهلي
迪马什基；迪马什基娅（女）	al-Dimashqī；al-Dimashqīyah	الدمشقي؛ الدمشقية
迪姆雅蒂	al-Dimyātī	الدمياطي
迪纳尔	Dīnār	دينار
迪纳瓦里	al-Dīnawarī	الدينوري
迪齐勒	Dīzīl	ديزيل
杜阿里	al-Du'alī	الدؤلي
杜贝里	al-Dubaylī	الدبيلي
杜贝西	al-Dubaythī	الدبيثي
杜尔内格	Durnayqah	درنيقة
杜戈玛戈	Duqmāq	دقماق
杜凯恩	Dukayn	دكين
杜拉比	al-Dūlābī	الدولابي
杜拉弗	Dulaf	دلف
杜莱姆	Dulaym	دليم
杜勒	Dūl	دول
杜里	al-Dūrī	الدوري
杜鲁斯塔韦赫	Durustawayh	درستويه
杜内尼尔	Dunaynīr	دنينير
杜内萨里	al-Dunaysarī	الدنيسري
杜施曼	Dushman	دشمن
杜斯	al-Dūsī	الدوسي
敦雅	al-Dunyā	الدنيا
多比	al-Dabbī	الضبي
多哈克	al-Dahhāk	الضحاك

汉译	拉丁字母转写	阿拉伯文
多利尔	al-Darīr	الضرير
多穆尔	al-Damūr	الضمور
铎希	Dāhī	ضاحي
铎伊俄	al-Dā'i'	الضائع
尔撒	'Īsá	عيسى
发阿法阿	al-Fa'fā'	الفأفاء
法得勒	al-Fadl	الفضل
法得路拉	Fadl Allāh	فضل الله
法狄勒	Fādil; al-Fādil	فاضل؛ الفاضل
法蒂斯	Fatīs	فطيس
法铎拉	Fadālah	فضالة
法铎勒	Faddāl	فضال
法铎伊勒	al-Fadā'il	الفضائل
法尔宏	Farhūn	فرحون
法尔迦尼	al-Farghānī	الفرغاني
法戈阿斯	al-Faq'asī	الفقعسي
法哈尔	Fakhār	فخار
法赫德	Fahd	فهد
法赫鲁丁	Fakhr al-Dīn	فخر الدين
法赫米	al-Fahmī	الفهمي
法赫姆	al-Fahm	الفهم
法基赫	al-Faqīh	الفقيه
法拉	al-Farrā'	الفراء
法拉荻	al-Faradī	الفرضي
法拉吉	Faraj; al-Faraj	فرج؛ الفرج
法拉奇	al-Falakī	الفلكي
法拉斯	Faras; al-Faras; Farrās	فرس؛ الفرس؛ فراس
法拉兹达基	al-Farazdaqī	الفرزدقي
法腊哈	Fallāh	فلاح
法腊斯	al-Fallās	الفلاس

汉译	拉丁字母转写	阿拉伯文
法兰西斯（习惯译名）	al-Faransīsī	الفرنسيسي
法里斯	Fāris；al-Fārisī	فارس؛ الفارسي
法力基	al-Fāriqī	الفارقي
法利贡	Farīghūn	فريغون
法鲁戈	Fārūq	فاروق
法鲁赫	Farrūkh	فروخ
法米	al-Fāmī	الفامي
法纳胡斯鲁	Fanākhusrū	فناخسرو
法奇希	al-Fākihī	الفاكهي
法萨维	al-Fasawī	الفسوي
法桑吉斯	Fasānjis	فسانجس
法斯	al-Fāsī	الفاسي
法塔哈	al-Fattāh	الفتاح
法特哈	al-Fath	الفتح
法特宏	Fathūn	فتحون
法特胡丁	Fath al-Dīn	فتح الدين
法特胡拉	Fath Allāh	فتح الله
法提克	Fātik	فاتك
法维	al-Fāwī	الفاوي
法沃力斯	al-Fawāris	الفوارس
法析里	al-Fākhirī	الفاخري
法札里	al-Fazārī	الفزاري
凡德	Fand	فند
菲达	al-Fidā'	الفداء
菲尔敖恩	Fir'awn	فرعون
菲尔卡哈	al-Firkāh	الفركاح
菲尔雅比	al-Firyābī	الفريابي
菲赫里	al-Fihrī	الفهري
菲拉斯	Firās	فراس
菲鲁扎巴迪（习惯译名）	al-Fīrūzābādī	الفيروزآبادي

续表

汉译	拉丁字母转写	阿拉伯文
斐鲁赫	Fīrruh	فيره
费得	al-Fayd	الفيض
费鲁兹	Fayrūz	فيروز
费雅得	al-Fayyād	الفياض
费尤米	al-Fayyūmī	الفيومي
丰杜戈	Funduq	فندق
缶齐	Fawzī	فوزي
夫推斯	Futays	فطيس
福阿德	Fu'ād	فؤاد
福代克	Fudayk	فديك
福戴勒	Fudayl；al-Fudayl	فضيل؛ الفضيل
福拉特	al-Furāt	الفرات
福突哈	Futūh	فتوح
福瓦蒂	al-Fuwatī	الفوطي
富拉克	Fūrak	فورك
伽比斯	al-Qābisī	القابسي
伽布斯	al-Qābūsī	القابوسي
伽迪	Qādī；al-Qādī	قاضي؛ القاضي
伽迪尔	al-Qādir	القادر
伽迪里	al-Qādirī	القادري
伽迪姆	Qādim	قادم
伽迪斯	al-Qādisī	القادسي
伽利	al-Qāri'	القارئ
伽璐斯	al-Qālūsī	القالوسي
伽尼俄	Qāni'	قانع
伽沙尼	al-Qāshānī	القاشاني
伽斯米	al-Qāsimī	القاسمي
伽斯姆	al-Qāsim	القاسم
伽熙尔	al-Qāhir	القاهر
伽熙里	al-Qāhirī	القاهري

续表

汉译	拉丁字母转写	阿拉伯文
伽伊玛兹	Qāymāz	قايماز
伽伊特贝	Qāyitbāy	قايتباي
盖拉温（习惯译名）	Qalāwūn	قلاوون
盖拉沃尼	al-Qayrawānī	القيرواني
盖路韦	al-Qayluway	القيلوي
盖尼	al-Qaynī	القيني
盖萨拉尼	al-Qaysarānī	القيسراني
盖斯	Qays；al-Qays；al-Qaysī	قيس؛ القيس؛ القيسي
盖索尔	Qaysar	قيصر
盖伊姆	Qayyim	قيم
盖尤姆	al-Qayyūm	القيوم
概思	al-Ghayth	غيث؛ الغيث
甘旭赫	Qansūh	قنصوه
格巴斯	Qabas	قبس
格拔尼	al-Qabbānī	القباني
格达哈	al-Qaddāh	القداح
格丹	Qatan	قطن
格蒂义	al-Qatī'ī	القطيعي
格杜里	Qaddūrī	قدوري
格哈拓尼	al-Qahtānī	القحطاني
格拉	Qarā	قرا
格拉卜	al-Qarrāb	القراب
格拉贾	Qarājā	قراجا
格拉索迪	al-Qalasādī	القلصادي
格拉拓伊	Qaratāy	قرطاي
格腊尼斯	al-Qalānisī	القلانسي
格勒格山迪	al-Qalqashandī	القلقشندي
格勒易		
格里高利（习惯译名）	Gregory	غريغوريوس
格立吉	Qalīj	قليج

汉译	拉丁字母转写	阿拉伯文
格纳尼	al-Qanānī	القناني
格纳维	al-Qanawī	القنوي
格尼努	Qanīnū	قنينوا
格尼突	Qanītū	قنيتو
格斯里	al-Qasrī	القسري
格斯托腊尼	al-Qastallānī	القسطلاني
格拓俄	al-Qattā'	القطاع
格唐	al-Qattān	القطان
格维	al-Qawī	القوي
格沃姆丁	Qawām al-Dīn	قوام الدين
格兹维尼	al-Qazwīnī	القزويني
宫夫孜	Qunfudh	قنفذ
贡迪贾尼	al-Ghundijānī	الغندجاني
贡贾尔	Ghunjār	غنجار
古巴什	al-Qubbashī	القبشي
古达玛	Qudāmah	قدامة
古妲特（女）	al-Qudāt	القضاة
古德斯	al-Qudsī	القدسي
古蒂耶	al-Qūtīyah	القوطية
古铎义	al-Qudā'ī	القضاعي
古尔图比	al-Qurtubī	القرطبي
古拉什	al-Qurashī	القرشي
古拉特	Qurrat	قرة
古莱什	Quraysh	قريش
古雷阿	Quray'ah	قريعة
古雷卜	Qurayb	قريب
古璐耶赫	Qūlūyah	قولويه
古斯	Quss	قس
古绥	al-Qūsī	القوصي
古台巴	Qutaybah	قتيبة

续表

汉译	拉丁字母转写	阿拉伯文
古特比	al-Quṭbī	القطبي
古特布丁	Quṭb al-Dīn	قطب الدين
古特鲁布里	al-Quṭrubullī	القطربلي
古特璐布迦	Quṭlūbughā	قطلوبغا
古特纳	Quṭnah	قطنة
古韦斯姆	Quwaysim	قويسم
古谢里	al-Qushayrī	القشيري
古迅	Qūsūn	قوصون
古兹·乌厄里	Quz Ūghlī	قز أوغلي
谷尔图吉	Ghurtūj	غرطوج
谷腊米	al-Ghulāmī	الغلامي
谷腊姆	Ghulām	غلام
谷雷卜	Ghurayb	غريب
谷玛里	al-Ghumārī	الغماري
故里	al-Ghūrī	الغوري
哈巴丹	al-Habadān	الهبدان
哈巴什	Habashī；al-Habashī	حبشي؛ الحبشي
哈拔卜	al-Habbāb	الحباب
哈拔勒	al-Habbāl	الحبال
哈比卜	Habīb；al-Habīb	حبيب؛ الحبيب
哈比斯	Hābis	حابس
哈碧芭（女）	Habībah	حبيبة
哈布斯	Habbūs	حبوس
哈达德	al-Haddād	الحداد
哈德拉米（习惯译名）	al-Hadramī	الحضرمي
哈迪	Hādī；al-Hādī	هادي؛ الهادي
哈迪德	Hadīd	حديد
哈迪耶	Hadīyah	هدية
哈尔比	al-Harbī	الحربي
哈尔卜	Harb	حرب

续表

汉译	拉丁字母转写	阿拉伯文
哈尔富施	al-Harfūsh	الحرفوش
哈尔玛斯	Harmās	هرماس
哈菲兹	Hāfiz	حافظ
哈斐德	Hafīd	حفيد
哈斐兹	al-Hafīz	الحفيظ
哈夫斯（习惯译名）	Hafs	حفص
哈甘	Khāqān	خاقان
哈格	al-Haqq	الحق
哈及米	al-Hāzimī	الحازمي
哈吉（习惯译名）	Hajjī	حجي
哈吉卜	Hājib；al-Hājib	حاجب؛ الحاجب
哈吉拉斯	Hajras	هجرس
哈吉里	al-Hājirī	الحاجري
哈吉兹	Hājiz	حاجز
哈贾吉	al-Hajjāj	الحجاج
哈杰尔	Hajar	حجر
哈杰里	al-Hajarī	الحجري؛ الهجري
哈津	al-Khāzin	الخازن
哈卡姆	al-Hakam	الحكم
哈克蒙	Hakmūn	حكمون
哈拉比	al-Halabī	الحلبي
哈拉荻	al-Haradī	الحرضي
哈拉勒	Halal	هلل
哈拉尼；哈拉妮娅（女）	al-Harrānī；al-Harānīyah	الحراني؛ الحرانية
哈拉齐	al-Harrāzī	الحرازي
哈拉维	al-Harawī	الهروي
哈拉沃尼	al-Halawānī	الحلواني
哈拉兹	Harrāz	حراز
哈里德	Khālid	خالد
哈里迪	al-Khālidī	الخالدي

续表

汉译	拉丁字母转写	阿拉伯文
哈里俄	al-Khāli'	الخالع
哈里发（习惯译名）	Khalīfah	خليفة
哈力继	al-Khārijī	الخارجي
哈力贾	Khārijah	خارجة
哈力塞	Hārithah	حارثة
哈力思	Hārith；al-Hārith	حارث؛ الحارث
哈力西	al-Hārithī	الحارثي
哈立姆	al-Halīm	الحليم
哈利利	al-Harīrī	الحريري
哈利米	al-Harīmī	الحريمي
哈利兹	Harīz	حريز
哈鲁里	al-Harūrī	الحروري
哈鲁尼（习惯译名）	al-Hārūnī	الهاروني
哈伦	al-Harūn	الحرون
哈伦（习惯译名）	Hārūn	هارون
哈马德	Hamad	حمد
哈马维	al-Hamawī	الحموي
哈马扎尼（习惯译名）	al-Hamadhānī	الهمذاني
哈玛达	Hamādah	حمادة
哈米达（习惯译名）	Hamīdah	حميدة
哈米德	Hāmid	حامد
哈米迪	al-Hāmidī	الحامدي
哈米杜丁	Hamīd al-Dīn	حميد الدين
哈米杜拉（习惯译名）	Hamīd Allāh	حميد الله
哈密德	Hamīd；al-Hamīd	حميد؛ الحميد
哈姆达尼	al-Hamdānī	الهمداني
哈姆齐（习惯译名）	al-Hamzī	الحمزي
哈姆扎（习惯译名）	Hamzah	حمزة
哈纳施	Hanash	حنش
哈乃斐	al-Hanafī	الحنفي

汉译	拉丁字母转写	阿拉伯文
哈尼法	Hanīfah	حنيفة
哈尼伽尼	al-Khāniqānī	الخانقاني
哈齐姆	Hāzim	حازم
哈奇米	al-Hakīmī	الحكيمي
哈奇姆	al-Hākim	الحاكم
哈撒恩	Hassān	حسان
哈萨娜（女）	Hasanah	حسنة
哈萨尼	al-Hasanī	الحسني
哈桑	Hasan; al-Hasan	حسن؛ الحسن
哈桑巴斯	Hasanbas	حسنبس
哈什沙	Hashīshah	حشيشة
哈思玛	Hathmah	حثمة
哈斯拔尼	al-Hasbānī	الحسباني
哈斯卡斐	al-Haskafī	الحصكفي
哈提米	al-Hātimī	الحاتمي
哈提姆	Hātim	حاتم
哈沃里	al-Hawālī	الحوالي
哈希	al-Hāhī	الحاحي
哈希米	al-Hāshimī	الهاشمي
哈希姆（习惯译名）	Hāshim	هاشم
哈伊克	al-Hā'ik	الحائك
哈伊里	al-Hā'irī	الحائري
哈札敏	al-Hazzāmīn	الحزامين
哈朱里	al-Hajūrī	الحجوري
哈孜拔尼	al-Hadhbānī	الهذباني
哈兹米	al-Hazmī	الحزمي
哈兹姆	Hazm	حزم
海达尔	Haydar	حيدر
海达拉	Haydarah	حيدرة
海贾	al-Hayjā'	الهيجاء

续表

汉译	拉丁字母转写	阿拉伯文
海努俄	Haynū'	هينوع
海塞姆	Haytham；al-Haytham	هيثم؛ الهيثم
海彦	Hayyān	حيان
海云	Hayyūn	حيون
亥迪里	al-Khaydirī	الخيضري
亥尔	Khayr；al-Khayr	خير؛ الخير
亥鲁丁	Khayr al-Dīn	خير الدين
亥塞玛	Khaythamah	خيثمة
亥沃尼	al-Khaywānī	الخيواني
亥雅特	Khayyāt；al-Khayyāt	خياط؛ الخياط
罕百勒（习惯译名）	Hanbal	حنبل
罕百里（习惯译名）	al-Hanbalī	الحنبلي
罕达尼	al-Hamdānī	الحمداني
罕达韦赫	Hamdawayh	حمدويه
罕丹	Hamdān	حمدان
罕迪	Hamdī	حمدي
罕迪斯	Hamdīs	حمديس
罕敦	Hamdūn	حمدون
罕玛德	Hammād	حماد
罕玛迪	al-Hammādī	الحمادي
罕木德	Hammūd	حمود
罕穆韦赫	Hammuwayh	حمويه
罕扎里	al-Hanzalī	الحنظلي
汉玛姆	Hammām	همام
毫勒	al-Hawl	الهول
毫沃里	al-Hawwārī	الهواري
豪格勒	Hawqal	حوقل
豪沃拉	Hawwālah	حوالة
浩腊尼	al-Khawlānī	الخولاني
贺尼	Hāni'	هانئ

汉译	拉丁字母转写	阿拉伯文
赫拔兹（男）；赫芭姿（女）	al-Khabbāz	الخباز
赫获里	Khadīrī	خضيري
赫法继	Khafājī；al-Khafājī	خفاجي؛ الخفاجي
赫蒂卜	al-Khatīb	الخطيب
赫尔库什	al-Kharkūshī	الخركوشي
赫津达里	al-Khazindārī	الخزنداري
赫拉夫	Khalaf	خلف
赫拉基	al-Kharaqī	الخرقي
赫拉沙	Kharashah	خرشة
赫拉什	Kharāsh	خراش
赫拉兹	al-Kharrāz	الخراز
赫腊德	Khallād	خلاد
赫腊勒	al-Khallāl	الخلال
赫勒敦	Khaldūn	خلدون
赫勒丰	Khalfūn	خلفون
赫里康	Khallikān	خلكان
赫里勒	Khalīl；al-Khalīl	خليل؛ الخليل
赫里里	al-Khalīlī	الخليلي
赫力德	Kharid	خرد
赫立达	Khalīdah	خليدة
赫密斯	Khamīs	خميس
赫沙卜	al-Khashshāb	الخشاب
赫绥卜	al-Khasīb	الخصيب
赫拓卜	al-Khattāb	الخطاب
赫特米	al-Khatmī	الخطمي
赫万	Khawān	خوان
赫札尔	al-Khazār	الخزار
赫札兹	al-Khazāz	الخزاز
赫兹拉吉	Khazraj；al-Khazraj	خزرج؛ الخزرج
赫兹拉继	al-Khazrajī	الخزرجي

续表

汉译	拉丁字母转写	阿拉伯文
侯赛尼（习惯译名）	al-Husaynī	الحسيني
侯赛因（习惯译名）	Husayn；al-Husayn	حسين؛ الحسين
呼罗萨尼（习惯译名）	al-Khurāsānī	الخراساني
忽伊	al-Khū'ī	الخوني
胡贝拉	Hubayrah	هبيرة
胡贝什	al-Hubayshī	الحبيشي
胡贝施	Hubaysh	حبيش
胡达尼	al-Huddānī	الحداني
胡代尔	Hudayr	حدير
胡戴尔	Khudayr	خضير
胡戴里	Khudayrī	خضيري
胡尔达兹比赫	Khurdādhbih	خرداذبه
胡斐	al-Hūfī	الحوفي
胡季尔	Hujr	حجر
胡杰图丁	Hujjat al-Dīn	حجة الدين
胡拉伽尼	al-Hūraqānī	الهورقاني
胡拉姆（习惯译名）	Khurram	خرم
胡雷拉	Hurayrah	هريرة
胡玛拉韦赫	Khumārawayh	خمارويه
胡梅德	Humayd	حميد
胡梅迪	al-Humaydī	الحميدي
胡奈恩	Hunayn	حنين
胡奈斐	al-Hunayfī	الحنيفي
胡萨米	al-Husāmī	الحسامي
胡萨姆丁（习惯译名）	Husām al-Dīn	حسام الدين
胡塞姆（习惯译名）	Khuthaym	خثيم
胡沙尼	al-Khushanī	الخشني
胡斯娄吉尔迪	al-Khusrawjirdī	الخسروجردي
胡绥恩	Husayn	حصين
胡推阿	al-Hutay'ah	الحطيئة

续表

汉译	拉丁字母转写	阿拉伯文
胡托比	al-Khutabī	الخطبي
胡韦里德	Khuwaylid	خويلد
胡韦齐	Huwayzī	حويزي
胡韦缇尔	al-Khuwaytir	الخويطر
胡西	al-Hūthī	الحوثي
胡栽玛	Khuzaymah	خزيمة
胡宰法	Hudhayfah	حذيفة
胡扎里	al-Hudhalī	الهذلي
胡札义	al-Khuzā'ī	الخزاعي
胡孜彦	Khudhyān	خذيان
花拉子米（习惯译名）	al-Khuwārizmī	الخوارزمي
霍尔木兹	Hurmuz	هرمز
基夫蒂	al-Qiftī	القفطي
基腊义	al-Qilā'ī	القلاعي
吉阿比	al-Ji'ābī	الجعابي
吉卜里	al-Jiblī	الجبلي
吉卜利尼	al-Ghibrīnī	الغبريني
吉达尔	Jidār	جدار
吉尔吉斯（习惯译名）	Jirjīs	جرجيس
吉拉义	al-Jirā'ī	الجراعي
吉雅思	Ghiyāth	غياث
吉雅素丁	Ghiyāth al-Dīn	غياث الدين
佶雅西	al-Ghīyāthī	الغياثي
继安	al-Jī'ān	الجيعان
继里	al-Jīlī	الجيلي
继齐	al-Jīzī	الجيزي
加百列（习惯译名）	Gabriel（英文）；Jibrā'īl	جبرانيل
加百列（习惯译名）	Jibrīl	جبريل
加得班	Ghadbān	غضبان
加铎伊里	al-Ghadā'irī	الغضائري

续表

汉译	拉丁字母转写	阿拉伯文
加尔比	al-Gharbī	الغربي
加尔纳蒂	al-Gharnātī	الغرناطي
加尔斯	Ghars	غرس
加尔苏丁	Ghars al-Dīn	غرس الدين
加法尔	al-Ghaffār	الغفار
加富尔	al-Ghafūr	الغفور
加腊比	al-Ghallābī	الغلابي
加勒布恩	Ghalbūn	غلبون
加利卜	Gharīb	غريب
加纳伊姆	Ghanā'im；al-Ghanā'im	غنائم؛ الغنائم
加尼	al-Ghanī	الغني
加齐	al-Ghazzī	الغزي
加萨尼	al-Ghassānī	الغساني
加桑	Ghassān	غسان
加札勒	al-Ghazāl	الغزال
加兹纳维	al-Ghaznawī	الغزنوي
迦菲尔	al-Ghāfir	الغافر
迦菲基	al-Ghāfiqī	الغافقي
迦里	Ghālī	غالي
迦里卜	Ghālib	غالب
迦米迪	al-Ghāmidī	الغامدي
迦尼姆	Ghānim	غانم
迦齐	Ghāzī	غازي
贾比尔	Jābir	جابر
贾法尔（习惯译名）	Ja'far	جعفر
贾法里	al-Ja'farī	الجعفري
贾法力彦	Ja'fariyān	جعفريان
贾鲁德	al-Jārūd	الجارود
贾鲁拉	Jār Allāh	جار الله
贾米俄	Jāmi'	جامع

汉译	拉丁字母转写	阿拉伯文
贾斯尔	al-Jāsir	الجاسر
贾威里	Jāwilī	جاولي
贾希兹	al-Jāhiz	الجاحظ
简纳比	al-Jannābī	الجنابي
简怒恩	Jannūn	جنون
焦哈尔	Jawhar	جوهر
焦哈里	al-Jawharī	الجوهري
焦齐	al-Jawzī	الجوزي
焦齐耶	al-Jawzīyah	الجوزية
焦沃尼	al-Jawwānī	الجواني
杰巴拉	Jabalah	جبلة
杰巴勒	Jabal	جبل
杰拔卜	al-Jabbāb	الجباب
杰拔尔	al-Jabbār	الجبار
杰迪斯	Jadīs	جديس
杰尔巴里	al-Ja'barī	الجعبري
杰尔比	al-Jarbī	الجربي
杰尔德	al-Ja'd	الجعد
杰尔迪	al-Ja'dī	الجعدي
杰尔玛蒂	al-Ja'mātī	الجعماطي
杰尔米	al-Jarmī	الجرمي
杰哈达尔	Jahdar	جحدر
杰赫巴勒	Jahbal	جهبل
杰赫米	al-Jahmī	الجهمي
杰赫姆	al-Jahm	الجهم
杰赫沙雅里	al-Jahshayārī	الجهشياري
杰赫瓦尔	Jahwar	جهور
杰拉比	al-Jallābī	الجلابي
杰拉卜	Jalab	جلب
杰拉哈	al-Jarrāh	الجراح

续表

汉译	拉丁字母转写	阿拉伯文
杰拉路丁	Jalāl al-Dīn	جلال الدين
杰勒瓦迪	al-Jalwadī	الجلودي
杰立勒	al-Jalīl	الجليل
杰利尔	Jarīr	جرير
杰玛阿	Jamā'ah	جماعة
杰玛勒	Jamāl	جمال
杰玛里	al-Jamālī	الجمالي
杰玛路丁	Jamāl al-Dīn	جمال الدين
杰玛熙里	al-Jamāhirī	الجماهري
杰密勒	Jamīl	جميل
杰纳德	Janād	جناد
杰纳迪	al-Janadī	الجندي
杰撒斯	Jassās	جساس
杰沃德	Jawād；al-Jawād	جواد؛ الجواد
杰沃立基	al-Jawālīqī	الجواليقي
杰扎里	al-Jazarī	الجزري
杰札尔	al-Jazzār	الجزار
捷贺尼	al-Jayhānī	الجيهاني
捷施	al-Jaysh	الجيش
捷雅尼	al-Jayyānī	الجياني
捷雅施	Jayyāsh	جياش
君士坦丁（习惯译名）	Qustantīn	قسطنطين
君士坦尼（习惯译名）	al-Qusantīnī	القسنطيني
卡比尔	Kabīr	كبير
卡布里	al-Kābulī	الكابلي
卡尔比	al-Ka'bī	الكعبي
卡尔卜	Ka'b	كعب
卡尔达布斯	al-Kardabūs	الكردبوس
卡尔米	al-Karmī	الكرمي
卡菲耶继	al-Kāfiyajī	الكافيجي

汉译	拉丁字母转写	阿拉伯文
卡斐	al-Kāfī	الكافي
卡夫阿米	al-Kafʻamī	الكفعمي
卡富尔	Kāfūr	كافور
卡拉玛	Karrāmah	كرامة
卡拉米	al-Karāmī	الكرامي
卡拉姆	Karam；al-Karam	كرم؛ الكرم
卡拉奇	al-Karakī	الكركي
卡拉祖丁	Karaz al-Dīn	كرز الدين
卡勒比	al-Kalbī	الكلبي
卡利姆	al-Karīm	الكريم
卡玛路丁	Kamāl al-Dīn	كمال الدين
卡米勒	Kāmil	كامل
卡米立耶	al-Kāmilīyah	الكاملية
卡尼	Kānī	كاني
卡尼兹	Kanīz	كنيز
卡什	al-Kashshī	الكشي
卡施加里	al-Kāshgharī	الكاشغري
卡塔卡尼	al-Kattakānī	الكتكاني
卡塔尼	al-Kattānī	الكتاني
卡提卜	al-Kātib	الكاتب
卡西尔	Kathīr	كثير
卡扎鲁尼	al-Kāzarūnī	الكازروني
凯卡勒迪	Kaykaldī	كيكلدي
凯雅勒	al-Kayyāl	الكيال
康继	al-Kanjī	الكنجي
康木纳	Kammūnah	كمونة
考卡拔尼	al-Kawkabānī	الكوكباني
考塞拉尼	Kawtharānī	كوثراني
考塞里	al-Kawtharī	الكوثري
科普蒂	Qibtī	قبطي

续表

汉译	拉丁字母转写	阿拉伯文
库尔德	Kurd	كرد
库尔迪	al-Kurdī	الكردي
库尔丁	Kurdīn	كردين
库斐	al-Kūfī	الكوفي
库莱卜	Kulayb	كليب
库勒苏姆（女）	Kulthūm	كلثوم
库璐塔提	al-Kulūtātī	الكلوتاتي
库米（习惯译名）	al-Qummī	القمي
库沙孜	Kūshādh	كوشاذ
库塔赫	Kūtāh	كوتاه
库塔米	al-Kutāmī	الكتامي
库图比	al-Kutubī	الكتبي
坤杜尔	Kundur	كندر
坤杜加迪	Kundughadī	كندغدي
拉巴义	al-Raba'ī	الربعي
拉拔德	al-Labbād	اللباد
拉拔哈	Rabāh	رباح
拉班	Rabbān	رين
拉比阿	Rabī'ah	ربيعة
拉比卜	Labīb	لبيب
拉比俄	Rabī'; al-Rabī'	ربيع؛ الربيع
拉比赫	Rabbih	ربه
拉比义	al-Rabī'ī	الربيعي
拉布迪	al-Labūdī	اللبودي
拉得万	Radwān	رضوان
拉荻	al-Radī	الرضي
拉荻丁	Radī al-Dīn	رضي الدين
拉蒂夫	al-Latīf	اللطيف
拉菲荻	al-Rāfidī	الرافضي
拉菲俄	Rāfi'	رافع

续表

汉译	拉丁字母转写	阿拉伯文
拉菲基	Rāfiqī	رافقي
拉菲义	al-Rāfi'ī	الرافعي
拉斐俄	Rafī'	رفيع
拉斐戈	Rafīq	رفيق
拉哈比	al-Rahbī	الرحبي
拉哈继	al-Lahjī	اللحجي
拉哈马图拉	Rahmat Allāh	رحمة الله
拉哈曼	al-Rahmān	الرحمن
拉合里	al-Lāhūrī	اللاهوري
拉赫米	al-Lakhmī	اللخمي
拉基	al-Raqqī	الرقي
拉基戈	al-Raqīq	الرقيق
拉基特	Laqīt	لقيط
拉及戈	al-Rāziq	الرازق
拉贾	Rajā'	رجاء
拉杰卜	Rajab	رجب
拉津	Razīn	رزين
拉里	Lālī	لالي
拉米尼	al-Rāmīnī	الراميني
拉米娅（女）	Lāmīyat	لامية
拉姆霍尔木齐	al-Rāmhurmuzī	الرامهرمزي
拉姆里	al-Ramlī	الرملي
拉姆施	al-Lamsh	اللمش
拉齐	al-Rāzī	الرازي
拉齐基	al-Razīqī	الرزيقي
拉沙德	Rashād	رشاد
拉什德	Rāshid	راشد
拉什戈	Rashīq	رشيق
拉施德（习惯译名）	Rashīd；al-Rashīd	رشيد؛الرشيد
拉施德丁（习惯译名）	Rashīd al-Dīn	رشيد الدين

续表

汉译	拉丁字母转写	阿拉伯文
拉斯岚	Raslān	رسلان
拉苏勒（习惯译名）	Rasūl	رسول
拉苏里（习惯译名）	al-Rasūlī	الرسولي
拉索俄	al-Rassā'	الرصاع
拉索斯	al-Rassās	الرصاص
拉万迪	al-Rāwandī	الراوندي
拉威耶	al-Rāwiyah	الراوية
拉沃吉尼	al-Rawājinī	الرواجني
拉乌夫	Ra'ūf	رؤوف
拉希丹	Lahīdān	لحيدان
拉希姆	Rahīm；al-Rahīm	رحيم؛ الرحيم
拉熙奔	Rāhibūn	راهبون
拉熙卜	al-Rāhib	الراهب
拉辛	Lāshīn	لاشين
拉伊格	al-Rā'iqah	الرائقة
拉札戈	al-Razzāq	الرزاق
拉札兹	al-Razzāz	الرزاز
莱思	al-Layth	الليث
莱西	al-Laythī	الليثي
蓝图尼	al-Lamtūnī	اللمتوني
劳里	al-Lawrī	اللوري
劳齐	al-Lawzī	اللوزي
劳沃卜	Lawwāb	لواب
雷罕	al-Rayhān	الريحان
雷塔	Raytah	ريطة
雷伊斯	Rayyis	ريس
里丁拉	li-Dīn Allāh	لدين الله
里哈耶	Lihyah	لحية
里撒努丁	Lisān al-Dīn	لسان الدين
力得万	Ridwān	رضوان

续表

汉译	拉丁字母转写	阿拉伯文
力铎	Ridā；al-Ridā	رضا؛ الرضا
力法阿	Rifā'ah	رفاعة
力法义	al-Rifā'ī	الرفاعي
利玛	Rīmā	ريما
利姆	Rīm	ريم
利雅得	Riyād	رياض
卢卜	Lubb	لب
鲁阿巴	Ru'bah	رؤبة
鲁阿米	al-Ru'āmī	الرعامي
鲁阿斯	al-Ru'āsī	الرؤاسي
鲁爱尼	al-Ru'aynī	الرعيني
鲁拔特	al-Rubāt	الرباط
鲁卜瓦	al-Rubwah	الربوة
鲁达尼	al-Rūdānī	الروداني
鲁费俄	Rufay'	رفيع
鲁盖雅特	al-Ruqayyāt	الرقيات
鲁哈	Rūh；al-Rūh	روح؛ الروح
鲁海里	al-Ruhaylī	الرحيلي
鲁海伊勒	al-Ruhayyil	الرحيل
鲁赫尼	al-Ruhnī	الرهني
鲁克努丁	Rukn al-Dīn	ركن الدين
鲁曼	Rūmān	رومان
鲁梅里	al-Rumaylī	الرميلي
鲁米	al-Rūmī	الرومي
鲁密耶	al-Rūmīyah	الرومية
鲁世德（习惯译名）	Rushd	رشد
鲁斯塔赫	Rustah	رسته
鲁斯塔基	al-Rustāqī	الرستاقي
鲁韦达	Ruwaydah	رويدة
鲁韦菲义	al-Ruwayfi'ī	الرويفعي

续表

汉译	拉丁字母转写	阿拉伯文
鲁希	al-Rūhī	الروحي
鲁谢德	Rushayd；al-Rushayd	رشيد؛ الرشيد
鲁雅尼	al-Rūyānī	الروياني
鲁兹拉瓦里	al-Rūdhrāwarī	الروذراوري
路阿路伊	al-Lu'lu'ī	اللؤلؤي
路爱依	Lu'ayy	لؤي
路厄达	Lughdah	لغدة
路海	Luhay	لحي
路克扎	Lukdhah	لكذة
路沃提	al-Luwātī	اللواتي
璐特	Lūt	لوط
伦迪	al-Rundī	الرندي
罗伯特	Roberto	روبرتو
马阿德	Ma'add	معد
马阿里	Ma'ālī	معالي
马卜鲁克	Mabrūk	مبروك
马得安	Mad'ān	مضعان
马德彦	Madyan	مدين
马俄马尔	Ma'mar；al-Ma'mar	معمر؛ المعمر
马俄沙尔	Ma'shar	معشر
马尔巴德	Ma'bad	معبد
马尔达夫康	Mardāfkan	مردافكن
马尔达姆	Mardam	مردم
马尔达韦赫	Mardawayh	مردويه
马尔丹	Ma'dān	معدان
马尔获	Mardī	مرضي
马尔基勒	Ma'qil	معقل
马尔鲁夫	Ma'rūf	معروف
马尔突戈	Ma'tūq	معتوق
马尔旺	Marwān	مروان

汉译	拉丁字母转写	阿拉伯文
马尔祖戈	Marzūq	مرزوق
马格里比（习惯译名）	al-Maghribī	المغربي
马哈布卜	Mahbūb	محبوب
马哈富兹	Mahfūz	محفوظ
马哈茂德（习惯译名）	Mahmūd	محمود
马哈新	Mahāsin	محاسن
马贺	Mahā	مها
马赫迪	al-Mahdī	المهدي
马赫拉德	Makhlad	مخلد
马赫璐夫	Makhlūf	مخلوف
马吉达阿	Majda'ah	مجدعة
马吉德丁（习惯译名）	Majd al-Dīn	مجد الدين
马吉马俄	Majma'	مجمع
马卡力姆	Makārim	مكارم
马克图姆（习惯译名）	Maktūm	مكتوم
马拉库什	al-Marrākushī	المراكشي
马立哈	Malīh	مليح
马立克（习惯译名）	Malik；Mālik	ملك؛ مالك
马立奇	al-Mālikī	المالكي
马丽卡（女）	Malīkah	مليكة
马纳夫	Manāf	مناف
马尼俄	Manī'	منيع
马什胡尔	Mashhūr	مشهور
马什里基（习惯译名）	al-Mashriqī	المشرقي
马施安	Mash'ān	مشعان
马斯迪	Masdī	مسدي
马斯拉玛	Maslamah	مسلمة
马斯欧德	Mas'ūd	مسعود
马斯欧迪	Mas'ūdī	مسعودي
马提俄	Māti'	ماتع

续表

汉译	拉丁字母转写	阿拉伯文
马易得	Maʻīd	معيض
马因	Maʻīn	معين
马孜希吉	Madhhij	مذحج
马兹耶德	Mazyad	مزيد
玛发鲁黑	al-Māfarrūkhī	المافروخي
玛吉德	Mājid	ماجد
玛杰赫	Mājah	ماجه
玛库腊	Mākūlā	ماكولا
玛拉基	al-Mālaqī	المالقي
玛拉妮娅（女）	al-Mārānīyah	المارانية
玛里	Mārī	ماري
玛力迪尼	al-Māridīnī	المارديني
玛利斯塔尼耶	al-Māristānīyah	المارستانية
玛利斯坦	al-Māristān	المارستان
玛鲁尼	al-Mārūnī	الماروني
玛玛尼	al-Māmānī	الماماني
玛萨尔吉斯	al-Māsarjisī	الماسرجسي
玛什塔	al-Māshitah	الماشطة
玛瓦尔迪	al-Māwardī	الماوردي
玛赞达拉尼	al-Māzandarānī	المازندراني
玛兹尼	al-Māzinī	المازني
迈赫达维（习惯译名）	al-Mahdawī	المهدوي
麦阿菲里	al-Maʻāfirī	المعافري
麦阿里	al-Maʻālī	المعالي
麦阿利	al-Maʻarrī	المعري
麦达尼	al-Madanī	المدني
麦达伊尼	al-Madāʼinī	المدائني
麦迪尼	al-Madīnī	المديني
麦多里	al-Madarī	المضري
麦尔阿什	al-Marʻashī	المرعشي

汉译	拉丁字母转写	阿拉伯文
麦尔达维	al-Mardāwī	المرداوي
麦尔加尼	al-Marghanī	المرغني
麦尔贾尼	al-Marjānī	المرجاني
麦尔瓦齐	al-Marwazī	المروزي
麦尔沃尼	al-Marwānī	المرواني
麦尔彦（女）	Maryam	مريم
麦尔祖拔尼	al-Marzubānī	المرزباني
麦尔祖班	al-Marzubān	المرزبان
麦法析尔	al-Mafākhir	المفاخر
麦伽比	al-Maqābī	المقابي
麦戈利齐	al-Maqrīzī	المقريزي
麦格迪斯；麦格迪斯娅（女）	al-Maqdisī；al-Maqdisīyah	المقدسي؛ المقدسية
麦格里	al-Maqqarī	المقري
麦哈里	al-Mahallī	المحلي
麦哈米德	al-Mahāmid	المحامد
麦哈新	al-Mahāsin	المحاسن
麦赫拉妮娅（女）	al-Mahrānīyah	المهرانية
麦赫里	al-Mahrī	المهري
麦赫祖米	al-Makhzūmī	المخزومي
麦赫祖姆	al-Makhzūm	المخزوم
麦吉达里	al-Majdalī	المجدلي
麦吉德	al-Majd	المجد
麦吉里斯	al-Majlisī	المجلسي
麦佶里	al-Maghīlī	المغيلي
麦继德	al-Majīd	المجيد
麦迦米	al-Maghāmī	المغامي
麦迦齐里	al-Maghāzilī	المغازلي
麦金	al-Makīn	المكين
麦卡力姆	al-Makārim	المكارم
麦库迪	al-Makkūdī	المكودي

续表

汉译	拉丁字母转写	阿拉伯文
麦拉蒂	al-Malaṭī	الملطي
麦拉佶	al-Marāghī	المراغي
麦腊希	al-Mallāhī	الملاحي
麦勒祖齐	al-Malzūzī	الملزوزي
麦立克	al-Malik	الملك
麦鲁兹	al-Marūdhī	المروذي
麦蒙	al-Ma'mūn	المأمون
麦木尼	al-Ma'mūnī	المأموني
麦纳基卜	al-Manāqib	المناقب
麦齐迪	al-Mazīdī	المزيدي
麦奇	Makkī；al-Makkī	مكي؛ المكي
麦奇耶	Makkīyah	مكية
麦沙特	al-Mashshāṭ	المشاط
麦什哈迪	al-Mashhadī	المشهدي
麦斯鲁里	al-Masrūrī	المسروري
麦斯欧德	al-Mas'ūd	المسعود
麦斯欧迪	al-Mas'ūdī	المسعودي
麦托里	al-Maṭarī	المطري
麦沃熙卜	al-Mawāhib	المواهب
麦尤尔基	al-Mayūrqī	الميورقي
麦札提	al-Mazātī	المزاتي
曼比继	al-Manbijī	المنبجي
曼达赫	Mandah	منده
曼达伊	al-Mandā'ī	المندائي
曼蒂基	al-Mantiqī	المنطقي
曼卡腊提	al-Mankallātī	المنكلاتي
曼卡里	Mankalī	منكلي
曼马斯	al-Mammasī	الممسي
曼玛提	Mammātī	مماتي
曼苏尔	Mansūr；al-Mansūr	منصور؛ المنصور

汉译	拉丁字母转写	阿拉伯文
曼苏里	al-Manṣūrī	المنصوري
曼祖尔（习惯译名）	Manẓūr	منظور
毛杜德	Mawdūd	مودود
毛合卜	Mawhūb	موهوب
毛扎义	al-Mawzaʿī	الموزعي
梅达尼	al-Maydānī	الميداني
梅腊	al-Maylāʾ	الميلاء
梅蒙	Maymūn	ميمون
梅萨拉	Maysarah	ميسرة
梅雅达	Mayyādah	ميادة
蒙基孜	Munqidh	منقذ
蒙基兹	al-Munqidhī	المنقذي
蒙吉卜	Munjib	منجب
蒙塔杰布丁	Muntajab al-Dīn	منتجب الدين
蒙塔斯尔	al-Muntasir	المنتصر
蒙易姆	al-Munʿim	المنعم
蒙兹尔	al-Mundhir	المنذر
蒙兹里	al-Mundhirī	المنذري
米卜拉德	al-Mibrad	المبرد
米尔加尼	al-Mīrghanī	الميرغني
米赫拉	Mihrah	مهرة
米赫拉戈	Mikhrāq	مخراق
米赫兰	Mihrān	مهران
米赫纳夫	Mikhnaf	مخنف
米赫扎密	al-Mihzamī	المهزمي
米卡里	al-Mīkālī	الميكالي
米克纳斯	al-Miknāsī	المكناسي
米纳	Mīnā	مينا
米齐	al-Mizzī	المزي
米斯阿尔	Misʿar	مسعر

续表

汉译	拉丁字母转写	阿拉伯文
米斯杰哈	Misjah	مسجح
米斯凯韦（习惯译名）	Miskawayh	مسكويه
米斯里	al-Misrī	المصري
米斯马俄	Misma'	مسمع
米斯奇	al-Miskī	المسكي
米特兰	al-Mitrān	المطران
敏格里	al-Minqarī	المنقري
敏贺继	al-Minhājī	المنهاجي
敏尼	Minnī	مني
摩苏里（习惯译名）	al-Mawsilī	الموصلي
穆阿迪卜	al-Mu'addib	المؤدب
穆阿敬	al-Mu'adhdhin	المؤذن
穆阿拉	Mu'allá；al-Mu'allá	معلى؛ المعلى
穆阿里	al-Mu'allī	المعلي
穆阿米尼	al-Mu'minī	المؤمني
穆阿尼斯	Mu'nis	مؤنس
穆阿维叶（习惯译名）	Mu'āwiyah	معاوية
穆阿孜	Mu'ādh	معاذ
穆爱耶	Mu'ayyah	معية
穆爱耶德	al-Mu'ayyad	المؤيد
穆爱耶德·比拉	al-Mu'ayyad billāh	المؤيد بالله
穆爱耶德·斐丁	al-Mu'ayyad fīddīn	المؤيد في الدين
穆爱耶杜丁	Mu'ayyad al-Dīn	مؤيد الدين
穆巴拉德	al-Mubarrad	المبرد
穆巴什尔	Mubashshir；al-Mubashshir	مبشر؛ المبشر
穆拔拉克	Mubārak；al-Mubārak	مبارك؛ المبارك
穆蒂俄	Mutī'	مطيع
穆多尔	Mudar	مضر
穆尔阿什	al-Mur'ashī	المرعشي
穆尔达什尔	Murdashīr	مردشير

汉译	拉丁字母转写	阿拉伯文
穆尔什德	Murshid；al-Murshid	مرشد؛ المرشد
穆尔什迪	al-Murshidī	المرشدي
穆尔斯	al-Mursī	المرسي
穆尔塔多	Murtadá；al-Murtadá	مرتضى؛ المرتضى
穆尔塔齐里	al-Mu'tazilī	المعتزلي
穆尔塔兹	al-Mu'tazz	المعتز
穆尔台迪德（习惯译名）	al-Mu'tadid	المعتضد
穆尔台米德（习惯译名）	al-Mu'tamid	المعتمد
穆尔台米尔	al-Mu'tamir	المعتمر
穆尔台绥姆（习惯译名）	al-Mu'tasim	المعتصم
穆尔熙比	al-Murhibī	المرهبى
穆法多勒	al-Mufaddal	المفضل
穆法力厄	Mufarrigh	مفرغ
穆法力哈	Mufarrih	مفرح
穆法力吉	Mufarrij	مفرج
穆斐德	al-Mufīd	المفيد
穆夫里哈	Muflih	مفلح
穆概齐勒	al-Mughayzil	المغيزل
穆戈比勒	Muqbil	مقبل
穆戈里	al-Muqrī；al-Muqri'	المقري؛ المقرئ
穆戈琳	Muqrīn	مقرين
穆戈塔迪尔	al-Muqtadir	المقتدر
穆戈塔斐	al-Muqtafī	المقتفي
穆格达米	al-Muqaddamī	المقدمي
穆格迪姆	Muqaddim	مقدم
穆格发	al-Muqaffa'	المقفع
穆格拉德	Muqallad；al-Muqallad	مقلد؛ المقلد
穆哈拉比	al-Muhallabī	المهلبي
穆哈拉卜	al-Muhallab	المهلب
穆哈勒熙勒	Muhalhil	مهلهل

续表

汉译	拉丁字母转写	阿拉伯文
穆哈力比	al-Muhāribī	المحاربي
穆哈力兹	Muhriz	محرز
穆哈斯尼	al-Muhsinī	المحسني
穆哈新	Muhsin；al-Muhsin	محسن؛ المحسن
穆哈义丁	Muhyī al-Dīn	محيي الدين
穆哈乍卜	Muhadhdhab；al-Muhadhdhab	مهذب؛ المهذب
穆罕默德（习惯译名）	Muhammad	محمد
穆罕默迪（习惯译名）	al-Muhammadī	المحمدي
穆罕默代恩	Muhammadayn；al-Muhammadayn	محمدين؛ المحمدين
穆罕纳克	al-Muhannak	المحنك
穆汉迪斯	al-Muhandis	المهندس
穆汉纳	Muhannā；al-Muhannā	مهنا؛ المهنا
穆豪瓦里	al-Muhawwalī	المحولي
穆贺吉尔	Muhājir；al-Muhājir	مهاجر؛ المهاجر
穆贺伊尼	al-Muhāyinī	المهايني
穆赫力米	al-Mukharrimī	المخرمي
穆赫塔尔	al-Mukhtār	المختار
穆佶拉	al-Mughīrah	المغيرة
穆佶思	al-Mughīth	المغيث
穆继鲁丁	Mujīr al-Dīn	مجير الدين
穆加勒拓伊	Mughaltāy	مغلطاي
穆加里斯	al-Mughallis	المغلس
穆加施加施	Mughashghash	مغشغش
穆贾什义	al-Mujāshi'ī	المجاشعي
穆贾威尔	al-Mujāwir	المجاور
穆贾希德	Mujāhid	مجاهد
穆简米义	al-Mujammi'ī	المجمعي
穆杰里	al-Mujallī	المجلي
穆卡拉姆	Mukarram	مكرم
穆卡里	al-Mukārī	المكاري

续表

汉译	拉丁字母转写	阿拉伯文
穆拉巴俄	Murabba'	مربع
穆拉比特	al-Murābit	المرابط
穆拉哈勒	al-Murahhal	المرحل
穆拉贾	al-Murajjá	المرجى
穆拉勤	al-Mulaqqin	الملقن
穆勒塔尼	al-Multānī	الملتاني
穆里	Murrī；al-Murrī	مري؛ المري
穆敏	al-Mu'min	المؤمن
穆纳比赫	Munabbih	منبه
穆纳德	Munād	مناد
穆纳迪	al-Munādī	المنادي
穆纳吉德	Munajjid；al-Munajjid	منجد؛ المنجد
穆纳吉姆	al-Munajjim	المنجم
穆尼尔	Munīr	منير
穆撒易德	Musā'id	مساعد
穆萨	Mūsá	موسى
穆萨比希	al-Musabbihī	المسبحي
穆萨达德	Musaddad	مسدد
穆萨拉哈	Musarrah	مسرح
穆萨拉姆	Musallam	مسلم
穆萨维	al-Mūsawī	الموسوي
穆散纳	al-Muthanná	المثنى
穆沙沙易	al-Musha'sha'ī	المشعشعي
穆斯阿卜	Mus'ab	مصعب
穆斯林	Muslim	مسلم
穆斯塔阿缇夫	al-Musta'atif	المستعطف
穆斯塔厄菲尔	al-Mustaghfir	المستغفر
穆斯塔厄菲里	al-Mustaghfirī	المستغفري
穆斯塔尔什德	al-Mustarshid	المسترشد
穆斯塔法（习惯译名）	Mustafá	مصطفى

续表

汉译	拉丁字母转写	阿拉伯文
穆斯塔姆里	al-Mustamlī	المستملي
穆斯塔因	al-Musta'īn	المستعين
穆斯坦吉德	al-Mustanjid	المستنجد
穆斯坦绥尔（习惯译名）	al-Mustansir	المستنصر
穆斯陶斐	al-Mustawfī	المستوفي
穆索比哈	Musabbih	مصبح
穆塔基	al-Muttaqī	المتقي
穆塔里比	al-Mutallibī	المطلبي
穆塔里卜（习惯译名）	al-Muttalib	المطلب
穆塔瓦法	al-Mutawaffá	المتوفى
穆塔瓦奇勒	al-Mutawakkil	المتوكل
穆拓熙尔	Mutāhir	مطاهر
穆陶瓦吉	al-Mutawwaj	المتوج
穆淘瓦戈	al-Mutawwaq	المطوق
穆淘威义	al-Muttawwi'ī	المطوعي
穆推尔	Mutayr	مطير
穆推彦	Mutayyan	مطين
穆推耶卜	al-Mutayyab	المطيب
穆托哈尔	al-Mutahhar	المطهر
穆托拉兹	al-Mutarraz	المطرز
穆托力弗	Mutarrif；al-Mutarrif	مطرف؛ المطرف
穆瓦发古丁	Muwaffaq al-Dīn	موفق الدين
穆瓦法格（习惯译名）	Muwaffaq；al-Muwaffaq	موفق؛ الموفق
穆瓦基俄	al-Muwaqqi'	الموقع
穆希布丁	Muhibb al-Dīn	محب الدين
穆希布拉	Muhibb Allāh	محب الله
穆耶萨尔	Muyassar	ميسر
穆义努丁	Mu'īn al-Dīn	معين الدين
穆易兹	al-Mu'izz	المعز
穆栽应	al-Muzayyin	المزين

汉译	拉丁字母转写	阿拉伯文
穆札信	Muzāhim	مزاحم
穆兹熙鲁丁	Muzhir al-Dīn	مظهر الدين
穆左发尔	Muzaffar；al-Muzaffar	مظفر؛ المظفر
穆左发鲁丁	Muzaffar al-Dīn	مظفر الدين
穆左熙尔	Muzahhir	مظهر
纳拔提	al-Nabātī	النباتي
纳比勒	Nabīl	نبيل
纳布卢斯	al-Nābulusī	النابلسي
纳达	Nadá	ندى
纳达玛	al-Nadāmá	الندامى
纳得尔	al-Nadr	النضر
纳德维	al-Nadwī	الندوي
纳迪姆	al-Nadīm	النديم
纳尔沙黑	al-Narshakhī	النرشخى
纳尔斯	al-Narsī	النرسي
纳菲俄	Nāfiʿ	نافع
纳夫斯	al-Nafs	النفس
纳富斯	al-Nafūsī	النفوسي
纳伽施	al-Naqqāsh	النقاش
纳哈斯	al-Nahhās	النحاس
纳哈维	al-Nahwī	النحوي
纳赫拉沃里	al-Nahrawālī	النهروالي
纳赫沙比	al-Nakhshabī	النخشبي
纳赫义	al-Nakhʿī	النخعي
纳黑勒	Nakhīl	نخيل
纳吉达	Najdah	نجدة
纳吉姆丁（习惯译名）	Najm al-Dīn	نجم الدين
纳济尔	Nazīr	نظير
纳济夫	Nazīf	نظيف
纳继	Nājī；al-Nājī	ناجي؛ الناجي

续表

汉译	拉丁字母转写	阿拉伯文
纳继卜	Najīb；al-Najīb	نجيب؛ النجيب
纳继布丁	Najīb al-Dīn	نجيب الدين
纳继哈	Najīh	نجيح
纳加施	Naghash	نغش
纳贾尔	al-Najjār	النجار
纳贾哈	Najāh	نجاح
纳贾什	al-Najāshī	النجاشي
纳贾提	al-Najātī	النجاتي
纳玛	Namā	نما
纳玛齐	al-Namāzī	النمازي
纳撒伊	al-Nasā'ī	النسائي
纳萨斐	al-Nasafī	النسفي
纳萨维	al-Nasawī	النسوي
纳赛尔（习惯译名）	al-Nāsir	الناصر
纳什里	al-Nāshirī	الناشري
纳施万	Nashwān	نشوان
纳斯	al-Nās	الناس
纳斯尔	Nasr；al-Nasr；Nāsir	نصر؛ النصر؛ ناصر
纳斯哈	Nāsih；al-Nāsih	ناصح؛ الناصح
纳斯胡丁	Nāsih al-Dīn	ناصح الدين
纳斯拉尼	al-Nasrānī	النصراني
纳斯里	al-Nasrī	النصري
纳斯利耶	al-Nāsirīyah	الناصرية
纳斯鲁丁（习惯译名）	Nāsir al-Dīn	ناصر الدين
纳斯鲁拉	Nasr Allāh	نصر الله
纳绥比	al-Nasībī	النصيبي
纳绥尔	Nasīr	نصير
纳索尔	Nassār	نصار
纳拓哈	al-Nattāh	النطاح
纳拓哈	Nattāhah	نطاحة

续表

汉译	拉丁字母转写	阿拉伯文
纳瓦维	al-Nawawī	النووي
纳沃继	al-Nawājī	النواجي
纳伊夫	Nāyif	نايف
纳义姆	al-Naʿīm	النعيم
娜碧拉（女）	Nabīlah	النبيلة
南拉	Namlah	نملة
瑙巴赫特	Nawbakht	نوبخت
瑙巴赫提	al-Nawbakhtī	النوبختي
瑙发勒	Nawfal	نوفل
瑙发里	al-Nawfalī	النوفلي
尼尔马赫	Niʿmah	نعمه
尼尔玛	Niʿmah；al-Niʿmah	نعمة؛ النعمة
尼夫托韦赫	Niftawayh	نفطويه
尼古拉（习惯译名）	Nīqūlā	نيقولا
尼赫米	al-Nihmī	النهمي
尼里	al-Nīlī	النيلي
尼撒布里	al-Nīsābūrī	النيسابوري
尼扎姆丁（习惯译名）	Nizām al-Dīn	نظام الدين
尼札尔	Nizār	نزار
努爱米	al-Nuʿaymī	النعيمي
努爱姆	Nuʿaym	نعيم
努拔塔	Nubātah	نباتة
努拔希	al-Nubāhī	النباهي
努尔丁（习惯译名）	Nūr al-Dīn	نور الدين
努尔玛尼	al-Nuʿmānī	النعماني
努尔曼	al-Nuʿmān	النعمان
努费勒	Nufayl	نفيل
努费里	al-Nufaylī	النفيلي
努戈泰	Nuqtah	نقطة
努哈	Nūh	نوح

续表

汉译	拉丁字母转写	阿拉伯文
努杰拔	al-Nujabā'	النجباء
努克里	al-Nukrī	النكري
努梅里	al-Numaylī	النميلي
努梅利	al-Numayrī	النميري
努绥尔	Nusayr	نصير
努韦迪里	al-Nuwaydirī	النويدري
努韦里	al-Nuwayrī	النويري
努韦熙得	Nuwayhid	نويهض
努沃斯	Nuwās	نواس
努希	Nūhī	نوحي
怒恩	al-Nūn	النون
怒尔	al-Nūr	النور
欧拔达	'Ubādah	عبادة
欧贝达	'Ubaydah	عبيدة
欧贝达里	al-'Ubaydalī	العبيدلي
欧贝德	'Ubayd	عبيد
欧贝迪	al-'Ubaydī	العبيدي
欧贝杜拉	'Ubaid Allāh	عبيد الله
欧贝斯	'Ubays	عبيس
欧尔瓦	'Urwah	عروة
欧费尔	'Ufayr	عفير
欧盖里	al-'Uqaylī	العقيلي
欧戈巴	'Uqbah	عقبة
欧戈比	al-'Uqbī	العقبي
欧戈达	'Uqdah	عقدة
欧格卜	'Uqab	عقب
欧捷米	al-'Ujaymī	العجيمي
欧克巴里	al-'Ukbarī	العكبري
欧莱夫	al-'Ulayf	العليف
欧莱勒	'Ulayl	عليل

汉译	拉丁字母转写	阿拉伯文
欧莱米	al-'Ulaymī	العليمي
欧勒万	'Ulwān	علوان
欧玛拉	'Umārah	عمارة
欧麦尔	'Umar	عمر
欧麦里	al-'Umarī	العمري
欧梅尔	'Umayr	عمير
欧姆兰	al-'Umrān	العمران
欧奈恩	'Unayn	عنين
欧沙里	al-'Ushārī	العشاري
欧什	'Ushshī	عشي
欧斯福里	al-'Usfurī	العصفري
欧塔基	al-'Utaqī	العتقي
欧特巴	'Utbah	عتبة
欧特比	al-'Utbī	العتبي
欧韦斯	'Uways	عويس
欧栽尔	'Uzayr	عزير
欧宰巴	'Udhaybah	عذيبة
欧札	al-'Uzzá	العزى
欧孜里	al-'Udhrī	العذري
齐里	Zīrī	زيري
齐力克里	al-Ziriklī	الزركلي
齐雅达	Ziyādah	زيادة
齐雅达图拉	Ziyādat Allāh	زيادة الله
齐雅德	Ziyād	زياد
齐雅迪	al-Ziyādī	الزيادي
奇尔玛尼	al-Kirmānī	الكرماني
奇腊比	al-Kilābī	الكلابي
奇腊义	al-Kilā'ī	الكلاعي
奇纳尼；奇纳妮娅（女）	al-Kinānī；al-Kinānīyah	الكناني؛ الكنانية
奇撒伊	al-Kisā'ī	الكسائي

续表

汉译	拉丁字母转写	阿拉伯文
奇施瓦里	al-Kishwarī	الكشوري
悭达	Kindah	كندة
悭迪	al-Kindī	الكندي
撒比戈	al-Sābiq	السابق
撒布尔	Sābūr	سابور
撒继	al-Sājī	الساجي
撒里姆	Sālim	سالم
撒义	al-Sā'ī	الساعي
撒易达	Sā'idah	ساعدة
撒易德	Sā'id	ساعد
撒易迪	al-Sā'idī	الساعدي
萨阿达	Sa'ādah	سعادة
萨阿达特	al-Sa'ādāt	السعادات
萨阿达维	Sa'dāwī	سعداوي
萨阿丹	Sa'dān	سعدان
萨阿德（习惯译名）	Sa'd	سعد
萨阿迪	al-Sa'dī	السعدي
萨阿杜丁	Sa'd al-Dīn	سعد الدين
萨阿杜拉	Sa'd Allāh	سعد الله
萨阿敦	Sa'dūn	سعدون
萨比特（习惯译名）	Thābit	ثابت
萨比义	al-Sabī'ī	السبيعي
萨卜拉	Sabrah	سبرة
萨卜提	al-Sabtī	السبتي
萨布克塔金	Sabuktakīn	سبكتكين
萨达阿拔迪	al-Sadaābādī	السدآبادي
萨德拉提	al-Sadrātī	السدراتي
萨迪杜丁	Sadīd al-Dīn	سديد الدين
萨杜斯	al-Sadūsī	السدوسي
萨尔哈	al-Sarh	السرح

续表

汉译	拉丁字母转写	阿拉伯文
萨尔密尼	al-Sarmīnī	السرميني
萨尔奇斯	Sarkīs	سركيس
萨尔维	al-Sarwī	السروي
萨富里	al-Saffūrī	الصفوري
萨伽	al-Saqqā	السقا
萨伽夫	al-Saqqāf	السقاف
萨格蒂	al-Saqatī	السقطي
萨哈嫩	Sahnūn	سحنون
萨哈维	al-Sakhāwī	السخاوي
萨赫勒	Sahl	سهل
萨赫米	al-Sahmī	السهمي
萨克萨奇	al-Saksakī	السكسكي
萨库尼	al-Sakūnī	السكوني
萨拉丁（习惯译名）	Salāh al-Dīn	صلاح الدين
萨拉古斯蒂	al- Saraqustī	السرقسطي
萨拉哈（习惯译名）	Salāh；al-Salāh	صلاح؛ الصلاح
萨拉赫斯	al-Sarakhsī	السرخسي
萨拉吉	al-Sarrāj	السراج
萨拉玛	Salamah	سلمة
萨拉密娅（女）	al-Salamīyah	السلمية
萨腊尔	al-Sallār	السلار
萨腊玛	Salāmah	سلامة
萨腊米	al-Sallāmī	السلامي
萨腊米施	Salāmish	سلامش
萨腊姆	Salām；Sallām；al-Salām	سلام؛ السلام
萨勒玛尼	al-Salmānī	السلماني
萨勒玛斯	al-Salmāsī	السلماسي
萨勒曼	Salmān	سلمان
萨勒穆韦赫	Salmuwayh	سلمويه
萨勒特	al-Salt	الصلت

续表

汉译	拉丁字母转写	阿拉伯文
萨里	Sarī；al-Sarī	سري؛ السري
萨里勒	al-Salīl	السليل
萨里里	al-Salīlī	السليلي
萨立姆	Salīm	سليم
萨立姆汗	Salīm Khān	سليم خان
萨利贾	Sarījā	سريجا
萨利耶	Sarīyah	سرية
萨璐米	al-Sallūmī	السلومي
萨璐姆	Sallūm	سلوم
萨马尔甘迪	al-Samarqandī	السمرقندي
萨马卡	Samakah	سمكة
萨玛迪	al-Samādī	الصمادي
萨米	Sāmī；al-Sāmī	سامي؛ السامي
萨米里	al-Thāmirī	الثامري
萨密拉	Samīrah	سميرة
萨敏	al-Samīn	السمين
萨姆阿尼	al-Sam'ānī	السمعاني
萨姆拉	Samurah	سمرة
萨那尼（习惯译名）	al-San'ānī	الصنعاني
萨纳德	Sanad	سند
萨塔尔	al-Sattār	الستار
萨维鲁斯	Sāwīrus	ساويرس
萨沃达	Sawādah	سوادة
萨义德	Sa'īd	سعيد
萨义德汗	Sa'īd al-Khan	سعيد الخن
萨义迪	al-Sa'īdī	السعيدي
萨义杜尼	Sa'īdūnī	سعيدوني
塞阿里比	al-Tha'ālibī	الثعالبي
塞尔拉巴	Tha'labah	ثعلبة
塞尔拉比	al-Tha'labī	الثعلبي

汉译	拉丁字母转写	阿拉伯文
塞尔拉卜	Tha'lab	ثعلب
塞格斐	al-Thaqafī	الثقفي
塞基斐	al-Thaqīfī	الثقيفي
塞勒季	al-Thalj	الثلج
塞玛玛	Thamāmah	ثمامة
塞纳	al-Thanā'	الثناء
赛夫	Sayf	سيف
赛夫·道拉	Sayf al-Dawlah	سيف الدولة
赛夫丁	Sayf al-Dīn	سيف الدين
赛雅尔	Sayyār	سيار
赛雅夫	al-Sayyāf	السياف
赛雅拉	al-Sayyālah	السيالة
赛义妲（女）	Sayyidah	سيدة
赛义德	al-Sayyid	السيد
桑哈继	al-Sanhājī	الصنهاجي
桑合迪	al-Samhūdī	السمهودي
桑杰尔	Sanjar	سنجر
桑马格	Sammaqah	سمقة
桑曼	al-Sammān	السمان
扫里	al-Thawrī	الثوري
沙阿尔	al-Sha''ār	الشعار
沙巴	Shabbah	شبة
沙拔巴	Shabābat	شبابة
沙拔纳	Shabānah	شبانة
沙拔特	al-Shabbāt	الشباط
沙比比	al-Shabībī	الشبيبي
沙比卜	Shabīb	شبيب
沙比赫	al-Shabīh	الشبيه
沙达德	Shaddād	شداد
沙尔阿比	al-Shar'abī	الشرعبي

续表

汉译	拉丁字母转写	阿拉伯文
沙尔比	al-Sha'bī	الشعبي
沙尔伽维	al-Sharqāwī	الشرقاوي
沙尔基	al-Sharqī	الشرقي
沙尔继	al-Sharjī	الشرجي
沙菲俄	Shāfi'	شافع
沙汉沙赫	Shāhanshāh	شاهنشاه
沙赫	Shāh；al-Shāh	شاه؛ الشاه
沙赫尔阿述卜	Shahr'āshūb	شهرآشوب
沙赫拉达尔	Shahradār	شهردار
沙赫拉斯塔尼	al-Shahrastānī	الشهرستاني
沙赫拉雅尔	Shahrayār	شهريار
沙赫拉祖里	al-Shahrazūrī	الشهرزوري
沙赫力雅尔	Shahriyār	شهريار
沙赫鲁迪	Shāhrūdī	شاهرودي
沙杰拉	Shajarah	شجرة
沙杰里	al-Shajarī	الشجري
沙卡尔	Shakkar	شكر
沙拉斐	al-Sharafī	الشرفي
沙拉夫	Sharaf	شرف
沙拉夫丁	Sharaf al-Dīn	شرف الدين
沙拉哈尼	al-Sharakhānī	الشرخاني
沙拉拉	Sharārah	شرارة
沙拉希比勒	Sharāhibil	شراحبل
沙拉希勒	Sharāhīl	شراحيل
沙勒希	al-Shalhī	الشلحي
沙力义	al-Shāri'ī	الشارعي
沙利夫	Sharīf；al-Sharīf	شريف؛ الشريف
沙利耶	Sharīyah	شرية
沙玛	Shāmah	شامة
沙玛伊勒	Shamā'il	شمائل

汉译	拉丁字母转写	阿拉伯文
沙米	al-Shāmī	الشامي
沙姆苏丁	Shams al-Dīn	شمس الدين
沙奇卜	Shakīb	شكيب
沙奇尔	Shākir	شاكر
沙缇比	al-Shatibī；al-Shātibī	الشطبي؛ الشاطبي
沙希德	al-Shahīd	الشهيد
沙熙德	al-Shāhid	الشاهد
沙欣	Shāhīn	شاهين
沙伊基	al-Shāyiqī	الشايقي
沙易尔	al-Shā'ir	الشاعر
沙扎库尼	al-Shādhakūnī	الشاذكوني
沙扎韦赫	Shādhawayh	شاذويه
沙占	Shādhān	شاذان
沙兹里	al-Shādhilī	الشاذلي
山巴勒	Shanbal	شنبل
山马尔	Shammar	شمر
山马里	al-Shammarī	الشمري
山玛俄	al-Shammā'	الشماع
山玛黑	al-Shammākhī	الشماخي
邵卡尼	al-Shawkānī	الشوكاني
邵沃夫	al-Shawwāf	الشواف
邵沃什	al-Shawwāshī	الشواشي
邵沃熙纳	al-Shawwāhinah	الشواهنة
绍拉	Sawrah	سورة
什卜里	al-Shiblī	الشبلي
什哈纳	al-Shihnah	الشحنة
什贺卜	Shihāb；al-Shihāb	شهاب؛ الشهاب
什贺布丁	Shihāb al-Dīn	شهاب الدين
什贺布拉	Shihāb Allāh	شهاب الله
什拉齐	al-Shīrāzī	الشيرازي

续表

汉译	拉丁字母转写	阿拉伯文
什拉韦赫	Shīrawayh	شيرويه
什勒比	al-Shilbī	الشلبي
什里	al-Shillī	الشلي
什义	al-Shī'ī	الشيعي
圣塔里尼（习惯译名）	al-Shantarīnī	الشنتريني
舒爱卜	Shu'ayb	شعيب
舒拔纳	Shubānah	شبانة
舒贝奇	al-Shubayqī	الشبيكي
舒尔巴	Shu'bah	شعبة
舒尔拉	Shu'lah	شعلة
舒盖尔	Shuqayr	شقير
舒海德	Shuhayd	شهيد
舒赫巴	Shuhbah	شهبة
舒赫妲（女）	Shuhdah	شهدة
舒贾俄	Shujā'	شجاع
舒贾义	Shujā'ī	الشجاعي
舒拉卜	Shurrāb	شراب
舒拉哈比勒	Shurahbīl	شرحبيل
舒梅伊勒	Shumayyil	شميل
舒韦奇	al-Shuwaykī	الشويكي
思格图丁	Thiqat al-Dīn	ثقة الدين
斯拔俄	Sibā'	سباع
斯拔特	Sibāt	سباط
斯拔伊	al-Sibā'ī	السبائي
斯迪格	Siddīq；al-Siddīq	صديق؛ الصديق
斯迪基	al-Siddīqī	الصديقي
斯克凡	Skfān	سكفان
斯拉斐	al-Sīrāfī	السيرافي
斯拉朱丁	Sirāj al-Dīn	سراج الدين
斯马纳尼	al-Simanānī	السمناني

续表

汉译	拉丁字母转写	阿拉伯文
斯姆拉里	al-Simlālī	السملالي
斯南	Sinān	سنان
斯特	Sitt	ست
斯雅达	al-Siyādah	السيادة
斯兹金	Sizkīn	سزكين
苏阿德	Su'ād	سعاد
苏巴希	al-Subahī	السبحي
苏贝俄	Subay'	سبيع
苏卜哈尼	al-Subhānī	السبحاني
苏卜奇	al-Subkī	السبكي
苏达	Sūdah	سودة
苏丹；素丹	Sultān	سلطان
苏菲	al-Sūfī	الصوفي
苏福彦（习惯译名）	Sufyān	سفيان
苏海拔尼	al-Suhaybānī	السحيباني
苏海勒	Suhayl	سهيل
苏海里	al-Suhaylī	السهيلي
苏赫拉瓦尔迪	al-Suhrawardī	السهروردي
苏卡尔	Sukkar	سكر
苏拉马里	al-Surramarrī	السرمري
苏拉米	al-Sulamī	السلمي
苏莱曼	Sulaymān	سليمان
苏莱姆	Sulaym	سليم
苏雷吉	Surayj	سريج
苏里	al-Sūrī	الصوري
苏鲁尔	Surūr；al-Surūr	سرور؛ السرور
苏鲁继	al-Surūjī	السروجي
苏梅俄	Sumay'	سميع
苏梅撒蒂	al-Sumaysātī	السميساطي
苏韦德	Suwayd	سويد

续表

汉译	拉丁字母转写	阿拉伯文
苏尤蒂	al-Suyūtī	السيوطي
素玛里	al-Thumālī	الثمالي
速杜尼	al-Sūdūnī	السودوني
速尔雅勒	Sūryāl	سوريال
速斯	al-Sūsī	السوسي
绥达维	al-Saydāwī	الصيداوي
绥德	al-Sayd	الصيد
绥夫	al-Sayf	الصيف
绥拉斐	al-Sayrafī	الصيرفي
绥马里	al-Saymarī	الصيمري
索拔厄	al-Sabbāgh	الصباغ
索拔尔	Sabbār	صبار
索比	al-Sābī	الصابي
索比哈	Sabīh	صبيح
索达斐	al-Sadafī	الصدفي
索达格	Sadaqah	صدقة
索德鲁丁	Sadr al-Dīn	صدر الدين
索迪戈	Sādiq；al-Sādiq	صادق؛ الصادق
索杜戈	al-Sadūq	الصدوق
索法	Safā'；al-Safā	صفاء؛ الصفا
索法德	Safad	صفد
索法迪	al-Safadī	الصفدي
索法尔	al-Saffār	الصفار
索斐丁	Safī al-Dīn	صفي الدين
索夫万	Safwān	صفوان
索伽尔	al-Saqqār	الصقار
索戈尔	al-Saqr	الصقر
索赫尔	Sakhr	صخر
索佶尔	al-Saghīr	الصغير
索迦尼	al-Saghānī	الصغاني

汉译	拉丁字母转写	阿拉伯文
索拉米	al-Sarāmī	الصرامي
索里哈	Sālih	صالح
索里希	Sālihī；al-Sālihī	صالحي؛ الصالحي
索里希耶	Sālihīyah	صالحية
索力姆丁	Sārim al-Dīn	صارم الدين
索马德	al-Samad	الصمد
索米特	al-Sāmit	الصامت
索尼俄	al-Sāni‘	الصانع
索斯拉	Sasrá	صصرى
索沃尼	al-Sawānī	الصواني
索希卜	al-Sāhib；Sāhib	صاحب؛ الصاحب
索伊卜	Sā’ib	صائب
索伊厄	al-Sā’igh	الصائغ
索伊努丁	Sā’in al-Dīn	صائن الدين
索易德	Sā‘id	صاعد
塔卜利及彦	Tabrīziyān	تبريزيان
塔卜尼尼	al-Tabnīnī	التبنيني
塔德里	al-Tādlī	التادلي
塔德穆里	Tadmurī	تدمري
塔厄里	Taghrī	تغري
塔厄里比	al-Taghlibī	التغلبي
塔厄里卜	Taghlib	تغلب
塔戈斯拔维	al-Taqsbāwī	التقصباوي
塔哈	Tāhā	طه
塔基丁	Taqī al-Dīn	تقي الدين
塔吉·乌马纳	Tāj al-Umanā’	تاج الأمناء
塔克利提	al-Takrītī	التكريتي
塔里卜（习惯译名）	Tālib	طالب
塔马克鲁提	al-Tāmakrūtī	التامكروتي
塔米米	al-Tamīmī	التميمي

续表

汉译	拉丁字母转写	阿拉伯文
塔米姆（习惯译名）	Tamīm	تميم
塔纳斯	al-Tanasī	التنسي
塔纳吾提	al-Tanāwutī	التناوتي
塔怒黑	al-Tanūkhī	التنوخي
塔沃尼斯	al-Tawānisī	التوانسي
塔易兹	al-Ta'izzī	التعزي
塔朱丁	Tāj al-Dīn	تاج الدين
拓里伽尼	al-Tāliqānī	الطالقاني
拓力戈	Tāriq	طارق
拓路维	al-Tāluwī	الطالوي
拓米	al-Tāmī	الطامي
拓塔里	al-Tātarī	الطاطري
拓悟斯	Tāwūs；al-Tāwūsī	طاووس؛ الطاووسي
拓熙尔	Tāhir；al-Tāhir	طاهر؛ الطاهر
拓熙里	al-Tāhirī	الطاهري
拓伊	al-Tā'ī	الطائي
台马里	al-Taymallī	التيملي
台米	al-Taymī	التيمي
泰拔俄	al-Tabbā'	الطباع
泰拔厄	al-Tabāgh	الطباغ
泰拔泰拔伊	al-Tabātabā'ī	الطباطبائي
泰伯尔斯	al-Tabarsī	الطبرسي
泰伯拉尼	al-Tabarānī	الطبراني
泰伯里；泰芭丽娅（女）	al-Tabarī；al-Tabarīyah	الطبري؛ الطبرية
泰尔苏斯	al-Tarsūsī	الطرسوسي
泰哈维	al-Tahāwī	الطحاوي
泰罕	al-Tahhān	الطحان
泰拉布路斯	al-Tarābulusī	الطرابلسي
泰拉斐	al-Tarafī	الطرفي
泰拉哈	al-Tarrāh	الطراح

汉译	拉丁字母转写	阿拉伯文
泰勒希	al-Talhī	الطلحي
泰米叶（习惯译名）	Taymīyah	تيمية
泰维勒	al-Tawīl	الطويل
坦玛姆	Tammām	تمام
陶希迪	al-Tawhīdī	التوحيدي
陶扎里	al-Tawzarī	التوزري
淘戈	Tawq	طوق
淘沃哈	al-Tawwāh	الطواح
梯弗立斯	al-Tiflīsī	التفليسي
提尔米兹	al-Tirmidhī	الترمذي
提法什	al-Tīfāshī	التيفاشي
提贾尼	al-Tijānī	التجاني
提里姆撒尼	al-Tilimsānī	التلمساني
提提	al-Tītī	التيتي
缇戈托格	al-Tiqtaqá	الطقطقى
帖木儿	Taymūr	تيمور
突卜里	al-Tūblī	التوبلي
突伦	Tūlūn	طولون
突马尔特	Tūmart	تومرت
突玛	Tūmā	توما
突曼	Tūmān	طومان
突尼斯	al-Tūnisī	التونسي
图巴俄	Tubba'	تبع
图厄吉	Tughj	طغج
图尔贝恩	Turbayn	طربين
图尔突什	al-Turtūshī	الطرطوشي
图干	Tūghān	طوغان
图吉利勒	Tughirīl	طغريل
图继比	al-Tujībī	التجيبي
图莱玛特	Tulaymāt	طليمات

续表

汉译	拉丁字母转写	阿拉伯文
图莱图里	al-Tulaytulī	الطليطلي
图莱希	al-Tulayhī	الطليحي
图兰	Tūrān	طوران
图雷法	Turayfah	طريفة
图雷基	al-Turayqī	الطريقي
图璐尼	al-Tūlūnī	الطولوني
图斯	al-Tūsī	الطوسي
图斯塔里	al-Tustarī	التستري
图图里	Tottoli	توتولي
图韦尔	al-Tuwayr	الطوير
土尔巴	al-Turbah	التربة
土尔库玛尼	al-Turkumānī	التركماني
土尔奇	al-Turkī	التركي
土拉卜	Turāb	تراب
推富尔	Tayfūr	طيفور
推伊	Tayy	طي
推伊卜	al-Tayyib	الطيب
屯继	al-Tūnjī	التونجي
屯奇	al-Tūnkī	التونكي
托拨纳	Tabānah	طبانة
托尔汗	Tarkhān	طرخان
托赫曼	Tahmān	طهمان
托拉比祖尼	Tarābizūnī	طرابزوني
托腊勒	Talāl	طلال
托勒哈	Talhah	طلحة
托立戈	Talīq	طليق
托利夫	Tarīf	طريف
托斯姆	Tasm	طسم
娃姬哈（女）	Wajīhah	وجيهة
瓦达德	Wadād	وداد

汉译	拉丁字母转写	阿拉伯文
瓦德	Wad	ود
瓦铎哈	Waddāh	وضاح
瓦尔德	Ward	ورد
瓦尔迪	al-Wardī	الوردي
瓦尔拉	Waʻlah	وعلة
瓦法	al-Wafāʼ	الوفاء
瓦伽斯	Waqqās	وقاص
瓦贺卜	al-Wahhāb	الوهاب
瓦贺斯	Wahhās	وهاس
瓦赫班	Wahbān	وهبان
瓦赫卜	Wahb	وهب
瓦赫拉尼	al-Wahrānī	الوهراني
瓦赫述占	Wahshūdhān	وهشوذان
瓦赫速占	Wahsūdhān	وهسوذان
瓦基德（习惯译名）	Wāqid	واقد
瓦基迪（习惯译名）	al-Wāqidī	الواقدي
瓦继赫	al-Wajīh；Wajīh	الوجيه؛ وجيه
瓦继胡丁	Wajīh al-Dīn	وجيه الدين
瓦拉戈	al-Warrāq	الوراق
瓦里丁	Walī al-Dīn	ولي الدين
瓦里拉	Walī Allāh	ولي الله
瓦立德	al-Walīd	الوليد
瓦南德	Wanand	ونند
瓦奇俄	Wakīʻ	وكيع
瓦沙	al-Washshāʼ	الوشاء
瓦斯腊提	al-Waslātī	الوسلاتي
瓦斯雅尼	al-Wasyānī	الوسياني
瓦绥夫	Wasīf	وصيف
瓦特沃特	al-Watwāt	الوطواط
瓦特尤特	Watyūt	وطيوط

续表

汉译	拉丁字母转写	阿拉伯文
瓦西蒂（习惯译名）	al-Wāsitī	الواسطي
瓦西玛	Wathīmah	وثيمة
瓦希德	al-Wāhid	الواحد
万沙利斯	al-Wansharīsī	الونشريسي
威沙哈	Wishāh	وشاح
威索比	al-Wisābī	الوصابي
维齐尔（习惯译名）	al-Wazīr	الوزير
温迪	al-Undī	الأندي
沃狄哈	Wādih	واضح
沃迪义	al-Wādi'ī	الوادعي
沃尔杰腊尼	al-Wārjalānī	الوارجلاني
沃斐	al-Wāfī	الوافي
沃力思	Wārith；al-Wārith	وارث؛ الوارث
沃思戈	Wāthiq	واثق
沃斯勒	Wāsil	واصل
沃伊勒	Wā'il	وائل
沃伊里	al-Wā'ilī	الوائلي
乌德夫维	al-Udfuwī	الأدفوي
乌玛米	al-Umāmī	الأمامي
乌姆·胡达	Umm al-Hudá	أم الهدى
乌撒玛	Usāmah	أسامة
乌赛德	Usayd	أسيد
乌赛迪	al-Usaydī	الأسيدي
乌赛伊迪	al-Usayyidī	الأسيدي
乌施纳尼	al-Ushnānī	الأشناني
乌绥比阿	Usaybi'ah	أصيبعة
乌宰纳	Udhaynah	أذينة
伍麦维	al-Umawī	الأموي
伍麦叶（习惯译名）	Umayyah	أمية
西伯威希（习惯译名）	Sībawayh	سيبويه

汉译	拉丁字母转写	阿拉伯文
西吉勒玛斯	al-Sijilmāsī	السجلماسي
西吉斯塔尼	al-Sijistānī	السجستاني
西拉斐	al-Silafī	السلفي
西西里（习惯译名）	al-Siqillī	الصقلي
希巴图拉（习惯译名）	Hibat Allāh	هبة الله
希班	Hibbān	حبان
希达什（习惯译名）	Khidāsh	خداش
希得尔	Khidr；al-Khidr	خضر؛ الخضر
希凡	Hiffān	هفان
希吉拉尼	al-Hijrānī	الهجراني
希贾卜	al-Hijāb	الحجاب
希贾里	al-Hijārī	الحجاري
希贾齐	al-Hijāzī	الحجازي
希克里	al-Hikrī	الحكري
希拉	al-Hīlah	الهيلة
希拉提	al-Hīlātī	الحيلاتي
希腊勒	Hilāl	هلال
希腊里	al-Hilālī	الهلالي
希勒甘	al-Hilqām	الهلقام
希里	al-Hillī	الحلي
希利	al-Hīrī	الحيري
希姆沙蒂	al-Shimshātī	الشمشاطي
希姆绥	al-Himsī	الحمصي
希木叶里（习惯译名）	al-Himyarī	الحميري
希沙姆（习惯译名）	Hishām	هشام
希斯尼	al-Hisnī	الحصني
希拓伊	al-Khitā'ī	الخطائي
希提	al-Hītī	الهيتي
希雅尔	Khiyār	خيار
希札米	al-Hizāmī	الحزامي

续表

汉译	拉丁字母转写	阿拉伯文
谢巴	Shaybah	شيبة
谢拔尼	al-Shaybānī	الشيباني
谢班	Shaybān	شيبان
谢比	al-Shaybī	الشيبي
谢汗	Shaykhān	شيخان
谢赫	Shaykh；al-Shaykh	شيخ؛ الشيخ
谢拉玛	Shaylamah	شيلمة
谢索班	al-Shaysabān	الشيصبان
谢雅勒	al-Shayyāl	الشيال
谢扎里	al-Shayzarī	الشيزري
辛基蒂	al-Shinqītī	الشنقيطي
辛济尔	Shinzīr	شنظير
欣塔提	al-Hintātī	الهنتاتي
新迪	al-Sindī	السندي
新继	al-Sinjī	السنجي
新贾维	al-Sinjāwī	السنجاوي
信玛尼	al-Himmānī	الحماني
信札巴	Hinzābah	حنزابة
旭里	al-Sūlī	الصولي
叙贝哈	Subayh	صبيح
叙伽义	al-Suqā'ī	الصقاعي
叙哈尔	Suhār	صحار
叙海卜	Suhayb	صهيب
叙拉德	Surad	صرد
雅菲义；雅菲怡娅（女）	al-Yāfi'ī；al-Yāfi'īyah	اليافعي؛ اليافعية
雅孤特	Yāqūt	ياقوت
雅米	al-Yāmī	اليامي
雅斯尔	al-Yāsir	الياسر
雅新	Yāsīn	ياسين
彦纳戈	Yannaq	ينق

续表

汉译	拉丁字母转写	阿拉伯文
也马尼	al-Yamanī	اليمني
也玛尼	al-Yamānī	اليماني
也门（习惯译名）	al-Yaman	اليمن
叶厄木里	al-Yaghmūrī	اليغموري
叶尔孤比	al-Ya'qūbī	اليعقوبي
叶尔孤卜	Ya'qūb	يعقوب
叶尔腊	Ya'lá	يعلى
叶尔姆里	al-Ya'murī	اليعمري
叶弗拉尼	al-Yafranī	اليفرني
叶故思	Yaghūth	يغوث
叶哈叙比	al-Yahsubī	اليحصبي
叶哈雅	Yahyá	يحيى
叶哈叶维	al-Yahyawī	اليحيوي
叶赫拉夫	Yakhlaf	يخلف
叶璐勒	Yalūl	يلول
叶齐德	Yazīd	يزيد
叶齐迪	al-Yazīdī	اليزيدي
叶撒尔	Yasār	يسار
叶萨俄	al-Yasa'	اليسع
叶施巴克	Yashbak	يشبك
叶兹达德	Yazdād	يزداد
叶兹迪	al-Yazdī	اليزدي
叶兹拉提尼	al-Yazlatīnī	اليزلتيني
伊芭丽娅（女）	al-Ibarīyah	الإبيرية
伊本	Ibn	ابن
伊卜拉欣	Ibrāhīm	إبراهيم
伊卜什蒂	al-Ibshītī	الإبشيطي
伊德里斯（习惯译名）	Idrīs	إدريس
伊德利斯	al-Idrīsī	الإدريسي
伊尔比里	al-Irbilī	الإربلي

续表

汉译	拉丁字母转写	阿拉伯文
伊非里基（习惯译名）	al-Ifrīqī	الإفريقي
伊哈桑	Ihsān	إحسان
伊赫拔里	al-Ikhbārī	الإخباري
伊赫什德	al-Ikhshīd	الإخشيد
伊赫什迪	al-Ikhshīdī	الإخشيدي
伊继	al-Ījī	الإيجي
伊克拉姆拉	Ikrām Allāh	إكرام الله
伊勒比里	al-Ilbīrī	الإلبيري
伊勒雅斯	Ilyās	إلياس
伊曼	Īmān	إيمان
伊施比里	al-Ishbīlī	الإشبيلي
伊施拉基	al-Ishrāqī	الإشراقي
伊斯哈格（习惯译名）	Ishāq	إسحاق
伊斯卡斐	al-Iskāfī	الإسكافي
伊斯坎达拉尼（习惯译名）	al-Iskandarānī	الإسكندراني
伊斯拉伊里	al-Isrā'īlī	الإسرائيلي
伊斯玛仪（习惯译名）	Ismā'īl	اسماعيل
伊斯玛仪里	al-Ismā'īlī	الإسماعيلي
伊斯纳维	al-Isnawī	الإسنوي
伊斯提拉拔兹	al-Istirābādhī	الإسترابادي
伊斯托赫里	al-Istakhrī	الإصطخري
伊雅德	Iyād	إياد
伊雅迪	al-Iyādī	الإيادي
伊雅斯	Iyās	إياس
易巴尔	al-'Ibar	العبر
易拔达	'Ibādah	عبادة
易拔迪	al-'Ibādī	العبادي
易卜里	al-'Ibrī	العبري
易季里	al-'Ijlī	العجلي
易克力玛	'Ikrimah	عكرمة

汉译	拉丁字母转写	阿拉伯文
易拉基	al-'Irāqī	العراقي
易玛德	al-'Imād	العماد
易玛迪耶	al-'Imādīyah	العمادية
易玛杜丁	'Imād al-Dīn	عماد الدين
易姆拉尼	al-'Imrānī	العمراني
易姆兰	'Imrān	عمران
易南	'Inān	عنان
易齐	al-'Izzī	العزي
易什	al-'Ish	العش
易索姆丁	'Isām al-Dīn	عصام الدين
易瓦得	'Iwad	عوض
易雅得	'Iyād	عياض
易扎里	'Idhārī	عذاري
易兹	al-'Izz	العز
易祖丁	'Izz al-Dīn	عز الدين
优迪基乌斯	Eutychius	يوتيخيوس
优尼尼	al-Yūnīnī	اليونيني
优努斯	Yūnus	يونس
优素斐	al-Yūsufī	اليوسفي
优素福（习惯译名）	Yūsuf	يوسف
尤哈马德	Yuhmad	يحمد
尤斯里	Yusrī	يسري
栽巴戈	al-Zaybaq	الزيبق
栽德	Zayd	زيد
栽迪	al-Zaydī	الزيدي
栽杜尔	Zaydūr	زيدور
栽尼	al-Zaynī	الزيني
栽努·阿比丁	Zayn al-'Ābidīn	زين العابدين
栽努丁	Zayn al-Dīn	زين الدين
栽雅特	al-Zayyāt	الزيات

续表

汉译	拉丁字母转写	阿拉伯文
栽彦	Zayyān	زيان
宰丹	Zaydān	زيدان
宰娜卜（女）	Zaynab	زينب
赞继	Zānjī	زنجي
赞贾尼	al-Zanjānī	الزنجاني
赞杰韦赫	Zanjawayh	زنجويه
赞玛赫	Zammākh	زماخ
扎巴希	al-Zabahī	الزبحي
扎拔拉	Zabālah	زبالة
扎比迪	al-Zabīdī	الزبيدي
扎卜尔	Zabr	زبر
扎俄鲁尔	Za'rūr	زعرور
扎厄丹	Zaghdān	زغدان
扎厄璐勒	Zaghlūl	زغلول
扎尔俄	Zar'	زرع
扎尔卡什	al-Zarkashī	الزركشي
扎哈比	al-Dhahabī	الذهبي
扎赫拉维	al-Zahrāwī	الزهراوي
扎赫伦	Zahrūn	زهرون
扎卡尔	Zakkār	زكار
扎卡利雅	Zakarīyā；Zakarīyā'	زكريا؛ زكرياء
扎克嫩	Zaknūn	زكنون
扎拉德	al-Zarrād	الزراد
扎兰迪	al-Zarandī	الزرندي
扎利拉尼	al-Zarīrānī	الزريراني
扎马赫沙里	al-Zamakhsharī	الزمخشري
扎马勒卡尼	al-Zamalkānī	الزملكاني
扎玛里	al-Dhamārī	الذماري
扎敏	al-Zamin	الزمن
扎姆阿	Zam'ah	زمعة

汉译	拉丁字母转写	阿拉伯文
扎纳提	al-Zanātī	الزناتي
扎奇	al-Zakī	الزكي
扎奇丁	Zakī al-Dīn	زكي الدين
扎奇耶	al-Zakīyah	الزكية
扎沃维	al-Zawāwī	الزواوي
扎希尔（习惯译名）	al-Zāhir	الظاهر
扎希里	al-Zāhirī	الظاهري
扎希鲁丁（习惯译名）	Zahīr al-Dīn	ظهير الدين
札故尼	al-Zāghūnī	الزاغوني
札熙德	Zāhid	زاهد
札伊德	Zāyid	زايد
札占	Zādhān	زاذان
乍尔	Dharr	ذر
占嫩	Dhannūn	ذنون
朱拔里	Zubārī	زباري
朱拔伊	al-Jubbā'ī	الجبائي
朱贝尔	Jubayr	جبير
朱布里	Jubūrī	الجبوري
朱俄斐	al-Juʻfī	الجعفي
朱尔胡米	al-Jurhumī	الجرهمي
朱尔胡姆	Jurhum	جرهم
朱尔贾尼	al-Jurjānī	الجرجاني
朱哈尼	al-Juhanī	الجهني
朱勒朱勒	Juljul	جلجل
朱雷斯	al-Juraysī	الجريسي
朱马尔德	al-Jūmard	الجومرد
朱马希	al-Jumahī	الجمحي
朱梅俄	Jumayʻ	جميع
朱纳比兹	al-Junābidhī	الجنابذي
朱纳达	Junādah	جنادة

续表

汉译	拉丁字母转写	阿拉伯文
朱奈德	al-Junayd	الجنيد
朱奈迪勒	al-Junaydil	الجنيدل
朱沙米	al-Jushamī	الجشمي
朱沙姆	Jusham	جشم
朱万	Juwān	جوان
朱韦尼（或译志费尼）	al-Juwaynī	الجويني
朱甾	Juzayy	جزي
朱扎米	al-Judhāmī	الجذامي
朱乍里	al-Jūdharī	الجوذري
朱兹贾尼	al-Jūzjānī	الجوزجاني
祝哈里	al-Dhuhalī	الذهلي
兹尔维	al-Dhirwī	الذروي
兹克里	Zikrī	زكري
祖贝迪	al-Zubaydī	الزبيدي
祖贝尔	al-Zubayr	الزبير
祖贝里	al-Zubayrī	الزبيري
祖尔阿	Zurʻah	زرعة
祖尔义	al-Zurʻī	الزرعي
祖发尔	Zufar	زفر
祖海尔	Zuhayr	زهير
祖海里	al-Zuhaylī	الزحيلي
祖赫里	al-Zuhrī	الزهري
祖拉拉	Zurārah	زرارة
祖拉里	al-Zurārī	الزراري
祖腊戈	Zūlāq	زولاق
祖雷戈	Zurayq	زريق
左发尔	Zafar	ظفر
左发里	al-Zafarī	الظفري
左勒盖尔奈英（习惯译名）	Dhū al-Qarnayn	ذو القرنين
左勒基福勒（习惯译名）	Dhū al-Kifl	ذو الكفل

续表

汉译	拉丁字母转写	阿拉伯文
左勒伦玛	Dhū al-Rummah	ذو الرمة
左勒麦纳基卜	Dhū al-Manāqib	ذو المناقب
左勒怒恩	Dhū al-Nūn	ذو النون
左细尔	al-Zahīr	الظهير
左细拉	Zahīrah	ظهيرة
佐菲尔	Zāfir	ظافر

附录 4　地名音译表

汉译	所属国家/地区	其他字母文字转写	阿拉伯文或波斯文
阿巴尔古	伊朗	Abarkuh（英文）	ابركوه؛ ابرقوه
阿巴赫	伊朗	Ābah	آبه
阿拜	黎巴嫩	Abey（英文）	عبيه
阿比瓦尔德（古地名）	土库曼斯坦	Abiwert（土库曼文）	أبيورد
阿布西尔	埃及	Abusir（英文）	أبو صير
阿布扎比	阿拉伯联合酋长国	Abū Zaby	أبو ظبي
阿蒂亚宫	西班牙	Qasr 'Atīyah	قصر عطية
阿尔赫西拉斯	西班牙	Algeciras（西班牙文）	الجزيرة الخضراء
阿尔及尔	阿尔及利亚	Alger（法文）	الجزائر
阿尔吉	沙特阿拉伯	al-'Arj	العرج
阿尔马纳兹	叙利亚	Armanāz	أرماناز
阿尔梅里亚	西班牙	Almería（西班牙文）	المرية
阿格尔梅蒙	利比亚	Aghrmeman	أغرميمان
阿格马特	摩洛哥	Aghmat（法文）	أغمات
阿加迪尔	摩洛哥	Agadir（法文）	أكادير
阿卡	以色列	'Akkā	عكا
阿克萨赖	土耳其	Aksaray（土耳其文）	آق سراي
阿克西肯特（古地名）	乌兹别克斯坦	Aksikent（英文）	أخسيكث
阿克谢希尔	土耳其	Akşehir（土耳其文）	آقشهر
阿莱	黎巴嫩	'Āley	عاليه
阿勒颇	叙利亚	Aleppo（英文）	حلب
阿勒瓦	苏丹	Alwa（英文）	علوة
阿米达（今迪亚巴克尔）	土耳其	Amida（土耳其文）	آمد
阿米勒山	黎巴嫩	Jabal Amel（英文）	جبل عامل
阿莫勒	伊朗	Amol（英文）	آمل
阿姆兰	也门	'Āmrān	عمران

续表

汉译	所属国家/地区	其他字母文字转写	阿拉伯文或波斯文
阿萨达巴德	伊朗	Asadabad（英文）	اسدآباد
阿沙里修道院	叙利亚	Deir El Aachayer	دير العشاري
阿什凯隆（又译亚实基伦）	以色列	Ashkelon（英文）	عسقلان
阿斯福旺	埃及	Asfwan	أصفون
阿斯卡尔-穆克拉姆	伊朗	‘Askar Mukram	عسكر مكرم
阿斯塔拉巴德（今戈尔甘）	伊朗	Astarabad（英文）	استرآباد
阿斯旺	埃及	Aswān	أسوان
阿塔伊格	伊拉克	Attayige（英文）	العتائق
阿瓦士	伊朗	Ahvaz（英文）	الأهواز
埃德富	埃及	Edfu（英文）	ادفو
埃尔比勒	伊拉克	Erbil（英文）	أربيل
埃尔维拉	西班牙	Elvira（西班牙文）	إلبيرة
埃西哈	西班牙	Écija（西班牙文）	استجة
艾卜纳斯	埃及	Abnās	أبناس
艾卜沙维赫	埃及	Abshawayh（英文）	أبشويه
艾卜什特	埃及	al-Abshīt	الأبشيط
艾卜瓦	沙特阿拉伯	al-Abwā’	السيب
艾卜亚特-侯赛因	也门	Abyāt Husayn	أبيات حسين
艾尔曼特	埃及	Armant（英文）	أرمنت
艾哈迈达巴德	印度	Ahmedabad（英文）	أحمد آباد
艾赫米姆	埃及	Akhmim（英文）	أخميم
艾马村	黎巴嫩	Kafr ‘Aymā	كفر عيما
艾尚	也门	‘Ayshān	عيشان
艾斯尤特	埃及	Asyut（英文）	أسيوط
艾因	阿拉伯联合酋长国	Al Ain（英文）	العين
艾因瓦尔达	叙利亚	Ayn al-Warda（英文）	عين الوردة
艾兹杜拉甘	伊朗	Azdūraqān	أزدورقان

续表

汉译	所属国家/地区	其他字母文字转写	阿拉伯文或波斯文
安巴尔	伊拉克	Anbar（英文）	الأنبار
安杰拉	摩洛哥	Anjra（法文）	أنجرة
安曼	约旦	Amman（英文）	عمان
安纳巴	阿尔及利亚	Annaba（法文）	عنابة
安塔基亚	土耳其	Antakya（土耳其文）	أنطاكية
奥兰	阿尔及利亚	Oran（法文）	وهران
奥里韦拉	西班牙	Orihuela（西班牙文）	أوريولة
奥纳巴	西班牙	Awnabah	أونبة
巴埃萨	西班牙	Baeza（西班牙文）	بياسة
巴比伦	伊拉克	Babylon（英文）	بابل
巴达霍斯	西班牙	Badajoz（西班牙文）	بطليوس
巴迪斯	摩洛哥	Bādis	بادس
巴尔达	阿塞拜疆	Bərdə（阿塞拜疆文）	بردذعة/بردعة
巴尔迪吉	阿塞拜疆	Bardīj	برديج
巴尔格	伊朗	Barq	برق
巴尔赫	阿富汗	Balkh	بلخ
巴尔卡	阿曼	Barka（英文）	بركاء
巴格达	伊拉克	Baghdad（英文）	بغداد
巴格兰	阿富汗	Baghlan（英文）	بغلان
巴哈尔兹	伊朗	Bākharz	باخرز
巴加	阿富汗	Baghā	بغا
巴杰	突尼斯	Béja（法文）	باجة
巴勒贝克	黎巴嫩	Baalbek（英文）	بعلبك
巴黎	法国	Paris（法文）	باريس
巴利阿里群岛	西班牙	Islas Baleares（西班牙文）	جزر البليار
巴萨	西班牙	Baza（西班牙文）	بسطة
巴什希特	巴勒斯坦	Bashshit（英文）	بشيت
巴士拉	伊拉克	Basra（英文）	البصرة
巴特那	印度	Patna（英文）	بتنا؛ باتنا

汉译	所属国家/地区	其他字母文字转写	阿拉伯文或波斯文
巴特纳村	叙利亚	Kafr Batna（英文）	كفر بطنا
巴召法尔	伊拉克	Bazawfar	بزوفر
邦纳（今安纳巴）	阿尔及利亚	Bouna（法文）	بونة
贝哈格（今萨卜泽瓦尔）	伊朗	Beyhagh（英文）	بيهق
贝贾	苏丹	Beja（英文）	البجة
贝贾亚	阿尔及利亚	Béjaïa（法文）	بجاية
贝卡谷地	黎巴嫩	Beqaa Valley（英文）	وادي البقاع
贝莱斯-马拉加	西班牙	Vélez-Málaga（西班牙文）	بلش مالقة
贝鲁特	黎巴嫩	Beirut（英文）	بيروت
贝尼哈马德堡	阿尔及利亚	Beni Hammad Fort（英文）	قلعة بني حماد
贝特拉希亚	黎巴嫩	Beit Lahia（英文）	بيت لهيا
贝雅	葡萄牙	Beja（葡萄牙文）	باجة
比勒拜斯	埃及	Bilbeis（英文）	بلبيس
布尔萨	土耳其	Bursa（土耳其文）	بروسة؛ بورصة
布哈拉	乌兹别克斯坦	Buxoro（乌兹别克文）	بخارى
布加	乌兹别克斯坦	Būgh	بوغ
布斯拉	叙利亚	Bosra（英文）	بصرى
布斯特（今"拉什卡尔加"）	阿富汗	Bost（英文）	بست
采法特	以色列	Safad（英文）	صفد
达尔金	突尼斯	Darjin（英文）	درجين
达勒加	埃及	Dalga（英文）	دلجا؛ دلجة
达利亚斯	西班牙	Dalías（西班牙文）	دالية
达曼	沙特阿拉伯	Dammam（英文）	الدمام
达曼胡尔	埃及	Damanhur（英文）	دمنهور
达姆马尔山	突尼斯	Jabal Dammar	جبل دمر
大不里士	伊朗	Tabriz（英文）	تبريز
大马士革	叙利亚	Damascus（英文）	دمشق
大迈哈莱	埃及	al-Mahallah al-Kubrá	المحلة الكبرى

续表

汉译	所属国家/地区	其他字母文字转写	阿拉伯文或波斯文
代拉姆	伊朗	Deylam（英文）	الديلم
丹吉尔	摩洛哥	Tanger（法文）	طنجة
得土安	摩洛哥	Tétouan（法文）	تطوان
德黑兰	伊朗	Tehran（英文）	طهران
德拉河	摩洛哥	Oued Drâa（法文）	وادي درعة
德拉雅	叙利亚	Darayya（英文）	داريا
德里	印度	Delhi（英文）	دلهي
德尼亚	西班牙	Denia（西班牙文）	دانية
的黎波里	黎巴嫩；利比亚	Tripoli（英文）	طرابلس
迪拜	阿拉伯联合酋长国	Dubai（英文）	دبي
迪纳瓦尔	伊朗	Dinavar（英文）	دينور
迪瓦尼耶	伊拉克	al-Dīwānīyah	الديوانية
迪亚巴克尔	土耳其	Diyarbakır（土耳其文）	ديار بكر
第比利斯	格鲁吉亚	Tbilisi（英文）	تفليس؛ تبليسي
杜胡克	伊拉克	Duhok（英文）	دهوك
杜姆亚特	埃及	Damietta（英文）	دمياط
法姆-锡勒哈	伊拉克	Fam al-Silh	فم الصلح
法萨	伊朗	Fasa（英文）	فسا
法瓦	埃及	Faw（英文）	فاو
法尤姆	埃及	Faiyum（英文）	الفيوم
非斯	摩洛哥	Fès（法文）	فاس
菲鲁扎巴德	伊朗	Firuzabad（英文）	فيروزآباد
费德	沙特阿拉伯	Fayd（英文）	فيد
盖托伊（古地名）	埃及	al-Qatā'i'	القطائع
戈尔甘	伊朗	Gorgan（英文）	جرجان
格哈里亚	也门	al-Qahrīyah	القحرية
格拉纳达	西班牙	Granada（西班牙文）	غرناطة
格勒格山达（格尔格山达）	埃及	Qalqashandah；Qarqashandah	قلقشندة؛ قرقشندة

汉译	所属国家/地区	其他字母文字转写	阿拉伯文或波斯文
贡迪坚	伊朗	Ghundijan（英文）	غندجان
古斯	埃及	Qus（英文）	قوص
瓜达拉哈拉	西班牙	Guadalajara（西班牙文）	وادي الحجارة
国王河	伊拉克	the King's Canal（英文）	نهر الملك
哈布尔河	叙利亚、土耳其	Khabur River（英文）	نهر الخابور
哈德拉毛	也门	Hadhramaut（英文）	حضرموت
哈蒂瓦（即克萨蒂瓦）	西班牙	Xàtiva（西班牙文）	شاطبة
哈恩	西班牙	Jaén（西班牙文）	جيان
哈尔坦克	乌兹别克斯坦	Khartank	خرتنك
哈哈地区	摩洛哥	Haha（法文）	حاحة
哈杰尔	沙特阿拉伯	Hajar（英文）	هجر
哈拉姆	埃及	al-Haram	الهرم
哈赖德	也门	Harad（英文）	حرض
哈兰	土耳其	Harran（土耳其文）	حران
哈里迪亚	伊拉克	Khalidiya（英文）	الخالدية
哈马	叙利亚	Hama（英文）	حماة
哈马丹	伊朗	Hamadān；Hamadhān	همدان؛ همذان
哈姆丹	也门	Hamdan（英文）	همدان
哈尼基亚	伊拉克	Hanīqīyā	هنيقيا
哈桑凯伊夫	土耳其	Hasankeyf（土耳其文）	حصن كيفا
哈瓦利	科威特	Hawally（英文）	حولي
哈珠尔	也门	Hajūr	حجور
海得拉巴	印度	Hyderabad（英文）	حيدر آباد
海万	也门	Khaywān	خيوان
豪兰	叙利亚；也门	Khawlan（英文）	خولان
赫拉格	土库曼斯坦	Kharaq	خرق
赫拉特	阿富汗	Herat（英文）	هراة
侯斯	也门	Huth（英文）	حوث
呼兰达兹	土库曼斯坦	Khurandaz	خرندز

续表

汉译	所属国家/地区	其他字母文字转写	阿拉伯文或波斯文
呼罗珊地区	中亚和西亚	Khorasan（英文）	خراسان
胡萨夫荒野	叙利亚	Khusaf（英文）	خساف
花剌子模	中亚	Xorazm（乌兹别克文）	خوارزم
霍尔木兹	伊朗	Hormuz（英文）	هرمز
霍姆斯	叙利亚	Homs（英文）	حمص
霍斯罗杰尔德	伊朗	Khosrowjerd（英文）	خسروجرد
基纳	埃及	Qena（英文）	قنا
吉巴勒地区	伊朗	Jibal（英文）	الجبل
吉卜拉	也门	Jibla（英文）	جبلة
吉达	沙特阿拉伯	Jeddah（英文）	جدة
吉夫特	埃及	Qift（英文）	قفط
吉拉	巴勒斯坦	Jirā‘	جراع
吉萨	埃及	Giza（英文）	الجيزة
吉兹雷（伊本·欧麦尔岛）	土耳其	Cizre（土耳其文）	جزيرة ابن عمر
加尔各答	印度	Kolkata/Calcutta（英文）	كلكتا؛ كلكتة
加济安泰普	土耳其	Gaziantep（土耳其文）	غازي عنتاب
加沙	巴勒斯坦	Gaza（英文）	غزة
加兹尼	阿富汗	Ghazni（英文）	غزني
加兹温	伊朗	Qazvin（英文）	قزوين
贾西姆	叙利亚	Jasim（英文）	جاسم
剑桥	英国	Cambridge	كامبرج
焦瓦尼亚	沙特阿拉伯	al-Jawwānīyah	الجوانية
杰巴尔堡	叙利亚	Qal‘at Ja‘bar（英文）	قلعة جعبر
杰尔巴岛	突尼斯	Djerba（法文）	جربة
杰法里亚	埃及	al-Ja‘farīyah	الجعفرية
杰里德地区	突尼斯	Bidulgérid（法文）	بلاد الجريد
杰迈伊勒	巴勒斯坦	Jammā‘īl	جماعيل
杰纳德	也门	al-Janad	الجند

续表

汉译	所属国家/地区	其他字母文字转写	阿拉伯文或波斯文
杰齐拉地区	叙利亚、伊拉克、土耳其	al-Jazira	الجزيرة
君士坦丁	阿尔及利亚	Constantine（法文）	قسنطينة
喀土穆	苏丹	Khartoum（英文）	الخرطوم
卡布提勒岛	西班牙	Isla Cabtil（西班牙文）	جزيرة قبطيل
卡尔巴拉	伊拉克	Karbala（英文）	كربلاء
卡尔津	伊朗	Karzin（英文）	كارزين
卡尔希	乌兹别克斯坦	Qarshi（乌兹别克文）	قرشي
卡法尔塔卜	叙利亚	Kafartab（英文）	كفرطاب
卡卡加奇	土耳其	Kakajah Kī	ككجة كي
卡拉奇	巴基斯坦	Karachi（英文）	كراتشي
卡鲁沙姆	也门	Karūsham	كروشم
卡尚	伊朗	Kashan（英文）	كاشان
卡什	乌兹别克斯坦	Kashsh	كش
卡松山	叙利亚	Mount Qasioun（英文）	جبل قاسيون
卡泽伦	伊朗	Kazerun（英文）	كازرون
开罗	埃及	Cairo（英文）	قيصرية
开塞利	土耳其	Kayseri（土耳其文）	القيروان
凯鲁万	突尼斯	Kairouan（英文）	كوكبان
考凯班	也门	Kawkaban（英文）	قرطبة
科尔多瓦	西班牙	Córdoba（西班牙文）	كولونيا
科隆	德国	Köln（德文）	القل
科洛	阿尔及利亚	Collo（法文）	الكويت
科威特	科威特	Kuwait（英文）	الكويت
克尔曼	伊朗	Kerman（英文）	كرمان
克孜勒泰佩（即杜内萨尔）	土耳其	Kızıltepe（土耳其文）	دنيصر؛ دنيسر
肯奈斯林	叙利亚	Qinnasrin（英文）	قنسرين
库法	伊拉克	Kufa（英文）	الكوفة
库姆	伊朗	Qum（英文）	قم

续表

汉译	所属国家/地区	其他字母文字转写	阿拉伯文或波斯文
拉巴特	摩洛哥	Rabat（法文）	الرباط
拉菲格	叙利亚	al-Rāfiqah	الرافقة
拉哈巴	也门	al-Rahbah	الرحبة
拉哈巴城堡	叙利亚	Qalʻat al-Rahbah	قلعة الرحبة
拉合尔	巴基斯坦	Lahore（英文）	لاهور
拉赫季	也门	Lahij（英文）	لحج
拉卡	叙利亚	Raqqa（英文）	الرقة
拉姆霍尔木兹	伊朗	Ramhormoz（英文）	رامهرمز
拉姆拉	以色列	Ramla（英文）	الرملة
拉什卡尔加（旧称布斯特）	阿富汗	Lashkargah（英文）	لبنكرگاه
拉万德	伊朗	Rawand（英文）	راوند
拉扎南	伊拉克	Razanan（英文）	رازنان
莱顿	荷兰	Leiden（荷兰文）	لايدن
莱哈法德	黎巴嫩	Lehfed（英文）	لحفد
赖代-米什加斯	也门	Raydah al-Mishqās	ريدة المشقاص
雷丹	也门	Raydan（英文）	ريدان
雷格拉加	摩洛哥	Regraga（法文）	ركراكة
雷亚	西班牙	Rayya（西班牙文）	رية
雷伊	伊朗	Ray（英文）	الري
里夫地区	摩洛哥	Rif（法文）	الريف
里萨尼	摩洛哥	Rissani（法文）	الريصاني
利雅得	沙特阿拉伯	Riyadh（英文）	الرياض
隆达	西班牙	Ronda（西班牙文）	رهنة
鲁赫纳	伊朗	Ruhnah	رهنة
鲁梅拉	以色列或巴勒斯坦	al-Rumaylah	الرميلة
鲁斯塔姆达尔	伊朗	Rustamdar（英文）	رستمدار
伦敦	英国	London	لندن
洛哈	西班牙	Loja（西班牙文）	لوشة

续表

汉译	所属国家/地区	其他字母文字转写	阿拉伯文或波斯文
马德里	西班牙	Madrid（西班牙文）	مدريد
马尔达	巴勒斯坦	Mardā	مردا
马尔丁	土耳其	Mardin（土耳其文）	ماردين
马尔干	阿富汗	Marghan（英文）	مرغن
马尔拉萨-艾萨里布	叙利亚	Ma'rāthā al-Athārib	معراثا الأثارب
马尔坦	沙特阿拉伯	Martan（英文）	مرطان
马吉达勒	叙利亚	Majdal（英文）	مجدل
马加玛	西班牙	Maghāmah	مغامة
马拉蒂亚	土耳其	Malatya（土耳其文）	ملطية
马拉盖	伊朗	Maragheh（英文）	مراغة
马拉哈	西班牙	al-Mallāhah	الملاحة
马拉加	西班牙	Málaga（西班牙文）	مالقة
马拉喀什	摩洛哥	Marrakech（法文）	مراكش
马雷特努曼	叙利亚	Ma'arrat al-Nu'mān	معرة النعمان
马略卡岛	西班牙	Mallorca（西班牙文）	ميورقة
马什哈德	伊朗	Mashhad（英文）	مشهد
马斯喀特	阿曼	Muscat（英文）	مسقط
马扎拉德瓦洛	意大利	Mazara del Vallo（意大利文）	مازر
迈赫迪耶	突尼斯	Mahdia（法文）	المهدية
迈吉拉	阿尔及利亚	Meghila（法文）	مغيلة
迈拉赫河	突尼斯	Oued el Melah（法文）	وادي المالح
麦达因	伊拉克	al-Madā'in	المدائن
麦地那	沙特阿拉伯	Medina（英文）	المدينة
麦加	沙特阿拉伯	Mecca（英文）	مكة
曼苏拉	埃及	Mansoura（英文）	المنصورة
毛扎	也门	Mawza（英文）	موزع
梅克内斯	摩洛哥	Meknès（法文）	مكناسة
孟买	印度	Mumbai（英文）	مومباي
米努夫	埃及	Minuf（英文）	منوف

续表

汉译	所属国家/地区	其他字母文字转写	阿拉伯文或波斯文
米斯卡	巴勒斯坦	Miska（英文）	مسكة
摩普绥提亚	土耳其	Mopsuestia（土耳其文）	المصيصة
摩苏尔	伊拉克	Mosul（英文）	الموصل
莫提佳	西班牙	Montíjar（西班牙文）	منت ليشم
姆西拉	阿尔及利亚	M'Sila（法文）	المسيلة
木鹿（又译梅尔夫）	土库曼斯坦	Merv（英文）	مرو
木鹿鲁兹	阿富汗	Marw al-Rudh（英文）	مرو الروذ
穆蒂尔阿拔德	伊拉克	MutīrĀbād	مطير آباد
穆尔西亚	西班牙	Murcia（西班牙文）	مرسية
穆格拉	埃及	Muqrá	مقرى
穆罕默迪耶	摩洛哥	Mohammédia（法文）	المحمدية
穆罕默迪耶	阿尔及利亚	Mohammadia（法文）	المحمدية
穆赫塔拉	黎巴嫩	Moukhtara（英文）	المختارة
纳布卢斯	巴勒斯坦	Nablus（英文）	نابلس
纳迪拉	沙特阿拉伯	Nādirah	ناضرة
纳尔马什尔	伊朗	Narmashir（英文）	نرماشير
纳哈万德	伊朗	Nahavand（英文）	نهاوند
纳基延	伊拉克	Naqiyan（英文）	نقيا
纳杰夫	伊拉克	Najaf（英文）	النجف
纳萨夫（今卡尔希）	乌兹别克斯坦	Nasaf（乌兹别克文）	نسف
纳瓦	叙利亚	Nawa（英文）	نوى
奈富塞山	利比亚	Jabal Nafūsah	جبل نفوسة
奈赫赖万	伊拉克	Nahrawan（英文）	النهروان
内夫塔	突尼斯	Nefta（法文）	نفطة
内库尔	摩洛哥	Nekkour	نكور
内沙布尔	伊朗	Nishapur；Nishabur（英文）	نيسابور
尼勒	伊拉克	al-Nīl	النيل
尼尼微	伊拉克	Nineveh（英文）	نينوى
尼萨	土库曼斯坦	Nusaý（土库曼文）	نسا

续表

汉译	所属国家/地区	其他字母文字转写	阿拉伯文或波斯文
涅夫拉	西班牙	Niebla（西班牙文）	لبلة
努班达坚	伊朗	Nubandajan（英文）	نوبندجان
努比亚	埃及、苏丹	Nubia（英文）	النوبة
努赛宾	土耳其	Nusaybin（土耳其文）	نصيبين
努维拉	埃及	al-Nuwayrah	النويرة
撒马尔罕	乌兹别克斯坦	Samarkand（乌兹别克文）	سمرقند
萨比尔山	也门	Jabal Sabir（英文）	جبل صبر
萨卜克	埃及	Sabk（英文）	سبك
萨卜泽瓦尔（即贝哈格）	伊朗	Sabzevar（英文）	سبزوار
萨达	也门	Sa'dah	صعدة
萨德拉塔	阿尔及利亚	Sedrata（法文）	سدراتة
萨尔赫德	叙利亚	Sarkhad（英文）	صرخد
萨哈（即索伊斯）	埃及	Sakha（英文）	سخا
萨拉戈萨	西班牙	Zaragoza（西班牙文）	سرقسطة
萨拉赫斯	伊朗	Sarakhs（英文）	سرخس
萨勒马斯	伊朗	Salmas（英文）	سلماس
萨勒塔斯岛	西班牙	Isla Saltés（西班牙文）	جزيرة شلطيش
萨迈拉	伊拉克	Samarra（英文）	سامراء
萨姆侯德	埃及	Samhoud（英文）	سمهود
萨那	也门	Sanaa（英文）	صنعاء
萨瓦德地区	伊拉克	Sawad（英文）	السواد
萨韦	伊朗	Sawah（英文）	ساوة
塞佛瑞斯	以色列	Sepphoris（英文）	صفورية
塞莱米耶	叙利亚	Salamiyah（英文）	السلمية
塞维利亚	西班牙	Sevilla（西班牙文）	إشبيلية
赛达	黎巴嫩	Sayda（英文）	صيدا
沙赫雷斯坦	伊朗	Shahrestan（英文）	شهرستان
沙赫里佐尔	伊拉克	Shahrizor（英文）	شهرزور
沙拉汗	伊拉克	Sharakhan（英文）	شرخان

续表

汉译	所属国家/地区	其他字母文字转写	阿拉伯文或波斯文
沙隆	法国	Chalon（法文）	شالون
沙米斯提延	阿富汗	Shamistiyan（英文）	شامستیان
沙姆地区	西亚	Bilad al-Sham（英文）	بلاد الشام
绍瓦达	埃及	al-Sawwādah	السوادة
设拉子	伊朗	Shiraz（英文）	شیراز
什勒哈	伊拉克	al-Shilh	الشلح
圣塔伦	葡萄牙	Santarém（葡萄牙文）	شنترین
舒什	伊朗	Shush（英文）	السوس
舒什	伊朗	Shush（英文）	شوش
苏尔	黎巴嫩	Tyre（英文）	صور
苏赫拉瓦尔德	伊朗	Suhraward（英文）	سهرورد
苏斯	摩洛哥	Sus（法文）	سوس
绥马尔	伊朗	Saymar（英文）	صیمر
塔巴拉	沙特阿拉伯	Tabalah（英文）	تبالة
塔德莱堡	摩洛哥	Kasba Tadla（法文）	قصبة تادلة
塔尔苏斯	土耳其	Tarsus（土耳其文）	طرسوس
塔赫尔特（即提亚雷特）	阿尔及利亚	Tahert（法文）	تاهرت
塔洛甘	阿富汗	Taloqan（英文）	تالقان؛ طالقان
塔纳武特	阿尔及利亚	Tanawut（英文）	تناوت
塔伊夫	沙特阿拉伯	Ta'if（英文）	الطائف
塔伊兹	也门	Taiz（英文）	تعز
太巴列	以色列	Tiberias（英文）	طبریا؛ طبریة
泰伯里斯坦	伊朗	Tabaristan（英文）	طبرستان
泰哈	埃及	Tahā	طحا
泰里姆	也门	Tarim（英文）	تریم
泰伊卜	伊拉克	al-Tayyib	الطیب
坦塔	埃及	Tanta（英文）	طنطا
特莱姆森	阿尔及利亚	Tlemcen（法文）	تلمسان
提法什	阿尔及利亚	Tiffech（法文）	تیفاش

汉译	所属国家/地区	其他字母文字转写	阿拉伯文或波斯文
提克里特	伊拉克	Tikrit（英文）	تكريت
提奈斯	阿尔及利亚	Ténès（法文）	تنس
帖哈麦	沙特阿拉伯	Tihamah（英文）	تهامة
铁尔米兹	乌兹别克斯坦	Termiz（乌兹别克文）	ترمذ
突尼斯城	突尼斯	Tunisie（法文）	تونس
图阿特	阿尔及利亚	Touat（法文）	توات
图斯	伊朗	Tus（英文）	طوس
图万	埃及	Tūwanh	تونة
托尔托萨	西班牙	Tortosa（西班牙文）	طرطوشة
托莱多	西班牙	Toledo（西班牙文）	طليطلة
托泽尔	突尼斯	Tozeur（法文）	توزر
瓦尔格拉	阿尔及利亚	Ouargla（法文）	ورقلة
瓦尔杰兰（即瓦尔格拉）	阿尔及利亚	Warjalan（英文）	وارجلان
瓦尔塞尼斯	阿尔及利亚	Ouarsenis（法文）	الونشريس
瓦吉	沙特阿拉伯	Wajj（英文）	وج
瓦伦西亚	西班牙	Valencia（西班牙文）	بلنسية
瓦西特	伊拉克	Wasit（英文）	واسط
威萨布	也门	Wisab（英文）	وصاب
威斯巴登	德国	Wiesbaden（德文）	فيسبادن
韦尔瓦	西班牙	Huelva（西班牙文）	ولبة
翁达	西班牙	Onda（西班牙文）	أندة
乌尔根奇（即玉龙杰赤）	乌兹别克斯坦	Urganch（乌兹别克文）	جرجانية؛ أورقنج
乌克巴拉	伊拉克	Ukbara（英文）	عكبرا
乌马里亚	土耳其	al-'Umarīyah	العمرية
乌纳米尔	阿拉伯半岛	Unamir（英文）	أنامر
西拉夫（或希拉夫）	伊朗	Siraf（英文）	سيراف
西西里岛	意大利	Sicilia（意大利文）	صقلية
希巴姆	也门	Shibam（英文）	شبام
希伯伦	以色列	Hebron（英文）	الخليل

续表

汉译	所属国家/地区	其他字母文字转写	阿拉伯文或波斯文
希吉拉-祖哈尔	也门	Hijrah al-Zuhr	هجرة الظهر
希贾兹地区	沙特阿拉伯	al-Hijāz；Hejaz（英文）	الحجاز
希杰山	也门	Jabal Hijjah	جبل حجة
希拉	伊拉克	Hillah（英文）	الحلة
希姆沙特	亚美尼亚	Shimshat（英文）	شمشاط
希特	伊拉克	Hit（英文）	هيت
锡卜	阿曼	Seeb（英文）	السيب
锡尔万	土耳其	Silvan（土耳其文）	ميافارقين
锡尔维什	葡萄牙	Silves（葡萄牙文）	شلب
锡哈姆	也门	Siham（英文）	سهام
锡吉勒马萨（今里萨尼）	摩洛哥	Sijilmassa（法文）	سجلماسة
锡兰堡	也门	Hisn Hirrān	حصن هران
锡斯坦	伊朗、阿富汗	Sistan；Sijistan（英文）	سيستان؛ سجستان
谢扎尔	叙利亚	Shaizar（英文）	شيزر
辛贾尔	伊拉克	Sinjar（英文）	سنجار
休达	西班牙	Ceuta（西班牙文）	سبتة
叙拉古（又译锡拉库萨）	意大利	Siracusa（意大利文）	سرقوسة
亚丁	也门	Aden（英文）	عدن
亚历山大	埃及	Alexandria（英文）	الإسكندرية
延布	沙特阿拉伯	Yanbu（英文）	ينبع
耶夫兰	利比亚	Yafran（英文）	يفرن
耶路撒冷	以色列、巴勒斯坦	Jerusalem（英文）	القدس
叶海苏卜堡	西班牙	Qal'at Yahsub	قلعة يحصب
伊尔比德	约旦	Irbid（英文）	إربد
伊吉	伊朗	Īj	إيج
伊什塔克尔	伊朗	Istakhr（英文）	إصطخر
伊斯法罕	伊朗	Isfahan（英文）	اصفهان
伊斯卡夫（古地名）	伊拉克	Iskāf	إسكاف
伊斯梅利亚	埃及	Ismailia（英文）	الإسماعيلية

汉译	所属国家/地区	其他字母文字转写	阿拉伯文或波斯文
伊斯纳	埃及	Isnā	إسنا
伊斯坦布尔	土耳其	İstanbul（土耳其文）	إسطنبول
赞詹	伊朗	Zanjan（英文）	زنجان
扎巴哈	伊朗	al-Zabah	الزبح
扎比德	也门	Zabid（英文）	زبيد
扎尔卡	约旦	Zarqa（英文）	الزرقاء
扎马尔	也门	Dhamar（英文）	ذمار
扎马赫沙尔	土库曼斯坦	Zamakhshar	زمخشر
扎瓦瓦	阿尔及利亚	Zouaoua（法文）	زواوة
朱拜勒	黎巴嫩	Byblos（英文）	جبيل
朱尔赫班德	亚美尼亚/阿塞拜疆	Jurkhaband	جرخبند
朱沙姆	伊朗	Jusham	جشم
朱兹詹	阿富汗	Jowzjan（英文）	جوزجان
祖阿勒	也门	Dhu'āl	ذوال
佐法尔	阿曼	Dhofar（英文）	ظفار

阿拉伯文参考文献

阿拔斯·阿札维:《蒙古与土库曼时期的史学家介绍》('Abbās al-'Azzāwī, *Al-Ta'rīf bi-al-Mu'arrikhīn fī 'Ahd al-Mughūl wa-al-Turkumān*),巴格达:商务出版有限公司,1957。

阿卜杜·阿齐兹·杜里:《阿拉伯史学的兴起》('Abd al-'Azīz al-Dūrī, *Nash'at 'Ilm al-Tārīkh 'inda al-'Arab*),贝鲁特:阿拉伯统一研究中心,2007。

阿卜杜·法塔哈·法特希:《公元十世纪埃及与安达卢西的史学与史家》('Abd al-Fattāh Fathī, *Al-Tārīkh wa-al-Mu'arrikhūn fī Misr wa-al-Andalus fī al-Qarn al-Rābi'al-Hijrī/al-'Āshir al-Mīlādī*)第1~2卷,贝鲁特:学术书籍出版社,2004。

阿卜杜·伽迪尔·爱达鲁斯:《十世纪史事明光》('Abd al-Qādir al-'Aydarūs, *Al-Nūr al-Sāfir 'an Akhbār al-Qarn al-'Āshir*),贝鲁特:索迪尔出版社,2001。

阿卜杜·伽迪尔·古拉什:《往昔珠宝:哈乃斐学派层级传》('Abd al-Qādir al-Qurashī, *Al-Jawāhir al-Mudīyah fī Tabaqāt al-Hanafīyah*)第1~5卷,吉萨:哈杰尔出版社,1993。

阿卜杜·杰拔尔·力法义:《关于使者与圣裔的著作辞典》('Abd al-Jabbār al-Rifā'ī, *Mu'jam mā kutiba 'an al-Rasūl wa-Ahl al-Bayt*)第1~12卷,德黑兰:文化与伊斯兰指导部,1993~1996。

阿卜杜·拉哈曼·哈米达:《阿拉伯地理学名家及其遗作摘录》('Abd al-Rahmān Hamīdah, *A'lām al-Jughrāfīyīn al-'Arab wa-Muqtatafāt min Āthārihim*),大马士革:思想出版社,1995。

阿卜杜·萨腊姆·瓦继赫:《栽德派著述名人》('Abd al-Salām al-Wajīh, *A'lām al-Mu'allifīn al-Zaydīyah*),安曼:伊玛目栽德·本·阿里文化

基金会，1999。

阿卜杜·瓦希德·占嫩：《安达卢西阿拉伯历史编纂学的兴起》（'Abd al-Wāhid Dhannūn, *Nash'at Tadwīn al-Tārīkh al-'Arabī fī al-Andalus*），巴格达：公共文化事务出版社，1988。

阿卜杜海·卡塔尼：《目录辞典》（'Abd al-Hayy al-Kattānī, *Fihris al-Fahāris wa-al-Ithbāt wa-Mu'jam al-Ma'ājim wa-al-Mashyakhāt wa-al-Musalsalāt*）第1~3卷，贝鲁特：伊斯兰西方出版社，1982~1986。

阿卜杜拉·阿凡迪：《学林园与德贤池》（'Abd Allāh al-Afandī, *Riyād al-'Ulamā' wa-Hiyād al-Fudalā'*）第1~5、7卷，库姆：阿亚图拉麦尔阿什书店，1983、1994；第6卷，库姆：海雅姆印书馆，1981。

阿卜杜拉·哈巴什：《也门伊斯兰思想文献》（'Ahd Allāh al-Habashī, *Masādir al-Fikr al-Islāmī fī al-Yaman*），阿布扎比：文化协会，2004。

阿卜杜拉·萨伽夫：《哈德拉毛诗坛史》（'Abd Allāh al-Saqqāf, *Tārīkh al-Shu'arā' al-Hadramīyīn*）第1卷，开罗：希贾齐印书馆，1934；第2卷，开罗：科学印书馆，1937；第3卷，亚历山大：鲁什迪亚特印书馆，1938；第4~5卷，开罗：科学印书馆，1941~1947。

阿卜杜拉·图雷基：《罕百里学派著作辞典》（'Abd Allāh al-Turayqī, *Mu'jam Musannafāt al-Hanābilah*）第1~8卷，利雅得：阿卜杜拉·本·穆罕默德·本·艾哈迈德·图雷基，2001年自印本。

阿迪勒·努韦熙得：《阿尔及利亚名人辞典：自伊斯兰初期至今》（'Ādil Nuwayhid, *Mu'jam A'lām al-Jazā'ir min Sadr al-Islām hattá al-'Asr al-Hādir*），贝鲁特：文化复兴基金会，1980。

阿迦·布祖尔克：《什叶派名人层级传》（Āghā Buzurk, *Tabaqāt A'lām al-Shī'ah*）第1~17卷，贝鲁特：阿拉伯遗产复兴出版社，2009。

阿迦·布祖尔克：《什叶派著述门径》（Āghā Buzurk, *Al-Dharī'ah ilá Tasānīf al-Shī'ah*）第1~25卷，贝鲁特：艾德瓦出版社，1983；第26卷，马什哈德：古德斯-拉达维出版公司，1985。

阿拉伯联盟教育、文化及科学组织：《阿拉伯与穆斯林学林文坛名人百科全书》（al-Munazzamah al-'Arabīyah li-l-Tarbiyah wa-al-Thaqāfah wa-al-'Ulūm, al-Munjī Būsnīnah, *Mawsū'ah A'lām al-'Ulamā' wa-al-Udabā' al-'Arab wa-al-Muslimīn*）第1~8卷，贝鲁特：吉勒出版社，2004~2005。

阿里·达法俄：《阿拉伯伊斯兰文明中的地理学先驱》（'Alī al-Daffā‘, *Rūwād ‘Ilm al-Jughrāfīyah fī al-Hadārah al-‘Arabīyah wa-al-Islāmīyah*），利雅得：淘吧书店，1993。

阿里·赫兹拉继：《珍珠项链：拉苏勒王朝史》（'Alī al-Khazrajī, *Kitāb al-‘Uqūd al-Lu’lu’īyah fī Tārīkh al-Dawlah al-Rasūlīyah*）第 1~2 卷，开罗：新月印书馆，1911~1914。

阿里·力铎、艾哈迈德·图兰：《世界图书馆藏伊斯兰遗产史辞典》（'Alī al-Ridā, Ahmad Tūrān, *Mu‘jam al-Tārīkh al-Turāth al-Islāmī fī Maktabāt al-‘Ālām*）第 1~6 卷，开塞利：阿格巴出版社，2001。

阿里·沙赫鲁迪：《圣训人名学修正》（'Alī Shāhrūdī, *Mustadrakāt ‘Ilm Rijāl al-Hadīth*）第 1~8 卷，库姆：伊斯兰传播基金会，2005。

艾布·法拉吉·艾斯法哈尼：《诗歌集》（Abū al-Faraj al-Asfahānī, *Kitāb al-Aghānī*）第 1~25 卷，贝鲁特：索迪尔出版社，2008。

艾布·伽斯姆·忽伊：《圣训人物辞典与传述者层级详情》（Abū al-Qāsim al-Khū’ī, *Mu‘jam Rijāl al-Hadīth wa-Tafsīl Tabaqāt al-Ruwāh*）第 1~24 卷，纳杰夫：伊玛目忽伊基金会，出版时间不明。

艾布·沙玛：《双园：努尔丁与萨拉丁两王朝纪事》（Abū Shāmah, *Kitāb al-Rawdatayn fī Akhbār al-Dawlatayn al-Nurīyah wa-al-Salāhīyah*）第 1~5 卷，贝鲁特：使命基金会，1997。

艾布·扎卡利雅·艾兹迪：《摩苏尔史》（Abū Zakarīyā al-Azdī, *Tārīkh al-Mawsil*）第 1~2 卷，贝鲁特：学术书籍出版社，2006。

艾哈迈德·拔拔：《喜获缎绣》（Ahmad Bābā, *Nayl al-Ibtihāj bi-Tatrīz al-Dībāj*），利比亚的黎波里：作家出版社，2000。

艾哈迈德·达尔继尼：《马格里布长老层级传》（Ahmad al-Darjīnī, *Kitāb Tabaqāt al-Mashā’ikh bi-al-Maghrib*）第 1~2 卷，君士坦丁：巴阿斯印书馆，1974。

艾哈迈德·侯赛尼：《栽德派著作》（Ahmad al-Husaynī, *Mu’allafāt al-Zaydīyah*）第 1~3 卷，库姆：阿亚图拉麦尔阿什书店，1993。

艾哈迈德·麦格里：《沁香：温润安达卢西嫩权》（Ahmad al-Maqqarī, *Nafh al-Tīb min Ghusn al-Andalus al-Ratīb*）第 1~8 卷，贝鲁特：索迪尔出版社，1968。

艾哈迈德·麦格里：《园中繁花：易雅得纪事》（Ahmad al-Maqqarī, *Azhār al-Riyāḍ fī Akhbār 'Iyāḍ*）第 1~3 卷，开罗：编译出版委员会，1939~ 1942；第 4~5 卷，拉巴特：伊斯兰遗产复兴基金会，1978~1980。

艾哈迈德·萨敏：《伊玛目派人名学史导研》（Ahmad al-Samīn, *Durūs Tamhīdīyah fī Tārīkh 'ilm al-Rijāl 'inda al-Imāmīyah*），贝鲁特：马哈杰-贝铎 出版社，2013。

艾哈迈德·图尔贝恩：《现代阿拉伯史学与史家》（Ahmad Turbayn, *Al-Ta'rīkh wa-al-Mu'arrikhūn al-'Arab fī al-'Asr al-Ḥadīth*），大马士革：英沙出版 社，1970。

艾曼·福阿德：《伊斯兰时期也门历史文献》（Ayman Fu'ād, *Masādir Tārīkh al-Yaman fī al-'Asr al-Islāmī*），开罗：法兰西东方考古研究院，1974。

安瓦尔·扎纳提：《马格里布与安达卢西史料》（Anwar al-Zanātī, *Masādir Tārīkh al-Maghrib wa-al-Andalus*），突尼斯：萨哈尔出版社，2008。

巴德鲁丁·爱尼：《历史珠玑：马穆鲁克素丹时期》（Badr al-Dīn al-'Aynī, *'Iqd al-Jumān fī Tārīkh Ahl al-Zamān: 'Asr Salātīn al-Mamālīk*）第 1~5 卷，开罗：埃及国家图书馆与档案馆，2010。

拔马赫拉玛：《雕饰项链：时代精英辞世》（Bāmakhramah, *Qilādat al-Nahr fī Wafayāt A'yān al-Dahr*）第 1~6 卷，贝鲁特：敏贺吉出版社，2008。

伯克尔·艾布·栽德：《族谱学家层级传》（Bakr Abū Zayd, *Tabaqāt al-Nassābīn*），利雅得：鲁世德出版社，1987。

法赫德·萨阿迪：《伊巴迪亚派诗坛辞典：自伊历一世纪至十五世纪初（马什里克部分）》（Fahd Sa'dī, *Mu'jam Shu'arā' al-Ibādīyah min al-Qarn al-Awwal al-Hijrī ilá Bidāyah al-Qarn al-Khāmis 'Ashar al-Hijrī: Qism al-Mashriq*），马斯喀特：吉勒-瓦易德书店，2007。

弗朗兹·罗森索尔：《穆斯林史学》（Franz Rosenthal, *'Ilm al-Ta'rīkh 'inda al-Muslimīn*），索里哈·艾哈迈德·阿里译，贝鲁特：使命基金会，1983。

福阿德·斯兹金：《阿拉伯遗产史》（Fu'ād Sizkīn, *Tārīkh al-Turāth al-'Arabī*）第 1 卷第 2 分册，马哈茂德·法赫米·希贾齐译，利雅得：伊玛目 穆罕默德·本·沙特伊斯兰大学，1991。

伽迪·拉施德：《宝库与珍品》（al-Qāḍī al-Rashīd, *Al-Dhakhā'ir wa-al-*

Tuhaf），科威特：科威特出版社，1959。

伽迪·易雅得：《法庭整顿与道路接近：马立克学派群英知识》（al-Qādī 'Iyād, *Tartīb al-Madārik wa-Taqrīb al-Masālik li-Ma'rifat A'lām Madhhab Mālik*）第1~8卷，拉巴特：伊斯兰宗教基金事务部，1981~1983。

哈比卜·阿勒-朱梅伊俄：《阿拉伯半岛什叶派著作辞典》（Habīb Āl Jumayyi', *Mu'jam al-Mu'allafāt al-Shī'īyah fī al-Jazīrah al-'Arabīyah*）第1卷，贝鲁特：巴基阿遗产复兴基金会，1997。

哈吉·哈里发：《杰才层级通梯》（Hājjī Khalīfah, *Sullam al-Wusūl ilá Tabaqāt al-Fuhūl*）第1~6卷，伊斯坦布尔：伊斯坦布尔伊斯兰历史、艺术与文化研究中心，2010。

哈吉·哈里发：《书艺题名释疑》（Hājjī Khalīfah, *Kashf al-Zunūn 'an Asāmī al-Kutub wa-al-Funūn*）第1~2卷，伊斯坦布尔：麦阿力夫出版社，1941~1943。

哈桑·阿卜杜·瓦贺卜：《突尼斯著作与著述家》（Hasan 'Abd al-Wahhāb, *Kitāb al-'Umr fī al-Musannafāt wa-al-Mu'allifīn al-Tūnisīyīn*）第1卷第1分册~第2卷第2分册，贝鲁特：伊斯兰西方出版社，1990~2005。

哈希姆·穆罕默德：《古今迁移名人》（Hāshim Muhammad, *A'lām Hajar min al-Mādīn wa-al-Mu'āsirīn*）第1~6卷，库姆：考塞尔伊斯兰知识基金会，2009~2017。

赫蒂卜·巴格达迪：《巴格达史》（al-Khatīb al-Baghdādī, *Tārīkh Madīnat al-Salām*）第1~17卷，贝鲁特：伊斯兰西方出版社，2001。

侯赛因·阿特万：《伍麦叶王朝时期沙姆地区的历史传述》（Husayn 'Atwān, *Al-Riwāyah al-Tārīkhīyah fī Bilād al-Shām fī al-'Asr al-Umawī*），贝鲁特：吉勒出版社，1986

侯赛因·艾敏：《同时代阿拉伯史家著作中的十字军战争》（Husayn Amīn, *Al-Hurūb al-Salībīyah fī Kitābāt al-Mu'arrikhīn al-'Arab al-Mu'āsirīn la-hā*），开罗：埃及复兴书店，1983。

侯赛因·穆阿尼斯：《安达卢西地理与地理学家史》（Husayn Mu'nis, *Tārīkh al-Jughrāfīyah wa-al-Jughrāfīyīn fī al-Andalus*），开罗：马德布里书店，1986。

侯赛因·纳索尔：《阿拉伯历史编纂学的兴起》（Husayn Nassār,

Nash'at al-Tadwīn al-Tārīkhī 'inda al-'Arab），贝鲁特：伊格拉出版社，1980

胡梅迪：《火炭余烬：安达卢西学林史》（al-Humaydī, *Jadhwat al-Muqtabas fī Tārīkh 'Ulamā' al-Andalus*），突尼斯：伊斯兰西方出版社，2008。

基夫蒂：《贤哲纪学林知》（al-Qiftī, *Ikhbār al-'Ulamā' bi-Akhbār al-Hukamā'*），贝鲁特：学术书籍出版社，2005。

基夫蒂：《语法学家提醒述知》（al-Qiftī, *Inbāh al-Ruwāh 'alá Anbāh al-Nuhāh*）第1~4卷，开罗：阿拉伯思想出版社 & 贝鲁特：文化书籍公司，1986。

吉卜利尼：《七世纪贝贾亚学林名人识要》（al-Ghibrīnī, *'Unwān al-Dirāyah fī-man 'Urifa min al-'Ulamā' fī al-Mi'ah al-Sābi'ah bi-Bijāyah*），贝鲁特：新视野出版社，1979。

贾法尔·苏卜哈尼主编：《教法学家层级百科》（Ja'far al-Subhānī, *Mawsū'at Tabaqāt al-Fuqahā'*）第1~14卷，贝鲁特：艾德瓦出版社，1999~2004。

杰玛勒·岳齐：《十字军战争时期沙姆地区的历史与史家》（Jamāl Fawzī, *Al-Tārīkh wa-al-Mu'arrikhūn fī Bilād al-Shām fī 'Asr al-Hurūb al-Salībīyah*），开罗：开罗出版社，2001。

K.布伊卡：《安达卢西的阿拉伯历史文献》（K. Boyka, *Al-Masādir al-Tārīkhīyah al-'Arabīyah fī al-Andalus*），纳伊夫·艾布·卡拉姆译，大马士革：阿拉丁出版社，1999。

卡尔·布罗克尔曼：《阿拉伯文学史》（Carl Brockelmann, *Tārīkh al-Adab al-'Arabī*）第1册，阿卜杜·哈立姆·纳贾尔译，开罗：知识出版社，1983；第3册，阿卜杜·哈立姆·纳贾尔译，开罗：知识出版社，1991；第6册，赛义德·叶尔孤卜·伯克尔译，开罗：知识出版社，1983。

卡米勒·朱布里：《诗坛辞典：自蒙昧时期至公元2002年》（Kāmil al-Jubūrī, *Mu'jam al-Shu'arā' min al-'Asr al-Jāhilī hattá Sanah 2002 M.*）第1~6卷，贝鲁特：学术书籍出版社，2003。

卡米勒·朱布里：《文豪辞典：自蒙昧时期至公元2002年》（Kāmil al-Jubūrī, *Mu'jam al-Udabā' min al-'Asr al-Jāhilī hattá Sanah 2002 M.*）第1~7卷，贝鲁特：学术书籍出版社，2003。

克拉奇科夫斯基：《阿拉伯地理文学史》（I. Y. Krachkovsky, *Tārīkh al-*

Adab al-Jughrāfī al-'Arabī）第 1~2 册，萨拉丁·奥斯曼译，开罗：编译出版委员会，1957。

拉菲义：《加兹温纪事集》（'Abd al-Karīm al-Rāfi'ī, *Al-Tadwīn fī Akhbār Qazwīn*）第 1~4 卷，贝鲁特：学术书籍出版社，1987。

里撒努丁·伊本·赫蒂卜：《格拉纳达纪综录》（Lisān al-Dīn Ibn al-Khatīb, *Al-Ihātah fī Akhbār Gharnātah*）第 1~4 卷，开罗：汗吉书店，1973~1977。

利玛·杜尔内格：《阿拉伯与穆斯林著名史学家》（Rīmā Durnayqah, *A'lām al-Mu'arrikhīn al-'Arab wa-al-Muslimīn*），黎巴嫩的黎波里：现代图书公司，2019。

鲁达尼：《先贤后续》（al-Rūdānī, *Silat al-Khalaf bi-Mawsūl al-Salaf*），贝鲁特：伊斯兰西方出版社，1988。

路易斯·契克霍：《基督徒的阿拉伯文手稿》（Louis Cheikho, *Kitāb al-Makhtūtāt al-'Arabīyah li-Katabat al-Nasrānīyah*），贝鲁特：耶稣会神父印书馆，1924。

麦戈利齐：《大踪录》（al-Maqrīzī, *Kitāb al-Muqaffá al-Kabīr*）第 1~8 卷，贝鲁特：伊斯兰西方出版社，1991。

麦戈利齐：《王国知识珠线》（al-Maqrīzī, *Al-Sulūk li-Ma'rifat Duwal al-Mulūk*）第 1~8 卷，贝鲁特：学术书籍出版社，1997。

麦斯欧迪：《黄金草原与珠玑宝藏》（al-Mas'ūdī, *Murūj al-Dhahab wa-Ma'ādin al-Jawhar*）第 1~4 卷，赛达 & 贝鲁特：现代书店，2005。

蒙兹里：《〈辞世追录〉增补》（al-Mundhirī, *Al-Takmilah li-Wafayāt al-Naqalah*）第 1~4 卷，贝鲁特：使命基金会，1984。

米齐：《〈人名大全〉修正》（al-Mizzī, *Tahdhīb al-Kamāl fī Asmā' al-Rijāl*）第 1~35 卷，贝鲁特：使命基金会，1982~1992。

穆哈新·艾敏：《什叶派精英》（Muhsin al-Amīn, *A'yān al-Shī'ah*）第 1~10 卷，贝鲁特：塔阿鲁夫出版社，1983。

穆罕默德·拔拔安米：《马格里布伊巴迪亚派名人辞典：自伊历一世纪至今》（Muhammad Bābā'ammī, *Mu'jam A'lām al-Ibādīyah min al-Qarn al-Awwal al-Hijrī ilá al-'Asr al-Hādir: Qism al-Maghrib al-Islāmī*）第 1~2 卷，贝鲁特：伊斯兰西方出版社，2000。

穆罕默德·杜尔内格：《苏菲派著述家辞典》（Muhammad Durnayqah, *Mu'jam al-Mu'allifīn al-Sūfīyīn*），黎巴嫩的黎波里：现代图书公司，2006。

穆罕默德·哈吉：《摩洛哥名人百科全书》（Muhammad Hajjī, *Mawsū'at A'lām al-Maghrib*）第1~10卷，突尼斯：伊斯兰西方出版社，2008。

穆罕默德·亥尔：《伊斯兰史上的女著述家及其著作》（Muhammad Khayr, *Al-Mu'allifāt min al-Nisā' wa-Mu'allafātuhunna fī al-Tārīkh al-Islāmī*），贝鲁特：伊本·哈兹姆出版社，2000。

穆罕默德·卡玛路丁：《马穆鲁克布尔吉王朝时期的四大史家与四大著作》（Muhammad Kamāl al-Dīn, *Arba'at Mu'arrikhīn wa-Arba'at Mu'allafāt min Dawlat al-Mamālīk al-Jarākisah*），开罗：埃及图书总局，1992。

穆罕默德·拉施德：《族谱学家辞典：自伊历一世纪至当代》（Muhammad al-Rashīd, *Mu'jam al-Nassābīn min al-Qarn al-Awwal al-Hijrī ilá al-'Asr al-Hādir*），安曼：法特哈出版社，2017。

穆罕默德·马哈富兹：《突尼斯著述家志》（Muhammad Mahfūz, *Tarājim al-Mu'allifīn al-Tūnisīyīn*）第1~5卷，贝鲁特：伊斯兰西方出版社，1982~1986。

穆罕默德·什里：《〈十世纪史事明光〉增补辉煌》（Muhammad al-Shillī, *Kitāb al-Sanā' al-Bāhir bi-Takmīl al-Nūr al-Sāfir fī Akhbār al-Qarn al-'Āshir*），萨那：伊尔沙德书店，2004。

穆罕默德·苏拉米：《苏菲派层级传》（Muhammad al-Sulamī, *Tabaqāt al-Sūfīyah*），贝鲁特：学术书籍出版社，2003。

穆罕默德·索里希耶：《巴勒斯坦历史与史家》（Muhammad Sālihīyah, "Al-Tārīkh wa-al-Mu'arrikhūn fī Filastīn"），载《巴勒斯坦百科全书：专题研究）》（*Al-Mawsū'at al-Filastīnīyah: al-Dirāsāt al-Khāssah*），贝鲁特：巴勒斯坦百科全书委员会，1990。

穆罕默德·泰拔厄：《阿勒颇史上群英诸贤》（Muhammad al-Tabāgh, *A'lām al-Nubalā' bi-Tārīkh Halab al-Shahbā'*）第1~8卷，阿勒颇：格拉姆-阿拉比出版社，1988~1992。

穆罕默德·屯继：《女英杰辞典》（Muhammad al-Tūnjī, *Mu'jam A'lām al-Nisā'*），贝鲁特：大众知识出版社，2001。

穆罕默德·希拉：《麦地那历史与史家》（Muhammad al-Hīlah, *Al-*

Tārīkh wa-al-Mu'arrikhūn bi-al-Madīnat al-Munawwarah），麦地那：麦地那研究中心，2015。

穆罕默德·希拉：《麦加历史与史家》（Muhammad al-Hīlah, *Al-Tārīkh wa-al-Mu'arrikhūn bi-Makkah*），麦加：福尔甘伊斯兰遗产基金会，1994。

穆罕默德·易南：《东方与安达卢西亚的伊斯兰人物志》（Muhammad 'Inān, *Tarājim Islāmīyah: Sharqīyah wa-Andalusīyah*），开罗：汗吉书店，1970。

纳比勒·艾布·伽斯姆：《埃及学林名人明星：截至公元 1985 年》（Nabīl Abū al-Qāsim, *A'lām 'Ulamā' Misr wa-Nujūmihā hattá 1985 M.*），开罗：马沙里格书店，2018。

纳吉姆丁·法赫德：《隐珠：〈宝贵璎珞：安宁城市史〉续编》（Najm al-Dīn Ibn Fahd, *Al-Durr al-Kamīn bi-Dayl al-'Iqd al-Thamīn fī Tārīkh al-Balad al-Amīn*）第 1~3 卷，贝鲁特：希得尔出版社，2000。

纳吉姆丁·加齐：《行星：十世纪精英》（Najm al-Dīn al-Ghazzī, *Al-Kawākib al-Sā'irah bi-A'yān al-Mi'ah al-'Āshirah*）第 1~3 卷，贝鲁特：学术书籍出版社，1997。

纳贾什：《纳贾什人物》（al-Najāshī, *Rijāl al-Najāshī*），贝鲁特：艾尔拉米出版公司，2010。

纳斯鲁丁·萨义杜尼：《伊斯兰西部的历史与地理遗产：史学家、旅行家与地理学家人物志》（Nāsir al-Dīn Sa'īdūnī, *Min al-Turāth al-Tārīkhī wa-al-Jughrāfī li-l-Gharb al-Islāmī: Tarājim Mu'arrikhīn wa-Rahhālah wa-Jughrāfiyīn*），贝鲁特：伊斯兰西方出版社，1999。

欧麦尔·力铎：《阿拉伯伊斯兰世界的女英杰》（'Umar Ridā, *A'lām al-Nisā' fī 'Ālamay al-'Arab wa-al-Islām*）第 1~5 卷，贝鲁特：使命基金会，1984。

欧麦尔·力铎：《著述家辞典》（'Umar Ridā, *Mu'jam al-Mu'allifīn*）第 1~4 卷，贝鲁特：使命基金会，1993。

齐力克里：《名人》（al-Ziriklī, *Al-A'lām*）第 1~8 卷，贝鲁特：大众知识出版社，2002。

乔治·宰丹：《阿拉伯语言文学史》（Jurjī Zaydān, *Tārīkh Ādāb al-Lughah al-'Arabīyah*）第 1~4 卷，开罗：新月印书馆，1902~1906。

撒里姆·努韦迪里：《十四个世纪以来的巴林伊斯兰文化名人》（Sālim al-Nuwaydirī, *A'lām al-Thaqāfah al-Islāmīyah fī al-Bahrayn khilāla 14 Qarnan*），

贝鲁特：阿瓦勒研究与档案中心，2015。

萨哈维：《闪光：九世纪人物》（al-Sakhāwī, *Al-Daw' al-Lāmi'li-Ahl al-Qarn al-Tāsi'*）第 1~12 卷，贝鲁特：吉勒出版社，1992。

萨哈维：《为史正名》（al-Sakhāwī, *Al-I'lān bi-al-Tawbīkh li-man dhamma Ahl al-Tārīkh*），贝鲁特：使命基金会，1986。

萨哈维：《雅珍：麦地那史》（al-Sakhāwī, *Al-Tuhfah al-Latīfah fī Tārīkh al-Madīnat al-Sharīfah*）第 1~3 卷，开罗：埃及国家图书馆，1979。

萨拉丁·穆纳吉德：《大马士革史学家及其手稿与出版物辞典》（Salāh al-Dīn al-Munajjid, *Mu'jam al-Mu'arrikhīn al-Dimashqīyīn wa-Āthāruhum al-Makhtūtah wa-al-Matbū'ah*），贝鲁特：新书出版社，2006。

萨姆阿尼：《谱系》（al-Sam'ānī, *Al-Ansāb*）第 1~12 卷，开罗：伊本·泰米叶书店，1976~1984。

沙奇尔·穆斯塔法：《阿拉伯历史与史家》（Shākir Mustafá, *Al-Tārīkh al-'Arabī wa-al-Mu'arrikhūn*）第 1~4 卷，贝鲁特：大众知识出版社，1979~1993。

山玛黑：《传记》（al-Shammākhī, *Kitāb al-Siyar*）第 1~2 卷，马斯喀特：阿曼苏丹国民族遗产与文化部，1992。

邵卡尼：《吉星满月：七世纪后良善》（al-Shawkānī, *Al-Badr al-Tāli'bi-Mahāsin man ba'd al-Qarn al-Sābi'*）第 1~2 卷，开罗：伊斯兰书籍出版社，出版时间不明。

什贺布拉·巴贺杜尔：《关于阿克萨清真寺、耶路撒冷、巴勒斯坦及其城市特色与历史的著作辞典》（Shihāb Allāh Bahādur, *Mu'jam mā ullifa fī Fadā'il wa-Tārīkh al-Masjid al-Aqsá wa-al-Quds wa-Filastīn wa-Mudunihā*），迪拜：玛吉德文化遗产中心，2009。

苏尤蒂：《雅美报告：埃及与开罗史》（al-Suyūtī, *Husn al-Muhādarah fī Tārīkh Misr wa-al-Qāhirah*）第 1~2 卷，开罗：阿拉伯书籍复兴出版社，1967。

苏尤蒂：《自觉索求：语言学家与语法学家层级传》（al-Suyūtī, *Bughyat al-Wu'āh fī Tabaqāt al-Lughawīyīn wa-al-Nuhāh*）第 1~2 卷，开罗：尔撒·巴比·哈拉比及其合伙人印书馆，1964。

索法迪：《逝者全录》（al-Safadī, *Kitāb al-Wāfī bi-al-Wafayāt*）第 1~29

卷，贝鲁特：阿拉伯遗产复兴出版社，2000。

索里哈·拉希丹：《考证人物志》（Sālih al-Lahīdān, *Kutub Tarājim al-Rijāl bayna al-Jarh wa-al-Ta'dīl*）第 1~3 卷，利雅得：图维格出版社，1994。

索伊卜·阿卜杜·哈密德：《什叶派史学家辞典》（Sā'ib 'Abd al-Hamīd, *Mu'jam Mu'arrikhī al-Shī'ah*）第 1~2 卷，库姆：伊斯兰教法百科全书基金会，2004。

塔德乌什·莱维基：《北非伊巴迪亚派史学家》（Tadeusz Lewicki, *Al-Mu'arrikhūn al-Ibādīyūn fī Afrīqīyā al-Shamālīyah*），玛希尔·杰拉尔、利玛·杰拉尔译，贝鲁特：伊斯兰西方出版社，2000。

塔基丁·法斯：《宝贵璎珞：安宁城市史》（Taqī al-Dīn al-Fāsī, *Al-'Iqd al-Thamīn fī Tārīkh al-Balad al-Amīn*）第 1~8 卷，贝鲁特：使命基金会，1986。

塔朱丁·苏卜奇：《大沙斐仪学派层级传》（Tāj al-Dīn al-Subkī, *Tabaqāt al-Shāfi'īyah al-Kubrá*）第 1~11 卷，吉萨：哈杰尔出版社，1992。

图斯：《目录》（al-Tūsī, *Al-Fihrist*），纳杰夫：穆尔塔德维书店及其印书馆，1937。

屯奇：《著述家辞典》（al-Tūnkī, *Mu'jam al-Musannifīn*）第 1~4 卷，贝鲁特：瓦赞库加拉夫·塔拔拉印书馆，1926。

托腊勒·达尔贾尼：《伊本·阿萨奇尔〈大马士革史〉的资料来源》（Talāl al-Da'jānī, *Mawārid Ibn 'Asākir fī Tārīkh Dimashq*）第 1~3 卷，麦地那：麦地那伊斯兰大学，2004。

乌德夫维：《汇聚福星：上埃及优秀人士名讳》（al-Udfuwī, *Al-Tāli'al-Sa'īd al-Jāmi'Asmā' Nujabā' al-Sa'īd*），开罗：埃及编译出版社，1966。

雅孤特：《地名辞典》（Yāqūt, *Mu'jam al-Buldān*）第 1~5 卷，贝鲁特：索迪尔出版社，1977。

雅孤特：《文豪辞典》（Yāqūt, *Mu'jam al-Udabā'*）第 1~7 卷，贝鲁特：伊斯兰西方出版社，1993。

亚当·梅茨：《伊历四世纪的伊斯兰文明》（Adam Mez, *Al-Hadārah al-Islāmīyah fī al-Qarn al-Rābi'al-Hijrī*）第 1~2 卷，穆罕默德·阿卜杜·哈迪译，开罗：国家翻译中心，2008。

伊本·阿卜杜·麦立克：《〈续编二著〉增补》（Ibn 'Abd al-Malik, *Al-Dhayl wa-al-Takmilah li-Kitābay al-Mawsūl wa-al-Silah*）第 1~6 卷，突尼斯：

伊斯兰西方出版社，2012。

伊本·阿迪姆：《阿勒颇史索觅》（Ibn al-'Adīm, *Bughyat al-Talab fī Tārīkh Halab*）第 1~12 卷，贝鲁特：思想出版社，1988。

伊本·阿密拉：《探索目标：安达卢西人物史》（Ibn 'Amīrah, *Bughyat al-Multamis fī Tārīkh Rijāl Ahl al-Andalus*）第 1~2 卷，开罗：埃及书籍出版社 & 贝鲁特：黎巴嫩书籍出版社，1989。

伊本·阿萨奇尔：《大马士革史》（Ibn 'Asākir, *Tārīkh Madīnat Dimashq*）第 1~80 卷，贝鲁特：思想出版社，1995~2001。

伊本·艾拔尔：《〈续编〉增补》（Ibn al-Abbār, *Al-Takmilah li-Kitāb al-Silah*）第 1~4 卷，突尼斯：伊斯兰西方出版社，2011。

伊本·艾拔尔：《纯金装潢》（Ibn al-Abbār, *Al-Hullah al-Siyarā'*）第 1~2 卷，开罗：知识出版社，1985。

伊本·艾比·利贾勒：《月升海汇：栽德派人物志》（Ibn Abī al-Rijāl, *Matla'al-Budūr wa-Majma'al-Buhūr fī Tarājim Rijāl al-Zaydīyah*）第 1~4 卷，萨达：圣裔伊斯兰研究中心，2004。

伊本·艾比·乌绥比阿：《讯息精粹：医者层级传》（Ibn Abī Usaybi'ah, *'Uyūn al-Anbā' fī Tabaqāt al-Atibbā'*），贝鲁特：生活书店出版社，1965。

伊本·艾比·叶尔腊：《罕百里学派层级传》（Ibn Abī Ya'lá, *Tabaqāt al-Hanābilah*）第 1~3 卷，利雅得：沙特阿拉伯王国成立百年纪念庆典总秘书处，1999。

伊本·艾比·扎尔俄：《纸园趣蔼：摩洛哥列王纪与非斯城史》（Ibn Abī Zar', *Al-Anīs al-Mutrib bi-Rawd al-Qirtās fī Akhbār Mulūk al-Maghrib wa-Tārīkh Madīnat Fās*），拉巴特：曼苏尔出版社，1972。

伊本·艾哈马尔：《八世纪马格里布与安达卢西名人》（Ibn al-Ahmar, *A'lām al-Maghrib wa-al-Andalus fī al-Qarn al-Thāmin*），贝鲁特：使命基金会，1976。

伊本·艾西尔：《历史大全》（Ibn al-Athīr, *Al-Kāmil fī al-Tārīkh*）第 1~11 卷，贝鲁特：阿拉伯书籍出版社，2012。

伊本·巴施库沃勒：《〈安达卢西伊玛目、学者、圣训学家、法学家与文豪史〉续编》（Ibn Bashkuwāl, *Al-Silah fī Tārīkh A'immat al-Andalus wa-'Ulamā'ihim wa-Muhaddithīhim wa-Fuqahā'ihim wa-Udabā'ihim*）第 1~2 卷，突

尼斯：伊斯兰西方出版社，2010。

伊本·迪姆雅蒂：《〈巴格达史补遗〉择益》（Ibn al-Dimyātī, *Al-Mustafād min Dhayl Tārīkh Baghdād*），贝鲁特：使命基金会，1986。

伊本·法尔宏：《金丝绸缎：学派精英知识》（Ibn Farhūn, *Al-Dībāj al-Mudhahhab fī Ma'rifat A'yān 'Ulamā' al-Madhhab*）第 1~2 卷，开罗：遗产出版社，1972。

伊本·法拉茨：《安达卢西学林史》（Ibn al-Faradī, *Tārīkh 'Ulamā' al-Andalus*）第 1~2 卷，突尼斯：伊斯兰西方出版社，2008。

伊本·福瓦蒂：《别号辞典文集》（Ibn al-Fuwatī, *Majma' al-Ādāb fī Mu'jam al-Alqāb*）第 1~6 卷，德黑兰：文化与伊斯兰指导部，1996。

伊本·伽迪·舒赫巴：《沙斐仪学派层级传》（Ibn Qādī Shuhbah, *Tabaqāt al-Shāfi'īyah*）第 1~5 卷，海得拉巴：奥斯曼百科全书委员会印务部，1978~1980。

伊本·官夫孜：《辞世录》（Ibn Qunfudh, *Al-Wafayāt*），贝鲁特：新视野出版社，1983。

伊本·古特璐布迦：《人物志冠冕》（Ibn Qutlūbughā, *Tāj al-Tarājim*），大马士革 & 贝鲁特：格拉姆出版社，1992。

伊本·哈杰尔：《毕生闻讯告新学小生》（Ibn Hajar, *Inbā' al-Ghumr bi-Anbā' al-'Umr*）第 1~4 卷，开罗：伊斯兰遗产复兴委员会，1969~1998。

伊本·哈杰尔：《目录辞典》（Ibn Hajar, *Al-Mu'jam al-Mufahras*），贝鲁特：使命基金会，1998。

伊本·哈杰尔：《圣门弟子常识精要》（Ibn Hajar, *Al-Isābah fī Tamyīz al-Sahābah*）第 1~8 卷，贝鲁特：学术书籍出版社，1995。

伊本·哈杰尔：《修正精编》（Ibn Hajar, *Tahdhīb al-Tahdhīb*）第 1~7 卷，贝鲁特：学术书籍出版社，2004。

伊本·哈杰尔：《隐珠：八世纪精英》（Ibn Hajar, *Al-Durar al-Kāminah fī A'yān al-Mi'ah al-Thāminah*）第 1~4 卷，贝鲁特：吉勒出版社，1993。

伊本·哈杰尔：《指针》（Ibn Hajar, *Lisān al-Mīzān*）第 1~10 卷，贝鲁特：伊斯兰印务处，2002。

伊本·亥尔：《目录》（Ibn Khayr, *Fihrisat*），突尼斯：伊斯兰西方出版社，2009。

伊本·赫里康：《精英辞世与时代名人信息录》（Ibn Khallikān, *Wafayāt al-A'yān wa-Anbā' Abnā' al-Zamān*）第 1～8 卷，贝鲁特：索迪尔出版社，1977～1978。

伊本·焦齐：《历代帝王与民族通史》（Ibn al-Jawzī, *Al-Muntazam fī Tārīkh al-Mulūk wa-al-Umam*）第 1～19 卷，贝鲁特：学术书籍出版社，1992～1993。

伊本·卡西尔：《始末录》（Ibn Kathīr, *Al-Bidāyah wa-al-Nihāyah*）第 1～21 卷，吉萨：哈杰尔出版社，1997～1999。

伊本·拉菲俄：《巴格达学林史》（Ibn Rāfi', *Tārīkh 'Ulamā' Baghdād*），贝鲁特：阿拉伯百科全书出版社，2000。

伊本·拉杰卜：《〈罕百里学派层级传〉续编》（Ibn Rajab, *Al-Dhayl 'alá Tabaqāt al-Hanābilah*）第 1～5 卷，利雅得：欧贝肯书店，2005。

伊本·纳迪姆：《目录》（Ibn al-Nadīm, *Al-Fihrist*）第 1 卷第 1 分册～第 2 卷第 2 分册，伦敦：福尔甘伊斯兰遗产基金会，2009。

伊本·纳贾尔：《〈巴格达史〉补遗》（Ibn al-Najjār, *Dhayl Tārīkh Baghdād*）第 1～3 卷，贝鲁特：阿拉伯书籍出版社，1982。

伊本·撒义：《宝贵珠玉：著者名字》（Ibn al-Sā'ī, *Al-Durr al-Thamīn fī Asmā' al-Musannifīn*），突尼斯：伊斯兰西方出版社，2009。

伊本·萨阿德：《大层级传》（Ibn Sa'd, *Kitāb al-Tabaqāt al-Kabīr*）第 1～11 卷，开罗：汗吉书店，2001。

伊本·萨姆拉：《也门法学家层级传》（Ibn Samurah, *Tabaqāt Fuqahā' al-Yaman*），贝鲁特：格拉姆出版社，1958。

伊本·萨义德：《闪耀群星：开罗城饰宝》（Ibn Sa'īd, *Al-Nujūm al-Zāhirah fī Hulá Hadrat al-Qāhirah*），开罗：书籍出版社，1970。

伊本·沙阿尔：《宝珠项链：当代诗坛》（Ibn al-Sha"ār, *Qalā'id al-Jumān fī Farā'id Shu'arā' hādhā al-Zamān*）第 1～9 卷，贝鲁特：学术书籍出版社，2005。

伊本·沙赫尔阿述卜：《学林路标：古今什叶派书籍及其著者名字索引》（Ibn Shahr'āshūb, *Ma'ālim al-'Ulamā' fī Fihrist Kutub al-Shī'ah wa-Asmā' al-Musannifīn minhum Qadīman wa-Hadīthan*），纳杰夫：海达利耶印书馆，1961。

伊本·苏达：《远马格里布史家索引》（Ibn Sūdah, *Dalīl Mu'arrikh al-*

Maghrib al-Aqsá），贝鲁特：思想出版社，1997。

伊本·塔厄里·比尔迪：《别世偿清碧泉》（Ibn Taghrī Birdī, *Al-Manhal al-Sāfī wa-al-Mustawfá ba'da al-Wāfī*）第 1～13 卷，开罗：埃及图书总局 & 埃及国家图书馆与档案馆，1984～2009。

伊本·塔厄里·比尔迪：《闪耀群星：埃及与开罗列王》（Ibn Taghrī Birdī, *Al-Nujūm al-Zāhirah fī Mulūk Misr wa-al-Qāhirah*）第 1～16 卷，贝鲁特：学术书籍出版社，1992。

伊本·易玛德：《金砂：往逝纪事》（Ibn al-'Imād, *Shadharāt al-Dhahab fī Akhbār man Dhahab*）第 1～10 卷，大马士革 & 贝鲁特：伊本·卡西尔出版社，1986～1993。

伊本·祖贝尔：《再续》（Ibn al-Zubayr, *Kitāb Silat al-Silah*），开罗：宗教文化书店，2008。

伊哈桑·阿拔斯：《佚史金砂》（Ihsān 'Abbās, *Shadharāt min Kutub Mafqūdah fī al-Tārīkh*），贝鲁特：伊斯兰西方出版社，1988。

伊哈桑·萨米里：《萨曼王朝时期的学术生活》（Ihsān al-Thāmirī, *Al-Hayāh al-'Ilmīyah Zaman al-Sāmānīyīn*），贝鲁特：泰里阿出版社，2001。

伊斯玛仪帕夏·巴格达迪：《〈书艺题名释疑〉补遗》（Ismā'īl Bāshā al-Baghdādī, *Kitāb Īdāh al-Maknūn fī al-Dhayl 'alá Kashf al-Zunūn 'an Asāmī al-Kutub wa-al-Funūn*）第 1～2 卷，伊斯坦布尔：麦阿力夫出版社，1945～1947。

伊斯玛仪帕夏·巴格达迪：《著述家名讳遗作惠泽》（Ismā'īl Bāshā al-Baghdādī, *Hadīyat al-'Ārifīn Asmā' al-Mu'allifīn wa-Āthār al-Musannifīn*）第 1～2 卷，伊斯坦布尔：麦阿力夫出版社，1951～1955。

易祖丁·侯赛尼：《〈辞世追录增补〉续编》（'Izz al-Dīn al-Husaynī, *Silat al-Takmilah li-Wafayāt al-Naqalah*）第 1～2 卷，贝鲁特：伊斯兰西方出版社，2007。

优素福·豪沃拉：《伊非里基亚的学术生活》（Yūsuf Hawwālah, *Al-Hayāh al-'Ilmīyah fī Ifrīqīyah*）第 1～2 卷，麦加：乌姆古拉大学学术研究院伊斯兰研究中心，2000。

优素福·霍罗维茨：《早期武功纪及其编纂者》（Josef Horovitz, *Al-Maghāzī al-Ūlá wa-Mu'allifūhā*），侯赛因·纳索尔译，开罗：汗吉书店，

2001。

优素福·萨尔奇斯：《阿拉伯与阿拉伯化的书籍出版辞典》（Yūsuf Sarkīs, *Mu'jam al-Matbū'āt al-'Arabīyah wa-al-Mu'arrabah*）第1~2卷，开罗：宗教文化书店，1980。

尤斯里·阿卜杜·加尼：《穆斯林史学家辞典：截至伊历12世纪》（Yusrī 'Abd al-Ghanī, *Mu'jam al-Mu'arrikhīn al-Muslimīn hattá al-Qarn al-Thānī 'Ashar al-Hijrī*），贝鲁特：学术书籍出版社，1991。

约瑟夫·达默斯：《中世纪七大史学家》（Joseph Dahmus, *Sab'at Mu'arrikhīn fī al-'Usūr al-Wustá*），穆罕默德·沙易尔译，开罗：埃及图书总局，1989。

扎哈比：《群英诸贤传》（al-Dhahabī, *Siyar A'lām al-Nubalā'*）第1~25卷，贝鲁特：使命基金会，1996。

扎哈比：《伊斯兰史与诸杰群英辞世录》（al-Dhahabī, *Tārīkh al-Islām wa-Wafayāt al-Mashāhīr wa-al-A'lām*）第1~52卷，贝鲁特：阿拉伯书籍出版社，1988~2000。

后 记

　　二零一七，梁氏子弟，戴帽博士。卅年回忆，辛酸往事，博文后记，载述心迹。学业已毕，史业端倪，虽入尘世，不改初志。四年驹隙，史海沉溺，如梦如痴，万卷不离。贵人助力，亲友勉励，终成此籍，再续后记。

　　六月三十，辞校别离，不归故里。北上何地？银川城市，给我饭食，续史学史。乍到之日，心有暖意：领导重视，关怀备至；热心同事，嘘寒问衣；民风朴实，鲜见争执。奔波数日，安身居室，续梦有意，斋名九史。

　　初年为师，琐事耗时，治史不力。总而言之，搞些翻译，读史数十，赴会议史。先生张氏，邀我相识，北京会议，广智激励。道远懵逼，感恩泪涕，回首孤寂，云烟而已。喜报恩师，言曰得志，更需发力，使命在史。

　　二零一八，授课本职，国际贸易。四月二日，民大斌师，请回梁氏，母校忆事。四月八日，赴会陕师，议史学史，四个圈子。二十六日，马拉喀什，国际会议，问史学史？五月十三，兰交韩氏，邀我讲史，勉励学子。六月九日，栗林山庄，史学会议，广结友谊。先生于氏，相谈甚喜，热情勉励，壮我心志。八月廿四，川大昌氏，青年会议，首次主持。十月廿七，淮北会议，勇兄李氏，盛情不已。时至年底，川大朱氏，邀我讲史，史学分期。全年要事，国社科基，渠成报喜，史苗长起。

　　二零一九，讲文明史，教语言史。二月追忆，可述一事，微信宣史。深居斋室，读书悟史，三场会议：九月廿一，南大哲系，中东会议，初现此籍；次月十九，复旦会议，刍议体系，再谈此籍。十一月底，西外李氏，邀我出席，约旦会议。绍先李氏，前进张氏，主编《形势》，打破拘泥，关怀梁氏，撰文论史：《我见》目的，观察时势，表明心志，史学体系。

　　二零二零，授课简史，勉励弟子，多读典籍。疫情虐肆，鲜有交际，网络会议：八月十七，健康毕氏，邀我共议，史学埃及；时至年底，民大斌师，中心成立，谈索马里。最值一提，西外德师，有意治史，道远助力，中东史学，首届会议，学者几十，史学成史。终身大事，艳梅刘氏，喜结连理，成家九史。

提及此籍，无尽谢意。父母妹妻，助我坚持。民兴黄氏，史路灯师。丽英导师，不忘勉励。往日众师，督我治史。绍先李氏，前进张氏，海燕书记，单位同事（排序姓氏：白冯金李马赵朱等），促成此籍。忘年勉励：安山李氏，旭东王氏，宝玉哈氏，晓霖马氏，立河董氏，旭鹏张氏，继果夏氏，茂伟钱氏，吴英徐良，陈恒周烈，彭门弟子，数不尽矣！克俭大使，赠我史籍。于沛序一，二序黄师，再序斌师，感激不已！明伟李氏，仁义吾弟，本书编辑，颇费心力。

谨以上述文字祝愿中国的中东史学史研究事业长长久久！一个时刻等待着博雅君子批评赐正的邮箱：alafateliang@126.com。

梁道远

2021 年 6 月 4 日

九史斋

图书在版编目（CIP）数据

古代阿拉伯史学家及其著作目录／梁道远编著. --
北京：社会科学文献出版社，2021.11
（古代阿拉伯史学文献提要丛书）
ISBN 978-7-5201-9196-8

Ⅰ.①古…　Ⅱ.①梁…　Ⅲ.①阿拉伯国家-史学-研
究-古代②阿拉伯国家-史学-图书目录-古代　Ⅳ.
①K093.71②Z88：K093.71

中国版本图书馆 CIP 数据核字（2021）第 215428 号

古代阿拉伯史学文献提要丛书
古代阿拉伯史学家及其著作目录

编　　著／梁道远

出 版 人／王利民
责任编辑／李明伟
责任印制／王京美

出　　版／社会科学文献出版社
　　　　　地址：北京市北三环中路甲 29 号院华龙大厦　邮编：100029
　　　　　网址：www.ssap.com.cn
发　　行／市场营销中心（010）59367081　59367083
印　　装／三河市东方印刷有限公司

规　　格／开　本：787mm×1092mm　1/16
　　　　　印　张：51.25　字　数：829 千字
版　　次／2021 年 11 月第 1 版　2021 年 11 月第 1 次印刷
书　　号／ISBN 978-7-5201-9196-8
定　　价／358.00 元

本书如有印装质量问题，请与读者服务中心（010-59367028）联系